사조선록使朝鮮錄 연구

—송(宋), 명(明), 청(淸) 시대 조선 사행록(使行錄)의 사료적 가치

서강학술총서
030

사조선록使朝鮮錄 연구

—송(宋), 명(明), 청(淸) 시대 조선 사행록(使行錄)의 사료적 가치

김한규 지음

서강대학교출판부

서강학술총서 030
사조선록(使朝鮮錄) 연구
—송(宋), 명(明), 청(淸) 시대 조선 사행록(使行錄)의 사료적 가치

초판발행 | 2011년 9월 16일
지 은 이 | 김한규
발 행 인 | 이종욱
편 집 인 | 우찬제
발 행 처 | 서강대학교 출판부
등록번호 | 1978년 9월 28일 제313-2002-170호

주　소 | 서울특별시 마포구 신수동 1번지
전　화 | (02) 705-8212
팩　스 | (02) 705-8612

ISBN 978-89-7273-189-4 94910
ISBN 978-89-7273-139-9(세트)

값 35,000원

* '서강학술총서'는 SK SUPEX 기금의 후원으로 제작됩니다.

머리말

한중관계사에 관한 관심은 이미 대학시절부터 운명적으로 갖게 되었다. 우리 사학계에서 한중관계사 분야의 초석을 놓으시고 『韓中關係史研究』(1970)라는 기념비적 저작을 남기신 于湖 全海宗 선생님이 서울대학교에서 서강대학교로 옮기신 해가 1968년이었는데, 공교롭게도 같은 해에 필자도 서강대학교 사학과에 입학했기 때문이다. 학부와 대학원에서 한중관계사에 관한 우호 선생님의 명강의를 여러 차례 수강하면서 한중관계사에 대한 관심과 애정을 심화해간 것은 자연스러운 일이었다. 權五重 교수와 金鍾完 교수, 서울대학교에서 수강하러 온 李成珪 교수 등 선배 동학들과 함께 선생님의 연구실 작은 차탁에 『二十五史』 東夷傳 등 사료를 펼쳐놓고 강의를 듣던 일이 즐거운 추억으로 오래도록 여운을 남기고 있다.

이러한 인연의 한 결과였던 『한중관계사』(1999)는 이후에 저술한 『요동사』(2004)와 『天下國家: 전통 시대 동아시아 세계 질서』(2005)의 사전 작업의 일환으로 이뤄진 것이지만, 한중관계사에 대한 지워지지 않는 관심과 애정의 표현이기도 했다. 그런데 어느 해였던가 북경의 서점가를 뒤적이다가 서가에 『中朝關係史料叢刊: 使朝鮮錄』이란 제목의 두꺼운 책 상하 두 권이 꽂혀 있는 것을 보고 가슴속에 묻혀있던 한중관계사에 대한 관심과 애정이 다시 되살아났다. 이 총서에는 역대 중국 왕조에서 파견한 사신들이 한국을 방문하고 돌아간 뒤에 출간한 십 수 종의 使行錄 영인본이 편집, 수록되어 있었는데, 일견 보아 네댓 종을 제외하고서는 그때까지 읽어본 적도 없고 들어본 적도 없는 새 자료들이 가득 들어 있어서 가벼운 흥분을 누르기가 쉽지 않았다. 그러나 그 뒤에도 다른 과제에 매몰되어 이 자료들은 가슴속에만 묻어두고 있었는데, 최근에 이들 자료에 대한 학계의 관심과 연구 성과를 조사해보고서는 깜짝 놀라지 않을 수 없었다. 이들 사행록들이 총서의 형식으로 편집, 공간되어 널리 유포된 지 7, 8년이 지났음에도 불구하고, 여전히 학계의 관심을 모으지 못하고 있었고 그 당연한 결과로서 전문적 연구 성과도 거의 전무하다시피 했기 때문이다. 이에 비록 이 방면에 문외한이기는 해도 한중관계사에 오랫동안 관심과 애정을 가져온 학인으로서, 한중관계사에 관한 갖가지 새로운 정보를 담고 있는 이들 자료들의 사료적 가치를 학계에 소개하고 한중관계사의 특성을 이해하는 데 도움이 될 기초적 연구가 신속하게 수행되어야 할 필요성을 느끼지 않을 수 없었다.

'使朝鮮錄'이란 조선에 다녀온 使行錄이란 뜻으로, 龔用卿이란 明의 사신이 조선을 다녀간 뒤에 사행록을 지어 『使朝鮮錄』이라 이름 지었는데, 2003년에 殷夢霞와 于浩 등이 공용경의 『사조선록』 등 18종의 사행록을 모아 『中朝關係史料叢刊』으로 북경도서관출판사에서 출판하면서 총서의 이름을 『使朝鮮錄』이라 했다. 따라서 '사조선록'이란 적어도 세 가지 의미로 사용할 수 있는 말이 되었다.

전통 시대에 중국과 한국에 존립하고 있던 국가들 사이의 외교적 관계는 일반적으로 冊封과 朝貢의 儀禮를 교환하는 禮的 관계였다. 책봉이란 국제사회의 중심 역할을 하던 국가가 공동체의 다른 구성원을 승인하는 예적 절차였고, 조공이란 국제사회를 구성한 국가들이 중심 역할을 수행한 국가의 위상을 인정하는 예적 절차였다. 이러한 예적 절차를 상호 교환함으로써 동아시아 국제사회의 일정한 질서가 형성, 유지되었으니, 국제사회의 중심 역할을 수행한 국가를 宗主國이라 불렀고, 다른 구성 성분을 藩屬國이라 했다. 책봉은 종주국의 역할이었고, 번속국은 조공의 예를 실행했다. 종주국과 번속국은 각각 독립적인 主權을 보존하고 있었던 별개의 국가였지만, 동시에 일종의 擬制的 君臣 관계의 형식을 취하고 있었기 때문에 차등적 관계의 성격을 띠기도 했었다. 따라서 전통 시대에 책봉과 조공의 예를 교환한 중국과 한국의 국가들은 '독립적이나 차등적인 관계'를 갖고 있었다고 규정할 수 있다.

총서 『사조선록』에 수록된 18종 '사조선록'에는 宋, 明, 淸 등 중국에 존립하고 있던 국가에서 파견한 사신을 조선 정부가 영접하는 각종 儀禮가 상세하게 기재되어 있는데, 이는 宋과 高麗, 明, 淸과 朝鮮의 외교관계가 책봉과 조공의 예를 교환하는 禮的 관계였기 때문이다. 송이나 명, 혹은 청에서 詔書나 勅書를 가지고 한국을 찾은 사신들이 상상을 초월할 정도의 정중한 '칙사 대접'을 받은 까닭은 詔使가 가지고 온 조서나 勅使가 가지고 온 칙서가 곧 皇帝의 권위를 대신한다고 생각했기 때문이다. 일국의 군주가 타국의 사신보다 낮은 위치에서 공손하게 조서를 받들어 맞이하는 이른바 迎詔 의례의 기사를 이 총서에서 읽는 현대의 한국인은 아마도 혹심한 굴욕감을 느낄지도 모른다. 그러나 전통 시대 한중관계의 진면목을 피하지 않고 직시해서 그 본질적 측면에 접근함은 대단히 중요한 일이다.

총서 『사조선록』에는 차마 헤아릴 용기가 나지 않을 정도로 많은 수의 詩들이 기재되어 있는데, 그 중 일부는 使行 여정을 시로 표현한 使行詩이고, 다른 일부는 중국 사신이 한국의 접반 관원들과 서로 교환한 唱和詩들이다. 한마디로 말해서 『사조선록』은 사행시와 창화시의 寶庫라 할 수 있다. 明淸 시대, 특히 明代에 사신으로 선발되어 조선을 방문한 明使들은 대체로 두 부류가 있었는데, 한 부류는 황제의 측근인 환관으로, 그 상당수는 조선인 출신의 환관들이었고, 다른 한 부류는 翰林院에서 복무하는 學士들이었다. 『사조선록』 총서에 수록된 사행록의 저자들은 모두 후자에 속하는, 당대 일류의 문학지사였기 때문에, 詩作의 역량이 출중한 詩人이었다. 따라서 이들은 사행의 과정을 시로 기록하며 풍류를 즐겼을 뿐만 아니라, 조선의 일류 문인 관료들과 詩賦를 창화하며 친분을 나누었다. 중국 학계에서는 이를 가리켜 '詩賦外交'라 부르지만, 시부를 '唱和' 했다는 의미가 생략되어 있기 때문에 그다지 적절한 표현이라 생각되지는 않는다. 뿐만 아니라 단순히 시부의 창화에 그치지 않고, 시부의 창화를 매개로 하여 외교적 현안 해결을 위해 서로 호응하였으니, 차라리 '倡和外交'라 부르는 것이 더 적절할 것이다. 시부의 창화가 시부의 수창으로 정서를 교감하는 한 양식이었듯이, 창화외교 역시 시적 교감을 통한 조화로운 외교였으니, 이 또한 전통 시대 한중 외교관계의 한 본질이었다. 오늘날 한중 외교의 거칠고 일방적인 양상을 볼 때마다, 선인들이 '사조선록'에서 펼쳐 보인 창화 외교의 멋이 더욱 아쉽게 기억된다.

明, 淸의 사신이 압록강을 건너 조선의 경내로 들어오면 조선 정부에서는 平壤 등 중요한 도회지에 迎慰使를 보내 위로의 연회를 베풀고 漢陽에서도 下馬宴과 上馬宴 등 각종 연회를 베풀었는데, 이럴 때마다 조선 정부는 女樂, 즉 기생을 동원해서 영접케 하려 했다. 그러나 '사조선록'의 저자들은 번번이 여악을 물리쳐서 조선의 군신을 당황케 하였고, 심지어는 조선의 禮官들과 여악에 관해 禮的 논쟁을 벌여 높은 도덕성을 과시하기도 했다. 뿐만 아니라 이들 문학지사 출신의 사신들은 조선 정부가 전해주는 人情物, 즉 선물을 사양하고 혹은 필요한 물자 공급까지 거절하여 청렴성을 과시하였는데, 이러한 행위는 단순한 개인적 도덕성의 차원을 넘어 私利를 포기하는 대가로 국익을 챙기는 고도한 외교술로 승화되었다. 이러한 내용을 가득 담고 있는 '사조선록'은 사사로운 이익과

정권의 안정을 위해 과감하게 국익을 포기할 줄 아는 이들에게 학습의 교안으로 제공되어야 하지 않을까 하는 생각도 들게 한다.

'사조선록'을 지은 중국인 사신들은 한결같이 한국을 '禮樂' 혹은 '禮義'의 나라라고 칭송하였는데, 이러한 호의의 배경에는 언제나 箕子가 개입해 있었다. 殷 말 중국의 성현으로 숭앙받은 기자는 조선에 東來하여 조선인에게 禮義, 즉 중국의 고유한 문화와 가치를 가르쳐준 것으로 전설화됨으로써 한국인에게는 위대한 문화적 영웅이요 스승으로 기억되어, 기자를 통해 중국과 한국이 문화와 역사를 공유하게 되었다는 인식이 형성되었다. 명, 청의 사신들이 平壤을 경유할 때는 언제나 기자의 사당이나 무덤을 참배하여 존경의 마음을 표시하고, 높은 수준의 조선 문물을 칭송할 때 기자에 대한 언급을 빠뜨리지 않은 것은, 기자가 중국과 한국의 문화와 역사의 고리로 인식되었기 때문이다. 예로부터 우리나라가 '東方禮義之國'이었다고 자부하는 한국인들은 '사조선록' 도처에서 언급된 '箕子'와 '禮義'의 역사적 의미를 통해 전통 시대 한중관계의 본질적 측면에 접근할 수 있어야 한다.

北宋 말의 사절단은 契丹과 女眞의 존재로 인해 바닷길을 통해 한국에 내왕했고, 明 말과 淸 말에도 明, 淸의 사절단이 해로로 한국에 왔다 간 적이 있었지만, 명 초 이후 청 말까지 한국을 다녀간 대부분의 사절단은 北京과 漢陽을 육로로 내왕하였다. 이로 인해 '사조선록'에는 遼東과 서북 한국의 연도에서 관찰된 갖가지 정보들이 풍부하게 기재되어 있어, 요동사나 한국사 연구자들의 관심을 끌만하다. 중국에서는 이미 『詩經』 시대부터 '皇華', 즉 전자의 사신은 '咨諏', 즉 두루 살펴 정보를 확보해서 '復命', 즉 군주에게 되돌아와서 보고하는 일을 가장 기본적 임무로 인식하고 있었으니, '使朝鮮錄'은 곧 '皇華의 咨諏 復命書'였다고 말할 수 있다. '사조선록'에는 驛站과 도로에 관한 정보가 너무나 정밀하게 기록되

어 있어, 그 기록을 따라 전통 시대 한중 교통 경로를 되밟고 싶은 강한 충동을 불러일으키기도 한다.

이로 인해 이 책에는 지나치다 느껴질 정도로 '사조선록'의 많은 문장이 길고 빈번하게 인용되었다. 연구자가 '사조선록'을 읽으면서 느낀 감동과 흥미를 조금이라도 더 많이 독자들과 함께 나누고 싶었기 때문이다. 독자들이 '사조선록'의 핵심적 문장들을 직접 확인함으로써, 그 높은 사료적 가치에 대한 인식을 공유하게 되기를 기대할 뿐이다.

이 연구는 서강학술총서 기획위원회의 지원을 받아 진행되었다. 인문학의 새로운 발전을 위해 노력하고 있는 동 위원회에 격려와 감사의 인사를 전한다. 근래에 지리산의 북쪽과 남쪽을 신선처럼 오가면서 역사학과 문학의 영역을 자유롭게 넘나들고 있는 洪承基 교수에게서 사학과 문학의 관계에 관해 많은 교시를 받았다. 이 기회에 감사의 마음을 전한다. 월남 사신의 창화시에 관한 영문 연구서를 찾아 보내준 콜로라도 주립대학교의 金光旼 교수와 인터넷으로 연구 자료를 찾는 방법을 가르쳐주고 편의를 제공해준 원광대학교의 金錫佑 교수와 蘇鉉淑 교수에게도 고맙다는 인사를 하고 싶다. 『사조선록』을 붙들고 씨름한 시간의 대부분은 지리산 남쪽 기슭에서 보냈다. 담장 안 칩거를 너그러운 마음으로 이해해 주신 하덕마을 어르신들께도 감사의 마음을 드린다.

무엇보다도 그저 그런 범상한 학인의 길을 무심하게 동행해 준 吳桂玉에게 처음으로 감사의 정을 건네려 한다. 젊었을 때는 살아 있는 전화번호부 역할을 해주더니, 요즘도 한양과 악양을 오가면서 걸어 다니는 우리말사전 노릇까지 도맡아 해주었다. 예전에는 '夜讀'을 위해 '書耕'을 줄이라고 독려하더니, 이젠 '書耕'도 삼가고 '夜讀'도 줄이라고 걱정해준다. 건강하기를.

2011년 봄 악양 문성재에서 지은이 씀

차례

제3부 清使의 朝鮮 使行錄 413

일러두기

1. 이 책의 연구 대상이 된 '使朝鮮錄'의 판본은 다음과 같다. 徐兢의 『宣和奉使高麗圖經』은 乾隆 58년(1793)에 출간된 『知不足齋叢書』本이고, 淸人 蔣光照가 校勘한 『宣和奉使高麗圖經』은 光緖 9년(1883)에 출간한 『斠補隅錄(각보우록)』本이며, 徐兢의 『使高麗錄』은 淸 『說郛』本이다. 倪謙의 『奉使朝鮮倡和集』과 『朝鮮紀事』는 宣統 2년(1910)에 출간된 『玉簡齋叢書』本이며, 倪謙의 『遼海編』은 成化 5년(1469)刻本이다. 張寧의 『寶顔堂訂正方洲先生奉使錄』은 淸初에 출간된 『尙白齋鐫陳眉公訂正秘笈』本이다. 董越의 『朝鮮賦』는 民國 9년(1920)에 출간된 『豫章叢書』本이고, 董越의 『朝鮮雜志』는 民國 30년(1941)에 출간된 『玄覽堂叢書』本이다. 龔用卿의 『使朝鮮錄』은 中華民國 26년(1937)에 출간된 柳詒徵本이고, 朱之蕃의 『奉使朝鮮稿』는 兩江總督本이다. 姜日廣의 『輶軒紀事』는 光緖 21年(1895)에 출간된 『豫章叢書』本이다. 阿克敦의 『東游集』은 嘉慶 21년(1816)에 출간된 『德蔭堂集』本이고, 阿克敦의 『奉使圖』는 雍正 3년(1725)에 鄭璵에 의해 제작된 유일본이다. 柏葰의 『奉使朝鮮驛程日記』는 道光 24년(1844)에 출간된 『薜箖吟館鈔存』本이고, 魁齡의 『東使紀事詩略』은 同治 5년(1866) 刻本이다. 馬建忠의 『東行三錄』은 光緖 23년(1897)에 출간된 『小方壺齋輿地叢鈔再補編』本이고, 崇禮의 『奉使朝鮮日記』는 光緖 20년(1894)에 출간된 『小方壺齋輿地叢鈔補編』本이다.
2. 이 책의 第一部 「徐兢의 『宣和奉使高麗圖經』과 그 韓中關係史 상의 意味」의 전부는 「한중관계사 상의 『宣和奉使高麗圖經』」이란 제목으로 『한중관계 2000년』(소나무, 2008)의 일부로 포함되었으며, 제2부 제1장 「倪謙의 『遼海編』과 朝明 倡和外交」의 일부는 「『遼海編』의 史料的 價値」란 제목으로 『西江人文論叢』 第28輯(2010)에 게재되었고, 第四章 「龔用卿의 『使朝鮮錄』과 朝明 禮義 關係」의 일부는 「明使 龔用卿의 『使朝鮮錄』과 朝明 倡和外交」란 제목으로 『東亞硏究』 第30-1輯(2011)에 게재되었다.
3. 明과 淸의 사절단이 北京과 漢陽을 왕래한 육로, 및 北宋 말기와 明 末, 淸 末의 사절단이 왕래한 해로는 地圖로 그려, 歷代 '使朝鮮錄'의 文章樣式과 그 撰者의 出使年度와 使命, 職責 등을 일람표로 정리하여, 권말에 부록으로 넣었다.

서론

수교 상대국의 수도에 사절단을 상주시키는 오늘날의 국제사회 관행과는 달리, 전통 시대의 동아시아에서는 일이 있을 때마다 사절단을 상대국에 수시로 파견하는 관행을 유지해왔다. 사절단을 수시로 파견하여 국제적 현안을 해결하는 관계를 通使 관계라고 하는데, 일본과 隋·唐의 관계처럼 단순히 통사 관계에 머무른 경우도 많이 있었지만, 冊封과 朝貢 같은 儀禮로써 通使를 제도화한 관계도 있었으니, 조선과 明, 淸의 관계 등 한중 외교관계가 그 전형이었다. 명, 청과 조선 등의 한중 양국은 사신의 교환을 통해 책봉과 조공의 禮를 실행, 관리하여 양국 관계를 안정시키고 동아시아 국제사회에 일정한 질서를 창출, 유지하였다. 따라서 한중관계사의 본질은 책봉과 조공의 예를 교환하기 위한 通使 관계에 있었다고 할 수 있으니, 통사 기록에 관한 이해는 한중관계사의 본질에 접근하는 첩경의 하나라 할 것이다. '使朝鮮錄'을 이해하고 활용해야 할 이유가 여기에 있다.

'使朝鮮錄'이란 朝鮮 使行錄, 즉 '朝鮮에 使臣으로 다녀온 記錄'이란 뜻으로, 明 世宗 嘉靖 연간에 조선을 방문한 明使 龔用卿이 귀국한 뒤에

使行 기록을 저술, 출판하면서 그 책의 이름을 『使朝鮮錄』이라 하였는데, 근년(2003년)에 중국 北京圖書館出版社에서 龔用卿의 『使朝鮮錄』 등 전통 시대 중국 국가들의 사신들이 한국을 다녀간 뒤에 기행문 형식으로 저술한 18종의 '使朝鮮錄' 원본을 모아 影印하여 『中朝關係史料叢刊』으로 출판하면서 그 叢書의 이름을 역시 『使朝鮮錄』이라 하였다. 따라서 '使朝鮮錄'이란 세 가지의 의미를 갖는 말이니, 그 하나는 조선에 사신으로 다녀온 기록을 총칭하여 이르는 말이고, 다른 하나는 과거에 조선을 다녀간 중국 국가의 한 사신이 저술한 특수한 使行 기록의 이름이며, 또 다른 하나는 그 『使朝鮮錄』을 포함하여 역대 조선 사행록들을 모두 포함한 叢書의 이름이다.

龔用卿의 『使朝鮮錄』뿐만 아니라 총서 『使朝鮮錄』에 포함된 18종의 '使朝鮮錄'들은 모두 역대 중국 국가들의 사신이 한국을 내왕한 과정에서 직접 보고 들은 견문을 서술한 자료이기 때문에, 전통 시대의 한국사와 요동사 및 한중관계사와 동아시아 국제질서를 이해하는 데 더할 수 없이 귀중한 자료라 할 수 있다. 그러나 이들 『사조선록』에는 漢文으로 된 使行詩들이 다수 수록되어 있어 한문학계에서는 약간의 관심을 보인 바 있지만, 학계에 공개, 소개된 지가 일천하였던 까닭인지 그 대부분이 지금까지 우리말로 번역되어 소개된 바도 없거니와 한중 양국 어느 나라에서도 역사학계에서는 아직 관심을 모으지 못하고 있다.

전통 시대의 韓中 관계는 시종일관 冊封-朝貢 관계의 성격을 띠고 있었다. 책봉-조공 관계란 冊封과 朝貢의 禮를 서로 교환하는 관계로서, 기본적으로 通使, 즉 使節의 내왕을 통해 이루어졌다. 『使朝鮮錄』은 바로 책봉-조공 관계를 실행, 혹은 조절하기 위해 來韓한 중국 사신들의 귀국 보고서들을 모은 총서이기 때문에, 韓中 책봉-조공 관계의 실상에 접근하는 데 필요한 정보를 직접, 그리고 체계적으로 제공한다. 책봉-조공 관계란 전통 시대 동아시아 국제사회를 주도한 '宗主國'과 그 구성원인 '藩屬國'이 책봉과 조공의 禮를 교환하는 차등적 국제관계였기 때문에, 그동안 한국의 역사학계에서는 기피해온 연구 대상이었으며, 이로 인해 한중관계의 역사에 대한 인식이 상당 부분 왜곡, 혹은 제한되어 있었다. 따라서 한중간의 책봉-조공 관계를 직접적으로 서술한 자료들이 대량으로 공개된 이 단계에서, 이들 자료를 활용한 한중 책봉-조공 관계에 대한 연구가 즉각 시작되어야 할 필요성은 따로 강조할 필요가 없을 것이다.

이 총서에 실린 18종의 조선 사행록에는 산문도 있고 운문도 포함되어 있는데, 그 가운데서도 가장 많은 분량을 차지하는 것은 운문, 특히 律詩 형식의 운문으로, 18종 도서의 절반에 해당하는 9종의 도서가 1,200여 首에 달하는 漢詩로 구성되어 있다. 七言律詩나 五言律詩, 長篇, 賦 등 다양한 형식으로 기술된 이들 다량의 시들은 대체로 紀行詩와 唱和詩 등 두 종류로 서술되었다. 기행시는 중국 국가인 明과 淸의 수도 北京을 떠나 遼東을 경유해서 한국 朝鮮의 도성인 漢陽에 이르렀다가 다시 같은 경로로 되돌아가는 여로에서 보고 느낀 바를 적은 것이고, 창화시는 중국 사신들이 鴨綠江을 건너 한양으로 오는 과정과 다시 귀국하면서 압록강을 건널 때까지 조선에서 파견한 遠接使나 接伴使들과 唱和하며 나눈 詩다. 이들 도서에 수록된 산문은 대체로 기행문과 공문서들로 구성되어 있는데, 기행문은 대부분 일기 형식으로 사절단이 지나간 여정을 구체적으로 기록한 것이고, 공문서들은 使行과 관련하여 각급 관련 기관에 협조를 요청하거나 지시한 문서와 復命을 위한 보고서들이다.

이들 도서들에 수록된 문장들은 운문이나 산문의 형식과 관계없이 전통 시대 중국 국가들의 사신들이 한국에 내왕한 노정과 연도에서 목격된 정황 및 한국 국가들의 국왕이나 관원들과 나눈 의례에 대한 구체적 정보를 제공해 줄 뿐만 아니라, 한중 지식인들의 상대방 나라의 역사와 문화 · 정치 · 제도 및 역사적 관계에 대한 상호 인식과 이해에 대한 정보를 다양하게 제공하기도 한다. 중국 사신들이 한국에서 얻은 견문에는 여정의 풍광과 조선의 정치 제도, 도성과 성읍, 풍속과 의식주 생활 등 다양한 내용이 포함되어 있어, 조선시대 한국의 정치사와 사회사, 경제사 등의 기초 자료로 활용될 수 있을 것이다. 총서의 18종 도서 가운데 이미 알려져 있는 자료는 徐兢의 『宣和奉使高麗圖經』과 董越의 『朝鮮賦』인데, 이 두 편의 도서가 고려 및 조선 전기의 한국사 연구에 얼마나 중요한 사료로 활용되고 있는지는 이미 널리 알려진 사실이지만, 이번에 처음으로 공개된 나머지 16종의 도서들도 그보다 못하지 않은 사료적 가치를 갖고 있다. 조선시대의 한국인이 남긴 역사적 자료도 적지 않지만, 외국인이 직접 보고 느낀 견문은 한국사에 대한 객관적 이해에 도움을 줄 것으로 기대된다.

특히 명 · 청의 사신과 조선 접반사들이 외교적 현안을 해결하는 독특한 수단으로 활용한 다량의 唱和詩들은 세계 외교사에서 그 유례를 찾아보기 어려운 '倡和 外交'라는 독특한 외교 양식에 접근하게 하는 자료의 보고라 할 수 있다. 여기서 말하는 '창화 외교'란 두 가지 의미를 함축할 수 있다. 그 하나는 詩를 唱和하며 이뤄진 외교란 뜻이고, 다른 하나는 한중 양국이 시를 창화하듯 외교를 했다는 뜻이다. 흔히 시를 창화할 때는 한 사람이 선창하면 그 韻을 따서 다른 사람이 화답하는 시를 지었는데, 전통 시대의 한국과 중국의 국가들이 외교 정책을 운용할 때도 시를 창화하듯 정서적 교감을 통해 조화롭게 서로 호응한 바가 있었다. 『사조선록』을 저술한 중국의 사신들도 조선의 관원들과 시를 창화하면서, 서로 호응하여 외교 정책을 조율했으니, 시의 창화가 곧 외교의 창화로 이어졌던 것이다.

조선 사행록의 저자들은 한 명의 예외 없이 모두가 당대 일류의 文學之士 출신이어서, 수많은 紀行詩와 唱和詩를 남길 수 있는 문학적 역량을 갖추고 있었지만, 이들에게 詩作은 '餘事'에 지나지 않았다. 그들의 대부분은 儒學을 학습하여 科擧를 통해 翰林院에서 봉직하고 있었기 때문에, 문학뿐만 아니라 禮에 대해서도 높은 수준의 식견을 갖추고 있었다. 이로 인해 이들은 한국에서 사신으로 활동하면서 독특한 禮論을 개진하여 양국의 책봉-조공 관계를 단속, 강화하는 일에 주력하였으니, 그 까닭은 전통 시대의 한중관계가 곧 책봉과 조공의 禮를 교환하는 禮的 관계였기 때문이다.

중국의 사신이 외국으로 출행할 때는 으레 그 나라의 사정과 풍속을 두루 살펴보았다가 귀국한 뒤에 이를 그 조정, 혹은 군주에게 보고했는데, 이러한 사신의 기본 임무를 '咨詢'이라 했다. 使行한 나라의 정황을 살펴서 보고하는 咨詢은 어느 시대, 어느 왕조의 사신에게도 예외 없이 요구되었던 공통된 임무였지만, 창화시를 통한 외교적 조율이나 禮論을 통한 책봉-조공 관계의 단속과 같은 것은 특히 明代 사신들의 활동에서 일반적으로 발견되는 독특한 역할이었다.

『使朝鮮錄』 叢書에는 宋代와 明代 및 淸代의 사행록들이 모두 포함되어 있는데, 그 가운데서도 明代의 것이 양적으로 가장 많을 뿐만 아니라, 그 내용에서도 창화시와 예론이 가장 많이 수록된 것도 明代의 조선 사행록이었으니, 이는 곧 명대라는 시대의 한 특성을 반영하는 것이라 할 수도 있다. 明은 그 전후에 遼東에서 발생하여 중국의 일부 혹은 전부를 지배한 遼나 金 · 元 · 淸 등과는 달리 중국에서 발생하여 중국인에 의해 건립된 전형적인 중국 국가의 하나로서, 朝鮮 등 주변 外國들과의 외교 관계도 전형적인 冊封-朝貢 체제로 운영한 국가였다. 명의 사신들에 의해 주도적으로 진행된 창화 외교나 예론의 전개 등은 바로 이 전형적 중국 국가에 의해 운영된 전형적 책봉－조공 체제의 가장 효과적인 표현이었다. 따라서 이들 문헌에 대한 접근과 이해도 명대 사신들의 창화 외교와 예론 전개를 중심으로 시도하는 것이 보다 효과적 의미를 가질 것이다.

叢書 『使朝鮮錄』에는 徐兢의 『宣和奉使高麗圖經』과 『使高麗錄』, 蔣光照의 斠補隅錄本 『高麗圖經』 등, 倪謙의 『遼海編』과 『朝鮮紀事』, 『奉使朝鮮倡和集』 등, 張寧의 『寶顔堂訂正方洲先生奉使錄』, 董越의 『朝鮮賦』와 『朝鮮雜志』, 龔用卿의 『使朝鮮錄』, 朱之蕃의 『奉使朝鮮稿』, 姜日廣의 『輶軒紀事』, 阿克敦의 『東游集』과 『奉使圖』, 柏葰의 『奉使朝鮮驛程日記』, 魁齡의 『東使紀事詩略』, 馬建忠의 『東行三錄』, 崇禮의 『奉使朝鮮日記』 등 모두 12인이 저술한 18종의 조선 使行錄이 포함되어 있는데, 이 가운데 일부는 다른 도서와 중복되거나 다른 도서에 포함되어 있어 개별적 연구가 필요하지 않다. 즉 徐兢의 『使高麗錄』은 『宣和奉使高麗圖經』의 일부를 따로 편집하여 출간한 것이고 蔣光照의 斠補隅錄本 『高麗圖經』은 徐兢의 『宣和奉使高麗圖經』을 校勘, 修訂한 것이기 때문에, 이 세 권의 책은 한 세트로 묶어서 연구할 수 있다. 또한 倪謙의 『奉使朝鮮倡和集』 가운데 상당 부분은 倪謙의 『遼海編』에 포함되어 있고 그 성격이 『요해편』과 다르지 않으며, 倪謙의 『朝鮮紀事』는 예겸의 使行 일정을 시간 순으로 기술한 것이어서, 역시 이 세 종류의 도서를 묶어서 한 연구 단위로 분석, 정리할 수 있다. 董越의 『朝鮮雜志』도 『朝鮮賦』의 「自注」 형식으로 포함되어 있고, 阿克敦의 『東游集』에 기재된 漢詩는 아극돈의 『奉使圖』에도 기술되어 있어, 역시 각각 한 세트로 묶어서 검토할 수 있다. 따라서 총서 『사조선록』에는 모두 18종의 『사조선록』이 포함되어 있지만, 이들 문헌에 대한 연구는 모두 12개의 단위로 진행할 수 있다.

총서 『사조선록』에 수록된 조선 사행록 가운데 明代에 편찬된 것은 倪謙과 張寧, 董越, 龔用卿, 朱之蕃, 姜日廣 등 6명 明使들의 저술이다. 倪謙

의 『奉使朝鮮倡和集』은 明 景帝 景泰 원년, 즉 朝鮮 世宗 즉위 32년(1450)에 景帝의 즉위를 알리기 위해 조선을 방문한 明의 正使 翰林院侍講 倪謙이 여로에 지은 詩賦와 그를 接伴한 조선의 遠接使 鄭麟趾 · 申叔舟 · 成三問 등이 唱和한 시문을 간추려 엮은 朝明 倡和 외교의 기념비적 문헌이다. 그러나 이 시집에 수록된 시의 대부분은 예겸의 『遼海編』에 재수록되었다. 『朝鮮紀事』는 倪謙이 이끈 사절단이 景泰 원년 정월 초하루부터 1월 10일 遼東을 출발하여 2월 3일 압록강을 다시 건너 귀국할 때까지 모두 62일 간의 여정을 일기체로 기록한 여행기이다. 이 책 역시 明 憲宗 成化 5년(1469)에 출간된 倪謙의 『遼海編』에 일부로 수록되었다. 『遼海編』은 倪謙이 사행 중에 여로에서 지은 詩賦와 紀行文 및 使行과 관련하여 지인에게서 받은 시문을 그 아들 倪岳이 모아 편집한 책으로, 詩 283首와 辭賦 4수, 記 2수, 銘 1수, 序跋 5수, 紀事 1卷으로 구성되었다. 『요해편』과 그곳에 기재된 詩文들은 지금까지 역사학 연구자들에 의해 한 번도 史料로서 연구되지도 않았고 주목된 바도 없었으나, 正使가 직접 기술한 중국 최초의 기행 시문이자 復命書였고, 漢陽과 北京을 잇는 육로 使行 경로에 관한 구체적 정보를 처음으로 남긴 使行詩文이며, 文學之士 출신의 侍臣으로 조선에 처음 出使한 明朝 사신의 여행 기록이고, 한국을 방문한 중국 사신과 한국 接伴使가 처음으로 酬唱한 唱和詩의 寶庫이며, 조선과 明 사이에 교환된 冊封과 朝貢의 禮에 관한 주요한 논쟁이 기록되어 있고, 한국의 역사와 문화에 대한 명대 중국 지식인의 독특한 인식이 표현되어 있는 자료라는 점에서 매우 새로운 성격과 내용의 사료적 가치를 갖고 있다.

張寧의 『寶顔堂訂正方洲先生奉使錄』은 倪謙에게서 사사한 張寧이 예겸이 조선을 다녀간 지 10년 뒤인 明 英宗 天順 4년, 즉 조선 世祖 6년(1460) 봄에, 朝鮮이 毛憐衛 女眞을 자의로 처형한 문제를 조사하라는 使

命을 받들고, 禮科掌科事給事中 欽差正使의 자격으로 朝鮮을 다녀간 뒤에 편찬, 출간한 일종의 復命書로, 상하 두 권에 使行과 관련된 4편의 공문서와 遼東을 경유하며 쓴 紀行詩文, 『皇華集』에 수록된 唱和詩, 「箕子」 등에 관한 기타 산문 등 4종의 자료가 수록되어 있다. 張寧의 『봉사록』도 지금까지 역사학계의 관심을 전혀 받지 못했지만, 張寧은 倪謙을 이어 奉使 기록을 남긴 두 번째의 文學之士 출신 正使였던 만큼, 장영이 찬술한 『봉사록』은 예겸의 『遼海編』에 버금가는 사료적 가치를 갖는다. 특히 『봉사록』을 통해 『요해편』의 사료적 가치를 재확인할 수 있을 뿐만 아니라, 女眞과 朝鮮 · 明 등 삼국이 遼東을 둘러싸고 전개한 외교적 힐항과 갈등에 관한 정보를 새로 확인할 수도 있다.

董越의 『朝鮮賦』는 明 孝宗 弘治 원년, 즉 조선 成宗 즉위 19년(1488)에 明의 左春坊右庶子 겸 翰林院侍講 董越이 孝宗의 즉위를 알리기 위해 正使로 임명되어 朝鮮을 다녀간 3년 뒤에 중국에서 간행한 賦 형식의 復命書이다. 『조선부』는 모두 464구의 賦가 세 부분으로 구성되어, 조선의 위치와 지형 · 풍속 등을 개괄하고, 압록강을 건넌 뒤부터 한양에 이를 때까지의 여정과 한양에서의 사신 활동, 연회 등을 노래하였으며, 成均館과 漢城 시가, 漢江 유람, 백성들의 풍습과 산물 등에 관해 소개하였다. 동월은 賦의 내용을 스스로 주해하였는데, 이 自注는 모두 그가 따로 지은 『朝鮮雜志』의 기사를 적절하게 배치한 것이었으니, 『조선잡지』는 독립된 자료라기보다는 『조선부』를 위한 보충 자료라 할 수 있다. 동월의 『조선부』는 출판되자마자 한중 양국에서 널리 읽혀졌고, 일찍부터 우리말로 번역되기도 하고 학계에서 소개 혹은 연구되기도 했다.

龔用卿의 『使朝鮮錄』은 明 世宗 嘉靖 16년, 즉 朝鮮 中宗 31년(1537)에 제3황자가 태어난 것을 알리기 위해 조선에 파견된 正使 翰林院修撰 龔用卿이 귀국한 다음해에 중국에서 출판한 사행문집이다. 이 책의 상권은 공용경 자신이 조선에 사신으로 와서 경험한 儀禮에 관한 기술로서 산문으로 이뤄져있고, 2권에는 여로에 지은 수백 편의 시들과 의례에 관한 자신의 견해를 적은 산문으로 구성되어 있는데, 특히 迎詔禮, 즉 詔書를 맞이하는 의례가 자세하게 잘 정리되어 있다. 龔用卿은 교외에서 詔書를 영접하며 '五拜三叩'를 행하는 禮와 조서의 영접 행사에 生員을 참여시키는 禮를 새로 주장하여 관찰시켰는데, 그 과정도 상세하게 기재되어 있다. 그는 귀국한 뒤에 상주해서 謄黃 제도를 새로 실시하게 하고 조선의 '宗系辨誣' 사건을 해결하는 데 일조하였으며, 조선 사신에 대한 접대를 격상케 하는 등, 朝明 외교 관계에 적지 않게 공헌했다.

朱之蕃의 『奉使朝鮮稿』는 明 神宗 萬曆 34년, 즉 조선 宣祖 39년(1606)에 元孫이 태어난 것을 알리기 위해 조선에 正使로 파견된 翰林院修撰 朱之蕃이 北京을 출발해서 조선 漢陽에 이르렀다가 다시 鴨綠江을 건널 때까지 일련의 여행 과정을 시로 표현한 紀行詩文集으로, 제1책은 주지번의 紀行詩를 모은 것이고, 제2책은 주지번과 賡酬한 遠接使 柳根 등 조선 관원들의 唱和詩들을 모아놓은 것으로 「東方和音」이라 제목이 붙여져 있다. 주지번은 모두 259수의 시를 남겼는데, 이는 조선을 방문한 역대 중국 사신이 지은 시 가운데 가장 많은 수였다. 주지번은 詩뿐만 아니라 書와 畵에도 정통하여, 조선에 적지 않은 書畵를 남김으로써 역대 明使 가운데서 한중 문화 교류에 가장 적극적으로 기여한 인물로 기억될 수 있다.

姜曰廣의 『輶軒紀事』는 明 말의 문학지사 翰林院編修 姜曰廣이 明 熹宗 天啓 6년, 즉 조선 仁祖 4년(1626)에 황태자의 출생을 조선에 알리기 위해 正使로 조선에 다녀갔다 귀국한 2년 뒤에 출간한 사행록이다. 강왈광이 조선에 갈 때는 滿洲가 흥기하여 遼東을 석권하고 明將 毛文龍이 압록강 입구의 皮島(椴島)에 있는 東江鎭에서 농성하고 있던 매우 특수한 상황이어서, 황태자의 탄생을 알리는 본래 임무 외에도 모문룡을 탐색하여 견제하고 조선으로 피난한 遼民을 보호하는 등 여러 가지 임무를 복합적으로 띠고 東來했다. 『유헌기사』에는 당시의 이러한 특수 상황이 잘 묘사되어 있어, 명말 청초의 동북아시아의 미묘한 상황을 이해하는 데 매우 귀중한 사료로서의 가치를 갖고 있다. 또한 당시는 평소 한중 사절단의 내왕 통로였던 遼東이 女眞에 의해 장악되어 있었기 때문에 강왈광은 부득이 해로를 이용해서 내왕할 수밖에 없었다. 이로 인해 『유헌기사』에는 山東에서 廟島 열도와 皮島를 거쳐 한국의 서북 해안을 따라 한양으로 왔다가 돌아간 바닷길이 상세하게 기재되어 있어, 전통 시대의 한중 해상 교통로를 이해하는 데도 매우 귀중한 사료가 된다. 이외에도 강왈광이 조선측의 물적 지원을 일체 거절하는 과정이 생생하게 기술되어 있어, 明使의 일상적 접대에 관한 정보를 얻을 수도 있고, 해상의 풍랑을 만나 天妃에게 기도하는 장면이 여러 번 기술되어, 당시 동아시아에서 유행한 天妃 숭배 민간 신앙의 연구에도 많은 도움을 얻을 수도 있다.

이들 명대에 찬술된 6종의 '使朝鮮錄'에 수록된 紀行詩文과 唱和詩, 공문서 등은 조선과 명이 책봉과 조공의 禮를 교환한 특수한 관계를 이해하는 데 도움을 줄 뿐만 아니라, '倡和外交'라 부를 만한 독특한 외교 양식이 朝明 관계를 특징짓고 있었음을 이해하게 할 것이다. 이들 명대 『사조선록』에서 확인할 수 있는 朝明 시대 한중관계의 특수성은 그 이전 시대나 그 이후 시대의 그것과는 대비되는 것이어서, 명대 이전의 『사조선록』과 명대 이후의 『사조선록』과의 비교가 불가피하다. 명대 이전의 『사조선록』으로 현재까지 전해지는 것으로는 徐兢의 『宣和奉使高麗圖經』이 유일하고, 명대 이후의 『사조선록』으로는 阿克敦의 『東游集』과 『奉使圖』, 柏葰의 『奉使朝鮮驛程日記』, 魁齡의 『東使紀事詩略』, 馬建忠의 『東行三錄』, 崇禮의 『奉使朝鮮日記』 등이 있다.

徐兢의 『宣和奉使高麗圖經』은 徽宗 宣和 4년, 즉 高麗 仁宗 원년(1122)에 高麗를 찾은 北宋 사절단이 본국으로 돌아간 뒤에 사절단의 일원이었던 徐兢이라는 文學之士가 황제에게 올린 復命 보고서로서, 당연히 북송 말기의 한중관계에 관한 갖가지 정보를 담고 있다. 특히 북송 사절단이 어떠한 사명을 띠고 파견되었는지, 어떻게 구성되었는지, 어떠한 경로를 통해 고려에 입국하였는지, 고려에서 어떠한 의전 절차를 통해 사명을 수행하였는지, 고려 정부에서는 이들을 어떻게 예우하였는지 등 여러 가지 정보를 이 문헌에서 발견하여 정리할 수 있어, 북송과 고려의 외교 관계에 관한 이해에 적지 않은 도움을 얻을 수 있다. 서긍이 『宣和奉使高麗圖經』을 편찬한 목적은 '咨詢', 즉 현지의 상황을 파악해서 문서로 작성하여 군주에게 보고함으로써, 군주로 하여금 현지의 상황을 명료하게 인식할 수 있게 하는 것이었는데, 이 咨詢의 임무는 이후 明代의 '使朝鮮錄'에서도 빠짐없이 발견된다. 서긍의 『선화봉사고려도경』은 일찍부터 우리말로 번역되고 학계의 많은 관심을 모아 적지 않은 연구 성과들이 이미 축적되어 있지만, 주로 한국사 연구의 보조적 자료로 활용되었을 뿐, 그 문헌적 성격과는 달리 의외로 한중관계사 연구의 사료로는 이용되지 않았다.

阿克敦의 『東游集』은 滿洲人 아극돈이 조선에 다녀가면서 지은 28편의 시문을 편집한 책이고, 『奉使圖』는 아극돈이 사신으로 조선에 다녀간 과정을 雍正 3년(1725)에 鄭璵가 20장 그림으로 그리고, 『동유집』에 수록된 시문을 그 좌우 상단에 써넣은 책이다. 아극돈은 전후 네 차례에 걸쳐 조선에 사신으로 다녀갔는데, 제1차는 滿淸 康熙 56년, 즉 조선 肅宗 43년(1717)에 조선 국왕의 눈병을 치료할 약을 전해주기 위해 翰林院侍讀學士의 직임과 正使의 신분으로 다녀갔고, 제2차 出使는 1차 사행을 마치고 귀국하자마자 皇太后의 죽음을 알리기 위해 告訃使의 자격으로 떠났으며, 제3차 출사는 世弟 책봉을 위해 康熙 61년, 즉 景宗 2년(1722)에 內閣學士의 직책에 있다가 正使의 신분으로 다녀갔고, 제4차 출사는 雍正 3년, 즉 英祖 원년(1725)에 조선 국왕 賜祭와 冊封을 위해 翰林院學士의 직임에 있다가 副使로 다녀갔다. 특히 『봉사도』는 奉使의 과정을 정밀한 그림으로 전해주는 문헌으로, 徐兢의 『高麗圖經』이 그림을 상실하여 아쉬운 상황에서, 남아 있는 유일한 '奉使圖'로서 문화사적 가치가 높게 평가된다. 또한 『봉사도』에는 4수의 「序詩」와 16수의 「後詩」 혹은 「跋文」이 附錄되어 있는데, 이들 작품의 작가 가운데는 大學士 등 고위 관료와 당대의 저명한 書畫家들이 다수 포함되어 장관을 이루었다.

柏葰의 『奉使朝鮮驛程日記』는 滿淸 道光 24년, 즉 조선 憲宗 10년(1844)에 조선 王后의 諭祭를 위해 正使 戶部右侍郎 柏葰이 諭祭使로 조선에 다녀온 다음해에 출간한 여행일기와 使行詩 모음집이다. 이 책 전반부는 「奉使朝鮮驛程日記」로, 諭祭使의 임무를 부여받았을 때부터 복명할 때까지 매일 겪었던 여정을 일기 형식으로 기록하였고, 후반부는 「薜箖吟館鈔存」으로, 백준이 조선의 문사 관료들과 교환한 창화시가 수록되어 있다. 또한 이 책의 앞에는 阿克敦의 『奉使圖』처럼 8편의 題詩와 賀詞가 부록되어 있는데, 이들 글을 쓴 이들은 모두 당대 일류의 고관 명사들로서, 阿克敦의 『奉使圖』와 함께 당시 출판문화의 일단을 보여주는 귀중한 자료로 평가된다.

魁齡의 『東使紀事詩略』은 理藩院右侍郎 魁齡이 清 穆宗 同治 5년, 즉 조선 高宗 3년(1866)에 王妃 책봉을 위해 正使로 조선에 다녀간 그 해에 출간한 기행 詩文이다. 이 책은 책 제목과 같이 魁齡의 東國 使行을 산문으로 기술하고 시로 술회한 매우 독특한 양식의 기행 시문으로, 일기 형식의 산문으로 일정을 서술하면서 각 지역에 도착할 때마다 시를 한두 수씩 지어서 함께 병기하여, 기행문과 시를 함께 견주며 감상하게 하는 매우 특이한 작품이다. 기행 시문의 양식에 있어 그 독창성이 돋보이는 자료라고 하겠다.

그러나 이들 3인의 淸使가 찬술한 4종의 조선 사행록에 담겨진 내용은 明代의 그것과 다른 점이 적지 않다. 宋代 이래의 '咨詢'의 임무는 明代는 물론, 淸代까지도 여전히 중시되고 있었지만, 明代 『사조선록』의 중요한 특징인 詩文의 唱和가 크게 약화되었고 禮論의 개진은 청대 『사조선록』에서 거의 발견되지 않는다. 이들 청대의 『사조선록』들은 명대 『사조선록』에서 볼 수 있었던 전통 시대 조선 사행록의 특징적 측면이 청대에 이르러 어떻게 변화하였는지를 확인하기 위해, 별도의 연구 단위로 따로 묶여서 분석, 정리되어야 할 필요가 있다.

한편 馬建忠의 『東行三錄』은 「東行初錄」과 「東行續錄」, 「東行三錄」 등 세 부분으로 구성되어 있는데, 모두 滿淸 德宗 光緖 8년, 즉 조선 高宗 19년(1882)에 漢人 馬建忠이 세 번 조선을 다녀간 과정을 일기 형식으로 자세하게 기록한 기행문으로, 청 말–한 말의 한중관계와 동아시아 정세를 이해하는 데 빠뜨릴 수 없는 매우 귀중한 사료이다. 「동행초록」은 北洋大臣 李鴻章의 명령에 따라 그 幕僚였던 道員 馬建忠이 北洋 해군 統領 丁汝昌이 이끈 세 척의 신식 군함을 타고 황해를 건너 조선으로 가서 조선을 도와 미국과 영국과의 개항 조약을 체결하게 한 과정을 기술한 것이다. 「동행속록」은 마건충이 조선과 독일의 조약을 알선하기 위해 조선을 다녀온 과정을 기술한 것이고, 「동행삼록」은 조선에서 일어난 壬午軍亂에 대응하기 위해 마건충이 조선을 세 번째 방문해서 淸國의 국익을 위해 군란을 수습하는 과정을 기술한 것이다.

崇禮의 『奉使朝鮮日記』는 조선 趙大妃의 諭祭를 위해 滿淸 光緖 16년, 즉 조선 高宗 27년(1890)에 正使인 戶部左侍郎 續昌과 함께 조선을 다녀온 副使 戶部右侍郎 崇禮가 正使의 유촉을 받아 저술한 기행 일기이다.

『使朝鮮錄』 총서에 수록된 『小方壺齋輿地叢鈔補編』本 『奉使朝鮮日記』에는 출국 이후의 기재가 없지만, 사신을 선발하는 과정이나 出使를 준비하는 공적 절차 등이 일기 형식으로 매우 자세하게 기술되어 있고 관계된 각종 공문서들이 그대로 인용되어 있어, 한중 외교사뿐만 아니라 중국의 외교 체재를 연구하는 데도 매우 중요한 사료로 활용될 수 있다.

그러나 『東行三錄』을 지은 馬建忠은 滿淸의 황제가 파견한 정식 사신이 아니라 北洋大臣 李鴻章의 幕僚로서 파견되었기 때문에, 다른 조선 使行錄과는 그 성격이 기본적으로 같지 않다. 또한 북경도서관본 총서 『使朝鮮錄』에 수록된 崇禮의 『奉使朝鮮日記』는 출국 전에 出使를 준비하는 과정에 관한 기술만 남아 있는 불완전한 판본이다. 무엇보다도 마건충과 숭례가 조선을 방문한 淸 말은 전통적 동아시아 세계 질서가 붕괴되는 매우 특수한 시기로서, 그 使行의 목적과 내용 자체가 이전의 그것과는 성격이 같지 않다. 따라서 원래의 연구 계획에서는 이 2종의 문헌이 검토 대상에서 제외되었다. 그러나 전통 시대가 종결되는 淸 末이라는 특수한 상황에서 저작되어 다른 사행록과 그 기본적 성격을 달리하는 이 두 사행록의 존재가 오히려 전통 시대 조선 사행록의 특성을 이해하는 데 도움을 줄 수도 있을 것으로 판단되었기 때문에, 청 말의 『사조선록』이 갖는 특수성을 확인하는 과정을 다시 포함시키기로 했다.

따라서 이 책에서는 모두 12개의 章을 시대에 따라 四分하여 4개의 部로 구성하였다. 제1부에서는 宋使의 使行錄인 『宣和奉使高麗圖經』을 검토하고, 제2부에는 明使의 사행록인 『遼海編』과 『寶顔堂訂正方洲先生奉使錄』, 『朝鮮賦』, 『使朝鮮錄』, 『奉使朝鮮稿』, 『輶軒紀事』 등 6종의 사행록을, 제3부에서는 淸使의 사행록인 『奉使圖』(『東游集』)과 『奉使朝鮮驛程日記』, 『東使紀事詩略』 등 3종의 사행록을, 제4부에서는 淸 末의 사행록인 『東行三綠』과 『奉使朝鮮日記』 등 2종의 사행록을 살펴볼 것이다. 이러한 재구성을 통해 제1부에서는 '使朝鮮錄'의 原型을 확인하고, 제2부에서는 『사조선록』의 典型을, 제3부에서는 『사조선록』의 變型을, 제4부에서는 『사조선록』의 마지막 모습을 각각 확인, 정리할 것이다. 이러한 연구 단위의 재구성을 통해, 『사조선록』 총서에 수록된 18종 사행록의 사료적 가치뿐만 아니라, 각 사행록이 편찬된 시대의 특성과 찬자가 소속된 국가의 특수성이 '使朝鮮錄'의 성격과 내용을 어떻게 달리 규정하게 되었는지도 아울러 이해할 수 있게 되기를 기대한다.

제1부

宋使의 高麗 使行錄:

徐兢의 『宣和奉使高麗圖經』과 그 韓中關係史 상의 의미

1. 머리말

『宣和奉使高麗圖經』(이하 『高麗圖經』이라 약칭함)은 지금까지는 한국 高麗史의 사료, 특히 고려 사회와 문화에 관한 사료로서 그 가치를 인정받고 이용되어왔을 뿐, 뜻밖에도 한중관계사의 사료로서는 거의 이용되지 못했다. 이는 『고려도경』 연구 목록을 일별하면[1] 쉽게 알 수 있다. 그러나

---

1 『고려도경』을 고려시대 문화사의 사료로 접근한 연구로서, 다음과 같은 연구가 있다. 金東旭, 「『高麗圖經』의 복식사적 연구」 1: 『高麗圖經』의 풍속사적 연구」, 『연세논총』 7, 연세대학교 대학원, 1970; 金榮胤, 「고려청자를 높이 평가한 서긍과 그의 저 『高麗圖經』」, 『월간문화재』, 1974; 吉熙星, 「고려시대의 승계제도에 대하여: 특히 『高麗圖經』을 중심하여」, 『규장각』 7, 서울대학교 도서관, 1983; 尹以欽, 「『高麗圖經』에 나타난 종교사상: 민간신앙을 중심으로」, 『동방사상논고: 도원유승국박사화갑논총』, 1983; 宋芳松, 「『高麗圖經』 소재 향악기의 음악사적 의의」, 『한국학보』 39, 일지사, 1985; 崔夢龍, 「『高麗圖經』에 보이는 器皿」, 『한국문화』 6, 서울대학교 한국문화연구소, 1985; 謙若逸之, 「고려사 方三十三步 및 『高麗圖經』 每一百五十步의 면적에 대하여」, 『孫寶基 박사 정년기념 한국사학논총』, 지식산업사, 1988; 尹德仁, 「고려시대의 식생활에 관한 연구: 『高麗圖經』을 중심으로」, 『관대논문집』 18, 1990; 祁慶富, 「『高麗圖經』의 원양선대와 항해기술」, 『정신문화연구』 64, 한국정신문화연구원, 1996.

『고려도경』을 사회경제사 사료로 활용한 연구로는 다음과 같은 것이 있다. 朴京安, 「고려중

누구나 아는 바와 같이, 『고려도경』은 중국 北宋의 한 사절단이 고려조가 통치하던 한국을 다녀간 일에 관해 사절단의 일원인 徐兢이라는 文學之士가 상세하게 기록해둔 기행문이다. 마치 明朝와 淸朝의 도성인 北京을 다녀간 朝鮮 사절단의 書狀官 등이 귀국 후에 『朝天錄』이나 『燕行錄』 등을 작성하여 국왕에게 보고한 것과 마찬가지로, 이 문건도 고려의 도성 開京을 다녀간 북송 사절단의 일원이 송 조정에 제출한 復命 보고서의 하나였다. 따라서 『고려도경』에는 당연히 북송 사절단의 사명과 여로 · 일정 · 의전 · 예우 등에 관한 정보가 자세하게 기록되어 있다. 그뿐만 아니라, 『고려도경』에는 한국의 역사와 문화에 대한 송대 중국 지식인의 인식에 관한 자료들도 풍부하게 기재되어 있다. 『고려도경』의 도처에 기재되어 있는 이 같은 자료들은 북송과 고려의 국가 간 외교적 관계뿐만 아니라 중국과 한국의 문화적 관계를 이해하는 데도 적지 않은 도움을 줄 수 있다.

기 서민들의 경제생활 소고: 徐兢의 『高麗圖經』을 중심으로」, 『한국사의 구조와 전개: 하현강 교수 정년기념 논총』, 2000; 臧健, 「송대 문헌 중의 고려사회: 『宣和奉使高麗圖經』을 예로」, 『이화사학연구』 28, 2001; 김병인, 「『高麗圖經』 인물조에 나타난 '족망'과 고려중기의 정치세력」, 『전남사학』 19, 2002.

다음의 연구들은 『고려도경』을 한국 정치사 연구의 사료로 접근한 경우이다. 全海宗, 「『高麗圖經』에 보이는 元菟郡에 대하여」, 『혜암 유홍렬 박사 화갑논총』, 1971; 韓永愚, 「『高麗圖經』에 나타난 서긍의 한국사체계」, 『규장각』 7, 서울대학교 도서관, 1983.

그 외에 『고려도경』을 解題한 서지학적 접근이 있다. 朴慶輝, 「서긍과 『宣和奉使高麗圖經』」, 『퇴계학연구』 4, 1990; 祁慶富, 「『宣和奉使高麗圖經』의 판본과 그 원류」, 『書誌學報』 16, 한국서지학회, 1995; 昌彼得, 「跋宋乾道本宣和奉使高麗圖經」, 『故宮季刊』 10-1, 1975; 蔣復, 「景宋本宣和奉使高麗圖經序」, 『故宮季刊』 10-1, 1975; 程光裕, 「宣和奉使高麗圖經 考略」, 『史學彙刊』 12, 1983; 中吉功, 「『宣和奉使高麗圖經』의 圖解再現에 대하여」, 『韓國佛敎學 seminar』, 1986; 王德毅, 「徐兢『宣和奉使高麗圖經』的史料價值」, 『韓國學報』 7, 中華民國韓國學硏究會, 1988; 車今順, 「『宣和奉使高麗圖經』的史料價值」, 『延邊大學學報』 1997-4; 祁慶富, 「關於宋乾道本『宣和奉使高麗圖經』的幾個問題」, 『中國文化硏究』 1997-3; 梁利, 「論徐兢與『宣和奉使高麗圖經』」, 『河南大學學報(社會科學)』 1998-2.

따라서 이 장에서는 한국사의 자료로서가 아니라 한중관계사의 자료로서 『고려도경』이 갖는 여러 가지 가치를 확인해서, 지금까지 거의 논의되지 못한 고려-북송 시대 한중관계의 특징적 측면에 접근할 것이다. 이를 위해 『고려도경』에 기재된 서긍의 出使와 『고려도경』 저술 목적과 과정, 宣和 연간에 파견된 북송 사절단의 使命과 여정, 고려에서의 儀典과 예우, 서긍의 한국사와 한국 문화에 대한 인식 등에 대한 정보들을 『宋史』 高麗傳이나 『高麗史』 등 관계 기사와 대조, 검토하여 정리할 것이다.

2. 徐兢과 『宣和奉使高麗圖經』

『고려도경』을 편찬한 서긍은 비록 높은 관직에 오르지는 못했지만, 문장과 글씨, 그림과 음악 등에 능통한 다재다능한 文學之士였다. 1091년부터 1153년까지 생존한 서긍의 자는 明叔이고 호는 自信居士로, 윗대는 福建의 建州 甌寧縣 사람이었는데, 할아버지 대에 和州 歷陽으로 옮겼고 본인 당대에 다시 蘇州 吳縣으로 옮겨 살았다. 그는 宋 초에 篆書를 잘 쓰고 그림을 잘 그려서 이름을 떨쳤던 徐鉉의 후손이요, 역시 篆書를 잘 쓰고 관직이 吏部侍郎과 龍圖閣學士에까지 오른 徐林의 동생이있으니, 서화로 명성을 날린 집안의 출신이었지만 본인의 타고난 자질이 본래 출중하였다.

서긍이 죽은 지 15년이 된 해인 乾道 3년(1167)에 같은 고향의 지인 張孝伯이 쓴 「宋故尙書刑部員外郎徐公行狀」[2]에 의하면, "공은 태어난 지 몇 달 만에 글자와 그림을 보고서는 좋아하면서 펄쩍펄쩍 뛰었다. 10여

2 『고려도경』 말미에 실려 있다.

살이 되자 총명하고 뛰어남이 남달랐고, 과거 시험을 준비할 때는 문장의 흐름이 그침이 없어, 견식이 있는 사람들은 그를 큰 그릇으로 중히 여겼다." 그는 "章句學을 천하게 여겨, 고금의 전적을 섭렵해서 그 심오한 도리를 탐구하고 중요한 요점을 파악했는데, 아래로는 釋老와 孫吳, 盧扁 등의 책과 山經 · 地誌 · 方言 · 小說 등, 무엇 하나 꿰뚫어 통달하지 않은 것이 없었다. 귀인들 앞에서 손바닥을 치면서 일을 논할 때는 언제나 온 좌석의 주의를 끌었다. 공의 문장력은 뛰어나고 민첩해서, 즉석에서 한번 써 내려가면 중간에 끊임이 없어 스스로 멈추지를 못했다"고 한다. 서긍은 특히 詩歌에 능하였는데, 한번은 西楚霸王의 사당을 지나가다가 28자를 남겼더니, 中書舍人 韓駒가 이를 보고서는, "뒷사람이 붓을 댈 곳이 거의 없다"고 말했다고 한다.

서긍은 문장뿐만 아니라 그림에서도 일가를 이루었는데, 특히 산수화와 인물화를 아주 잘 그렸다고 한다. 장효백은 그의 "그림이 神品의 경지에 들었다"고 평가했다. 일찍이 그가 장난삼아 평탄한 땅이 멀리 펼쳐진 풍경을 그리고 그 옆에 長句를 畵題로 써넣어 韓駒에게 주었더니, 한구가 그것을 꺼내 다른 사람에게 보여줄 때마다, "明叔은 그림을 위해 시를 지었을까, 시를 위해 그림을 그렸을까"라고 말했다고 한다. 그는 음률에도 통달해서 잘 알고 있었고, 휘파람도 잘 불었다고 한다. 술을 마실 때는 담론과 翰墨을 즐기고 혹은 피리를 불고 큰 거문고를 타기도 했는데, 세속에 얽매이지 않는 모습이 신선의 경지에서 사는 사람이 아닌가 하는 의심까지 들게 했다고 한다.

그러나 서긍의 가장 뛰어난 장기는 글쓰기였다. 특히 "篆籒에 있는 힘을 다 들여" 연마한 결과, 사람들이 그를 "騎省(즉 그의 선조 徐鉉)의 후신"이라고 할 정도로, "천하의 무거운 이름을 독차지했다." 심지어는 그를 아끼고 좋아하던 徽宗 황제가 직접 궁중 안으로 불러들여 글자를 쓰게 하였는데, "황제는 놀라고 기이하게 여겨 잘 썼다고 칭찬했고, 좌우에 있던 사람들도 모두 말을 잃었다"고 한다. 장효백은 "천하에서 글쓰기에 대해 말하는 자들은 공을 마루로 여겼다"고 전한다.

그러나 서긍은 과거에 필요한 章句學은 싫어했기 때문에, 높은 관직에 오르는 일에는 성공하지 못했다. 「행장」에 의하면, "나이가 18살이 되어 太學에 들어가서는 기예를 겨루어 여러 차례 높은 등급을 차지했지만, 큰 시험[즉 과거]에 응시해서는 번번이 실패했다. 徽宗 政和 4년(1114)에 父任으로 將仕郎에 보임되어 通州에서 刑曹의 일을 맡게 되었다. 尙書郎 徐禋이 황제의 명을 받아 동남방 9路의 광산에서 보석을 채련하는 임무를 맡게 되자, 공을 辟召해서 幹辦公事로 삼았다. [……] 雍丘縣의 縣令 자리가 비어서, 조정의 명령으로 현령의 일을 대리하게 되었고. [……] 鄭州의 原武縣 일을 대리하였다. [……] 濟州의 士曹 일을 맡도록 선발되었으나, 미처 考課를 쓰기도 전에 모친상을 당하였고, 상복을 벗은 다음에는 元豐倉을 살피는 관리로 임명되었다."

이처럼 지방의 미관을 전전하던 서긍이 송조의 중앙정부로 진출할 수 있게 된 계기가 바로 高麗에 사신으로 다녀온 일이었다. 徽宗 "宣和 6년(1124)에 고려가 조공하러 와서 글씨를 잘 쓰는 사람을 구해서 그 나라로 데리고 갈 수 있게 해달라고 황제에게 청하였다. 그 뒤를 이어 給事中 路允迪을 보내 報聘하게 하였는데, 이때 공을 國信使의 提轄人船禮物官으로 삼았다. 이로 인해 공이 『高麗圖經』 40권을 편찬하니, 황제가 札文을 보내 그 책을 올리도록 명했다. [……] 휘종 황제가 그 책을 보고 크게 기뻐하며 편전으로 불러서 대면하고, 同進士出身을 내려주고 知大宗正丞事로 발탁해서 掌書學을 겸임하게 하였다가, 尙書刑部員外郎으로 옮겼다." 그 뒤에 서긍은 정치적 사건에 연루되어 池州 永豐監으로 좌천되었다가, 沿江制置司의 參謀官을 제수 받았지만, 奉祠의 직을 자청해서 南京 鴻慶

宮을 책임지고 관리하였다. 이때부터 台州의 崇道觀 일을 세 번 맡았다. 그는 그곳에서 채마밭 수십 畝를 가꾸어 '洗硯池'라고 이름 지었는데, 경치가 그윽하고 좋아서 江南에 알려졌다. 스스로 '自信居士'라고 부르면서, 제사하는 일을 맡아 한가롭게 물러나 지내다가, 紹興 21년(1151)에 歷陽으로 귀향하려 하였지만, 吳門에 다다랐을 때 병이 들어 세상을 떠났다. 그는 北宋 哲宗 元祐 6년(1091)에 태어나 南宋 高宗 紹興 23년(1153)에 일생을 마쳤으니, 향년 63세였다.

『宣和奉使高麗圖經』의 편찬은 이처럼 서긍의 일생을 전환시키는 중요한 계기가 되었다. 그러면 서긍은 왜 『고려도경』을 편찬하게 되었는가. 이 질문에 대해 서긍은 『고려도경』의 「서문」에서 미리 답을 준비해두었다. 그는 周代 이래로 "담당 관리가 [圖籍을] 보관하는 일은 특히 아주 엄격했고, 使者의 직분 가운데서 이 일은 더욱 중요했다"고 전제하면서, "行人의 직분을 맡은 관리는 도로를 끊임없이 왕래하면서, 축하하거나 군대를 위로하는 일과 같은 종류의 다섯 가지 일들은 모두 빠짐없이 처리하였고, 태평이나 빈곤과 같은 종류의 다섯 가지 일들은 모두 분별하여 기록해서 왕에게 보고함으로써, [왕이] 천하의 실정을 두루 알게 하였다"[3] 고 하여, 사신의 전통적 임무의 하나로 '咨詢', 즉 현지의 상황을 파악해서 문서로 작성하여 군주에게 보고함으로써 군주로 하여금 현지의 상황을 명료하게 인식할 수 있게 하는 것으로 규정했다.

서긍은 "輶軒을 타고 邦國에 사신으로 가는 자는 圖籍[을 만드는 일]을 우선해야 할 일로 삼아야 한다"고 생각했기 때문에, 고려에 다녀오는 사절단도 마땅히 고려의 각종 정보를 문서로 만들어 황제에게 보여야 했다. 특히 그는 "고려가 遼東에 있어, 侯服이나 甸服 등 가까이 있는 제후국처

3 『周禮』 秋官 小行人에 있는 구절.

럼 아침에 명을 내리면 저녁에 와서 바치게 할 수 있는 나라가 아니기 때문에, 도적을 만드는 것이 더욱 어렵다"고 생각했다. 그는 사신을 파견하는 연회에서 노래된 『詩經』 「小雅」 皇皇者華篇의 "周爰咨諏[널리널리 물어서 일을 꾀하리]"이라는 시구를 거론하며, "이 「皇華」의 시에서 노래한 것은 '咨諏' 즉 두루 탐문하는 일이 바로 사자의 직분이라는 것이다. 이에 귀와 눈이 닿는 대로 많은 이야기를 널리 채집하여, 그 가운데 中國과 같은 것은 간추리고, 다른 것 300여 조목만 취해서 40여 권으로 정리했다. 물건은 그 형상을 그림으로 그렸고, 일은 이야기로 설명하여, 『宣和奉使高麗圖經』이라 이름 지었다"고 했다. 서긍의 이 말은 그가 『고려도경』을 무슨 의도로 편찬하였는지를 명료하게 보여줄 뿐만 아니라, 그가 참여한 북송의 '宣和 사절단'이 어떤 목적으로 고려에 파견되었는지도 시사한다.

사실 한국에 파견된 중국 사절단의 가장 중요한 역할은 바로 이 '咨諏'이었으며, 『고려도경』은 이러한 '자순'의 결과를 조정에 보고한 使行 보고서였다. 서긍은 『고려도경』에서 고려에 관한 300여 종목, 29개 종류의 각종 정보를 모두 40권으로 나누어 정리했는데, 제1권과 2권에서는 한국의 여러 왕조 역사와 고려의 왕계 등을 서술했고, 제3권에서 7권까지는 開京의 성곽과 궁문 · 궁전 · 관복 등을, 제8권에서는 고려의 주요 인물들을 소개했으며, 제9권부터 15권까지는 의례용품과 의장호위대 · 무기 · 기치 · 수레 등에 관해, 제16권부터 19권까지는 사당과 도교 · 불교 등 종교와 사찰 등에 관해, 제20권부터 23권까지는 사회 계층과 풍속 등에 관해, 제24권부터 32권까지는 사절단에 대한 각종 예우와 의례 절차 및 숙소의 비품 등에 관해, 제33권부터 39권까지는 고려의 각종 배와 해도, 특히 한중간의 바닷길에 관해, 마지막 제40권에서는 曆法과 儒學 · 음악 · 도량형 등 중국과 같은 한국의 문물에 관해 자세하게 설명하였다. 한국의 역사에 관한 서술 부분을 제외하고서는, 대부분 서긍 자신이 직접 경험하고 목도한 바를 서술한 것으로, 이렇게까지 갖가지 일을 이토록 자세하게 보고할 필요가 있었을까 의심이 들 정도로 면밀하게 정리되었다. "휘종 황제가 그 책을 보고 크게 기뻐하며 편전으로 불러서 대면하고" 중앙 요직으로 승진시켜줄 정도였으니, 그가 수행한 '자순'의 역할은 매우 성공적이었고 북송 조정과 황제의 뜻과 일치하는 것이었다.

서긍 자신도 "이제 신이 저술한 『圖經』을 손으로 펼치고 눈으로 살펴보면, 멀고 먼 異域의 사물을 모두 눈앞에 모아놓은 듯하니, 이는 '聚米'의 고사[4]를 흉내 낸 것이라" 할 정도로, 그가 수집해서 정리한 정보는 매우 정밀한 것이었다. 특히 서긍이 직접 체험하고 목격하여 수집한 정보는 그때까지 중국인들이 의존하고 있던 한국에 관한 정보 기록을 크게 보완할 수 있었다. 그는 "일찍이 崇寧 연간에 王雲이 찬술한 『鷄林志』[5]를 보았는데, 처음으로 거칠게 설명한데다가 형상도 그려져 있지 않았기 때문에, 이번에 사신으로 갔다가 서로 견주어 헤아려서 보완한 바가 많았다"고 한다. 그러나 서긍이 한국에 체류한 기간이 한 달 남짓했기 때문에, 『고려도경』에 포함된 정보의 양과 질은 처음부터 일정한 한계를 가질 수밖에 없었다. 그 자신 이를 잘 인식하고 있어서, "옛날에 漢의 張騫은 月氏에 사신으로 나갔다가 13년이 지난 뒤에야 돌아와, 자신이 돌아다닌 나라의 지형과 물산을 겨우 설명할 수 있었다.[6] 그런데 신은 어리석어서 재

4 後漢 초에 馬援이 황제 앞에서 쌀을 모아 군사의 형세를 설명한 고사를 말한다(『後漢書』 24 馬援傳).

5 『宋史』 357 王雲傳에 의하면, "왕운은 進士가 되어 사신을 따라 高麗로 갔다 와서 『雞林志』을 찬술해서 바쳤다." 『계림지』는 지금 전해지지 않는다.

6 『漢書』 61 張騫傳에 의하면, "장건이 직접 가본 곳은 大宛과 大月氏, 大夏, 康居 등이었고, 전해들은 그 이웃 대국들로 5, 6국이었지, 모두 천자를 위해 그 지형과 그 물산에 대해 이야기했다"고 한다.

주가 옛 사람에 미치지 못하는데다가, 고려에 머무른 기간이 불과 1개월 정도밖에 되지 않았고, [고려가 신에게] 객관을 준 뒤에는 군사로 지키게 하였기 때문에 객관 밖으로 나간 것이 5, 6차례에 지나지 않았다. 또한 수레와 말을 달리게 하는 동안이나 주객이 술잔을 주고받으며 연회 하는 동안에 귀와 눈이 닿을 수 있었던 것이 13년이란 오랜 기간에 보고들을 수 있었던 것과는 같을 수 없다"고 했다. 그럼에도 불구하고, 서긍은 한국에 체류하면서 사신 본연의 역할을 잊지 않아, "그 나라의 건립 과정과 정치 체제, 풍속과 사물 가운데 볼만한 것에 대한 정보를 대강이나마 얻을 수 있었기 때문에, 회화와 목차의 배열에 모두 포함시킬 수 있었다"(「서문」).

宣和 6년에 고려로 파송된 북송 사절단(이하 '선화 사절단'이라 약칭함)에서 서긍이 담임한 직책은 提轄官으로, 그 정식 명칭은 '奉使高麗國信所提轄人船禮物官'이었다. 正使 路允迪과 副使 傅墨卿은 國信使로서 송 휘종의 詔書를 고려 국왕에게 전달하고 고려왕의 조문과 위로의 예를 수행하는 사명을 띠고 있었지만, 고려의 정보를 수집하여 황제와 조정에 보고하는 역할은 바로 서긍이 담임한 제할관에게 주어졌다. 그리하여 서긍은 「서문」에서 "실제 정보를 수집하여 조정에 보고함으로써 사신의 책임을 조금이나마 면할 수 있었다"고 했다.

서긍이 자성한 『선화봉사고려도경』은 正副 두 본이 만들어져서, 그의 큰조카 徐蕆이 쓴 「跋文」에 의하면, 정본은 "御府에 올리고 그 副本은 집에 보관하였다." 그러나 선화 6년(1124)에 어부에 진상된 정본은 그 3년 뒤에 일어난 '靖康의 變' 때 소실되었던 것으로 추량된다. 그리고 집에 보관한 부본도 정상의 변란 때 분실되었다. 「발문」에 의하면, "靖康 丁未(1127)년에 같은 里에 사는 사람 徐周賓이 빌려가서 보았는데, 미처 돌려주기도 전에 도적들이 들이닥쳐서[7] 책의 소재를 잃어버렸다"고 한다. 그 뒤 10년이 지나서 서긍이 江西 洪州에 갔을 때, 그곳에서 우연히 부본의 잔질을 발견하였지만, 그 중에 성한 곳은 단지 '海道'에 관한 2권뿐이었다. 서긍은 조카 蔵에게, "세상에 전해지고 있는 내 책은 왕왕 '圖'[그림]는 없어지고 '經'[글]만 남아 있는데, 내가 이를 보충해서 그려 넣는 것은 어렵지 않지만, 끝내 해내지 못했구나"라고 하였다 하고, 知不足齋本의 「발문」을 쓴 鮑廷博이 "송의 서긍이 편찬한 『선화봉사고려도경』은 靖康의 변란을 당해 이미 그 그림을 잃어버렸다"고 한 것으로 보아, 이 책의 『經』 부분은 轉寫를 통해 일반에 '왕왕' 유통되고 있었고 그 출판은 처음부터 『圖』는 상실된 채 『經』만 판각되었음을 알 수 있다.

포정박의 「발문」에 의하면, 『고려도경』의 『經』 부분을 서긍이 죽은 지 13년 뒤인 南宋 孝宗 "乾道 3년(1176)에 조카 徐蔵이 雲南 澂江郡齋의 仁和 趙氏 小山堂에서 처음 출간했다." 포정박은 "또 高麗本이 있지만, 언제 출간했는지는 알지 못한다"고 했다. 아마도 『고려도경』에 당연히 관심을 가진 고려인들이 轉寫本이나 澂江本 한 질을 수입해서 자국에서 출판하였던 것으로 보인다. 그러나 清 乾隆 연간에 저명한 장서가로 활동한 포정박이 "양자 모두 볼 수가 없다"고 한 것으로 보아, 이미 청대에는 고려본은 물론이거니와 宋本 혹은 乾道本으로도 불리는 징강본도 세상에 널리 유통되지 못하였음이 분명하다. 포정박 당시에 널리 전해진 것으로는 明末에 浙江 海鹽에서 鄭休仲이 重刊한 판본이 있었지만, "그 사이에 탈락된 글자가 무릇 수천 자에 달하고, 제27권 또한 내용의 순서가 뒤섞여 읽을 수가 없어, 同里의 胡夏客이 鈔錄宋本과 대조하며 바로잡았지만, 역시 겨우 십 수 자만 교정했을 뿐이라"고 했다. 포정박은 장서가 매우 풍부해서 건륭 38년(1773)에 '四庫'館이 열리자 집에 소장하고 있던 善本

7 金의 침공으로 北宋의 수도 汴京(開封)이 함락되고 徽宗과 欽宗 등 두 황제가 동시에 포로로 잡혀간 '靖康의 變'을 말한다.

600여 종을 바쳤는데, 대부분이 宋元 시대의 舊籍으로 천하 獻書의 으뜸이었다고 한다. 그는 이처럼 방대한 장서를 校刻해서 건륭 58년(1793)에 『知不足齋叢書』를 출판했는데, 자신이 소장한 『고려도경』도 그 일부로 포함시켰다. 그의 증언에 의하면, "우리 집에서 소장하고 있는 것은 비록 繕寫가 정교하지는 않지만 비교적 잘 갖추어져서 결함이 없다. 그래서 鄭本과 대조하고 모아서 출간하여 세상에 내놓게 되었지만, 그 중에는 정본과 서로 다른 것도 있고 빠진 것도 조금 있다"고 한다.

鮑廷博은 知不足齋本 『고려도경』의 「발문」에서 "이에 옛 일에 널리 정통하고 집에 宋刻本을 소장하고 있는 이를 기다렸다가 틀린 곳을 바로잡고자 한다"고 기대했지만, 사실 그때 그가 보고 싶어 한 宋本, 즉 澂江本 『고려도경』은 청 황실의 장서각인 天祿琳瑯殿에 보존되고 있었다. 이로 인해 청조가 멸망한 뒤, 청 황실의 장서를 인수한 故宮博物院에서 중화민국 20년(1931)에 『天祿琳瑯叢書』를 발간하면서 징강본 『고려도경』도 영인, 출판하고 중화민국 63년(1974)에 다시 영인, 출판함으로써 『고려도경』이 비로소 세상에 널리 유포되게 되었다.[8]

3. 北宋 宣和 使節團에 관한 몇 가지 정보

『고려도경』에는 宣和 연간에 고려에 다녀온 北宋 사절단이 어떠한 使命을 띠었는지, 어떻게 구성되었는지, 언제 어떠한 경로로 고려에 갈 수 있었는지, 고려에서 사명을 어떻게 수행했는지, 고려 정부로부터 어떠한 예우를 받았는지 등, 徐兢이 참여한 북송 사절단에 관한 각종 정보가 상

8 車柱環, 「高麗圖經解題」, 『國譯高麗圖經』(민족문화추진회, 1977), 5쪽.

세하게 기재되어 있어, 북송과 고려가 중국과 한국에서 공존하고 있던 시기에 전개된 한중관계의 외교적 측면을 이해하는 데 많은 도움을 얻을 수 있다. 따라서 이 장에서는 선화 사절단의 사명과 구성 · 여정 · 의전 · 예우 등에 관한 각종 정보를 『고려도경』에서 차례대로 확인하고자 한다.

1) 선화 사절단의 使命

서긍이 "실제 정보를 수집하여 조정에 보고함으로써 사신의 책임을 조금이나마 면할 수 있었다"(「서문」)고 밝혔듯이, 선화 사절단도 다른 일반적 사절단과 마찬가지로 정보의 수집과 보고라는 임무를 수행하였음이 분명하지만, 특수한 사명도 띠고 있었던 것으로 보인다. 흔히 중국의 국가들이 한국의 국가에 파견한 사절단은 册封과 같은 의전을 행사하여 책봉-조공 관계를 성립, 혹은 유지시키는 사명을 부여받았다. 그러나 서긍의 「行狀」에서 徽宗 "宣和 6년(1124)에 고려가 조공하러 와서 글씨를 잘 쓰는 사람을 구해서 그 나라로 데리고 갈 수 있게 해달라고 황제에게 청하였다. 그 뒤를 이어 給事中 路允迪을 보내 報聘하게 하였는데, 이때 공을 國信使의 提轄人船禮物官으로 삼았다"고 하였듯이, 선화 연간에 고려에 파견된 북송의 사신은 '국신사'였다. 『宋史』 권487 外國傳 3 高麗條(이하 '『송사』 고려전'이라 약칭함)에서 "政和 중에 그 사신을 國信으로 승격시키고, 예우는 夏國의 위에 있게 하여, 遼人과 함께 모두 樞密院에서 관할하게 했다"고 하였듯이, 송조의 국신사는 遼나 西夏 등 독립된 이웃 국가들에 파견하는 사신을 가리키는 말이었다. 따라서 선화 사절단은 책봉이 아닌 다른 특수한 사명을 띠고 고려에 파견되었다.

『송사』 고려전에서는 또한 "선화 4년에 俁[9]가 죽어 [……] 給事中 路允迪과 中書舍人 傅墨卿에게 명하여 奠慰하게 했다"고 하여, 서긍이 참여한 선화 연간의 북송 사절단이 제사를 지내고 위로하기 위해 파견된 것으로 기술되었다. 그러나 『고려도경』 권34 海道 편의 招寶山 조에서는, "선화 4년(1122) 壬寅年 봄 3월에 황제[=徽宗]가 명을 내려 급사중 노윤적과 중서사인 부묵경을 국신사와 부사로서 고려로 가게 하였는데, 가을 9월에 고려 국왕 俁가 薨하여, 황제의 뜻에 따라 祭奠과 弔慰의 임무를 겸하여 가게 되었으니, 이는 元豊 연간의 고사를 좇은 것이었다"고 하여, '奠慰'는 이 사절단의 부차적 임무이고 일차적 임무는 따로 있었음을 시사하고 있다. 이에 대해 『고려도경』 서문에서는 선화 사절단이 고려로 가게 된 사유를 다음과 같이 설명했다. "황제는 하늘과 같은 덕택과 땅과 같은 왕업으로 만국이 다 來朝하게 하였고, 고려도 신묘한 배려를 받을 수 있도록 돌아보아, 더욱 어루만지고 위로했다. 이에 조정에서 가려 뽑아서 [그를 사신으로 고려에 보내] 위로하고 하사하게 하니, 그처럼 융숭한 은총과 두터운 예우는 이전에는 없던 것이었다. [……] 그러나 사명을 받고 미처 떠나기도 전에, [고려] 왕 俁가 죽었다는 소식을 들었기에, 조문과 위로의 예를 수행하는 직분도 함께 띠고 가게 되었다." 이 문장에서도 선화 사절단의 일차적 사명이 무엇이었는지는 구체적으로 밝혀져 있지는 않지만, 당시의 특수한 국제적 상황이 선화 사절단의 사명을 추측하게 한다.

『송사』 고려전에서는 "王徽 이래로 비록 사절의 내왕이 끊어지지는 않았지만, 契丹의 冊封을 받고 그 正朔을 받들었으며, 朝廷[=宋朝]에 올린 글이나 기타 문서에서는 대체로 甲子를 칭하는 것이 있었다"고 하고, 혹은 "政和 이래로 사신이 해마다 이르러 淮浙之間이 고통을 받았다" 하였으며, 혹은 "中國에는 세 甲子 만에 한번씩 入朝하지만, 大邦[=遼]에는 매년마다 여섯 번씩 공물을 바친다"고 했다. 또한 "政和 중에 그 사신을 國信으로 승격시키고, 예우는 夏國의 위에 있게 하여, 遼人과 함께 모두 樞

9 고려 睿宗의 본명. 예종의 치세 기간은 1105~1122년.

密院에서 관할하게 했다. 引伴官과 押伴官을 바꾸어 接送官과 館伴官으로 하고, 大晟燕樂과 籩豆, 簠簋, 尊罍 등의 기물을 하사하고, 사자를 위해 睿謨殿 안에서 연회를 베풀어주기까지 했다"고 한다. 이는 곧 선화 연간에 고려가 遼와는 수직적 책봉-조공 관계를 맺고, 宋과는 대등한 通使 관계만을 유지하고 있었음을 의미한다. 또한 『宋史』 권22 徽宗本紀에 의하면, 선화 4년 춘 정월에 "金人이 遼의 中京을 깨뜨리니, 遼主가 북으로 도주하였고," 3월에는 "金人이 와서 협공을 약속하였으며," 9월에 "고려국왕 王俁가 薨하여 路允迪을 보내 弔祭하게 했고," 12월에는 "金人이 燕으로 들어갔다"고 한다. 요컨대, 서긍 사절단은 遼東과 燕雲十六州의 주인이 거란의 遼에서 여진의 金으로 바뀌는 상황에서 고려를 방문하게 되었다는 것이다.

이러한 국제적 상황에서 고려에 도착한 송의 사신이 고려왕에게 고한 다음과 같은 말은 선화 사절단의 고려 방문 목적이 어디에 있었는가를 직접적으로 알려준다. "황제께서 先國王의 薨逝와 嗣王의 계승 소식을 듣고 사신을 보내 奠弔의 조서와 제문을 보내셨는데, 모두 직접 쓰신 글입니다. 元豊[神宗, 1078~1085] 연간의 弔祭 이래로 상례가 되었지만, 지금 내리신 은혜와 예우는 매우 특별한 것입니다. 大觀[徽宗, 1107~1110] 연간에 내리신 조서에서 특별히 '權' 자를 빼서 眞王으로 예우함을 보였는데, 지금 이 御札도 특별한 은혜를 보여주는 것입니다. 단지 선왕이 이미 遼의 册命을 받았기 때문에 避諱하였을 뿐입니다. 이제 요의 수명이 벌써 끊어져서, 조정에 책명해줄 것을 요청할 수 있게 되었습니다"(『高麗史』 15 仁宗世家).

요컨대, 송사 노윤적의 말은 지금까지는 고려가 요와 책봉-조공 관계를 유지하고 있었지만 이제 요가 멸망하게 되었으니 송과 다시 책봉-조공 관계를 회복하자는 것으로, 선화 사절단의 고려 방문 목적이 고려와의 수교를 회복하는 데 있었음을 드러낸 것이다. 이에 대해 고려왕은 "弊邦이 祖宗 이래로 華風을 기꺼이 사모하였고, 우리 先考께서는 예로써 事大하여 충실하게 述職하였으니, 비록 海外에 있어도 마음은 언제나 王室에 있었습니다. 따라서 천자께서 굽어보시고 여러 차례 총애와 은택을 더해 주셨으며, 지금 다시 친히 祭文을 지어 특별한 은혜를 보여주셨습니다. 또한 신의 직함에서 '權' 자를 뺏으니, 비록 先考 때부터 일찍이 이 예우를 입었다 하더라도 소자가 어찌 이를 감당할 수 있겠습니까. 이른바 册命이란 천자께서 諸侯를 포상하는 大典으로, 지금 憂制가 아직 끝나지 않았는데, 갑자기 대전을 요구하는 것은 의리상으로도 편안하지 않아 실로 황송하고 부끄러움이 더하니, 내년에 사신을 보내 은혜에 감사드리고 작은 성의를 바칠까 하니, 공 등은 잘 아뢰어 주기바랍니다"(『고려사』 15 仁宗世家)고 답했다. 이에 "가을 7월 辛酉일에 송사 노윤적 등이 돌아갔고, 왕은 表를 붙여 사례했지만," 곧이어 "女眞이 尊號를 자칭하며 남쪽으로 宋을 침략하고 북쪽으로는 遼를 멸망시키는"(상동) 상황이 이어져서, 고려와 송의 책봉-조공 관계는 끝내 이루어지지 못하고 대신 고려와 金 사이에 새로운 책봉-조공 관계가 성립되기에 이르렀다.

그러나 선화 사절단의 고려 행은 책봉-조공 관계를 회복시키지는 못했지만, 그게 보아 고려와 연합하여 거란을 견세한다는 오래된 국세 선략의 일환이었다. 『고려도경』 권34 海道 1편의 神舟 조에서, "황제께서는 황위를 이으신 뒤, 선황을 우러러 사모하여 효성스런 생각을 품고 있었다. 따라서 황제께서 고려인에게 은혜를 베푸신 것은 사실 熙寧[神宗, 1068~1077] 연간과 元豊 연간의 공적을 더욱 넓히려는 것이었다. 崇寧[徽宗, 1102~1106] 연간부터 지금까지 빈번하게 사자를 보내 위무하였으니, 그 은혜가 융숭하고 예우가 두터웠다"고 하여, 휘종 선화 연간의 고려 시행이 신종 시기 이래로 계속 추진해온 세계 전략의 일환이었음을 밝히고 있다.

2) 선화 사절단의 구성

서긍의 사절단은 최고위의 正使와 副使, 그리고 上節과 中節·下節 등 네 부류로 구성되었다. 『고려도경』 권25 受詔 편의 拜詔 조에 기재된 宋帝의 詔書에 의하면, 정사와 부사는 "通議大夫 守尙書禮部侍郎 元城縣開國男 食邑三百戶 路允迪과 太中大夫 中書舍人 淸河縣開國伯 食邑九百戶 傅墨卿"이었다. 이들 정사·부사에 대해, 『고려도경』 서문에서는, "給事中 臣 允迪이 경전에 밝은 재주와 뛰어난 문장력으로 甲科에 합격하여 전부터의 명망을 드러내었고, 中書舍人 臣 墨卿은 학문이 고명할 뿐만 아니라 행실도 뛰어났으며 충성과 효성을 힘써 지키고 일을 맡으면 어긋나지 않았기 때문에, 양자 모두 使命을 받아 [고려로] 가게 되었으니, 이들이 使節을 갖고서 일을 재량껏 처리함이 옛날에 이름을 떨쳤던 사신들보다 못하지 않았을 뿐만 아니라, 그 풍채와 명망이 조정의 위엄을 드높이고 外夷의 눈과 귀를 압도하기에 충분했다"고 했다.

정사 노윤적이 맡은 '給事中'은 漢代에는 궁정 안에서 內朝를 구성한 관직의 하나였고 宋代에는 門下省에 소속되어 중외의 出納을 담당하였다. 부사 부묵경이 맡은 '中書舍人'은 晋代 이후 中書省에 설치되어 황명의 출납과 정책 결정에 참여하였고, 宋代에는 조칙을 기초하고 정사와 인사의 잘못을 지적해서 바로잡는 역할을 맡았다. 양자 모두 황제의 측근에서 황제 권력에 직접 참여한 요직이었다. 더구나 노윤적과 부묵경은 모두 학문이 뛰어나 명성이 높았던 文學之士로서, 북송 황제가 의도적으로 "조정에서 골라 뽑은" 인물들이었다.

『송사』 고려전에 의하면, 元豊 6년(1083)에 고려 文宗이 죽었을 때, "楊景略과 王舜封을 보내 祭奠하게 하고 錢勰과 宋球를 보내 弔慰하게 했는데, 양경략이 李之儀를 書狀官으로 辟召하자, [神宗] 황제는 이지의가 文名이 드러나지 아니하였다고 하여 학문이 넓고 기량이 뛰어난 자를 불러 中書省에 가서 문학을 시험한 뒤에 파견하도록 했다" 하고, "[신종] 황제는 그 나라[=고려]가 문학을 숭상한다 하여, 서한과 조서를 내릴 때마다 반드시 詞臣을 뽑아서 짓도록 하고, 그 가운데서 좋은 것을 골랐다"고도 했으니, 선화 사절단의 파견 때도 그와 같이 하였을 것임이 분명하다. 더군다나 『고려도경』의 서문에서도 "선화 6년[1124]에 고려가 조공하러 와서 글씨를 잘 쓰는 사람을 구해서 그 나라로 데리고 갈 수 있게 해달라고 황제에게 청하였는데, 그 뒤를 이어 급사중 노윤적을 보내 報聘하게 하였다" 고 하였으니, 선화 사절단의 최고위직인 정사와 부사는 "[북송] 조정의 위엄을 드높이고 外夷의 눈과 귀를 압도하기" 위해 황제의 측근 가운데서 문학의 명성이 높은 문학지사를 골라 뽑아서 선임하였음을 알 수 있다.

북송 사절단의 구성에 관한 『고려도경』의 기사 가운데서 가장 흥미로운 것은, 북송 사절단이 정사 · 부사와 '三節', 즉 上節과 中節, 下節로 구성되었다는 것이다. 권24 節仗 편에 의하면, 上節은 都轄과 提轄, 法籙道官, 書狀官, 隨船都巡檢, 指嗣 겸 巡檢, 管勾舟船, 語錄指使, 醫官, 書狀使臣, 引接 등의 관리를 말하는데, 도할은 武翊大夫 忠州刺史 겸 閤門宣贊舍人인 吳德休가 맡았고, 제할은 朝奉大夫 徐兢이 맡았다. 법록도관은 太虛大夫 蘂珠殿校籍 黃大中과 碧虛郎 凝神殿校籍 陳應常, 서장관은 宣教郎 滕茂實과 崔嗣道 등이 맡았다. 中節은 管勾禮物官과 占候風雲官, 親從官, 宣茂十將充代, 正名, 都轄親隨人吏 등을 포함하였다. 宋朝의 故事로는 고려에 사절로 가는 下節은 모두 군졸들이었다. 그러나 후대에는 차츰 命官이나 士人 · 藝術 · 工技 등도 하절로 뽑혀질 수 있도록 허락되었다. 선화 사절단의 充代下節에는 成忠郎과 承信郎, 登仕郎, 文學, 翰林醫學, 進士, 副尉, 省과 府, 寺, 監 등의 胥吏 등이 포함되어 있었다. 宣武下軍은

明州의 土兵으로, 모두 50명이었다.

고려에 도착한 북송 사절단의 행렬을 서술한 권24 節仗 편에 의하면, 이들 삼절은 각각 다른 복식을 차리고 순서에 따라 행렬하였다고 한다. 권26 燕禮에 의하면, 삼절은 연례에서도 각각 다른 자리에 앉아 다른 예우를 받았다. 이들 사절단의 인원은 고려에 가기 전에 먼저 고려에 통보되었다. 권6 宮殿 2편 長齡殿 조에 의하면, "中朝의 사자가 [고려에] 가려면 언제나 기일에 앞서 반드시 소개서를 먼저 써야 하는데, 그것이 도착하면 이곳[=장령전]에서 받게 된다"고 했다.

3) 선화 사절단의 여로

서긍은 북송과 고려의 내왕 경로에 대해, "그 나라[즉 고려]는 京師[즉 북송의 汴京]의 동북쪽에 있는데, 燕山道에서 육로로 가다가 遼水를 건너 동쪽으로 그 경역까지 이르는 거리가 모두 3,790리이다. 바닷길로 간다면 河北과 京東·淮南·兩浙·廣南·福建 등에서 모두 갈 수 있는데, 지금 세워진 나라는 바로 登州와 萊州·濱州·棣州 등과 서로 마주 본다"고 하면서, "元豊 연간 이후에 조정에서 사자를 보낼 때는 언제나 明州의 定海에서 출항해서 바다를 가로질러 북쪽으로 나아간다. 배를 운행할 때는 언제나 하지 이후에 부는 남풍을 타고 가는데, 순풍을 타면 닷새가 지나지 않아 곧 해안에 닿을 수 있다"(권3 封境 서문)고 했다. 북송의 사절단이 육로는 물론 등주를 경유하는 해로도 이용하지 못한 까닭은 북송과 고려 사이에 거란의 遼가 개재해 있었기 때문이다. 이에 『송사』 고려전에서도, "예전에 고려인이 오갈 적에는 언제나 등주에서 했는데, 熙寧 7년[1074]에 그 신하 金良鑑을 보내 와서 말하기를 '契丹을 멀리하고 싶으니 길을 바꾸어 明州를 경유해서 대궐로 가게 해달라'고 해서, 그렇게 하도록 했다"고 하고, "원풍 원년[1078]에 처음으로 安燾에게 左諫議大夫를 假授하고

陳睦에게는 起居舍人을 가수하여 가서 聘問하게 하였다. 명주에서 두 척의 배를 제조하여 하나는 凌虛致遠安濟라 하고 다른 한 척은 靈飛順濟라 하여, 모두 神舟라 이름 붙였다. 定海에서 큰 바다를 가로질러 동쪽으로 가서 다다르니, 그 나라 사람들이 환호하며 나와서 맞이하였다"고 했다.

서긍의 사절단은 해로를 통해 고려로 가기 위해 『송사』 고려전에서 이르듯이 규모가 큰 배를 두 척 건조했다. 『고려도경』 권34 海道 1편 神舟조에 의하면, 神宗이 고려에 사절을 보내면서 神舟 두 척을 건조한 것을 본받아, 徽宗도 "다시 두 척의 배를 건조해서 그 규모를 더 크게 하고 이름을 더 높이게 하였으니, 한 척은 '鼎新利涉懷遠康濟神舟'라 하고, 또 다른 한 척은 '循流安逸通濟神舟'라 하였다." 서긍은 "그 높고 웅장함이 산악과 같았다"고 하면서, "물결 위를 떠 갈 때, 비단으로 만든 돛과 익조의 머리가 조각된 뱃머리는 교룡을 굴복시킬 만해서, 皇華[10]의 위세를 밝게 드날리고 夷狄이 떨며 두려워하게 하였으니, 실로 고금을 통틀어 가장 뛰어난 배였다. 따라서 고려인이 조서를 맞이한 날 온 나라 사람들이 두려운 마음으로 바라보며 환호하고 감탄한 것은 당연한 일이었다"고 하여, 큰 배를 건조한 까닭이 곧 송조의 위세를 과시하여 고려인을 승복케 하려는 데 있었음을 시사하였다.

그러나 '신주' 두 척만으로는 사절단의 인원과 물품을 모두 실을 수는 없었다. 송조의 "옛 관례에 의하면, 조정에서 사자를 파견할 때마다 [출발] 기일에 앞서 福建과 兩浙의 監司에게 위촉해서 客舟를 모집하여 고용하게 하고, 다시 明州에 명해서 장식하게 하였는데, 대체로 신주와 같이

10 『詩經』 「小雅」의 편명인 '皇皇者華'의 준말로서, 이 시편은 천자가 사신을 부를 때 부른 노래인데, 사신으로 가는 일이나 사신을 찬미하는 典故로 사용한다. 황제의 사신을 가리켜 '皇華(使)'라고도 한다.

형체를 갖추었지만 그보다는 작아서, 길이가 10여 丈[=10尺]이고 깊이는 3장, 너비가 2장 5자[尺]로서, 2천 斛의 곡물을 실을 수 있었다"(海島 1 客舟). "神舟의 길이와 너비, 높이, 크기 및 집기와 용기, 인원수 등은 모두 客舟의 세 배나 됐다"(상동). 서긍의 사절단은 이러한 '신주' 두 척과 '객주' 여섯 척을 타고 바닷길로 한국을 향했다.

『고려도경』 권34 海道 1편 招寶山 조에 의하면, "선화 4년[1122] 봄 3월"에 황제가 사절단 파견을 명하였는데, 그 해 "가을 9월"에 고려국왕 王俁[즉 睿宗]가 사망했다는 소식을 듣고, 그 다음해인 선화 "5년 봄 2월 18일에 서둘러 배를 장식하고 수리하였다. 24일에 황제가 명하여 睿謨殿으로 가서 예물을 보게 하였다. 3월 11일에는 同文館으로 가서 경계하고 타이르는 말을 들었다. 13일에 황제가 崇政殿에서 친히 전송하면서 뜻을 직접 전하고 訓諭를 내려주었으며, 14일에는 永寧寺에서 연회를 베풀어 주었다. 이날 배를 풀어 [북송의 도읍인] 汴京[開封]을 나갔다. 여름 5월 3일에 배가 四明[11]에 머물렀다. 이에 앞서 황제의 뜻을 얻어 두 척의 神舟와 여섯 척의 客舟가 함께 가게 되었는데, 13일에 예물을 받들어 배 안으로 들였다. 14일에는 供衛大夫 相州觀察使 直睿思殿 關弼을 보내어 구두로 황제의 뜻을 전하고, 明州의 청사에서 연회를 베풀어주었다. 16일에 신주가 명주를 출발하여, 19일에 定海縣에 도달하였다. 출발하기로 한 날에 앞서, 中使인 武功大夫 容彭年을 보내어 總持院에서 道場을 열었는데, [이 도량은] 7일간 밤낮으로 계속되었다. 그리고 御香을 내려 顯仁助順淵聖廣德王祠에서 축원하게 했다."

정해현의 鄞江이 끝나는 곳에 산 하나가 우뚝하니 바다에서 솟아 있는데, 이를 '招寶山'이라고 했다. 이곳이 바로 큰 바다로 나가는 입구였다.

---

11 浙江省 寧波市 남서쪽에 있는 산 이름. 道敎書에서 말하는 제9洞天.

선화 사절단은 선화 5년 3월 "24일에 여덟 척의 배가 쇠북을 울리며 기치를 펼치고 차례로 출발했다"(초보산). 그들이 탄 배 8척은 동남풍을 타고 虎頭山을 지나 蛟門을 통과하고 "松栢灣을 지나 蘆浦에 다다라 닻을 던지고 여덟 척의 배가 함께 정박했다"(호두산). 그 다음 날 25일에는 稀頭白峯의 窄額門 石師顔을 나가 昌國縣의 沈家門에 다다라 정박했다. 28일에 다시 배를 띄워 海驢焦를 지나 蓬萊山을 멀리 바라보았다. 半洋焦를 지난 뒤, 29일에는 白水洋과 黃水洋을 지났는데, "황수양은 곧 모래톱으로 [……] 中國에서 고려로 가는 길 가운데서 오직 明州道만 이곳을 경유했다. 登州의 版橋에서 건너가면 이를 피할 수 있었다"(황수양). 황수양을 지난 뒤에 다시 그 북쪽의 黑水洋을 지나갔다.

6월 1일에는 멀리 半托伽山을 지나고 정동 방향으로 병풍 같은 산 하나, 곧 夾界山을 지났는데, 이곳은 "華夷가 경계로 삼고 있던 곳이었다"(권35 海道 2 夾界山). 여기서부터 중국의 경역을 지나 한국의 경역으로 들어갔다. 3일에 五嶼와 排島(排垛山)·白島·黑山·大月嶼와 小月嶼·闌山島(天仙島)·白衣島(白甲苫)·跪苫·春草苫(外嶼)·檳榔焦 등을 지났다. 4일에는 菩薩苫을 지나 竹島에 다다라 닻을 던졌다. 5일에는 苦苫苫에 정박했는데, "고려인들이 배에 물을 싣고 와서 바쳤기에, 쌀을 주어 사례하였다"(권36 海島 3 고섬섬). 6일에 群山島에 이르러 닻을 내려 고려인의 영접을 받았다. 7일에는 橫嶼에서 묵고, 8일에 紫雲苫과 富用倉山(芙蓉山), 洪州山, 軋子苫 등을 지나, 馬島에서 정박했다. 9일에 마도를 출발해서 九頭山과 唐人島·雙女焦·大青嶼·和尙島·牛心嶼·鷄心嶼·雞公嶼·小青嶼 등을 지나, 廣州의 경역인 紫燕島에 도달했다. 이곳에서 "接伴 尹彦植과 知廣州 陳淑의 영접을 받았다. 이날 急水門을 지나 蛤窟에 다다라 닻을 내렸다. 11일에 "국왕이 劉文志를 보내어 先書를 전해왔기에, 사자가 예를 갖추어 그것을 받았다"(합굴). 배를 움직여 龍骨에 정박하였다가,

12일에 마침내 禮成港에 다다랐다.

선화 사절단은 고려로 갈 때는 남풍을 타고 가고, 중국으로 귀국할 때는 북풍을 탔는데, 갈 때는 3월 24일에 定海를 출발해서 순풍을 타고 19일 만인 4월 12일에 禮成港에 도착하였지만, 귀국할 때는 7월 15일에 예성항을 출발해서 역풍을 만나 42일 만인 8월 27일에 정해에 도착했다.

4) 선화 사절단의 儀典

고려인의 선화 사절단 영접은 사실상 그들이 고려 경내에 들어올 때부터 시작되었다. 권33 舟楫 편의 饋食 조에 의하면, "사자가 고려 경내로 들어가자, 군산도의 紫州와 燕州, 口州 등 세 州 모두 사람을 보내 식사를 접대하였는데 [……] 神舟가 정박한 채 섬에 가까이 가지 않으면, 반드시 介를 보내 배를 타고 사자에게 와서 식사를 대접하게 했다. 옛 관례에 의하면 사흘 동안 음식을 보내는데, 만약 기한이 지났는데도 바람에 막혀 가지 못하면 더 이상 음식을 대접하지 않았다." 식사뿐만 아니라 식수도 제공되었다. "고려인들은 華人이 서쪽에서 큰 바다를 가로질러온 지 이미 며칠 되었기 때문에 필시 맛 좋은 샘물은 다 떨어졌을 것이라고 헤아려서, 큰 독에 물을 싣고 배를 타고 와서 맞이하였다"(供水).

선화 사절단이 6월 6일에 群山島에 이르러 닻을 내릴 때부터 고려인의 공식적 영접 의전이 시작되었는데, 그 의전 절차에 대해 서긍은 다음과 같이 기록해두었다.

> 여섯 척의 배가 와서 맞아주었는데, 창을 들고 갑옷을 입은 병사들을 싣고서, 징을 울리고 뿔피리를 불며 호위하였다. 따로 작은 배가 있어 녹색 겉옷을 입은 관리가 타고 있었는데, 홀을 바로잡고 배 안에서 읍하였지만, 성명은 알리지 않고 돌아갔다. 군산도의 注事라고 한다. 뒤이어 통역관인 閤門通事舍人 沈起가 와서

함께하였다. 同接伴 金富軾과 知全州 吳俊和가 사자를 보내 遠迎狀을 주었고, 정사와 부사는 예의를 차려 그것을 받았는데, 읍은 했지만 절은 하지 않았으며, 掌儀官을 보내 접촉하는 데 그쳤다. 이어서 답서를 보냈다. 배가 섬의 연안으로 들어가자, 백여 명이 기치를 들고 늘어서 있었고, 동접반이 편지와 함께 아침식사를 정사와 부사 및 三節에게 보냈다. 정사와 부사가 접반에게 國王先狀을 보내자, 접반이 채색한 배를 보내 정사와 부사에게 群山亭에 올라 만나자고 청하였다. [……] 오후에 정사와 부사가 松舫을 타고 해안에 이르렀고, 삼절은 수종인원을 이끌고 관사로 들어갔다. 접반과 郡守가 좇아와서 맞이하였는데, 뜰에 香案을 설치하고 대궐을 바라보며 절하고 舞蹈한 뒤에, 聖體에 대해 공손하게 문안하였다. 그 예가 끝난 뒤, 양 계단으로 나누어 당상에 올랐는데, 정사와 부사는 윗자리에서 차례대로 만나 두 번씩 절하였고, 그 뒤 조금 앞으로 나와 차례대로 늘어서서 다시 재배한 다음, 자리로 돌아갔다. 上節과 中節은 당위에서 차례대로 서서 접반과 읍하였다. 그 나라에서는 모두 雅揖을 했다. 都轄官은 앞으로 나와서 인사말을 하고 두 번 절한 다음에, 앞서 한 예와 같이 군수에게 차례로 읍하고 물러나 자기 자리로 갔다. 정사와 부사는 모두 남쪽을 향하고, 접반과 군수는 동서로 마주 향하였으며, 하절과 뱃사람들은 뜰에서 '예' 하는 소리를 내며 경례하였다. 상절은 당상에서 자리를 나누어 앉고, 중절은 양쪽 행랑에서 나누어 앉았으며, 하절은 문의 양쪽 곁채에 앉고 뱃사람들은 문밖에 앉았다. 장막은 아주 가지런하게 펼쳐져 있었고, 음식도 풍성하게 차려졌으며, 예의 바른 태도는 공손하고 조심스러웠고, 바닥에는 언제나 자리가 깔려 있었다. 그 풍속이 이와 같았으니, 역시 옛날의 그것과 가까웠다. 술이 10여 배 돌았는데, 중절과 하절은 시열에 따라 그보다 조금씩 덜 돌았다. 처음 앉았을 때는 접반이 직접 술을 따라 바치고, 사자가 다시 잔을 되돌려 술을 권하였는데, 주연이 반쯤 진행된 뒤에는 사람을 대신 보내 술을 권하였고, 삼절은 모두 큰 뿔잔으로 바꿨다. 예가 끝난 뒤에, 상절과 중절이 서둘러 처음의 예와 같이 읍하였고, 정사와 부사는 송방

에 올라 원래 탔던 큰 배로 돌아갔다. (권36 海道 3 群山島)

그 다음 날에도 "아침 일찍 全州를 지키는 관리가 서신을 보내와, 사자에게 酒禮를 준비했으니 머물러 달라고 간곡히 만류했지만, 사자가 서신을 보내 굳이 사양하여, [주례는] 그만두고 다만 그가 보내준 채소와 물고기, 조개 등을 받기만 하고 [중국의] 토산품을 주어 답례하였다"(권36 海島 4 紫雲苫).

6월 8일에 淸州의 경내인 馬島에 정박하였을 때, 安興亭이라는 객관으로 "淸州의 知州인 洪若伊가 介紹와 통역관 陳懿를 함께 보내 와서, 全州 때처럼 예우했다. 해안에서 병졸들이 기치를 들고 줄지어 서서 맞이한 것은 군산도 때와 다르지 않았다. [……] 사자는 부축을 받으며 작은 배로 해안에 올라, 群山亭에서 했던 것처럼 상견례를 가졌다. 그러나 酒禮는 받지 않고, 밤중에 사자의 배로 되돌아 왔다"(馬島). 9일에 廣州의 경역인 紫燕島에 도달하자, "接伴 尹彦植과 知廣州 陳淑이 介紹와 통역관 卓安 등을 보내어, 편지를 가지고 와서 맞이하게 하였으며, 의장대의 의례도 융숭하게 베풀어졌다"(권39 海島 6 자연도). 蛤窟에 닻을 내리니, 11일에 "국왕이 劉文志를 보내어 先書를 전해왔기에, 사자가 예를 갖추어 그것을 받았다"(합굴).

12일에 마침내 禮成港에 다다랐다. 선화 사절단의 의전적 사명은 禮成港에 도달할 때부터 시작되었다. "정사와 부사는 都轄官과 提轄官을 거느리고 詔書를 받들고 채색 배를 탔다. 병기와 갑옷 · 전마 · 기치 · 의장물 등을 갖춘 고려인 만여 명이 해안에 줄지어 서 있고, 구경하는 사람들이 담장처럼 둘러 서 있었다. 채색 배가 해안에 닿자, 도할과 제할이 조서를 받들고 채색 가마에 들어가고, 하절이 앞에서 인도하고 정사와 부사는 그 뒤를 따랐으며, 상절과 중절은 차례로 그 뒤를 따라 갔다. 碧瀾亭으로 들어가 조서를 봉안한 뒤에, 잠시 휴식을 취하였다"(권39 海島 6 예성항). 『고려도경』 권27 館舍의 碧瀾亭 조에 의하면, "벽란정은 禮成港 강가에 있었는데, 왕성에서 30리쯤 떨어져 있었다. 神舟가 강기슭에 닿자, 호위 군사들이 金鼓[12]를 울리며 詔書를 맞이하여 인도해서 정자 안으로 들어갔다. 정자는 두 채가 있는데, 서쪽에 있는 정자는 右碧瀾亭이라 하여 조서를 봉안하고, 동쪽에 있는 정자는 左碧瀾亭이라 하여 정사와 부사를 접대하였다. 양쪽에 방이 있어 二節人을 거처케 하니, 오고 가면서 각각 하룻밤씩 자고 갔다. 동서로 곧바로 뚫린 길이 있었는데, 왕성으로 통하는 길이었다."

그 다음 날, 선화 사절단 일행은 詔書를 실은 채색 가마를 앞세우고 왕성으로 들어갔다. 권24 節仗 편에 의하면, 6월 13일 "새벽에 都轄官과 提轄官이 조서를 마주 받들고 채색 가마 안으로 들어가고, 의장대가 앞에서 인도했다. 여러 의장 가운데서 神旗가 맨 앞에 섰는데, 西郊亭부터 관사 앞에 미리 세워두고 조서가 도착하는 것을 기다렸다가, 다른 의장과 만나 인도하고 호위하며 성으로 들어갔다. 신기는 10면이 늘어서서 수레에 실려 갔는데, 수레마다 10여 명이 탔다. 이때부터 조서를 받고 표문을 올리는 의식은 언제나 의장대 앞에서 거행되었다. 푸른 옷을 입은 龍虎軍은 갑옷을 입고 창을 들었는데, 거의 만여 명에 이르는 군졸들이 두 줄로 나누어 길을 끼고 행진했다"(初神旗隊). 神旗의 다음에는 龍虎軍이 직접 호위하였고, 기병 다음에는 鳴笳軍이 가고, 그 다음에는 鐃鼓軍이 갔으며, 북과 피리 다음에는 貫革이나 鐙杖과 같은 의장 물품이 갔는데, 千牛軍이 이것들을 잡고 나란히 행진했다. 천우위의 뒤에는 金吾杖衛가 뒤따랐는데, 黃幡과 豹尾 · 儀戟 · 華蓋 등을 가지고 조금 거리를 두고 행진했다.

12 軍中에서 쓰는 종과 북. 나아가기에는 鼓, 멎기에는 金을 쓴다.

金吾杖衛의 뒤에는 百戲小兒가 뒤따르고, 그 뒤를 樂部가 갔다. 그러나 선화 사절단이 그곳에 갔을 때는 마침 고려 국왕의 喪이 끝나지 않았기 때문에, 樂部는 모두 그 악기를 잡고 있기만 할 뿐 연주는 하지 않았다. 그 다음은 禮物이 뒤따랐는데, 예물 상자의 표면에는 하사하는 물품의 이름을 적어두고 황제의 信寶를 찍어 봉인하였다. 고려인은 이를 要舁에 싣고 황색 보로 덮었다. 그 다음은 조서를 실은 수레, 즉 詔輿가 갔다. 채색된 가마는 수놓은 화려한 비단으로 장식되었는데, 맨 앞의 가마에는 큰 금향로가 안치되었고, 그 다음 가마에는 조서와 고려 국왕(王俁; 睿宗)의 祭文이 봉안되었으며, 그 다음 가마에는 御書가 봉안되었는데, 이들 가마도 控鶴軍이 들었다. 그 뒤를 充代下節과 宣武下節이 뒤따랐고, 그 뒤를 正使와 副使, 그리고 上節이 뒤따랐으며, 맨 마지막에 中節이 뒤를 이었다.

권25 受詔 편에 의하면, "정사와 부사가 조서를 받들고 [숙소인] 順天館으로 들어가면, 10일 안에 길일을 점쳐서, 왕이 조서를 받게 되었다. 그 하루 전에 먼저 說儀官을 보내어 정사 및 부사와 만나게 하였다. 그 다음날 屈使 한 명을 보내어 순천관에 이르자, 都轄官과 提轄官이 조서를 받들고 채색 가마 안으로 들어가고, 의장병들이 맞이하여 앞에서 인도하여 갔다. 정사와 부사 및 館伴과 屈使 등은 같이 말에 오르고, 下節은 그 앞에서 걸어서 갔으며, 上節과 中節은 말을 타고 뒤따랐다. 고려국 관리들은 먼저 순천관 문밖에 줄지어 서서 조서가 관 밖으로 나오기를 기다렸다가, 길에서 두 번 절한 뒤에 말을 타고 앞장서서 인도하여 王府로 갔다. 廣化門으로 들어간 다음, 다시 左同德門으로 들어갔다가 昇平門 밖에 이르자, 상절과 중절이 말에서 내리고, 引接과 指使 등은 말 앞에서 걸어갔고, 상절은 그 뒤를 따라갔다. 神鳳門으로 들어가서 閶闔門 밖에 다다르자, 정사와 부사가 말에서 내리고, 국왕은 그 나라 관리들과 함께 차례로 조서를 맞이하여 두 번 절하였다"(迎詔).

채색 가마가 會慶殿門 밖에 멈추면, 都轄官과 提轄官이 가마 안에서 조서를 받들고 나와 幕位에 봉안하고, 고려 국왕이 다시 문 아래로 내려와 서쪽을 향해 서고, 정사와 부사가 국왕과 같이 나란히 가면서 中門으로 인도해 들어갔다. 국왕은 조서를 인도하여 會慶殿으로 들어가 궁정 아래에 香案을 차려놓고 서쪽을 향해 서고, 정사와 부사는 북쪽 위에 자리 잡고 남쪽을 향해 섰으며, 상절관은 서열에 따라 정사와 부사의 뒤에 섰고, 고려의 관리들은 왕 뒤의 반차에 따라 섰다. 왕이 두 번 절한 뒤에 직접 황제의 안부를 묻고, 國官들도 舞蹈하고 재배했다. 國信使가 조칙이 있다고 이르면, 국왕이 두 번 절하고 일어나, 구두로 전하는 조칙을 직접 들은 뒤에, 笏을 꽂고 꿇어앉았다. 부사가 조서를 정사에게 주고, 정사는 조서를 왕에게 주었다. 왕은 조서를 받아 그 나라 관리에게 주고, 홀을 꺼내어 무도하기를 처음 행한 의례와 같이 했으며, 고려 관리들도 그와 같이 하였다.

조서를 授受하는 의례가 끝난 뒤에, 사절단에 연회를 베푸는 燕禮가 뒤따랐다. 권26 燕禮에 의하면,

> 왕이 조서를 받은 뒤, 왕과 정사, 부사는 임시 처소에서 잠시 휴식을 취하였는데, 왕은 동쪽에 자리 잡고 정사와 부사는 서쪽에 자리 잡았다. 贊者가 정사와 부사의 기거 상황을 왕에게 고하고, 왕은 介를 보내 復命하게 했다. 引接官들이 좌우로 나뉘어 왕과 정사, 부사를 인도하여 會慶殿 뜰 가운데로 나가게 했다. 서로 마주보고 揖하는 의식이 끝난 뒤에 회경전으로 올라, 왕은 동쪽 기둥[옆]에 서고 정사와 부사는 서쪽 기둥[옆]에 섰는데, 각각 褥位를 깔아놓았다. 왕과 정사가 서로 마주보며 두 번씩 절한 뒤에, 각각 몸을 조금 앞으로 내어 서로 문안 인사를 나누고 나서, 다시 두 번 절하였다. 정사가 잠시 물러나고, 부사가 정사의 자리에 서서 왕과 마주보며 처음 행한 예와 같이 절하고 각각 자리로 돌아갔다. 그렇게 한

뒤에 각자 원래 있었던 자리에 나뉘어 섰다. 상절관들은 榜子를 통하여 참여하였다. 도할관과 제할관 이하는 절하지 않고 몸을 굽혀 왕에게 읍하는 것으로 그쳤고, 왕도 몸을 굽혀 답하였는데, [그런 뒤에 이들은] 물러나 동쪽 회랑에 가서 섰다. 그 다음에는 중절관을 뜰 아래로 인도하여 참여케 하였는데, 이들이 네 번 절하고 왕이 몸을 조금 굽혀 읍한 뒤에, 물러나 서쪽 회랑에 섰다. 왕과 정사, 부사가 자리로 가서 앉았고, 상절과 중절도 그렇게 했다. 그 다음에는 하절관들을 뱃사람들과 함께 역시 뜰 아래로 인도해서 여섯 번 절하고 문의 동쪽과 서쪽에 두 줄로 나뉘어 북쪽을 향해 앉게 했는데, 동쪽이 상석이다. 그런 뒤에 술이 돌았다. (私觀)

燕飮의 의례에서는 각종 장막 종류를 쳤고, 술잔을 주고받는 의식에서는 손님과 주인이 백 번이나 절을 하면서 예법을 지켰다.

왕과 정사, 부사가 자리로 가서 앉은 뒤에, 왕은 介를 보내어 정사와 부사에게 "직접 일어나 술을 따라 권하고 싶다"고 알려 와서, 사자가 굳이 사양했지만, 두세 차례 사양한 뒤에는 그 뜻을 따랐다. 각각 자리를 피해 일어서서 마주보며 읍한 뒤에, 執事者가 정사의 술잔을 가지고 왕 앞에 가니, 왕은 꿇어앉아 술병을 들어 술을 따랐고, 정사가 무릎을 꿇은 채 [술잔을] 앞으로 가져왔다. 정사도 꿇어앉아 술잔을 받은 뒤에, 다시 술잔을 집사자에게 주고, 각각 다시 자리로 돌아갔다. 술을 마신 뒤에는 몸을 일으켜 마주보고 읍하면서 간단하게 감사의 뜻을 표하였다. 왕은 또 부사에게도 정사에게 행한 예와 같이 몸소 술을 따라주었다. 정사와 부사가 왕에게서 잔을 받는 일이 끝난 뒤에는 처음 행한 예와 같이 술을 따라 왕에게 잔을 되돌려주었다. 술이 세 차례 돈 뒤에는 일상의 의례와 같이 하였고, 술이 열다섯 차례 돈 뒤에는 임시로 마련한 처소에서 중간 휴식을 취하고, 조금 시간이 지난 뒤에 다시 자리로 가서, 정사와 부사 및 그 아랫사람들에게 襲衣

와 金帶, 銀帶 등을 각각 차등을 두고 선사하였다. 술이 다시 십여 차례 돌고 밤중이 되어서야 파하였는데, 왕은 정사와 부사가 궁전 문밖으로 나갈 때까지 전송하였고, 三節人들은 차례대로 말을 타고 관사로 돌아갔다. (獻酬)

송의 사자가 객관으로 들어간 뒤에도, 왕이 관리를 보내어 연회를 베풀었는데, 이를 拂塵會라고 했다.

그 뒤부터 닷새에 한 번씩 연회를 가졌는데, 節序와 만나게 되면 예우가 좀 더 많아졌다. 정사와 부사는 그 가운데에 앉아 자리가 좌우로 나뉘어졌는데, 國官과 伴筵, 館伴 등은 동서로 나뉘어 손님 자리에 앉고, 都轄과 提轄 이하는 동쪽과 서쪽 序에 나뉘어 앉았으며, 중절과 하절은 차례에 따라 양편 회랑에 앉았다. 술은 열다섯 차례만 돌리고, 밤이 되어 마쳤다. 뜰에는 초롱을 밝히지 않고 단지 횃불만 피웠다. 이외에도 過位의 禮가 있었는데, 三節은 같이 가지 않고 단지 引接과 指使 등만 데리고 가서 심부름을 시켰다. 그 며칠 뒤에는 정사와 부사가 관반관을 객관의 樂賓館으로 초청하였는데, 요리하는 사람을 썼고, 과일과 안주, 그릇 등은 모두 御府에서 지급한 것이었다. 사방의 대자리에 귀한 노리개와 오래된 기물, 法書, 뛰어난 그림, 특이한 향, 진기한 차 등을 늘어놓았는데, 아름답고 진기함이 갖가지이고 정교하고 이채로움이 눈길을 빼앗았기 때문에, 고려 사람들 가운데 경탄하지 않는 이가 없었다. 연회가 한창 무르익었을 때, 좋아하는 바에 따라 원하는 대로 집어서 주었다. (館會)

선화 사절단은 "황명을 받아 國信使의 일로 행차하게 되었지만 [……] 祭奠과 弔慰도 겸하게 되었다"(祭奠). 따라서 조서를 고려 국왕에게 전달하는 의식을 치른 宋使는 다시 祭奠과 弔慰의 의례를 진행하였다. "왕이 조서를 받은 뒤 이틀이 지나, 왕이 먼저 사람을 보내 都轄館 吳德休에게

佛事를 올릴 준비가 되었음을 알렸고, 그 다음 날 提轄館 徐兢이 [황제가] 내려준 祭奠 예물을 살펴보고 앞에 진열하였다. 날이 밝자, 정사와 부사가 三節 관리들과 함께 조서를 실은 가마를 받들고 長慶宮으로 갔다. 삼절은 임시 처소에서 쉬고, 정사와 부사는 허리띠를 烏犀帶로 바꿔 지난날의 법식을 따랐다. 시간을 기다렸다가 祭室로 들어가니, [고려 국왕] 王楷[즉 仁宗]가 소복을 입고 동쪽 기둥 옆에 서고, 정사와 부사는 두 번 절하고 일어난 다음, 정사가 꿇어앉아 황제가 직접 지은 제문을 읽었다"(권25 受詔 祭奠). "이날 祭奠의 예를 마친 다음, 잠시 물러나 있다가 弔慰의 예를 거행하였다. 먼저 궁정 안에 香案을 마련하고, 서쪽 천자가 계신 궁궐을 향해 바라보았다. 王楷는 소복을 입고 서쪽을 향해 서고, 정사는 남쪽을 향해 서쪽 윗자리에 섰으며, 부사는 그 다음 자리에 섰다. 부사가 조서를 정사에게 주고, 정사가 조서를 왕에게 주자, 왕이 경석 모양으로 허리를 굽혀 공손스럽게 두 번 절하고 꿇어앉아 조서를 받았다"(弔慰).

서긍 사절단은 송 황제의 詔書를 고려 국왕에게 전달하는 의례를 행함과 동시에 송제에게 전달할 고려 국왕의 表文을 받는 拜表 의례도 행하였다. "사신이 宣命禮[즉 조서를 반포하는 의례]를 마친 다음, 天寧節[즉 송제의 생일]에 귀국하여 황제의 장수를 기원하려 한다는 뜻을 서신으로 알리자, 고려 국왕은 介를 보내 서신으로 간곡히 만류하고, 사자는 굳이 사양하였다. 왕은 점으로 좋은 날을 가려서 서신을 보내, 表章을 바치겠다고 알려왔다. 그날이 되어, 정사와 부사가 三節人들을 거느리고 王府에 다다르니, 왕은 이를 맞이하여 읍하고 會慶殿으로 갔다. 회경전의 뜰 가운데에는 상을 배치하고 방석을 늘어놓았는데, 이는 조서를 받을 때의 의례와 같았다. 왕은 [송의 황제가 있는] 대궐을 바라보며 두 번 절한 다음, 홀을 꽂고 꿇어앉았고, 집사가 표문을 왕에게 주자, 왕이 표문을 받들고 무릎을 꿇은 채로 가서 정사에게 바쳤다. 정사도 무릎을 꿇고 표문을 받은 뒤에,

그것을 부사에게 주었다. 부사는 표문을 引接官에게 준 뒤에 자리로 갔다. 모임이 끝나자, 표문을 담은 상자를 채색 가마 속에 놓고, 의장병이 앞장서서 인도하여 객관으로 돌아갔다"(拜表).

拜表宴이 끝난 뒤에 門餞, 즉 전별식이 진행되었다. "神鳳門에 장막을 치고 손님과 주인의 자리를 배설하였다. 왕이 정사와 부사에게 이별주를 따라준 뒤에 [정사와 부사가] 좌석 옆에 서서, 먼저 상절을 인도하여 앞에 서게 하니, 왕은 친히 이별주를 뿔로 만든 큰 술잔에 따라주었다. [상절이] 하직 인사를 하고 물러난 다음에는, 중절을 인도하여 층계에, 하절은 층계 아래에 세우고, 상절에게 한 예와 같이 술을 권하였다. 문밖으로 물러나 정사와 부사가 말에 오르는 것을 기다렸다가, 삼절이 차례로 그 뒤를 따라 객관으로 돌아갔다"(門餞).

고려 국왕은 북송 사절단이 객관을 떠나 귀로에 오른 뒤에도, 다시 사람을 보내 교외에서 전별하였다. "정사와 부사가 귀국하는 날, 일찍 順天館을 출발해서 얼마 안 가 西郊亭에 다다랐을 때, 왕이 國相을 보내 그 안에 술과 안주를 갖추게 했다. 상절과 중절은 동쪽과 서쪽 회랑에 서고 하절은 문밖에 섰다. 술이 열다섯 차례 돈 뒤에 마쳤다. 정사와 부사는 館伴과 문밖에서 말을 세우고 작별인사를 했다. 관반은 말 위에서 직접 술을 따라 사자에게 권하였고, 다 마신 다음에 각각 소매를 나누어 헤어졌다. 이에 앞서 接伴官과 送伴官은 객관에 도착하자 곧 헤어졌지만, 귀로에 오르게 되자 이곳에서 다시 만나 群山島에서 큰 바다로 나갈 때까지 동행하였다"(西郊送行).

선화 사절단은 詔書의 전달과 祭奠·弔慰 등의 의례를 마친 뒤에, 중국과 관련된 장소나 한국인의 민속신앙과 관련된 장소 등을 직접 방문하였는데, 이 역시 송사의 기본 임무인 '咨詢'의 일환이었다. 권17 祠宇 편에 의하면, 靖國安和寺의 동쪽에 있는 神翰門과 그 뒤에 있는 큰 건물 能仁

殿의 현판은 실은 송 徽宗이 보내준 친필 글씨였다. 서긍은 "고려인들이 奎章과 睿藻[즉 황제가 쓴 글과 글씨]가 그곳에 있다고 해서 더욱 엄숙하게 받들고 있었다"고 했다. 선화 사절단이 그곳에 가서, "三節의 관속과 시중드는 관리들을 거느리고 御書殿 아래에서 절하였고, 승려들에게 공양하며 복을 빌었다." 廣通普濟寺에서도 공양을 올렸는데, "전례에 따라, 예물 가운데 여분의 말과 고려에서 정사와 부사에게 보내온 것까지 합해 모두 두 필의 말과 여기에 백금[은] 2근을 더해서 香花와 과일, 채소 등 공물을 마련하여 佛事를 치르고 승려들에게 공양하였다"(권18 道敎 釋氏). 그러나 이 절에는 정사와 부사가 직접 가지는 않고, 단지 都轄官과 提轄官 이하 三節을 보내어 의례를 거행하게 했다. 또한 그보다 앞서 元豊 연간에 上節 사신 宋密이 紫燕島에서 죽었는데, 그 뒤부터 송의 사신이 그곳에 가게 되면 반드시 濟物寺에서 승려들에게 공양하면서 제사를 드리고, 상절이 무덤 아래에 차례로 늘어서서 절하였다. 선화 사절단도 그 전례를 따랐다.

고려의 고유한 민속신앙과 관계된 장소에도 송사가 관리를 보내 제사를 드리는 경우가 있었다. 한 예로, 北昌門 밖에 있는 崧山神祠에 관리를 보내 제사를 드리게 했는데, 사당이 너무 멀어서 산 중턱까지만 가서 술과 안주를 차려놓고 그곳을 바라보며 절하고서, "이는 옛 예법에 따른 것이라"(崧山廟)고 했다. 宣仁門 안에 있는 東神祠에서도 제사를 드렸다. 그 정전에는 '東神聖母之堂'이라는 방이 걸려 있고 그 안에는 나무를 깎아서 만든 여인 형상의 신상이 놓여 있었는데, "어떤 이는 그가 夫餘의 처, 河神의 딸로서, 朱蒙을 낳아 高麗의 시조가 되게 했기 때문에 제사를 지내게 되었다고 한다"(東神祠). 옛 관례로는 북송의 사자가 고려에 가면 관리를 그곳에 보내어 제수를 차리게 했고, 희생과 술잔을 바치는 의식은 숭산신에 대한 예식과 같았다. 急水門 위쪽에도 蛤窟龍祠라는 작은 사당

안에 神像이 있어, 선화 사절단도 그곳에 가서 제수를 차려놓고 제사를 드렸는데, "그 다음 날에 청색의 작은 뱀 한 마리가 나와, 모두들 신이 변화한 것이라고 했다"(蛤窟龍祠)고 한다.

5) 선화 사절단의 예우

고려는 북송 사절단이 사명을 수행하는 의전적 과정에서 극진하게 예우하였다. 이외에도 사소한 문제에 이르기까지 북송 사절단에 대한 고려의 예우는 실로 '勅使' 대접의 격을 잃지 않았다. 권25 受詔 서문에서, "고려인들은 마땅히 하늘을 우러러 보듯 밝은 황명을 삼가 받들어, 감히 조금이라도 게을리 하여 예를 떨어뜨리지 않도록 경계한다"고 했듯이, 서긍의 일행이 고려에 도착한 뒤부터 본국으로 돌아갈 때까지, 고려 조정이 북송 사절단에 베푼 예우는 서긍이 매우 만족할 정도로 정중하여 소홀함이 없었다. 『고려도경』 제24권 節仗의 서문에서 이 문제에 대한 서긍의 인식이 잘 표현되었다.

> 『春秋』의 필법에서는 王人[즉 천자의 사자]은 비록 그 신분이 보잘것없다 하더라도 서열을 諸侯보다 높게 하였다 하니, 이는 왕[천자]의 명령을 존중하려는 것이었다. 그 당시에는 周 왕실의 기강이 무너지고 제후는 강대하여 주 왕실을 가볍게 여기는 마음을 갖고 있었기 때문에, 孔子가 빈 말에 의탁해서라도 천하의 후세 신하된 자들이 본받도록 곡진하게 가르침이 이와 같았다. 하물며 태평성세에 친히 왕인을 멀리 외국에 사신으로 보냈으니, 저들이 [왕인을] 존중하고 받드는 예의를 이찌 감히 조금이라도 소홀히 할 수 있겠는가. 삼가 생각해보건대, 宋이 천하를 다스린 지 2백 년이 되어, 전쟁은 점차 그쳐지고, 夷狄의 군장은 황제의 명령과 통고를 기다리지도 않고도 믿고 따르니, 그 정성은 금석과 같이 견고하다. 아마도 容成氏 이래로 태평이 이처럼 성대했던 적은 없었을 것이다. 제후가

왕인을 받들어 존중하고 그 禮文이 번거롭고 화려한 것은 당연한 일이다. 근년에 使命이 고려국에 이를 때마다, 화려한 의장과 수많은 호위 병력을 죄다 갖추어 詔書를 맞이하고 旄節을 인도함에 그 예의가 매우 정성스럽고 지극하다고 들었지만, 이번 행차는 마침 王俁의 服制가 아직 끝나지 않은 때여서 북이나 피리 같은 종류는 모두 잡고만 있고 연주하지는 않았으니, 이 또한 예의를 아는 것이라 할 수 있다.

선화 사절단에 대한 고려인의 지극한 예우는 우선 그 숙소의 제도를 통해서 알 수 있다. 『송사』 고려전에 의하면, 神宗 元豊 원년(1078)에 북송 사신 安燾와 陳睦 등이 고려에 다다르자, "그 나라 사람들이 환호하며 나와서 맞이하였다. 徽[즉 고려 文宗]가 袍笏과 玉帶 등을 갖추고 安燾와 陳睦에 대해 더욱 예우하고 別宮에 묵게 하였는데, 현판에 '順天館'이라 써서 붙였으니, 이는 中國을 존중하고 따르기를 하늘과 같이 한다는 뜻이라고 한다"고 했다. 서긍이 고려에 갈 때도 바로 이 순천관에서 묵게 되었다. 『고려도경』 권3 國城 편에서, "서남쪽 모퉁이에는 王府와 宮室이 있다. 그 동북쪽 모퉁이에 있는 順天館은 수리가 완전하게 잘 되어 있고 서문도 장대하고 아름다운데, 모두 中朝에서 오는 사신을 위해 설치한 것이라"고 했다.

송사가 묵은 順天館의 규모나 제도는 서긍을 만족시키기에 충분할 정도였다. 권27 館舍 편의 서문에서, "제후의 나라가 사방의 빈객을 접대할 때도 관사를 마련해주는 일을 먼저 해야 할 일로 삼았거늘, 하물며 外夷蕃服이 王人을 접대하는 일이야 더 말할 필요가 없을 것이다. 생각건대, 고려인은 평소에도 공손하고 온순하였고 조정도 [고려를] 대할 때 체통을 잃지 않았기 때문에, 그들이 세운 사자 관사의 격식은 왕의 거처보다도 더 화려하고 사치스러운 면이 있다"고 했다.

왕성의 宣義門으로 들어가서 곧바로 북쪽 3리쯤 가면 京市司에 다다르고, 다시 북쪽으로 돌아 5리쯤 가면 廣化門에 이른다. 여기서 다시 서쪽으로 돌아 2리쯤 가면 한 산등성이를 지나게 되는데, 아주 높고 험했다. 여기서 북쪽을 향해 1리쯤 조금 더 가면 순천관에 다다르게 된다. 순천관의 바깥문에는 榜文이 있고, 중문은 龍虎軍이 지켰다. 순천관의 正廳은 기둥이 아홉 개나 있어 규모가 장대하고 제작 격식은 왕의 거처를 능가했다. 外廊은 30칸으로, 다른 물건은 놓아두지 않고, 단지 관사에서 연회가 있을 때 中節과 下節이 늘어앉아 음식을 먹는 자리로 쓸 뿐이었다. 뜰 가운데에는 두 채의 정자가 있었는데, 그 가운데에 장막으로 방 세 칸을 만들었다. 예전에는 음악을 연주하던 곳이었다. [……] 정청의 뒤, 지나가는 길에는 樂賓亭을 세워두었다. 좌우에 딸린 두 방은 정사와 부사의 거실로 삼았다. 內廊은 각각 12개의 방이 있어, 上節들이 나누어 거처하였다. 서쪽[내랑] 처소의 남쪽 방은 館伴의 방이고, 그 북쪽 방에는 詔書를 봉안해두었다. 양쪽 序는 道官이 거처하였다. 동쪽 처소에는 큰집이 있어, 都轄과 提轄의 거처로 사용하고, 그 동쪽은 書狀官의 거처로 사용하였다. 또한 매우 넓은 廊屋이 있어, 중절과 하절 이하 뱃사람들까지 거처하였는데, 북쪽 방을 더 높은 방으로 쳤다. 정사와 부사 이하에게는 房子를 배치하여 심부름을 시키도록 배려했다. 동쪽 처소의 남쪽에는 淸風閣을 만들고 서쪽 처소의 북쪽에는 산세에 기대어 香林亭을 지었는데, 두 곳 다 들창을 열면 산을 마주보게 되어 있고, 맑은 물이 감싸 돌며, 높은 소나무와 빼어난 초목들이 울긋불긋 음영을 뒤섞고 있다. 장막이나 그릇 종류는 갖추어지지 않은 것이 없다. 이에 앞서 王徽가 이곳을 건립하여 별궁으로 사용했는데, 元豊 연간에 朝貢한 뒤부터 中朝에서 온 사자를 접대할 곳이 없었기 때문에, 이곳을 고쳐 관사로 삼고 順天이라 이름 지었던 것이다. (순천관)

송사의 숙소에는 각종 시종들이 배치되어 허드렛일에 수발들게 했다. 권21 皁隷 편에 의하면, "武臣의 자제로서 무력으로 호위하는 임무를 맡는 자들은 모두 산원으로 임명되었는데, [송의] 사신이 갈 때마다 소반을 받들고 술잔을 올리며 옷을 받아들고 수건을 대령하는 등의 일에 모두 이들을 썼다"(散員). 또한 사신이 묵는 객관에 방자를 배치하여 잡역을 담당하게 하였는데, "각 방마다, 정사와 부사 이하 사절단 인원에게 관품의 높낮이에 따라 많고 적게 배당되었다"(房子).

권27 館舍 편의 客館 조에 의하면,

> 객관은 하나만 있는 것이 아니었다. 순천관 뒤에 십여 칸짜리 작은 관사가 있어 사자를 보내거나 소식을 알려주는 사람들을 접대했다. 迎恩館은 남쪽 큰 길, 興國寺의 남쪽에 있었고, 仁恩館은 영은관과 나란히 있었는데, 예전에는 仙賓館이라 하였다가 지금은 이 이름으로 바꾸었다. 이전에는 이런 곳에서 거란의 사자를 접대하였다. 迎仙館은 順天寺 북쪽에 있고, 靈隱館은 장경궁의 서쪽에 있어, 狄人 女眞을 접대했다. 興威館은 奉先庫의 북쪽에 있었는데, 예전에 醫官을 접대한 적이 있던 곳이다. 南門에서 兩廊 사이에 객관이 모두 네 곳 있었는데, 清州館 · 忠州館 · 四店館 · 利賓館이라 하였다. 모두 중국의 상인들을 접대하는 곳이었다. 그러나 낮고 좁으며 허술해서, 순천관과는 비교가 되지 않았다.

선화 사절단에 대한 고려인의 예우는 무엇보다도 고려는 송사를 접대하기 위해 조정의 인적 역량을 총동원하였음을 통해서도 확인할 수 있다. 『고려도경』 권8 人物 편 서문에 의하면, "이번에 사자가 고려 땅으로 들어가니, 신하들 가운데서 식견이 넓고 민첩한 이들만을 뽑아서 영접하는 禮를 맡겼다"고 한다. 그 예로서, "州牧으로는 刑部侍部 知全州 吳俊和와 禮部侍郎 知清州 洪若伊, 戶部侍郎 知廣州 陳淑과 같은 이들이 있었고,

[사신을] 맞아 위로하고 전송하는 일은 銀靑光祿大夫 吏部侍郎 朴昇中과 開府儀同三司 守太保 中書侍郎 中書門下平章事 金若溫, 開府儀同三司 守太保 門下侍郎 同中書門下平章事 崔洪宰, 開府儀同三司 守太保 門下侍郎 兼中書門下平章事 林文友, 同知樞密院事 拓俊京, 李資德 등과 같은 이들이 맡았으니, 이들은 모두 왕의 측근 신하들이었다." 이들은 송사와 "王府에서 네 차례 모인 것 외에도 따로 연회를 갖고 술을 마셨는데, 화기애애하게 술잔을 주고받았다"고 한다. 이 외에도 "戶部侍郎 梁鱗과 金惟棟, 刑部侍郎 林景淸, 工部侍郎 盧令琚, 中侍大夫 黃君裳, 工部郎中 鄭俊, 左司郎中 李之甫, 殿前承旨 林寵臣, 朝散郎 秘書丞 金端, 閤門使 金輔臣, 閤門通事舍人 李穎之, 曹祺, 內殿崇班 胡仁穎, 引進使 王儀, 閤門祗候 高唐愈, 敏仲衡, 通事舍人 李漸, 梁文矩, 中衛郎 劉及, 中亮郎 彭京, 忠訓郎 王承, 成忠郎 李俊琦, 金世安, 保義郎 李俊異, 承節郎 許宜, 何景, 陳彦卿 등과 같은 이들"이 "개인적으로 찾아보거나 선물을 보내는 일"을 맡았고, "正義大夫 禮部尙書 金富佾, 通義大夫 殿中監 鄭覃, 尙書 李璹, 中亮大夫 知閤門事 沈安之, 中亮大夫 閤門副使 劉文志, 閤門引進使 金義元, 閤門通事舍人 沈起, 王洙, 金澤, 李銳材, 金純正, 黃觀, 李淑, 陳迪, 閤門祗候 尹仁勇, 朴承, 鄭擇, 陳迪, 通事舍人 李德升, 吳子嶼, 卓安 등과 같은 이들"은 "명령을 전하고 안내하는 일"을 맡았는데, "모두 재주가 있고 유능하며 언변이 뛰어나고 식견이 넓어서 선발되었다." 이들은 "처음 만날 때부터 귀국을 알릴 때까지, 함께 연회하며 즐기고 돌아다니며 구경하였는데, 겸손하게 상대를 예우하는 모습이나 품위 있는 풍채, 온화하고 조용한 자세 등, 볼만한 점이 있었다"고 한다.

館伴을 맡은 金紫光祿大夫 守司空 同知樞密院事 上柱國 金仁揆는 "풍채가 장대하고 수염이 아름다워 용모가 빼어나며 행동거지가 단정하고 신중하여, 중국에서 온 사신을 접대하는 책임자로 간택되었고," 同館伴

正議大夫 守尙書 兵部侍郎 上護軍 賜紫金魚袋 李之美는 李資謙의 아들로서, "일을 처리하고 결정할 때는 언제나 예에 맞게 하며 동작이 안정되고 예의가 바르는 등, 중국적인 품성을 넉넉하게 가졌으며, 조정[=宋朝]에 대해 언급할 때마다 해바라기 꽃이 해를 향해 기울 듯이 항상 진심을 다해 [송에] 충성하고 공경하는 뜻을 보였다"고 해서, 서긍은 "그 충성스러운 마음이 가상하다"고 평가했다. 서긍에 의하면, "고려는 中朝의 사신이 올 때마다 반드시 인재를 선발하거나 조공하러 [중국에] 다녀온 적이 있는 이를 館伴으로 삼았다." 이지미도 "일찍이 天闕에 入覲하러 가서 객관에 수개월 머무르면서 그 나라의 일에 관해 크고 작은 일을 가리지 않고 모두 아뢰었다"(人物)고 한다.

고려인은 성문과 전각의 이용에서도 송사에 대한 예우가 각별하였다. 권4 門闕 편 宣義門 조에 의하면, "선의문은 곧 왕성의 정서쪽에 있는 문으로 [……] 그 중문은 항상 열어놓지는 않고, 오직 왕과 사자만 드나들고, 나머지 사람들은 모두 偏門으로 다닌다. [……] 왕성의 문 가운데서 이 문이 가장 크고 화려한데, 아마도 國朝의 사신을 위해 설치한 것 같다"고 했다. 권4 門闕 편 殿門 조에서는 "會慶殿에 3개의 문이 나란히 열 지어 서 있는데, 그 가운데 문으로는 詔書만 들어갈 수 있고, 왕과 사신은 좌우로 나누어 들어간다"고 하고, 권5 宮殿 1편 會慶殿 조에서는 "회경전은 [……] 그 규모가 매우 장대하고 [……] 그 꾸밈이 웅장하고 화려하여 여러 궁전 가운데서도 으뜸이다. [……] 평상시에는 그곳에서 거처하지 않고, 오직 사신이 오면 뜰 아래에서 조서를 받거나 표문을 올리는 데 사용한다"고 했다.

말과 수레의 사용도 높은 격식이 갖추어졌다. 권15 車馬 肩輿에서, "群山島서부터 성 안에 들어갈 때까지 객관을 나갈 때마다 반드시 견여로 정사와 부사를 모시려 했지만, 그 예가 분수에 넘치는 것이라고 해서 감히 타지 못하고, 단지 앞서 가는 의장대 가운데에서 행진케 함으로써 의식으로 삼았을 뿐이라"고 했다. 말의 제도도 국왕의 그것과 같아서, 송사는 분수에 넘친다 하여 사양하기도 했다. 使節馬 조에 의하면, "처음 사자가 객관에 도착해서 길일을 점쳐 조서를 받았는데, 그때 바친 안장과 말이 왕[이 타는 것]의 제도와 대체로 같았기 때문에, 사자는 그것이 분수에 넘치고 너무 사치스럽다고 해서 몇 번이나 굳이 사양하다가, 결국 국관이 타는 다른 말로 바꾸었다"고 한다.

기치의 사용도 송사의 그것은 특별하였다. 권14 旗幟 서문에서, 서긍은 "그 나라 사람들은 神旗가 세워져 있는 곳을 보면, 감히 그곳을 향해 가지 못한다. 오직 [황제의] 조서가 처음 성 안으로 들어가 예를 받을 때까지만 특별히 사용하였다"고 하면서, "이는 아마도 上命을 존중한다는 뜻일 것이라"고 추측하였다. 수레에 덮는 차 덮개에서도 송사에 대한 특별한 예우를 볼 수 있다. 권9 儀物의 靑蓋 조에서, 청개는 "평소에는 홍색을 사용하지만 [중국에서] 사자가 올 때만 청색 비단으로 가린다"고 하면서, "고려인은 홍색을 가장 귀하게 여기기 때문에 국왕이 아니면 사용하지 못하는데, 이제 [청색 비단으로] 덮어서 가리는 것은 아마도 聖朝를 공손하게 따르고 사절에게는 [천자만이 사용하는 황색을] 겸손하게 회피하겠다는 뜻의 한 자락을 내보인 것일 뿐이리라"고 추측했다.

송사를 영접하는 儀仗에서도 특별한 배려가 읽혀진다. 권11 仗衛 서문에서, "고려 왕성의 의장호위대는 다른 郡과 비교해서 가장 기세가 성하다고 하니, 아마도 날래고 용맹한 병사들이 여기에 다 모인 것 같다. 中朝의 사신이 도착하면, 이들을 모두 내어 보내서 기세 좋은 광경을 보여준다"고 하고, 龍虎左右親衛旗頭에서는 "용호 좌우 친위군의 기두는 [……] 작은 깃대를 들고서 六軍을 호령하니, 이들이 바로 軍과 衛에 소속된 隊의 우두머리다. [이들 가운데서] 王府 안에서 시위하는 자는 두 명뿐인데, [중조의] 사자가 도착하면 [그 중의] 한 사람을 의장대 안에 배치하여, 앞에서 말을 타고 선도하게 한다"고 하면서, "이는 아마도 사신을 대접하기 위해 왕을 시위하던 사람을 그만두게 하고 배치한 것이니, 예우가 이 정도에 이르면 가히 지극하다 할 수 있겠다"고 감탄하였다.

송사를 맞이할 때는 왕의 복식도 특별히 선택되었다. 권6 宮殿 王服에 의하면, "왕이 그 나라의 관리나 士人, 백성 등을 만날 때는 幞頭를 쓰고 束帶를 두르고, 제사를 지낼 때는 冕旒冠을 쓰고 옥으로 만든 笏을 든다. 다만 中朝의 사신을 맞을 때는 자색 비단으로 만든 공식 복장과 상아로 만든 笏, 옥으로 만든 허리띠 등을 갖추고서 拜舞하고 抃蹈할 때는 신하의 예절을 다하려 했다"고 한다.

향연에서도 송사에 대한 예우는 극진하였다. 권22 雜俗 庭燎 조에서 "고려에는 밤에 술 마시는 풍속이 있어, 사신을 접대할 때 더욱 정중하게 한다" 하였고, 권26 燕禮 서문에서도, "고려의 제도에서는 술잔을 잡아 술을 따르고 무릎을 꿇은 채 앞으로 나와서 빈객에게 올리는데, 이는 옛 사람의 풍습이 남아 있는 것이다. 실로 저들이 사신에게 더 후하게 대한 것은 王人[즉 황제가 보낸 사람]을 존중하기 위한 것이었지, 그 나라에서 하는 것이 반드시 이와 같지는 않을 것이라"고 했다.

4. 徐兢의 韓國 인식

서긍은 『고려도경』 권1 建國 편 서두에서 한국에 대한 자신의 인식이 다음과 같은 한국 역사의 특수성에 근거한 것임을 밝히고 있다. "蠻夷의 군장들은 대개 속임수나 완력으로 스스로 자신을 높이고, 單于나 可汗과 같이 별난 이름이나 괴이한 칭호를 사용했다고 하지만, 그 가운데 칭찬할 만한 것은 없다. 오직 고려만은 箕子가 덕을 베풀어 侯爵을 얻은 이래로, 그 후대에 차츰 쇠약해진 뒤에도, 다른 姓[을 가진 왕조]들도 여전히 漢의 爵을 사용하여 대대로 그 지위를 누렸고, 위에는 안정된 왕권이 있고 아래에는 높고 낮은 질서가 있었기 때문에, 나라를 이어 대대로 전승하는 과정에 대해 기록할 만한 것이 많다.” 한국은 중국 주위의 여러 다른 만이와 달리, 기자 이래로 역대 왕조가 모두 중국 국가들과 册封-朝貢 관계를 맺어왔고, 그로 인해 중국과 동질적 문화를 함께 향유하였고, 매우 안정된 질서를 유지해오고 있다는 것이다. 한국에 대한 서긍의 이러한 인식은 『고려도경』의 처음부터 끝까지 관통하여 나타난다.

1) 서긍의 한국 역사 인식

서긍은 스스로 “이제 삼가 여러 史書를 살펴, 그 역대 왕들[의 치적]을 차례로 서술하여 建國記를 짓는다”고 하였듯이, 『고려도경』의 다른 부분과는 달리 한국의 역사에 대한 기술은 자신의 직접적 견문에 근거하지 않고 기존의 중국 ‘사서’에 의존하였기 때문에, 그 내용 가운데 특이한 점이 적지 않다.

『고려도경』의 권1 建國 편과 권2 世次 편에 나타나는 서긍의 한국 역사 인식 가운데 가장 먼저 눈에 띄는 특이점은 箕子를 고려의 선조로 설정하였다는 것이다. 그는 始封 조에서 “고려의 선조는 周 武王이 朝鮮에 책봉한 箕子 胥餘인데, 실제 성은 子 씨이다. 周代와 秦代를 거쳐 漢 高祖 12년에 燕人 衛滿이 亡命하여, 무리를 모아 상투를 틀고 [蠻夷의 옷을] 입고서, [주변의] 만이를 복속시키며 조선 땅을 침탈하여 왕이 되었다. 子姓이 나라를 가진 지 8백여 년 만에 衛氏가 [나라를 차지하게] 되었고, 위씨가 나라를 가진 것은 80년 정도였다”고 하여, 이른바 箕子 朝鮮과 衛滿 朝鮮을 한국사의 서장에 설정하였다.

서긍은 기자 조선과 위만 조선을 이어, 高句麗의 역사를 서술하였는데, 특이한 점은 고구려의 역사를 이어 渤海의 역사를 간략하게나마 기술하였다는 것이다. 그는 고구려가 멸망한 뒤에, "武后가 장수를 보내어 그 군주 乞昆羽를 쳐서 죽이고 그 군주 乞仲象을 세웠다. 그러나 걸중상도 병으로 죽고, 중상의 아들 祚榮이 즉위하였는데, [조영은] 그 무리 40만을 거느리고 桂婁에 웅거하면서 唐에 신하를 자칭하며 복속했다. 中宗 때에 忽汗州를 설치하고 조영을 都督, 渤海郡王으로 삼았다. 그 뒤부터 마침내 渤海라 칭했다"고 했다. 서긍은 발해를 세운 이들을 고구려인으로 이해하고, 발해를 고구려를 이어 한국을 지배한 국가로 간주했다.

서긍의 한국사 인식 가운데 또 하나 주목되는 점은 高麗를 高句麗와 동일시한 것이다. 그는 '世系' 조에서도 "왕씨의 선조는 高麗의 大族이었는데, 高氏의 정치가 쇠퇴해지자 나라 사람들이 建이 임금의 자질을 갖추었다고 하여, 마침내 그를 옹립하여 군장으로 세웠다"고 하여, 마치 왕건이 고구려인으로서 고구려를 이어 고려의 왕이 된 것처럼 기술했다. 또한 권3 形勢 편에서도, "고려인은 [……] 漢의 말엽부터 九都山 아래[즉 丸都城]로 옮겨가 살았고, 後魏부터 唐代까지는 계속 平壤에서 살았다. [……] 唐의 말엽에 국가를 회복한 곳은 지금 도읍으로 삼고 있는 땅으로, 일찍부터 開州라 하였다"고 하여, 마치 고구려와 고려가 한 국가인 양 설명하고 있다.

네 번째 특이한 점은 新羅와 百濟 등을 한국사 체계에서 배제했다는 것이다. 신라에 관해서는 고구려가 멸망한 뒤에 "적지 않은 옛 성들이 신라로 들어갔다"는 구절 외에는 전혀 보이지 않고, 백제에 관해서는 아예 한 마디도 언급하지 않았다. 그는 王建의 즉위를 설명한 뒤에, "高麗의 역대 왕들에 관해서는 이미 앞에서 대략 서술하였다"고 하여, 기자 조선 이후 위만 조선과 고구려, 발해 및 고려 初까지의 모든 역사를 '고려의 역사'로 간주하였다. 서긍의 '고려사', 즉 한국사에서는 신라와 백제, 특히 통일신라의 역사는 존재하지 않았다.

마지막으로 눈에 띄는 점은 고려의 王系를 서술하는 과정에 착오가 여러 곳에서 발견된다는 것이다. 권2 世次 편에서 제3대 국왕인 定宗을 빠뜨리고, 그 대신 顯宗과 德宗 사이에 제9대 왕으로 '正宗'을 넣었는데, 이는 『고려사』 世家에 나오지 않는 허구의 인물이다. 그는 "晋 開運 2년[945]에 建이 죽고 아들 武가 즉위하였다. 後漢 乾祐 말년에 武가 죽고 아들 昭가 즉위하였다"고 하였지만 武, 즉 고려 제2대 국왕 惠宗을 이은 이는 동생 堯, 즉 定宗이었고, 정종을 이은 이가 바로 昭, 즉 光宗이었기 때문에, 서긍의 기술은 "武가 죽고 동생 堯가 즉위하였으며, 堯가 죽은 뒤에는 동생 昭가 즉위하였다"고 바로잡아야 한다. 또한 서긍은 "그 뒤 詢이 죽고 아들 隆이 즉위하였고 [……] 隆이 죽은 뒤에는 자기네들 마음대로 謚號를 '正[宗]'이라고 했다. 아들 德王 欽과 흠의 아우 穆王 亨 때에도 朝貢이 통하지 못하였다"고 했으나 詢, 즉 제8대 국왕 顯宗을 이은 이는 그 아들 欽, 즉 제9대 국왕 德宗이었으니, '正宗'은 『高麗史』에 기재되지 않은 허구의 廟號이다. '隆'은 王建의 부친인 世祖의 이름으로, 여기에 잘못 끼어 넣은 것 같다. 그리고 서긍은 "運이 죽으니, 시호를 '宣[宗]'이라 했다. 이들 堯는 즉위한 뒤 [ ] 얼마 지나지 않아 죽어, 시호를 '懷[宗]'라 했다. 이에 熙가 왕위를 계승했다"고 했으나, 『高麗史』 권31 獻宗 世家에서는 "獻宗 恭殤大王은 諱가 昱으로, 宣宗의 元子"라고 하였으니, '懷'는 '獻'으로, '堯'는 '昱'으로 바로잡아야 한다.[13]

---

13 『고려도경』의 '世系'圖.

建－武－昭－伷

－治

－誦

서긍의 고려 王系 기술은 이처럼 잦은 착오를 범하였을 뿐만 아니라, 각 왕의 치적에 대한 기술도 오로지 한중관계의 측면, 특히 宋朝와의 책봉—조공 관계에 관한 내용으로 국한되었다. 그는 "王氏 같은 경우는 나라를 세운 뒤 여러 대에 걸쳐 本朝를 존숭하며 섬겨왔고, 왕 俁 [즉 睿宗]와 지금의 왕 楷[즉 仁宗]에 이르러서도 그 예우가 더욱 두터웠으니, 조목조목 드러내지 않을 수 없다"고 하면서, 송조가 고려의 역대 국왕을 책봉하고 고려 국왕들은 송조에 성실하게 조공하였음을 '조목조목' 강조하였다. 이러한 기술 방식은 송과 고려의 책봉—조공 관계가 단절된 상태에 있었던 반면에 遼와 고려가 책봉—조공 관계를 가지고 있었던 『고려도경』 편찬 당시의 국제적 상황이나 송—고려의 책봉—조공 관계를 회복하려는 서긍 사절단의 사행 목적과 관련되어 있었을 것으로 보인다.

서긍이 기자 조선을 한국사의 서장에 설정한 것도 중국과 한국의 전통적 관계와 송조가 세계의 중심이어야 하는 역사적 당위성을 강조하려는 자의식의 한 표현일 것이다. 사실 기자 조선을 한국사의 서장으로 설정하

—詢—隆—欽
—亨
—徽—勳
—運—堯
—顒—俁—楷
『高麗史』에 의거한 수정 高麗王系
1 王建(太祖) — 2 武(惠宗)
3 堯(定宗)
4 昭(光宗) — 5 伷(景宗) — 6 誦(穆宗)
7 治(成宗)
8 詢(顯宗) — 9 欽(德宗)
10 亨(靖宗)
11 徽(文宗) — 12 勳(順宗)
13 運(宣宗) — 14 昱(獻宗)
15 熙(肅宗) — 16俁(睿宗) — 17楷(仁宗)

는 것은 현대 한국인의 일반적 역사의식과는 배치되지만, 전근대의 중국인뿐만 아니라 한국인의 역사의식으로도 익숙한 일이었다. 이에 반해, 발해사를 한국사의 일부로 포함시키는 것은 현대 한국인에게는 익숙한 일일지 몰라도, 전근대의 한국인뿐만 아니라 중국인에게도 이색적인 경우라 할 수 있다. 서긍이 발해사를 한국사의 일부로 기술한 까닭의 하나는 아마도 고구려와 고려를 한 나라로 이해하고 고구려의 멸망과 고려의 건국 사이의 시간적 간격을 발해사로 메울 수 있다고 생각했기 때문일 것이다.

서긍이 신라와 백제를 한국사 기술에서 제외한 까닭도 고구려와 발해, 고려의 역사를 연속적 과정으로 이해했기 때문인 것으로 보인다. 특히 서긍이 고구려와 고려를 한 국가로 이해한 것은 두 왕조의 명칭이 같다는 사실에 기인하였을 것이다. 고구려는 중국 사서에서 일반적으로 '高麗'로 기록되었다. 이러한 역사적 '錯視' 현상은 古朝鮮과 근세 朝鮮의 같은 이름이 두 왕조의 직접적 관계를 연상케 한 것과 비슷하다. 실제로 고구려와 고려의 직접적 관련성을 역사에서 찾는 일은 고조선과 조선의 직접적 관련성을 찾는 일 만큼이나 쉽지 않다. 그럼에도 불구하고, 明 太祖 朱元璋이 "東夷의 호칭 가운데 오직 朝鮮이란 이름만이 아름답고 그 유래도 오래 되었다"(『太祖實錄』 2年條)고 하면서 '朝鮮'이란 국명을 지정해주었듯이, 서긍도 고구려와 고려를 같은 나라로 이해하였기 때문에 "高氏의 정치가 쇠퇴해지자 나라 사람들이 王建을 옹립하여 군장으로 세웠다"고 한 것이다.

서긍의 한국사 인식이 이처럼 실제와 괴리된 면을 자주 보인 까닭은 당시 중국은 물론 한국에서도 한국 역사의 체계적 通史 서술이 존재하지 않았기 때문이지만, 무엇보다도 『고려도경』의 한국사 기술 부분이 저자의 직접적 견문에 근거한 것이 아니라 중국에 있는 '史書'에 의존하였고, 이들 중국의 사서들이 한국사에 대한 부정확한 내용을 많이 포함하고 있었기 때문이다. 한 예로 『고려도경』의 기사와 『宋史』의 기록을 비교해보면, 『송사』 고려전 서두에서 "高麗의 본래 이름은 高句驪였다. [……] 周代에는 箕子의 나라가 되었고 漢代에는 玄菟郡이었다. 遼東에 있어, 대체로 扶餘의 別種이었으며, 平壤城을 國邑으로 삼았다. 漢魏 이래로 항상 職貢을 통하였고 [……] 唐末에는 中原에 일이 많아 마침내 스스로 君長을 세웠다. 後唐 同光과 天成 연간에 그 군주인 高氏가 여러 차례 職貢을 받들었다. 長興 연간에 權知國事 王建이 高氏의 지위를 잇고, 사신을 보내 朝貢했다"고 하여, 『고려도경』의 한국사 기술과 흡사하다. 고려의 王系에 대한 기술에서도, "武가 죽고 아들 昭가 權知國事가 되었다. [……] 詢의 손자 徽가 계승하여 즉위하니, 이가 바로 文王이다. [……] 運이 죽자 아들 懷王 堯가 왕위를 계승했고 [……] 堯가 죽자 熙가 바로 즉위했다"고 하여, 『고려도경』의 「世系」 착오를 거의 그대로 되풀이하였다. 『고려도경』보다 220여 년 뒤에 편찬된 『송사』가 『고려도경』에 근거하였는지, 혹은 『고려도경』이 근거한 자료를 『송사』과 함께 의거하였는지는 확인하기 어렵지만, 송대에 중국에서 유통된 한국사 관계 자료들 가운데는 정확하지 않은 내용이 많이 포함되어 있었음은 분명하다.

2) 서긍의 한국 문화 인식

한국 문화에 대한 서긍의 인식은 대체로 우호적이었다. 그 까닭은 四夷의 다른 나라들과는 달리 한국의 문화는 중국의 그것과 근사하다고 생각했기 때문이다. 권3 城邑 편에서 서긍은, "四夷의 군장들은 흔히 산과 계곡에 의지하거나 물과 풀을 따라 수시로 옮겨 다니는 것을 편리하고 당연한 일로 여기는 경우가 많아서, 國邑의 제도가 있음을 일찍이 알지 못했지만," "고려와 같은 나라는 그렇지 않아서, 宗廟와 社稷을 세우는가 하면, 邑에는 집을, 州에는 동네 문을 만들고 그 주위에 높은 성곽을 둘러 세우는 등, 中華를 본받고 있다"고 했다. 그리고 한국 문화가 중국화한 까닭으로, "아마도 그곳이 箕子가 옛날에 책봉 받은 곳이어서 中華의 오랜 풍습이 아직까지 남아 있는 것이 아닌가 싶다"고 했다. 그 중국화의 수준에 대해서는, 근래에 송조의 사자가 "그 경역에 들어가자 성곽이 우뚝 높이 서 있어 실로 쉽사리 멸시하거나 얕볼 수 없었다"고 하면서, 상당히 높이 평가했다.

그러나 서긍이 우호적·적극적으로 평가한 것은 중국화한 한국 문화에 국한되었다. 한국의 고유한 문화나 중국 문화의 형식 안에서 살아남은 한국의 전통적 문화에 대해서는 비교적 비판적이었으니, 한 예로 한국 고유의 민속신앙은 비판적 시각으로 관찰되었다. 한 예로, 권17 祠宇 편 서문에서 "고려인은 평소에 귀신을 두려워하고 믿으며, 음양에 얽매이고 꺼림하게 여긴다고 한다. 그로 인해 병에 걸려도 약을 먹지 않고, 아비와 자식의 사이같이 아주 가까운 육친끼리도 서로 보지 않는 등, 오로지 주술을 부려서 병을 이기려 할 뿐이다. [……] 그러나 제사 지내는 기일이 다가오면 신에게 제사 드린다는 명목으로 백성들의 재물을 거두어들여, 백금[은] 1천 兩을 모으고 다른 물품도 그만큼 모아서 신하들과 나누어 가지는데, 가소로운 일이다"라고 비난하였다.

특히 중국 문화의 형식 안에 살아남은 한국 고유의 문화는 서긍에 의해 매우 엄혹하게 비판되었다. 일반적으로 冠婚喪祭 등의 풍속은 좀처럼 바뀌지지 않는 성질이 있어, 중국 문화의 광범하고 지속적인 유입이 있었음에도 불구하고 고려시대에도 한국의 고유한 요소가 많이 보존되고 있었기 때문에, 서긍에게는 '移風易俗'되지 않은 비루한 풍속으로 이해되었다. 권22 雜俗 편 서문에서, "고려는 여러 夷狄의 나라들 가운데서도 문물과 예의의 나라로 불리고 있다. 그들은 먹고 마실 때 俎豆를 사용하고,

문자는 楷書와 隸書를 모두 쓰며, 주고받을 때는 절하거나 꿇어앉으니, 그 공손하고 정중하며 삼가고 성실한 태도는 칭찬할 만하다. 그러나 실제로는 더럽고 비루하며 경박하고 천한 夷狄의 풍속이 뒤섞여 있어, 끝내 바꾸지 못하고 있다. 관혼상제 가운데 예를 잘 따르는 것은 드물다"고 하면서, 그 구체적인 사례로서 "귀인이나 벼슬아치 집안에서 혼인할 때는 聘幣를 사용하지만, 일반 백성들의 경우는 단지 술이나 쌀로 인사를 나눌 뿐이다. 또한 부잣집에서는 부인을 서너 명이나 맞이하지만, 조금만 맞지 않아도 헤어진다. 자식을 낳으면 딴 방에서 거처하게 하고, 병에 걸리면 가장 가까운 친족조차도 약을 먹이지 않으며, 죽어서 염한 뒤에도 관에 넣지 않는다. 왕이나 귀족들조차도 그렇게 하니, 가난한 사람들은 장사 지낼 도구가 없어, 들판에 아무것도 덮지 않은 채 그냥 두어 봉분도 만들지 않고 나무도 심지 않으며, 땅강아지나 개미 · 까마귀 · 솔개 등이 먹도록 놓아두지만, 사람들은 이를 그르다고 하지 않는다. 부정한 신에게 제사를 지내고, 부처를 좋아해서 종묘 제사에도 불승을 참여시켜 梵唄를 부르게 하는데, 범패에는 무슨 뜻인지 알 수 없는 말도 섞여 있다"는 등 여러 예를 들면서, "이런 관습들은 몹시 놀랄 만한 것들이니, 상도에 어긋나는 불합리한 관습들을 자질구레한 것까지 들려면 한두 가지가 아니라"고 했다. 권19 民庶 편 서문에서도, "남녀가 결혼할 때도 가볍게 합쳐졌다가 쉽게 헤어지는 등, 법도와 예의를 따르지 않으니, 참으로 가소로운 일이다"라고 하여, 중국화의 과정에서도 살아남은 한국 고유문화의 遺風을 비판적으로 관찰하였다.

중국의 제도를 유입한 뒤에도 여전히 발달하지 못하는 한국의 도시나 상업 분야도 서긍의 비판적 시야를 벗어나지 못했다. 예컨대 坊市 조항에서, "왕성에는 본래 시가지가 없다. 단지 廣化門에서 관부와 객관까지 모두 긴 행랑을 만들어 민간 거처를 엄폐하였을 뿐이다. 때로는 행랑 사이에 동네 문을 만들고, 방문을 내걸어 혹은 '永通'이라 하고, 혹은 '廣德', '興善', '通商', '存信', '資養', '孝義', '行遜'이라 하였다. 그러나 그 안에는 실제로 큰 거리나 저자거리가 없고, 심지어는 깎아지른 절벽이나 초목만 무성하고 황량한 공터만 있는 경우도 있으니, 단지 밖에서 보기에만 좋게 하였을 뿐이다"라고 하여, 왕성에서 조차도 시가지가 제대로 발달하지 못했음을 지적했다. 또한 貿易 조항에서는, "고려의 풍속에는 상설 가게가 없다. 다만 임시로 서는 장을 한낮에 열어, 남녀노소, 관리와 공장이들이 모두 자기가 가진 것을 가지고 나와서 서로 교역할 뿐이다. 화폐를 사용하는 제도가 없어, 오직 모시베나 은병만으로 그 값을 헤아리고, 한 匹이나 한 兩에 미치지 못하는 작은 일용품은 그 무게를 계산하여 쌀로 값을 치를 뿐이다. 그러나 백성들은 그러한 풍속에 오랫동안 익숙해져왔기 때문에, 스스로 편하게 여기고 있다. 그동안 우리 조정에서 틈틈이 화폐를 [고려에] 내려주었지만, 지금은 모두 府庫에 저장해두었다가, 때때로 꺼내어서 관속들에게 보여주어 노리개로 전하고 있을 뿐이다"라고 하여, 화폐 경제 단계로 제대로 진입하지 못한 당시 한국의 저급한 상업 수준을 언급했다.

중국 문화가 한국으로 유입되는 과정에서 한국의 풍토와 환경에 맞추어 소화된 부분도 서긍의 비판을 피하지 못했는데, 그 대표적인 경우가 바로 官制였다. 권3 城邑 편의 郡邑 조에서, "州縣의 설치는 그 실제가 이름과 부합하지 않으니, 단지 취락 가운데 번화한 곳을 주현이라 할 뿐이다. [……] 3 京과 4 府, 8 牧 등이 있고, 防禦郡이 118, 縣鎮이 390, 洲島가 3,700개 있는데, 모두 守와 令 · 監 등의 관리를 두어 백성을 다스린다. 그러나 단지 牧과 守 · 都護 등의 관청만 여러 칸의 규모를 갖추고 있을 뿐, 令과 長 등은 곳에 따라 민가에 거처하는 경우도 있다"고 하여, 고려의 郡縣制가 중국 군현제의 형식만 빌려왔을 뿐 실제로는 군현제의 정신과 다른 제도가 엄존하였음을 지적했다. 이는 중앙관제의 경우도 마찬가지였다. 권8 人物 편 서문에서, "무릇 대대로 나라에서 녹봉을 받는 이와 하급 관리에 이르기까지 모두 등급이 있었으니, 이로 인해 職과 階가 있고 勳과 使가 있으며 檢校와 功臣이 있고 여러 衛가 있다. 이는 本朝의 관제를 견주어 헤아리고 開元禮를 참작한 것이다. 그러나 명칭과 실제가 일치하지 않고 청탁이 뒤섞여 분간할 수 없게 되었으니, 한갓 虛文에 지나지 않는다"고 하고, 권16 官府 서문에서 "皇化가 점차 [고려에] 미쳐지면서, 관직과 관청을 설치할 때는 [중국 관부의] 명칭을 따라 모방하기도 했지만, 막상 관직에 임하여 일을 처리할 때는 여전히 夷風을 따랐으니, 왕왕 형식만 갖추고 실제는 이에 상응하지 못하였다"고 하였다. 省監 조에서도 "[고려의] 관청은 대개 [宋] 조정의 아름다운 명칭을 몰래 취하여 설치되었으나, 막상 직책을 맡기고 관직을 줄 때는 그 실제가 명칭과 일치하지 않는다. 한갓 그럴듯한 형식만 갖추어 그 아름다운 외관만 볼 뿐이다"라고 하여, 고려의 관제가 중국의 관제와 달리 그 내용과 정신이 독특했음을 간과하지 않았다.

이처럼 서긍은 한국에서 소화되어 변질된 중국 문화, 혹은 중국화의 과정에서 살아남은 한국의 고유문화에 대해 매우 비판적이었지만, 철저하게 중국화한 한국 문화, 혹은 중국 문화에 대한 고급한 적응 능력에 대해서는 적극적 칭찬을 아끼지 않았다. 일반적으로 『고려도경』에서 전개된 서긍의 한국 문화 인식은 비교적 우호적이었는데, 그 주된 까닭은 四夷의 다른 나라들과는 달리 한국의 문화는 중국의 그것과 근사하다고 생각했기 때문이다. 권3 城邑 편에서 서긍은 고려는 "宗廟와 社稷을 세우는가 하면, 邑에는 집을, 州에는 동네 문을 만들고 그 주위에 높은 성곽을 둘러세우는 등, 中華를 본받고 있다"고 했듯이, 서긍이 칭송한 한국의 문화는 한국 고유의 문화, 혹은 한국화한 중국 문화가 아니라, 한국에서 재현된 중국 문화였다. 서긍이 이처럼 한국 문화의 중국화를 각별히 주목하고 평가한 까닭은 오랜 기간 한중간의 문화 교류로 인해 한국이 중국과 '같은 문화'를 공유하게 되었음을 강조하기 위해서였다.

서긍은 한국인이 한국에서 중국 문화를 높은 수준으로 재현할 수 있었던 까닭으로 箕子의 東來를 거론하였는데, 그는 "아마도 그곳이 箕子가 옛날에 책봉 받은 곳이어서 中華의 오랜 풍습이 아직까지 남아 있는 것이 아닌가 싶다"고 했다. 이 점은 『고려도경』의 도처에서 누누이 강조되었다. 권7 冠服 편의 서문에서, "東夷의 풍속은 머리카락을 자르고, 몸에 문양을 그려 넣으며, 이마에 문신을 하고, 交趾한다고 한다. 그러나 고려는 기자가 책봉 받을 때부터 이미 농사짓고 누에치는 일의 이로움을 가르쳤기 때문에, 당연히 의관을 갖추게 되었을 것이다"라고 하고, 권30 器皿 1편 서문에서도 고려의 기물이 중국과 비슷함을 지적하면서, "아마도 기자의 아름다운 교화에 물들어서 三代의 유풍과 비슷해진 것이리라"고 하는 등, 한국의 고급문화의 기원을 기자의 동래와 교화에서 찾는 사례는 일일이 다 헤아리기가 어려울 정도이다.

그러나 서긍이 한국 문화의 중국화가 모두 기자에서 기원한 것으로 생각한 것은 아니다. 기자 이후 한국과 중국의 잦은 문화적 · 인적 접촉으로 인해 문화의 모방이 이뤄진 것으로 이해했다. 권3 城邑 편의 樓觀 조에서 "예전에는 왕성에 누각이 없었는데, 사자의 왕래가 있은 후부터 上國의 풍경을 구경하면서 그 크기나 구조에 대한 지식을 얻어서 조금씩 지을 줄 알게 되었다"고 하고, 권4 門闕 편의 서문에서도 "고려의 궁문 제도도 옛 세후의 예법을 많이 좇아, 그들이 여러 차례 상국을 방문하면서 열심히 흉내 내고 본뜨려 애를 썼다"고 했다. 또한 권9 儀物 편 서문에서, "고려는 평소에 [중국에] 朝聘하면서 오랫동안 조금씩 영향을 받아왔기 때문에, 군주와 신하, 윗사람과 아랫사람이 거동할 때는 각각 예에 맞는 법도가 있다"고 했다.

특히 서긍은 송조가 고려에 베푼 문화적 은혜에 대해 자주 강조했다. 권7 冠服 서문에서, "우리 中朝[=宋代]에 이르러 매년 信使의 내왕이 있게 되어, 여러 차례 襲衣를 내려주었기 때문에 점차 중국의 풍습에 젖어 들었고, 은혜를 입고 복을 받아 많은 것을 한꺼번에 크게 바꾸면서 오로지 우리 宋의 제도를 좇았다. 비단 辮髮을 풀고 左衽을 떼어내는 정도에 그친 것이 아니다"고 하고, 권16 官府 藥局 조목에서 "고려의 예전 풍속으로는, 백성들이 병에 걸려도 약은 복용하지 않고, 단지 귀신을 섬길 줄만 알아서 주술을 부려 병을 이기려고 애썼다. 王徽[=文宗]가 사신을 보내 조공하면서 求醫한 뒤부터 사람들이 조금씩 의술을 배우고 익힐 줄 알았지만 깊고 자세히 알지는 못했다. 宣和 戊戌[1118, 睿宗 13]년에 [고려의] 사신이 와서 글을 올려, 醫官을 [고려에] 내려줘 訓導로 삼게 해달라고 빌었다. 상[황제]께서 그 요청을 허락하여, 마침내 藍茁 등에게 그 나라에 가게 하였는데, [남줄 등은] 2년이 지나서 돌아왔다. 그 뒤부터 [고려에] 의술에 정통한 사람들이 많아졌다"고 했다. 그리고 권18 道敎 서문에서, "[徽宗] 大觀 연간 庚寅년[1110]에 저 먼 곳[=고려]에서 현묘한 도를 듣고 싶어 하는 바람을 천자께서 돌아보시어, 국신사를 파견하면서 羽流[즉 道士] 두 명이 따라가게 해서, 교법에 통달한 사람을 골라 가르치고 이끌게 하였다. 王俁[睿宗]는 신앙이 돈독하여, 政和[徽宗, 1111~1117] 연간에 처음으로 福源觀을 세워 고매하고 진실된 도사 10여 명을 모셨다"고 했다. 권20 婦人 서문에서도, "근래에 [고려의] 조공 사절이 [송조의] 대궐에 이르러, 조정에서 내려주는 10등급의 冠服을 얻어, 마침내 교화를 따르게 되었다. 지금 왕부와 재상가에는 華風[중국풍]이 많이 [유행하고] 있으니, 세월이 더 지나게 되면 응당 풀잎이 [바람 따라] 드러눕듯 더욱 교화될 것이다"고 했다.

한국 문화의 중국화는 특히 儒學의 유입을 통해 광범하게 이뤄졌다. 서긍은 권6 宮殿 2편 延英殿閣 조에서, "왕은 밝고 깊으며 독실하고 빛나는 덕으로 유학을 숭상하고 중국의 기풍을 기꺼이 흠모했다. 그런 까닭에 大內의 옆, 延英書殿의 북쪽과 慈和殿의 남쪽에 따로 寶文閣과 淸燕閣 등 두 전각을 창건하여, 聖宋의 황제들이 지은 조칙과 서화를 받들어 걸어두고 가르침과 모범으로 삼아, 반드시 절하며 정중한 몸가짐을 갖춘 다음에야 그것을 우러러 보았다. 한결같이 周公과 孔子 · 孟子 · 揚雄 등 이후의 고금의 문서를 모아두고, 매일 연륜 깊은 스승과 학덕 높은 儒者들과 함께 先王의 도를 탐구하고 널리 펴서, 품고 익히며 키우고 즐기니, 堂上으로 나서지 않더라고 三綱 五常의 가르침과 性命 道德의 이치가 온 나라에 가득 차서 넘쳐 흐른다"고 하면서, 고려 睿宗 12년(1117) 4월에 왕이 여러 중신들을 불러 청연각에서 연회를 성대하게 베풀면서 "文軌가 中夏와 같게 되었음"을 자찬하고, "文閣에서 經筵해서 훌륭한 儒者를 찾아 불러들이는 것은 宣和[徽宗, 1119~1125] 연간의 제도를 좇는 것이고, 궁궐 깊숙한 곳의 은밀한 자리에 보필하는 대신들을 불러들여 만나는 것은 太淸[梁 武帝, 547~549] 연간의 연회를 본받는 것이라"고 말했음을 전하고 있다.

이러한 송조의 문화적 혜택 결과, 궁전의 "寶文閣이라 하는 곳에서는 누대의 황제들이 내린 조서를 받들어 간직하며, 그 서쪽에 있는 淸燕閣이라 하는 곳에서는 여러 종류의 역사서와 제자백가서, 문집 등을 보관한다"(권6 宮殿 延英殿閣) 하고, 臨川閣에는 "수만 권의 책이 소장되어 있다"(임천각)고 했다. 또한 接伴使 尹彦植과 같은 인물은 "儒者의 풍모를 뚜렷이 갖추고 있어, 蠻夷로 대할 수가 없었다"(권8 人物)하고, 同接伴 金富軾과 그 아우 金富轍은 중국의 저명한 문인 蘇軾 · 蘇轍 형제를 "사모하는 마음이 있어 그렇게 지은 것 같다"(人物)고 했다.

서긍은 한국이 四夷의 다른 나라와 달리 높은 수준의 문화를 향유하는 까닭은 모두 중국의 교화에 힘입었기 때문이라고 생각했다. 그는 제21권

皁隸 서문에서, "여러 蠻夷의 나라들은 雕題하고 交趾하며 被髮하고 文身한다 하고, 승냥이나 이리와 같이 살고 큰사슴이나 사슴과 같이 노닌다고 하니, 어떻게 관청을 설치하고 관리를 두는 법을 알겠는가. 오직 고려만은 그렇지 않으니, 의관과 예의, 군신과 상하 관계에 분명한 법도가 있어, 그에 따라 서로 관계한다. [……] 그 나라의 관리들은 길에서 만나면 반드시 무릎을 꿇어 절하거나 몸을 굽혀 공손히 대한다. 일에 대해 이야기할 때는 무릎걸음으로 앞으로 나아가서 손을 들어 올리고 얼굴은 낮추면서 이를 듣고 받든다"라고 하면서, "오래도록 聖化에 교화되지 않았다면 이처럼 될 수 있었겠는가"고 반문했다.

『고려도경』은 황제의 명령으로 고려에 다녀간 송의 사절단이 '復命'하는 보고서였지만, 단순한 보고서가 아니다. 그것은 '同文'이라 제명된 이 책의 마지막 권인 권40의 존재와 내용을 통해서 알 수 있다. 이 부분은 중국인과 함께 공유하는 당시 한국인의 문화 내용을 정리·소개한 것으로, 한마디로 말해서 한국의 문화가 얼마나 중국화되었는가를 강조하는 것이니, 이 책의 저자가 의도하는 결론이라 할 수 있다.

서긍은 권40에서 한국인이 중국인과 공유하는 문화 가운데서 역법과 유학·음악·도량형 등 네 분야를 거론하였는데, 그 까닭은 서문에서 다음과 같이 밝히고 있다. "正朔은 천하의 통치를 아우르게 하고, 儒學은 천하의 교화를 아름답게 하며, 樂律은 천하의 조화를 이끌고, 度量權衡은 천하의 공정함을 보여주는 것이다. 이 네 가지는 비록 서로 다른 것이지만, 반드시 천자의 법도와 합치되어야 하고, 그렇게 된 뒤에야 비로소 태평의 성대를 이룰 수 있게 된다. 聖人이 일어나면 반드시 歲正을 세우고 國是를 정하며, 한 시대의 음악을 새롭게 하고, 음률과 도량형기를 통일시킨다. 대개 至一로써 갖가지 다양한 행위를 바로잡는 것이니, 治道는 응당 이와 같아야 한다. 생각건대, 국가[=송조]가 [중국을] 크게 통일하여 만방에 군림하니, 華夏[=중국]와 蠻貊[=夷狄] 가운데 따르지 않는 나라가 없다. 비록 고구려는 그 경역이 海島에 있고 거대한 파도가 가로막고 있어 九服 안에는 들어있지 않지만, [중국의] 정삭을 받고 [중국의] 유학을 받들며, 음악의 조화로움은 [중국과] 같고 도량형의 제도도 [중국과] 같다." 요컨대, 서긍은 "書[글쓰기]에서는 文[문자]이 같고 車[수레]에서는 軌[바퀴 사이의 폭]가 같다"[14]고 하는 一統天下의 이상을 고려시대 한국의 문화에서 발견하려 한 것이다.

특히 역법과 유학 · 음악 · 도량형 등을 공유함은 단순한 문화적 의미에 그치는 것이 아니라, 정치적 의미를 강하게 내포하는 것이다. 日曆은 곧 天文을 표현한 것이고 天人은 相關하기 때문에, 일력은 천하를 얻은 王者에 의해 반포되는 것이었다. 따라서 일력의 반포와 수령은 곧 천하의 중심과 주변의 정치적 관계를 표현하는 것이다. 북송과 고려가 공존하던 시기에는 거란의 遼가 개재하여 삼자간의 미묘한 역학적 관계가 正朔을 매개로 하여 전개되었다. 그리하여 서긍은 정삭 조에서 "臣이 고려인이 중국을 섬기는 것을 살펴보면, 그들이 尊號를 내리고 정삭을 반포해달라고 온 성의를 다하여 간곡하게 청하는 말이 입에서 끊어지지 않더니, 강한 오랑캐의 핍박을 받아 얼굴을 바꾸어 오랑캐를 따랐지만, 마음으로는 조정을 따라 해바라기처럼 기울고 새비처럼 사모하는 마음을 끝내 가슴속에서 흩뜨리지 않았다"고 하면서, 고려가 遼의 강요에 의해 송조의 정삭을 받지 못한 기간이 있었음을 안타까워했다. 그는 "고려가 北虜에 붙은 것은 언제나 군사적 힘에 곤욕을 당했기 때문이어서, 북로가 조금만 느슨해지는 것을 보아도 그때마다 곧 저항하곤 했다. 聖朝[=송조]를 존중해서 섬기는 것에 대해 말한다면, 처음부터 끝까지 한결같이 정성껏 마음을 기

14 『禮記』「中庸」에 나오는 말이다.

울여 받들어 모셨으며, 비록 간혹 때때로 견제를 받아 원하는 대로 할 수 없게 되더라도 성조로 향하는 정성스런 마음은 금속이나 돌처럼 견고하였다. 이는 누대의 聖帝들께서 인자함으로 편안케 하고 덕으로 품어주어 안으로부터 그 마음을 얻었음을 보여주는 것이니, 이는 실로 북로가 강포하여 겉으로 드러나는 것만을 힘으로 억제하는 것과는 다른 것이다"라고 하면서, "이제 북로가 이미 멸망하였고, 고려가 곧 사신을 보내 정삭을 청할 것으로 보이니, 만방의 계절과 달, 일을 모두 맞춰서 바로잡을 수 있을 것이라"고 기대했다. 서긍의 '宣和奉使高麗'는 바로 이러한 기대를 실현시키기 위해 단행된 것이다.

서긍이 '同文'에서 말하는 '儒學'은 문학과 서예 등을 포함하는 포괄적 한자 문화를 이르는 말이다. 이 조항에서 그는 "고려인은 隸法을 본떠 베껴서 中華에서 바른 서법을 취하였다. 貨泉에 문자를 주조하고 인장에 글자를 새길 때조차도 감히 함부로 자체를 더하거나 빼지 않으니, 문물의 아름다움이 上國에 뒤떨어지지 않는 것은 당연한 일이라"고 고려의 한자 문화를 칭송하였다. 그는 "그 나라의 사자는 來朝해 올 때마다 나라의 풍광을 둘러보고 그 화평하고 깨끗한 모습을 부러워하고 탐내어, 돌아가서는 이를 전하니, 사람들이 더욱 힘쓰게 되었다"고 하면서, "바람 부는 대로 쏠리듯이 따르고, 비를 맞아 우쩍 일어서듯이 교화되어, 온화하게 공경하며 삼가는 자세로 유학을 가슴에 간직하여 잠시도 잊지 않는다. 비록 燕과 韓의 동쪽 구석진 곳에서 살고 있지만, 齊와 魯의 기풍과 고상한 멋을 가지고 있다"고 했다. 중국, 특히 송조의 은택으로 고려시대 한국인들이 한자 문화를 높은 수준으로 향유하게 되었으니, 그 결과, "臨川閣에는 수만 권의 책이 수장되어 있고, 淸燕閣도 經史子集 4部의 책들로 채워져 있다. 國子監을 세우고 儒官을 골라 뽑아 잘 갖추었고, 黌舍를 새로 드러내고, 太學의 月書季考의 제도를 많이 본받아서 여러 유생들의 등급을 매졌다. 위로는 조정 관리들의 위엄 있는 의용이 우아하고 언변과 문채가 넉넉하며, 아래로는 민간 마을의 좁고 지저분한 거리에도 經館과 書社들이 두셋씩 마주보고 서 있게 되었다. 그 민간의 자제들 가운데 아직 결혼하지 않은 자들은 무리 지어 살면서 스승을 좇아 경전을 배우고, 조금 자라면 벗을 골라 동류끼리 절이나 도관에서 강습하며, 아래로는 卒伍의 어린아이들까지 鄕先生에게 가서 배웠다." 서긍은 이러한 결과를 두고서, "아아, 훌륭하구나"라고 하며 깊이 찬탄하였다.

서긍이 이처럼 고려의 높은 한자 문화에 대해 찬사를 아끼지 않은 이유는 그것이 바로 송조의 위덕과 송제의 위엄을 높여주는 것이라 믿었기 때문이다. 그의 말을 빌리면, "제후가 공을 이루는 것은 실은 천자의 위엄을 빌린 것이고, 제후가 덕을 베푸는 것은 실은 천자의 교화를 뒤따르는 것이다. 중국의 입장에서 본다면 고려인은 바다 한구석에 있는 일개 侯伯의 나라일 뿐이다. 오늘날 그들의 문물이 이처럼 풍성한 것은 대체로 스스로 조금씩 연마한 결과이니, 이 역시 훌륭하지 않은가. 비유하자면, 해와 달 등 三辰은 元氣를 빌려서 형성돼 늘어서 있지만, 이들이 환하게 빛나 잘 드러나기 때문에 하늘이 곧 밝게 되는 것과 같고, 풀과 나무 등 갖가지 보배들은 元化에 의지해서 무성하게 피고 자라지만, 꽃이 피고 지기 때문에 땅이 아름답게 꾸며지는 것과 같다."

음악도 천하를 조화롭게 하는 것이라 믿어졌기 때문에, 이 역시 정치적 의미가 강하게 내포되었다. 서긍은 '樂律' 조에서, "蠻·夷·戎·狄 등의 음악에서도 합주가 연주되어 [……] 여러 사람들과 함께 음악을 즐겨 천하를 즐겁게 하였으니, 처음에는 夷狄과 華夏 사이에는 틈이 없었다. 음악을 한데로 거두고 널리 채집하는 것은 우리의 덕이 널리 미쳐짐을 보이기 위해서라"고 하였다. 그는 "熙寧[神宗, 1068~1077] 연간에 王徽[즉 고려 文宗]가 상주해서 樂工을 [보내달라고] 청하여, 조칙을 내려 그 나라에 가게 하였고 [……] 그 뒤부터 [그 나라에서] 사신이 올 때마다 반드시 재물을 가지고 와서 악공과 기술자들을 받들어 스승으로 삼으니, 매번 관사에 보내어 가르쳐주게 했다. 근래에 공물을 바치기 위해 들어와서도 大晟雅樂을 내려달라고 청하고 또 燕樂을 내려달라고 청해서, 조칙을 내려 그 청을 모두 따랐다"고 하면서, "그래서 음악과 춤이 더욱 좋아져서, 보고들을 만하게 되었다"고 평가했다.

도량형기의 통일 역시 정치적 의미가 농후하다. 서긍은 '權衡' 조에서 "대개 王者가 제후를 거느리어 제어할 때는 덕에 의한 교화와 형법에 의한 위엄에 근본을 두지만, 그 정치를 통일시키려 할 때는 특히 도량형을 우선으로 한다"고 하고, 송대에 이르러 "고려인은 머리를 숙이고 중국을 향해 藩屛이 되기를 원하였으며, 중국의 도량형에서 바른 본을 취해서 표준으로 삼았다"고 하면서, "이는 이른바 자애로운 은덕이 흘러 넘쳐서 옛 제왕들이 미처 품지 못한 곳까지 품을 수 있게 되었다는 것이고, 군대의 정의로운 위세가 멀리까지 미쳐져서 옛 제왕들이 미처 제압하지 못했던 곳까지 제압하게 되었다는 것이라"고 자찬했다. 그는 "저번에 사신이 황명을 받들고 저 나라에 가서 연회에서 선물을 주는 예우를 받아본 적이 있고, 뱃사람들은 시장에 가서 그들이 교역하는 물품을 팔아본 적이 있어, 그들이 길이를 재는 방식과 용량을 헤는 셈, 무게를 나타내는 등급 등을 은연중에 알아내어, 중국의 법식과 몰래 비교해보았더니, 털끝만한 차이도 없거나, 있다 해도 아주 조금 차이가 있었을 뿐이었다"고 하면서, "그 정성이 지극함에 대해 더욱 찬탄하게 되었다"고 감탄했다.

5. 맺는말

『宣和奉使高麗圖經』은 北宋 徽宗 宣和 연간에 高麗를 찾은 사절단이 본국으로 돌아간 뒤에 사절단의 일원이었던 徐兢이라는 文學之士가 황제에게 올린 復命 보고서로서, 당연히 북송 말기의 한중관계에 관한 갖가지 정보를 담고 있다. 특히 북송 사절단이 어떠한 사명을 띠고 파견되었는지, 어떻게 구성되었는지, 어떠한 경로를 통해 고려에 입국하였는지, 고려에서 어떠한 의전 절차를 통해 사명을 수행하였는지, 고려 정부에서는 이들을 어떻게 예우하였는지 등 여러 가지 정보를 이 문헌에서 발견하여 정리할 수 있어, 북송과 고려의 외교관계에 관한 이해에 적지 않은 도움을 얻을 수 있다.

첫째, 선화 사절단의 사명이 복합적이었음을 확인할 수 있다. 북송 사절단은 기본적으로 '咨詢', 즉 현지의 상황을 정확하게 파악하여 황제와 조정에 보고하는 것을 사명으로 삼았으며, 선화 사절단은 이에 더하여 遼가 패망하는 상황을 틈타서 고려인에게 책봉의 청원을 권유함으로써 고려와의 책봉－조공 관계를 복원하는 사명을 띠고 있었다. 즉 북송과 고려 사이에 거란의 요가 개재함으로써 단절되었던 고려와의 책봉－조공 관계를 복원시켜 동아시아 국제사회의 중심적 위상을 회복하려는 세계 전략의 일환으로 선화 사절단이 고려에 파견된 것이다. 이와 함께 고려 국왕의 죽음에 즈음하여 奠慰, 즉 祭奠과 弔慰의 의전을 실행하는 것도 선화 사절단의 한 사명이었다. 현지 상황을 파악하고 고려인에게 책봉을 청원하도록 권유하며 전위의 의전을 실행하는 등, 선화 사절단의 세 가지 사명은 서로 유기적 관련성을 갖고서 북송의 세계 전략에 기여하도록 기획되었다.

둘째, 선화 사절단은 正, 副使와 上節 · 中節 · 下節 등 네 종류의 그룹으로 구성되었다. 사절단의 대표이자 최고위직인 정사와 부사는 황제의 측근이자 명망 높은 文學之士 가운데서 신중하게 선발되었는데, 이는 문학지사의 파견을 희망한 고려인의 열망에 부응하는 것일 뿐만 아니라, 고려의 높은 국제적 위상을 중시하는 북송 황제의 의지를 보여주고, 문화대국으로서의 중국의 힘을 과시하여 고려인을 압도하기 위한 것이었다. 文名이 드러나지 않았다는 이유로 書狀官을 교체하였다는 『송사』의 기사나 提轄을 맡은 서긍이 문명이 높은 문학지사였다는 사실 등으로 보아, 都轄과 제할, 서장관 등으로 짜인 상절도 대부분 뛰어난 문학지사로 구성되었던 것으로 보인다. 중절은 실무 책임자들이었고, 하절은 실무를 담당한 하급 관리나 서리, 혹은 士兵 등으로 구성되었다. 선화 사절단을 형성한 이들 네 종류의 그룹은 엄격한 禮的 계급을 이루고 있었다.

셋째, 선화 사절단은 遼東을 경유하는 육로는 물론, 山東에서 한국으로 가는 북방 해로로 한국을 가지 못하고, 중국의 浙江 明州의 定海에서 출발하여 대양을 건너 한국의 禮成港으로 갔는데, 이는 북송과 고려 사이에 거란의 遼가 개재하였다는 특수한 상황으로 인한 불가피한 선택이었다. 선화 사절단은 한국으로 갈 때는 남풍을 타고, 중국으로 귀국할 때는 북풍을 탔는데, 갈 때는 순풍을 탔기 때문에 19일 만에 도착하였지만, 귀국할 때는 역풍을 만나 42일 만에 정해로 돌아왔다. 『고려도경』에 6권에 걸쳐 상세하게 기재된 '海道'의 여정은 전통 시대의 물길을 통한 한국인과 중국인의 내왕을 이해하는 데 더할 수 없이 귀중한 자료로 이용될 수 있다.

넷째, 선화 사절단이 고려에 입국할 때부터 詔書의 전달, 祭奠과 弔慰, 表文 접수, 宴會 및 餞別 등에 이르기까지 使命을 수행하는 일체의 공식 과정이 엄정한 예규에 의해 진행되었다. 선화 사절단은 고려의 경내로 들어가기 전에 그 명단과 소개서를 고려 정부에 미리 보내주어야 한다. 사절단이 고려 경내로 들어오면 공식적 영접을 받기 전부터 이미 음식과 식수를 제공받았고, 群山島에 이르면 고려 接伴官의 遠迎狀과 사절단의 國王先狀, 고려 국왕의 先書 등이 교환된다. 선화 사절단이 禮成港에 다다르면 詔書를 받들고 상륙해서 碧瀾亭에서 일박한 뒤에, 수많은 의장대의 호위를 받으며 숙소인 順天館으로 들어갔다. 점쳐서 길일이 잡혀지면, 선화 사절단은 조서를 앞세우고 왕성으로 들어가 고려 국왕에게 조서를 전달하였다. 조서를 授受하는 의례, 즉 宣命禮가 끝나면 사절단에 연회를 베푸는 엄숙한 燕禮가 뒤따랐고, 사절단이 객관으로 들어간 뒤에도 왕이 관리를 보내어 拂塵會라고 하는 연회를 베풀었다. 선화 사절단은 다시 날을 잡아 궁성으로 들어가서 祭奠과 弔慰의 의례를 진행하면서 황제가 직접 지은 祭文을 읽고 조문의 조서를 전달하였다. 그 뒤에 다시 좋은 날을 잡아서 고려 국왕이 송의 황제에게 보내는 表章을 전달하는 의례를 준행하였고, 拜表宴이 끝난 뒤에는 門餞, 즉 전별식이 진행되었다. 선화 사절단은 이외에도 사찰 등을 방문하며 직접 '咨詢'의 임무를 수행하기도 했는데, 이 일련의 과정은 모두 매우 엄격한 의례의 절차에 따라 이루어졌다.

다섯째, 선화 사절단은 사명을 수행하는 의전적 과정뿐만 아니라 한국에 체재하는 기간 내내 갖가지 방면에서 극진한 예우를 받았다. 우선 그 숙소의 격식과 제도가 장대하고 화려하여, 거란이나 여진의 사신을 맞는 거처와는 비교가 되지 않을 정도였다 하는데, 거란의 遼와 책봉-조공 관계를 맺고 북송과는 通使 관계만을 갖고 있었던 당시의 고려로서는 매우 파격적인 예우였다. 고려는 조정의 핵심적인 인적 역량을 총동원하여 북송 사절단을 영접하였으며, 성문과 전각의 이용도 송사를 위해 특별히 배려하였고, 말과 수레·기치·복식·기물 등도 송사를 위해 특별히 사용하였다.

선화 사절단에 대한 고려인의 각별한 의전적 배려와 극진한 각종 예우는 당시의 한중관계가 단순히 외교적 · 제도적 관계만으로는 설명될 수 없음을 보여준다. 선화 사절단이 고려에 파견된 당시에는 북송과 고려 사이에 책봉—조공 관계가 단절되어 있었음에도 불구하고, 고려인들이 책봉—조공 관계를 유지하고 있던 거란의 遼보다 더 곡진하게 북송 사절단을 예우하였음은 외교적 · 제도적 관계를 넘어 중국과의 역사적 · 문화적 관계를 중시하였음을 보여주는 사례라 할 수 있다. 『고려도경』에는 한국의 역사, 특히 중국과의 역사적 관계 및 한국의 문화, 특히 중국과의 문화적 관계에 관한 당시 중국인의 인식이 찬자 서긍의 관찰과 논평을 통해 잘 나타나 있다.

『고려도경』에 보이는 서긍 등의 한국 역사 인식에는 사실과 일치하지 않거나 정확하지 않은 내용이 적지 않게 포함되어 있다. 그 대표적인 예로서, 高句麗와 高麗를 동일한 국가로 간주하여 구별하지 못하거나, 渤海의 역사를 한국사에 포함시키는 대신 新羅와 百濟의 역사는 한국사에서 배제한 것을 들 수 있는데, 고려 국왕의 世系에 관한 기록도 잘못 된 부분이 자주 산견된다. 그럼에도 불구하고, 서긍 등 송대 지식인들의 한국사 인식은 매우 우호적이었는데, 그 까닭은 한국사의 서장이 箕子 朝鮮에서 비롯되었다고 생각했기 때문이다. 그들은 한국이 다른 나라들과 달리 箕子 이래 대대로 중국 국가와 册封—朝貢 관계를 유지해온 사실을 각별하게 기억하고 있었으니, 한중 사이의 전통적 책봉—조공 관계의 회복이라는 선화 사절단의 사명은 바로 이러한 기억에서 출발한 것이다.

한국 문화에 대한 서긍의 인식 체계도 한국 역사에 대한 그것과 크게 다르지 않았다. 한국사가 기자 조선에서 출발하였다는 사실이 서긍에게 우호적인 것으로 인식되었듯이, 한국 문화 역시 기자에 의해 중국화되었다는 사실로 인해 서긍에 의해 적극적으로 평가되었다. 서긍은 중국적 문화의 외형 속에서 살아남은 한국 고유의 문화에 대해서는 신랄하게 비판하였으나, 고도로 중국화한 한국 문화에 대해서는 매우 긍정적으로 평가하였는데, 이러한 한국 문화의 중국화가 기자의 전래뿐만 아니라 宋朝에 의한 문화적 '施惠'의 결과로 이해되었다. 서긍이 기자 조선 이래로 한중간에 책봉-조공 관계가 지속되었음을 강조하였듯이, 기자 이래로 한중간에 문화 교류가 계속되어 한중 양국이 동질적 문화를 공유하고 있음을 누누이 강조한 것 역시 북송과 고려의 책봉-조공 관계를 회복시켜야 했던 선화 사절단의 사명에 논리적 당위성을 제공하려는 노력이었던 것으로 보인다.

『선화봉사고려도경』은 선화 연간에 고려에 다녀온 사절단에 上節 提轄官으로 참여한 徐兢이 귀국한 뒤에 황제에게 복명하여 보고한 문서의 일종이었다. 서긍이 이 책을 편찬한 일은 그 서문에서도 밝혔듯이 황제의 적극적 의지에 부응하는 것이기도 하고 사신 본연의 임무와 부합하는 것이기도 했다. 그는 이 보고서에서 중국과 긴밀한 관계를 유지한 한국의 역사와 '同文', 즉 동일한 문물을 중국과 공유하는 한국 문화의 성격으로 보아, "이제 北虜가 이미 멸망하였으니 고려가 곧 사신을 보내 正朔을 청할 것으로 보인다"(권40 同文 正朔)고 기대하였다. 유감스럽게도 실제로는 이 보고서의 예측과 달리 北宋이 곧 멸망하였고 고려는 이후 南宋과 외교적 관계를 장기간 단절하였지만, 서긍이 대표하는 宋人의 한국 역사와 문화에 대한 인식, 그리고 이러한 인식에 근거한 선화 사절단의 사명과 역할은 한중관계사의 한 독특한 측면을 보여주는 것으로 이해된다.

제2부

明使의 朝鮮 使行錄

제1장
倪謙의 『遼海編』과 朝明 倡和外交

1. 머리말

『遼海編』은 1450년(明 景帝 景泰 원년; 朝鮮 世宗 즉위 32년) 정월에 한국을 방문한 明의 正使 倪謙이 여로에 지은 詩賦와 紀行文 및 使行과 관련하여 지인에게서 받은 시문을 모아 편집한 책이다. 詩 283首와 辭賦 4수, 記 2수, 銘 1수, 序跋 5수, 紀事 1卷이 기재되어 있는 이 책은 모두 4部로 구성되어 있는데, 제1부는 「使命을 받들고 이별을 고한」 뒤부터 「王京에 이르기」까지 使行 여로에서 보고 느낀 바를 읊은 詩들이 실려 있고, 제2부는 漢城에서 「成均館 宣聖廟를 배알」한 뒤부터 귀국길에 올라 「京師에 당도하여 대궐을 바라볼 때」까지 보고 느낀 것을 읊은 詩賦와 記銘 및 조선인과 중국인의 唱和詩 등이 기재되어 있다. 「朝鮮紀事」란 이름이 붙은 제3부는 기행 산문으로, 遼東을 출발하여 漢城에 갔다가 귀로에 압록강에 이를 때까지의 일정을 일기 형식으로 간략하게 서술한 것이다. 제4부는 「中朝贈言」과 「遼陽贈言」, 「朝鮮詠別」 등 세 부분으로 구성되었는데, 「중조증언」에는 明朝 翰林院의 동료 등 중앙정부의 관리들이 환송하며 써준 시들이 실려 있고, 「요양증언」에는 요동의 관원들이 쓴 시, 「조선영별」에는 조선의 관원들이 송별하며 써준 시들과 서문 · 발문이 기재되어 있다.

『요해편』과 그곳에 기재된 詩文들은 지금까지 역사학 연구자들에 의해 한 번도 史料로서 연구되지도 않았고 주목된 바도 없었으나,[1] 몇 가지 점에서 매우 새로운 성격과 내용의 사료적 가치를 갖고 있다. 첫째, 『요해편』은 문학지사 출신 正使가 직접 남긴 최초의 기행 시문이다. 중국 국가의 사절단이 남긴 최초의 기행문이라 할 北宋 말 徐兢의 『宣和奉使高麗圖經』은 正使도 副使도 아닌, 提轄官에 의해 저술되었다. 따라서 중국 국가의 사절단을 이끈 책임자의 使行 목적과 그 수행 의식을 『요해편』에서 처음으로 직접 확인할 수 있을 것으로 기대할 수 있다. 둘째, 『요해편』의 시, 특히 제1부와 제2부에 실린 시들은 대부분 使行 길에서 보고 느낀 바를 시의 형식으로 기술한 紀行詩인데, 중국 국가의 使臣이 한국에 왔다 가면서 지은 기행시 수백 편을 체계적으로 정리한 시편은 이 책이 최초라 할 수 있다. 시의 형식으로 기술되어 있어 직설적이지는 않지만, 기행의 정

1 倪謙이 찬술한 『遼海編』에 관한 專論으로는 詹杭倫 杜慧月의 「『遼海編』與倪謙出使朝鮮考述」(『北京化工大學學報』 2007-1)이 있지만, 『遼海編』의 成書와 내용, 가치 등을 개략적으로 소개하는 수준에 그치고 있다. 『요해편』에 포함된 일부 자료에 관한 연구나 倪謙의 使行에 관한 부분적 연구는 산견된다. 그 대표적인 성과로서 申太永의 『明 나라 사신은 朝鮮을 어떻게 보았는가』(다운샘, 2005)를 들 수 있는데, 이 연구는 明使와 조선 接伴使들 사이에 교환된 唱和詩들을 모아 편찬한 『皇華集』에 관한 연구로, 그 가운데는 倪謙의 使行과 창화시에 관한 논급도 포함되어 있다. 그 외에도 辛承云의 「倪謙의 『奉使朝鮮倡和詩卷』에 對한 研究」(『書誌學研究』 28, 2004)가 있는데, 이 연구는 『遼海編』의 일부로 포함된 『奉使朝鮮唱和詩卷』과 倪謙에 관계된 정보와 그 全文(原文)과 對校를 정리, 소개한 것이다. 그 외에도 金垠廷의 「庚午本 『皇華集』 편찬경위와 詩文酬唱의 의미」(『한국한시연구』 7, 1998) 등에서 예겸과 조선 접반사들의 唱和 양상에 관해 논급하기도 했다. 한 가지 흥미로운 것은 예겸과 그 사행 및 창화시에 관한 이들 기존의 연구들이 모두 한문학 분야에서 이루어졌지, 역사학 분야에서 발표된 성과는 발견되지 않는다는 점이다. 본 연구에서 『요해편』의 史料的 가치를 집중적으로 거론하려 하는 까닭이 여기에 있다.

보가 풍부하게 함축되어 있다. 제3부의 「조선기사」는 중국 국가의 사신이 육로로 한국을 왕래하며 기록한 최초의 일기 양식의 기행 산문이다. 海路로 한국을 다녀간 중국 국가의 사절단 일행이 귀국 뒤에 기록, 출판한 책으로는 『선화봉사고려도경』이 있었지만, 遼東을 경유한 육로 기행은 이 책이 최초라 할 수 있다. 따라서 이 책에 실린 기행시들과 기행문을 통해 韓中 양국의 사절단이 왕래한 교통로와 旅程에 관한 구체적인 정보를 얻을 수 있다. 셋째, 이 책의 저자인 倪謙은 文學之士 출신의 侍臣으로는 처음으로 조선에 出使한 인물로서, 明淸 시대 文官 출사의 문을 열었다. 『요해편』에는 예겸이 이끈 景泰 사절단이 조선에 출사한 목적과 문학지사 출신의 시신이 正使로 선발된 이유가 도처에서 적시되어 있다. 넷째, 『요해편』은 韓中 唱和詩의 보고이다. 명 · 청의 사절이 한국을 방문하면 조선의 遠接使 등 접대 관원들과 漢詩를 수작하여 창화하는 것이 일반적 관행이었는데, 그 첫 사례를 연 인물이 바로 『요해편』의 저자 倪謙과 그 원접사 鄭麟趾 등이었으며, 이들의 창화시들은 대부분 이 책에 수록되어 있다. 조선은 명조에서 파견한 사신과 조선 원접사들의 창화시들을 모아 『皇華集』에 수록하였는데, 『황화집』의 편찬은 예겸과 정인지 등의 창화시 편집으로 시작되었다. 따라서 '倡和外交'라 부를 만한 한중 사이의 독특한 외교 양식의 단서를 『요해편』에서 확인할 수 있을 것이다. 다섯째, 明 · 淸과 朝鮮의 정치, 외교적 관계는 시종일관 册封과 朝貢의 禮를 교환한 관계였으며, 이로 인해 이 시기에 내한한 명 · 청의 사절은 儀禮 관계를 조절하는 역할을 띠고 있었는데, 『요해편』은 그 첫 번째 경우를 소개하고 있다. 따라서 이 책을 통해 전통 시대 한중 양국의 책봉-조공 관계의 본질에 좀 더 가까이 접근할 수도 있을 것이다. 여섯째, 『요해편』의 여러 시문에는 明代 지식인의 독특한 한국관이 노출되어 있다. 한국을 箕子가 책봉 받은 곳, 詩書禮樂의 나라, 神仙의 별천지, 정치적으로 독립된 '外國',

중국 국가와 책봉-조공 관계를 성실하게 유지하는 '藩屬國'으로 이해한 예겸 등 명조 한림학사들의 한국관은 작게는 景泰 사절단의 출사를 결정한 배경이 되기도 했고, 크게는 명과 조선의 책봉-조공 관계를 규정하는 조건의 하나로 작용하였다.

이 글에서는 지금까지 아무도 관심을 갖지 않은 『요해편』의 갖가지 사료적 가치를 하나하나 확인하면서, 전통 시대 한중관계를 이해하는 데 필요한 몇 가지 중요한 정보들을 확보하려 할 것이다. 예컨대, 『요해편』 1, 2부에 수록된 기행시들과 「조선기사」를 통해 景泰 연간에 파견된 明使의 여정을 재구성함으로써 明-朝鮮 전기의 使行 경로와 그 주변 정황에 대한 정보를 구체적으로 확보할 수 있을 것이며, 倪謙과 조선 관료들의 儀典 논쟁을 통해 册封-朝貢 관계의 禮的 본질에 대한 이해를 심화할 수도 있을 것이고, 倪謙과 조선 측 接伴使의 唱和를 통해 한중 '倡和外交'의 전개와 그 역사적 기능에 대한 자료를 정리할 수도 있을 것이다. 『요해편』에 기재된 기행시들과 창화시, 기행산문, 贈言과 詠別詩 등에 기술된 바와 같이, 문학지사 출신의 중국 국가의 侍臣이 正使로 선발되어 조선을 다녀가면서, 사행 과정을 운문과 산문으로 상세하게 기록하고, 조선의 접반사들과 창화시를 교환하며, 조선의 관료들과 의례에 관해 논쟁하고, 중국의 동료와 조선의 고관으로부터 증언과 영별시를 받은 일 등은 그 이전에는 일찍이 있었던 적이 없는 일이었다. 왜 예겸의 사행 때 비로소 이러한 일이 있게 되었으며, 그 의미는 무엇인가. 이 글에서는 바로 이러한 문제를 추적하면서, 아울러 『요해편』에서 산견되는 갖가지 정보들을 정리하여, 전통 시대 한중 책봉-조공 관계의 본질에 대한 이해를 보다 심화하려 한다.

2. 皇華의 咨詢과 復命

중국 국가의 군주가 외국에 파견하는 사신을 일러 흔히 '皇華'라고 불렀는데, 이는 『詩經』「小雅」의 '皇皇者華'라는 시편 제목에서 유래한 말이다. 이 시편은 사신을 파견하는 연회에서 노래됐던 시로, "빨리 달리는 수많은 征夫, 혹시나 미치지 못함이 있을까 걱정한다. 내 말은 망아지, 여섯 고삐가 선명하게 빛난다. 달리고 또 달려서, 두루 널리 咨諏하고 [……] 咨謀하며 [……] 咨度하고 [……] 咨詢한다"고 했는데, 여기서 말하는 '咨諏'나 '咨謀', '咨度', '咨詢' 등은 모두 잘 살펴서 일을 꾀한다는 뜻이다. '황황자화' 시는 임금의 사신은 모름지기 두루 방문해서 살펴보고 물어보아야 함을 주된 내용으로 한 시로서, 그 뒤부터 그 준말인 '皇華'는 중국의 군주, 즉 天子, 혹은 皇帝의 사신이나 그 사신으로 가는 일을 높여서 이를 때 사용하는 말이 되었다.

사실 『宣和奉使高麗圖經』의 찬자 徐兢도 "輶軒을 타고 邦國에 사신으로 가는 자는 圖籍[을 만드는 일]을 우선해야 할 일로 삼아야 한다"고 하면서, 『詩經』「小雅」 皇皇者華篇의 "周爰咨詢[널리널리 물어서 일을 꾀하리]"이라는 시구를 거론하며, "이 「皇華」의 시에서 노래한 것은 '咨詢', 즉 두루 탐문하는 일이 바로 사자의 직분이라는 것이다. 이에 귀와 눈이 닿는 대로 많은 이야기를 널리 채집하여, 그 가운데 中國과 같은 것은 간추리고, 다른 것 300여 조목만 취해서 40여 권으로 정리했다"고 했다. 『고려도경』은 이러한 '사순'의 결과를 조정에 보고한 使行 보고서로서, 서긍은 그 「서문」에서 "실제 정보를 수집하여 조정에 보고함으로써 사신의 책임을 조금이나마 면할 수 있었다"고 했으니, 사실 한국 등 외국에 파견된 중국 사절단의 가장 중요한 역할은 바로 이 '咨詢'이었다.

景泰 사절단을 이끈 倪謙도 「새벽에 永平을 출발하며」 "皇華가 고삐 잡고 깨끗하게 할 뜻 많았지만, 그저 새로 지은 詩 갖고 즐거운 여행을 기록할 뿐이라"고 노래했고, 「漢江을 유람하며」 "산에 오르고 강을 보며 그 풍토를 기록하는 것도 사신의 당연한 직무이니, 다만 연회나 유람에 마음을 다한다고 생각한다면 나를 아는 것이 아니다"라고 하여, 자신이 '咨諏'한 바를 詩로 기록하는 것을 사신의 중요한 임무로 자임했다. 그는 「慕華館 술자리에서 여러 封君에 留別하며」, "조정 돌아가 천자 뵙고 封事 아뢸 때, 충성으로 聖皇 받듦을 상세하게 설명하리라"고 하여, 자신이 '咨諏'한 바를 '復命'하겠노라 다짐했고, 郭山州 길가에서 '孝女四月之門'이라는 글이 새겨져 있는 돌을 보고, 「효녀 四月을 기리는 시」를 지어, "내 와서 민간의 풍습을 살피다가, 이곳을 지나며 기쁜 마음으로 사절의 행차를 멈추었다. 기록하고 채집해서 노래와 시로 읊어, 그 곧고 매운 정조 충분히 전하기를 기대한다"고도 했다.

뿐만 아니라 예겸의 동료 翰林待詔 鄒循도 환송하는 시에서, "조선은 옛날부터 禮樂 교화에 좇아온 터라, 風謠를 잘 채집해서 황제의 결재 기다려보세"라고 기대했다. 심지어 조선에서 예겸을 接伴한 申叔舟도 「朝鮮詠別」의 서문에서, "內翰公은 咨諏하여 물어서 헤아리며, 천자의 훌륭한 德을 널리 알리는 데 힘썼다"고 하고, 成三問도 「조선영별」 後序에서 "風謠를 채집하여 천자께 바치는 것도 빠뜨릴 수 없는 일이라"고 해서, 예겸의 주된 사명이 '咨諏'에 있었음을 강조했다.

『遼海編』에 수록된 기행산문 「朝鮮紀事」도 아마 復命의 일환으로 찬술되었을 것이다. 다만 예겸 자신이 일류의 詩人이었고 당시 중국의 文學之士들이 紀行을 詩賦의 형식으로 표현하는 것이 유행했기 때문에, 그의 조선 '咨諏'과 복명은 주로 紀行詩의 형식으로 이루어지기도 했다. 이에 대해 『요해편』의 서문을 쓴 盧雍은 "길을 가다가 사물과 부딪혀 마음속에 느껴지는 회포를 시로 지어 읊조리는 일은, 넘는 산과 건너는 물이 멀다고 해서 그만둘 수도 없고, 수레 몰고 말 달리는 일이 수고롭다고 해서 그만둘 수도 없다"고 하고, 그를 환송하던 동료들도 기행시를 기대하여, "弔古하는 마음 품고 좋은 경치 다 구경한 뒤, 비단 주머니에 거두어서 붓끝에 놓아두소"(翰林修撰 許彬)라 하고, 혹은 "짐작컨대 돌아오는 여장에 다른 물건은 없고, 만 과의 아름다운 구슬이 唫囊에서 나오리라"(翰林待詔 陳贊)고 기대했으며, "가면서 떠오르는 생각 적어두면 많은 珠玉 될 터이니, 조만간에 조정으로 돌아와 九天 궁전에 이르리라"(翰林待詔 沈慶)고 기대했다. 예겸이 당대 일류의 文學之士로 칭송되어 정사로 선발되었던 만큼, 예겸이 귀국할 때는 많은 紀行詩가 지어지리라 기대되었으니, 『遼海編』과 같은 紀行詩編의 출현은 처음부터 예상된 일이었다.

『遼海編』의 저술과 출판은 중국의 국가가 일류의 문학지사를 正使로 선발하여 한국에 파견함으로써 이루어진 하나의 새로운 사건이었다. 정사 자신이 일류의 문학지사였기 때문에, 그 기행이 자연스럽게 정사 자신에 의해 이루어졌으며, 특히 예겸은 당대에 뛰어난 詩人이어서 그 紀行이 자연스럽게 詩의 형식으로 이루어졌다. 이에 앞서 남겨진 복명 보고서로는 『高麗圖經』이 있었지만, 이는 正使가 아닌 提轄官이 기록한 산문 보고서였다. 『使朝鮮錄』 叢書에 수록된 18종의 기행문 가운데서도 예겸의 『요해편』은 중국 정사가 남긴 첫 번째 기행 시문집이었으니, 『요해편』에서 가장 먼저 눈에 띄는 사료적 가치가 여기에 있다고 하겠다.

예겸이 여정에서 지은 기행 시문을 모아 책으로 출판한 것은 明 憲宗 成化 5년(1469)이었으니, 조선에 출사했다가 귀국한 景帝 景泰 원년(1450) 이후 20여 년이 지난 뒤였다. 예겸과 함께 유학한 바 있는 盧雍의 『요해편』 서문에 의하면, 예겸이 翰林學士를 거쳐 少宗伯에까지 올랐다가, 관직을 그만두고 집에 머물고 있었을 때, 그의 아들 倪岳이 進士로 급제해서 翰林編修가 되어 황명을 받들어 歸省하였다가, 부친의 오래된 상자에서 부친의 遺藁를 보았는데, 버리고 아까워하지 않아 끝내 흩어져 없어지게 될까 염려하여, 직접 그것을 수집해서 기록하여, 사신의 일에 관한 기록을 아우르고, 縉紳들이 적어 보낸 글들을 편수하며, 조선 나라 사람들이 지어 올린 것을 편집하여, 모두 네 卷으로 합쳐 만들고 이름을 『遼海編』이라 해서, 출간하여 영원히 전해지게 하려 했다고 한다. 그때 마침 盧雍이 閩藩道에 부임하기 위해 南京 부근을 지나다가, 예겸의 집을 방문하여 이 詩文編을 얻어 보게 되었는데, "[예겸은] 사신의 직무를 잘 감당해서 나라의 빛이 되었으니 참으로 끝내 없어지게 해서는 안 된다"고 탄식하고, 마침내 자신의 봉급을 털어서 工人을 시켜 그 완성을 돕게 하고, 그 서문을 쓰게 되었다고 한다.

『요해편』에는 예겸의 기행시 외에도 조선인과 나눈 唱和詩와 詠別詩 및 기행 산문도 함께 포함되었는데, 특히 창화시와 영별시들은 예겸이 조선에서 귀국한 그 해에 이미 한중 양국에서 공간되었다. 「朝鮮에서 唱和한 翰墨 원고의 跋文」을 쓴 翰林侍講 吳節은 "그 나라에 사절이 머무른 것이 모두 30여 일이었는데, 그 나라 사람에게 손수 써서 준 편지 외에도 唱和하고 남길 수 있었던 원고가 53편이었다"고 하면서, 예겸이 일을 다 끝내고 남쪽으로 돌아와서 궁궐과 조정에 復命한 뒤, 한가한 날 틈을 내어 자신에게 꺼내 보여주면서 그것을 찢어버리려 하기에, 자신이 "그렇지 않다. [……] 바로 이 원고를 드러내어 알려서 文儒가 먼 데 있는 나라를 교화한 업적을 보여야 마땅한데, 어찌 그것을 찢어버려서 스스로 그 공로를 없애버릴 수 있겠는가"라고 만류했다고 한다. 예겸은 이에 그렇다고 동의하면서, 마침내 장정해서 책을 만들게 하고, 책이 만들어지자 오절에게 가지고 가서 題文을 써달라고 청했다고 한다. 그런데 이 서문이 景帝 景泰 원년(1450)에 씌어졌으니, 예겸의 귀국 당해에 이미 창화시 53

편이 중국에서 출간되었음을 알 수 있다.

한편 景泰 원년 정월 초하루에 朝鮮國 副知承文院事 申叔舟가 「朝鮮詠別」의 서문인 「侍講 倪先生께서 使命을 다하고 되돌아가심을 송별하는 詩의 서문」에서 "천자의 사신이 탄 수레가 돌아간다고 해서, 우리 縉紳의 士人들은 모두 詩를 읊어 바치고자, 叔舟를 시켜 서문을 짓게 했다. [……] 옛 사람은 선물을 하면서 절하지는 않았으니, 청하건대 奉贐함을 아첨이라 생각하지 말아주기 바란다"라고 하여, 이 책이 귀국하는 예겸에게 조선의 문학지사들이 증여한 선물로 만들어졌음을 알린 바 있다. 또한 景泰 初元年 閏正月 보름 뒤 나흘째 되는 날에 朝鮮國 副知承文院事 成三問도 「조선영별」 後序를 써서, "內翰 倪 先生이 使行을 마치고 돌아가는데 [……] 風謠를 채집하여 천자께 바치는 것도 빠뜨릴 수 없는 일이 아닌가"라고 하면서 모두 시를 지어 증여했다고 했다. 그리고 景泰 元年 여름에 前經筵官 習嘉言이 "'漢陽詠別詩' 몇 首와 앞뒤 序文 각 1편은 모두 朝鮮의 여러 신료들이 지은 것이다. 그때 나의 친구인 侍講 倪君 克讓이 [……] 그 나라로 사신으로 가서 얻은 것이다. [……] 君이 돌아간다고 말하자, 함께 시를 지어 송별하면서, 아울러 그것을 구실로 그들이 감동해서 심복한 속마음을 전하였다"고 하면서 「朝鮮詠別」 跋文을 썼다. 이로 보아 景泰 원년 정월 초하루에 조선의 문사 관료들이 한송하는 시들을 모아 책자를 만들어 예겸에게 증여하였고, 이를 그해 여름에 「朝鮮詠別」이란 이름으로 중국에서 출판한 것으로 보인다. 이 「조선영별」은 「中朝贈言」과 「遼陽贈言」과 함께 『요해편』의 제4권에 묶여져서 20년 뒤에 다시 출판된 것이다.

『요해편』은 1469년에 중국에서 처음 출간된 뒤에, 청대의 저명한 장서가인 季振宜에 의해 소장되었다가[2] 지금은 중국 국가도서관에 보관되어 있는데, 이 4권 판본이 2003년에 『使朝鮮錄』 총서의 일부로 北京圖書館

에 의해 영인, 출판된 것이다. 『요해편』은 출간 직후에 한국으로도 들어와 널리 읽혀진 것으로 보인다. 申叔舟가 편찬한 『保閑齋集』 제12권에 『요해편』의 일부가 수록되고, 그 권말에 "근래에 燕京의 서점에서 책을 사온 사람이 있어 『遼海編』이라는 이름의 책 한 권을 얻었는데, 이는 倪謙 學士가 우리나라에 있었을 때 文忠公[=申叔舟의 諡號]과 酬唱한 시편이라"고 했고, 『筆苑雜記』를 편찬한 徐居正이 "지금 『遼海編』 전편을 읽어보아도, 다만 보통 정도의 시문일 뿐이라"고 한 것으로 보아, 『요해편』은 이미 적어도 『보한재집』과 『필원잡기』가 편찬된 1487년(成宗 18) 이전에 한국으로 전래된 것으로 보인다. 한국에 전래되어 읽혀져온 『요해편』은 1999년에 인사동 고서점에서 다시 발견되었다[3]고 한다.

3. 景泰 使行의 재구성

『遼海編』에서 얻을 수 있는 일차적 정보는 명-조선 초, 즉 15세기 중엽의 양국 사절단이 왕래한 旅程에 관한 것이다. 景泰 원년에 조선으로 出使한 明朝 사절단(이하 '景泰 사절단'이라 약칭함)의 여정은 『요해편』의 제3부로 수록된 「朝鮮紀事」에 일기 형식으로 정리되어 있다. 그러나 「조선기사」의 기록은 遼陽에서 漢城까지, 한성에서 鴨綠江까지의 여정만 기록하고 있으며, 객관적 사실만 간략하게 기술한 것이어서 찬자의 주관적 느낌 같은 것은 생략되어 있다. 이에 반해 『요해편』 제1부와 제2부에 수록된

---

2 詹杭倫 전게 논문 34쪽.

3 『연합뉴스』 1999년 5월 18일자, 김태식 기자, 「명사신 예겸 조선기행문 『요해편』 국내 발견」; 『동아일보』 1999년 5월 19일자, 이광표 기자, 「명대 조선기행문 『요해편』 국내 첫 발견」.

수백 편의 시들은 북경에서 북경까지 왕복 과정과 풍정에 대한 정보와 감상을 술회한 것이어서, 이들 紀行詩와 「조선기사」의 기행 산문을 함께 살펴 정리하면, 명－조선 초기의 사절단 왕래 여정을 상당 수준으로 복원할 수 있으리라 기대된다. 뿐만 아니라, 예겸의 이들 詩文에는 당시의 특수한 역사적 사건과 상황도 곁들여져 기술되어 있기 때문에, 한중관계사와 遼東史에 관한 망외의 정보를 습득할 수도 있다.

우선 이 책 제1, 2부에 수록된 시들은 대부분 紀行詩이기 때문에, 그 제목을 그대로 나열하면 경태 사절단의 사행 경로와 여정의 대체적 윤곽이 드러난다. 즉, 「使命을 받들어 이별을 고하고」「[皇]城을 나서서」, 「通州에 이르고」, 「潞河驛에 묵으며」「연회에서 胡人의 무리를 보았다」. 「潞河를 지나고」, 「[黃]河를 지나며 바람을 만났다」. 「길가의 土屋을 보면서」, 「三河로 갔다」. 「轉蓬[즉 굴러다니는 쑥]을 보며 [人生流轉을] 읊고」, 「새벽에 三河를 출발하여」, 「錯橋에 대해 읊었다」. 「薊州에 이르러」, 「漁陽의 옛 일을 회상하고」, 「薊州의 察院」에 대해 읊었다. 「새벽에 薊州를 출발해서」, 「陽樊驛으로 가다가」, 「陽樊 가는 길에서」「陽樊을 바라보며」 시를 읊었다. 「玉田으로 가서」「해질 무렵에 玉田에 다다랐다」. 「새벽에 玉田을 출발하여」, 「永濟驛으로 갔는데」, 「永濟 가는 길에서」 시를 읊은 뒤에 「豊閏을 향해 가서」「해질 무렵에 豊閏에 다다랐다」. 「새벽에 豊閏을 출발하며 시 10首」를 짓고, 「銀城을 읊었다」. 「새벽에 七家嶺을 출발하여」, 「灤河를 지났다」. 「새벽에 永平을 출발하여」, 「蘆峰口驛으로 갔다」. 「蘆峰 가는 길에」 또 시를 읊고, 「蘆峰口에서 묵었다」. 「새벽에 蘆峰을 출발해서」, 「洋河를 지나」, 「榆關驛에서 묵었다」. 「새벽에 榆關을 출발해서」, 「海洋城을 지나」, 「山海關에 이르렀다」. 「山海關을 나서서」, 「해질 무렵에 前屯衛에 이르렀다」가 「새벽에 前屯을 출발했다」. 「새벽에 東關驛을 출발해서」「曺庄驛으로 가다가」, 「寧遠의 湯泉에서 몸을 씻었다」. 「連山으로 가다가」,

「塔山에서 李將軍의 逐戰을 노래했다」. 「凌河驛으로 가다가」, 「元旦에 凌河에서 머물렀는데」, 「小凌河에서 張詔使를 만났다」. 「十三山을 바라보고」, 「醫巫閭山을 바라보았다」. 「平洋橋를 지나」, 「沙嶺을 지났다」. 「遼河 가는 길에서 시 네 首를 짓고」, 「牛庄驛으로 갔다」. 「海州衛에 다다르고」, 「遼陽으로 갔다」. 「새벽에 遼陽을 출발하며 聯句를 짓고」, 「高麗衝을 지났다」. 「頭館站 가는 길에」 시를 읊고, 「車嶺을 지나며 시 두 章」을 지었다. 「浪子山 아래 人家에서 묵고」, 「새벽에 浪子山을 출발해서」, 「盤道嶺을 지났는데」, 「재를 넘으며 산을 보았다」. 「新寨의 人家에서 묵고」, 「새벽에 新寨를 출발해서」, 「高嶺에 올랐다」가 「連山에서 묵었다」. 「東關을 나서서」, 「分水嶺를 지나며 시 여섯 首」를 짓고, 「龍鳳山을 바라보았다」. 「龍鳳站 아래에서 야영하고」, 「새벽에 行營을 출발했다」. 「八度河嶺을 넘으며 시 두 首」를 짓고, 「草河口에서 점심을 먹었다」. 「鳳凰山을 바라보며」, 「鳳凰山의 古城」에 대해 술회하였다. 「開州站을 지나」, 「湯站에 이르러 六言 네 首」를 지었다. 「湯站 가는 길에」 시를 짓고, 「새벽에 湯站을 출발했다」.

그리고 「鴨綠江을 건너」, 「義州의 義順館에 다다랐다」. 「새벽에 義順을 출발해서」, 「古津江을 지나」, 「良策館에서 묵었다」. 「새벽에 良策을 출발해서」, 「車輦館에 머무르고」, 「東林의 古城을 지나」, 「林畔館에서 묵었다」. 「東盧河를 지나고」, 「雲興館을 지났다」. 「堂於嶺을 지나며 시 두 首」를 짓고, 「新安館으로 갔다」. 「達川을 지나」, 「嘉山嶺을 올랐다」가 「嘉平館을 지났다」. 「安興의 술자리에서 女樂을 물리쳤다」. 「새벽에 安興을 출발해서」, 「肅寧館에 다다르고」, 「於坡嶺을 지났다」. 「平壤 '竹枝詞' 세 首」를 읊고, 「平壤府에 다다라」, 「大同館에서 연회를 가졌다」. 「大同江을 지나」, 「生陽館에 머물렀다」. 「黃州의 濟安樓에 오르고」, 「黃海道를 지나」, 「바다를 바라보았다」. 「鳳山樓에 올랐다」가 「龍泉館에 다다랐다」. 「새벽에 龍泉을 출발하여」, 「安城館으로 갔다」. 「寶山館에서 머무르고」, 「平山嶺을 지났다」. 「새벽에 金岩을 출발하며 시 두 首」를 짓고, 「興義館을 지나」, 「金郊館에 다다랐다」. 「開城府에 다다라」, 「開城의 술자리에서 女樂을 물리쳤다」. 「臨津江을 건너며 시 두 首」를 짓고, 「王京에 이르렀다」.

한성에서는 「成均館 宣聖廟를 알현하고」 「鄭功曹와 和答」하였고, 「눈이 그쳐 [太平館의] 누각에 올라」 賦를 짓고, 「申汎翁과 成謹甫가 칼과 먹, 붓, 종이를 준 데 대해 감사하며」 申叔舟·成三問과 酬唱하였다. 「綠萼梅 [즉 푸른 꽃받침 매화]를 읊으며」 鄭麟趾와 창화했다. 「安平[大]君이 字書를 준 데 대해 감사하며」 시를 짓고, 安平大君의 「梅竹軒」 등 조선 대신들의 別墅를 위해 수 편의 銘記를 지었다. 조선의 대신들과 함께 한강을 유람하며 「漢江遊記」를 지어 창화했다. 왕성을 떠나며 「封君과 陪臣, 都監들에게 留別」하였다.

돌아가는 길에 「開城府에서 묵고」, 「箕子廟와 箕子墓를 알현하며」 鄭麟趾·申叔舟·成三問 등과 창화했고, 「孝女 四月을 기리는 詩」를 지었다. 압록강 가에서 배웅한 「金漢城과 申汎翁, 成謹甫 등과 留別」하며 唱和하였다. 遼東을 지나 「山海關으로 들어가며」 시를 짓고, 「京師에 당도하여 大闕을 바라보며」 마지막 시를 지었다.

이 과정을 정리하면, 다음과 같다. 皇城－通州－潞河驛－潞河－黃河－三河－薊州－陽樊驛－玉田－永濟驛－豊閏－銀城－七家嶺－灤河－永平－蘆峰口驛－洋河－榆關驛－海洋城－山海關－前屯衛－東關驛－曹庄驛－寧遠－連山－塔山－凌河驛－小凌河－十三山－醫巫閭山－平洋橋－沙嶺－遼河－牛庄驛－海州衛－遼陽－高麗衝－頭館站－車嶺－浪子山－盤道嶺－新寨－高嶺－連山－東關－分水嶺－龍鳳山－龍鳳站－八度河嶺－草河口－鳳凰山－開州站－湯站－鴨綠江 義州義順館－古津江－良策館－車輦館－東林古城－林畔館－東盧河－雲興館－堂於嶺－新安館－

達川－嘉山嶺－嘉平館－安興－肅寧館－於坡嶺－平壤府－大同館－大同江－生陽館－黃州濟安樓－鳳山樓－龍泉館－安城館－寶山館－平山嶺－金岩－興義館－金郊館－開城府－臨津江－王京－成均館(宣聖廟)－(太平館)樓閣－漢江－開城府(箕子廟墓)－孝女四月碑－鴨綠江－山海關－京師(大闕).

景泰 사절단이 밟은 이 여정은 이후 明 말에 遼東이 女眞에 점유되어 부득이 해로를 이용할 때까지 明朝의 거의 모든 사절단이 조선을 방문하고 돌아가면서 경유한 노선과 대체로 일치한다. 특히 『조선기사』에서 "遼東에서 鴨綠江까지 예전에는 八站이 있었는데, 지금은 폐지되었다"고 한 것은 이른바 한중 교통로 가운데 가장 험난한 구간이었던 '東八站'을 이해하는 데 시사하는 바가 크다. 경태 사절단의 여정 자체가 매우 중요한 사료적 가치를 갖는 것임은 말할 필요도 없는 것이지만, 『요해편』에 수록된 이들 紀行詩와 紀行文의 내용 가운데는 당시 遼東과 한국의 특수한 상황에 관한 사료적 가치를 갖는 문장이 적지 않게 포함되어 있다. 특히 遼東都指揮使司(이하 '遼東都司'라 약칭함) 체제 하에 놓여 있던 명대 중기 遼東의 특수한 상황을 전해주는 사료들은 주목할 만하다.

景泰 사절단이 경유한 명대 중기의 遼東은 군 작전지역 그 자체였다. 당시 요동에는 布政使司가 설치되지 않고 都指揮使司만 설치되어 山東布政使司에 예속되어 있었는데, 이는 곧 요동이 民政 지역이 아니라 軍政 지역이었음을 의미한다. 실제로 경태 사절단이 「潞河를 지나갈 때」 이미 "길에서 營州의 아이들을 만났는데, 사람마다 모두 활과 화살을 갖고 있었다. 갖옷을 가볍게 차려입고 날래게 말 달리며, 말 위에서 강건함을 과시했다." 예겸은 "아, 예전에 태평을 오래 이었을 때는, 이들 무리가 흐릿하게 보이지도 않았다"고 탄식하였는데, 營州는 遼寧省 朝陽市에 설치되었던 州로, 唐代에는 都督府가 있어 遼東 방면의 대외 관계를 주관하였던 전략적 요충지였다. 秦, 漢代의 「漁陽을 회상」케 하는 「薊州에 이르니」

"우뚝 솟은 層城이 한 지방을 지키는데," "십만의 거주민이 戎府를 에워싸고, 삼천의 甲士들이 女墻을 호위했다." 「七家嶺驛에 다다르니」 "將軍이 동쪽 교외에서 校閱하는데, 그때 변방의 갈잎피리와 북 울리는 소리가 귀에 들렸다. [……] 표범 같은 부대가 백이나 있어 강병을 옹유한다." 「凌河驛에 이르러」 "松山에 잠시 使節 세우니 [……] 番使가 華語를 할 줄 알고, 屯軍이 浙鄕에 대해 묻는다. 關門 나서니 [……] 돈대가 砲架를 높이 받치고, 보루는 부서지고 담장만 남아 있다. [……] 수자리 지키는 병사는 징집되어 뽑혀졌고, 활 쏘는 材官은 쇠뇌를 잘 당긴다." '番使'란 胡人이나 女眞에서 보낸 사신을 말하고, '浙鄕'은 예겸의 고향인 浙江을 이르는 말이다. 「前屯衛에 다다르니」, "병영에 이엉 띠가 두텁게 얹혀 있고, 관청은 높은 홰나무 양옆에 끼고 있다. 서리가 내리는데 딱따기 자주 치고, 해 떠올라도 문은 아직 닫혀 있다." 이에 예겸은 "언제나 胡虜를 멸해서, 우리 위해 봉화대 없앨 수 있나" 하고 탄식했다. 「平洋橋를 지나가다」가 "말 세우고 멀리 바라보니, 봉화대들이 별처럼 흩어져서 변방 담장 가로막는다." 「遼河 가는 길」은 "唐 太宗이 高[句]麗를 정벌할 때, 수레가 遼澤에 다다르자 진창에 빠지는 곳이 2백여 里나 되어서, 흙을 깔고 다리를 만들어 건넜다고 하는데, 바로 이곳이었다." 예겸은 "말 타고 요하를 건너니, 백 丈의 오돌이 깔려 있다. 아, 이곳에서 변경을 지키는 이들, 일음을 뚫으면서 胡人을 방비한다"고 노래했다.

「조선기사」에 의하면, "景泰 원년 정월 초하루에 遼東에서 출발했는데, [遼東]都司가 東寧衛 指揮 한 명과 百戶 네 명을 보내 軍馬 이백 필을 끌고 호송하게 했다. 鎭守都御史와 巡按御史, 左府都督 守遼東都司 등이 성을 나와서 연회를 베풀고 餞別했다. 요동에서 압록강까지 예전에는 站이 여덟 곳 있었지만, 지금은 없어졌다. 관리들이 帳房을 갖고서 따라 갔다." 한중관계사 상에서 遼東都司의 특수한 역할을 보여주는 대목이다.

여기서 말하는 '遼東'은 곧 遼陽을 말하는데, 요양은 고대의 襄平으로 秦代에는 만리장성의 동쪽 끝이 뻗은 곳이었고, 魏晉南北朝와 隋唐 시대에는 遼東城, 즉 遼東郡의 치소였으며, 明代에는 遼東都(指揮使)司가 설치되어 명조의 遼東 경영을 담당한 요충지였다. 명대의 요동도사는 중국과 요동, 중국과 한국을 연결하는 關節과 같은 역할을 한 기관이었다.[4] 예겸은 「새벽에 遼陽을 출발해서」 "멀리 떨어진 華夷의 길 다시 올랐다"고 노래하고, 「開州站을 지나가며」 "聖恩이 하늘처럼 넓고 크니, 바다까지 모든 땅이 다 국가의 강역이라"고 과장했지만, 이 당시 遼東에서 명의 통치력이 미친 곳은 遼東都司 관할 지역에 국한되고, 女眞의 奴兒干都司와 朶顔胡의 大寧都司는 형식적으로만 존재하여, 邊牆 밖은 사실상 명의 영토에서 벗어나 있었다.[5] 뿐만 아니라, 명대 중기에 이르면 요동도사 체제조차 와해되어, 변장 안에서도 타안호와 여진이 산견되었다.

예겸 일행은 「潞河驛 연회에서 胡人의 무리를 보았다」고 했는데, 노하역에는 "상투와 모직물이 길에 가득했으니, 館人이 말하기를 이들은 朶顔胡라고 했다"고 한다. 大興安嶺 기슭에 살고 있던 '朶顔胡'는 朶顔衛의 胡人을 말하는데, 타안위는 명대 兀良哈 3衛의 하나로 太祖 洪武 22년(1389)에 설치되었다. 타안위의 '胡人'은 거란인과 몽고인의 잡종으로, 당시에는 "모두가 歸化해서 오래전부터 藩國을 자칭하여," "자주색 담비 가죽과 名馬로 貢職을 닦을 수 있었고, 진한 술과 살찐 양을 모두 하사받았다." 이들은 왕왕 明朝와의 冊封-朝貢 관계에 만족하지 못하고 변장 안으로 침입하여 약탈하다가 명군과 충돌하였다. 그 한 예로 예겸은 「塔山에서는 李 將軍이 종군한 일을 노래」했는데, 그 本注에 의하면, "正統

4 李健才, 『明代東北』(遼寧人民, 1986), 38쪽.
5 金翰奎, 『遼東史』(문학과지성사, 2004), 530~550쪽.

14년 12월 27일에 胡人의 침략이 있어, 錦州에서 담을 넘어 들어와 탑산까지 이르렀다가, 순찰병에게 발각되어 대포가 발사되고 급하게 통지되었다. 그때 탑산을 지키던 廣寧衛의 指揮同知 李榮이 즉각 관군을 거느리고 뒤쫓아서, 경역을 나가 和州 경계에 이르러 賊의 말 2필과 화살 20枝를 노획하고 돌아왔다"고 한다. 예겸은 그 무공을 장하게 생각해서, 시를 지어 그 전적을 다음과 같이 적어두었다.

> 虹螺山 북쪽이 賊들의 소굴이 되어, 밤이면 胡馬 타고 활과 칼을 휘둘렀다.
> 우리의 장벽 파고 우리 해자 메워서, 곧바로 탑산 와서 계속해서 소란 일으키려 했다.
> 순찰병이 대포 쏘고 狼峰을 높이 올리니, 邊城이 이를 알고 분노하여 무찌르려 했다.
> 장군은 연소하여 이때 旌旗 세웠는데, 일찍부터 말 타기와 활쏘기를 익히고 六韜에 정통했다.
> 손 안에 보검과 쇠창을 움켜잡고, 곧바로 적진으로 들어가 더러운 것들 떨어 없앴다.
> 흉악한 무리들이 살금살금 도망치다 다투어 달아나니, 재주를 다하고 힘이 꺾여 어지러이 아우성을 질렀다.
> 말 두 필을 빼앗고 전대에 화살을 가득 채우니, 三軍이 개선해서 의기가 하늘을 찔렀다.

여기서 말하는 '胡人'이란 앞서 潞河驛에서 보았다는 朶顔胡로, 兀良哈 3衛의 호인, 즉 거란인과 몽고인의 잡종을 말한다. 타안호를 뒤이어 명조가 설정한 요동도사 체제를 위협한 것은 女眞이었다. 高嶺은 지나 連山·東關 입구에 이르러 묵었을 때, 예겸은 "동관은 華夷의 경계가 구분

되는 곳"이었다고 했다. '華夷의 경계'란 곧 遼東都司와 女眞의 경계를 이르는 말이다. 「草河口에서 점심 먹을 때」, "將軍이 멀리 關山口를 가리키는데, 그 밖으로 이어진 곳이 바로 建州라 했다." 예겸은 本注를 통해, "建州는 女直 땅에 설치된 衛의 이름이라"고 설명했는데, 바로 滿洲가 흥기한 곳이다. 명은 永樂 원년(1403)에 建州衛를 설치하고 영락 7년에는 奴兒干都司를 설치하여 女眞 사회를 이른바 衛所 체제 안으로 포섭하였으나, 당시 여진은 형식적으로만 위소 체제에 포함되었을 뿐, 실제로는 명과 책봉-조공 관계에 놓여 있었다.

명과 타안호, 명과 여진뿐만 아니라 명과 조선의 경계도 완강하게 지켜지지 못했다. 「조선기사」에 의하면, 예겸 일행이 "開州站을 지나 東湯站에 이르니, 朝鮮의 義州 兵馬節制使 趙石岡이 通事를 보내, 里數를 헤아려 쌀과 술을 보내주며 마중 나와 犒饋했다"고 한다. 그리고 「湯站 가는 길에」 "들밭이 손바닥처럼 평평한데, 몇 년 전부터 황무지가 되었는지 헤아릴 수가 없다. [……] 그저 虞芮의 양보가 있었나, 눈을 들어보니 전부가 놀리는 밭이라"고 했다. '우예'란 周 초의 虞國과 芮國을 가리키는데, 『史記』 周本紀에 의하면, 두 나라에 사는 사람이 땅 문제로 분쟁이 일어나자 周 文王에게 판결을 구하려 들어갔다가 周 나라의 교화된 풍속을 보고는 서로 양보해서 송사를 포기하고 돌아왔다고 한다. 그러나 예겸의 이 시구는 명과 조선의 경계 일원에 양국의 주권이 미쳐지지 않아 사실상 '空地'化해 있었음을 증언하는 것이다.

『요해편』의 기행시에는 요동과 한국의 풍속에 관한 견문도 도처에서 반영되어, 그 방면의 사료로 활용될 수도 있다. 예컨대 가옥의 형태와 구조에 관해, 三河로 가는 「길가의 土屋」이 "띠를 엮고 흙을 바른 지 여러 해가 되었고, 평평한 지붕에 기와는 전혀 쓰지 않았다"고 하면서, "예로부터 북쪽 땅 백성의 기풍은 두터우니, 토굴 거처 둥근 것이 太古의 전대와 비슷하다"고 했다. 「浪子山 아래 인가에서 묵었는데」, "낭자산의 인가는 오래되었고, 낮은 처마 위에 여러 층 풀이 쌓였다. 구들의 아랫목은 나무 굴뚝으로 받쳤고, 시렁 위에는 겨 태우는 등잔이 놓였다"고 하면서, 本注에서 "굴뚝은 큰 나무를 사용했는데, 길이가 한 길 남짓하고, 그 속을 파내어서 만들었다. 밖에 등을 높이 세웠는데, 겨와 쭉정이를 蘇子油에 섞어 마대에 바른 뒤에, 이를 태워서 초 대신 사용했다"고 설명했다. 「新寨의 인가」는 "세 길[丈] 길이 흙 침상의 땅의 온기 전해주니, 문밖에서 서리 바람 이는지 알지 못한다"고 하고, 본주에서는 "세 칸짜리 널찍한 집으로, 서쪽 담장에서 동쪽까지 모두 하나의 구들로 통해 있고, 구들 아랫목에는 부엌이 있다"고 설명했다. 「良策館에서 묵은 집」은 "비단 묶어 여러 겹의 문을 감쌌다. 詔書에 절하는 사람이 길에 가득하고, 주연 열려 술통에 술이 가득 찼다. 대나무 그릇에 예전의 제도 남아 있고, 쓰개에도 예스런 운치 남아 있다. 바닥에 침상을 만들어 장작불을 때니, 밤새도록 침실이 따뜻하다"고도 했다.

倪謙의 『遼海編』에 기재된 수백 편의 紀行詩와 「朝鮮紀事」에는 景泰 사절단의 여정과 연로에서 견문한 갖가지 흥미로운 정보들이 적지 않게 담겨져 있다. 경태 사절단이 遼東을 지나갈 때 자주 만난 武士와 胡人의 존재는 明代 중기 이후 遼東都司 체제가 와해되는 상황을 실감나게 전해주고, 연변의 갖가지 풍물과 습속은 당시 요동과 한국의 사회를 이해하는 데 도움을 준다. 그러나 무엇보다도 재구성된 예겸 일행의 여정에는 그 이전의 중국 사신의 사행 과정에서는 볼 수 없는 새로운 요소들이 적지 않게 포함되어 있음을 발견할 수 있다. 이 새로운 요소들은 예겸 이후 明淸 시대 중국 사신의 사행에서 일반적으로 발견되어, 그 역사적 의의가 적지 않게 보이기 때문에, 하나하나 확인하면서 그 역사적 의미를 살펴볼 필요가 있다.

4. 文學之士의 첫 出使

景泰 사절단의 여정 가운데서 가장 먼저 눈에 띄는 것은 예겸의 독특한 출사 목적이다. 예겸의 첫 기행시인 「朝鮮에 使臣으로 가라는 황명을 받들고 館閣의 여러 先生들에게 留別」한 시에서, 그는 새로 등극한 천자의 "은혜 물결이 온 천하에 두루 미쳐", 자신이 使臣의 직책을 맡게 되어 천자의 詔書를 받들어 멀리 '外國'으로 떠나게 되었음을 알렸는데, 그의 동료 翰林侍講 吳節도 「朝鮮에서 唱和한 翰墨 원고의 跋文」에서, "皇上께서 帝位를 이어 오르신 초에 그 나라에 사신을 보내 널리 고하기 위해, 특별히 翰林 가운데서 명민하고 빼어난 인재 한 명을 골라서 正使로 삼아 가게 했다"고 하여, 예겸의 조선 사행이 황제의 즉위를 알리기 위한 것이었음을 밝히고 있다.

그러나 당시 明帝의 즉위는 예사로운 등극이 아니었다. 그때 새로 즉위한 景帝(景泰帝)는 전 황제 英宗(正統帝)의 동생으로, 영종이 정통 14년(1449)에 몽고 오이라트 部의 추장 也先을 親征하다가 오히려 土木堡에서 포로가 되어, 대신 갑자기 제위에 올랐기 때문에, 주요한 주변 국가에 이 사실을 알려서 그 정통성을 확보하는 것이 무엇보다 시급한 일이 되었다. 실제로 그 7년 뒤인 天順 원년(1457, 조선 世祖 3년)에 영종이 復位하고 조선에 翰林院修撰 陳鑑 등을 보내 복위 조서를 반포하여 "監國하는 사람이 갑자기 임금의 위를 훔칠 줄이야. 얼마 있다가 [……] 짐이 남으로 귀환하였지만, 郕王[=景帝]은 다시 復辟할 성의를 갖지 않고 도리어 짐을 유폐할 계책을 만들어 곧 황태자를 자기의 아들로 바꾸어 책립하였지만 하늘이 그를 도와주지 않아서 죽고 말았다"고 한 것으로 보아서도 알 수 있듯이, 경종의 정통성 문제는 매우 심각한 수준에 놓여 있었다. 또한 '士

木之變'에 관한 정보는 이미 조선 등 주변 국가들에도 널리 알려져 있었기 때문에 땅에 떨어진 明朝의 위망을 회복할 필요가 있었을 뿐만 아니라, 당시 위기에 처한 명조의 입장에서 보면 특히 조선은 국제적으로 매우 중요한 위치에 있었던 만큼, 이러한 조처가 외국 가운데서도 가장 우선적으로 이루어지지 않을 수 없었다. 더구나 조선은 이미 영종이 也先을 정벌할 때 遼東指揮 편에 勅書를 보내 "[조선] 왕은 마땅히 정예병 십 수만을 뽑아 모아서 고위 지휘관이 통령하여 遼東의 여러 장수가 이끄는 대군과 약속하여 협공해서 이 賊을 박멸하도록 힘써야 한다"[6]고 한 요구를 거절한 바 있고, '土木之變' 이후에도 2, 3만 필의 군마를 보내라는 요구에 대해 겨우 5백 필을 보내면서 상황을 정관하고 있었다. 예겸이 조선에 가서 "천자의 車駕가 잘못 함몰되게 한 것은 모두 [간신 환관] 王振이 한 짓이라"[7]고 토목지변을 간곡하게 변명하고, "조정에 일이 있다고 해서 두 마음을 품어서는 안 될 것이라"[8]고 하면서 국왕의 郊迎을 요구한 것도 조선 측의 미묘한 변화가 감지되었기 때문일 것이다.

習嘉言이 지은 「翰林侍講 倪君이 사신으로 朝鮮에 가는 것을 떠나보내며 지은 詩의 서문」은 당시의 상황을 다음과 같이 전하고 있다.

> 거룩하신 천자께서 용이 날아오르듯 九五에 오르신 당일에, 신민들에게 조칙을 내려 기꺼이 함께 維新할 것을 고하여, 해와 달이 비춰지고 바람과 구름, 비와 이슬에 적셔지는 곳은 모두 빛나는 은택이 갑자기 증가되었으니, 이는 실로 천년에 한번이나 만날 수 있는 일이었다. 그 뒤에 천자께서 이르시기를, '四夷'의 수

---

6 『世宗實錄』 31년 9월 9일 조.
7 『世宗實錄』 31년 윤1월 1일 조.
8 『遼海編』 「朝鮮紀事」.

많은 나라들이 크고 작은 나라 할 것 없이 正朔을 받들어 부지런히 공물을 바치고 있지만, 조정에 藩國을 자칭하는 나라 가운데서 오직 朝鮮만이 특히 가까운 동방 번국으로 신하의 직분을 더욱 조심스럽게 받들고 있으니, 다른 나라보다 먼저 조서를 내려 효유함이 있어야 마땅하다.

또한 翰林院의 동료인 翰林侍講 吳節도 「中朝贈言」에서 이렇게 노래했다.

거룩하신 황상께서 황통을 이어받아 태평성대 맞았으니, 공덕을 칭송하며 다투어 와서 朝覲하고 귀의한다. 潛邸 나오고 은신처 떠나 제위에 오르시니, 神龍의 비상을 만방이 기뻐하며 바라본다. 朝鮮은 평소에 詩書의 나라로 불려지고, 해마다 筐篚를 좌우 두 문으로 공납했다. 禮官이 황상의 뜻을 전하고 詞臣을 골라 뽑아, 멀리 고래 파도를 건너가서 은덕을 깨우친다.

요컨대, 明朝가 景泰 원년에 文學之士 倪謙을 조선에 사신으로 파견한 것은 특수한 상황에서 景帝가 불가피하게 즉위하게 된 사유를 조선에 설명함으로써 명과 조선의 전통적 관계를 안전하게 유지, 관리하기 위한 조처였다는 것이다. 그 특수한 상황이란 翰林修撰 周旋이 "中興 맞아 영명한 임금과 함께 우러러보니, 正朔이 景泰년에 새로 반포되었다"고 노래했듯이, '中興'이라 할 만큼 위기의 상황이었다.

명과 조선의 전통적 관계란 정치 · 외교적으로는 冊封과 朝貢의 禮를 서로 교환하는 宗藩 관계이고, 문화적으로는 동질적 문화권을 형성하는 중심과 주변의 관계였다. 책봉-조공 관계란 동일한 국제 공동체의 '中國'과 '四國'의 위상을 상호 승인하는 관계였으니, 중국이 사국을 승인하는 과정은 '冊封'으로 나타나고, 사국이 중국을 승인하는 절차는 '朝貢'

으로 표현되었다. 중국 국가의 군장이 사국에 사신을 보내 자신의 즉위를 알리는 것은 중국이 사국의 승인을 받는 과정의 하나였다. 중국 주변의 국가들이 중국의 국가에 사신을 파견해서 자국 군주의 즉위를 알리면, 중국의 군장은 이를 승인하는 禮的 절차를 밟았는데, 이를 '冊封'이라고 했다. 마찬가지로 중국 국가의 군장이 즉위할 때 이를 주변 국가에 사신을 보내 통지하고, 주변 국가는 '朝貢'이라는 형식을 통해 이를 승인하였다. 따라서 중국 국가의 군장이 즉위한 뒤에 주변 국가에 사신을 보내 통지하는 것은 책봉-조공 관계의 국가들에게는 통상적인 일이었다. 그러나 景泰 원년에 明朝가 倪謙을 사신으로 조선에 파견한 것은 통상적인 일이라 할 수 없었다. 景泰帝의 즉위 과정이 매우 특수한 상황과 조건에서 이뤄진 비상한 일이었기 때문이다. 이 비상한 상황을 타개하기 위해, 명조는 조선에 보내는 사신의 선발을 非常하게 진행했다.

책봉-조공 관계란 책봉하는 측이나 조공하는 측의 상호 이익이 일치되어 자의적으로 공동의 국제사회를 구성하여 함께 참여하는 국제관계였다. 책봉하는 측은 보통 집단안보 체제를 구축하여 자국의 안보를 강화하는 실익과 국제질서를 주도하는 '中國'으로서의 권위, 天下를 일원적으로 지배한다는 '皇帝'의 명분 등을 확보할 수 있었으며, 조공하는 측은 집단안보 체제에 참여하여 자국의 안보를 보장받고 '중국'과 '황제'의 권위에 의지하여 국왕과 정권의 정치적 안정을 도모할 수 있었을 뿐만 아니라 책봉-조공의 제도적 통로를 통해 세계의 중심 문화와 물자를 수입하고 향유할 수 있었으니, 책봉-조공 관계는 일방적 · 강제적 관계가 아니라 쌍방적 · 임의적 관계였다고 할 수 있다. 그러나 쌍방이 필요로 하는 정도나 상황에 따라서는 책봉-조공 관계의 전개 양상은 다양하게 나타날 수도 있었다.

明과 朝鮮의 초기 관계에서는 양국의 책봉-조공 관계에 대한 조선 측의 기대가 명 측의 그것보다 더 적극적이었다. 조선은 건국의 정통성을 확보하기 위해 보다 적극적으로 명이 주도한 국제사회에 참여하였다. 洪武帝는 조선과의 책봉—조공 관계를 끝까지 거부하였지만, 조선 太祖는 치열하게 책봉—조공 관계를 명에 요구하였다. 양국 사이에 책봉—조공 관계가 성립된 뒤에도, 명은 3년 1貢을 요구했지만, 조선은 1년 3貢을 기대하였고 끝내는 1년 4공을 관철시키기까지 했다. 이로 인해 조선은 명과의 책봉—조공 관계를 유지하기 위해 여러 가지 불이익을 감수하기도 했다. 처녀와 환관 · 금은 등을 공납하라는 명의 고압적 강요를 거부하지 못했다. 그러나 이제 土木堡의 사건으로 인해 양측의 입장이 역전되기에 이르렀다. 명은 景泰帝 즉위의 정통성을 인정받기 위해 조선과의 책봉—조공 관계의 운영을 조절하지 않을 수 없었다.

당시 양국의 묵은 외교적 현안의 하나는 宦官 출신의 사신을 조선에 파견하는 것이었다.[9] 환관 출신, 특히 조선 출신의 환관을 사신으로 파견하여 일어난 갖가지 폐해로 인해 조선은 여러 차례 명에 문제를 제기해오던 터여서, 명은 경태제의 즉위를 알리는 임무를 역사상 처음으로 환관이 아닌, 文學之士 출신의 관료, 그것도 당대에 명망이 높은 일류의 문학지사를 파견함으로써 그간의 외교적 현안을 일거에 해결하고 조선의 환심을 얻을 수 있을 것으로 기대하였다. 요컨대, 책봉—조공 관계에 대해 조선이 더 많은 관심을 가졌던 초기의 상황에서 명이 더 적극적인 관심을 갖게 된 상황으로 전환됨에 따라, 조선에 파견되는 사신의 성분이 환관에서 문학지사로 바뀌게 된 것이다.

9 金暻綠, 「朝鮮初期 對明外交와 外交節次」(『韓國史論』 44, 2000)의 통계에 의하면, 조선 초기 太祖 시기부터 成宗 시기까지 明使가 모두 116회 조선을 방문했는데, 그 가운데 朝官이 26명, 遼東(都司) 官員이 26명이었는데 반해 宦官이 63명이었다고 하고, 환관 출신 明使는 조선 출신 환관이 대부분이었다고 한다(26~27쪽).

『요해편』의 찬자이자 景泰 사절단의 正使로 선발되어 출사한 倪謙은 1415년부터 1479년까지 생존한 인물로, 明 應天府 上元에서 살았다. 그의 자는 克讓이고 호는 經鋤後人이었으며, 서실 이름은 靜存軒이었다. 英宗 正統 4년(1438)에 甲科로 進士 과거에 급제하여, 翰林院 編修의 직을 받았다. 景帝 景泰 원년(1450)에 한림원 侍講으로 朝鮮에 사신으로 갔다 온 뒤에, 英宗(重祚) 天順 초(1457~)에 學士까지 올라, 春宮에서 太子(=뒤의 憲宗)를 모셨다. 그러나 天順 3년(1459)에 順天府 鄕試를 주관하다가, 權貴의 자식을 내쫓은 것으로 인해 죄를 입어 변방에서 수자리를 들기도 했다. 憲宗 成化 초(1465~)에 복직하여, 관직이 少宗伯과 禮部右侍郎, 南京 禮部尚書까지 이르렀다. 죽은 뒤에 文僖라는 시호를 받았다. 문집으로 본 『遼海編』 외에도 『倪文僖公集』이 남아 있다.[10]

倪謙의 인물 됨됨이에 관해, 그의 친우 盧雍이 『요해편』 서문에서 다음과 같이 밝히고 있다.

> [나 盧]雍은 어렸을 때 공과 함께 京師의 학교에 유학했는데, 공은 타고난 성품이 민첩해서 배우기를 구함이 충실하고 풍부하였으니, 당시 提學과 憲臣이 시험을 칠 때마다 수석을 차지해서, 매우 중시되어 여러 郡의 諸生들이 힘써 본받는 바가 되었다. 제생들이 京闈에 시험 치러 갈 때는 다투어 그 사람과 알고 지내기를 바랐으니, 그의 文名은 이미 [과거에 급제하기 전부터] 드러났다. 과거에 一甲 進士로 급제해서 翰林으로 관리 생활을 시작했다. 학문을 함양하여 날로 깊어졌으며, 더욱 변론이 밝아지고 식견이 넓어졌다. 붓을 휘둘러 글을 지음이 바르고 맑았으며 따뜻하고 곧았으니, 사방의 사람들이 그의 글을 구하지 않는 날이 없었다.

10 『明史』 183; 『明史稿』 166; 『國朝獻徵錄』 36.

習嘉言도 그의 인물 됨됨이를 「서문」에서 다음과 같이 평가했다.

> 君은 正統 己未년의 과거에서 一甲 進士로 급제하였는데, 다만 외적 몸가짐이 훌륭하기 때문만은 아니었다. 학문을 닦을 때는 본령을 탐구하여 근본 줄기를 밝히고, 시문을 짓는 데도 뛰어난 재주가 있고 법도와 문장의 이치에 힘써, 언제나 글의 문채가 풍부해서 다른 사람을 감동시켰다. 덕을 행함에 있어서는 온화하고 순수하며 침착하고 중후하여, 재물이나 권세로 인해 흔들리지 않았다.

요컨대 예겸은 당대에 문학적 능력이 탁월한 文學之士였으며 중후한 인품의 君子라는 평가를 받는 인물이었다고 한다.

예겸이 景泰 사절단의 正使로 선발된 일차적 이유는 그가 '詞臣'이었다는 것이다. 翰林侍講 謝璉은 "聖君께서 황통 이어 龍처럼 날아오르신 날, 詞臣에게 명하여 九天에서 내려가게 하셨다" 하고, 翰林侍詔 陳贄는 "詞臣이 조서 받들고 蕃邦에 사행 간다"고 했다. 翰林編修 陳鑑은 "찬란하게 빛나는 使節은 뛰어난 인재 기다리니, 묻고 의논하여 詞林의 文客에게 使命 맡겼다"고 했다. 翰林編修 岳正은 "거룩한 황제께서 承明殿에 조서를 내리니, 詞客이 수레를 타고 高句麗에 간다"고 하고, 翰林侍詔 鄒循은 "황제께서 詞臣을 골라 上台에서 나가게 하고, 먼 나라 사람에게 詔書를 가지고 가서 열어 보이게 하셨다"고 했다. 정사인 예겸뿐만 아니라 부사인 司馬恂도 시 잘 짓는 문학지사로 평가된 인물이었다. 翰林侍講 呂原은 "副使로 가는 司馬는 특히 詩를 잘 지으니, 함께 가며 唱和하면 화답함이 끝없으리라"고 하고, 翰林侍講 陳文은 "司馬까지 만났으니 어깨를 나란히 하고 시를 지으리라"고 기대했다.

특히 正使 倪謙은 이들 동료들로부터 평범한 儒者가 아니라 유학과 문장에 탁월한 능력을 가진 일류의 문학지사라고 칭송받았다. 翰林編修 陳鑑은 "온 하늘에 가득한 별들로 심장을 수놓았으니, 평범하거나 실정에 어두운 儒者는 결코 아니다"고 하고, 翰林修撰 周旋은 "經術은 통달하여 殷侑의 위에 있고, 뛰어난 변설은 고매하여 陸生의 앞에 있다"고 칭송했다. 翰林侍講 陳文은 "사람을 감동시키는 문장은 견줄 만한 이 없다"고 칭송하고, 訓導인 王謙도 "翰苑에서 명성 드날린 지 이미 여러 해가 되었다"고 했다. 遼東의 동료들도 「遼陽贈言」에서 예겸의 학문과 품행을 칭양했으니, 요동의 儒士 李灝는 "詞林 玉署는 재주 또한 뛰어나고, 풍채 인품과 骨相이 儒士의 으뜸이다. 밝게 빛나는 정기는 氷雪처럼 절조 있고, 훨훨 나는 듯한 文采는 珊瑚鉤같이 진귀하다. 일찍이 孫康처럼 창 앞에서 눈빛 비춰, 높은 명성 다투어 흠모하니 三絶을 다 갖췄다. 젊은 나이로 과거에 급제하여 뛰어난 준재들 압도하고, 천자의 명령 알려져서 그 聲譽가 黃金闕을 진동시켰다"고 했다.

예겸이 정사로 선발된 두 번째 이유는 상대를 압도할 수 있는 위엄 있는 용모와 고상한 품격이었다. 翰林侍詔 鄒循은 "만 리 먼 곳에 위엄을 펴서 王化 새로 베푸시려, 학문 三長 두루 갖춘 俊才에게 맡기셨다"고 했는데, '三長'이란 흔히 才能과 學問, 識見 등 세 가지 장점을 말한다. 翰林侍講 劉定之는 "저 황명 받들어 감당할 이 누구인가, 玉堂 안에서 뛰어난 이를 골라 뽑았다. 倪君은 재주가 뛰어나고 나이도 젊은데다, 학문과 식견도 가을 물처럼 맑고 깊다. 봄바람처럼 웃으며 하는 말씨 온화하니, 먼 곳 사람 회유할 만한 자질 충분히 갖추었다"고 극찬했는데, '玉堂' 역시 翰林院을 가리키는 말이었다. 심지어 한림시강 劉儼도 "풍채는 필시 中國의 무게를 더해주고, 문장은 응당 먼 나라 사람에게 전해지리라"고 기대했듯이, 예겸의 풍채와 골상까지도 정사 선발의 기준에 포함되었음을 알 수 있다.

예겸이 정사로 선발된 이유가 단순히 그가 품행이 방자한 문학지사였다는 것만은 아니었다. 그는 황제의 최측근에 있었던 '近臣', 즉 '侍臣'이었는데, 이 점도 그의 선발에 충분히 고려된 조건이었다. 예겸의 당시 직책이 '翰林院侍講'이었음은 그가 일류 문학지사로서 황제를 지근에서 모신 신분이었음을 의미한다. 翰林修撰 周旋은 "문학의 재능에 아취 있는 玉署의 신선, 갑자기 천자의 뜻 받들어 朝鮮으로 내려간다"고 했는데, '玉署'란 명대 翰林院의 별칭이었다. 翰林修撰 李紹도 "새로 鳳詔 반포되어 먼 곳까지 미쳐지니, 侍臣이 받들어 나가는데 그 詩文이 향기롭다. 잠시 玉署 사직했다 다시 番直 들었는데, 또 皇華의 직분 맡아 여장 꾸려 떠나간다"고 하고, 翰林侍講 陳文은 "綸音과 渙汗이 조선에 선포되니, 使命을 받들 이로 응당 玉署 賢士가 추천되었다"고 했다. 遼東의 都司學敎授 張升도 "金鑾 궁에서 숙직할 때 은총 물결 무거웠고, 아침에 黃閣으로 달려갈 때 그 지위가 고귀했다"고 하고, 예겸의 친구 習嘉言도 "倪君이 조정의 講官으로 [황제를] 가까이 모시는 淸華의 지위에 있으면서 하루아침에 그 나라에 크게 왕림하였다"고 하여, 예겸이 한림원 侍講이라는 '淸華'의 지위에 있었음을 특히 강조하였다.

이처럼 예겸의 한림원 동료와 여러 지인들이 한결같이 그의 문재와 덕목을 칭양한 것으로 보아, 비록 그것이 환송시라는 특수한 글 가운데서 거론된 것임을 감안한다 하더라도, 예겸이 학문을 탐구하고 시문을 짓는 능력이 뛰어나고 품행이 방정하며 덕행이 남다른 인물로 당대에 평가되고 있었음을 짐작하기는 어려운 일이 아니다. 문제는 이러한 예겸의 능력과 품행이 곧 조선으로 出使하는 사신의 자질을 가름하는 기준에 합치하는 것으로 이해되었다는 사실이다. 『遼海編』의 서문을 쓴 習嘉言의 증언에 의하면, 당시 "그 나라는 왕통을 전하여 이어감이 이미 오래되었고 평소에 儒術을 사모하고 禮文을 숭상하니, 禮部에서는 詞臣 가운데서 文學

의 깊이가 심오하고 위엄 있는 몸가짐이 훌륭한 자를 골라서 가게 하라"는 천자의 명령에 따라 翰林 侍講인 倪謙이 골라 뽑혀졌으며, "특히 행실면에서 공론의 추천을 받았다"고 한다. 또한 습가언의 증언에 의하면, 예겸이 선발되었을 때 "公卿大夫들이 말하기를, '君은 행동을 할 때는 반드시 일에 앞서서 숙고할 줄 알고, 사물을 대할 때는 곧 임기응변하여 적절하게 처리할 수 있으니, 그 행동거지가 中國을 높이고 外夷를 어루만지는 방도를 터득해서 황상의 명령을 욕되게 하지 않을 자에 적합하므로, 그를 선택하는 것이 좋겠다'고 했다" 한다. 요컨대, 倪謙은 조선이라는 특수한 나라에 파견되는 사신에게 특별하게 요구되는 몇 가지 자질, 즉 文學의 역량이 뛰어나고 위엄을 잃지 않는 몸가짐 등을 겸비한 일류의 文學之士였다는 것이니, 이 같은 예겸의 인물 됨됨이는 곧 景泰 使行을 가능하게 한 필수조건이었음을 알 수 있다.

明朝가 이처럼 文才와 德行을 갖춘 侍臣을 景泰 사절단의 正使로 선발한 이유는, 內閣中書인 王謙이 "君은 시문을 잘 지어 능히 專對할 수 있으니, 東壁의 文星이 더욱 빛나게 되리라"라고 기대한 것처럼, 이러한 조건들이 곧 외교적 역량으로 이어질 수 있을 것으로 기대되었기 때문이다. '專對'란 사신이 나라 밖에서 독단으로 자유로이 외교에 대처함을 이르는 말이고, '東壁'은 문장을 맡은 28宿의 한 별을 밀한다. 「中朝贈言」에 보이는 翰林修撰 許彬의 송별시에는 "中朝에서 덕 있는 이 골라 三韓에 사신으로 보내니, 만 리 먼 하늘에 문장 떨치리. 천자 말씀 멀리 전하며 두루 典禮 알려주면, 藩王이 漢의 衣冠 다투어 알게 되리라"는 시구가 보이는데, 여기에는 조선에서 중국의 문장을 떨쳐 그 높은 수준을 자랑하고 중국의 典禮, 즉 典法과 儀禮를 알려주어 조선의 전례를 중국의 그것과 일치시키게 되기를 바라는 기대가 담겨져 있다. 한림시강 劉儼도 "풍채는 필시 中國의 무게를 더해주고, 문장은 응당 먼 나라 사람에게 전해지리라"고 기대했으며, 翰林修撰 周旋은 "자, 이제 海外의 글을 아는 나라로 하여금, 천자의 사신 가운데 이처럼 현명한 이가 있음을 놀라며 보게 하리라"고 자신했다. 한림수찬 李紹는 "蕃王國에 이르면 좋은 이야기 해주어서, 이제 거룩한 교화 八荒에 두루 미치게 하리라"고 기대하고, 翰林編修 陳鑑은 "夷王이 멀리서 天子의 신하를 맞으러 와, 한 번 보면 필시 용모를 고치고 대접하리라"고 예견했다.

翰林編修 岳正은 "가장 기쁜 일은 이제 天驕가 바뀌고 교화되어, 번거롭게 화급한 격문을 날리지 않아도 변경의 북으로 타이를 수 있음이니"라고 노래해서, 이번 사행의 또 다른 목적이 '天驕'의 안정에 두었음을 전한다. 여기서 말하는 '天驕'란 하늘의 驕子란 뜻으로, 漢代에 匈奴가 자칭한 말이었는데, 그 뒤에 回紇도 '天驕'라 자칭하였으니, 여기서는 중국 북방 漠北의 유목 세력, 특히 당시 중국인에게 '土木之變'의 수치를 안겨준 몽고 오이라트(瓦剌)부를 가리킨 말이다. 刑部主事 任孜는 "뛰어난 재주로 專對하여 은혜와 위엄 드러내고, 束帛을 주고받아 禮의 뜻을 드높이리라"고 기대했다. 여기서 이들이 말하는 '禮'란 곧 한중 외교관계 상에서 교환되는 册封과 朝貢의 禮를 말한다. 따라서 예겸이 사신으로 선발된 까닭은 그가 일류의 문학지사였으며 황제의 측근 명류로서, 한중 사이의 책봉-조공 관계를 유지, 강화하는 데 기여하리라 기대되었기 때문이다.

이러한 기대는 실제로 경태 사절단의 사행 과정에서 실현된 것처럼 보인다. 예겸의 친구 習嘉言은 "倪君이 조정의 講官으로 [황제를] 가까이 모시는 淸華의 지위에 있으면서 하루아침에 그 나라에 크게 왕림하였다"고 하면서, 이는 "그 이전에는 없었던 일이어서, 어찌 그 나라의 군주와 신하가 마음속으로는 놀라고 눈으로는 높이 우러러 보며 서로 감흥해서 백 번 절하고 이마를 조아리지 않았겠는가"라고 했다. 즉 예겸의 한림원 시강이란 직임이 당대 일류의 문학지사로서 황제를 측근에서 모시는 청화의 지위라는 것으로, 바로 이러한 직임이 곧 조선의 군신을 압도할 수 있는 또 하나의 조건이 되었다는 것이다. 습가언의 말처럼 이처럼 청화의 지위에 있던 한림원 시강이 사신으로 조선에 다녀간 것은 처음 있는 일이어서 당시 조선의 조야를 놀라게 했다. 또한 盧雍은 「序文」에서 예겸의 깊은 학문과 밝은 변론, 넓은 식견, 바르고 맑은 詩作 등을 칭양하면서, "그가 使命을 받들어 뛰어난 재능과 탁월한 식견으로 遠夷를 눌러 승복케 하였을 때도 이와 같음이 있었다"고 했다. 盧雍의 전언에 의하면, 예겸이 조선에서 뛰어난 문학적 역량을 과시하자, "온 나라가 비로소 모두 놀라고 감탄하여 가없이 우러러 보며, 앞서 天朝에서 그 나라에 보낸 사신들 가운데 아직 公 같은 이를 본 적이 없다고 했다. 공은 조정을 받들어 外夷를 복속시키는 데 뜻을 두어, 군주의 명령을 욕되게 하지 않았다"고 한다.

예겸을 接伴한 조선의 申叔舟도 「朝鮮詠別」의 서문인 「侍講 倪先生께서 使命을 다하고 되돌아가심을 송별하는 詩의 서문」에서, 조선인들도 예겸이 한림원에서 온 일류의 문학지사였다는 사실에 감복하였음을 다음과 같이 칭양했다.

> 거룩한 천자께서 새로 대통을 이으시고 천하에 널리 은혜를 베푸시니, 侍講인 錢塘의 倪公이 給事中인 司馬公과 함께 詔書를 받들고 와서 전했다. 우리 弊邦은 대소 구별 없이 우러러 쳐다보면서 기뻐하며 손뼉을 치지 않은 이가 없었다. [……] 內翰公은 타고난 자질이 순수하고 아름다운데다가 詩書로써 단장되었고 유덕한 功業과 언행을 옛 사람에게서 구하였으며, 또한 그 문장을 많이 쓰고 필법을 기이하게 하려고 하지 않고 단지 여력으로 하는 일로 삼았을 뿐이니, 가히 시를 읊고 예의를 알며 덕이 있고 좋은 말을 할 줄 아는 君子라 하겠다. 이로 인해 거룩하고 현명하신 천자의 인정과 대우를 받아, 천자의 중요한 기밀에 가까

이 하고 편안하고 온화한 몸가짐을 받들어, 아침부터 저녁까지 황제의 좌우에서 학문을 토론하고 정사를 논의하였으니, 몸소 생황을 불고 큰 종을 치지 않았는가. 천하를 다스리는 길은 어떻게 하는 것인가. 우리 東方은 箕子가 책봉을 받은 이래로, 예악과 문물은 일찍부터 中夏의 것을 사모하였다. 太祖 高皇帝께서 천하를 다스리실 때, 우리 康憲王께서 册命을 받아 藩國을 만들고 대를 이어 충성을 돈독히 하셨다. 역대의 거룩한 천자들께서도 계속해서 사랑과 관심을 더해주셨으니, 무릇 綸音을 받들어 下國에 오는 자는 반드시 큰 유학자나 저명한 고관에게 명하셨다. 그러나 이번처럼 經幄과 顧問의 지위에서 나온 경우는 아직 없었으니, 皇上께서 弊邦을 총애해서 대우하는 뜻을 엿볼 수 있다.

신숙주의 말처럼 조선에 보내는 正使를 '經幄'과 '顧問'의 지위에서 선발한 것이 이때가 처음이었다는 사실은 역사적으로 매우 주요한 의미를 갖는다. 『明史』 朝鮮傳에 의하면, 明朝는 成帝가 즉위하고 "官을 보내 卽位 詔書를 반포"하고, 조선이 "中國의 禮를 사모할 수 있음을 가상히 여겨 金印과 誥命 [……] 등을 하사했다. 그 뒤로 매년 4, 5차례씩 貢獻해 왔다"고 한다. 永樂 16년(1418)에 李祹(즉 世宗)를 朝鮮國王으로 册封했을 때, "明帝가 이미 北都[즉 北京]로 천도하여 조선과 더욱 가까워졌고 事大의 禮가 더욱 공손하여 朝廷도 禮를 더해 대우하였기에, 다른 나라들은 감히 바라보지 못하였다"고 한다. 그러나 명은 '金印誥命'을 조선에 전해줌으로써 册封-朝貢 관계를 정상화시켰지만, 처녀와 환관 · 금은 · 戰馬 등의 공납을 요구하여 조선을 압박하기도 하고, 환관, 특히 조선 출신의 환관을 사신으로 보내 '勅使接待'의 고통을 안겨주기도 했다. 그러던 중에 '土木之變'이라는 예상치 못한 변란이 일어나 상황이 역전되자, 일류의 문학지사 출신 한림원학사를 사자로 선발하여 조선에 파견함으로써 朝明 간의 책봉-조공 관계에 일대 전기가 마련된 것이다.

『明史』朝鮮傳에 의하면, 그 뒤 憲宗 成化 4년(1468)에 조선왕 瑈, 즉 世祖가 죽자 太監, 즉 환관 鄭同과 崔安을 보내 그 世子 晄(즉 睿宗)을 왕으로 책봉하고 그 妃에게 誥命을 주었다. 그런데 이들이 떠난 뒤에 巡按遼東御史 侯英이 상주해서, "遼東이 해마다 침략을 받아 큰 피해를 입고 일어나지 못하고 있고, 올해는 또 곡식이 흉년이 들어 軍民의 식량이 모자란다. 태감 정동 등 隨從하는 일원이 지나가는 驛이 소란스럽다. 신은 지난날 일찍이 翰林院에서 學行과 文望이 있는 자를 골라 뽑아서 사신으로 내보낸 일을 생각한다. 지금 정동과 최안은 모두 조선인으로, 그 [조상의] 분묘와 宗族이 모두 [조선에] 있어 그 나라의 왕을 보면 屈節하지 않을 수 없어 특히 中國의 체통을 더럽힌다. 이미 내린 명령을 거두고, 翰林院이나 給事中 및 行人 안에서 한 사람을 추천하여 뽑아서 사신으로 가게 하는 것이 좋겠다"고 건의했는데, 그가 "지난날 일찍이 翰林院에서 골라 뽑아서 사신으로 내보낸" "學行과 文望이 있는 자"라고 지목한 것은 바로 景泰 원년에 보낸 倪謙을 이르는 말이었다. 후영의 건의를 받은 황제는 그의 말이 매우 옳다고 하면서, "앞으로는 상을 내릴 때는 '內臣'을 보내고, 册封의 正使와 副使는 廷臣 가운데서 學行이 있는 자를 뽑도록 하라"고 지시했다.

이처럼 명과 조선의 초기 관계에서는 明使의 성분이 양국 관계의 매우 주요한 변수로 항상 작용하였다. 조선은 처음부터 명에 고위 관료를 사신으로 파견하여 사절단의 위상과 역할을 높이려 하였으나, 명은 오히려 하급의 관리를 조선에 보내 詔勅과 예물을 전달하는 역할만을 부여함으로써 사절단의 격을 낮추려 하였는데, 이는 조선을 하나의 '藩臣'으로 간주하여 '人臣無外交'의 전통적 원칙을 적용하려 한 데에 기인하였다.[11] 주지하는 바와 같이 명대는 환관 정치라 일컬을 정도로 환관이 정국에서 항상 중요한 역할을 수행하였기 때문에, 황제의 총애를 받던 환관이 사신으로 임명되어 내한하는 경우가 많았다. 환관 출신의 明使들은 조선에서 많은 물자를 탐하여 明朝의 체통을 떨어뜨리고 朝明 양국의 책봉-조공 관계를 위험하게 굴절시켰다. 이로 인해 學行과 文望이 뛰어난 文學之士를 사신으로 선발하여 조선에 파견하는 것은 조선 측의 간절한 숙원이었을 뿐만 아니라 조명 양국의 책봉-조공 관계를 정상화하는 데 결정적인 의미를 갖는 일로 간주되었던 것이다. 예겸 이후에도 환관을 사신으로 선발하여 보내는 관행이 완전히 근절된 것은 아니었으나, 책봉을 알리는 등 주요한 사안이 있을 때마다 한림원 소속의 저명한 문학지사를 조선에 보내는 사신으로 선발하는 것을 관례화한 사실은 곧 명조가 예겸의 사행을 성공적 사례로 평가하였음을 의미하는 것으로, 경태 사절단의 특수한 구성은 그 역사적 의미가 적지 않다고 하겠다.

5. 倡和 외교의 개시

처음으로 저명한 文學之士를 正使로 선발하여 파견한 景泰 사행이 남긴 가장 큰 족적은 바로 唱和詩를 통한 '倡和' 외교가 개시되었다는 사실이다. 『遼海編』 제2권에는 明使 倪謙과 接伴使 鄭麟趾·申叔舟·成三問 등 조선의 일류 문학지사들 사이에 교환된 수십 편의 창화시가 게재되어 있는데, 이러한 창화시의 교환을 통한 독특한 외교 양식은 바로 문학지사 사신의 파견이라는 사실과 직접 관련된 것으로, 이후 한중 외교관계의 기본 양식의 하나로 자리 잡게 되었으니, 그 역사적 의미는 자못 크다고 할 수 있다.

11 金龍基, 「14世紀 後期의 明麗關係考」(『釜山大開校20周年紀念論叢』, 1966), 155~156쪽.

사실 詩賦를 외교에 활용한 것은 이미 朝明 관계의 초기부터 있었던 일이다. 명 太祖 洪武 30년, 조선 태조 즉위 5년(1397)에 權近 등이 중국에 사신으로 갔을 때, 명 태조는 「鴨綠江」 등 3편의 시를 하사하고 20편의 詩題를 주어 24편의 시를 짓게 하기도 했다. 명 惠帝 建文 3년, 조선 太宗 즉위 원년(1401)에는 명의 사신 陸顒이 조선에 와서 「懷穗音」 등 3편의 시를 조선 왕에게 바쳤고, 뒤이어 같은 해에 조선에 온 명사 章謹 등은 太宗에게서 長句 4韻 2편의 시를 받기도 했다. 그러나 朝明 초기의 시부 외교는 이후의 倡和 외교와는 그 성격이 같지 않았다. 그나마 환관의 힘을 빌려 즉위한 명 成祖 永樂 연간 이후에는 환관들이 주로 사신으로 선임되어 조선을 내방하게 되었기 때문에 양국의 詩賦 외교조차 더 이상 진행되지 못하였다.

唱和詩의 미묘한 기능을 활용하여 詩賦 외교의 효능을 극대화한 倡和 외교는 倪謙이 사신으로 조선을 방문한 뒤부터 시작되어 明朝가 멸망할 때까지 지속되었다. 예겸이 조선의 경역으로 들어가서 왕경에 이를 때까지, 예겸은 수십 편의 기행시를 지었지만 조선 관원과의 창화는 이뤄지지 않았다.[12] 明使와 接伴使 사이에 창화시가 처음으로 교환된 것은 이들이 함께 成均館 宣聖廟를 참배했을 때였다. 「成均館 宣聖廟를 알현하고, 동행한 여러 君子들께 드림」이라는 제목의 시에서 예겸은 "새벽에 성균관에 가서 廟堂을 배알했는데, 杳亶이 넓고 크며 짙푸른 산은 양지바르다. 八條의 가르침으로 箕子를 생각하고, 만세의 儒宗이 素王으로 추앙했다. 수많은 衣冠들이 기쁜 마음으로 자리 잡고, 푸르디푸른 젊은 선비들이 기

12 『庚午皇華集』의 倪謙 自註에 의하면, 압록강에서 한성까지 가면서 쓴 기행시 34수를 館伴들에게 보이면서 가르침을 달라고 부탁했다 하지만, 조선의 館伴들이 이 시들에 酬唱한 흔적은 없다.

꺼이 열을 짓는다. 文風이 어찌 東海에만 미치겠나, 거룩한 德化가 지금은 八荒에 두루 미친다"고 노래했는데, 정인지가 그 「고상한 韻을 받들어 이어서」 다음과 같이 화답했다. "성인 배알하고 돌아와 강당에 따라 들어갔는데, 담소 나누다 보니 봄날처럼 따뜻하다. 바람과 구름 같은 기개로 하늘을 타고 오르고, 黼黻 같은 문장으로 제왕을 보좌한다. 杜老 詩의 미묘한 정취 벌써 얻었고, 蘭亭 필법의 行書까지 나눠 가졌다. 배종해서 유람한 이날은 정말 하늘이 준 행운이지만, 내 재주 서투르고 거친 것이 부끄러울 뿐."

예겸은 성균관의 文廟를 참배하고 箕子의 八條之敎 이후 한국까지 중국의 '文風', 즉 文德으로 교화하는 기풍과 明朝의 '德化'가 미쳐졌음을 지적하자, 정인지가 예겸의 시를 杜甫에 비견하고 그 필법을 「蘭亭帖」을 행서로 쓴 王羲之에 비유하며 화답하였고, 이에 예겸이 다시 정인지는 米芾 부자의 필법을 본받고 王珣 형제의 詩名을 이었다고 칭찬하면서 '文化', 즉 文德에 의한 교화가 한국과 같은 '荒服'까지 미쳐졌음을 다시 강조하였던 것이다. 그러나 정인지의 화답은 여기서 그치지 않았다. 그는 「엎드려 座上께서 지은 시 한 편을 받고 다시 앞의 韻을 이으니, 웃으면서 받아주시기를 바란다」는 제목의 화답시를 다시 지어, '燕山', 즉 明朝의 北京과 '漢水'의 북안, 즉 조선의 漢陽이 '同文', 즉 한문학과 경학을 통해 이어짐을 강조하면서, '外荒', 즉 중국 밖에 있는 한국에 온 奇才를 칭송하자, 예겸도 '大荒에서 만난 雄才'를 칭송하며 화답하였다. 이를 다시 이어서 정인지가 "풍모는 절륜하여 오늘날의 司馬遷과 范曄이고, 문장은 獨步여서 歐陽脩와 王安石에 가깝다"고 극찬하였고, 예겸도 "하늘과 땅이 재목 낳을 때는 氣가 다르지 않는 법, 어찌 畿甸과 要荒의 구별을 논할 수 있겠나"고 되물으면서, "사람은 하늘과 땅 안에서 태어나, 함께 서서 서로 더불어 섞여 산다. 가까이서 다스리든 멀리서 기르든, 皇恩은 누구에게나 차별 없이 미쳐 진다"고 하였고, 정인지도 「다시 즉석에서 口號하여」, "새 황제께서 뭇 사물에 고루 은택 베푸시니, 外國이 성의 바쳐 一王 받든다. 황제 측근의 近臣이 봉황 궁궐을 떠나고, 조칙 받든 學士가 원추새 반렬에서 멀리 떠나왔다. 東國에 미친 덕화가 예전 것을 뛰어넘으니, 文星이 구석진 荒服을 비추는 것 함께 본다"고 화답하였다.

아홉 차례나 이어진 예겸과 정인지의 唱和는 세 가지 내용을 거듭 강조한다. 그 하나는, 상대방의 능력, 특히 문학적 능력에 대해 적극적으로 칭송한 것이다. 특히 정인지는 예겸이 뛰어난 문학지사이자 明帝의 近臣임을 강조하였고, 예겸은 정인지의 문학적 역량에 대해 거듭해서 감탄했다. 그 둘은, 서로의 문학적 능력을 확인하고 수준 높은 詩作을 통해 서로의 문학적 역량을 교통함으로써 상호 심정적 결합이 가능함을 확인한 것이며, 그 셋은, 詩作의 교환을 통해 쌍방의 문화적 바탕이 동질적임을 확인함으로써 기왕의 책봉-조공 관계를 유지, 강화할 수 있음을 확인한 것이다. 이와 같은 문학적 교감은 조선의 다른 접반사들, 申叔舟와 成三問과의 唱和, 酬唱 과정에서도 이뤄졌다. 당시 신숙주와 성삼문은 知承文院事, 즉 事大交隣의 문서를 관장한 承文院의 책임자로, 明使의 接伴에 적극 참여하였다.

예겸은 이 시의 本注에서 "처음 「謁廟詩」를 지은 것은 본래 그들이 夷人임에도 문학을 숭상하는 것이 가상했기 때문인데, 뜻밖에도 工曺[判書 鄭麟趾]가 그 자리에서 화답하는 시를 읊조리며 우쭐거리는 뜻이 있는 것 같아, 화답한 것을 따라서 돌려주었다. 이때부터 그 시에 화답할 때는, 언제나 [그 시를] 보자마자 즉시 답하여 잠깐 동안에 지었기 때문에, 비로소 모두들 경탄하고 탄복했다"고 했다.

『요해편』의 「서문」을 쓴 盧雍도 당시의 상황을 이렇게 묘사했다.

公이 館閣에서 나왔음을 알고서는, 나라 안에서 문학에 뛰어난 신료를 골라 뽑아 館伴으로 삼았다. 공이 말과 얼굴빛을 부드럽게 하고 고개를 숙이며 그곳에 갔더니, 그 나라 사람들 가운데에는 붓을 놀려 면전에서 방자하게 자랑하고 뽐내는 자가 있었다. 이에 공이 그 빼어난 재주를 펼쳐, 그들이 시를 가져와서 올릴 때마다 한번 훑어보고 얼마 지나지 않아 韻에 따라 곧 답하였으니, 혹 찾는 바가 있으면 생각이 샘솟듯 일어나, 붓 가는 대로 즉시 써서 특히 마음에 남겨두지 않았다. 글의 취지가 범속을 초탈해서, 흘겨보며 마음대로 부리는 것이 마치 옆에 아무도 없는 것처럼 하니, 마치 萬石의 종을 매달아놓고 조금만 두드려도 그 울림이 끝없는 것과 같았다. 온 나라가 비로소 모두 놀라고 감탄하여 가없이 우러러 보며, 앞서 天朝에서 그 나라에 보낸 사신들 가운데 아직 公 같은 이를 본 적이 없다고 했다. 공은 조정을 받들어 外夷를 복속시키는 데 뜻을 두어, 군주의 명령을 욕되게 하지 않았다.

「발문」을 쓴 吳節도 같은 상황을 다음과 같이 전하였다.

선생이 詞苑의 英傑이요 [천자를] 가까이 모시면서 사심 없이 자신의 생각을 아뢰는 신하임을 들어 알고서는, 나라 안에서 평소에 詩文을 잘 짓던 자를 널리 골라서 館伴의 일을 맡겼다. 선생은 마치 산에서 샘물이 솟아나듯 재치 있는 생각이 빠르고 날래며, 글쓰기에 정통해서 모임의 자리에서 드러내고자 하는 뜻이 있을 때마다 長篇이든 短章이든 거리낌 없이 붓을 휘둘러 잠깐 동안에 글을 완성했다. 이로 인해 나라 안의 士人들이 이를 듣고는 모두 머리를 모아 칭송하고 감탄하며, 위축되어 자신의 장기를 감히 내놓지 못하였는데, 오직 鄭麟趾와 申叔舟 · 成三問 등 세 명만이 警策할 줄 조금 알아, 틈틈이 선생과 屬和하여 여러 번이나 권하며 이끌어주었다.

그러나 이 미묘한 상황에 대한 한국인의 해석은 중국인의 그것과 상당한 거리가 있었다. 成俔의 『慵齋叢話』 권1에서는 "예겸과 사마순이 우리나라에 왔을 때, 순은 시 짓기를 즐기지 않았는데, 겸은 즐기었다. 겸이 처음 오는 도중에서는 詩題를 내어 시를 짓는데 유의하지 않더니, 성균관에서 공자묘에 참배하는 날에 시를 지었다"고 하면서, "이때는 集賢殿 儒士들의 전성기였으므로, 그 시를 보고 비웃으며 이르기를, '참으로 시대에 뒤떨어진 敎官이 지은 것이다. 한쪽 어깨를 드러내고 제압할 만하다' 고 했다. 그러나 한강에서 놀 때 시를 짓고 [……] 눈이 개어 누각에 올라 賦를 지었는데, 먹을 찍어 붓을 휘두를수록 名詩가 나오는 것을 보자, 儒士들이 자신도 모르는 사이에 무릎을 꿇었다. 館伴使 鄭麟趾도 능히 대적할 수 없었기에, 世宗의 명으로 申叔舟와 成三問이 그들과 교유하고, 그들이 「한강을 노닐며 지은 시」에 次韻하여 시도 지었다"고 했다. 또한 『筆苑雜記』를 편찬한 徐居正은 "애석하다, 노옹과 오절 두 사람이 侍講은 존숭하면서도 우리 동방의 賢者를 억누름이 너무 심하다. 지금 『遼海編』 전편을 읽어보아도, 다만 보통 정도의 시문일 뿐, 통달하고 호탕하며 격앙되거나 기특하고 뛰어난 글은 되지 못했다. 「눈이 개어서 누각에 올라 지은 賦」가 비록 佳作이기는 하나 신숙주가 次韻한 「賦辭」는 楚辭의 음향이 있으니, 실력이 서로에게 맞설 만한데, 어찌 입신여겼는가. 그러니 盧와 吳 두 사람의 말은 실로 공정한 평이 아니다"라고 비평했다. 이로 보아 성균관에서 이뤄진 예겸과 정인지 등의 酬唱은 단순한 詩的 창화에 그친 것이 아니라 저 유명한 '正始之音', 즉 曹魏 시대 正始 연간에 이뤄진 何晏과 王弼의 淸談에 비견할 만한 일대 문학적 '勝負'요 외교적 결전으로 이해되고 있었음을 알 수가 있다.

성균관의 수창 이후에도 예겸과 조선 館伴의 창화는 틈나는 대로 끊임없이 이어졌다. 태평관의 누각에 올라서 賦를 지었을 때, 신숙주와 성삼문이 칼과 먹 · 붓 · 종이 등을 선물했을 때, 귀국길에 郭山州 길가에서 '孝女四月之門'이라는 글이 새겨져 있는 돌을 보았을 때, 마지막으로 헤어질 때, 예겸과 조선의 접반 관원들 사이에는 여러 차례의 창화 · 수창이 이뤄졌다. 예겸과 조선의 접반사들은 기회가 있을 때마다 창화 · 수창하며 정을 나누었는데, 이는 단순히 정을 나누고 문학작품을 교환하는 데 그치지 않고, 독특한 외교적 효과까지 기대되었다. 예겸이 처음으로 정인지와 창화했을 때는, 서로 미묘한 신경전을 벌이며 상대를 눌러 기선을 제압함으로써 원래의 외교적 목적을 차질 없이 수행하려 하였지만, 압록강을 건너며 헤어질 때는 서로 눈물을 흘릴 정도로 가까운 사이가 되었다. 사실 예겸은 성균관에서 자신과 처음 창화할 때는 상대가 자신을 얕잡아보고 수창한다고 의심하기도 했지만, 조선의 議政府가 太平館에서 明使를 위해 연회를 베푼 자리에서 예겸은 鄭麟趾와 담소를 나누며 창화했을 때, 예겸이 정인지에게 "君과 하룻밤 대화를 나누는 것이 10년 동안 책을 읽는 것보다 낫다"고 감탄한 적이 있었다[13]고 한다. 『요해편』 제3권 「朝鮮紀事」에서는 예겸이 신숙주와 헤어지는 장면을 다음과 같이 기록하였다.

> [2월] 戊寅 일, 의순관에서 출발해서 鴨綠江에 이르자, [義州 兵馬節制使] 趙石岡이 강가에서 연회를 베풀었다. 신숙주가 글을 지어 송별하기에, 즉석에서 시로 화답했다. 연회가 파한 뒤에 배에 올랐는데, 배 안에서 다시 술을 마셨고, 강안에 도달한 뒤에도 또 술잔을 들었다. 차마 떠나지 못하고 머뭇거리며 술 취하는 것을 그만두지 못하자, 좌우에서 억지로 부축해서 말을 타게 해서 헤어졌다.

13 『世宗實錄』 世宗 32년 閏正月 癸丑條.

成俔의 『慵齋叢話』에 의하면, "예겸이 두 선비를 사랑하여 형제의 의를 맺고 서로 시를 주고받기를 그치지 아니하였다. 겸이 일을 마치고 돌아갈 때에 그들은 서로 눈물을 닦으면서 작별하였다"고 했는데, 여기서 '두 선비'란 申叔舟와 成三問을 이르는 말이었다. 실제로 이들이 형제의 의를 맺었는지는 다른 문헌에서도 확인하기는 어렵지만, 양측 외교관의 심정적 결합은 책봉-조공 관계를 유지, 강화하기 위한 景泰 사절단의 파견 목적에 유리한 조건으로 작용하였음이 분명하다.

예겸이 조선에 머무른 30여 일 동안, 조선인과 창화하고 남긴 원고가 53편이었다. 예겸은 궁궐과 조정에 復命한 뒤에 동료 오절에게 이 원고를 꺼내 보여주면서 찢어버리려 했는데, 그때 오절은 다음과 같이 말했다고 한다.

> 그렇지 않다. 무릇 朝鮮이란 본래 高句麗라 불렸고, 箕子를 계승했기 때문에 동쪽 끝 큰 바다 사이에 책봉되었으며, 평소에 詩書禮樂을 숭상했다. 우리 皇朝의 역대 황제께서는 서로 이으며 [그 나라와] 사자를 통하였고, 또한 여러 차례 經史 등 서적들을 내려주어 그 나라 사람들을 교화로 이끌었다. 따라서 그 나라 사람들은 모두 禮義를 밝게 익히고 詩文에 익숙하고 정통하다. 이는 夷이면서도 中國과 비슷해진 경우이나. 『春秋傳』에서 이르기를, '夷狄이 夏를 어지럽히면 이를 응징하고, 中國과 비슷해지면 중국으로 간주한다'고 했으니, 이는 옛날의 제왕들이 이적을 제어한 방법이었다. 이번에 선생이 한번 그 땅에 이르자, 館伴을 맡은 여러 사람들이 天使와 더불어 창화하며 울림이 소리에 따라 응하듯 상응하여 화답할 수 있었으니, 中國의 풍속과 사물을 사모하고 귀한 것을 존중할 줄 안다고 말할 수 있다. 근래에 北虜가 밝은 [조정의] 하사품을 여러 번 받고서도 오히려 금수와 같은 행동에 힘쓰는 것과 비교한다면, 그 선함과 악함이 어떠한가. 바로 이 원고를 드러내어 알려서 文儒가 먼 데 있는 나라를 교화한 업적을 보여

야 마땅한데, 어찌 그것을 찢어버려서 스스로 그 공로를 없애버릴 수 있겠는가.

이처럼 朝明 양국 외교관들의 창화는 양국이 '同文', 즉 동일한 문화를 비슷한 수준으로 함께 향유하고 있음을 확인하게 하였다. '中國'이란 역사공동체이자 문화공동체 개념이니, 명대의 중국인은 '同文'의 한국을 사실상 '중국'으로 간주하여, '금수'와 같은 '北虜'(=蒙古)와 명확하게 구별하였다. 景泰 사절단이 한국을 다녀가면서 올 때 갈 때 모두 평양의 箕子 사당을 들러 참배하며 '弔古'한 것도 韓中 양국이 箕子라는 고리를 통해 문화와 역사를 공유하고 있음을 강조하는 외교적 제스처였다. 문화적 창화를 통해 외교적 갈등을 해소할 수 있다면, 이를 두고 '倡和外交'라 부를 수도 있을 것이다.

명이 건국 이후 仁祖 시기까지 242년 사이에 모두 186회에 걸쳐 조선에 사신을 파견했는데,[14] 이 가운데서 文學之士 출신의 관리를 파견한 것이 모두 스물네 차례였고 文官 출신 正使·副使의 인원은 모두 39명이었으며, 이들이 조선의 遠接使 혹은 接伴使들과 酬唱한 詩文은 대부분 『皇華集』에 수록되어 있다.[15] 『황화집』은 倪謙(世宗 32년, 1450) 이후 仁祖 11년(1633)까지 조선을 다녀간 문학지사 출신의 明使들의 시문을 모아서 英祖 49년(1773)에 편찬, 출간한 책으로, 모두 25冊 50卷으로 구성되었다. 이처럼 방대한 규모의 『황화집』이 편찬, 출간되었다는 사실 자체가 명과 조선의 외교 관계가 창화 외교로써 특색 지어진 것임을 반증한다고 하겠다.

조선 『實錄』에서 "文臣 天使가 나오면 그 접대를 大提學이 [館伴이 되어]

14 李鉉淙, 「明使接待考」(鄉土서울 12, 1961), 89쪽.

15 申太永, 『明 나라 사신은 朝鮮을 어떻게 보았는가』(다운샘, 2005), 25~31쪽.

책임을 맡았다"[16]고 하였듯이, 조선 측에서는 문관 명사의 14차 내방에 열세 차례나 현직 文衡(大提學)을 接伴使로 선임하여 접대하게 했다.[17] 또한 "天使가 오면 으레 수창에만 힘을 썼기 때문에, 朝宗의 시기부터 文學之士를 많이 선발해서 從事官으로 삼아, 遠接使의 일에 참여해서 보좌하게 하여 궁색한 지경에 이르지 않게 했다."[18] 그리고 명사가 오는 도중에 미리 지어놓은 시를 한꺼번에 내놓으면 遠接使가 혼자 감당하기 어렵다 해서, 앞의 사신들이 지은 『황화집』의 시 등은 "미리 문신들을 선정하여 次韻을 지어놓고 기다리게 했다"[19]고 하니, 명사와의 수창을 국가적 차원에서 중시하여 대비하였음을 알 수 있다. 비록 예겸과 정인지 등의 창화시를 기재한 제1차 『황화집』, 즉 이른바 '庚午本 『황화집』'이 예겸의 귀국 직후에 출간된 것이 아니라 하더라도,[20] 이들의 수창이 이후 다른 문관 명사와 조선 접반사 사이에 이뤄진 역대 수창의 典範이 되었음은 더 말할 필요가 없다.

---

16 『中宗實錄』 31년 12월 17일 조.

17 申太永, 위의 책, 32~33쪽.

18 『中宗實錄』 32년 1월 8일 조.

19 『中宗實錄』 32년 3월 2일 조.

20 『世祖實錄』 14년조에 의하면, "金輔가 倪謙과 司馬恂, 張寧, 陳嘉猷 등의 『皇華集』을 청하여서 장영과 진가유의 詩集을 주었다. 館伴을 깨우쳐 말하기를 만약 예겸과 사마순의 『황화집』이 왜 없냐고 물으면, 『황화집』은 모두 그 청이 있어야 인행하는데 倪侍講과 司馬給事中은 청하지 않은 까닭에 인행하지 않았을 뿐이라고 했다"고 한다. 또한 『世祖實錄』 4년조에서 "지난 번 明使 陳鑑과 高閏이 와서 正統 皇帝의 復位 詔書를 반포했을 때, 진과 고 등이 보고 느낀 흥취를 모두 시로 표현했기에, 약간 首를 합치고 우리나라 사람이 창화한 것을 아울러서 印行하여 증여하며 『皇華集』이라 이름을 지었다. 그 뒤에 中朝 사람 가운데 燕京에 간 우리나라 사람들에게 이를 구하는 자들이 상당히 많아서, 이에 인행하여 보냈다"고 했다. 이에 金垠廷 전게 논문에서는, "宣祖代에 『皇華集』 총서를 낼 무렵에야 비로소 『황화집』으로 제책되었다"고 했다(314~316쪽).

6. 迎詔禮와 女樂

책봉-조공 관계는 禮에서 출발해서 禮에서 끝나는 관계였다. 冊封과 朝貢이 禮 그 자체이기 때문이다. 명과 조선의 책봉-조공 관계를 유지, 강화하기 위해 出使한 예겸이 조선에서 禮論을 전개한 것은 당연한 일이었다. 사실 출발할 때부터 그의 동료 翰林修撰 許彬은 "中朝에서 덕 있는 이를 골라 三韓에 사신으로 보내니, 만 리 먼 하늘에 문장 떨치리. 천자 말씀 멀리 전하며 두루 典禮 알려주면, 藩王이 漢의 衣冠 다투어 알게 되리라"고 권유하였고, 예겸 자신도 「눈이 그쳐 누각에 올라 지은 賦」에서, "삼가 帝制를 펴서 알리다가, 잠시 틈을 내어 公堂에서 휴식을 취한다"고 하여, 자신의 주된 임무가 '帝制', 즉 황제의 제도를 펴서 알리는 것임을 자임하고 있었다.

詔使 혹은 勅使를 영접하는 禮는 책봉과 조공의 禮를 교환하는 과정에서 가장 중시된 禮的 과정의 하나였으니, 조사나 칙사는 황제의 명령인 詔書나 勅書를 가지고 오기 때문이다. 예겸이 방한해서 제기한 禮論의 주제도 주로 迎詔, 즉 詔書와 詔使를 영접하는 예에 관한 것이었다. 「跋文」을 쓴 翰林侍講 吳節이 "그 나라의 군주와 신하는 직접 멀리 교외까지 달려 나와서, 마치 사절이 하늘에서 그 나라에 내려온 것처럼 공손하게 맞이하며 천자의 은혜를 삼가 받았는데, 더욱 애써 정성스럽게 대우하면서 두루 갖추지 않은 것이 없었다"고 하였듯이, 조선 측은 온갖 정성을 다하여 明使를 접대하였다. 그러나 예겸은 국왕의 郊迎을 요구하고 연회에서 女樂을 물리침으로써, 禮의 보다 엄격한 실행을 단속하여 책봉-조공 관계의 유지와 강화를 도모하였다.

景泰 사절단의 여정에 관한 『요해편』의 기사는 조선의 明使 영접에 관

한 정보를 적지 않게 담고 있다. 詔書를 가지고 온 明使, 즉 詔使에 대한 대접은 압록강을 건너기 전부터 시작해서 다시 압록강을 건널 때까지 융숭하게 진행되었는데, 경태 사절단의 여정을 재구성하면, 압록강을 건넌 뒤부터 한양으로 들어오기 전까지 義州의 義順館과 所串館·良策館·車輦館·林畔館·雲興館·新安館·嘉平館·安興館·肅寧館·安定館, 平壤府의 大同館·生陽館·黃州·鳳山郡·龍泉館·安成館·寶山館·金岩館·興義館·金郊館·開城府·東坡館·臨津江·原平府·碧蹄館·接官廳·慕華館 등에서 모두 28회에 걸쳐 연회를 접대 받았다. 한양에서는 太平館에 20여 일 동안 머무르면서 매일 두 차례씩 연회를 접대 받았다. 귀국할 때는 慕華館과 碧蹄館·東坡·開城府·興議·金岩·安城·龍泉·鳳山·黃州·生陽, 平壤府의 大同館·肅寧, 安州의 安興館·薩水·嘉平·新安·雲興·林畔·車輦·良策·所串, 義州의 義順館·鴨綠江 등에서 모두 24회에 걸쳐 연회를 접대 받았다. 압록강에서 한양으로 들어오는 길의 연회는 대부분 각 郡縣의 장관들이 주관했으나, 義州의 義順館과 安州의 安興館, 平壤府의 大同館·黃州·開城府 등에서는 왕이 보낸 중앙정부의 고관, 즉 迎慰使들이 연회를 직접 주관하고, 伶戱와 香亭·龍亭·儀仗·鼓樂·鼇山·綵棚 등을 베풀어 접대했으며, 한양에서는 首陽大君 등 여러 왕자들과 議政府·六曹·漢城府 등의 장관들이 돌아가며 연회를 주관했다.

이처럼 조선은 극진한 성의를 다하여 明使를 접대했지만, 景泰 사절단이 내한했을 때 조사 접대의 예의상에 몇 가지 문제가 명 측에 의해 제기되었다. 경태 사절단이 한국에 出使한 것은 景泰帝의 즉위를 알림으로써 양국의 冊封－朝貢 관계를 강화하기 위한 것이었다. 한마디로 말해서 친목을 도모하기 위한 조처였다. 그럼에도 불구하고 경태 사절단이 내한했을 때 양국 사이에 외교적 갈등이 전혀 없었던 것은 아니다. 경태 사절단은 경태제의 즉위를 알리고 승인받기 위해 내한했지만, 조선 국왕과 세자의 郊迎을 강요함으로써 양국의 외교관 사이에 고강도의 긴장이 조성되었던 것이다.

郊迎 문제는 경태 사절단이 黃州에 이르렀을 때 발생했다. 「朝鮮紀事」에 의하면, 예겸 일행이 黃海道 黃州에 이르렀을 때, 조선 국왕이 禮曹正郎 安自立을 보내와서 詔書와 하사품을 받는 의례, 즉 迎詔禮에 대해 의논하면서, "殿下께서 병이 있은 지 오래되어 世子께서 대신 국사를 맡아왔는데, 지금 역시 병에 걸려 의례를 행할 수 없게 되어, 왕자에게 대신 행하라고 명하셨다"고 했다. 이에 倪謙이, "왕이 아픈지 오래되었다는 사실은 朝廷에서도 알고 있지만, 세자의 병은 내가 모르는 일이다. 그러니 세자가 아픈 지 얼마나 되었고 어떤 병에 걸렸는가"라고 물었다. 안자립이, "허리에 등창이 났는데, 거의 한 달이 되었다"고 하니, 예겸이, "병에 걸린 지 한 달이 다 되어간다면, 尹[炯] 戶曹[判書]가 바로 병이 든 뒤에 파견되었다는 것인데, 그가 처음 [압록]강가에서 만났을 때 왜 병이 있다는 말을 하지 않았는가. 지금에야 비로소 병에 걸렸다고 하는 것은 거짓말이다. 조정에 일이 있다고 해서 두 마음을 품어서는 안 될 것이다. 또 종기란 병은 고름이 터지면 안심할 수 있어서 너무 걱정할 필요가 없고, 특이한 증세면 짧은 시간으로는 기약할 수 없다. 만약 등창이라면 당연히 고름이 벌써 터졌을 터이니, 내 여기에 앉아 쾌차를 기다릴 것이다. 열흘을 기다려도 낫지 않으면 반달을 기다리고, 반달을 기다려도 낫지 않으면 한 달을 기다릴 것이다. 낫지 않을 수 없는데도 만약 낫지 않았다고 다시 말한다면, 거짓임을 알 수 있다. 그러면 즉시 조서를 받들고 조정으로 돌아가, '신이 조선에 도착하니, 국왕과 세자가 모두 병을 칭탁하며 나오지 않고 조서를 받는 사람이 없었기 때문에, 조서를 받들고 조정으로 돌아왔다'고 조정에 아뢸 것이니, 스스로 알아서 하라"고 했다. 안자립이 이 말

을 듣고는 깜짝 놀라 어찌할 바를 몰라 하다가, "천천히 가시기를 바란다. 앉아서 기다릴 필요는 없다. 小官이 즉시 말을 달려 장계를 올려 아뢸 것이니, 곧 다시 와서 영접할 것이라"고 말하고 漢城으로 돌아갔다고 한다.

景泰 사절단이 開城府에 이르렀을 때, 조선 국왕이 또 漢城府尹 金何를 보내와서 다시 의례에 관한 일을 의논하게 했는데, 그는 "세자는 한 나라의 근본이어서, 병을 얻은 이래로 온 나라가 황망하여 산천의 귀신에게 기도를 올려 그 도움을 빌었는데, 어찌 감히 허망하게 속이겠는가. 지금 종기는 이미 고름이 터졌지만 [상처의] 입구는 여전히 아물지 않았다. 의원들의 말로는 '만약 피부를 당겨서 움직이면, 반드시 바람을 끌어들이게 되어, 다시 발병해서 생명을 상하게 할 것이라'고 한다. 오직 天使께서 가엽게 생각해주시기를 바랄 뿐이니, 세자가 교외에서 영접하는 것을 면해서 병을 간호하게 하고, 예를 갖추어 조서를 받게 해주시면, 천만 다행이라"고 했다. 예겸은 그 말과 정이 간절함을 보고 실제로 병에 걸렸음을 믿지 않을 수 없어, 마침내 그 진정을 이해하고 함께 儀注를 정하고 갔다. 예겸은 本注에서 "그 뒤에 조정으로 돌아온 지 얼마 되지 않아 왕이 薨하고, 세자가 그 책봉을 이었지만 얼마 지나지 않아 역시 서거했다"고 注記함으로써, 자신이 판단이 잘못되지 않았음을 분명히 해두었다.

실제로 경태 사절단이 慕華館에 도착했을 때, 전례와 달리 왕이 직접 맞이하지 않고 "종친과 백관들이 향정과 용정 · 황의장 · 고악 · 잡희 등을 갖추고 詔書를 맞이했다." 의례를 행한 뒤에 景福宮으로 들어가 勤政殿에 이르러 조칙을 주고받는 전례를 행했는데, 의례가 끝난 뒤에 세자가 근정전 동쪽 장막 안에서 병을 간호하고 있어, 서로 만나 차와 대화를 나누면서, "조정의 은혜와 뜻을 일러주었다"고 한다. 일행이 太平館으로 들어갔을 때도 왕과 세자 대신 왕자인 首陽大君 李瑈가 왕을 대신해서 연회를 베풀었다. 그 뒤 경태 사절단이 귀국길에 올라 慕華館에 이르렀을 때도, "왕과 세자는 병으로 배웅하지 못하고", 首陽大君이 여러 왕자들과 함께 미리 모화관 안에 연회를 베풀고 전별했다.

왕과 세자가 詔使를 직접 맞이하지 않은 것은 常禮와 다른 것이어서, 조선 측에서는 태평관의 下馬宴에서 殊禮를 준비하였다. 태평관 당상에 正使와 副使의 두 자리를 남쪽을 향하도록 설치하고, 主席은 동쪽을 향하게 한 것이다. 이에 예겸은 수양대군에게, "이러한 예의는 조정을 존중하는 태도를 보이기에 충분하다. 지금 이미 왕을 대신해서 연회를 베풀었으니, 단지 동쪽과 서쪽으로 자리를 나누어 앉으면 된다"라고 해서, 좌석을 바꾸게 했다.

이처럼 예겸은 明帝의 비정상적 즉위를 승인받으러 가는 아쉬운 입장임에도 불구하고, 冊封과 朝貢을 교환하는 禮를 엄격하게 준수하기를 조선 측에 당당하게 요구했고, 조선 측이 과도하게 예를 베풀 때는 오히려 정상적인 常禮에 따르도록 수정하게 했다. 「눈이 그쳐 누각에 올라 지은 賦」에서 "펴서 알렸다"고 한 '帝制'란 황제가 정한 제도나 법칙, 즉 帝則을 말하는 것으로, 책봉과 조공을 교환하는 '儀禮'를 이르는 말이니, 이로 보아 예겸의 禮論은 조선에서 틈틈이 개진되었던 것으로 보인다. 또한 盧雍이 쓴 『요해편』 서문에서 "그가 使命을 받들어 뛰어난 재능과 탁월한 식견으로 遠夷를 눌러 승복케 하였다"고 한 것도 이러한 정황을 전하는 말이라 생각된다. 책봉-조공 관계란 책봉과 조공의 禮를 서로 교환하는 관계이기 때문에, 의례의 의미가 절대적이라 할 수 있다. 경태 사절단 이후에도 특히 문학지사 출신의 明使가 방한할 때는 거의 예외 없이 양국 외교관 사이에 치열한 예론이 전개되었는데, 이는 양국의 관계가 책봉-조공 관계라는 속성으로 인해 불가피한 일이었다.

경태 사절단이 내한했을 때, 또 하나의 禮論이 제기되었으니, 바로 '女

樂'에 관한 것이었다. 이는 경태 사절단이 安興館에 이르렀을 때부터 발생하여 몇 차례 논쟁이 거듭되었다. 안흥관에 조선 국왕이 禮曹參判 李邊을 보내와서 안부를 묻고 연회를 베풀었는데, 성대하게 꾸민 女樂 30명이 두 줄로 서서 각자 악기를 품고 당위에 올라 꿇어앉았다. 이때 이변은 "이는 왕명을 받들어 서울에서 데리고 와서 받들게 한 것이라"고 했지만, 예겸은 엄하게 꾸짖으며 사양하고, 이들을 내쳐서 물러나게 하고, 「卻樂詩」를 지어 이를 되새겼다. 「安興館 주석에서 女樂을 물리치다」라는 제목의 시에서 예겸은 자신의 도덕관을 다음과 같이 표현했다.

안흥 공관에서 성대하게 주연을 차렸는데, 구름같이 쪽진 머리에 무지개 같은 옷을 입고 관현악기 늘어놓는다.

부녀자가 활 쏘는 모습에 재기와 맵시 있어, 달궁의 꿈도 없이 미인을 연모한다.

바람 불어 메마른 자갈땅에 비 흩뿌리고, 강렬한 햇볕 내려쬐어 洛水 물가 밝게 연다.

아름다운 비파 소리 화려해서 귀와 눈을 더럽히니, 이 마음 넓고도 굳다고 자부한다.

그 뒤 景泰 사절단이 開城府에 다다랐을 때도, 조선 국왕이 사위 崇政大夫 許正寧을 보내와서 안부를 묻고 연회를 베풀면서, 王京에서 데려온 女樂을 내보냈지만, 예겸은 이를 내쳐서 물러나게 했다. 역시 이때 女樂을 물리친 일에 관해서도 詩로 기록해두었다. 「開城의 주석에서 女樂을 물리치다」라는 시를 지어 다음과 같이 술회했다.

朝鮮이 예의를 지키며 朝廷을 공경해서, 멀리서 어진 사위 시켜 연회를 열어 맞이한다.

비상하는 오색 鸞 새가 술자리 위에서 날아오르고, 날아가는 제비 한 마리가 손바닥 안에서 가볍다.

陽城과 下蔡는 미혹시키는 데 뛰어나지만, 저녁 비와 아침 구름은 자신의 가는 길을 굽히게 한다.

봄바람에 꽃 모두 떨어지는 것이 아쉬운데, 등불 켜서 등잔 전하니 청량한 기운이 남아 있다.

그 뒤, 한양의 太平館에서 首陽大君이 국왕 대신 下馬宴을 열었을 때도, 연회가 아직 열리기 전에 왕이 앞서 禮曹參判 李邊을 보내와서 자신의 뜻을 전해 말하기를, "天朝의 사신이 먼 곳에서 왔는데, 小邦에서는 드릴만한 것이 없다. 단지 女樂 몇 명이 있어 기쁨을 드리려 했을 뿐인데, 오는 길에 모두 물리쳤다는 이야기를 들었다. 이제 天使가 그 받들어 모심을 받아들여, 작은 성의를 조금이나마 다할 수 있도록 해주기 바란다"고 했다. 또 말하기를, "전하께서 병이 드셔서 친히 접대하지 못하시어 십분 황공스러운데, 만약 이 樂妓들을 조금이라도 받아들이신다면 전하께서 마음이 흔쾌하고 병세도 약화될 것이지만, 그러지 않으면 더욱 황공스럽게 되고 병세도 악화될 것"이라고 했다. 그러나 예겸은 준엄하게 사양하여 물리쳤다. 이변이 또 말하기를, "小邦이 사람을 보내 공물을 바치려 京師로 가면, 조정은 언제나 음악을 연주하며 연회를 베풀어 대접했는데, 하물며 天使가 찾아와주셨는데 감히 음악을 쓰지 않을 수는 없다"고 했다. 이에 예겸은, "조정이 쓴 것은 男樂이었지만, 지금[말하는 것]은 女樂이니, 어떻게 쓸 수 있겠는가"라고 응수했다. 그러자 조선의 예관들이 말하기를, "조정에서 쓴 남악은 조정의 의례이고, 小邦이 쓰려는 여악은 소방의 풍속이다. 더구나 소방에는 오로지 여악만 있고 남악은 없다. 小官

은 왕명을 받들어 왔으니, 만약 허락하지 않으면 감히 復命할 수가 없다"고 하면서, 간곡한 청을 그치지 않았다. 이에 예겸은, "그대가 '감히 복명할 수 없다'고 했는데, 내가 오는 도중에 일찍이 女樂을 물리친 일에 관한 시를 지은 바 있으니, 이것을 가지고 가서 복명하면 될 것이라"고 하면서, 마침내 두 편의 시를 적어 주어 돌려보냈다. 이로 인해 연회할 때에는 한 번도 음악을 쓴 적이 없었다고 한다.

예겸은 귀국길에 「開城府에 묵으며」 "郡 청사에는 무슨 일로 다시 연회 자리 열었는지, 玉 술병과 청아한 현악기를 멀리서 들고 서 있다. 술자리에 임할 때는 이제까지 女樂을 물리쳤으니, 새 詩나 더 써서 등불 앞에서 읊조린다"라고 읊조렸다. 예겸의 도덕성은 뇌물이나 전별금을 거절하는 대목에서도 확인된다. 「조선기사」에 의하면, 귀국 직전에 조선 국왕이 예조참판 李邊을 보내 土布를 行贐, 즉 노자로 쓰라고 주었지만, 예겸은 이를 굳이 물리쳤다. 그 뒤에 다시 주었지만, 여러 차례 실랑이 끝에 받지 않고 돌려보냈다고 한다. 예겸은 한국에 체류할 때, 조선의 관원으로부터 몇 가지 선물을 받은 적이 있다. 『요해편』에 의하면, 館伴인 申叔舟와 成三問에게서 칼과 먹 · 붓 · 종이 등의 선물을 받고 감사의 시(「知院 申 汎翁과 成 謹甫께서 칼을 주신 데 대해 감사하며」와 「汎翁과 謹甫께서 먹과 붓, 종이를 주신 데 대해 감사하며」 등 2편)를 지어 준 적이 있고, 어느 '好事者'로부터 매화 한 분을 선사받고 「화분에 있는 綠萼梅를 노래함」이란 시를 짓기도 했으며, 安平大君에게서 字書를 받아 「安平君이 字書를 보내준 데 대해 감사하며」라는 시를 지어 주기도 했다. 예겸은 출발할 때부터 「朝鮮에 使臣으로 가라는 황명을 받들고 館閣의 여러 先生께 留別하며」, "돌아오는 행장에는 읽다 남은 圖書들이 있을 터이니, 薏苡를 明珠로 잘못 의심이나 하지 마소"라고 당부한 적이 있다. 後漢 초의 장군 馬援이 交趾에 출정했다가 돌아오는 길에 그곳의 율무(薏苡)가 병에 좋다 해서 뒤 수레에 싣고 귀환했다가 뇌물 받은 진주가 한 수레 가득 실려 있다고 무고를 당했다는 '薏苡明珠'의 고사성어를 인용하면서, 자신이 조선 사행에서 아무런 뇌물을 받아가지고 돌아오지 않을 것임을 시사한 것이다.

이처럼 밝은 禮論으로 조선과의 책봉-조공 관계를 단속, 강화하고 女樂과 뇌물을 굳이 물리쳐서 도덕적 우위를 과시한 문학지사 예겸의 사행이 예론에는 무지하면서 뇌물만 탐하던 宦官 출신 明使들의 사행과 분명하게 구별됨으로써, 景泰 사절단은 조선 君臣의 신뢰를 획득하여 성공적으로 본래의 목적을 성취할 수 있었을 것이다. 이로 인해 「서문」을 쓴 盧雍은 "그 나라로 들어가서 그 나라 군주와 신료들과 禮文에 관해 사리를 밝혀 논하고, 변화와 형편에 맞추어 적절하게 대응하면서 조정의 은혜와 덕택을 널리 펴서 알렸으며, 그 女樂을 물리쳐서 □[21]을 보여주니, 그 나라의 군주와 신료들이 믿고 따르며 감동하여 기뻐하였고, 마치 神明을 대하는 것같이 공경하고 흠모하였다"라고 한 것이다.

7. 倪謙의 韓國

『遼海編』은 찬자 倪謙과 동료 중국인의 독특한 한국관을 확인하게 하는 사료적 가치를 보여주기도 한다. 이들은 한국을 '箕封', 즉 箕子가 책봉된 나라, 詩書의 나라, 神仙의 나라, 그리고 '外國'으로 이해하고 있었다. 이처럼 독특한 明代 중국인의 한국관은 예겸을 正使로 한 景泰 사절단의 외교적 활동을 결정하는 잠재적 조건이 되었다.

景泰 사절단은 귀국길에 평양을 지나며 箕子廟와 箕子墓를 참배하고

---

21 원문에서 한 자가 缺落되었다.

두 수의 시를 지어 弔古했다. 먼저 평양성 안에 있는 「箕子의 사당을 참배하고」, “洪範이 널리 펼쳐져서 禹疇를 일으키고, 만년 역사의 聖學이 宗周에서 열려졌다. [……] 내가 와서 배알하여 감회가 더욱 깊어지니, 그분이 남겨준 교화가 구석진 바다 모퉁이까지 점차 적셨다”라고 노래했다. 이어서 평양성 서쪽에 있는 「箕子의 무덤을 참배하고」, “太師께서 이 산 깊은 곳에 옥을 묻으셨기에, 樹漿과 술 한잔을 따라 바치고 싶다. [……] 듣기에 東人이 숭앙해서 근본에 보답하려, 매년 때맞춰 제사 드리며 오셔서 흠향하기 바란다 한다”라고 노래했다.

『書經』에 의하면 殷이 멸망한 뒤에 箕子가 周 武王에게 ‘洪範九疇’를 전해주었다고 하고, 『尙書大傳』과 『史記』 宋微子世家에 의하면 은이 멸망한 뒤에 기자가 朝鮮으로 가서 무왕에 의해 책봉되었다 하며, 『後漢書』 東夷傳에서는 “옛날 武王이 箕子를 朝鮮에 봉하니 기자가 예의와 밭 갈고 누에 치는 일을 가르치고 八條之敎를 만들었다”라고 했다. 이 설화를 믿은 고대 한국인들은 고려시대부터 平壤에 기자 사당을 세우고 기자 무덤까지 만들어 그 은혜를 기렸으며, 자기네 역사의 서장에 이른바 ‘箕子朝鮮’을 설정하기도 했다. 箕子는 전통 시대 내내 중국인이 기려온 ‘聖賢’이었고, 한국인들이 敎化를 통해 ‘夷狄’에서 벗어나 문명인으로 살아오게 한 위대한 스승으로 숭앙되었다. 따라서 箕子는 한국과 중국의 역사와 문화를 이어주는 고리와 같은 존재로 간주되었다. 예겸이 기자의 사당과 무덤을 방문하여 弔古한 것은 바로 이러한 이유 때문이며, 이후 같은 이유로 역대 중국의 사절단이 한국을 방문할 때 기자 사당과 무덤의 참배는 관례적 행사가 되었다.

예겸이 기자 사당과 무덤을 찾은 것은 이미 예겸의 출사를 환송하는 모임에서 예견되었다. 그 자리에 참석한 예겸의 동료 翰林院 學士들은 한결같이 예겸이 출행하는 한국이 箕子가 책봉 받은 곳, 즉 ‘箕封’이었고, 기자에 의해 敎化된 禮義의 나라, 기자를 통해 중국과 문화를 함께 향유하는 나라였음을 강조하고, 기자 사당과 무덤의 참배를 기대하였던 것이다. 『遼海編』 제4권 「中朝贈言」에는 이들의 발언이 거듭하여 기재되어 있다. 이들은 "시 짓는 일을 잠시 쉬고 皇華가 번거롭게 위로하러 방문하니, 예로부터 箕子가 책봉 받은 곳이라 알려진 나라다"(翰林侍講學士 劉鉉), 혹은 "조선은 대대로 殷人 箕子의 기풍을 이어, 쉼 없이 공물을 바치며 산 넘고 물 건너 통해왔다"(翰林侍講 呂原)고 하여, 한국이 箕子가 책봉된 이래로 중국과 계속 책봉-조공 관계를 유지해왔음을 지적했다. 혹자는 "禮義는 옛날에 箕子의 나라에 알려졌고, 자애로운 은혜가 새로이 帝堯의 하늘에 펼쳐진다"(翰林編修 賴世隆), 혹은 "陸賈는 신의와 능력으로 漢의 德을 펼쳤고, 朝鮮도 이를 알아 殷 나라 기풍을 이었다"(刑部主事 任孜)고 하여, 한국은 기자에 의해 교화되어 '禮義', 즉 중국의 고전 문화에 의해 훈화된 나라임을 강조하였다. 또한 혹자는 "이 동쪽 바다의 나라를 돌아보니, 책봉이 箕子 때부터 시작되었다. 면면히 천년 백년 이어져오면서, 內向하여 문자와 수레바퀴같이 하였다. 이에 제위 이어 오른 직후, 詔書 보내 은혜로운 禮를 베푼다"(翰林侍講 劉定之)라고 하여, 한중 책봉-조공 관계가 기자의 교화에 의해 한국이 중국과 문화를 함께하였다는 '同文'의 전통이라는 조건 아래서 이뤄졌음을 지적했다. 그리하여 이들은 "箕子가 남긴 천년의 자취 있을 터이니, 찾아보고 돌아와서 자세하게 말해주소"(訓導 汪浩)라고 당부하고, 혹은 "압록강 바람 잘 때 官艦 타고 건너가니, 箕山 날씨 따뜻해지면 使節 깃발 돌아오리. 조선은 옛날부터 禮樂 교화에 좇아온 터라, 풍속 민요 잘 채집해서 황제의 결재를 기다려보세"(翰林侍詔 鄒循)라고 기대하여, 景泰 사절단 등 중국의 사신들이 한국에서 해야 할 일의 하나가 箕子가 한국에 남긴 예악의 유풍을 확인하여 보고하는 일임을 환기시켰다.

예겸 등 명조 중국인들이 한국을 '箕封', 즉 箕子가 册封 받은 곳으로 인식한 것은 두 가지 의미가 있다. 그 하나는 중국과 한국의 책봉-조공 관계가 이미 한중관계사의 서장부터 시작되었던 것으로 인식하였음을 뜻하고, 또 하나는 한국은 箕子를 통해 중국의 문화에 세례 받은 나라로서 중국과 '同文同軌', 즉 중국과 문화를 공유하는 나라로 인식하였음을 뜻한다. 실제로 한국과 중국은 전통 시대에 漢文學과 儒教 · 佛教 · 정치제도 등을 공유하였고, 그 가운데서도 특히 한문학의 공유는 매우 높은 수준으로 전개되었다. 한국 국가와의 책봉-조공 관계를 유지, 강화하려한 명초의 중국인들은 한문학이라는 고리를 활용하려 하였고, 정사와 부사를 '詞臣' 가운데서 선발한 것은 그 구체적 표현이었다. 「눈이 그쳐 누각에 올라 지은 賦」에서 경태 사절단의 副使가 "箕封이 편안하고 풍족하게 된 것이 어찌 우리 황상의 두터운 은혜 덕분이 아니겠는가"라고 선창하고, 正使가 "넘치는 덕택이 玉京에서 점차 미쳐졌으니, 화락한 樂土는 인구와 물산이 크게 번성하였다. 藩國을 자칭한 東服이 太平을 떠맡으니, 봄가을이 천 번 만 번 바뀌도록 皇明의 기둥 신하 굳게 되리라"라고 화답한 것도 이러한 이유 때문이었다.

사실 한국이 箕子에 의해 教化된 나라임은 중국인뿐만 아니라 한국인들도 깊이 인식하고 있던 일이었다. 申叔舟는 「朝鮮詠別」의 서문인 「侍講倪先生께서 使命을 다하고 되돌아가심을 송별하는 詩의 서문」에서, "우리 東方은 箕子가 책봉을 받은 이래로, 예악과 문물은 일찍부터 中夏의 것을 사모하였다. 太祖 高皇帝께서 천하를 다스리실 때, 우리 康憲王께서 册命을 받아 藩國을 만들고 대를 이어 충성을 돈독히 하셨다. 역대의 거룩한 천자들께서도 계속해서 사랑과 관심을 더해주셨으니, 무릇 綸音을 받들어 下國에 오는 자는 반드시 큰 유학자나 저명한 고관에게 명하셨다. 그러나 이번처럼 經幄과 顧問의 지위에서 나온 경우는 아직 없었으니, 皇

上께서 弊邦을 총애해서 대우하는 뜻을 엿볼 수 있다"라고 하여, 明과 朝鮮의 책봉-조공 관계가 箕子의 책봉에서 기원하였고, 文學之士 예겸의 출사가 중국과 한국의 '同文' 전통을 확인하는 일이었음을 지적했다.

예겸과 그의 동료 중국인들은 한국을 詩書禮樂의 나라로 인식하고 있었다. 『遼海編』 제4권 「中朝贈言」에서 예겸의 동료들은 환송연에서 "朝鮮은 평소에 詩書의 나라로 불려지고, 해마다 筐篚를 좌우 두 문으로 공납했다"(翰林侍講 吳節), 혹은 "새로 은혜 베풀어 먼 나라 사람들 품으려 한데, 하물며 朝鮮이야 詩書의 나라 아닌가"(翰林編修 陳鑑), "조선은 나라 풍속이 원래 禮를 알고 있어, 翰苑의 문장이 예로부터 이름났다"(太醫院吏目 劉溥)라고 했다. 그리하여 "儒者들은 예로부터 조선에 대해 이야기했고"(訓導 王謙), "조선은 예로부터 문자를 함께한 나라여서, 수많은 頌賦 지어져서 유덕한 王을 칭송했다"(儒士 陳謙)라고 한다. 뿐만 아니라 明帝조차도 "그 나라는 왕통을 전하여 이어감이 이미 오래되었고, 평소에 儒術을 사모하고 禮文을 숭상한다"(「序文」)라고 하여 禮部에서 詞臣 가운데서 文學의 깊이가 심오하고 위엄 있는 몸가짐이 훌륭한 자를 골라서 가게 한 것이다.

예겸 자신도 조선에 출사하여 상황을 실제로 목도하고 체험하면서, 한국이 詩書禮樂의 나라임을 확인하였다. 그는 「눈이 그쳐 누각에 올라 지은 賦」에서 "저 나라의 六寺와 七監 등의 여러 관청은 북과 종이 아름다운 누각에서 웅장한 소리 다투고 기이한 소리를 뽐낸다. 닭 우는 소리, 개 짖는 소리 섞여 가깝게 들리니, 정치와 교화가 어떻게 베풀어지는지 알 수가 있다. 이를 모두 감탄하며 음미하다보니, 자신이 九夷에 있다는 사실조차 잊게 되었다"라고 찬탄하였고, 「慕華館 술자리에서 나라 안의 여러 대신들에게도 유별하며」 "詩와 禮가 오래전부터 이어져오고 사람들은 학문을 좋아하며, 冠裳이 함께하고 나라에 賢士가 많다"라고 칭송했다.

또한 예겸은 成均館의 宣聖廟를 참배하여 '同文'을 확인하였는데, 이는 箕子廟의 참배와 더불어 이후 明使의 관행이 되었다. 「朝鮮紀事」에 의하면, 漢城에 도착한 예겸은 成均館 宣聖廟에 알현하러 가서, 몸을 깨끗이 씻은 뒤에 사당 안에서 향을 올리고 예를 행했다. '大聖殿'이란 편액이 걸린 사당의 구조는 靈星門과 儀門, 正殿 및 兩廡 등으로 되어 있고 聖賢들의 모습은 塑像으로 갖춰져 있어, "모두 中華와 같았다"고 감탄했다. 봄가을에 드리는 丁祭에는 언제나 明 조정에서 반포해서 내려준 雅樂이 사용됨을 확인하기도 했다. 알현이 끝난 뒤에 당상에 올라 그곳 관리인 大司成, 少司成 등과 인사를 나누고 館生들의 인사를 받았는데, 관생들은 모두 儒巾과 襴衫을 착용해서 "中華와 같았다"고 한다. 生員이 앞에 書案을 들어 올리며 강의를 청했을 때는, "그대들 나라는 말을 알아듣기 어려우니, 강의를 면하게 하겠다"고 사양했다. 예겸은 「成均館 宣聖廟를 알현하며」라는 시를 지어, 당시의 정황을 다음과 같이 전했다.

> 새벽에 성균관에 가서 廟堂을 배알했는데, 杏亶이 넓고 크며 짙푸른 산은 양지바르다.
>
> 八條의 가르침으로 箕子를 생각하고, 민새의 儒宗이 素王으로 추앙했다.
>
> 수많은 衣冠들이 기쁜 마음으로 자리 잡고, 푸르디푸른 젊은 선비들이 기꺼이 열을 짓는다.
>
> 文風이 어찌 東海에만 미치겠나, 거룩한 德化가 지금은 八荒에 두루 미친다.

한국을 시서예악의 나라, 즉 중국의 고전 문화를 함께 향유하는 나라로 이해하는 예겸 등 명대 중국 사대부의 한국관은 당연히 한국이 箕子에 의해 교화된 나라라는 관점에 기초를 둔 것으로, 明朝의 조선 대책을 결정하는 중요한 기준이 되었다. 이로 인해 習嘉言이 지은 「서문」에 의하면, 景泰帝가 예겸을 선발, 파견할 때, "그 나라는 왕통을 전하여 이어감이 이미 오래되었고, 평소에 儒術을 사모하고 禮文을 숭상하니, 禮部에서는 詞臣 가운데서 文學의 깊이가 심오하고 위엄 있는 몸가짐이 훌륭한 자를 골라서 가게 하라"고 했다 한다. 또한 「跋文」을 쓴 翰林侍講 吳節은 "朝鮮이란 본래 高句麗라 불렸고, 箕子를 계승했기 때문에 동쪽 끝 큰 바다 사이에 책봉되었으며, 평소에 詩書禮樂을 숭상했다. 우리 皇朝의 역대 황제께서는 서로 이으며 [그 나라와] 사자를 통하였고, 또한 여러 차례 經史 등 서적들을 내려주어 그 나라 사람들을 교화로 이끌었다. 따라서 그 나라 사람들은 모두 禮義를 밝게 익히고 詩文에 익숙하고 정통하다"라고 하면서, "이는 夷이면서도 中國과 비슷해진 경우이다. 『春秋傳』에서 이르기를, '夷狄이 夏를 어지럽히면 이를 응징하고, 中國과 비슷해지면 중국으로 간주한다'고 했으니, 이는 옛날의 제왕들이 이적을 제어한 방법이었다"라고 하여, 한국을 夷狄이 아닌 中國으로 간주해야 한다고 주장했다.

그러나 예겸과 명대 중국인들은 한편으로 한국을 神仙의 나라, 즉 蓬萊 등 三神山으로 이해하기도 했다. 예겸은 「館閣의 여러 先生께 留別하면서」, "玉節이 西清에서 禁苑 떠나고, 樓船이 東海에서 蓬萊를 바라본다"고 시를 읊고, 「七家嶺驛에 다다라서는」 "蓬萊가 三韓의 밖에 있다고 말하지 마라, 벌써 몸이 날아 閬瀛에 있음이 느껴진다"고 했는데, 閬苑과 瀛洲는 모두 신선이 사는 곳으로 알려져 있었다. 그는 「새벽에 榆[林]關을 출발하며」 "만 리 뻗친 물결을 잘게 부수어, 뗏목 띄워 瀛洲에 이르고 싶다"고 하고, 「눈이 그쳐 누각에 올라 지은 賦」에서는 "하늘과 땅에서 얼음 항아리 보고, 蓬萊와 瀛洲에서 瑤島를 바라본다. 三韓의 훌륭한 경치 장하게 여기고, 만고의 그윽한 정취와 시원하게 소통한다"라고 했는데, 瑤島 역시 신선이 산다는 곳이다.

사실 명대의 지식인들에게는 한국은 秦代 이래로 여전히 山神山으로 擬定되는 곳이었으니, 吳節은 "더구나 바다 밖에 있는 三韓 땅은 暘谷의 해 돋는 곳으로, 中國의 호사가들이 왕왕 章亥의 걸음도 없고 博望의 뗏목도 없어 직접 멀리 다녀오지도 못했으면서, 여러 차례 神仙方士들에게 기만당해서 飈車나 羽輪이 아니면 도달할 수 없다고 말한다"라고 하면서, 만약 예겸이 한국에 다녀온 기행시문을 출간해서 펴 보이면, "동쪽 바다 끝의 풍경이 한눈에 모두 보일 것이니, 비록 徐市의 교묘한 유혹과 항해하며 다니는 사람들의 그럴듯한 이야기가 다시 있다 하더라도, 나는 터무니없는 이야기들이 다시는 돌아다니지 않게 되리라 생각한다"(「발문」)고 했다. 예겸도 이에 동의해서 마침내 장정해서 책을 만들게 했다 하니, 당시 중국인의 한국관을 짐작할 수가 있다.

한국을 신선의 나라로 보는 중국인의 한국관은 대체로 두 가지 의미를 갖는다. 그 하나는 신선을 자처하는 당대 중국의 문학지사들에게 한국은 자신의 정신적 '逍遙游'의 공간으로 친밀하게 받아들여졌을 것이고, 다른 하나는 중국과 요원히 떨어져 있는, 쉽게 접근하기 어려운 '別天地'로 간주하게 하였을 것이니,[22] 이는 명대 중국인이 한국을 '外國'으로 이해하게 하는 정서적 배경이 되었을 것이다.

한편 예겸은 「館閣의 여러 先生들에게 留別하면서」, "龍의 문장이 근자에 中朝에서 나오고, 봉황의 詔書는 멀리 外國에서 열린다"라고 하여, 조선을 '外國'이라 표현하였고, 조선의 접반사 鄭麟趾도 「다시 즉석에서 두 편을 口號하여」 "새 황제께서 뭇 사물에 고루 은택 베푸시니, 外國이

22 사실 예겸의 『遼海編』이 어떠한 이유로 이름 지어졌는지는 알 수가 없고, '遼海'란 흔히 遼東의 별칭으로 사용된 말이지만, '遼東'이 '遼遠한 동쪽 땅'이란 뜻을 내포하고 있었고, 예겸의 여러 시편에서 한국을 일러 '海國'이라 지칭한 적이 많았던 점을 고려한다면, '遼海編'이란 곧 '遼遠히 먼 海國에서 읊은 詩篇' 정도의 의미를 함축한 말이 아닐까 짐작할 수 있다.

성의 바쳐 一王 받든다"라고 하여, 역시 '外國'이라고 자칭하였다. 원래 중국인들에게는 '中國'의 대응 개념으로서의 '外國'은 존재하지 않았다. 皇帝가 전세계를 일원적으로 지배한다는 이념에 따라 '중국'의 상대 개념으로는 '夷狄'만 존재했을 뿐이다. 漢代에 처음으로 '外國'이란 말을 사용했을 때는 西域 諸國을 이르는 말이었을 뿐, '중국'의 상대 개념은 내포하지 않았다. 그러나 明代의 중국인들은 특정한 나라들을 가리켜 '外國'의 범주에 포함시켰는데, 한국은 그 중의 하나였다. 『明史』 '外國' 列傳의 권두에는 朝鮮 열전이 게재되었고, 그 다음에는 安南 · 日本 · 琉球 · 呂松 · 和蘭 · 意大里亞 · 韃靼 · 瓦剌 · 朶顔 등이 수록되었다. 이들 여러 나라들 가운데 조선과 안남 · 유구 등은 명과 책봉－조공 관계를 유지하고 있었지만, 사실상 독립된 국가를 운영하고 있었기 때문에 '외국'이라 칭하였다.

景泰 사절단은 바로 '외국' 조선과 '중국' 明을 '同文'의 고리로 엮어 '一視同仁'의 효과를 창출하는 일을 수행하였다. 이에 翰林侍講 劉定之는 "거룩한 德이 華夷에 드리워져, 이곳저곳 구별 없이 다 같이 사랑한다. [……] 이에 제위 이어 오른 직후, 詔書를 보내 은혜로운 禮를 베푼다. 저 황명 받들어 감당할 이 누구인가, 玉堂 안에서 뛰어난 이를 골라 뽑았다"고 하여, 문학지사 예겸을 정사로 선발하여 파견한 일 자체가 '일시동인'을 위한 것이었음을 지적하였다. '一視同仁'이란 곧 '누구나 차별 없이 사랑한다'는 뜻으로, 여기서는 '중국'과 '외국'의 구별을 극복한다는 의미를 갖는다.

이에 成三問은 예겸과의 창화시에서 "鄒魯를 사모한 지 오래되었으니, '우리'가 아니라고 말하지 마소. [……] 언어가 비록 다르다 해도 道는 하나이니 [……]"라고 하고, 「조선영별 後序」에서는 "內翰 倪 先生이 使行을 마치고 돌아가니, 나라 사람들이 모두 말하기를, '거룩한 천자의 仁

德이 內外를 덮어 싸고 萬里를 밝게 비추었다. 우리나라가 대대로 삼가 법도를 준수함을 가상히 여겨, 즉위하자마자 선생이 經筵에서 하는 일을 멈추게 하고, 은혜로운 조칙을 遠服에 내려 바다 귀퉁이의 蒼生들이 모두 同仁의 은택을 입게 하였으니, 이는 곧 하늘과 땅이 만물을 낳고 기르는 마음이다"라고 했다. 習嘉言은 「서문」에서 "아, 皇天께서 國家의 德이 [황천의 덕과] 꼭 닮았다 하여 큰 천명을 맡기시어, 나라의 기틀을 세우고 황통을 자손에게 영원히 전하며 華夷를 奄有하게 해서, 도덕에 바탕을 두고 다스리고 예악을 들어 교화하여 백년이나 되었으니, 연기와 김을 쐬듯 어진 덕으로 좋은 영향을 미치고 비와 이슬에 젖게 하듯 은택을 베풀면서 어찌 中外를 차별하겠는가"라고 하고, 「朝鮮詠別 跋文」에서도 "天朝가 그들을 비루한 오랑캐로 여기지 않을 뿐만 아니라 애정과 관심을 기울여 총애하고 가상하게 여겨 특별히 측근의 신하를 보내 文德을 받들어 펴게 했다고 생각하였으니, 마음과 힘을 다해 [멀리 있는 나라를] 안정시키고 편안하게 하는 道가 감격하여 심복하게 함이 이만큼 지극한 경우가 어디에 있겠는가"라고 했다. 이처럼 경태 사절단의 파견은 文德을 펴서 中外를 함께 아우르는 방향으로 작용하였으니, 실로 『明史』 朝鮮傳에서 "朝鮮은 明에서 비록 屬國이라 칭했지만 域內와 다를 바가 없었다"라고 하는 상황이 유지, 강화되었던 것이다.

그러나 '外國'이라 하더라도 모두가 다 같은 '외국'은 아니었다. 그 중에는 서양의 각국처럼 존재만 알려졌을 뿐 실제로는 아무런 교통이 없는 나라도 있었고, 日本처럼 사절만 교환하는 通使 관계의 나라도 있었으며, 朝鮮이나 越南처럼 明과 册封-朝貢 관계에 있었던 나라도 있었으니, 조선은 그 중에서도 책봉-조공 관계를 가장 철저하게 지켜온 나라로 인식되었다. 그리하여 翰林侍講 吳節은 「跋文」에서, "聖朝가 萬邦을 모두 다스리지만, 洪武 이래로 中國을 알아 받들고 신하의 예의를 삼가 지키는 나라로는 朝鮮이 으뜸이라 칭해진다"라고 하면서, 이러한 까닭에 새 황제의 즉위를 알리기 위해 "특별히 翰林 가운데서 명민하고 빼어난 인재 한 명을 골라서 正使로 삼아 가게 했다"라고 하였고, 習嘉言의 「서문」에 의하면 景泰帝가 "四夷의 수많은 나라들이 크고 작은 나라 할 것 없이 正朔을 받들어 부지런히 공물을 바치고 있지만, 조정에 藩國을 자칭하는 나라 가운데서 오직 朝鮮만이 특히 가까운 동방 번국으로 신하의 직분을 더욱 조심스럽게 받들고 있으니, 다른 나라보다 먼저 조서를 내려 효유함이 있어야 마땅하다"라고 하여, 禮部에서 詞臣 가운데서 文學의 깊이가 심오하고 위엄 있는 몸가짐이 훌륭한 자를 골라서 가게 했다고 한다.

예겸 자신도 「눈이 그쳐 누각에 올라 지은 賦」에서 "藩國을 자칭한 東服이 太平을 떠맡으니, 봄가을이 천 번 만 번 바뀌도록 皇明의 기둥 신하 굳게 되리라"고 했으니, 명대의 중국인들은 조선을 가장 신뢰할 만한 '藩國'으로 간주하고 있었음이 분명하다. 요컨대, 조선은 明과 국경을 나누는 명백한 '外國'이고, 조선이 위치한 한국은 멀리 동해 넘어 神仙이 노닌다는 遼遠한 나라이지만, 조선이 지배하는 한국은 箕子 이래로 중국과 함께 동질의 '詩書禮樂' 문화를 공유하는 '同文'의 나라이고, 역시 箕子 이래로 중국 국가들과 冊封과 朝貢의 禮를 교환해온 '藩國'이라는 것이니, 景泰 사절단은 바로 이러한 한국관의 기초 위에서 기존의 朝明 관계, 즉 책봉-조공 관계를 유지하고 강화하기 위해 파견되었다.

8. 맺는말

明使 倪謙의 『遼海編』은 원래 明 憲宗 成化 5년(1469)에 출간되었으나, 최근(2003년)에 北京圖書館出版社에서 출간한 『中朝關係史料叢刊: 使朝

鮮錄』에 수록됨으로써 비로소 학계에 널리 알려지게 되었다. 이로 인해 특히 역사학계에서는 이 책을 史料로서 인식하고 활용한 연구 성과를 내놓을 시간적 여유를 미처 갖지 못하였다. 따라서 이 글에서는 『요해편』이 갖는 사료적 가치, 특히 韓中關係史 상의 사료적 가치를 확인하고 소개하여 한중관계사와 遼東史 연구에 필요한 기초적 정보를 정리하고 제공하려 했다.

먼저, 『요해편』에는 역사상 처음으로 중국 正使가 직접 찬술한 '皇華'의 咨諏과 復命 보고서가 내포되었다. 원래 '皇華', 즉 중국 국가의 군주가 파견한 사신에게는 咨諏, 즉 두루 방문하여 살펴보는 임무가 부여되었는데, 예겸 역시 자순과 복명을 의식하여 『요해편』의 수많은 기행시와 기행문을 작성하였다. 그 이전에 復命을 위해 『고려도경』을 편찬한 徐兢은 사절단의 실무 책임자인 提轄官이었으나, 『요해편』의 찬자 예겸은 사절단을 이끈 正使였으며, 이후 이 같은 종류의 시문이 대부분 正使에 의해 직접 저술되었음을 고려한다면, 『요해편』의 일차적 가치를 확인할 수 있다.

『요해편』에 수록된 수백 편의 紀行詩와 紀行文으로 明 景帝 景泰 원년에 황제의 즉위를 알리기 위해 조선을 방문한 明朝 사절단의 使行 여정을 재구성함으로써, 明一朝鮮 초기의 양국 사절단이 왕래한 경로와 여정에 대한 구체적 정보를 확인할 수 있었다. 그 이전에 한국을 다녀간 중국 사절단의 기행문은 北宋 말 宣和 연간에 사절단의 일원으로 한국을 다녀간 徐兢의 『宣和奉使高麗圖經』이 있었지만, 선화 사절단의 내왕 경로는 海路였기 때문에, 陸路 경로에 관한 기록으로는 『요해편』이 가장 이른 시기의 자료라 할 수 있다.

또한 『요해편』에 수록된 서문과 발문 및 송별시들에 담겨 있는 倪謙의 인물 정보를 통해 朝明 시대 처음으로 일류 文學之士 출신의 翰林院 侍臣

이 正使로 선발되어 파견되었음을 확인할 수 있었다. 명대에는 환관 출신의 사신이 조선에 파견된 경우가 많았지만, 황제의 즉위를 알리는 등 중요한 사안이 있을 경우에는 문학지사 출신의 侍臣이 파견되기도 했는데, 예겸의 出使는 그 첫 번째 사례라 할 수 있다.

이와 더불어, 『요해편』에 수록된 唱和詩들을 분석하여, 예겸의 출사가 朝明 사이의 倡和 외교를 연 첫 번째 사례임을 확인하였다. 한림원 侍講이 출사한다는 소식을 들은 조선 조정은 鄭麟趾 · 申叔舟 · 成三問 등 일류의 文學之士를 接伴使와 館伴으로 임명하였고, 예겸과 정인지 등은 시문의 唱和 酬唱을 통해 '同文', 즉 동질적 문화를 공유한다는 의식을 나눔으로써 양국의 冊封-朝貢 관계를 유지, 강화하는 데 이바지할 수 있었다.

『요해편』에는 조선 정부의 詔書 영접, 즉 迎詔에 관한 정보가 적지 않게 기재되어 있어, 이들 자료를 정리하여 조선의 조서 영접 의례에 관한 지식을 정리할 수도 있다. 양국은 시종일관 冊封과 朝貢의 禮를 교환하였고, 景泰 사절단을 이끈 倪謙이 일류의 文學之士였기 때문에, 예겸은 조선을 방문하여 국왕과 세자의 郊迎을 요구하고 연회에서 女樂을 물리치는 등, 몇 가지 禮論을 전개하여 책봉-조공 관계의 유지와 강화를 기도하였다.

마지막으로, 『요해편』에는 한국에 대한 倪謙 등 명대 지식인의 인식을 보여주는 자료가 적지 않게 담겨 있어, 이들 사료를 통해 朝明 관계의 또 다른 배경을 이해하는 데 도움을 받을 수 있다. 예겸 등 명대 중국의 지식인들은 한국을 神仙이 사는 遼遠한 別天地로, 혹은 중국과 엄연히 경역을 나누는 '外國'으로 이해하기도 했지만, 한편으로는 '箕封', 즉 箕子가 책봉 받은 곳으로 역사와 문화를 중국과 공유하는 나라로, 중국과 함께 詩書禮樂을 향유하는 '同文同軌'의 나라로, 禮義가 발달하여 문화적으로는

中國과 구별하기 어려운 나라로, 册封과 朝貢의 禮를 성실하게 나누는 세계에서 가장 친밀한 '藩國'으로도 인식하고 있었다.

이처럼 이 글에서는 『요해편』의 몇 가지 중요한 사료적 가치를 확인하고 소개하였을 뿐만 아니라, 근래에 새로 공개된 『요해편』이라는 이 史料를 통해 한중관계사와 요동사상의 몇 가지 새로운 정보를 확인할 수도 있었다. 이미 초기부터 遼東都司 체제가 불안정했던 遼東의 상황과 朝明 시대 초기의 通使 경로와 여정, 文學之士 出使의 배경과 효과, 倡和 외교의 개시와 그 성과, 明使의 예우와 접대, 명대 지식인의 독특한 한국관, 正使의 復命書 작성 등에 관한 정보들은 모두 『遼海編』을 통해 처음으로 확인할 수 있는 것이었다. 앞으로 이러한 작업을 기초로 하여 『요해편』이 보다 정밀하고 체계적인 연구의 자료로 이용되기를 기대한다.

제2장
張寧의 『寶顔堂訂正方洲先生奉使錄』과 女眞 문제를 둘러싼 朝明 倡和外交

1. 머리말

『寶顔堂訂正方洲先生奉使錄』(이하 '『奉使錄』'이라 약칭함)은 明使 張寧이 毛憐衛 女眞을 조선 정부에서 자의로 처형한 문제를 조사하라는 特命을 받들고 天順 4년(明 英宗 즉위 4년, 朝鮮 世祖 즉위 6년, 1460년) 봄에 朝鮮을 다녀간 뒤에 편찬, 출간한 일종의 復命書로, 4종의 글이 上下 두 권에 배치되었다. 상권에는 使行과 관련된 4편의 공문서와 遼東을 경유하며 쓴 18편의 使行詩文, 하권에는 『皇華集』에 수록된 唱和詩 등 25편의 시와 「箕子」와 「豫讓」 등에 관한 4편의 산문이 기재되었다.

『奉使錄』 상권에 기재된 4편의 공문서는 모두 제각각 중요한 사료적 가치를 갖는다. 특히 맨 앞에 게재된 공문서인 「名義의 차례를 정해주기를 청하는 題本」은 품계가 낮은 正使와 품계가 높은 副使의 位次를 확인해달라고 황제에게 요청한 제본으로, 明朝가 조선에 파견한 사신을 어떠한 기준으로 선발했는지를 보여주는 흔치않은 사료라 할 수 있다. 그를 이어 기재된 「遼東에서 다시 상주하는 題本」은 天順 4년에 조선에 파견된 명조의 사절단(이하 '天順 사절단'이라 약칭함)에게 부여된 使命과 그 이행 방법이 적시된 사료로, 당시 女眞을 둘러싸고 명과 조선 사이에 야기된 외교적 갈등의 본질을 잘 보여준다. 마지막으로 게재된 「조선국에서 돌아와 復命하는 제본」은 天順 사절단의 복명서로, 명조가 파악하고자 한 여진 문제의 진상과 조선 측의 대응 태도가 정리, 보고되었다. 『봉사록』 상권에 수록된 사행시들은 북경에서 압록강까지 이르는 여정에서 보고 느낀 것을 시로 표현한 것으로, 당시 遼東의 상황, 특히 군사적 상황을 전해주는 사료적 가치를 갖는다. 『봉사록』 하권에 수록된 시들은 「대동강을 건너며」 혹은 「한강의 누각」과 「태평관의 누각에 올라」 지은 시로, 대부분 조선의 遠接使 등과 賡酬한 唱和詩여서 이른바 『庚辰皇華集』에 수록된 것을 옮겨서 재수록한 것이니, 倪謙 이래로 지속된 朝明 倡和外交의 계승과 발전의 양상을 확인하게 해준다. 마지막으로 『봉사록』 하권 뒷부분에 수록된 산문들은 천순 사절단의 使命과는 직접적 관련은 없는 것이지만, 「箕子」에 관한 독특한 평론은 箕子를 매개로 한 한중관계사의 전통과 관련하여 참조할 만한 자료라 할 수 있다.

張寧의 『봉사록』은 지금까지 역사학계의 관심을 전혀 받지 못했다.[1] 그러나 張寧은 倪謙과 陳鑑, 陳嘉猷 등에 이어 네 번째로 조선을 방문한 文學之士 출신의 明使였고, 예겸을 이이 奉使 기록을 남긴 두 번째 正使였던 만큼, 장영이 찬술한 『봉사록』은 예겸의 『遼海編』에 버금가는 사료적 가치를 갖는다. 張寧이 인솔한 天順 사절단은 여러 가지 측면에서 예겸이 이끈 景泰 사절단과 비교되는 점이 적지 않았다. 경태 사절단이 土木堡의

1 張寧의 『奉使錄』에 대한 연구로는 董就雄의 「時論明朝使臣張寧詩在中韓詩話中之地位」(『시화학』 8, 9, 2007)와 杜慧月과 詹杭倫의 「張寧出使朝鮮與『庚辰皇華集』考述」(『遼寧師範大學學報』 31-1, 2008-1)이 있지만, 양자 모두 漢文學 연구자에 의한 문학적 접근으로, 그 역사적 자료로서의 가치나 의미, 혹은 이 사료를 근거로 한 역사학 연구는 아니다.

變으로 英宗이 몽고의 포로가 되어 景泰帝가 즉위한 상황에서 국가의 위신을 지키고 전통적 朝明 관계를 유지하기 위해 조선으로 出使했다면, 천순 사절단은 조선과 女眞의 관계를 주도적으로 조절하여 遼東의 상황을 안정시키기 위해 파견되었다. 환관이 출사하던 관행을 깨고 예겸이 저명한 문학지사로서는 처음으로 조선에 출행했다면, 문학지사 장영의 조선 출행은 이러한 관행을 확인하여 지속시키는 의미를 갖고 있었다. 천순 사절단은 경태 사절단이 밟았던 요동 길을 그대로 되밟으며, 예겸이 보고한 요동의 상황을 재확인했다. 뿐만 아니라, 예겸이 조선에 입국하며 거론했던 世子의 郊迎과 女樂에 관한 禮論을 장영도 그대로 반복했으며, 예겸이 조선의 名士들과 詩賦를 교환하며 倡和 외교를 벌였듯이, 장영도 조선 명사들과 賡酬하면서 창화 외교를 계승했고, 예겸이 조선에서 咨詢한 바를 復命했듯이 장영도 부지런히 咨詢하여 귀국 뒤에 보고했다.

이 글에서는 景泰 사절단의 여정과 비교하면서 天順 사절단의 여정을 뒤좇아 그 역사적 의미를 확인하고, 지금까지 역사학계에서 무시되었던 『奉使錄』의 사료적 가치를 하나씩 정리할 것이다. 이와 함께 張寧의 『봉사록』이라는 새로운 사료를 이용하고 『朝鮮實錄』 등 기존 사료를 참조하여, 女眞 문제를 둘러싸고 전개된 朝明 시대 창화 외교의 양상과 본질에 접근할 것이다. 그리고 前後 사절단의 역할과 비교하면서, 朝明 시대 한중관계사에서 점하는 천순 사절단의 위상을 확인할 것이다.

2. 文學之士의 奉使와 復命

張寧은 海鹽 사람으로, 자는 靖之, 호는 方洲라 했다. 景帝 景泰 5년(1454)에 進士가 되어, 禮科給事中의 벼슬을 받았다. 그는 英宗 天順 4년

(1460)에 正使로 조선에 가서 사명을 성공적으로 수행한 뒤, 都給事中으로 발탁되었다가 외직으로 나가서 汀州知府가 되었는데, 정사를 번거롭거나 가혹하게 하지 않아 1년 만에 善政으로 모두 그를 천거했다. 『明史』 本傳(권180)에서는, "張寧은 辭義가 慷慨하다. [……] 재주가 높고 뜻과 절개를 잃지 않았으며, 章奏를 잘 해서 명성과 칭송이 드높았다"고 했다. 永瑢의 『四庫全書總目』 권170에서도, "張寧은 給事中에 있으면서 거리낌 없이 직언하여, 六科의 章奏가 모두 그 손에서 나왔다. 큰 의논이 있을 때마다, 반드시 張 給事에게 물었다"고 한다.

그러나 張寧은 성격이 강직하고 거리낌 없이 諫爭하여, 외직으로 방출되었다. 『明史』 열전에 의하면, "英宗은 일찍이 그를 중용하려 하였으나, 그렇게 하지 못했다. 오랫동안 諫垣에 있어, 대신들이 좋아하는 것을 하지 않았다. 외직에 나가 있어, 마음이 더욱 답답하고 괴로워서 뜻을 얻지 못하게 되자, 병으로 관직을 그만두고 돌아갔다. 집에서 삼십 년 머무는 동안에 말하는 자들이 여러 차례 천거했지만, 끝내 다시는 불려지지 않았다"고 했다. 『四庫全書總目』에서도, "그 才略이 한 시대에 칭송되었으나, 뒤에 建言으로 李賢의 미움을 받아, 岳正과 함께 같이 외직이 맡겨졌다. 그 氣節이 더욱 온 천하에서 중시되어, 비록 하나의 旗를 가지고 나가서 지방을 맡아 다스리게 되고, 넘어져서 다시는 떨치고 일어나지 못했지만, 꿋꿋하게 우뚝 섰으니, 宿望이 廊廟의 巨公 아래에 있지 않았다"고 했다.

관직에서 물러난 뒤의 張寧의 동정에 관해, 崔溥의 『漂海錄』 권2에는 다음과 같은 이야기가 있다. "어떤 사람이 와서 [……] 말하기를, '장 급사는 벼슬을 그만두고 집에 있는데 집이 嘉興府의 海鹽縣에 있으므로 이곳과의 거리가 100리이다. 張公이 이곳 항주성에 도착하여 조선의 文士가 바다로 표류해왔다는 소식을 듣고는, 조선의 사정을 묻고자, 여러 날 머물러 기다리다가 하루 전에 돌아갔다'라고 했습니다. 그 사람의 성명을 물으니 王玠였는데, 장 급사의 생질이었습니다. 자칭 陳梁이란 사람이 와서 말하기를, '변변치 못한 내가 일찍이 靖之 대인과 함께 당신 나라에 다녀온 적이 있다'라고 하였습니다. 신이 '장공은 어느 벼슬까지 하셨으며, 무엇 때문에 벼슬하지 않고 집에 있는가?'라고 묻자, '장공은 관직이 都給事에 이르렀고 후에는 都御史에 임명되었는데, 아들이 없기 때문에 벼슬하지 않고 42세에 집으로 돌아와 병을 요양하고 있다'라고 하였습니다."[2] 또한 朱彝尊의 『靜志居詩話』 권7에서는 "집에 머물기 30년에 시를 읊고 글을 써서, 雲東逸史와 더불어 칭송되었다"고도 했다. '雲東逸史'란 明代의 저명한 문학지사 姚綬의 호로, 요수는 天順 연간에 進士가 되어 監察御史 등을 지냈는데, 만년에 丹中에 은거하여 丹丘先生이라 불리기도 했다.

張寧은 詩와 書, 畵에 모두 뛰어난 文學之士로서 당대에 이미 명성이 높았다. 『四庫全書總目』 권170에 의하면, "지금 그 奏疏 여러 篇을 보면, 正論을 훌륭하게 말하고 國體에 통달하여 그 명성에 부끄럽지 않다. 다른 글도 거리낌 없이 헌걸차서 氣가 있는데, 詩는 浮聲이 상당히 섞여 있지만, 역시 도량이 좁거나 허약한 태도는 없다"고 하고, 『四庫全書總目』 권175에서는 "그 詩는 격조와 정감을 마음껏 치달린다"고 하였으며, 朱彝尊의 『靜志居詩話』 권7에서도 "黃門은 詩才가 민첩하다"고 했다. 이처럼 張寧은 명대의 대표적 문학지사의 한 명으로 평가받았다. 그는 여러 권의 저서를 남겼는데, 『明史』 藝文志에서 "張寧은 『張寧文集』 32권과 『讀史錄』 6권, 『奉使錄』 2권이 있다"고 하고, 黃虞稷의 『千頃堂書目』에서는 "張寧이 『讀史錄』 2권과 『奉使錄』 2권, 『方洲集』 40권, 『王濟張寧浙西倡和詩』 등이 있다"고 했으며, 『四庫全書總目』 권143에는 張寧의 『方洲雜

---

2 朴元熇 역, 143~145쪽.

言』 1권, 권170에는 張寧의 『方洲集』 26권, 『讀史錄』 4권이 기재되어 있다.[3] 『寶顔堂訂正方洲先生奉使錄』은 淸初 『尙白齋鐫陳眉公訂正秘笈』本 檇李의 高承埏[4]이 교정한 것이다.

張寧은 倪謙을 이어 다시 조선에 파견된 文學之士 출신의 사신이었다. 예겸이 문학지사 출신 明使의 첫 주자로 기억된다면, 장영은 그 후학으로서[5] 다시 조선을 찾은 저명한 문학지사 출신의 사신이었다. 이에 대해 『皇華集』의 「서문」을 쓴 조선의 大司成 崔恒은 다음과 같이 그 의미를 지적했다.

> 天順 4년 봄에 禮科給事中 張公이 사명을 받들고 와서 咨詢하던 틈에, 경사스럽게도 직접 만날 기회가 있어 즉시 시를 지어 읊었는데, 아름다운 구슬이 찬란하게 빛나며 비단 주머니에 넘쳐 거의 한 권의 책을 이룰 정도가 되었다. [……] 공은 재능과 학식이 풍부하고 도량이 크며, 일찍이 과거에 합격하여 빛나는 명성을 드날려, 마침내 [황제의] 인정과 대우를 받아 그 측근에서 給事하며 聖天子를 보좌하고 예의와 제도의 법규에 대해 의논하다가, 이제 멀리 使命을 품고 우리를 방문해주었다. 우리나라는 비록 바다 바깥의 외진 곳에 있지만, 禮를 지키며 옛 세대부터 은혜와 대우를 받아왔으니, 밝은 조칙을 반포할 때마다 반드시 조정 안에서 현명하고 재능이 있는 이를 골라 보내니이, 儒學을 익힌 훌륭한 上人이 앞뒤를 이었다. 지금 공이 온 것으로 보아, 황제의 간택을 특별히 받아서 그

3 杜慧月 등 앞의 논문, 103쪽. 張寧에 관한 사료로는 『明史』 180 외에도, 『萬斯同明史』 234, 『明史稿』 163, 『明名臣言行錄』 27, 『明人小傳』 1, 『明詩綜』 21 등이 있다.

4 고승연은 明末 淸初(1599~1646)에 생존한 浙江 嘉興 사람으로, 자는 寓公이다. 명 崇禎 13년에 進士가 되어, 知寶坻縣으로 淸軍에 저항하였고, 청군이 入關한 뒤에는 은거하여 책을 모았는데, 모은 책이 7만여 권에 이르렀다고 한다. 저서로 『稽古堂集』과 『自靖錄』이 있다.

5 李肯翊의 『練藜室記述』 「事大典故」에서는 "張寧은 다름 아닌 倪謙의 門生이다"라고 했다.

뜻을 삼가 받들었음을 더욱 믿을 수 있게 된다.

張寧의 『奉使錄』은 중국 사신의 임명에 관한 새로운 정보를 제공한다. 倪謙의 『遼海編』이 文學之士의 임명에 관한 정보를 제공한 첫 기록이라면, 장영의 『봉사록』은 관품보다는 능력 위주로 사신을 임명하는 독특한 사신 임용의 기준을 보여준다. 禮科 掌科事給事中으로서 正使로 임용된 張寧이 제본을 올려 다음과 같이 요청했다.

> 신은 황상의 명을 받들어 錦衣衛 帶俸都指揮인 武忠과 함께 朝鮮國에 사신으로 가게 되어, 공무에 의거해서 조정에 하직하고 칙령을 수령하였습니다. 그러나 저쪽에 도착하면 차례대로 앉아야 하고 돌아오는 날에 보고할 때는 제본에 신 등의 이름과 칭호 등 여러 조목에 서명해야 하는데, 신은 원래 내려진 勅命에서 서열이 앞에 있음을 따라 받들려 해도, 무충이 무관직 3품인데 신은 문관직 7품이어서 마음이 편치 않사오니, '조선국은 평소에 문물을 숭상하니 張寧을 正使로 삼고 武忠을 副使로 삼는다'는 황상의 명령을 받들 수 있도록 결재해주시기를 삼가 엎드려 비옵니다.

위의 제본은 天順 4년 2월에 올렸는데, 사흘 뒤 아침에 조회가 파한 뒤에 황제가 文華殿으로 행차하여, 張寧이 직접 황제를 만나 상주문을 읽었다. 그때 황제가, "너는 近侍官인데, 어찌 관직의 品級에 대해 논하는가. 듣기에 李瑈[=世祖]가 책을 읽는다는데, 혹시나 典故에 대해 묻는 경우가 있으면, 이는 武忠이 답할 수 있는 바가 아니다. 네가 앉을 자리의 차례는 윗자리에 있다"고 두 번 세 번 거듭 권하고 타이르면서, 근시관 가운데서도 貴人임을 고려하여 조선 국왕에게 내리는 勅諭에도 "이와 같은 사람이 그곳에 간다"는 말을 꼭 넣게 하겠다고 약속했다.[6]

장영이 맡은 '禮科 掌科事給事中'이란 직임은 禮科의 일을 책임진 給事中을 말한다. 禮科는 明淸 시대 六科의 하나로, 典禮에 관한 업무 등을 감찰하는 기구였고, 給事中은 侍從과 規諫, 六部의 규찰, 制勅의 시정 등을 맡은 직책이었다. 무충이 소속된 錦衣衛는 明 太祖 洪武 15년(1382)에 설치된 錦衣衛親軍指揮使司로, 원래는 의장과 황제의 호위라는 임무를 맡았으나, 중기 이후에는 비밀경찰과 사법 기능도 함께 갖고 있었다. 황제의 측근에서 신임을 얻었기 때문에 외척이나 공신의 자제로 충원되는 경우가 많았고, 그 장관은 指揮使였다. 都指揮란 錦衣衛의 최고 장관을 말하고, 帶俸이란 무관이 다른 곳에 파견될 경우에 본래 관직의 봉록을 그대로 받는 것을 뜻한다.

『봉사록』에 기재된 이 기사는 明朝가 파견한 天順 사절단이 官位보다는 사신의 능력, 특히 문학적 능력을 위주로 선발되었음을 보여준다. 『明史』 本傳에서, 천순 연간에 "朝鮮이 이웃 部 毛憐衛와 원수가 되어 살해하여 張寧에게 명하여 都指揮 武忠과 함께 가서 [원수 사이를] 풀게 했는데, 張寧은 辭義가 慷慨하고, 武忠은 용맹하고 씩씩해서 활 두 장을 당겨서 꺾고 기러기를 향해 화살 한 발을 쏘아 떨어뜨려, 조선인들이 놀라 탄복해서, 두 사람이 끝내 그 원수 사이를 풀고 돌아왔다"고 한 것으로 보이, 능력 본위의 이러한 사절단 구성이 소기의 성과를 거두었던 것으로 보인다.

조선에도 이러한 사실이 전해져서, 明朝에 파견하는 사절단의 구성에 일정한 영향을 미쳤다. 成宗 15년에 명에 파견하는 사절단원의 위차를 논의하면서 盧思愼이 말하기를, "전에 張寧과 武忠이 사명을 받들고 왔을 때, 무충은 벼슬이 높고 장영은 7품의 관원이었으나, 장영이 正使가 되어

6 『奉使錄』 上卷 「명의의 차례를 정해주기를 청하는 題本」에서.

무충의 위에 앉았는데, 벼슬의 높낮이를 가지고 혐의삼지 않았다"고 하면서, 書狀官의 품계가 通事보다 낮다 하더라도 사절단에서는 높은 자리에 앉혀야 한다고 해서 관철시켰다.[7]

중국 역대 왕조의 사신이 한국을 다녀간 뒤에 저술한 '使朝鮮錄'은 기본적으로 復命書, 즉 귀국 보고서였다. 『宣和奉使高麗圖經』이 현존하는 첫 복명서였고, 倪謙의 『遼海編』도 詩의 형식으로 기재되기는 했지만 크게 보아 복명서의 성격을 갖고 있었다. 張寧의 『奉使錄』도 이와 크게 다르지 않았지만, 특히 「조선국에서 돌아와 復命하는 題本」을 포함시켰다는 점에서 더욱 주목된다. 이 「제본」에서 장영은 奉命한 바를 충실하게 수행하고 귀국해서 다음과 같이 復命했다.

> 欽差 禮科 등 아문의 給事中 등 관직에 있는 臣 張寧 등 臣 등은 앞서 황명으로 조선국에 파견되어, 국왕 李瑈에게 칙서를 내려 타이르며, 毛憐衛의 都督僉事 郎卜兒哈 등 16명을 유인하여 살해한 연유를 문책하였습니다. 이유가 영접하면서 갖춘 예의는 藩國의 도리를 다한 것이었습니다. 칙서를 열어 읽을 때는 꿇어 엎드려 전전긍긍하였습니다. [……] 신 등은 通事와 序班을 대동해 갔지만 언어가 잘못되어 어그러질까 걱정되어, 당연히 종이와 붓을 가져다가 글을 써서 이유와 문답했는데, 앞뒤가 서로 맞아 실제 사정이 틀림이 없고 거짓 꾸민 것도 없었습니다. 신 등은 일을 끝낸 뒤에 되돌아왔는데, 이유가 벌써 陪臣인 戶曹參判 金淳과 慶昌府尹 梁誠之를 파견하여 3월 초 10일에 京師에 도착해서 은혜에 감사드렸습니다. 이에 삼가 제본을 갖추어 아룁니다.

『明史』 本傳에서, "朝鮮이 이웃 部 毛憐衛와 원수가 되어 살해하여 張

7 『成宗實錄』 15년 8월 22일 조.

寧에게 명하여 都指揮 武忠과 함께 가서 [원수 사이를] 풀게 했는데 [……] 두 사람이 끝내 그 원수 사이를 풀고 돌아왔다"고 한 것으로 보아서도, 天順 사절단의 사명은 성공적으로 수행된 것으로 평가되었음을 알 수 있다. 그러나 천순 사절단의 사명은 조선과 여진의 관계를 조절하여 요동을 안정시키는 일에 국한되었던 것은 아니다. 당연히 천순 사절단에도 景泰 사절단 등 다른 사절단처럼 사절단 본연의 임무인 '咨詢'의 역할이 부여되어 있었다. 사신의 제1차 임무는 '咨詢', 즉 두루 물어서 살피는 일이었다. 이는 徐兢의 『高麗圖經』와 倪謙의 『遼海編』에서 이미 확인할 수 있었다. 張寧의 『奉使錄』에서도 사신의 '咨詢' 임무가 여러 차례 강조되었다.

天順 사절단이 「山海關에 이르러」, 張寧은 "산 넘고 물 건넘이 실로 나의 일이라, 咨詢하여 두루 살펴야지 어찌하겠나. 돌아갈 때는 멀지 않음을 알게 될 테니, 이르는 곳마다 지나온바 기록해둔다"고 노래했다. 「陳선생[8]의 '萬景樓에 올라'에 和答하여」, "咨詢이 두루 이뤄져 돌아갈 날 촉박한데, 조각된 난간에 기대 보니 해가 다시 기운다"고도 노래했다. 張寧은 「韓 判書의 狎鷗亭 詩卷에 題文을 쓰며」, "내가 떠난 뒤에 매일 지나가면서, 풍속 보고 그 깊고 오묘한 뜻을 알게 되었다. 참되고 곧은 마음대를 이어 두루 돈독하니, 文獻에 기재된 제도는 계속 이어져야 마땅하다. 돌아가면 당연히 천자께 이를 아뢰고, 詩로 敎化를 보완했음을 말씀드리리"라고 하여, 復命의 내용이 곧 咨詢한 바임을 밝히고 있다. 『皇華集』의 「서문」을 쓴 조선의 大司成 崔恒도 "使星이 하늘을 떠나 析木에 올라 광채를 발하였다. 綸音을 만 리 먼 곳에 널리 전하고서 九重 궁궐에 백성의 실정을 전달하였으니, 위아래가 서로 뜻이 같아 의심하지 않고 멀고 가까운 곳이 서로 친근하고 조화로워졌다"고 하여, 咨詢의 직접적 결과가

8 張寧보다 앞서 世祖 3년(1457)에 조선을 찾은 明使 陳鑑을 이르는 말이다.

復命이었음을 강조하고 있다.

『朝鮮王朝實錄』에는 張寧이 실제로 咨詢한 흔적 몇 가지를 전하고 있다. 예를 들면, 張寧이 成均館에 가서 謁聖의 예를 마친 뒤에, 동행한 假館官 鄭麟趾와 館伴 朴元亨 등에게 諸生이 몇 명인지, 종신토록 급제하지 못한 자는 어떻게 되는지, 鄕試에 합격하고 會試에는 합격하지 못한 자는 어떻게 처리하는지 등을 일일이 물어보고, "選擧의 법이 엄격하다"고 찬탄했다.[9] 또한 張寧은 林畔館에 이르러 伴送使 朴元亨에게 死罪를 판결할 때 무슨 법을 쓰는지 물어보고, 死罪는 어떤 형벌을 쓰는지 등을 물어보았다. 대답을 들은 장영은 副使인 武忠에게 "우리가 들은 바는 거짓말이었다"고 하고, 武忠은 "우리가 듣기로는 귀국에서는 死罪로 판결하면 모두 강에 가라앉힌다고 해서 그런 말을 했는데, 과연 오해였다"고 하면서, "우리가 돌아가서 황제께서 물으신다면 마땅히 하나하나 주달하겠다"고 했다.[10]

물론 천순 사절단에 부여된 사명은 咨詢에 국한되었던 것은 아니었다. 張寧이 「臨津江을 건너며」, "강물 따라 함께 떠다닌다고 웃지를 마소, 가는 곳마다 광범하게 咨詢해야 마땅하니. 이번 행차는 오로지 은혜로운 명령을 전하기 위함일 뿐, 星槎 타고 해외 나간 漢 사신이 아니다"라고 노래하고, 「太平館」에서 지은 시의 本注에서, 그는 "天順 4년 봄에 내가 황상의 명을 받들고 조선에 사신으로 가서, 높은 곳에 올라 멀리 바라볼 때는 아득히 먼 곳에 있는 帝都를 생각하고, 王國을 두루 돌아다니며 절기와 세태, 풍물, 산천 등을 구경하였는데, 보이는 곳과 안 보이는 곳이 비록 달라도 마음과 눈이 모두 가 닿아, 그 사이 사이에 슬피 부르짖고 싶은 심

9 『世祖實錄』 6년 3월 6일 조.
10 『世祖實錄』 6년 3월 18일 조.

정이 남겨지고 이어졌다. 대개 옛일을 생각해서 마음 아파하고 풍속을 살피고 조사하는 것 외에도 더 중요한 일이 있음을 나도 이미 알고 있었지만, 흥을 일으켜 문장을 만들면 정사가 절로 그렇게 되지 않을 수 없다"라고 했다. 여기서 '은혜로운 명령을 전하는 일'이라든가 '더 중요한 일'이라 한 것이 곧 여진과 조선의 관계를 조절하는 일을 가리키고 있음은 분명하다. 따라서 천순 사절단에게는 사절단에 일반적으로 부여되는 '咨詢'의 역할과 더불어 여진 문제를 해결하는 특명이 따로 더 부여되었음을 알 수 있다. 張寧의 『奉使錄』은 곧 조선에서 받든 특명과 아울러 '咨詢'의 일반 사명도 성공적으로 수행했음을 보고하는 復命書의 성격을 띠고 저술되었다.

張寧이 이끈 天順 사절단의 사행 경로는 앞서 이뤄진 倪謙의 景泰 사절단이 밟은 사행 경로와 크게 다르지 않았다. 遼東을 경유할 때, 천순 사절단의 눈에 보인 遼東은 경태 사절단의 눈에 띈 것처럼 군사적 역할만을 수행하는 변경이었다. 장영은 「三海關을 지나며」 "百二의 山河가 帝京을 옹위하고, 철통같은 관문의 쇠 자물쇠가 長城을 잇고 있다. 遼陽까지 천 리에는 烽火가 없지만, 薊北의 여러 병영에는 중무장한 병력 있다"고 노래했고, 「松山에서 묵으며 만난 孟玉 千戸는 연로했지만 개국 이래의 변방 일을 이야기할 수 있어, 분명하게 들을 만했다」 하고, 「廣寧의 여러 屯衛 기마 병사들은 모두 사냥개를 데리고 다니며 사냥하기 때문에, 재미삼아 '畜犬詞'를 짓기도 했다」. 그는 「鳳凰山을 지나며 그 유람기」를 다음과 같이 지었다.

> 遼[東]城에서 동쪽으로 사흘을 가면 連山의 요해지를 나서게 되고, 하루를 더 가면 봉황산에 이르게 되는데, 조선의 경역에서 여전히 백여 리 떨어진 곳이다. 그곳에 사는 사람들은 '開州'라고 부르지만, 그 땅은 초목이 짙푸르게 우거지고 사

람이 아무도 살지 않는 곳으로 [……] 내가 처음에는 使行 일로 올라가서 구경할 겨를이 없었지만, 춘삼월 22일에 그곳을 다시 지나가게 되어, 遼東都司 李本正 군이 기병 천오백 명을 거느리고 마중 나왔는데, 마침 해가 져서 이곳에 병영을 멈춰 세웠다. 이로 인해 副使와 錦衣衛 武士인 英과 함께 세 사람이 고삐를 나란히 하고 북과 피리를 연주하며 앞으로 나아갔다. 모두 돌을 겹쳐 쌓아 성을 만들고 산을 따라 가리고 막았는데, 가파른 바위가 무너져 반 이상이 훼손되었다. [……] 혹자는 말하기를 처음 燕이 전성했을 때 郡의 치소였다고 하고, 또 혹자는 옛 高[句]麗 시기의 성채였다고 말하기도 한다. 또 전해지는 말에 의하면, 唐太宗이 동방을 정벌해서 그 땅을 함락시키고 일찍이 이곳에 병력을 주둔시켰다고도 한다. 이런 말들은 모두 꼭 그랬던 것은 아니라 하더라도, 모두 그렇지 않았던 것도 아닐 것이다. 단지 그 동북쪽으로 海西女直의 경역과 서로 접해 있고, 이 산은 바로 그 통로에 위치해 있기 때문에, 당시에 성을 세우고 수비 병력을 두어 제압함으로써 관리 운영하고 계획을 구상할 수 있었다고 말할 수 있다. 그런데 오늘날 처량하게 황폐해져서 지나가는 과객의 비감을 불러일으킬 줄이야 누가 알았겠는가.

또한 張寧은 조선의 왕성에 들어가서 「太平館 누각에 올라」, 중국과 동질의 문화를 고도한 수준으로 향유하는 한국의 문화에 관해 확보한 정보를 60韻의 시로 정리해 표현하기도 했다. 그는 이 長律에서 "하늘땅에 은혜 있어 함께 덮고 실어주니, 華夷 중에 朝宗하지 않는 곳 없다. [……] 교화가 담장 바깥 九服까지 행해져서, 사람들이 三王의 禮樂 가운데 있게 되었다"고 하여, 명과 조선의 冊封－朝貢 관계가 성대하게 전개되고 있음을 과시하면서, 조선이 중국과 동질적 문화를 향유하며 번성하고 있음을 칭송하였다.

이전부터 東土에는 文風이 양호해서, 옛날부터 中朝에서 하사함이 융숭했다.

皇家의 울타리가 되어 법도를 떠받들고, 거룩한 규범을 본받아서 병들고 노쇠한 이들을 구휼한다.

안으로는 畿甸 이어 평안하게 백성 다스리고, 밖으로는 邊荒 당겨 기세 높게 영토를 지킨다.

八道에 관리를 보내 아름다운 풍속을 따르게 하고, 겹 문에다 딱따기를 쳐서 흉한 때를 대비한다. [……]

하천 별이 꾸불꾸불해 너무 멀어서 보기 어려워도, 훌륭한 人物 넉넉하고 빼어난 기운이 모여 있다.

가죽신에 긴 적삼 입은 부녀자가 잡역을 바치고, 卉衣에 삿갓 쓴 품팔이꾼은 관아에서 부려진다.

관청에서 북 두드리며 뭇 관리들이 奚아다니고, 정원 밖에서 어린 戎人이 갈잎피리를 잘 울린다.

시골 할미가 성 안에 들어가 土布를 바치고, 땅 화로에 불을 피워 山銅을 녹인다.

越裳처럼 重譯함에 관문 나루가 편리하고, 魯國처럼 현인이 많아 선비들이 가득 찼다.

하늘 끝에서 樓船이 와서 바다에서 교역하고, 阡陌에 넉넉히 비 내려서 농사짓기를 권유한다.

또한 『奉使錄』 「서문」에서 "公이 이 나라에 온 뒤에, 王事에 정해진 일정이 있어, 두루 다 미치지 못함을 번번이 생각했다. 그럼에도 불구하고 道統을 중시하여, 箕子를 찾아뵙고 교화의 근원을 숭앙하고, 宣尼를 배알함으로써 솔선하여 禮를 지켜 허물없이 모범을 두루 행하여 보여주었다"고 하였듯이, 장영은 「天順 4년 봄에 사신의 일로 조선에 이르렀을 때, 가는 길에 平壤을 경유하게 되어, 箕子 사당을 찾아뵙고 사모하는 정으로 우러러보며 절하였다」. 그는 唐의 柳宗元이 쓴 「箕子廟碑」의 문장을 단서로 하여, 기자에 대한 감회를 다음과 같이 밝히기도 했다.

> 箕子는 이 동방의 땅에 거처하기를 마치 원래부터 이곳에 있었던 것처럼 했다. 또 처음 여기에 봉해졌을 때, 조선은 비로소 道에 잘 통할 수 있게 되었고, 成王 시기에 이르러서는 진기한 물건을 전하며 서쪽으로 갔다. 東服이 이에 東魯가 되었으니, 聖人께서도 '군자가 있으니 무엇이 비루한가'라는 말씀을 하셨다. 진실로 선생께서 그 땅을 편안하게 하고 백성을 인도한 힘이 아니었다면, 그 교화가 이처럼 갑자기 이루어질 수 있었겠는가. 큰 은혜를 한 지방에 베풀어서 夷를 華로 만들어 彝倫과 禮樂의 덕택이 지금에 이르기까지 쇠퇴하지 않게 하고, 대대로 책봉과 하사품을 받으며 오래도록 나라를 다스리게 했으며, 선생 역시 영구히 사당에서 제사를 받게 되었다. 이 모두가 中國의 周가 내려준 것이니, 아, 周 역시 어질었구나.

倪謙이 그러했듯이, 張寧 역시 箕子라는 매개를 통해 중국과 한국의 문화적 동질성과 역사적 연관성을 강조하려 했으니, 이러한 明代 지식인의 역사관은 명과 조선 사이에 유지되어온 책봉-조공 관계의 이론적·의식적 근거로서 기능하였다. 천순 사절단을 이끈 장영은 여진과 조선 사이에 발생한 특수한 사건을 조사하여 해결하라는 특명을 받고 조선을 방문했지만, 그 자신 저명한 문학지사 출신으로 앞선 문학지사 출신의 明使들과 마찬가지로 '咨諏'하여 復命하는 사신의 고유한 임무를 다하였을 뿐만 아니라, 箕子를 매개로 한 韓中 역사의 관련성과 문화의 공유를 거론하며 朝明 사이의 전통적 책봉-조공 관계를 유지, 강화하려 노력하였다.

3. 女眞과 朝明 관계

天順 사절단이 황제에게서 받은 명령은 조선의 자의적 여진 처형을 조사해서 朝鮮과 女眞의 갈등을 해소하고 遼東을 안정시키는 일이었으니, 이는 앞서 復命書에서 밝혀진 바와도 같다. 당시 조선은 毛憐衛과 갈등하여 무력 충돌이 발생할 위험에 처해 있었기 때문에, 明朝는 천순 사절단을 서둘러 파견하여 요동의 안정을 시도하였다. 이 사건의 발단과 전개는 조선의 正朝使 咸禹治가 올린 啓文에서 다음과 같이 밝혀져 있다.

> 建州衛 都指揮 童火爾赤과 毛憐衛 都指揮 柳尙冬哈 등이 廣失塔 등을 보내 아뢰기를, '조선에서 浪孛兒罕 등 17명을 유인하여 죽였기 때문에, 지금 速平江衛와 斡木河衛, 西海衛 등의 인마 6천을 불러 모아 조선에 가서 원수를 갚으려 한다'고 하여, 마음대로 군마를 움직여 자신과 집의 화를 자초하지 말도록 명하고, 禮科給事中 張寧을 正使로 삼고, 錦衣衛指揮 武忠을 副使로 삼아 勅書를 가지고 가서 浪孛兒罕을 죽인 사유를 묻게 하였는데, 그들은 이번 정월 22일에 北京을 떠났습니다.[11]

명의 황제는 이러한 목적으로 張寧 등을 조선에 보내 天順 4년 3월 2일에 조선 국왕에게 다음과 같은 勅諭를 전달하게 했다.

> 建州右衛 都指揮 佟火爾赤[=童火爾赤]과 毛憐衛 都指揮 散冬哈[=柳尙冬哈] 등의 奏聞에 의하면, 毛憐衛 都督僉事 浪孛兒罕 등 16인이 왕에게 유혹당해 갔더

---

11 『世祖實錄』 6년 2월 6일 조.

니 爵級을 올려주고 상을 주다가 모두 살육을 행하여, 本衛의 인민들이 참지 못해 人馬를 징발해서 원수를 갚으려 한다는 내용이 있었다. 짐은 이 일이 필시 중간에 특별한 연고가 있으리라 여겨, 이미 각 衛에 勅諭해서 인마를 가볍게 움직여 원수를 갚거나 복수하여 죽이는 일을 허락하지 않고, 왕에게 물어 回奏가 이뤄지는 날에 일을 처리하겠다고 타일렀다. 이제 특별히 왕에게 묻건대, 일찍이 사람을 보내 浪孛兒罕을 유혹해 가지 않았다면, 무엇 때문에 저들 16인을 죽였는가. 왕은 마땅히 사실대로 일일이 아뢰어서 시비를 명백히 보이라. 혹시 실정을 숨겨서 엄폐하여 꾸미지 말고 일일이 각 衛에 밝혀서, 저들이 心服하게 하는 것이 좋겠다. 그러지 않으면 싸움이 잇달아서 화가 맺힐 것이니, 불안한 일을 자초하는 것은 국경을 보호하고 이웃과 화목하는 도리가 아니니, 왕은 마땅히 짐의 이러한 뜻을 받들도록 하라.[12]

明使 張寧은 이러한 칙서를 조선 왕에게 전달하면서, "浪孛兒罕은 원래 중국 조정에서 높은 관직을 받았는데, 전하께서 어찌 마음대로 죽였습니까. 또 사람을 시켜 이들을 잡아왔습니까, 아니면 유인하여 불러왔습니까. 16명을 모두 다 죽였습니까" 등을 따져 물었고, 조선 왕은 "낭발아한 등은 대대로 우리나라 지방에 살았으니 곧 우리의 編氓이고, 반란한 흔적이 분명한 門庭의 도적이므로, 일이 급하여 奏聞할 겨를이 없었습니다"라고 변명하면서, "저들이 변경을 시끄럽게 하여 반란을 일으키는 일이 있으면 祖宗 이래로 수시로 변란에 대응한 전례가 있습니다. 또 기회를 보다가 처치하라는 천자의 聖旨도 일찍이 있었습니다"라고 했다. 이에 張寧은 "오늘의 칙서는 조정에서 저들을 편드는 것이 아닙니다. 조선은 본래 禮義의 나라이므로, 太祖 高皇帝 이래로 본국을 대우하는 禮가 다른 나라

---

12 『世祖實錄』 6년 3월 10일 조.

와 비할 바가 아니었습니다. 전하께서 이러한 여러 일들을 일일이 回奏한다면, 중국 조정에서 저들을 금지시켜 다시는 원수를 갚는 짓을 행하지 못하게 할 것입니다"라고 권고했다.[13] 그 며칠 뒤에는 "전하께서 전일에 말씀하시기를, '일찍이 「野人들의 일을 처치하는 데 대한 勅旨」를 내리기를, 만약 변경을 침범하면 시기를 보다가 처치하되, 즉시 다 죽일 것이다라고 하였습니다'라고 하셨으니, 청컨대 그 칙서를 抄하여 주십시요"라고 했다. 이에 조선 왕은 명 태종 永樂帝와 지금 황제, 즉 英宗의 「야인의 일을 처치하는 데 대한 칙서」를 抄하여 張寧에게 주고,[14] 戶曹判書 金淳과 慶昌府尹 梁誠之를 明에 보내 장영이 가져온 칙서에 대해 回奏하여 사건의 전말을 자세하게 알렸는데, 먼저 일의 발단에 대해 다음과 같이 설명했다.

> 天順 3년 7월의 議政府 狀啓에 의하면, 咸吉道都節制使 楊汀이 呈文을 갖춰 다음과 같이 아뢰었습니다. '本道의 後門에 사는 野人들이 매번 王城에 와서 물건을 구해 얻으려 하니, 驛路가 소란스런 폐단이 있고 그 찾는 물건이 한이 없어 옛날부터 숫자를 줄여서 올려 보냈는데, 연전 겨울에 浪孛兒罕이 從者를 전보다 배나 많이 데리고 왕성에 가기를 청하였기에, 전례에 따라 숫자를 줄이도록 하였더니, 낭발아한이 분을 내어 同類를 선동하고 헛소문을 만들어 조선에서 장차 거병해서 다 쓸어 죽이려 한다고 말해, 놀라 소동하여 산으로 오르게 하고 나무를 깎아서 符驗을 만들어 부락 사람을 유혹하여 모았습니다. [……] 이에 낭발아한과 그 처 [……] 아들 [……] 딸 [……] 손자 [……] 계집종 [……] 사내종 [……] 등을 잡아와서 정상을 캐물었더니 모두 공초에 자복했습니다 [……]'라

13 『世祖實錄』 6년 3월 2일 조.
14 『世祖實錄』 6년 3월 9일 조.

고 했습니다.

함길도 절제사의 이 같은 呈文을 받고, 조선 조정은 "낭발아한이 범한 죄는 변경의 중대한 일이라" 판단하고, 대신을 파견해서 다시 조사하게 한 결과, 양정의 보고와 다르지 않음을 확인하고, "낭발아한 등 9명을 법에 따라 처치하고 나머지는 불문에 부쳤다"고 했다. 그런데 "낭발아한의 아들 阿比車가 도망하여 멀리 숨었는데, 그 아비의 죄악을 생각하지 않고 오히려 원망을 품고서 보복하려 同類를 유인하여 금년 정월 20일간에 會寧에서 도둑질했으며," 鐘城과 富寧, 鏡城 등을 침범하여 남녀 백성과 소·말 등을 도둑질했다고 하면서, "勅諭에서 佟火爾赤 등이 奏聞하여 臣이 낭발아한을 유인하여 자급을 올려주고 상을 주다가 16명을 살육했다고 하나, 이는 필시 저 아비거의 거짓으로 유혹하는 데 넘어가서 헛말을 꾸며대어 핑계를 대는 것입니다"라고 해명했다. 뿐만 아니라, 이 회주에서 조선 왕은 이 사건을 계기로 새로운 朝貢路의 개통을 요구하기도 했다.

함길도 도절제사 양정의 정문에 의하면, '野人 낭발아한의 아들 阿比車가 諸種野人을 유인하여, 天順 4년 정월 20일에 본도 會寧府 지방에 와서 도둑질하면서 [……] 본국인에게 말하기를, 나의 아비가 피살되었는데, 지금은 보복할 수가 없다 하더라도 너희 나라의 朝貢하는 인마가 모두 東八站의 산길을 거치니 응당 이곳의 산골짜기에 가서 숨어 기다리다가 요격하여 빼앗겠다고 했습니다'라고 합니다. [……] 小邦에서 조공하러 왕래할 때는 항상 東八站 한 길을 경유하는데, 지금 아비거가 그 아비의 죄악을 생각하지 않고 보복하려 하고, 會寧 지방에서 분을 풀지 못하여 釁端을 일으키기를 그치지 않고 있다. 중국의 東八站 舊路는 풀과 수목이 무성하여 사람이 거의 살지 않는데, 만약 이 도적이 몰래 이 땅에 와서 엿보다가 출몰하게 되면, 길이 막혀서 불편하게 될 것입니다. 신이 체험하여 알기로는 遼東의 관할인 刺愉寨의 한 길이 賊境과 멀리 떨어지고 거주하는 백성들이 흩어져 사니, 저들이 뛰쳐나와서 도둑질하기가 어려운 형세입니다. 삼가 거룩한 자비심을 바라니, 허락하는 명령을 밝게 내려서 자유채의 길을 개통하여 왕래를 편하게 해주시면 심히 다행으로 여길 것입니다.

이 사건은 기본적으로 전통 시대 동아시아 세계질서의 운영체계인 冊封-朝貢 체제의 본질에 관한 문제였다. 明과 女眞은 이미 明朝의 개국 초부터 衛所 체제에 의한 책봉-조공 관계가 유지되고 있었는데, 조선도 여진의 추장을 책봉하고 조공을 받음으로써 이와 유사한 관계를 발전시켜왔다. 책봉-조공 관계란 국제사회의 중심, 즉 中國과 주변, 즉 四國의 제도적 관계인데, 조선이 여진과 책봉-조공 관계를 성립시킨 것은 곧 스스로 '中國'을 지배하고 있다고 자처한 행위로, 또 다른 중국 국가인 明과의 충돌은 불가피한 일이었다. 명이 天順 사절단을 파견한 가장 큰 이유는 바로 이 문제를 해결하기 위한 것이었다. 천순 사절단이 귀국한 뒤에 조선의 奏聞使 李興德이 가져온 勅書는 이를 단적으로 잘 보여준다.

지난번에 建州 等 衛 頭目이 아뢰기를, '毛憐衛 都督僉使 浪孛兒罕 등 16명이 왕에게 유인되어 가서 피살되었으니, 本衛에서는 반드시 인마를 모아서 원수를 갚으려 합니다'라고 하여, 이미 給事中 張寧 등을 보내 칙서를 가지고 가서 왕이 낭발아한을 죽인 이유를 묻고 반드시 시비를 명백하게 밝혀서 일을 처리하게 했다. 이제 왕이 奏聞하기를, '낭발아한 부자가 몰래 반역을 꾀하여 변방의 걱정거리를 일으킨 것이 사람을 보내 잡아서 심문하고 법에 의해 처결하게 된 원인입니다'라고 했다. 그러나 낭발아한이 都督僉使가 되었으니, 이는 중국 조정에서 준 직함이다. 비록 모반하여 변방의 걱정거리를 일으켰다고 하더라도, 그러한

形迹이 나타나지도 않았는데 갑자기 그를 죽였으니, 이는 왕이 스스로 釁端을 일으킨 것이다. 이제 그 아들 阿比車가 여러 野人들을 유인하여 그대 나라의 국경을 침범해서 원수를 갚으려 하니, 왕은 마땅히 스스로 반성하여 그들과 강화한다면, 변경의 화를 면하게 될 것이다. 그렇게 하지 않으면 擧兵이 잇달아 禍가 될 것이니, 그때 나라의 이로움이 되지 못할 것이다. 왕은 그리 알고 이를 도모하도록 하라.

앞서 張寧이 조선 왕에게 직접 따져 물었듯이, 明朝가 이 사건에서 가장 심각하게 생각하는 것은 바로 조선이 잡아 죽인 浪孛阿罕이 명조로부터 都督僉使로 책봉된 인물이라는 사실로서, 이는 명조의 입장에서 볼 때 조선이 명과 여진의 책봉－조공 관계를 부정하고 도발하는 행위로 간주될 수 있었다. 책봉－조공 관계가 발생한 商周 시대의 封建制度를 보더라도, 中國은 四國을 책봉하여 爵을 주거나 뺏고, 혹은 높이거나 낮추는 등의 조작을 통해 중국 중심의 국제적 질서를 유지했는데, 이때도 四國 상호간의 책봉－조공 관계나 전쟁과 병합 등은 용인하지 않았다. 명조는 요동을 중심으로 한 동북아시아 국제질서를 책봉－조공 체제를 통해 유지하려 했기 때문에, 이 국제사회에 동참한 여진과 조선이 서로 별도의 책봉－조공 관계를 갖는다거나 전쟁을 통한 병합을 하는 행위를 용인하려 하지 않았다.

명조가 조선과 여진 사이에 전쟁이 발생하여 요동이 불안해지는 것을 원치 않았음은 요동 당국의 입장에서도 드러나 있었다. 조선의 進鷹使 金有禮의 보고에 의하면, 建州都督 童剌難과 指揮 禿滿이 遼東總兵官에게 "듣건대 조선에서 野人과 싸워 이겨서 잡아 죽인 자가 많았으니, 분하고 원통한 마음을 이기지 못하겠습니다. 군사를 빌려서 보복하려 합니다"라고 하자, 총병관이 꾸짖어 말하기를, "浪孛兒罕이 조선의 경내에서 살다가 죄를 지어 죽음을 당한 것이다. 중국 조정에서 너희들에게 칙유하여 군사를 움직여 일을 일으키지 말라고 하였는데, 만약 명령을 따르지 않는다면, 장차 대병을 발하여 조선의 군마와 합하여 협공할 것인데, 너희들은 어찌 도망하겠느냐"고 했다 한다.[15]

실제로 당시의 요동은 명조가 용이하게 통제할 수 없는, 자못 위태로운 상황에 놓여 있었다. 이는 장영이 天順 4년 2월 11일에 遼東都司에 도착해서 받은 다음과 같은 칙서를 「遼東에서 다시 상주하는 題本」을 통해 확인할 수 있다.

> 지금 遼東鎭守 등 관원들이 올린 보고를 보니, 毛憐衛 都指揮 尙董加 등이 사람과 말을 모아 조선국으로 가서 원수를 갚으려 한다고 한다. 朕의 뜻은, 夷狄의 본성이 사납고 욕심이 많아서, 혹시 이러한 거동이 있어 도로가 불편해져서 앞으로 나아가지 못할까 걱정된다. 칙서가 너에게 도착하면, 곧 鎭守 등 관원들과 會同해서, 사람을 보내 멀리서 소식을 탐색하여 나아갈지 멈출지 여부를 판단하고, 만약 이 일만 있으면 요동에서 잠시 머무르면서 평안하고 조용해져서 무사하게 될 때를 기다렸다가 다시 떠나도록 하라.

이에 대해 張寧은 「遼東에서 다시 상주하는 題本」을 올려, 다음과 같이 보고했다.

> 신 등은 廣寧으로 돌아가서 高平驛에서 회동하여, 欽差鎭守遼東左少監 覃璣와 總兵官 海寧伯 董興, 巡撫左副都御史 胡本惠 등이 계책을 다음과 같이 의논했습니다. 尙董加의 인마가 조선국으로 가서 복수한다는 소식은 원래 전해 알려진

15 『世祖實錄』 6년 2월 6일 조.

것으로, 일의 실정이 어떠한지 아직 그 허실을 자세히 알지 못하고, 사람을 시켜 앞으로 가보게 하고 싶어도, 국경을 나가면 인가가 없어 소식을 듣거나 탐색할 데가 없으며, 그 나라에 도착해서 현지에서 물어본다 해도 그 실제 사정은 알 수 없고 애쓴 보람도 없이 갔다가 헛되이 돌아오게 될까 염려되니, 정예 기마부대 관군 2천 명을 동원해서 都指揮 李端에게 맡겨 통솔하게 해서 이번 달 18일에 떠나기로 하되, 경내에서는 빨리 가면서 사람을 보내 앞에서 탐색케 해서 호송하는 군사와 기민하게 서로 호응케 하고, 저쪽 交界에 이를 때까지 아무 일이 없으면 관군은 즉시 돌아가게 하기로 했습니다.

'遼東都司'란 遼東都指揮使司의 준말로서, 명대에 遼東에 설치한 軍政기관이다. 명 太祖 洪武 4년(1371)에 명은 山東에서 바다를 건너 요동으로 진군해서 遼陽에 定遼都衛指揮使司를 설치하였는데, 홍무 8년에 在外 각처에 설치된 都衛를 모두 都指揮使司로 바꾸게 하면서 정요도위도 遼東都指揮使司로 바꾸었다.[16] 요동도사는 遼陽에 설치되어 있었고, 都指揮使에 의해 총지휘되었으며, 그 관할 범위는 오늘날의 遼寧省과 대체로 비슷했다. 명대의 요동도사는 주변의 蒙古와 女眞 등 諸部와의 冊封-朝貢관계를 관리하였고, 명과 조선의 통로 역할도 수행했다. 明은 遼東이 "邊防의 重地라 하여, 內臣에게 명하여 鎭守하게 하고, 무관은 總兵官으로 충당하였으며, 반드시 都御史, 巡撫 혹은 提督에게 명하여 軍務를 도와 처리하게 했다."[17] 따라서 여기서 말하는 '遼東鎭守'란 곧 欽差鎭守遼東太監을 말하는데, 鎭守內臣이라 불렸듯이, 으레 환관들이 전임하였고, 廣寧에 鎭守太監府를 두었다. '總兵官'은 欽差鎭守遼東地方總兵官의 준말

16 『明太祖實錄』 101.

17 明 任洛, 『遼東志』 2.

로서, 遼東都司 등 요동의 3개 都指揮使司를 지휘하면서 요동의 군정을 총괄하였는데, 처음에는 廣寧에 치소를 두었다가, 隆慶 이후에는 遼陽으로 옮겼다. 遼東太監과 遼東總兵官, 遼東巡撫 등은 遼東都司보다 위에 있는 遼東의 최고위 관원으로, 요동의 군사적 사무와 변경 사무 등에 중대한 일이 발생하면 廣寧의 鎭東堂 혹은 會府에 모여 공동으로 의논하여 결정했다.[18]

한편 '毛憐衛'는 明代 衛所 체제에 소속된 女眞 諸部의 하나였다. 明代에는 각 布政使司에 都指揮司가 있어 군정을 총괄하고 그 아래에 衛와 所가 있었는데, 遼東에는 遼東都司 외에도 大寧都司와 奴兒干都司 등 都指揮使司가 있었고 그 산하에 수백의 衛所가 있었다. 특히 노아간도사의 산하에 있는 위소들은 모두 여진 제부에 설치된 것으로, 형식적으로는 명의 일개 위소의 형태를 취하고 있었지만, 실제로는 여진의 고유한 질서에 의해 自治가 이뤄지고 있었다. '都指揮'는 위소의 장관을 이르는 명칭이나, 모련위의 도지휘는 실제로는 여진 추장이었다. 明朝는 여진의 제부를 분할, 통제하기 위해 여진의 거주 지역에 수백의 위소를 설치하고 그 부락의 추장들에게 위소의 장관직을 주었지만, 명과 여진의 실제 관계는 책봉-조공 관계에 지나지 않았으며, 여진의 '朝貢'은 의무가 아니라 권리에 불과했다.

天順 사절단은 이처럼 명분과 실제가 일치되지 않는, 羈縻衛所 체제 하의 불안정한 요동의 정세를 감안하여, 대규모의 遼東都司 군사의 호위를 받으며 조선으로 使行했으니, 이에 대해서도 「조선 義州에서 돌려보내는 호송 관병에게 알리는 榜文」에서 당시의 분위기를 잘 전달하고 있다.

18 金翰奎, 『遼東史』(문학과지성사, 2004), 535쪽.

본 국가는 평소에 禮教를 받들어 대대로 藩垣의 위치를 지켰으며, 조정은 만방을 모두 다스리지만 이번에 특별히 [조선을] 어루만지며 은혜를 베풀어 믿음으로 대하고, 사신이 가는 길이 먼 점을 고려해서 병력을 많이 보내 국경까지 안내하고 호송하게 했다. 다만 칙명에 따라 감히 함께 가지 못하고 본 지경에 모여서 머무르게 되었기에, 수행하여 따르는 관원과 군인 등이 의거할 바를 보이는 바이니, 일체의 군량과 마초는 모두 都指揮 李端에게서 수령하되, 각 부대는 적당한 인원을 선발하여 편의에 따라 수령하여 보낸다. 많은 사람이 국경을 지나면서 어지럽고 시끄럽게 해서, 조정이 [조선을] 어루만지고 대우하는 지극한 뜻을 어겨서는 안 된다. 감히 이러한 명령을 준수하지 않고 사사로이 취하거나 주어서, 이로 인해 일시가 지체되어 제때에 돌아가지 못하는 자가 있으면 모두 상주하여 아뢸 것이니, 각자 경계하여 조심해서 혹시라도 잘못이 있지 않게 하도록 특별히 유시하는 바이다.

天順 사절단의 임무는 비교적 성공적으로 수행되어 復命되었다. 「조선국에서 돌아와 復命하는 제본」에서, 張寧은 "흠차 예과 등 아문의 급사중 등 관직에 있는 신 張寧 등 신 등은 앞서 황명으로 조선국에 파견되어, 국왕 李瑈에게 칙서를 내려 타이르며, 毛憐衛의 都督僉事 郎卜兒哈 등 16명을 유인하여 살해한 연유를 문책하였습니다. 이유가 영접하면서 갖춘 예의는 藩國의 도리를 다한 것이었습니다. 칙서를 열어 읽을 때는 꿇어 엎드려 전전긍긍하였습니다"라고 하면서, 조선 왕의 변명을 다음과 같이 전하였다.

卜兒哈은 대대로 우리나라의 會寧 땅에서 거주하여 編民과 다를 바 없었고, 아비 莊憲王 시기부터는 도성에 와서 거주하며 부인과 벼슬을 얻기도 했는데, 이제 부자가 통모하여 변란을 일으켜 그 죄를 용서할 수 없게 되었습니다. 지금 그 아들 阿[比車]가 도망하여 원한을 품고 변경을 어지럽히며 사람을 죽이고 노략질하여, 신은 이로 인해 다만 본국에서 어지러움을 일으킨 사람을 법에 따라 조처하고 다스렸음을 알 뿐, 일찍이 [明의] 조정에서 관직을 받았는지는 정말 알지 못했습니다. 하물며 저 넓은 하늘 아래에 왕의 땅이 아닌 곳이 없고, 바닷가에 이르는 모든 땅에 왕의 신하가 아닌 자는 없으니, 본국이 가진 토지와 인민은 모두 조정이 보고 지키는 것인데, 어찌 감히 분수를 넘어 법을 어기겠습니까.

장영은 자신의 임무 성과를 확인하기 위해, 조선 왕에게서 명 태종 永樂帝와 지금 황제, 즉 英宗의 「야인의 일을 처치하는 데 대한 칙서」 抄本을 얻어갔을 뿐만 아니라, "신 등은 通事와 序班을 대동해 갔지만 언어가 잘못되어 어그러질까 걱정되어, 당연히 종이와 붓을 가져다가 글을 써서 이유와 문답했는데, 앞뒤가 서로 맞아 실제 사정이 틀림이 없고 거짓 꾸민 것도 없었습니다"라고 보고하고, 아울러 "신 등은 일을 끝낸 뒤에 되돌아왔는데, 이유가 벌써 陪臣인 戶曹參判 金淳과 慶昌府尹 梁誠之를 파견하여 3월 초 10일에 京師에 도착해서 은혜에 감사드렸습니다"라고 하여, 조선이 따로 回奏하도록 조처하였음도 보고하였다.

『明史』 本傳 등에 의하면, 天順 연간에 "朝鮮이 이웃 部 毛憐衛와 원수가 되어 살해하였기 때문에, 張寧에게 명하여 都指揮 武忠과 함께 가서 [원수 사이를] 풀게 했는데, 張寧은 辭義가 慷慨하고, 武忠은 용맹하고 씩씩해서 활 두 장을 당겨서 꺾고 기러기를 향해 화살 한 발을 쏘아 떨어뜨려, 조선인들이 놀라 탄복해서, 두 사람이 끝내 그 원수 사이를 풀고 돌아왔다"고 하여, 장영의 使行이 성공적으로 이뤄졌음이 상소되었다.

한 가지 흥미로운 것은, 조선이 이 사건으로 인해 국가적 이익을 손해보거나 국가적 체면을 손상당하기보다는 오히려 이를 기회로 국익을 하나라도 더 확보하려고 했다는 점이다. 그것은 이를 계기로 불편한 東八站

의 옛 조공로를 변경하여 새로운 조공로의 개통을 요구한 것으로 보아서도 알 수 있거니와, 조선 자제의 國子監 입학까지 요구한 것으로 보아서도 더욱 확인할 수 있다. 張寧이 조선 국왕을 설득하기 위해, "중국 조정에서도 祖宗 이래로 귀국을 심히 후하게 대접하였으니, 귀국 사신이 이르면 중국 조정에서 으레 제일의 반열에 位次하게 하는데, 다른 나라에서는 아직 그러한 일이 없으니, 이것이 그 하나요, 황제께서 신하들에게 연회할 때 殿上에 侍坐하니 이것이 그 둘째요, 귀국에서 자제를 보내어 입학할 때 高皇帝께서 國子監에 입학하도록 허락하였으니 이것이 그 셋째입니다. 그 나머지 대접하기를 후하게 한 것을 일일이 들기가 어렵습니다. 중국 조정에서 지금 칙서를 내린 것도 사건의 시말을 알아서 저들을 경계하고 금지하여 난을 일으키지 못하도록 하고자 함이니, 전하께서는 모름지기 이 뜻을 잘 아시고 명백하게 回奏해 주십시오"[19]라고 했는데, 조선 왕은 이 말의 꼬리를 잡아서 조선 자제의 국자감 입학을 집요하게 요구했다. 조선 왕은 太平館에서 열린 餞別宴에서 장영에게 "전일에 자제를 보내어 입학한다는 한 節目은 십분 기쁘고 다행한 일이니, 뒤에 奏聞할 때에 대인의 관직이 禮科에 있으니 잘 도모해주십시오"라고 부탁했고, 장영도 "허락하고 허락하지 않는 것은 중국 조정에 달려 있으나, 그 사이에서 감히 뜻을 다하지 않겠습니까. 만약 주문하게 되거든 소인에게도 마땅히 알려주십시오"라고 했다. 조선 왕은 실제로 仁順府尹 金禮蒙 등을 명에 보내 조선 자제의 입학을 주청하는 상주문을 올리기도 했다.

> 小邦이 海外에 치우쳐 있어 文學이 精微하지 못하고, 吏文 漢音이 밝게 통하지 못하여, 인재가 쉽게 성취하지 못할 뿐만 아니라 事大의 뜻에도 방해가 됨이 있

---

19 『世祖實錄』 6년 3월 2일 조.

습니다. [……] 漢文 吏文의 문서를 깨달아 아는 자가 매우 적어 매번 事大 문서를 만들 때마다 體禮에 익숙지 못하고, 중국 조정의 사신이 우리나라에 오면 응대하여 말하는 데도 착오가 생길까 두려우니 [……] 청컨대 역대의 舊例에 의해 본국의 자제들을 입학시켜 학업을 익히도록 허락하고 한문 이문을 익혀서 서로 통하게 하소서.[20]

이 사건은 명과 조선이 건국 이래 지속적으로 전개해온 倡和 외교의 한 대표적 사례라 할 수 있다. 명과 조선의 女眞 정책의 기조는 모순이나 갈등이라기보다는 차라리 조화와 협력이라고 할 수 있었다. 天順 사절단의 조선 방문도 양국의 외교적 갈등을 해소하기 위한 것이었다기보다는 여진에 대한 보다 효과적인 대응을 위한 협력 방안을 찾기 위한 것이었다고 보는 것이 타당하다. 이는 天順 4년 8월 19일에 조선의 奏聞使 尹子雲·尹吉生이 명에 가서 전달한 奏本을 보면 확인할 수 있다. 이 주본에서 조선 왕은 과거 洪武 5년에 明帝가 "우리는 女眞이 너희 지방 동북쪽에 살기를 허락했는데, 저들이 예부터 豪傑스러워 그 분수를 지키지 않는 사람들이니, 마음을 다하여 방어하라"라고 하고, 永樂 8년에 "兀良哈 저들은 진실로 무례하여 우리 쪽에서 遼東의 군마를 調發하여 가겠으니, 너희 쪽에서도 군마를 조발하여 와서, 저들을 양쪽에서 죽여야 좋을 것이다. 빼앗아 간 물건은 숫자대로 다 너희에게 돌려줄 것이니 그리 알라"라고 하였으며, 宣德 8년에 "저들이 만약 혹시라도 뉘우치지 않거든 왕은 마땅히 幾微를 사려서 처치하여 小人들에게 업신여김을 당하지 말라. 洪武와 永樂 연간에 勅諭한 事理에 따라 그대로 준수하여 방어하되, 有備無患하기를 바란다"라고 하고, 正統 원년에 "이들 도둑들은 금수의 성질이니 덕으

20 『世祖實錄』 6년 5월 11일 조.

로 교화할 수 없는 자들이다. 모름지기 위엄으로 무섭게 해야 한다. 勅旨가 이르거든 왕은 엄하게 申飭하여 변방의 백성들이 편안함을 얻게 하라"고 하였음을 상기시켰다. 그리고 天順 4년 3월 2일에 張寧 등이 가지고 온 勅諭에서는 "이미 각 衛에 칙유하여 가볍게 군마를 움직여서 원수를 맺거나 복수하여 죽이는 것을 허락하지 않았다"고 하고, 4월 25일에 李興得이 가지고 온 勅諭에서도 "만약 그들과 강화하면 거의 변경이 환란을 면할 것이다. 그렇지 않으면 싸움이 잇달아 화가 맺힐 것이니 너희 나라에도 이롭지 않을 것이다"라고 한 것 등을 일일이 열거함으로써, 명의 여진 정책이 상황에 따라 조금씩 변함에 따라 조선의 협조도 이에 따랐음을 강조하고 있다. 아울러 洪武 21년에 명 太祖가 "公險鎮 이북은 遼東에 도로 붙이고 공험진 이남에서 鐵嶺까지는 그대로 본국에 붙인다"는 데 동의하였는데, 근래에 공험진 이남 會寧鎮에서 조선의 編氓과 다름없이 살던 일부 斡朶里 女眞이 몰래 建州로 간 사실에 대해, "만약 그들이 한곳에 모여 산다면 黨類가 많이 더하여져 땅이 험하고 먼 것을 족히 의지하고 병사가 많은 것에 족히 힘입어서, 더불어 음모를 하여 釁端을 일으킬 것이요, 번갈아 脣齒의 관계를 이룬다면 병화가 그치지 않을 것"이라고 하면서, 이들 斡朶里 여진을 원 거주지로 돌아오게 해달라고 요청하기도 했다.[21]

요컨대 명이 먼저 조선에 요청하면, 조선은 자국의 국익을 지키면서 일정 부분 협조하여, 여진에 대한 정책의 조화를 꾀하였으니, 이야말로 '倡和外交'라고 할 만하다. 이러한 朝明 창화외교는 조선을 방문한 明使와 조선 接伴使 사이에서 전개된 詩賦의 倡和와 미묘한 내적 관련성을 갖는다. 명사와 접반사의 賡酬는 단순한 詩賦의 교환에 그친 것이 아니라, 朝明 양국의 창화외교를 이끌고 확인하는 문화적 행사였다고 할 수 있다.

---

21 『世祖實錄』 6년 8월 19일 조.

4. 倡和 外交의 계승과 발전

張寧은 중국에서 명망이 높았던 저명한 文學之士였을 뿐만 아니라, 한국의 詞壇에서도 높은 평가를 받은 인물이다. 『四庫全書總目』 175 『奉使錄』 2권 提要에서는, 먼저 장영과 조선 사신 朴元亨이 창화한 일을 소개하면서, "그 詩는 격조와 정감을 마음껏 치달리니, 才思가 비록 민첩하기는 해도 깊은 생각이 적다. 그래서 王世貞이 '寧의 詩는 작은 배로 급류를 타고 가는 것 같아서, 한순간에 지나가기 때문에, 우아한 모습을 보기가 어렵다'[22]고 했다." 그러나 『四庫全書總目』 170에서는, "지금 그 奏疏 여러 篇을 보면, 正論을 훌륭하게 말하고 國體에 통달하여 그 명성에 부끄럽지 않다. 다른 글도 거리낌 없이 헌걸차서 氣가 있는데, 詩는 浮聲이 상당히 섞여 있지만, 역시 도량이 좁거나 허약한 태도는 없다"고 하고, 明人 顧起綸의 『國雅品』에서도 "張汀洲 清之는 종횡으로 詩情을 달려, 칭송할 만한 작품이 적지 않다"[23]고 했으며, 명인 徐泰의 『詩談』에서는 "海鹽 張靖之 寧은 高雅하고 清俊하여 唐詩의 音調를 얻었다"고 평가했다.

張寧 시에 대한 한국인의 평가는 중국인의 그것 못지않게 후하였다. 한 예로, 徐居正이 『筆苑雜記』에서는 "陳嘉猷 給事는 寬平 正人하여, 그 氣象을 보면 그가 大人 君子임을 알 수 있으며, 그 문장도 平淡하다. 張寧 給事는 그 문장이 陳과 백중하다. 언행은 자못 애써 어떤 일을 하려 노력하는 측면이 있지만, 그 역시 君子다운 사람이다"라고 했다. 申欽의 『晴窓軟談』에서도 "方洲 張寧의 시는 唐詩와 아주 가까워서 [……] 그 시구

---

22 王世貞, 『國朝詩評』(『全明詩話』 3).

23 『全明詩話』 2.

들은 中唐 諸子의 반열에 놓을 수 있다"고 칭송했다. 鄭泰齊의 『菊堂排語』에서는, "詔使 가운데 문장을 잘 짓는 자로는 倪 侍講과 張 給事의 뒤에 祈 戶部를 칭한다"고 했고, 明宗 시기에 忠順堂에서 大提學 鄭惟吉이 "조종조 이래로 詔使들의 詩文의 우열이 어떠한가"라고 묻자, 洪天民이 답하기를, "가장 우수한 자로는 옛날에는 張寧과 祈順이 있었고, 근래에는 唐庫[皐]와 史道가 있었다"[24]고 했다.

장영이 조선에서 지은 시를 놓고 구체적 호평을 내놓은 경우도 적지 않았다. 成俔의 『慵齋叢話』에서는 "給事中 張寧이 한강을 유람하며 시 10수를 지었는데, 그 중 한 수에서 '동국에 [……] 머무른다'라고 하였고, 나머지 9수도 뛰어난 작품이다. [……] 무릇 시문이 모두 飄飄하여 구름에 닿을 듯이 높이 솟고 먼지의 세계를 벗어난 생각이 있으니, 다른 범속한 이들이 흉내 낼 수 있는 바가 아니다"라고 높이 평가했다. 또한 崔溥의 『漂海錄』 권2에 의하면, "어떤 사람이 와서 묻기를, '景泰 연간에 우리나라 給事中 벼슬을 한 張寧이 귀국에 사신으로 가서 「却金亭詩」를 지어 『皇華集』에 실렸다는데 알고 있소?'라고 하기에, 신이 답하기를 '張 給事가 우리나라에 와서 『황화집』을 지었는데 그중 「漢江」이라는 제목의 시에, '햇빛은 青雀 배를 흔들고, 그림자 떨어지는 白鷗의 모래톱. 저 멀리 바라보니 하늘은 끝이 없고, 공중으로 솟구쳐 땅이 문득 뜨려하네'라고 한 글귀는 더욱 칭송이 자자하다'라고 했다"고 한다. 조선 국왕 成宗도 동쪽 교외의 濟川亭에 갔다가 張寧이 지은 「漢江樓에 올라」의 시를 보고는, "내가 樓題를 보니, 張寧의 이 詩가 제일 좋았다"고 평하기도 했다[25]고 한다.

---

24 『明宗實錄』 17년 2월 25일 조.

25 『成宗實錄』 21년 8월 28일 조.

張寧이 이처럼 한중 양국에서 높은 평가를 받은 시인이었던 만큼, 조선에서 조선인들과 활발하게 시편을 賡酬하고 그의 복명서라고 할 『奉使錄』이 시의 형식으로 이뤄졌음은 자연스러운 일이었다. 『봉사록』의 上卷은 몇 편의 題本을 제외하고는 대부분 遼東 여로에 쓴 紀行詩로 구성되었고, 下卷은 오로지 『皇華集』에 수록된 張寧의 시편만으로 구성되었다. 그 원본이라 할 『庚辰皇華集』에는 張寧의 詩 35首와 「豫讓論」, 「題聽雪軒詩後」, 「名說」, 「謁箕子文」 등 문장 외에도, 조선의 刑曹判書 遠接使 朴元亨의 詩 14수와 申叔舟의 시 10수, 權擥의 시 11수, 尹子雲의 시 10수, 李克堪의 시 10수 등 모두 90수의 시가 실려 있는데, 그 가운데 唱和詩가 69수로서, 박원형 등의 시는 모두 次韻한 것이다.

張寧은 「陳 선생의 '萬景樓에 올라'에 和答하여」라는 두 수의 시를 쓰면서, 本注의 형식으로 唱和詩에 대한 자신의 견해를 다음과 같이 밝힌 바 있는데, '陳先生'이란 張寧보다 앞서 世祖 3년(1457)에 조선을 찾은 明使 陳鑑을 이르는 말이다.

> 押韻해서 화답하는 것은 오래된 일이 아니다. 현명한 군주와 충량한 신하가 賡歌한 이래로 唐代에 이르기까지 그 어느 때에도 이러한 제도는 없었다. 화답하는 자는 먼저 지은이의 뜻을 따랐을 뿐이다. 宋代에 이르러 蘇軾과 黃庭堅 등 여러 公들이 처음으로 이 법을 넓혔으며, 후대 사람들 가운데 이를 뒤따라 배우는 이가 많았다. 나는 평생에 이 일을 가장 게을리 했는데, 아마도 전대 사람들의 교묘한 기교를 흉내 낼 수 없었기 때문인 것 같다. 이번에 萬景樓에 올라 內翰[學士] 陳 선생의 작품을 보고, 그 聲韻을 따서 律詩 두 首를 지었는데, 이른바 속됨을 벗어나지 못하고 그냥 재미로 해본 것일 뿐이어서, 구경하는 사람들이 그저 고맙게 봐주어서 한번 웃었다.

이로 보아, 장영은 평소에 시가의 창화에 대해 별다른 흥취도 없었고 특별한 수련도 하지 않았던 것 같다. 그럼에도 불구하고, 장영은 倪謙 등 선배들이 행해온 바를 따라서 조선의 遠接使 등 文學之士 출신의 관원들과 창화시를 여러 번 賡酬하였다. 장영은 「大同江을 건너며」에서 다음과 같이 노래했다.

새벽에 짐 꾸려 平壤 외딴 성 떠나는데, 畵船에서 북 치고 피리 불고 봄볕이 아름답다.

새 나는 강변에 구름 걷히니 푸른 산이 나오고, 나루 어귀에 조수 통하니 파란 바다가 길다.

皇仁이 대지에 두루 미침을 함께 기뻐하니, 이 몸 있는 곳이 타향임을 알지 못한다.

맑은 술잔 너무 자주 권하지 마소, 四牡가 東風 맞으며 갈 길이 아득하니.

이를 맞아 遠接使 朴元亨이 다음과 같이 次韻하여 화답했다.

멀리서 전해지는 丹詔가 행장을 재촉하니, 잠시 머문 星槎가 浿水 북쪽에서 건너간다.

강나루에 구름 걷히니 봄기운이 움직이고, 郵亭에 햇살 따스하니 나그네 회포 하염없다.

잠시 한잔 술로 좋은 계절 응대하고, 만 리 먼 길 피로를 잊고 고향을 생각한다.

넓은 들녘 낮은 하늘에 산은 그림 같으니, 蒼茫으로 들어가는 詩想을 금할 수 없다.

장영과 원접사는 그 뒤 「黃州 廣遠樓에 올라서」도 창화하였고, 「漢江 누각에 올라서」는 短律 10수를 짓고, 「太平館 누각에 올라서」는 七言律詩를 60韻이나 지었다. 특히 「태평관 누각」에서는 "하늘땅에 은혜 있어 함께 덮고 실어주니, 華夷 중에 朝宗하지 않는 곳 없다. [……] 寰宇가 모두 周의 典章과 합치되고, 輿圖는 다 漢의 提封에 속하였다. [……] 만국이 산 넘고 물 건너며 다투어 玉帛 가져오고, 수많은 가문에서 다투어 노래하고 종을 친다"고 하여 明朝의 威德을 과시하고, "이전부터 東土에는 文風이 양호해서, 옛날부터 中朝에서 하사함이 융숭했다. 皇家의 울타리 되어 법도를 떠받들고, 거룩한 규범 본받아서 병들고 노쇠한 이들 구휼한다"고 하여 조선이 東藩됨을 칭송하기도 했다.

조선은 이와 같은 張寧과 조선 관원들의 창화시를 『皇華集』으로 편집, 출간하여 장영에게 선물하였다. 그 「서문」을 쓴 조선의 大司成 崔恒은 먼저, "士는 하늘과 땅 사이에서 태어나, 덕행과 功業이 실로 큰일이고, 문장은 특별한 餘事일 뿐이지만, 예로부터 세상의 도덕과 풍조가 오르내리는 것을 논할 때 일찍이 문장의 성쇠로써 맞히지 않은 적이 없었다"고 하면서, 張寧의 시작을 높게 평가하고 『황화집』을 편찬하게 된 이유를 다음과 같이 밝혔다.

> 天順 4년 봄에 禮科給事中 張公이 사명을 받들고 와서 咨詢하던 틈에, 경사스럽게도 직접 만날 기회가 있어 즉시 시를 지어 읊었는데, 아름다운 구슬이 찬란하게 빛나며 비단 주머니에 넘쳐 거의 한 권의 책을 이룰 정도가 되었다. 하던 일을 성취하고 돌아간 뒤에, 우리 殿下께서 公의 문장이 아름다움을 가상히 여겨서, 문장력이 뛰어난 신하에게 명하여 그가 지은 詩文을 편집해서 영구히 전해지도록 함으로써 실로 황제의 명을 삼가 존중하려 하셨다.

장영이 귀국하는 길에 반송사 朴元亨에게, "지난해에 陳鑑과 高閏 때에 『皇華集』이 있었지만, 저의 시문 같은 것은 시문집이 있을 수 없을 것이라"고 하니, 박원형이 말하기를, "대인의 이 말씀은 실로 겸손한 말씀이다. 내가 대인이 지은 글을 모두 전하께 아뢸 것이라"고 했다. 이에 장영이 "전하의 명령이 있으면, 꼭 진감과 고윤의 시문집을 이어서 기록할 필요 없이, 별도로 기록하는 것이 좋겠다"고 했다[26] 한다. 그 뒤에 조선을 찾은 明使 金輔가 또 倪謙과 司馬恂 · 張寧 · 陳嘉猷의 『皇華集』을 청하여, 왕이 장영과 진가유의 시집을 주게 하고, 아울러 館伴에게 유시하기를, "만약 왜 예겸과 사마순의 『황화집』은 없느냐고 묻거든, 『황화집』은 모두 그 청함에 따라 인쇄하였는데, 倪 侍講과 司馬 給事中은 청함이 없었기 때문에 인쇄하지 않았을 뿐이라고 대답하라"고 했다[27] 하는데, 이는 곧 장영 때까지만 해도 본인이 『황화집』의 편찬을 청하였기 때문에 조선에서 『황화집』을 편찬, 출간해주었음을 의미한다.

倪謙과 鄭麟趾 등이 그러했듯이, 張寧과 朴元亨 등의 창화는 단순한 문학적 교섭이라기보다는 국가의 이익을 염두에 둔 외교적 힐항의 성격을 띠고 있었다. 明人 謝肇淛의 『小草齋詩話』 권5에 소개된 다음과 같은 일화는 양자의 賡酬에 은근한 경쟁이 작용했음을 시사하고 있다.

> 天順 초에 禮科給事中 張寧을 朝鮮에 사신으로 보냈는데, 張寧은 才學이 있어 당시에 떠받들고 지지되었다. 조선으로 들어간 뒤, 그 館伴인 朴元亨이란 자도 詩에 민첩하여, 장영이 도중에 백 韻의 시를 지어 시구를 얻을 때마다 박원형이 손을 따라 화답하였다. 그러나 '봄 전에 내린 눈이 개울에 하얗게 남아 있고, 한

26 『世祖實錄』 6년 3월 18일 조.
27 『世祖實錄』 14년 6월 6일 조.

밤에 분 바람에 버들가지 누렇게 부러졌다'는 구절에 이르러서는, 박이 붓을 거두며 '大才로다, 감히 賡酬할 수가 없다'고 했다.

朱彝尊의 『明詩綜』에도 이와 비슷한 기록이 있다.

黃門의 詩才는 민첩하지만 깊은 생각을 하지 않는다. 사신으로 조선에 두 번 가서 물가의 수많은 館舍와 驛站에 시를 두루 남겼는데, 陪臣 朴元亨이 刑曹判司로서 館伴이 되어 詩篇을 酬唱했지만 서로 우열을 가리지 못하다가, 함께 太平館의 누각에 올라 黃門이 七言의 긴 律詩 60韻을 지으니, 박원형이 읊다가 '봄 전에 내린 눈이 개울에 하얗게 남아 있고, 한밤에 분 바람에 버들가지 누렇게 부러졌다'는 구절에 이르러서는 붓을 거두며 '계속 屬和할 수 없다'고 했다.

여기서 말하는 '촉화'란 다른 사람의 노래에 잇따라 노래한다는 뜻으로, 다른 사람의 시에 화답함을 이르는 말이다. 『舊唐書』 德宗本紀에서 "上이 詩 한 章을 짓자, 群臣이 屬和했다"고 했다. 그 뒤 成宗 시기에 書講을 마친 뒤 侍讀官 李昌臣이 국왕에게 아뢰기를, "詞章이 治國과 관계없는 것처럼 보이지만, 中朝의 사신으로 張寧과 祈順 같은 무리가 나온다면 반드시 더불어 唱和해야 하니, 사장을 餘事로 여겨 익히지 않아서는 안 된다"[28]고 했으니, 장영은 이후 조선에 창화 외교의 가치를 불러일으킨 역할을 했다고 할 수 있다.

28 『成宗實錄』 11년 10월 26일 조.

5. 禮論의 再開: 世子 郊迎禮와 女樂

張寧도 일급의 文學之士여서 禮論에 정통하였기 때문에, 선배 倪謙이 그러했듯이 조선에서 世子 郊迎禮와 女樂의 사용에 관한 禮論을 적극적으로 개진하였다. 그러나 「朝鮮紀事」라는 산문 기행문을 포함한 예겸의 『遼海編』과는 달리 장영의 『奉使錄』에는 산문 기행문이 포함되지 않았기 때문에 이러한 禮論이 기재되어 있지 않다. 다만 『朝鮮王朝實錄』에 이에 관한 기사가 있어, 잠시 살펴보면 다음과 같다.

天順 사절단이 龍川站에 이르렀을 때, 조선은 관행대로 禮曹正郞 鄭忱을 보내 儀注를 보여주며 칙서를 맞이하는 의례에 대해 의논하였다. 이때 張寧은 洪武 27년에 정한 儀注를 꺼내, "사자가 객관으로 돌아가면 陪臣들이 공손히 兩拜禮를 행하고 사자는 서서 이를 받는다"는 조목을 조선의 의주에도 써넣으라고 강요하면서, "禮度는 조금이라도 어긋나지 못한다"고 강조했다. 그는 "지금 의주는 조정의 의주와 대동소이하여 큰 뜻은 통한다. 본국의 의례는 모두 古禮를 따르니, 나도 한결같이 본국의 의주에 의거하여 행하겠다"고 했다. 이와 아울러 장영은 세자도 국왕과 함께 郊迎해야 한다고 고집했다. 遠接使는 "세자는 나이가 어려서 나오지 못한다"고 했지만, "비록 나이가 어리더라도 이미 封爵을 받았으면 명을 맞이하지 아니할 수가 없다"고 했다.[29] 이 소식을 들은 조선의 국왕은 여러 차례 사람을 보내, "세자는 나이가 어려서 아직 예의와 법도를 익히기 못하였고, 전일에 陳[嘉猷] 대인이 왔을 때도 예를 행하지 않았기 때문에 대인의 명을 따를 수 없다"고 했지만, 장영은 굳이 고집하면서 "만약 나와서

---

29 『世祖實錄』 6년 3월 1일 조.

맞이하지 않는다면 나도 칙서를 가지고 돌아가겠다"고 위협했다.

이는 앞서 世宗 때 내한한 倪謙이 세자의 郊迎을 강요하면서, 만약 세자가 교영하지 않으면 조서를 가지고 돌아가겠다고 위협한[30] 일을 연상케 한다. 예겸이 고집을 굽혀 세자의 교영을 끝까지 강요하지는 않았듯이, 장영도 "만약 교외에 나와서 맞이할 수 없다면 王府에 있으면서 예를 행해도 좋다"고 한발 물러섰다. 그러나 조선 측에서는 "이미 도성문 밖으로 나가서 맞이할 수 없으면서 왕부에서 예를 행하는 것은 더욱 실례가 된다"고 하면서 그것조차 거부하였다. 장영은 "누가 조선을 일러 예의를 아는 나라라고 하였는가"라고 화를 냈지만, 결국은 "세자가 질병이 생각지도 않게 생겨서 편찮으시다면, 억지로 나오게 할 수는 없을 것"이라고 물러섰다. 조선 측에서도 이에 맞추어 "세자가 나이가 아직도 어린데다, 근일에 감기가 걸려서 감히 나오지 못한다"고 뒷문을 열어주었고, 장영은 "만약 일찍이 세자가 편찮으신 것을 알았다면 실로 이같이 강요하지는 않았을 것이라"고 했다.[31] 그 뒤 조선 국왕은 明使를 思政殿에 청해 잔치를 베풀고 세자에게 나와서 보게 했는데, 이때 張寧은 오히려 만류하면서 "세자가 근일에 편찮으시다니, 바람을 쏘이게 할 수가 없다"고 했다.[32] 조선 국왕은 명사의 강요에는 굴복하지 않으면서 자의로 세자에게 예를 갖추게 했고, 明使 張寧은 스스로 세자 병을 칭탁하여 郊迎禮의 생략을 양해할 수 있었다.

이 일은 하나의 관례가 되어 뒤에 영향을 미쳤다. 한 예로, 成宗 18년에 明使가 온다고 해서 세자의 郊迎禮에 대해 의논했는데, 왕은 天順 사절단

30 倪謙, 『遼海編』 「朝鮮紀事」.

31 『世祖實錄』 6년 3월 2일 조.

32 『世祖實錄』 6년 3월 7일 조.

이 도래했을 때의 고사를 참작해서, "세자가 비록 册命을 받았으나 나이가 아직 어려서, 사신과 서로 접대할 때에 혹시라도 儀節을 잃으면 좋지 못하다"고 해서, 결국 "지금 세자가 나이가 어려서 迎詔하기는 어려우나 중국 사신이 만일 張寧과 같이 말한다면 대답하기가 또한 어려우니, 問禮官이 싸가지고 가는 儀注에는 세자가 迎詔하는 절차를 기록하지 말고, 중국 사신이 만일 세자의 연고를 물으면 편치 않다고 대답하기로" 했다고 한다.[33] 中宗 15년에도 禮曹判書 등이 세자가 직접 칙명을 받는 것이 불편하다는 것을 古例를 援用하여 아뢰기를, "天順 4년에 明使로 나온 張寧은 성질이 매우 사납고 거만하여 억지로 직접 받게 하였는데, 그때 睿宗은 13세였으므로 의당 직접 받아야 하나, 끝내 병을 핑계하여 직접 받을 수 없다 하니, 결국 강제로 받게 하지 못하고 말았다. 그 뒤로는 모두 직접 받지 않았다"고 했다.[34]

장영도 예겸의 모범을 따라 女樂을 거절했다. 天順 사절단이 漢陽에 이르러 太平館에서 下馬宴을 베풀 때, 樂部가 나오자 장영이 "청컨대 女樂을 사용하지 마소서"라고 하니, 임금이 "실로 女樂이 正音이 아닌 줄은 알지만, 우리나라 祖宗 이래로 중국에서 大人이 오면 항상 이를 사용했습니다. 옛날 『禮記』 「中庸」에서도 '夷狄으로 행동하는 것이 떳떳하면 夷狄으로 행동한다'고 하였으니, 대인도 너그러이 용납하는 것이 어떠합니까" 라고 했다. 그러나 장영은 "조정에서 금하고 있으니, 결코 사용할 수 없습니다"라고 해서, 왕이 "대인이 하고자 하지 아니하면 반드시 억지로 청하지는 않겠습니다"라고 하며, 여악은 내보내고 오직 男樂만을 사용하고 술을 돌렸다.[35]

33 『成宗實錄』 18년 10월 6일 조.

34 『中宗實錄』 15년 12월 28일 조.

다만 그는 무관 출신의 副使를 위해 기생을 청하기도 했지만, 분명한 한계를 두었다. 그는 궁전에서 잔치를 대접받고 태평관으로 돌아간 뒤에 通事를 불러, "副使는 본래 풍류의 정이 있으니, 모름지기 기생을 보내야 한다. 지금 기생을 청하는 것은 바로 武 대인을 위하는 것일 뿐, 나는 본래 그러한 마음이 없다"고 해서, 迎接都監과 禮曹를 통해 기생을 보냈다[36]고 한다. 그 다음날도 연회에서 부사를 위해 기생을 들이게 했는데, 밤늦게 연회를 파한 뒤에는 기생을 밖으로 내보내면서 "기생을 맞아들인 까닭은 술을 마시기 위한 것일 뿐이라"고 하면서, 이는 "무충이 여색을 가까이 할까 두려워했기 때문이라"[37]고 했다.

그 뒤 中宗 시기에 朝講에서 正殿에서 女樂을 사용해야 하는가 하는 문제에 대해 논의하다가, 南袞이 말하기를, "正殿일지라도 중국 사신이 오면 正殿이라 하여 스스로 높여서 女樂을 쓰지 않을 수 없으니, 天使가 물리치지 않으면 써도 된다. 張寧 같은 천사는 女妓를 데리고 방에 들어가서 놀다가 저녁이면 내쳤으니, 이러한데도 異國의 풍속이라고 생각하는 자가 어찌 없다고 하겠는가. 正殿이라 하여 쓰지 않을 수 없다"고 했다.[38]

그는 조선 측에서 건네주는 선물도 거의 받지 않았다. 심지어는 조선 왕이 선물한 角弓도 귀환 길에 반송사에게 돌려주려 하다가, 반송사가 만류하자 휘하의 頭目들에게 나누어주었다.[39] 이 역시 선비 倪謙과 마찬가지로, 문학지사 출신의 明使가 보여주는 일반적 특성의 하나로서, 정확한 禮論과 청렴한 도덕성을 수단으로 하여 朝明 책봉-조공 관계를 유지 혹

35 『世祖實錄』 6년 3월 2일 조.
36 『世祖實錄』 6년 3월 7일 조.
37 『世祖實錄』 6년 3월 8일 조.
38 『中宗實錄』 15년 8월 19일 조.
39 『世祖實錄』 6년 3월 13일 조.

은 강화하려는 노력의 일환이었다고 할 수 있다.

6. 맺는말

지금까지 朝明 시대 초기에 조선을 방문하고 돌아간 明使 張寧의 『奉使錄』이 갖는 몇 가지 사료적 가치와 그를 통해 확보한 한중관계사의 몇 가지 정보를 정리하였다.

張寧은 倪謙을 이어 저명한 文學之士로서 正使에 임명되어 조선에 파견되었다. 그는 武官인 副使보다 품계가 낮은 관리였으나, 오로지 문학적 능력이 부사보다 뛰어나다는 이유로 품계를 무시하고 正使로 임명된 것이다. 이로써 明朝가 예겸에 이어 문학지사를 정사로 임명하여 조선에 파견한 이유가 명백하게 드러났다. 명조의 이러한 기대에 부응하여, 장영은 조선이 女眞을 자의로 처형한 사건을 조사하라는 使命을 성공적으로 수행하여 復命하였으니, 장영의 『奉使錄』은 예겸의 『遼海編』과 마찬가지로 특수한 형식의 復命書였다고 할 수 있다.

장영의 天順 사절단이 밟은 여정은 예겸의 景泰 사절단이 경유한 여정과 크게 다르지 않았다. 이는 곧 경태 사절단의 경로가 이후 朝明 사절단의 내왕 경로로 확정되었음을 의미한다. 또한 천순 사절단이 경유한 遼東의 상황은 경태 사절단이 경유했던 시기와 크게 다르지 않았다. 여전히 요동은 민간인의 耕居 지역이라기보다는 차라리 군사적 활동이 빈번한 軍政 지역이었다.

장영 등 천순 사절단이 받든 사명은 조선이 여진을 마음대로 처형한 사건을 조사하는 일이었는데, 이 사건은 당시 明과 朝鮮·女眞 등이 遼東을 둘러싸고 전개한 복잡한 국제적 갈등과 힐항의 일단이었기 때문에, 장영의 출사는 곧 명조가 여진과 조선의 갈등을 해소하여 요동을 안정시키려는 외교적 노력의 일환이었다. 따라서 장영의 『봉사록』은 당시 명과 조선·여진 등 삼자의 관계 및 요동의 상황을 이해하는 데 매우 중요한 사료적 가치를 갖는다고 할 수 있다.

倪謙 이후 明使와 조선 接伴使 사이에 詩賦를 賡酬하는 일이 관행화되었다. 張寧은 한중 양국의 시단에서 높은 평가를 받은 시인이었으므로, 당연히 조선의 접반사들과 唱和하여 좋은 평가를 받았다. 명사와 접반사의 시부 창화는 단순한 문학적 행사에 그친 것이 아니라, 이를 통해 양국의 외교적 현안을 창화하듯 해결하였기 때문에, 倡和 외교의 계승과 발전이었다고 할 수도 있다.

장영은 예겸이 그러했듯이, 조선 世子의 郊迎과 女樂의 철폐를 주장했다. 이는 그가 禮論에 밝은 文學之士여서 자연스러운 일이기도 했지만, 명과 조선의 册封-朝貢 관계를 유지, 강화하려는 명조의 입장을 충실하게 반영하는 일이기도 했다. 세자의 교영과 여악의 철폐는 이후에도 문학지사 출신의 명사가 조선을 방문할 때마다 반복되었으니, 그 한중관계사상의 의미를 간과하기 어렵다.

전체적으로 보아, 張寧의 『奉使錄』에서 우리는 앞서 출간된 倪謙의 『遼海編』에서 확인된 몇 가지 사료적 가치를 다시 확인할 수 있을 뿐만 아니라, 새로운 국제적 상황을 이해하는 데 필요한 정보들을 새로 발견할 수도 있다. 文學之士 출신의 正使를 선발, 파견하는 의도와 효과, 遼東을 경유하는 사행 경로와 그 주변 상황에 대한 정보, 明使와 接伴使의 詩賦 賡酬와 이를 통한 倡和 외교의 전개, 世子 郊迎과 女樂에 대한 禮論의 전개 등은 모두 『요해편』에서 확인한 것을 재확인할 수 있는 정보들이나, 女眞과 朝鮮·明 등 삼국이 요동을 둘러싸고 전개한 외교적 힐항과 갈등의 문제는 『봉사록』에서 새로 확인할 수 있는 정보라고 할 수 있다.

제3장 董越의 『朝鮮賦』와 迎詔禮 論爭

1. 머리말

『朝鮮賦』는 明 孝宗 弘治 원년(1488), 즉 조선 成宗 즉위 19년에 明의 左春坊右庶子 겸 翰林院侍講 董越이 孝宗의 즉위를 알리기 위해 正使로 임명되어 副使 工科右給事中 王敞과 함께 朝鮮을 다녀온 뒤, 3년 뒤인 弘治 3년(1490)에 중국에서 간행한 賦 형식의 復命書다. 동월이 이끈 明朝의 弘治 사절단은 정월 중순에 북경을 출발하여 2월 25일에 鴨綠江을 건넜고, 3월 13일에 慕華館에서 詔書를 반포하고, 18일에 餞別宴을 갖고 4월 초순에 압록강을 건너 5월에 북경으로 돌아갔으니, 40여 일 동안 조선의 경내에 있었고, 6일 동안 漢陽에 머물렀다.

동월의 『조선부』는 使行文이 '賦'라는 특수한 양식으로 쓰였다는 이유로 인해 일찍부터 한중 양국에서 널리 읽혀왔고 우리말로 번역되기도 했지만, 의외로 많은 연구자들의 관심을 모으지는 못했다.[1] 『조선부』에는

1 董越의 『조선부』는 曺永祿, 「董越의 『朝鮮賦』에 대하여」(『全海宗教授華甲紀念論叢』, 1979)에

동월이 使行하며 조선의 정치와 제도 · 사회 · 문화 등에 관해 직접 보고 들은 바가 기술되어 있어, 그 사료적 가치가 매우 높다고 할 수 있다. 특히 사행문이라는 특성으로 인해 『조선부』에는 조선과 명의 冊封-朝貢 관계에 관한 사료들이 적지 않게 포함되어 있어, 한중관계사를 이해하는 데도 적지 않은 도움을 받을 수 있다.

따라서 본 장에서는 董越의 出使와 『조선부』 저작에 관한 기본적 지식뿐만 아니라, 朝明 관계에 관한 『조선부』의 기술 내용을 정리하여, 전통시대의 한중 책봉-조공 관계를 이해하는 데 도움을 얻으려 한다. 조선시대 한중관계는 책봉과 조공의 禮를 교환하는 일종의 禮的 관계였는데, 『조선부』에는 외교적 禮論이 상당 부분 포함되어 있다. 실제로 동월이 조선에서 조선의 禮官들과 禮에 관해 치열한 격론을 여러 차례 벌인 바 있고, 그 禮論이 이후의 朝明 관계에 적지 않은 영향을 미쳤다.

2. 董越의 出使와 『朝鮮賦』의 著作

淸代 魏禮가 지은 『寧都先賢傳』에 의하면, 『朝鮮賦』의 저자 "董越은 자가 尙矩다. 어려서 부친을 여의고 가난하였으나, 힘을 다해 어머니를 봉양하였다. 成化 己丑년[1469]에 進士가 되어 翰林院編修 직을 받고, 侍讀

의해 처음으로 우리 학계에 소개되었고, 윤호진에 의해 『조선부』(까치글방, 1994)란 서명으로 번역, 출판되었다. 그러나 이를 사료로 이용한 연구 성과는 뜻밖에 많지 않다. 申太永의 「明使董越의 『朝鮮賦』에 나타난 조선 인식」(『한문학보』 10, 2004)과 傅德華와 李春博의 「明弘治年間中朝禮儀外交: 以董越出使朝鮮爲中心的考察」(復旦大學)『韓國研究論叢』 2009-2) 및 曹虹, 「論董越『朝鮮賦』: 兼論古代外交與辭賦的關係」(張伯偉, 『域外漢籍研究叢刊』 1, 北京 中華書局, 2005) 등이 있을 뿐이다. 신태영의 논문은 『조선부』의 구성과 서술 체재 및 그 내용을 정리하였고, 부덕화 등의 논문은 동월의 禮論과 출사 경로 및 『조선부』의 편찬에 대해 정리했다.

으로 승진하여 東宮講官에 충원되었다. 孝宗이 등극하자, 春坊右庶子로 승진하고 麒麟服을 하사 받았다. 朝鮮에 正朔을 반포하러 갔을 때, 주는 선물을 받은 것이 하나도 없어, 조선의 사신이 매년 올 때마다 반드시 동월의 안부를 물었다. 『憲宗實錄』이 완성되자, 太常少卿으로 발탁되고 南工部尙書로 임명되었다. 세상을 떠난 뒤에는 文僖라는 시호를 받았다. 동월은 풍채가 엄숙하고 진중하며 언동에 준칙이 있어, 남의 좋은 점을 말하기를 즐겨하고 가볍게 허락하지 않았다. 자신의 능력을 자랑하여 남의 단점을 드러나게 하는 일을 부끄럽게 여겼으며, 바르게 충고하는 일을 잊지 않았고, 욕심이 적었으며 검소하게 생활하려 힘썼다. 봉록이 들어오면 언제나 宗族과 지인들 가운데 가난한 이를 도와주었다. 저서에는 『圭奉文集』과 『使東日錄』이 있었다." 『欽定四庫全書總目』 권71 史部 地理類 『朝鮮賦』 조에서도 "董越은 [江西] 甯都 사람이라" 하면서, 이와 유사한 기사를 싣고 있다.

동월이 조선에 出使할 때 조선 遠接使 許琮이 보고한 바에 의하면, "正使 董越은 나이가 58세이고, 江西 贛州 사람으로 己丑년에 進士 第二名으로 登第했다. 副使 王敞은 나이가 38세로, 南京 성내에 살고, 辛丑년에 進士로 등제했다. 정사의 성품은 온화하고 두텁고 부사의 성품은 明察하다. 사람과 만나면 양자 모두 공손하고 삼가며 禮를 다했다"[2]고 하고, 또 "上使는 詩에 뛰어나고, 副使는 經學에 정통하다"[3]고도 했다.

董越은 孝宗의 즉위를 알리는 頒詔正使로 선임되자마자, 북경에 와 있던 조선 登極使의 通事를 불러 도로의 원근과 站馬와 站路 등에 대해 물어 "遼東에서 義州까지 8 站이고, 의주에서 王城까지 28 站이라"는 답을

2 『成宗實錄』 19년 2월 29일 조.

3 『成宗實錄』 19년 1월 28일 조.

듣고는, "나는 바로 지금 황제가 東宮으로 있을 때의 侍講이었다. 이전에는 그대 나라 사신을 모두 行人司員으로 차임하고 堂上員을 차임해 보낸 적이 없었는데, 이제 조정에서 그대 나라가 事大하는 정성이 지극하여 특별히 나와 같은 늙은 사람을 사신으로 선발했으니, 이 뜻을 재상에게 전하라"고 하였고, 編修官이라 일컫는 이가 자리에 있다가 "우리 主人은 동궁의 옛 侍講으로 堂上官으로 승진되었으니, 그대의 나라에서는 마땅히 존경해야 할 것이라"고 했다[4]고 한다. 明의 頒詔 사절단을 이끈 동월은 弘治 원년, 즉 조선 成宗 즉위 19년 "윤정월 11일, 혹은 19일"에 북경을 출발해서, 2월 25일에 "頭目 14인을 거느리고 賜物樻와 私樻 등 6 樻를 가지고 압록강을 건넜다"[5]고 했는데, '頭目'이란 명사를 수행하여 오는 군인의 우두머리를 말한다.

동월이 조선에서 돌아오면서 짓기 시작한 『조선부』는 모두 464구의 賦가 세 부분으로 구성되어 있다. 첫 부분은 조선의 위치와 지형 · 풍속 등을 서론 삼아 개괄하였고, 둘째 부분에서는 압록강을 건넌 뒤부터 한양에 이를 때까지의 여정과 한양에서의 사신 활동, 연회 등을 노래하였으며, 세 번째 부분에서는 成均館과 漢城 시가, 漢江 유람, 백성들의 풍습과 산물 등에 관해 소개하였다. 동월은 謝靈運의 「山居賦」 예에 따라 스스로 주해하였는데, 賦의 自注는 모두 그가 따로 지은 『朝鮮雜志』의 기사를 적절하게 배치한 것이다. 『欽定四庫全書總目』에서는 이 책의 저작에 관해 다음과 같이 解題한 바 있다.

孝宗이 즉위하자, 동월은 右春坊右庶子 겸 翰林院侍講으로 刑科給事中 王敞과

4 『成宗實錄』 19년 윤1월 15일 조.

5 『成宗實錄』 19년 윤1월 15일, 2월 28일 조.

함께 조선에 사신으로 가서 보고들은 것을 기술하여 이 賦를 지었다. 동월은 謝靈運의 「山居賦」 예에 따라 스스로 주해하였는데, 그가 말한 것은 『明史』 「朝鮮傳」과 모두 부합해서, 신뢰성과 근거가 있어 쓸데없는 공론이 아니었음을 알 수 있다. 동월이 정월에 사신으로 나가서 5월에 조정으로 돌아오고 그곳에서 머무른 것이 겨우 한 달 남짓했음에도 불구하고, 그 나라 토지의 연혁과 풍속의 변천 및 산천과 큰 건물, 인물, 가축 등에 관해 상세하기 기록하지 않은 것이 없음을 고려해보건대, 自序에서 이른바 전해 듣고 두루 살펴본 것과 그 나라에서 갖추고 있던 風俗帖에서 얻었다는 것이 아마도 이만큼 두루 미쳐질 수는 없었을 것이다. 역시 사명을 받들어 가기 전에 미리 圖經을 찾아보고 조정으로 돌아온 뒤에도 다시 전적을 구하여 귀와 눈이 미치는 것과 함께 헤아려 이 글을 완성하지 않았겠는가. 越은 『文僖集』 42권이 있었으나, 지금은 그 책을 볼 수가 없다. 또 따로 『使東日錄』 1권이 있어, 역시 [조선에] 갔다가 돌아오면서 지은 시와 문장이지만, 이 賦만큼 바르고 견실하지 않다. 별도의 다른 판본이 하나 따로 통행되고 있지만, 이 한 권으로 이미 충분하다.

이 글은 동월의 『조선부』가 어떤 근거에 의거하여 기술되었는지를 잘 보여준다. 동월은 「自序」에서 "내가 朝鮮에 사신으로 가서 그 땅을 지나간 것이 한 달 남짓한데, 무릇 산천과 풍속, 인정, 물정 등에 대해 날마다 두루 돌아보고 咨詢하여 얻은 것은 종이쪽지에 적어서 巾笥에 넣어두었다"고 하고, 본문에서도 "산천과 道里 같은 것은 한 달 정도 지냈고, 풍물과 인정 같은 것은 닷새 만에 얻었다. 비록 모두 다 알지는 못해도, 머릿속에 간직하여 잊지 않는 것이 조금 있다"고 하였는데, 이는 곧 『조선부』의 일정 부분은 저자가 직접 목격하고 들은 바를 기술한 것임을 알게 한다.

이처럼 『朝鮮賦』는 明使 董越이 조선을 다녀온 뒤에 보고 들은 바를 있는 그대로 서술한 기행문으로, 역대 명사들의 기행시문과는 달리 '賦'의 형식으로 지었다는 점이 가장 큰 특징이다. 동월이 '賦'의 양식을 빌린 까닭은 그가 쓴 「自序」에서 다음과 같이 밝혀져 있다.

> 賦란 그 일을 두루 펴서 있는 그대로 말하는 것이다. 내가 朝鮮에 사신으로 가서 그 땅을 지나간 것이 한 달 남짓한데, 무릇 산천과 풍속, 인정, 물정 등에 대해 날마다 두루 돌아보고 咨諏하여 얻은 것은 종이쪽지에 적어서 巾笥에 넣어두었지만, 이렇게 얻은 것 가운데서도 [다 쓰지 못하고] 빠뜨린 것이 매우 많다. 일을 끝내고 遼東 길을 오다가 관공서에서 짐을 부리고 어깨를 쉰 것이 7일이나 되었기에 〈동쪽의 8站을 밤낮으로 쉬지 않고 오느라 피곤한데다가, 수행하는 이들을 위해 옷을 빨게 하려고 했기 때문이다〉. 동료인 黃門 王漢英 군이 기록한 것을 보고 비교하여 정정할 수 있었다. 사신의 행차와 관련된 일이 아니면 모두 뺐지만, 그래도 줄여서 간편하게 하는 데는 이르지 못했다. 주로 있는 그대로 말해서 일을 펴 보이는 데 뜻을 두었기 때문에, 실로 그 말이 번잡하고 중복되는 것을 스스로 깨닫지 못했던 것이다.

동월은 또한 맺는말에서도 "아, 저 六義에 賦가 있으니, [부란] 있는 그대로 늘어놓는 것이다. 한 달 남짓 다니면서 어떻게 그 진상을 다 파악할 수 있겠는가. 하물며 버선의 실같이 변변치 못한 재주야 푸르고 넓은 바다의 작은 고기와 다르겠는가마는, 붓끝의 조화를 잘 부려서 六合同春을 그려볼 수 있으리. 보고들은 것을 과장하거나 속이지 않으려 한다면, 혹 咨諏의 임무에 부끄럽지 않게 되지 않을까 기대해본다"고도 했다. '咨諏'이란 물어서 널리 알아본다는 뜻으로, 『詩經』「小雅」 皇皇者華에 나오는 말인데, 흔히 使者의 임무 가운데 하나로 자주 쓰이는 말이다. 결국 『조선부』는 사신으로 '咨諏'한 바를 '賦'의 형식으로 기록한 復命書의 일종이었다. '賦'가 갖는 특성으로 인해 詩나 詞보다는 '咨諏'의 표현에 더 적당하다고 판단되었다는 것이다. 또한 동월의 이 「自序」는 『조선부』가 자신이 직접 보고 들은 바를 기록한 것이라는 사실과 북경에 도착하기도 전에 이미 기술되었다는 사실, 副使의 기록을 참조하였다는 사실 등을 알려준다.

『朝鮮賦』에서는 弘治 사절단이 압록강을 건넌 뒤에 漢陽에 이를 때까지의 여정을 기록해두었는데, 詩的으로 정리한 것이 특이하며, 여정을 이렇게 일괄 정리해둔 것도 명대 使行文으로서는 특이한 경우이다. 중간 중간에 삽입된 「自注」를 생략하면, 다음과 같다.

> 대개 義順에서 宣川을 지나려면, 그 사이에 龍虎 등의 산들이 높이 솟아 있지만, 郭山이 더욱 높이 하늘에 치솟아 있다. 또 新安에서 大定을 지나려면 天馬와 鳳頭 등의 산들이 높고 험하지만, 安州는 또 졸졸 흐르는 물가에 기대고 있다. 郡은 肅川이요 邑은 順安이라, 지세가 모두 벌판보다 낮다. 누각은 肅寧이요 역관은 安定이라, 땅이 자못 넓고 여유가 있다. 저 西京만은 땅이 가장 평탄하고 넓다. 지세를 따라 이름 지어 平壤이라 했다. [……] 大同江을 건너가면, 산이 점점 높고 험해진다. 生陽에 곧 다다르면, 길은 다시 멀리 돌아간다. [……] 북쪽으로 慈悲[嶺]와 이어지고 남쪽으로는 渤海와 잇닿는다. [……] 延津과 劍水, 鳳山과 龍泉 [……] 環翠는 오색 무늬 꿩이 날 듯 화려하고, 蔥秀[山]는 구름과 이어졌다. 寶山에서는 상서로운 기운이 피어오르고, 金岩에서는 물줄기가 뚫고 지나간다. 聖居와 松嶽, 天摩와 朴淵. 開城에 오니, 留都가 있다. 威鳳의 남은 터가 북쪽 기슭에 버려져 있고, 蟠龍의 옛 두둑이 있어, 동쪽 두렁에 솟아 있다. 臨津을 건너고, 坡州에 이르러, 멀리 漢城을 바라보면, 상서로운 기운이 높이 오른다. 이어 碧蹄를 지나고, 다시 弘濟에 오르면, 이곳이 곧 王京으로, 동쪽 나라에 우뚝 솟아 있다. [……] 서쪽으로 한 관문을 바라보니, 길이 겨우 말 한 필이 지나갈 만하

다. [……] 慕華館은 서남쪽 산기슭에 세워져 있고, 崇禮門은 정남쪽에 자리 잡았다.

또한 동월은 조선에서 갖추고 있던 風俗帖에서 자료를 얻었는데, 이는 본문에서 "이러한 것들[=풍속과 관제]은 모두 箕子로부터 그 풍도와 운치가 전해져 남은 것이고, 또한 中國에서 하는 것을 보고 본받은 것이다"라고 하면서 그 「自注」에서 "이상은 모두 館伴使인 吏曹伴使 許琮이 갖춰온 「風俗帖」에 보인 것이다"라고 하고, "이 두 구절은 許 이조[판서]가 보여준 『風俗帖』에 나오는 것이다"라고 하였듯이, 조선의 관반사 허종에게서 받은 것이다. 『成宗實錄』에 의하면, 허종이 "『大明一統志』의 기록이 사실과 다른 점이 있다고 하여 조선의 미풍양속을 새로 지어 『풍속첩』을 만들어주었다"고 한다.[6]

동월이 『조선부』를 지으면서 많이 의거한 또 다른 자료는 바로 한중 양국의 각종 '誌書'들이다. 본문에서 "그 세로는 길의 里程이 2천[리]이고, 가로는 그 두 배가 된다"고 하면서, 그 「자주」에서 "그 나라는 동서가 2천 리이고 남북은 4천 리라고 誌書에서 이른다"고 했고, "郭山은 郡의 이름으로, 그 성이 산꼭대기에 있다. 誌書에서는 凌漢城이라고 했다"고도 했다. 『 統志』도 많이 이용되었다. 본문에서 "『志』에서 칭송된 것은 이리 꼬리로 만든 붓"이라고 하면서, "『一統志』에서는 그 산물에 이리 꼬리로 만든 붓이 있다고 기재했는데, 그 대롱은 화살대처럼 가늘고, 수염의 길이는 한 치[寸] 남짓하며, 붓끝이 뾰족하면서 둥글다고 했다. 물어보았더니, 족제비 털로 만든 것이지 이리 꼬리로 만든 것이 아니라고 했다"고 하였다. 여기서 말하는 『一統志』란 곧 李賢 등이 明 英宗 天順 5년(1461)에

6 『成宗實錄』 19년 3월 5일, 18일 조.

편찬한 『大明一統志』를 말하는데, 이 책의 「外夷傳」 제1편에는 이전 正史의 東夷傳 등을 인용하여 조선의 역사와 사회 · 풍습 · 산천 · 토산 등에 대해 상세하게 기재되어 있다.

동월은 이러한 체험과 각종 자료의 확인을 통해, 기왕의 잘못된 상식을 바로잡기도 했다. 그 한 예로, "베는 삼으로 짜는데, 모시로 이름이 난 것은 대개 잘못 전해들은 데서 비롯되었다. 종이는 닥나무로 만드는데, 누에고치로 만드는 것으로 여겨진 것은 그 다듬는 솜씨가 정교하기 때문이다"라고 하면서, 그 「自注」에서 "예전에는 그 나라에서 생산된 종이가 모두 누에고치로 만들어지는 것으로 전해졌지만, 이제 닥나무로 만드는 것임을 알게 되었다. 다만 제조하는 기술이 정교할 뿐이다. 내가 일찍이 불로 시험해보고, 그렇다는 사실을 알게 되었다"고 했다. 또 "이른바 남자의 두건이 唐의 것과 같다고 하는 것은 지금은 그렇지 않고, 과실수 아래를 지나간다는 말도 3尺이 아니다"라고 하면서, 그 「자주」에서 다음과 같이 교정했다.

> 『文獻通考』에서 "그 나라 사람은 折風의 두건을 쓰는데 唐의 것과 같다"라고 했지만, 지금 남자들은 모두 큰 모자를 쓴다. 단지 王都에서 왕을 위해 가마를 드는 자들만 검은 비단으로 만든 육각의 부드러운 두건을 쓰는데, 육각에는 모두 솜으로 만든 공 같은 것을 붙였다. 자색 비단에 둥근 깃의 옷을 입고 발에는 끝이 뾰족한 가죽신을 신었으니, 엄연히 唐 말을 타고 있는 奚官을 그린 것 같다. 아마 당시에 입은 것이 필시 모두 이와 같았기 때문에 "唐과 같다"고 했을 것이다. 또 『一統志』에서 이르기를, "백제국에서 果下馬가 나는데, 그 높이가 3尺이어서, 과실수 아래에서도 탈 수 있다"고 했다. 그러나 오늘날 백제국의 경역이 바로 양화나루의 남쪽 기슭에 있어, 王京에서 이삼십 리밖에 떨어지지 않았다. 이를 물어보았더니, "벌써 오래전부터 나지 않는다"고 한다. 다만 그 나라의 길에서 본 물

건 실은 말이 비록 3척에 그치지는 않지만, 중국의 말과 비교하면 조금 작다. 아마도 그 종류일 것이라 생각되어, 잠깐 적어둔다.

동월의 『조선부』는 출판되자마자 한중 양국에서 널리 읽혀졌다. 賦의 형식으로 씌어 읽히기 쉬웠을 뿐만 아니라, 3년간 정성을 다해 저작되었기 때문이다. 동월은 「自序」에서 "일을 끝내고 遼東 길을 오다가 관공서에서 짐을 부리고 어깨를 쉰 것이 7일이나 되었기에, 동료인 黃門 王漢英 군이 기록한 것을 보고 비교하여 정정할 수 있었다"고 하여, 그 저작이 조선에 체재할 때부터 준비되었음을 밝히고 있다.

『조선부』는 출판 직후에 조선으로 들어와서, 국왕의 명으로 출판되어 널리 읽혀지게 되었다. 成宗 23년(弘治 5년)에 조선을 방문한 明使 艾璞을 접대한 遠接使 盧公弼이 董越의 『朝鮮賦』를 국왕에게 올리면서, "上使가 신에게 주며 말하기를, '이것은 董 大人이 許 吏部에게 기증하는 것이라' 고 했다"고 復命하니, 국왕이 곧 "이 賦는 우리나라의 일이 자세하게 기록되었으니, 속히 인쇄하여 바치도록 하라"고 명했다[7]고 한다. '許 吏部'란 吏曹判書 許琮을 이르는 말로, 허종은 "翰林侍講 董越과 給事中 王敞이 詔書를 받들고 왔을 때, 遠接使가 되어 응대와 주선이 절도에 맞았기 때문에, 두 사신이 존경하고 감복하여 작별할 때는 눈물까지 흘리면서, '공이 일찍이 북경에 조회하러 와서 중국 조정이 해외에도 이런 인물이 있음을 알게 하기를 바란다. 하늘 위에는 몰라도 인간에는 둘도 없을 것이라' 고 칭송했다"[8]는 인물이다.

조선의 君臣들은 『조선부』를 읽고 때때로 그 내용을 거론하기도 했으

7 『成宗實錄』 23년 6월 23일 조.

8 『成宗實錄』 25년 2월 14일 조.

니, 연산군 시기에 承政院에서 "동월의 『조선부』에서 '턱 밑에 구슬을 드리운다'고 하였는데, 이는 대개 조롱한 것이니, 구슬갓끈을 달지 못하게 하는 것이 지당하다"[9]고 아뢰었고, 大司諫이 "전번 董越과 王敞이 왔을 때 부녀자가 교자를 타고 지나가서 頭目의 무리가 그것을 보고 저도 모르게 포복절도하였고, 董越은 『朝鮮賦』를 지으면서 그 사실을 들어 조롱하였으니 일체 금지하소서"[10]라고 간쟁하기도 했다. 심지어 동월 이후에 조선을 내방한 어떤 明使는 『續朝鮮賦』를 짓기 위해 자료를 요청하기도 했다. 中宗 32년(嘉靖 16년)에 조선을 찾은 龔用卿은 "모든 州, 府, 郡, 縣의 관작 제도와 풍속, 산천의 명승지를 하나하나 써주시기 바란다. 『속조선부』를 짓고 싶다. 董 선생이 일찍이 『조선부』를 지었지만, 다만 서쪽 지방 일대의 것만 기록했을 뿐이다. 그러나 나는 온 사방의 것을 다 알고 싶다. 일찍이 옛 역사를 통해 高麗의 일은 대강 알고 있지만, 時王의 일은 세태에 따라 예악과 문물을 잘 조정하였으므로 찬란하게 잘 갖추어지기가 이때와 같은 적이 없었다. 바라건대 빠짐없이 모두 기록하여 우리에게 주시면 한 편의 賦를 지어 그 훌륭함을 기록하겠다"고 해서, 조선왕이 "그렇게 하겠다"고 했다[11]고 한다.

『조선부』는 『四庫全書』에 수록되었을 뿐만 아니라, 『預章叢書』와 『國朝典故』에도 실렸고, 조선에서도 『新增東國輿地勝覽』에 수록되어 널리 읽혀졌으며, 많은 도서에서 중요한 사료로 인용되었다.[12] 『조선부』는 중국

9 『燕山君日記』 10년 10월 2일 조.

10 『燕山君日記』 9년 4월 1일 조.

11 『中宗實錄』 32년 3월 15일 조.

12 曹虹, 「論董越『朝鮮賦』: 兼論古代外交與辭賦的關係」(張伯偉, 『域外漢籍研究叢刊』 1, 北京 中華書局, 2005)에서 이뤄진 통계에 의하면, 한국과 중국 · 일본 등에서 여러 차례 출간되어, 10여 종의 판본이 있다고 한다.

의 역대 왕조에서 조선에 파견한 사신들이 귀국한 뒤에 저술한 기행문 가운데 가장 많이 읽혀진 도서였다. 『欽定四庫全書總目』에서는, 동월의 저작으로 『조선부』 외에도 "『文僖集』 42권이 있었으나, 지금은 그 책이 남아 있지 않다. 또 따로 『使東日錄』 1권이 있어, 역시 [조선에] 갔다가 돌아오면서 지은 시와 문장이지만, 이 賦만큼 바르고 견실하지 않다. 별도의 다른 판본이 하나 따로 통행되고 있지만, 이 한 권으로 이미 충분하다"고 했으니, 동월의 이름을 세상에 널리 알리게 한 저서는 바로 『朝鮮賦』였다.

이 『使朝鮮錄』 叢書에는 『조선부』 외에도 동월의 『朝鮮雜志』가 수록되어 있다. 그러나 『조선잡지』는 『조선부』의 自注 형식으로 모두 배치, 수록되어 있다. 『조선부』의 「自注」와 『조선잡지』의 기사는 순서만 약간 다를 뿐, 그 내용은 거의 그대로 轉載되었으니, 『조선잡지』는 독립된 자료라기보다는, 『조선부』를 위한 보충 자료라고 할 수 있다.

3. 董越의 禮論

다른 明使와 마찬가지로, 董越도 조선의 문화와 사회를 관찰하면서 중국과 근사한 것에 대해 우호적인 관심을 보였다. 그것을 설명할 때도, 언제나 '中國'의 것과 비교하였다. 예컨대, "[술잔을 들며 하는] 말은 華와 같은데, 단지 '朝廷'이란 두 자를 바꾸어 '國家'라고 하는 것이 다를 뿐이다"라거나, "그 가마는 중국의 校椅와 같아, 빌이 짧고 좌우에 두 개의 긴 扛을 끼우는 것도 중국의 제도와 같다", 혹은 "활은 중국의 제도에 비해 조금 짧지만, 화살은 바르게 발사한다", "문이나 거느림채, 便殿 등은 모두 수키와를 쓰니, 중국의 관공서에서 덮은 것과 같다", "술맛은 山東의

秋露와 아주 비슷한데, 흰색과 향도 이와 같다. 역시 중국의 米糕나 蓼花 따위도 만들 줄 안다", "湯을 한 번 올릴 때는 반드시 사발의 수가 다섯이 되게 하고, 왕이 몸소 올리지 않는다. 오직 이 禮만 중국과 같지 않다", "예의는 역시 중국의 것을 기준으로 하여, 세 번 향을 올리고 세 번 叩頭하는 예를 더 했다. 山呼할 때는 시위하는 이들이 모두 손을 마주잡고 호응했다"는 등, 조선의 문물이 '중국'과 어떻게 같고 다른지에 대해 관심을 자주 보였다. 특히 동월이 『조선부』에서 조선에 관해 우호적 인상과 적극적 평가를 나타내는 것은 중국과 같은 것, 즉 중국의 영향을 받은 것이었다. 조선의 문화가 중국과 일치되는 것은 곧 '禮義'이고, 그 매체는 '箕子'였다.

董越은 『朝鮮賦』의 도처에서 조선이 禮義之國임을 노래했다. 그는 조선인들이 "『詩』를 말하고 『書』를 이야기하며, 庠이 보이고 校가 눈에 띈다"고 하고, "가장 말할 만한 것은, 나라에 80세 노인이 있으면 남녀를 가리지 않고 모두 잔치를 열어, 그 은혜를 널리 베푼다는 것이다"라고 조선인의 敬老 풍습을 칭송하기도 하였으며, "자식 된 자에게는 三年喪이 있어, 비록 노복일지라도 [삼년상을] 치르도록 허락하여 그 효성을 다하게 한다"고 하여 조선이 효도를 숭상하는 나라임을 주목하기도 했다. 또한 "鄉飮에서는, 술잔 들고 하는 말을 엄격히 하고 籩豆의 사용에 차례를 세워, 시끌벅적하게 소란스러워지지 않도록 경계한다"고 노래했는데, 향음, 즉 鄉飮酒禮는 周代에 鄉學에서 학업을 닦은 사람 가운데 우수한 사람을 군왕에게 천거하며 송별하기 위해 鄉大夫가 베풀던 餞別의 연회에 기원한 것으로, 후대에는 향리의 儒生들이 모여서 揖讓의 예를 지키며 술을 마시던 잔치를 이르게 되었다. 그리고 "혼인은 중매를 신중하게 하고, 재가해서 태어난 자식은 비록 많이 배우더라도 士의 부류와 나란히 서지 못한다"고 하고, "門第는 簪纓을 가장 중시하고, 대대로 兩班의 반열에 오른

자이더라도 혹시라도 떳떳하지 못한 짓을 하면, 모두 예의 바르게 그를 대하지 않는다"고 하여, 조선의 신분제가 禮義에 근거한 것임을 강조하기도 하였으며, "제사는 家廟를 세워서 드리는데, 大夫는 3대까지 제사지내고, 士와 서인은 祖考만 제사 지낸다"고 하여 조선의 祭禮를 소개하기도 했다.

동월은 "이러한 것들이 모두 箕子로부터 그 풍도와 운치가 전해져 남은 것이고, 또한 中國에서 하는 것을 보고 본받은 것이라"고 하여, 중국의 영향과 箕子의 유습을 강조하였다. 그는 箕子에 대한 전통적 설화와 기록을 그대로 확신하여, "평양성은 가장 오래되었으니, 箕子가 처음 책봉되었을 때에 이미 있었다. [……] 기자의 후손은 漢代까지 전해져서, 이름이 準이란 자가 燕人 衛滿에 쫓겨 馬韓 땅으로 옮겼으나, 지금은 그 뒤를 잇는 이가 없다"고 하고, "밭도랑과 봇도랑, 도랑과 도로의 형상이 남아 있다. 〈古城에는 箕子가 구획한 井田의 만들어진 모양 가운데 여전히 남은 것이 있는데, 곧은길 같은 것이 그것이다〉"라고도 했다. 그는 오히려 기자에 대한 조선인의 존숭이 부족하다고 불만을 드러내기도 했다.

동쪽에는 箕子 사당이 있어, 예에 맞게 나무 神主를 두었는데, '朝鮮後代始祖'라고 씌어져 있으니, 이는 아마도 檀君을 높여 그 나라를 세우고 땅을 연 이로 여기고 기자는 世系를 잇고 계통을 전한 이로 여기기 때문이리라. [……] 무덤은 兎山에 있으니, 성의 서북쪽 모퉁이다. 〈기자의 무덤은 성의 서북쪽 모퉁이의 토산에 있는데, 성에서 반 리도 안 떨어져 있지만, 산세가 매우 높다〉. 양쪽에 翁仲이 있는데, 唐 나라 사람의 두건과 의복과 같다. 문채가 있는 모양의 이끼와 차조기가 점점이 끼어 있어, 마치 문양 있는 비단 저고리를 입은 것 같다. 좌우에는 꿇어앉아 젖을 먹이는 石羊이 열 지어 있고, 碑碣이 머리를 쳐든 龜趺 위에 얹혀 있다. 둥근 정자를 만들어 拜位를 마련했고, 자잘하게 흩어져 있는 돌을 쌓아 마당을 만들었다. 이는 근본을 갚는다는 뜻은 비록 융숭하다 하더라도 예의에 맞게 비품을 갖추는 것이 소홀함을 보여주는 것이다.

그렇다고 해서 동월이 조선 고유의 역사와 문화를 무시하거나 부정적으로만 평가한 것은 아니다. 그는 檀君의 사당을 소개하면서, 단군을 開國 군주로 여기는 조선인의 관습을 소개하기도 했다. 그는 기자 사당을 방문하면서, "동쪽에는 箕子 사당이 있어, 예에 맞게 나무 神主를 두었는데, '朝鮮後代始祖'라고 씌어져 있으니, 이는 아마도 檀君을 높여 그 나라를 세우고 땅을 연 이로 여기고 기자는 世系를 잇고 계통을 전한 이로 여기기 때문이리라"고 추측하면서, "단군은 堯帝 甲辰년에 이곳에 나라를 세우고, 뒤에 九月山으로 들어갔는데, 언제 생애를 마쳤는지는 알지 못한다. 나라 사람들이 대대로 사당을 세워 제사를 드린 것은 그가 처음으로 나라를 열었기 때문이다. 지금 그 사당이 기자 사당의 동쪽에 있는데, 나무로 만든 신주가 있어, '朝鮮始祖檀君位'라고 써져 있다"는 「自注」를 첨기하기도 했다. 실제로 동월은 "平壤에 다다라서 箕子의 사당을 참배하여 四拜의 禮를 행하고, 다시 檀君의 사당을 참배해서 再拜의 禮를 행했다. 그리고 文廟에 가서 四拜의 예를 행했다."[13]

또한 동월은 조선의 풍습 가운데서 '非禮'에 해당하는 것에 대해 언급하면서, 과거에는 禮에 어긋나는 풍습이 없잖아 있었지만, 지금은 개선되었음을 전하기도 했다. 그는 "이른바 시내에서 남자와 같이 목욕하고 역에서 일하는 사람은 모두 과부라고 하는 것은, 처음에는 전해 듣고서 몹시 놀랐지만, 지금은 이미 고쳐서 바꾸었음을 알게 되었다. 어찌 성스러운 교화에 젖고서도 「漢廣」과 가지런할 수 없는 경우가 있겠는가"라고 했

---

13 『成宗實錄』 19년 3월 癸酉 조.

는데, 「한광」이란 『詩經』 「周南」의 한 편명으로, 그 서문에서 "漢廣이란 덕이 넓게 미쳐지는 것이다. 文王의 道가 南國까지 미쳐져서 아름다운 교화가 長江과 漢水의 지역에서 행해졌다"고 했다. 동월은 이와 함께 "내가 그 나라에 아직 사신으로 가기 전에, 모두 전하기를, '그 풍속에 과부들이 館과 驛에서 일을 한다'고 했다. 나는 그 더러움을 싫어했는데, 이번에 가서 보니, 와서 일하는 자들은 모두 州縣의 관리들이었고, 부녀자들은 역 밖의 별실에서 밥을 짓고 있었다. 전하는 말에 의하면, 그 풍속은 景泰 연간에 그 나라 왕王瑈[=世祖]가 封爵을 세습한 뒤에 변했다고 하는데, 이는 遼東副總兵 韓斌의 말이다. 시내에서 목욕한다는 일은 옛날 책에 나오지만, 역시 지금은 변했다"는 注記를 첨기했다.

동월은 조선의 풍속 가운데 禮에 어긋나는 것이 있었다 하더라도, 지금은 이미 개선되어 없어졌다는 조선인의 주장을 받아들여 자신이 편찬할 『實錄』에서 정정할 것을 약속하기도 했다. 明使가 博川江을 건널 때, 조선의 원접사 許琮이 "내가 『大明一統志』에 우리나라의 풍속에 대해 써놓은 것을 보았더니, 부자가 함께 개울에서 몸을 씻는다고도 하고, 혹은 남녀가 서로 좋아해서 결혼한다고도 했는데, 이는 모두 古史에 쓰인 말로, 지금 우리나라에는 이러한 풍속이 절대 없습니다. 『일통지』에서 고사의 글을 근거로 해서 쓰는 것은 안 되지 않겠습니까"라고 했더니, 副使가 "董 선생께서는 先帝의 『實錄』을 편찬하시니, 이 같은 일을 고치는 것이야 어찌 어렵겠습니까"라고 하였고, 正使인 동월은 "본국의 지금 풍속을 쓰면서 古史의 말을 싣는 것은 안 되는 일입니다. 본국의 아름다운 풍속을 모두 기록해서 내게 주면, 『실록』을 편찬할 때 응당 奏達해서 이를 기재할 것입니다"라고 약속했다[14]고 한다.

동월이 말하는 '驛館에서 일하는 부녀자'란 곧 明使를 접대한 '女樂'을 말하는데, 환관 출신의 明使가 조선을 방문할 때는 아무런 문제가 되지 않았지만, 世宗 때 내방한 倪謙 이후 역대 文學之士 출신의 明使들은 언제나 이를 문제 삼았다. '女樂'의 문제는 문학지사 출신 명사들의 禮論과 직접 관련된 것으로, 이들 문학지사 출신의 명사들은 詔書를 맞이하는 迎詔의 의례를 단속해서 朝明 册封—朝貢 관계를 유지, 혹은 강화하기 위해 먼저 '女樂'을 거부하고 뇌물성 선물을 사양함으로써 자신의 예적 입장을 확보해두었다. 동월이 『조선부』에서 '여악'의 不在를 전한 것은 곧 이러한 명사들의 공격적 예론에 대한 조선 측의 대응을 보여주는 것이다.

『成宗實錄』에 의하면, 新安館에서 연회를 베풀고 女樂을 넣으려 하자 동월이 "先皇帝께서 돌아가신 지 삼 년이 되지 않아 음악을 들을 수 없습니다"라고 하며 사양하였고, 開城府에서도 다시 사절하였다. 개성부에서 宣慰宴이 열렸을 때, 遠接使 許琮이 女樂을 넣으려 明使에게 "선황제의 喪制가 이미 끝났습니다"라고 하면서 다시 권하였지만, 동월은 "지금의 황제께서 효성이 망극하니, 비록 喪制가 끝났다 하더라도 여전히 음악을 쓸 수 없습니다"라고 하면서 거절하였다. 원접사가 "황제의 효성이 지극하고 두 분 대인의 충성도 지극하다 할 수 있지만, 상제가 이미 끝났기 때문에 전하께서 여악을 보내어 위로하려 하는데, 어찌 이처럼 심하게 물리치십니까"라고 하니, 명사가 "전하께서 여악을 보냈으니 내가 당연히 보겠습니다"라고 해서, 원접사가 妓女들을 뜰로 들여 보였고, 명사는 "이제 보았으니 멀리 나가도 좋다"고 했다.[15]

동월의 이러한 태도는 조선 측에 심리적 압박을 가하여, 明使에 대한 예우와 책봉—조공 관계의 예를 강화하는 데 도움을 주었다. 開城府에서 宣慰使의 임무를 수행한 李鐵堅은 "신 등이 두 사신의 거동을 보니, 경건하

14 『成宗實錄』 19년 3월 5일 조.

15 『成宗實錄』 19년 3월 乙亥 조.

고 신중하게 예를 행함에 조금도 잘못이 없으니, 正大한 인물이라 할 만합니다"라고 보고했고, 평양에서 선위사 임무를 수행한 李克墩도 "신이 두 天使가 예를 행할 때를 보니, 우리나라 사람들이 조금만 실수를 저질러도 모두 지적하여 바로잡았습니다. 천사의 뜻은 필시 근래에 온 천사들이 모두 본국의 환관이어서 본국이 이들을 그다지 공경하지도 않고 중시하지도 않았기 때문에, 본국이 또 환관을 대우하는 예로 대우할까 염려하여 이처럼 규찰하여 엄숙하게 삼가게 하려는 것입니다"라고 보고했다.[16]

동월의 예론은 그의 청렴한 태도와 짝지어졌다. 그는 관행을 깨고 조선 측에서 제공하는 예물을 거절함으로써, 자신이 제기하는 엄정한 예론에 힘을 실어주었다. 『寧都先賢傳』에서, "董越은 朝鮮에 正朔을 반포하러 갔을 때, 주는 선물을 받은 것이 하나도 없어, 조선의 사신이 매년 올 때마다 반드시 동월의 안부를 물었다"고 하였듯이, 동월은 新安과 平壤·開城 등에서 여러 차례 예품을 받았지만 모두 사절하였고, 조서를 반포한 뒤에 열린 연회에서도 예물을 사절하여 받지 않았으며, 太平館에서 열린 下馬宴에서 전한 人情物도 받지 않았다. 동월은 이때 "전하께서 주심은 禮이고 내가 받지 아니함은 조정을 두려워함이니, 각각 그 道를 다함이 가합니다"[17]라고 했다. 『조선부』에 의하면, 명사 일행이 일을 다 마치고 한양을 떠나려 한 날, 조선 국왕은 명사 두 사람이 그 선물을 여러 차례 물리친 것을 두고 다음과 같이 자신의 뜻을 전했다.

우리는 祖宗 이래로 무릇 천사가 멀리서 찾아오면 언제나 작은 물건으로 성의를 표시해왔는데, 이제 두 분 대인이 이와 같이 하는 것을 보니, 나는 황공해서 감히

16 『成宗實錄』 19년 3월 辛未 조.

17 『成宗實錄』 19년 3월 13일 조.

다시 말할 수가 없습니다. 다만 내가 듣기에, 옛 사람이 "어진 이는 남에게 말을 주고 어질지 못한 자는 남에게 금을 준다"[18]고 했다 하는데, 나는 말은 주지 못하고 보잘것없는 물건으로 모독하였으니, 마음속으로 매우 황공스럽습니다. 나는 또한 『孟子』에 "옛 사람은 그 天爵을 닦으면 人爵은 그대로 따라왔다"[19]고 한 말이 있는 것으로 기억하는데, 두 분 대인이야말로 실로 천작을 닦는 분이어서 이번에 특별한 은혜를 입게 되었음이 분명합니다. 이것이 바로 내가 드리는 말입니다.

이에 동월도 "왕이 덕으로써 우리를 사랑합니다"라고 화답했다고 한다.

4. 迎詔 儀禮 논쟁

董越의 『조선부』에서 가장 눈에 자주 띄는 것은 朝明 사이의 冊封-朝貢 관계를 강조하는 점이다. "저 東國을 돌아보면, 朝家의 外藩이다"라는 문장으로 시작되는 본문에서, "옛날에 서너 국가가 封해져 있었던 것에 비해, 지금은 하나만 있을 뿐이라"고 하면서, "新羅와 百濟, 耽羅 등이 지금은 모두 [조선의] 소유가 되었다"는 「自注」를 달았다. 동월은 "詔書를 내려 나라를 세우도록 허락해서, 스스로 聲教할 수 있게 했다"고 하면서, "本朝 洪武 2년에 고려 국왕 王顓[=恭愍王]이 表文을 올려 즉위를 축하해

18 『荀子』 非相에서 "남에게 말을 주는 것은 金石과 珠玉을 주는 것보다 더 무겁다"고 했다.

19 『孟子』 告子 上에서 "仁義 忠信하여 선행을 즐겨 해서 게으르지 않으면, 이것이 곧 天爵이요, 公卿大夫는 곧 人爵이다"라고 했다.

서, 조서를 내려 스스로 聲教할 수 있도록 허락하고 龜紐金印을 하사했다"는 注記를 첨기했다. 그는 開城을 지나면서, "대개 王氏가 이곳에서 왕 노릇한 지 4백 년이 지나, 瑤[=恭讓王]에 이르러 사리에 어둡고 미욱하여 비로소 李氏가 임시로 나라 일을 맡게 되었다. 그리고 '高麗'라는 이름으로 이곳을 다스리며 서너 姓이 바뀌었는데, 旦[=李成桂]이 나라를 얻은 뒤에 '朝鮮'이라는 옛 국호를 회복하게 해달라고 청했다"고도 했다. 그는 따로 注記를 통해 册封의 과정을 다음과 같이 설명했다.

> 本朝 洪武 25년에 고려 국왕 王瑤가 사리에 어둡고 미욱하여 많은 사람을 죽이고 무리의 마음을 잃자, 나라 사람들이 함께 門下侍郎 李成桂를 추대하여 나라 일을 임시로 맡게 하고, 그 나라의 知密直司事 趙[胖]를 보내와서 册命을 청하였다. 그 뒤에 이성계가 이름을 '旦'으로 바꾸고 국호를 바꾸게 해달라고 청을 올리니, 上께서 "東夷의 호칭 가운데서 오직 朝鮮만이 가장 아름답고 오래되었다" 고 하면서 詔書를 내려 '朝鮮'이라 했다. 명을 얻은 뒤에 마침내 도읍을 지금의 漢城府로 옮기고, 이곳은 留都로 삼았다고 한다.

『太祖實錄』 2년 조에서도 "東夷의 호칭 가운데 오직 朝鮮이란 칭호만이 아름답고 그 유래도 오래되었다"고 하면서 '朝鮮'으로 정하도록 통보했다고 했다. 동월은 慈悲嶺을 지나면서, "전대인 元代에는 이곳을 그어 경계로 삼았지만, 國朝에 이르러서는 안팎을 구별하지 않음을 보여주었다"고 했다. 그는 元代에 자비령 이북의 땅으로 東寧府를 설치했던 역사를 「自注」를 통해 거론하며, 이를 근거로 "공손하고 온순하게 예의를 지킬 것"을 요구하기도 했다.

> 成佛嶺은 북쪽으로 산을 베고 남쪽으로는 바다를 베고 있는데, 산꼭대기에서 보

면 구름 밖으로 높이 나와 있다. 한 관문 입구에 옛 성이 무너져 나온 甃城의 네모난 돌들이 몇몇 무더기로 버려져 있다. 한 통역관에게 물어보았더니, '그 북쪽이 곧 慈悲嶺으로, 元代에 이곳을 그어 경계로 삼았는데, 이곳이 바로 그 關門의 입구'라고 했다. 만약 그렇다면, 압록강에서 평양 동쪽까지가 모두 [우리 명조의] 영토이니, 조선이 관할하는 팔도 가운데 한 道를 떼어내고도 남는 것이다. 우리 聖朝에서는 그것을 모두 [조선에] 주었으니, 마땅히 공손하고 온순하게 예의를 지켜 예전과는 다름이 있어야 할 것이다.

동월은 명의 冊封뿐만 아니라 조선의 朝貢에 대해서도 강조하였다. 그는 "해마다 궁궐 뜰에 공물을 바치고, 철마다 上國에 이바지한다"고 하면서, "그들이 120년 전부터 [천자께] 나아가 뵙고 풍성한 은혜를 입은 것이 비록 聖明께서 내려주신 것에서 말미암았다고는 하지만, 그들이 貢物을 끊임없이 이어 바쳐왔기 때문이기도 하다"고 했다.

冊封-朝貢 관계란 책봉과 조공의 禮를 교환하는 관계로서, 禮制가 가장 중요한 요소를 이룬다. 동월이 한양 "거리의 인가가 모두 [명조에서] 반포해서 내려준 禮制와 같이 채색 비단을 걸어놓았다"고 하였듯이, 책봉-조공 관계가 성립되면 책봉하는 나라의 禮制가 조공하는 나라에서도 실현되었다. 책봉-조공 관계의 禮制 가운데서 핵심을 이루는 것은 詔書를 맞이하는 예, 즉 迎詔 儀禮인데, 『조선부』에는 이 영조 의례가 매우 상세하게 기록되어 있다.

동월은 明使 일행이 慕華館에 다다르자, 조선의 "왕이 袞冕을 차려입고 교외까지 나가서 맞이하고, 신하들은 簪裾를 착용하고 고니처럼 꼿꼿이 곁에 서서 모셨다"고 하면서, 조서를 맞이하며 벌이는 百戲의 장면을 다음과 같이 묘사하였는데, 平壤과 黃州에서도 모두 鰲山과 綵棚을 설치해서 百戲를 펼치며 詔書를 맞았지만, 王京의 것이 가장 좋았다고 한다.

거리는 온통 노인과 아이들로 가득 메워졌고, 누각과 고대망루는 알록달록한 비단으로 뒤덮인다. 음악은 느릿한 듯 유유하게 연주되고, 廣도 화려하고 아름답게 설치되었다. 沈香과 檀香이 새벽 해가 만드는 연무처럼 뿜어 나오고, 복숭아꽃과 오얏꽃은 동풍에 날리는 비단처럼 곱다. 수레와 말의 소리가 가득 울리고, 魚龍 놀이가 풍성하게 나온다. 자라가 산을 지고 蓬萊와 瀛洲 바다의 해를 안고 있고, 원숭이는 새끼를 안고 巫山峽의 물을 마신다. 筋斗를 뒤집으니, 相國寺의 곰은 계산에 들지도 못한다. 말이 바람을 맞으며 길게 울부짖으니, 어찌 소금 수레를 끄는 준마가 있겠는가. 백 가닥 줄을 타는데, 가볍기가 파도 위를 타는 신선 같고, 외나무다리를 밟으니, 다리 위의 山鬼를 보는 것 같아 깜짝 놀란다. 사자와 코끼리를 장식했는데, 모두 말가죽을 벗겨서 씌어놓았고, 鵷鸞 춤을 출 때는 울긋불긋한 꿩 꼬리털을 모아 꽂았다.

조서가 궁전 뜰에 당도하면, 왕이 공손하게 몸을 구부리고, 세자와 陪臣들은 좌우에서 모신다. 동월은 조서를 맞이하는 궁전에 "軒縣을 섬돌 계단에 펼쳐놓고, 장막을 정원에 벌여놓았다. 무기는 오직 干鹵만 가지런히 놓고, 음악은 柷圉로 시작하고 끝낸다. 다함께 虎拜하며 嵩呼 소리 세 번 울리고, 兩班들이 모두 봉황의 용모로 짐승처럼 춤을 춘다"고 하면서, "비록 음성은 통하지 못하지만, 예의는 역시 취할 만한 것이 있었다"고 평가했다. 대궐 뜰을 지난 뒤에, 하사품을 하사해주기도 했다. 그리고 동쪽과 서쪽으로 손과 주인이 나뉘어 섰다. 동월은 이 迎詔 의례를 注記를 통해 더욱 상세하게 묘사했다.

조서를 전한 뒤에, 引禮가 천사를 인도하여 가운데 계단에서 내려와 동쪽으로 장막에 이르러 머무르게 하고, 왕이 옷을 갈아입는 것을 기다렸다가, 다시 천사를 인도하여 가운데 계단을 통해 동쪽으로 궁전에 오르며, 왕을 인도하여 가운데 계단을 통해 서쪽으로 궁전에 오른다. 천사는 동쪽에 서서 서쪽을 향하고, 왕은 서쪽에 서서 동쪽을 향하여 두 번 절하고 차례차례로 앉는다. 왕의 위치는 부사와 마주하면서 반 자리 정도 약간 아래에 있다.

서로 절하여 예를 갖추자마자, 왕은 곧 통역을 빌려, "울타리가 되는 것은 실로 小國이 마땅히 해야 할 일인데, 찬란하게 땀이 나듯 누추한 곳에 큰 은혜를 베풀어주시니, 물방울이나 티끌 같은 성의를 두루 다 내보인다 해도 갚을 수가 없습니다"고 했다. 勤政殿에서 차례대로 앉아 인삼탕 한 잔씩 마신 뒤에, 왕이 몸을 일으켜 앞으로 나아가 "소국의 신하가 조정을 존중하여 섬기는 것은 예에 마땅한 일인데, 이처럼 칙서를 내려 권하여 타이르시니, 그 큰 은혜를 갚기가 어렵습니다"라고 했다. 이에 明使 두 사람이 "조정은 동국이 평소에 충성과 공경을 다한다고 해서 恩典을 다른 나라와는 다르게 베풉니다"라고 답했다.

왕은 명사 두 사람을 배웅하여 홍례문을 나서서, 가마를 탄 뒤에야 물러갔다. 명사 두 사람이 태평관으로 돌아가니, 여러 '陪臣'들이 차례로 와서 인사를 했고, 그 일이 끝나자, 왕이 따라와서 연회를 베풀었는데, 太平館의 문 밖에서 기다리며 동쪽을 향해 서서 들어가지 않다가, 執事者가 명사 두 사람에게 알려주어 나가서 맞이하자, 그제야 揖讓하며 들어갔다. 뜰에 이르러 서로 절하고 차례로 서서 술잔을 들어 獻酬하였는데, 잔을 다 비우고 명사가 왕의 자리로 가서 다시 잔을 주려고 하자, 왕은 예를 다해 사양하면서 "『春秋』의 禮에 '王人은 비록 보잘것없어도 諸侯의 위의 반열에 선다'[20]고 하였는데, 하물며 두 분 대인은 어떤 등급의 지위입니까. 모두 천자의 近臣입니다. 오늘 멀리서 小邦에 오셨는데, 어찌 감히 사양하지 않겠습니까"라고 했다. 주인은 오로지 華禮로만 손을 맞이하고,

손이 주인에게 잔을 되돌려줄 때도 연회 의례를 따랐다. 왕을 이어서 잔을 바치는 것은 同姓으로서 君에 봉해진 이가 먼저 하고, 그 다음에는 政府와 六曹의 순서로 했다.

동월이 "대개 군주를 공경하면 그 사신에까지 미쳐지는 법이니, 예를 행함에 도탑게 하지 않을 수 없습니다"고 했듯이, 명사를 접대하는 의례는 실로 극진하였다. 대개 태평관에서 세 차례 연회가 열렸는데, 예가 모두 같아서 의식과 제도를 달리하지 않았다. 仁政殿에서도 연회를 한 번 열었는데, 성의를 더욱 지극히 하고 힘을 더욱 들여서 했다. 태평관에서 처음 열린 연회는 下馬燕이고, 두 번째 연회는 正燕이요, 세 번째 연회는 上馬燕이었으며, 인정전에서 열린 연회는 '私燕'이라고 불렀다. 동월은 처음에는 이 예가 마땅하지 못하다고 생각해서 고쳐 바꾸는 것을 의논하려 했지만, 太平館과 慕華館 등 두 객관은 그 제도가 모두 궁전과 같고 오로지 천자의 詔書를 받들어 맞이하기 위해 설치하였으며 일이 없을 때에는 왕이 가지 않는다는 사실을 알게 되고, 와서 연회를 베풀 때마다 반드시 먼저 관문 밖의 작은 전각에 있다가 들어오는 것을 보고서야, 비로소 꼭 고쳐서 바꿀 필요는 없음을 알게 되었다고 한다. 동월이 일을 다 마치고 귀국하려 하였을 때도, 왕이 먼저 모화관으로 나와서 연회를 열어 기다렸는데, "싫증도 내지 않고 더욱 친절하게 말하고, 데만함이 없이 더욱 부지런하게 禮를 다하였다"고 한다.

사실 이러한 迎詔 의례는 明使와 조선 禮官들이 치열하게 토론하고 협상하여 합의한 결과였다. 한 예로, 사절단이 安城站에 이르러 조선의 問

20 『春秋』 僖公 8년 봄 王正月 조에서 王人을 여러 諸侯 앞의 반열에 서게 하였다 하고, 『公羊傳』에서 "王人은 누구인가. 미미한 자다. 어찌 그 서열을 諸侯의 위에 두는가. 王命을 존중하기 때문이다"라고 했다.

禮官이 明使에게 儀註를 보였더니, 寶山站에 이르렀을 때, 正使 董越이 문례관에게 慕華館의 詔書를 맞이하는 곳을 그려오게 해서 行禮 절차를 익히며 예행연습을 했다. 그리고 景福宮의 행례를 그림으로 그려오게 해서, 지금까지 詔使가 東正門으로 들어가는 관행에 대해 이의를 제기하면서, "만약 詔勅을 모신 龍亭이 있으면 우리가 국왕과 함께 감히 정문으로 들어가지 못하지만, 용정을 철거하면 정문은 원래 국왕이 다니는 곳이니 우리도 당연히 국왕과 함께 모두 정문을 통해 동서로 나누어 들어가도 무방하지 않겠는가"라고 하면서, "詔書를 선포한 뒤에 儀註를 개독하고 引禮가 詔使를 안내하여 동쪽 정문을 통해 殿으로 올라 拜位로 나아가고, 왕을 안내하여 서쪽 정문을 통해 殿에 올라 배위로 나아간다 하는데, 이 禮는 講하지 않을 수 없다. 대개 闕庭이 철거되면 손과 주인이 예를 행하는 곳이니 번거롭게 중문을 다시 피하지 말고, 마땅히 다시 고쳐서 조사가 중간 섬돌로 나아가서 정문을 통해 동쪽으로 殿에 오르게 하고, 국왕은 중간 섬돌로 나아가서 정문을 통해 서쪽으로 殿에 오르게 하는 것이 옳을 것이다"라고 주장했다. 또한 私禮를 행하는 것도 국왕이 두 사신에게 한꺼번에 절하는 관행에 이의를 제기하면서, "절할 때는 副使와 상대함이 옳으며, 연회도 이와 같이 함이 마땅하다"고 주장했다. 그뿐만 아니라, "가지고 온 儀註가 대체로 典禮에 맞지만, '殿下'라는 두 자는 본국의 신하가 높여서 칭할 때는 옳지만 조정의 使命에 대해서는 옳지 않다. 마땅히 『大明集禮』에 의거해서 '國王'이라 칭해야 옳을 것"이라고 주장했다. 심지어는 "똑같은 모양으로 儀註를 다시 써 오라"고 요구하기도 했는데, 문례관에게서 보고를 들은 조선왕은 "말한 바대로 의주를 고쳐서 가라"고 명했다[21]고 한다.

그러나 迎詔 의례에 대한 명사의 이의 제기는 여기에 그치지 않았다. 명사는 조서를 맞이할 때 조선 국왕이 輦을 탄 관행을 거부하고 말을 타도록 요구하여, 명사와 조선 국왕 사이에 심각한 논쟁과 갈등이 야기되었다. 明使는 寶山站에 도착한 뒤에 遠接使 許琮에게, "어제 問禮官이 가지고 온 儀註를 보았더니 모두 옳았다. 다만 迎詔할 때 殿下께서 輦을 타는 것은 禮에 어긋나지 않겠는가"라고 문제를 제기했다. 원접사가 "高皇帝 이래로 迎詔할 때 輦을 타는 것은 이미 오랜 관례가 되었다. 여러 사신들이 돌아가서 어찌 조정에 말하지 않았겠는가. 조정도 이미 이를 알고 있을 것이다"라고 하자, 두 사신은 "비록 앞서 연을 탔다 하더라도, 예에 맞지 않으면 그것을 고치는 것이 무엇이 어렵겠는가"라고 하면서, "우리가 올 때 「諸國迎詔儀註」를 가지고 왔는데, 諸國에는 연을 타고 조서를 맞는 예가 없다. 본국이 책을 읽고 예를 알아 中國과 一家가 되었으니, 禮度에 관해 講하지 않을 수 없어 말하는 것이니, 이는 賢者에게 하나의 허물도 없기를 바라기 때문이다. 만약 다른 外國 같으면, 그들이 失禮한다 하더라도 어찌 번거롭게 이야기하겠는가"라고 하며, "전하께 아뢰어서 儀註를 고쳐서 오라"고 요구했다.[22]

전례가 없는 명사의 요구로 인해, 조선의 군신은 몹시 당황하여 심각하게 대책을 논의했다. 조선의 신하들은 "말을 타고 초라하게 威儀 없이 할 수는 없다. 위의가 없으면 조정의 예도 따라서 낮아진다. [……] 조정이 우리나라를 敬待한은 천하가 다 아는 일인데, 이번에 말을 타면 그 경대하는 뜻이 어떻게 되겠는가"라고 하고, 임금도 "이 일은 결단코 끝까지 시행할 수 없다. 내가 보기에 「藩王儀註」 안에는 말을 탄다거나 輦을 탄다는 문장이 없는데, 이제 天使가 한때 하는 말로 朝宗 이래의 오랜 관행을 갑자기 바꿀 수 있겠는가. 또 「번왕의주」는 우리나라에서 스스로 만든

21 『成宗實錄』 19년 3월 10일 조.

22 『成宗實錄』 19년 3월 10일 조.

책이 아니라 고황제께서 특별히 하사한 것이다. [……] 이번에 만약 말을 타면 저들은 필시 中國에서 자랑해서 '조선이 失禮한 지 이미 오래되었는데, 내가 이를 고쳤다'고 할 것이다"라고 하면서, 문례관과 원접사에게 "두 대인이 말한 바, 私禮 때에 정문을 통해 殿에 오르는 일과 '殿下'를 '國王'으로 고치는 일 등은 전하께 아뢰어서 儀註를 고쳐왔지만, 말을 타고 迎詔하는 일은 전하께서 두 대인께 불가함을 진술하게 했다"고 전하게 했다.[23]

坡州에서 조선 측의 대답을 받은 명사는 "輦을 타고 말을 타는 일을 전하 마음대로 한다면, 우리는 걸어서 가겠다"고 위협하다가, 결국 碧蹄에서 명사들은 "만약 연을 타고 詔書를 맞이하면 우리는 勅書를 받들고 慕華館에 유숙하겠으니, 그 이튿날 말을 타고 칙서를 맞이하시라"는 타협책을 제시하였다.[24] 조선 왕은 "고황제 이래로 본국은 조서와 칙서를 동시에 맞이함이 오래되었는데, 이제 전례를 어기고 허수아비로 만듦이 의리상 불가하기 때문에 감히 가볍게 따를 수 없다"[25]고 버티었지만, 결국은 "조칙을 오래도록 草野에 머물게 하려니 마음이 불안해서 대인의 가르침을 따르겠다"고 했다. 이를 전해들은 명사는 화색을 띠며, "전하께서 독서를 많이 하여 禮를 아신다고 들었는데, 조정의 대신들 가운데서도 예를 아는 이가 있구나. 조서를 맞고 칙서를 맞는 일을 함께 행한 전례가 있어 전하께서 전례를 따르려 했으니, 옳은 일이다. 이제 의주를 보고 마음을 바꾸어 이를 통하게 했으니, 이 역시 옳은 일이다. 우리는 조서를 받들고 들어가서 조서를 반포하고 전하께서 조서를 받는 예를 마치면, 우리가 다

3 『成宗實錄』 19년 3월 10일; 11일 조.

24 『成宗實錄』 19년 3월 12일 소.

25 『成宗實錄』 19년 3월 13일 조.

시 나오고 전하도 나와서 말을 타고 칙서를 인도하여 들어가서 칙서를 받는 예를 마친 뒤에, 서로 만나는 예를 행하는 것이 좋겠다"[26]고 했다.

이렇게 해서 긴 논쟁을 마치고, 3월 13일에 迎詔 의례를 행하게 되었다. 그 결과, 明使가 詔書와 勅書를 받들고 慕華館에 이르러 각각 龍亭에 안치하고 칙서는 帳殿에 머물러두게 했다. 조선 왕은 詔書를 인도하여 輦을 타고 앞서가고 명사는 말을 타고 조서를 뒤따라가서, 景福宮에 이르러 詔書를 반포했다. 그런 다음에 명사가 다시 나와서 모화관으로 가니, 왕이 익선관에 곤룡포를 갖춰 입고 敦義門을 통해 나가서 勅書를 맞이했는데, 이때는 말을 타고 칙서를 인도하여 경복궁에 이르러 칙서를 받는 의식을 치렀다. 명사는 禮曹判書에게 下賜物을 주고, 왕에게 재배하며 "오늘 賢王께서 두 번씩이나 번거롭게 거동하시니 황공 황공하다"고 했다. 茶禮를 행한 뒤에, 왕이 명사를 勤政門 밖까지 전송하였고, 명사는 詔書를 받들고 太平館으로 갔다.[27]

董越이 처음으로 주장해서 시행한 새로운 의례는 이후에 하나의 관례가 되어, 한중 외교관계에 적지 않은 영향을 미쳤다. 한 예로, 成宗 23년(弘治 5년)에 조선을 찾은 明使 艾璞은 "이번에 시행하는 예법은 한결같이 董 대인 董 天使의 儀註에 의하겠다. 동 대인이 이미 천자께 아뢰어 윤허를 받았고, 나의 성품은 다르게 하는 것을 좋아하지 않으므로, 전철대로 하고자 한다"[28]고 하여, 또다시 迎詔儀禮 논쟁이 야기되었다. 問禮官이 「迎詔勅合錄儀」를 가지고 명사에게 보여주자, 명사가 董越의 전례대로 詔書와 勅書를 따로 영접해야 한다고 고집했다. 조선의 문례관은 "우리나

---

26 『成宗實錄』 19년 3월 13일 조.

27 『成宗實錄』 19년 3월 13일 조.

28 『成宗實錄』 23년 5월 20일 조.

라에서는 예부터 한꺼번에 조서와 칙서를 맞이해왔는데, 董 대인이 어떤 禮를 근거로 하여 나누었는지 알 수가 없다"고 하자, 명사 애박은 "동 대인이 스스로 그렇게 한 것이 아니고, 洪武의 옛 제도에 의한 것이다. 景泰 연간에 봉사한 자가 그대 나라 임금이 병든 것으로 인해 한꺼번에 맞이하도록 임시로 편의를 보아서 조서와 칙서를 한꺼번에 아울러 맞이하게 한 것인데, 이는 임금을 속인 것이다"라고 주장했다.[29] 이로 인해 조선의 조정에서는 이 문제에 대처하는 방법에 대해 의논이 분분하였는데, 특히 廣川君 李克增은 "중국 사신이 온 것은 한 번이 아니었으나, 詔書와 勅書를 맞이할 때는 한결같이 우리나라의 儀註에 의해 시행했다. 張寧은 본조에서 野人을 죽였다고 와서 그 까닭을 물었기에 다른 사신의 예와 달랐지만, 우리나라의 의주에 따라서 동시에 조서와 칙서를 맞이하는 것을 그르다고 하지 않았다. 그런데 董越이 왔을 때에 비로소 그 禮를 바꾸어서 두 가지로 나누어 하게 하였다. 동월의 사람 됨됨이는 점잖아서 해를 끼치는 사람이 아니었지만, 그의 副使인 王敞은 경박한 사람이었는데, 동월이 예를 변경시킨 것은 모두 왕창이 啓導한 것이었다. 이번에 艾璞은 동월의 儀註에 의해 각각 조서와 칙서를 맞이하도록 강요하는데, 동월이 무슨 예에 의해 그렇게 하였는지 알 수가 없다. 신의 생각으로는 그들이 우리나라는 海外의 작은 나라로서 필시 예를 아는 사람이 없을 것이라고 여겼기 때문에 감히 그렇게 한 것일 터이니, 신은 마음이 아픔을 금할 수가 없다"고 했다. 그러나 왕은 "小國이 어찌 大國과 禮를 다툴 수 있겠는가"라고 하면서, 동월의 의례대로 하게 했다.[30]

그 뒤로 조서와 칙서의 영접을 나누어 시행하는 의례가 관행화되었던

29 『成宗實錄』 23년 5월 26일 조.

30 『成宗實錄』 23년 6월 1일 조.

것으로 보인다. 燕山君 시기에 承旨 金應箕 등이 "근래에 사신 董越과 艾璞이 온 이후로는 迎詔와 迎勅을 동시에 하지 않았다"[31]고 하였고, 승지 金勘 등은 "성종 때에 董越과 王敞이 말을 타야 한다고 해서 재삼 사신을 보내 말을 탈 수 없다는 뜻을 반복해서 깨우쳤지만 듣지 않아서 부득이 그대로 따랐다. 그 뒤에 艾璞이 왔을 때, 말을 타는 것과 輦을 타는 것 등 두 가지 의식 절차를 만들어 禮官을 시켜 묻게 하였는데, 먼저 輦을 타는 의식을 보이니 애박이 크게 노하며 말소리와 기색이 모두 거칠고 동월 때의 일을 들어 증거를 대자 부득이 그대로 따랐다. 이들은 모두 朝官이기 때문에 禮文을 고집하여 지키는 바를 반하지 않은 것이다. 乙卯년 일에서도 王獻臣이 역시 조관이니, 어찌 동월과 왕창 같이 하려 하지 않았겠는가"[32]라고 했다. 다만 朝官, 즉 "儒臣이 나온다면 禮를 바루려 하지만",[33] 환관이 사신으로 나올 때는 굳이 국왕이 말을 타도록 강요하지는 않았고,[34] 유신 가운데서도 의견이 다른 이가 있을 수도 있었기 때문에, 조선 측에서는 艾璞 때 그러하였듯이 두 가지 안을 함께 보여서 선택하게 하는 방법으로 대응하기도 했다. 中宗은 "조서와 칙서는 함께 맞이한 전례가 있고, 각각 맞이한 전례가 있는데, 董越 때에는 나누어 맞이하게 하였고, 艾璞 때에도 따라서 행했지만, 辛巳년에 唐皐가 왔을 때는 나누어 맞이하지 않았다. 그러나 文臣인 天使는 소견이 각각 다르니, 함께 맞이하는 儀註와 나누어 맞이하는 의주 등 두 건을 모두 만들어, 問禮官을 시켜 모두 가져가서 함께 맞이하는 의주를 보이고서, 천사가 안 된다고 하면 각각 맞이하는 의주를 쓸 것이다. 천사가 女樂을 물리치면 男樂을 써야 할 것

31 『燕山君日記』 원년 3월 10일 조.

32 『燕山君日記』 9년 4월 10일 조.

33 『中宗實錄』 16년 1월 23일 조.

34 『燕山君日記』 9년 4월 10일 조; 『中宗實錄』 16년 1월 23일 조.

이다"[35]라고 傳敎했다.

5. 맺는말

文學之士 출신 董越은 翰林院 侍講의 신분으로 조선에 出使했다. 倪謙 이후 역대 문학지사 출신의 明使들은 한결같이 조선의 문학지사 출신 遠接使 혹은 接伴使들과 詩文을 唱和하여, 그 시문을 자신의 使行書에 수록하였다. 그러나 동월의 사행서라 할 『朝鮮賦』에는 唱和詩가 전혀 보이지 않아 이채롭다. 그러나 이는 『조선부』의 특수한 양식 때문이지, 그가 조선에서 창화하지 않았음을 의미하는 것은 아니다.

『조선부』의 太平館을 설명하는 조목에는, "緝御가 있어 심부름을 해주고, 종이와 먹이 있어 唱酬를 위해 제공된다"는 구절이 있어, 동월도 다른 명사들과 마찬가지로 조선의 관원들과 창화하였음을 짐작할 수 있다. 뿐만 아니라, 中宗朝의 都承旨 朴洪麟이 回啓하여, "天使가 우리나라에 와서 술을 마시며 이야기하면서 즐긴 때로는 祈順과 董越이 왔을 때만한 적이 없었는데, 조용히 머무르며 詩文으로 문답한 말이 많이 있었고, 成宗을 칭찬한 것도 지극하였다"[36]고 회계한 것으로 보아, 오히려 동월의 창화가 가장 대표적인 경우로 꼽혔음을 알 수 있다.

창화시 외에도 명승지를 지날 때마다 시문을 지었는데, 한 예로 葱秀山을 지나며 記文을 지었으니, 『조선부』의 「自注」에서 "산이 벽처럼 물가에 다가서 있는데, 옛 이름은 聰秀이지만, 내가 지금의 이름으로 바꾸고, 일

35 『中宗實錄』 31년 12월 12일 조.
36 『中宗實錄』 31년 12월 30일 자.

찍이 記를 지은 적이 있다"고 했다. 조선인들은 이를 기려서 총수산에 동월의 비석을 세우기도 했다. 즉 中宗 때 三公이 상주하여, "葱秀山에 董越의 碑를 세운 뒤로 천사가 나올 때마다 비나 눈이 내려도 말에서 내려서 본다"고 했고,[37] 嘉靖 16년(1537)에 조선을 찾은 明使 龔用卿은 『使朝鮮錄』에 수록된 「翠屛山 유람기」에서, "내가 처음 조선에 사신으로 가라는 명을 받았을 때, 圭峯 董 선생이 일찍이 「葱秀山記」를 지었다는 이야기를 듣고 이 산의 경치가 뛰어남을 알게 되어, 이곳에 오게 되면 찾아가서 한 번 노닐어보겠다고 기약하였다. [……] 나는 吳 군과 함께 몇 걸음 걸어가서 董 공이 만든 비석을 읽었는데 [……] 총수산은 이름을 董公한테서 얻어 세상에 드러났다"고 했다.

董越은 다른 문학지사 출신의 明使들과 마찬가지로, 황제의 등극 詔書를 가지고 조선을 방문하여, 예물을 거절하여 청렴을 과시했고, 女樂을 물리쳐서 도덕성을 시위하였으며, 이를 근거로 자신의 禮論을 강력하게 관철하여 朝明 책봉-조공 관계를 강화하려 시도하였다. 특히 동월은 詔書를 영접하는 전통적 관행에 대해 이의를 제기하여 조선 국왕이 輦을 타지 않고 말을 타고 조서를 맞도록 집요하게 요구해서 이를 관철시켰다. 동월은 조선 국왕이 말을 타고 조서를 맞도록 하기 위해 그때까지 詔書와 勅書를 함께 영접하던 관행을 깨고 각각 따로 맞게 하였는데, 이는 이후 하나의 새로운 관행으로 정착되었다. 동월의 出使는 흔히 『朝鮮賦』의 저작을 상기하게 하지만, 그 역시 다른 문학지사 출신의 明使들이 조선에 출사한 뒤에 남긴 행적을 그대로 밟았음을 기억해야 할 것이다.

---

37 『中宗實錄』 31년 12월 2일 자.

제4장
明使 龔用卿의 『使朝鮮錄』과 朝明 禮義 關係

1. 머리말

文學之士 출신의 明使가 조선을 방문할 때는 으레 제각각 자신의 禮論을 개진하여 조선 측의 儀禮를 단속해서 朝明 양국의 禮的 관계, 즉 이른바 冊封과 朝貢의 禮를 교환하는 관계를 강화, 혹은 유지하려고 노력했는데, 嘉靖 연간에 正使로서 조선을 방문한 龔用卿의 使行은 특히 이런 측면이 돋보이는 경우였다. 공용경은 翰林院 修撰으로 正使에 보임되어 황태자의 출생을 알리기 위해 조선을 방문했지만, 선배 明使들과 마찬가지로 조선의 의례를 단속하여 朝明 禮義 관계를 강화하려 애를 썼을 뿐만 아니라, 명의 사신을 맞이하여 접대하는 갖가지 의례를 정리하여 그 기행문인 『使朝鮮錄』에 편성함으로써, 그 뒤에 조선을 방문할 후배 明使들에게 참고할 만한 의례 안내서를 남겨주었다.

『사조선록』은 상하 2권으로 나눠져 있는데, 상권은 공용경 자신이 조선에 사신으로 와서 경험한 儀禮에 관한 기술로서 산문으로 이뤄져 있고, 하권에는 여로에 지은 수백 편의 시들과 의례에 관한 자신의 견해를 적은 산문으로 구성되어 있다. 공용경은 특히 "詔勅을 받들어 맞이하는 예의와 오가는 것을 맞이하고 보내는 의식, 연회와 술을 주고받는 예절, 문물과 禮教의 법도 등에 관해서는 모두 그 진상을 눈으로 봐서 확인할 수 있었기 때문에"(「自序」), 뒤에 오는 사람이 참고할 수 있도록 썼다고 하는데, 실제로 공용경의 『사조선록』은 이후 조선을 찾는 明使들이 반드시 참고하는 필독서가 되었다.

龔用卿 일행은 조선을 방문해서 두 가지의 새로운 외교적 의례를 주장해서 관철시켰다. 그 하나는 교외에서 詔書를 영접하며 '五拜三叩'의 禮를 행하는 것이고, 또 하나는 조서의 영접 행사에 生員을 참여시키는 것이었는데, 이를 통해 明과 朝鮮의 禮的 관계를 더욱 강화하는 데 일정한 성과를 거두었다. 또한 공용경은 귀국한 뒤에 한중 외교상의 중요한 두 가지 문제를 해결하는 데 적극 기여했으니, 그 하나는 이른바 謄黃 제도를 처음으로 실시하여 禮制에 관해 詔勅으로 천하에 고할 일이 있으면 그 나라 사신이 朝貢하러 왔다가 돌아갈 때 詔誥 한 부를 謄黃해서 그 나라 사신이 가지고 귀국하여 스스로 開讀하여 의례를 행하게 하였다. 또한 공용경은 한중 외교사에서 오래 묵은 숙제였던 이른바 '宗係辨誣' 사건을 해결하는 데도 일조했는데, 이는 그가 『대명회전』의 修撰者로 참여하였기에 가능한 일이었다. 공용경은 조선에 체재하는 기간에 여러 가지 의례 논쟁을 유발하여 관철시키는 등, 매우 고압적인 태도를 보였지만, 귀국한 뒤에는 조선이 매우 예의가 바르고 높은 문화를 가진 나라라고 칭송하면서, 조선 사신에 대한 접대를 격상하게 하는 등 朝明 외교 관계에 적지 않게 공헌하였다.

그럼에도 불구하고, 明使 龔用卿과 그의 『使朝鮮錄』에 대한 연구는 거의 이루어지지 못했는데,[1] 이는 『사조선록』의 존재가 2002년에야 비로소 학계에 소개되었다는 사실로 미루어보아 그다지 놀라운 일이 아니다. 이

장에서는 『사조선록』이 갖는 가장 특징적인 측면, 즉 迎詔 의례를 둘러싼 각종 禮論을 소개하고 그 역사적 의미를 정리함으로써, 전통 시대 한중 冊封−朝貢 관계를 이해하기 위한 『사조선록』의 사료적 가치를 확인할 것이다.

2. 龔用卿의 出使와 『使朝鮮錄』의 著作

龔用卿은 『明史』에 열전을 갖지 못했으나, 明人 林庭機가 쓴 「朝列大夫南京國子監祭酒龔公用卿墓誌」에서 그에 관한 정보를 다음과 같이 전하고 있다.

> 公은 諱가 用卿, 자는 鳴治, 별호는 雲岡으로, 그 선조가 光州에서 閩 지방으로 들어와 호적에 올리고 정착하여 거주했다. [……] 공은 어려서부터 총명하고 커서는 문장을 잘 지었는데, 經史를 읊고 익힘에 한번 읽으면 빠뜨림이 없어 邑庠의 弟子員에 뽑혔다. 嘉靖 壬午년에 禮經으로 魁薦[=鄕試 壯元]했다. 丙戌년에 春宮에 올라가서, 大廷에서 對策으로 進士 일등에 급제하여 翰林院 編修가 되었다. [……] 戊戌년에 左春坊左諭德으로 발탁되었다. 그 다음해에 上께서 東宮을 책봉하여, 翰林院 侍讀을 겸하여 經筵을 맡아서 매번 강의를 올렸는데, 그 뜻은

1 龔用卿의 『使朝鮮錄』에 관한 연구로는 다음과 같은 논문이 있다. 駱安生, 「龔用卿『使朝鮮錄』的史料價值」, 福建師大 歷史系, 『東南學術』 2002−3; 권인용, 「16세기 중국사신의 조선인식: 龔用卿의 『使朝鮮錄』을 중심으로」, 『15~19세기 중국인의 조선 인식』(고구려연구재단 연구총서 9), 2005; 殷雪征, 「龔用卿出使朝鮮考述: 以龔用卿『使朝鮮錄』與朝鮮『丁酉皇華集』爲中心」, 한국중국어문학회, 『中國文學』, 2009. 낙안생의 논문은 공용경 『사조선록』의 존재를 처음으로 소개하는 데 그친 것이고, 권인용의 논문은 『사조선록』에 보이는 공용경의 조선 인식을 다룬 것이며, 은설정의 논문은 공용경의 詩文 唱和와 出使의 의의를 정리한 것이다.

諷諫에 두었다. 황명으로 『明倫大典』과 『大明會典』을 편찬하게 되어, 공이 참여하였다. 책이 완성되자, 金幣를 두 번이나 하사 받았다. 巳丑년, 壬辰년, 戊戌년의 會試에서 시험관으로 참여했다. 庚子년에 南畿의 시험을 주관하여 得士했다고 칭송되었다. 丙午년에 황명을 받들어 朝鮮에 사신으로 갔는데, 이때 一品服을 하사받았다. 조선에 다다라서는, 國恩을 선양하고 餽贐을 힘써 물리쳐서, 遠人이 감복했다. 復命하며 상소하여 三事를 아뢰니, 上께서 가납했다. 辛丑년에 南京國子監祭酒로 발탁되어, 學舍를 증축하고 監規를 주의하여 엄숙하게 하니, 일시에 士習이 바뀌어졌다. 곧이어 병으로 사직해서 집으로 돌아가서, 葍地 獨山의 평원에 別墅를 지어 못을 준설하고 텃밭을 가꾸어 꽃과 나무를 섞어 심고, 매일 그곳에서 知友와 술 마시며 시를 읊었다. 柱史 曾君佩와 趙君 孔昭가 앞뒤로 상소하여 천거했지만, 당시 공을 꺼리는 자가 있어 그 나아감을 음해해서 막았다. 己未년에 倭夷가 우리 福 땅을 침략해서 建安으로 피난해서 오래 살다가, 병환으로 서거했는데, 향년 64세였다. 공은 평소에 효성이 지극하고 우애가 두터웠으며, 해학을 즐기는 성품이라 손과 하루 종일 이야기를 나누어도 싫증내지 않았다. 侍從의 관직을 역임하면서 文名이 무성했다. 휴직하고 있을 때, 사람들은 관직에 나아감을 경쟁했으나, 公만 權貴와 통하지 않았다. 書家에서 이십 년 있다가 끝내 閑散한 처지에 있었기 때문에, 士人들은 이를 애석하게 여겼다. 저자으로는 『使朝鮮錄』과 『雲岡選稿』, 『詩餘』 약간 卷이 있다.[2]

또 『四庫全書』 「別集」의 存目에서, 공용경은 "자가 鳴治이고 懷安 사람으로, 嘉靖[5년] 丙戌년[1526]에 進士第一로 급제하여 관직이 南京의 國子監祭酒에 이르렀으며, 지은 작품은 대체로 館閣體라"고 했다. 萬曆 연간에 편찬된 『福州府志』 「文苑」에서는, 공용경이 "수염과 눈썹이 아름답고,

2 明 焦竑, 『國朝獻徵錄』 권5.

정신이 맑고 밝으며 깊다. 擧子業은 古文으로 하고, 詩歌는 경박하고 화려한 것을 좋아하지 않았다"고 하였는데, 양자 모두 그가 조선에 사신으로 다녀온 일에 대해서는 언급하지 않았다.

이들 자료는 공용경의 出使와 관련하여 몇 가지 중요한 정보를 제공하고 있다. 그 하나는 공용경이 文名 높은 文學之士 출신의 侍從官이었다는 사실이다. 명에 사신으로 다녀온 蘇世讓은, "副使는 모르겠으나, 上使는 신이 赴京했을 때 들으니, 翰林院 修撰으로, 중국에서 이름 있는 사람이라 합니다. 중국에서는 우리나라와 安南國에 사신으로 나가는 사람은 반드시 글 잘하는 선비로 가리는데 [……] 龔用卿도 才名이 있다 합니다"[3] 라고 보고했다. 출사 당시에 공용경은 37세였다. 황태자의 출생을 알린다거나 책봉 조서를 전달하는 사명은 명초 이래로 문학지사 출신의 翰林院 학사에게 위임하는 것이 관행이었고, 공용경의 출사도 이러한 관행을 따른 것이었다. 그 둘은 공용경이 조선에 다다라서 국은을 선양하고 예물을 힘써 물리쳐서 조선인이 감복했다는 것이다. "국은을 선양했다" 함은 명분상으로는 「後語」를 쓴 副使가 "嘉靖 丙申년에 우리 황상께서 경사를 맞아 잔치를 베푸신 뒤, 前星이 밝게 빛나 경사를 온 천하에 널리 알리게 되었다. 이에 同仁을 크게 펴서, 내외를 구별하지 않음을 보임으로써 華夷가 일체되게 하였다. 조선은 비록 荒服이지만, 평소에 예의를 지켜 上國을 존중해왔기 때문에, 夷狄시하지 않고 中國처럼 간주했다. 皇太子께서 탄생하셨으니, 지금부터 새로 시작하는 바가 있게 되었다. 이때에 太史氏 雲岡 龔 君과 鄙人 孟이 황명을 받들고 季冬에 길에 올라 孟春에 遼[東]를 지나고 春三月에 그 나라에 도착했다"고 하였듯이, 황태자의 출생을 조선에도 알려주어서 조선을 중국과 차별하지 않았다는 것을 과시하였음을

3 『中宗實錄』 31년 12월 8일 조.

의미하지만, 실제로는 엄격한 禮論을 개진하여 명과 조선의 책봉—조공 관계를 단속, 강화할 수 있었음을 의미한다. 그 셋은 復命하며 三事를 상소해서 황제의 허락을 받았다는 것으로, 공용경이 조선을 다녀온 뒤에 朝明 외교 관계상의 몇 가지 현안을 해결하는 데 기여했음을 의미한다.

『使朝鮮錄』은 明 世宗 嘉靖 16년(1537; 朝鮮 中宗 31년)에 황자가 태어난 것을 알리기 위해 正使로서 副使 戶科給事中 吳希孟과 함께 조선에 파견된 正使 翰林院修撰 龔用卿이 귀국한 다음해에 중국에서 출판된 使行錄이다. 공용경이 이끈 명의 '嘉靖(16년에 조선에 파견된 明의) 사절단'은 가정 15년 11월 丁巳일에 출발해서, 가정 16년 9월 庚寅일에 조정으로 돌아갔으니, 이 사행은 모두 약 10여 개월이 걸렸다. 漢陽에 도달한 시간은 가정 16년 3월 10일이었고, 7일간 머물렀다가 3월 17일에 한성을 떠나 4월 8일에 압록강을 건너고, 4월 15일에 『使朝鮮錄』을 완성했다고 한다.[4]

龔用卿이 이끈 嘉靖 사절단이 띤 일차적 사명은 황자 출생을 알리는 일이었다. 이에 대해 「『使朝鮮錄』序」에서는 "用卿이 재주도 없이 조정에서 선발한 명령을 받들어, 給事中 吳 醇君子와 같이 朝鮮에 사신으로 가서, 詔書로써 皇子의 탄생을 알리게 되었다"고 했는데, 여기서 말하는 '皇子'란 명 世宗의 둘째아들, 王妃의 소생인 莊敬太子 載壡(재예)를 이르는 말이다. 그는 네 살 때 황태자로 책봉되었기 때문에, 이때는 아직 정식으로 책봉되지 않았다. 단지 世宗의 첫째아들이 죽은 뒤여서, 그는 태어나자마자 사실상 황태자로 여겨졌다.[5] 柳詒徵이 1937년에 쓴 「跋文」에 의하면, "明 世宗은 즉위 초에 후사 문제로 어려움을 겪었지만, 嘉靖 15년에 妃嬪들이 서로 이으며 잉태하여 길렀는데, 마침 海內가 전성을 이룬 시기여

4 『中宗實錄』 31년 12월 조; 『使朝鮮錄』 「自序」.

5 『明史』 권120 諸王傳.

서, 온 조정이 모두 큰 경사로 여겼다. 그러나 장자인 哀沖太子 載基는 閻妃가 낳은 지 2개월 만에 殤하였고, 둘째아들인 莊敬太子 載壡는 王妃가 낳았는데, 처음으로 세상에 태어나자마자 이미 대를 이을 태자처럼 간주되어, 교외 사당에서 제사지내며 아뢰고, 천하에 詔書를 반포하여 멀리 藩屬에까지 미쳤다"고 한다.

그런데 공용경이 "처음 이 명령을 받았을 때, 조선의 故事에 대해 조정에 있는 여러 군자들에게 물어보았지만, 조정에 있는 여러 군자들은 모두들 '없다'고 했다. 동쪽으로 와서 遼陽에 이르렀을 때, 지난날의 典故에 대해 담당 관리에게 알아보았지만, 담당 관리들은 아무것도 아뢰지 못하면서, 모두들 '없다'고 말했다. 서로 돌아보며 막막하여 알아볼 데가 없었다. 더구나 사람이 항상 왕래하지도 않고 의례가 항상 행해지는 것도 아니며 예전의 의전이 항상 알려진 것도 아니니, 그 까닭을 알아보려고 해도 역시 어렵지 않은가. 이는 더듬더듬거리며 사물의 이치를 찾고 갈 길을 잃어 헤매며 어떻게 할 바를 몰라 하는 것과 다르지 않았다"(「自序」)고 한다. '故事' 혹은 '典故'란 예전부터 전해져 내려오는 先例, 혹은 慣例를 말한다. 이로 인해, 공용경은 "강을 건너 동쪽으로 가서, 그 나라의 영토와 산천, 교량, 관사 등을 찾아 물어볼 때마다 곧 기억해두었다"(「自序」)고 한다.

공용경이 출사한 뒤에 자신이 실제로 경험하고 목도한 의례와 정보를 책으로 저술한 까닭은 典故가 없어 당황했던 경험을 자신의 후배 明使들이 되풀이하지 않도록 배려했기 때문이다. 그는 엮고 모으는 일이 이뤄진 뒤에 副使 吳希孟과 함께 틀린 것을 바로잡는 일을 했는데, 이때 오희맹이 "이 책이 완성되면 뒤에 오는 사람이 참고하는 자료로 길이 전해질 수 있을 것이라"고 하자, "용경은 천박하고 비루하지만 바야흐로 천자의 밝은 명령을 받았으니, 두려운 마음으로 [군명을] 욕되게 하지 않도록 노력할 뿐, 감히 그 책이 반드시 [후세에] 전해지기를 바랄 수 있겠는가. 다만 뒤에 오는 사람이 참고할 만한 것이 있고, 또 그것을 따른다고 해서 잘못될 바가 없다면, 작으나마 도움이 될 수도 있을 것이라 생각해서 이 책을 쓰게 되었다"고 속마음을 밝힌 바 있다(「自序」).

「後語」를 쓴 부사 오희맹도 "우리는 처음 명령을 들었을 때, 조정에 재직하고 있으면서 이 문제에 대해 잘 알고 있는 이들을 찾아보았지만 별로 없었다. 그러는 동안에 앞서 있었던 使行에 대해 나의 스승이신 史鹿野 선생께 물어보고서 간신히 儀注에 대해 조금 들은 바 있었지만, 저술이 흩어져 상실되었고 더구나 경도로 불려가 번거롭게 모이느라 모두 말씀드릴 겨를이 없었다. 遼[東]에 이르렀을 때도 담당 관리의 책과 서류는 정리가 돼 있지 않아 참고할 만한 것이 없었다. 나이 많은 노인에게 물어보아도, 路程조차도 분명하지 않고 혼란스러워 의거할 수가 없었다. 그래서 이것을 기록하게 되었다. 이는 太史 雲岡 선생이 지은 것으로, 가필과 삭제가 자유자재로 이루어졌으니, 孟이 어떻게 끼어들겠는가. 선생은 덕행으로 명망이 높고 재주와 학식이 뛰어나, 이번 행차에서 中國을 드높이고 예의와 법도를 바로잡아, 먼 나라 사람들이 기뻐하는 마음을 깊이 얻었으니, 어찌 헛되이 述作했을 뿐이겠는가"라고 하여, 이 책의 의미를 함께 강조하였다.

공용경의 이러한 저작 목적은 실제로 충분하게 실현된 것처럼 보인다. 그 3년 뒤에 明使 華察이 내방했을 때 영의정 尹殷輔가 말하기를, "『使朝鮮錄』에 조서를 영접하는 절차가 갖추어 실려 있는데, '유생이 앞서고, 다음은 백관이며, 다음은 왕세자가 말을 타고, 다음은 국왕이 연을 탄다'고 되어 있다. 華察은 공용경과 동년이니 필시 서로 잘 지낼 것이므로, 반드시 『사조선록』을 가지고 올 것이다. 거기에 의거하여 다시 요청한다면 반드시 따를 것이다"[6]라고 하였는데, 과연 그 뒤에 영의정과 국왕은 이구동성으로, "천사가 항상 『사조선록』을 본다고 하니, 접대하는 일은 전일 龔, 吳의 때와 다르게 할 수가 없다"고 하였고,[7] 遠接使 蘇世讓도, "두 사신은 항상 『사조선록』을 펴보기 때문에 알지 못하는 산천과 누대가 없었으며, 그들이 지은 시는 모두가 공용경의 시를 次韻한 것이다"[8]라고 했다. 이후에도 계속 『사조선록』은 明使를 맞을 때 참고해야 할 필독서로 이용되었다.[9]

공용경이 저술한 『使朝鮮錄』은 明使가 알고 있어야 할 出使 등의 의례에 관한 안내서와 같은 성격을 띠기도 했지만, 다른 明使들의 사행시문과 마찬가지로 사신으로 조선을 다녀온 뒤에 復命하여 아뢰는 보고서의 의미도 갖고 있었다. 『使朝鮮錄』「後語」를 쓴 副使 오희맹도 "내가 「皇華」[10]를 읽으니, '혹시나 미치지 못하는 곳이 있지 않는지, 매번 생각한다'고 하고, 그 뒤를 이어서 '널리 두루 살피고 묻는다'고 했다. 내가 「四牡」를 읽으니, '王事는 단단하게 하지 않을 수 없다'고 하고, 그 뒤를 이어서 '잠시 꿇어앉아 쉴 겨를도 없다'고 했다. 무릇 「사모」편처럼 '쉴 겨를이 없는' 것은 실로 「황화」편처럼 '미치지 못하는 곳이 있지 않는지' 염려하기 때문이니, 사신이 감히 스스로 편안해져서 '왕사를 단단하게 하지 않을 수 없음'은 비단 부지런함을 귀하게 여기기 때문일 뿐만이 아니라, 반드시 諮諏해야 임무를 다할 수 있기 때문이다"라고 했다. '諮諏', 즉 물어서 의논한다 함은 '諮詢' 혹은 '諮問'과 같은 말로, 詩書 시대 이래로 중국의 사신이 마땅히 수행해야 할 가장 기본적 임무의 하나로 간주되었다.

---

6 『中宗實錄』 34년 3월 3일 조.
7 『中宗實錄』 34년 4월 5일 조.
8 『中宗實錄』 34년 4월 7일 자.
9 『宣祖實錄』 35년 3월 6일 자.
10 『詩經』「小雅」 皇皇者華 편을 말한다. 천자의 사신을 '皇華'라 하는데, 여기서 유래된 말이다.

오희맹은 또한 이번 출행에서 "그 나라에 도착해서 상하간의 예의와 도로의 경로, 영접과 환송의 차례 등을 모두 갖추어 쓰고 풍속을 채집했다"고 하여, 실제로 '咨諏'의 임무를 충실하게 수행하였음을 강조하였다. 실제로 『사조선록』의 조선 지리와 道里에 관한 기술은 대부분 조선 측에서 제공받은 여러 地誌를 참고한 것이고, 의례에 관한 것은 『明史』 禮志에 보이는 여러 禮誌를 참조한 것으로 보이지만, 상권의 대부분은 공용경 자신이 조선에 사신으로 와서 경험한 儀禮에 관한 기술이었다.

그러나 이 책은 『明史』 「藝文志」에 "龔用卿 『使朝鮮錄』 3卷"이라 기재되었을 뿐, 淸의 『四庫全書』에는 수록되지 않고 단지 「別集」의 存目에 "공용경의 『雲岡選稿』 20卷"이 기재되었고, 萬曆 연간에 출간된 『福州府志』 「文苑」에서는 공용경에 관한 정보를 전하고 있지만, 그가 조선에 사신으로 다녀온 일에 대해서는 언급하지 않았다. 그 뒤에 편찬된 『閩侯縣志』나 『福建藝文志』 등에도 기재되지 않았다. 이에 대해 1937년에 「跋文」을 쓴 柳詒徵은 "아마도 명대에 새겨진 이 기록의 판본이 소멸되어 자취를 감춘 지 오래되었던 것 같다"고 했다. 한국에서는 1975년에 古典刊行會에서 柳詒徵의 1937년 影印本을 저본으로 하여 『使朝鮮錄』을 출판했다. 『사조선록』에 편집된 공용경의 시문 다수는 『皇華集』으로 조선에서도 출간되었다.

한편 공용경과 함께 副使로 조선을 다녀간 戶科給事中 吳希孟도 귀국한 뒤에 『使朝鮮集』(10권)이라는 사행문을 저술했으나, 현존하지는 않는다.[11] 『사조선록』의 서문에서 "엮고 모으는 일이 이뤄진 뒤에, 吳 군과 함께 틀린 것을 바로잡는 일을 했다"고 했으니, 부사 오희맹도 『사조선록』

11 臺灣 國立中央圖書館, 「中國關於韓國著述目錄」, 『中韓文化論集』 2(『現代國民基本知識叢書』 第3輯), 中華文化出版事業委員會, 1955.

의 찬술에 참여하였음을 알 수 있다. 柳貽徵이 쓴 「跋文」에 의하면, "吳希孟은 嘉靖 2년[1523]에 進士가 되고, 관직은 廣信知府에 이르렀는데, 『武陽縣志』에 보인다"고 한다.

3. 迎詔 儀禮 논쟁

倪謙이 文學之士 출신으로는 처음으로 正使로 선발되어 조선에 파견된 이래로, 역대 문학지사 출신 明使들은 언제나 禮論을 개진하여 조선과 명의 禮的 관계를 강화하려 노력하였다. 景泰 원년(世宗 즉위 32년, 1450)에 조선에 출사한 예겸은 왕세자의 出迎을 고집하여 조선의 禮官들과 힐항하였고,[12] 天順 4년(世祖 즉위 6년, 1460)에 조선에 출사한 張寧도 세자의 출영을 강력하게 요구하였으며,[13] 弘治 원년(成宗 즉위 19년, 1488)에 조선을 방문한 董越은 詔書를 맞이할 때 국왕이 輦을 타지 않고 말을 타야한다고 주장하여 끝내 관철시켰다.[14] 文學之士 출신의 明使 龔用卿도 그 선배들과 마찬가지로 조선에 입경하자마자 禮論을 전개하여 朝明 책봉—조공 관계를 단속하고 강화하였다. 이에 대해 「後語」를 쓴 副使 吳希孟은 다음과 같이 말했다.

> 국왕이 교외까지 나와서 다섯 번 절하며 머리 숙여 조서를 맞이한 일, 弟子員이 일을 올바르게 집행한 일, 王世子가 모시고 앉거나 연회를 베풀며 옆에서 모신

---

12 倪謙, 『遼海編』 「朝鮮紀事」.

13 『世祖實錄』 6년 3월 2일 조.

14 『成宗實錄』 19년 3월 10일 조.

일, 공식 연회에서는 동서로 빈자리를 나란히 배열하고 비공식 연회에서는 그 좌석을 아래위로 놓은 일 등은 처음 보는 것이었다. 따라서 몸이 경험하고 눈이 접하며 귀가 들은 것 가운데, 적을 수도 없고 반드시 적을 필요도 없으며 당연히 적어서는 안 되는 것은 간략하게 줄였고, 예의와 법도가 점차 나아져서 더디게나마 中華의 것을 본받은 것은 모두 갖추어 적었다. 이에 우리 황상의 성스러운 교화가 멀리 미치고 人文이 널리 펼쳐졌음을 입증하였다. 비록 바다 귀퉁이의 해 뜨는 곳일지라도 덕이 미쳐지고 교화로 이끌지 않는 곳이 없으며 八荒이 하나로 통합되는 융성함은 옛날부터 한 번도 없었던 일이다.

『사조선록』의 말미에는 嘉靖 사절단이 압록강을 넘으면서 조선의 禮官들과 詔書를 맞이하는 의례에 대해 논쟁을 벌인 일이 자세하게 기술되어 있다. 이 기록에 의거해서 논쟁의 과정과 결과를 정리하면 다음과 같다.

가정 사절단이 처음 義順館에 이르렀을 때, 조선의 禮曹 正郎이 와서 明使에게 儀注를 보였는데, 그것을 본 공용경은 "국왕이 郊外로 나와서 단지 鞠躬만 하고 詔書를 맞을 뿐, 다섯 번 절하고 세 번 叩頭하는 의례는 없이 지나가고, 또 生員들이 나와서 조서를 영접하지 않게 되어 있다"고 하면서, 다음과 같이 힐책했다. "조서를 영접하는 의례가 아직 제대로 갖춰지지 못해, 中國과 같지 않다. 또한 이번에 조서가 온 것은 사실 聖天子의 넓고 넓은 은혜를 낸 것으로, 통상적인 사례로서 비교할 수 있는 것이 아니니, 만약 교외로 나와서 다섯 번 절하는 예를 먼저 행하지 않는다면, 어떻게 임금을 공경한다 하고 예의를 지키는 나라라고 할 수 있겠는가. 생원과 같은 이들은 예를 익히고 성인의 가르침에 교화되어 감복하는 것을 봐야 할 터인데, 교외로 나와서 조서를 영접하지 않는다면 禮敎는 이미 먼저 상실된 것이니, 어떻게 이를 두고 예를 안다고 할 수 있겠는가. 어찌 중국에까지 전해져서 웃음거리가 되지 않겠는가." 그러나 예조 정랑은 그것이 舊例라고 고집하면서, "儀注에 실린 것은 본국이 행한 지 이미 오래되어, 오늘날 스스로 만들어낸 것이 아니고, 洪武 연간에 반포한 것을 받들어 지키는 것뿐"이라고 했다.

사흘이 지나서 사절단이 平壤에 이르자, 예조 정랑이 다시 와서, "앞서 天使의 명을 받들어 이미 국왕께 전달하였다. 생원이 조서를 영접하는 의례는 삼가 尊命에 의해 더하여 넣은 것을 감히 따르지 않을 수 없다. 그러나 교외에 나가서 조서를 영접하는 의례는 본국이 행해 온 지 이미 오래되어 마음대로 가볍게 고치기는 어렵다. 洪武 이후 지금까지 계속 그러했다"고 했다. 이에 공용경은 자신의 예론을 글로 적어서 전달했는데, 그 내용은 「禮曹 正郎과 禮에 대해 논한 문답의 말을 삼가 적어둔다. 뒤에 연일 禮官에게 예에 관해 강의했지만, 통역한 자들이 제대로 전하지 못했을까 걱정되어, 특별히 여기에서 이를 보인다」라는 제목으로 따로 『사조선록』에 수록되었다.

> 지금 천하의 親王들은 각 관원을 아울러 郊外에서 詔書를 영접하는데, 모두 五拜와 三叩頭를 먼저 행하고, 예를 마친 뒤에 前導가 그 나라 안에 이르면 각 衙門이 스스로 開讀儀를 갖는다. 그러나 그대들 禮官이 전일에 연 儀注는 모두 다만 이 한 구절이 부족하니, 지금 논하는 것은 개정된 의주가 아니다. 바로 의주의 開載가 미진하다고 말할 수 있을 뿐이다. 하물며 이 예는 천하에 통행되는 것으로, 그대들 나라에서만 행해지지 않고 있다. 이는 하나의 禮가 있어, 천자의 조서도 동일하고, 천자의 신하도 동일한데, 어찌 두 가지 예가 있을 수 있겠는가. 또한 우리들이 전일에 왔을 때 각 처를 지나가니, 參贊과 判書 및 觀察 등 관원들이 모두 길 왼편에서 鞠躬하였지만, 우리도 이를 나무라지 않은 것은 이때 조서가 아직 開讀되지 않았기 때문이라고 할 수 있다. 이제 이미 그대들 나라에 이르렀고, 곧 개독하려 하는데, 국왕이 여전히 이 국궁의 예를 행하는 것이 옳겠는가. 만약

그대들이 말하는 것처럼 한다면, 그대들 국왕은 역시 前導를 쓰지 않는 것이 옳을 것이다. 지금 이미 전도도 사용했고 세 번의 舞蹈가 있었으며 열두 번의 절이 있었는데, 왜 오직 이 교외의 예만 아껴서 행하지 않는가. 다른 예는 이미 다 행하고 오직 이 예만 행하지 않는 것은 이른바 그 큰 것은 버리고 그 자잘한 것만 세는 것이라 하겠다. 더구나 조서가 처음 이르렀을 때, 그대들 국왕은 임금이 처음 나타난 것을 보고 응당 예를 다해서, 나라 사람들로 하여금 그대들 국왕이 朝廷의 예를 다 공경함을 전하여 알리게 하면, 그대들 나라 사람들이 그대들 국왕의 예를 다 공경할 줄 알 터이니, 이것이 바로 아름다운 일인 것이다. 그대들을 잘 이끌지 않으면 예를 잃게 될 것이다. 지금 천자께서는 그대들 국왕을 대우하기를 천하와 더불어 일체로 여겨서 그대들 나라에서 예를 행하는데, 천하와 다름이 있다면 이는 스스로 [천하의] 밖으로 나가는 것이다. 우리는 그대들 국왕이 평소에 현명하고 禮義를 지키는 나라라고 들었고, 경역 안으로 들어온 뒤로 매사에 최선을 다하였기 때문에, 이 말 한마디를 아까워하지 않는 것이다. 그대들은 국왕에게 돌아가서 말할 때, 단지 그 마음의 평안을 구하면 예를 얻을 수 있다고 하라. 우리가 말하는 것은 분수 밖의 다툼도 아니고 이치 밖의 요구도 아니다. 단지 그대들이 예를 지키는 나라이기 때문에, 이것을 잃고 행하지 않는 것이 안타까울 뿐이다.

나흘이 지나 가정 사절단이 寶山에 이르자, 조선의 예조 정랑이 와서 국왕의 뜻을 전하며, "국왕이 朝廷의 마음을 높여 공경함에는 다하지 않음이 없고 말로는 이루 다 표현할 수가 없다. 단지 전번의 儀注는 모두 예전에 행해온 바에 의거한 것일 뿐, 감히 마음대로 바꾼 것은 아니다"라고 했다. 이에 공용경이, "이번에 조서로 알린 것은 황자의 탄생인데, 이것도 舊例에 있는 것인가"라고 반박했다. 정랑은 통역관을 통해 말을 전하며, "국왕이 어제 天使의 말을 듣고 매우 기뻐하면서, '小國이 바다 귀퉁이에 치우쳐 있어 다만 예전부터 내려온 예의만을 바른 것으로 알고 지금 말하는 것이 바른 예의임은 알지 못했는데, 하물며 천하에 이미 통행된 것이라면, 小邦이 감히 따라서 의거하지 않겠는가'라고 했다"고 말했다. 마침내 의주를 바꾸어 가지고 온 것이다. 이에 공용경은, "그대들 국왕은 정말 예를 알고 조정을 공경할 줄 안다고 말할 수 있다. 전일에는 우리의 말을 따라 생원들이 조서를 영접하도록 하고, 오늘 또 내 말을 따라 교외로 나가서 다섯 번 절하는 예를 먼저 행하겠다고 하니, 바야흐로 이는 예를 이루는 순수한 정성이요 예의를 지키는 나라라 하겠다. 우리도 장차 이를 조정에 전달해서 애정으로 돌보아주는 마음이 장차 날로 더욱 두터워지게 하겠다"고 했다.

공용경은 귀국한 뒤에 황제에게 復命하면서, 이 문제에 대해 다음과 같이 보고하였다.

> 신 등이 顧命과 詔諭를 받들어 가니, 조선 국왕이 교외에 나와서 조서를 맞이할 때 五拜 叩頭의 禮가 없고 開讀하는 곳에 이르러서야 拜禮를 행하도록 되어 있고 生員이 조서를 맞는 문구도 없었습니다. 신 등이 그 禮官에게 "지금 天下가 조서를 맞이할 때는 모두 먼저 교외에 나가서 五拜와 三叩頭의 예를 행한 뒤에 宣讀할 때에야 開讀의 의례가 있다. 지금 너희 나라의 왕이 조서를 맞을 때는 먼저 五拜하지 않으니, 이는 천하와 禮가 다르다. 동일한 天子의 조서이고 동일한 천자의 신하인데, 어찌 예가 다를 수 있는가. 천자께서는 天下一家의 마음으로 너희 나라 왕을 대우하니, 예를 행함이 홀로 달라서는 안 된다. 더구나 조서가 처음 이르면 너희 나라 왕은 임금을 처음 뵙는 것이니, 그 공경을 다하지 않을 수 없다. 生員으로 말한다면, 孔子의 道를 받들어 인륜의 가르침을 밝히고 예를 익혀 교화를 보며 皇朝의 다스림에 온몸으로 은혜를 받으면서, 교외에 나와서 조서를 맞지 않는다면 이치에 맞는 것인가. 너희 나라는 평소에 예를 지키는 나라

로 일컬어졌는데, 위를 존중하는 예를 몰라서야 되겠는가"라고 하며, 반복하여 변론하며 여러 차례 타일렀더니, 그 예관이 신 등의 말을 갖추어 국왕에게 아뢰었습니다. 며칠 지나서 국왕이 그 禮曹의 관원을 다시 보내 말하기를, "지난날의 조서 맞는 의례는 본국에서 행한지 오래되었습니다. 이제 詔使의 말을 듣고 예의 바른 도리를 알게 되었으니, 감히 준수하지 않겠습니까"라고 하면서, 儀注를 바꾸어 개정해서 교외에 나가서 五拜 叩頭하고 生員이 모두 교외에 특별히 나가서 조서를 맞는 의례를 더 넣었습니다. 그날 예를 거행할 때, 그 나라 사람들이 모여 보았는데, 모두들 떠들썩하게 감탄하면서 "우리 皇上의 聲敎가 먼 곳까지 미쳐, 개국 이래로 禮儀가 지금처럼 성대한 적이 없었다"고 했습니다.[15]

이렇게 해서 조서를 영접하는 의례에 관한 明使와 조선 禮官의 논쟁이 수습되고, 조선은 명사 공용경의 주장에 따라 生員들을 迎詔禮에 참여케 했을 뿐만 아니라, 국왕이 교외에서 詔書를 맞이하며 鞠躬하던 前例를 포기하고 五拜三叩頭의 새로운 예를 취하기로 허락하였다. 이에 「寶山에 이르러, 국왕이 우리의 말을 따라 교외에서 조서를 맞이하고 먼저 다섯 번 절하고 세 번 叩頭하는 예를 행하기로 했다는 소식을 들었는데, 이전에는 없었던 일이다. 그래서 이 시를 지어 기쁨을 적어 두었다」라는 시를 지어, "聖代의 文風이 멀리까지 미치지니, 현명한 藩王의 禮敎가 넉넉하다. 수레와 문자가 밝게 통일되고, 예의의 규범은 여러 고을에 갈마든다. [……] 남에게 禮로써 할 수 있도록 허락하였으니, 文學이 부끄럽게 유람을 이야기한다"고 노래했다. 「또 듣기에, 국왕이 여러 儒生들에게 함께 교외로 나가서 詔書를 맞이하게 하라는 우리의 말을 따르기로 했다고 한다. 이에 이 시를 지어서 禮의 시작에 대해 적어두었다」라는 시를 지어,

15 『中宗實錄』 36년 10월 7일 조.

"덕을 좋아하는 사람은 어디에나 있지만, 동쪽 藩國의 禮數는 너그럽기도 하다. 교외에서 맞이하여 먼저 다섯 번 절을 하고, 길에서 배알하는 수많은 관원들도 정중하다"고 노래했다.

그러나 양자의 의례 논쟁은 여기서 그치지 않았다. 明使가 한강에서 배를 타고 유람하고 있던 중에, 禮曹 正郎이 와서 세자가 베푸는 연회의 의례에 관해 의논하면서, 국왕이 베푸는 연회의 의례에 비추어 동쪽과 서쪽으로 나눠 앉게 하고 싶다고 하니, 공용경은 즉시 다음과 같이 반대했다.

> 동쪽과 서쪽으로 서로 향하는 것은 그대들 국왕이 행한 예이다. 세자도 만약 이같이 행한다면, 우리와 抗禮하는 것이 아닌가. 그러면 이는 아비와 아들 사이에 구별이 없는 것이고 윗사람과 아랫사람 사이에 순서가 없는 것이니, 어떻게 존비를 분별하고 사물의 광채를 밝게 할 수 있겠는가. 차라리 연회를 하지 않는 것이 더 나을 것이다. 또 손이 동쪽에 앉고 주인이 서쪽에 앉으면, 이러한 예는 도리에 맞지 않는 것인데, 그대들 나라에서 무슨 까닭으로 이를 집행하려는 것인지 봐도 알 수가 없다. 이른바 손이 동쪽, 주인이 서쪽이란 것은 걸어갈 때를 가리켜 하는 말이지, 자리에 앉는 것을 가리켜 하는 말이 아니다. 하물며 세자는 아직 작위를 물려받지도 않았으니, 이는 대신과 마찬가지 처지이다. 내 말에 의하면, 우리 두 사람은 윗자리에 있고, 왕세자는 동쪽 자리에서 서쪽을 향해 조금 북쪽 가까이 앉아서, 대신들과 구별됨을 밝히면 된다. 이렇게 하면 분수에 지나치다는 의심을 받지 않으면서, 또 그대들 나라 부자의 예를 다 지킬 수 있다. 이와 같이 한다면, 바야흐로 연회를 베풀 수 있다고 말할 수 있다. 더구나 의주 안에서 역시 부당하게 나를 '使臣'이라 칭하였는데, 이른바 '사신'이란 것은 聖天子에 대한 말이다. 그대들 나라는 평소에 예를 지킨다고 자칭하고 거동에 있어 허물이 없었는데, 그렇지 않음을 논의할 수도 없다면 다른 나라에 전해져서 웃음거리가 될 것이다.

다음 날 조선 국왕이 정랑을 보내 말을 전하기를, “의논한 예가 매우 바르니, 이것에 의거해서 행하리라”고 했다. 이에 의주를 가지고 와서, 명의 정사 · 부사는 마침내 남쪽을 향해 앉고 세자는 동쪽에 앉아 예를 이루었다고 한다. 공용경은 ‘邦交之儀’의 王世子가 宴饗하는 예절을 설명하면서 “이에 앞서 그 나라에서 儀注를 바쳤는데, 왕세자의 연회 의례가 국왕의 그것과 같아서, 우리가 이를 바로잡았다”는 本注를 삽입하였는데, 바로 이를 두고 한 말이다. 그 외에도 공용경은 迎詔儀를 설명하면서 왕세자와 문무백관 및 유생의 자리 설치와 국왕 이하 ‘鞠躬, 五拜, 三叩頭, 興平身’의 예를 취한 대목을 설명하기 전에, “이하는 예전에는 이러한 의례가 없었는데, 嘉靖 16년에 새로 더 갖추었다”는 本注를 삽입하고, 그 뒤에는 “이상은 모두 새로 더해진 의례이다”라는 본주를 삽입하여, 이러한 의례가 모두 자신의 주장에 의해 관철된 새로운 의례임을 분명히 했다. 開讀禮에서 儒生의 자리를 설명할 때도 “예전에는 유생이 조서를 영접하지 않아 이런 의례가 없었는데, 가정 16년에 정사 공용경과 부사 오희맹이 그 나라의 유생도 모두 조서를 영접케 해서, 새로 이 의례가 더해졌다”는 본주를 첨기했다. 또한 ‘邦交之儀’의 국왕이 접견하는 예절을 설명하면서, “그 나라의 예는 단지 조사를 존중할 줄만 알아 출입할 때는 언제나 동쪽 계단을 통한다. 아직 좌우의 뜻을 따르지 못하는 것 같아, 우리가 이를 바로잡아 주었다”는 본주를 첨기하였다. 이러한 本注의 활용을 통해 공용경은 자신의 노력으로 명과 조선이 冊封과 朝貢의 禮를 교환하는 전통적 관계를 단속, 강화하였음을 은근히 과시하였다. 「後語」를 쓴 부사 오희맹도, “이번 행차에서 中國을 드높이고 예의와 법도를 바로잡아, 먼 나라 사람들이 기뻐하는 마음을 깊이 얻었다”고 칭송했다.

이처럼 공용경이 집요하게 예론을 거론한 것은 책봉—조공 관계가 명분상 표방하는 '君臣' 관계에 실질적 의미를 강화하려는 노력의 일환이었다. 황태자의 출생을 조선에 알려주는 것이 '中外'를 구별하지 않기 위함이라 한 것도 바로 이러한 이유 때문이다. 「연회에서 국왕과 문답한 말을 여기에 써둔다」는 글에서, 공용경은 태평관의 연회에서 조선 국왕과 대화한 내용을 소개하면서 이러한 의도를 분명하게 드러냈다. 그는 "조정이 皇子의 큰 경사를 얻게 되고, 이를 계기로 천하가 일가라는 마음을 넓혀서 中國과 外國을 구별하지 않게 된 것이라"고 했다. 그 다음 날 태평관에서 다시 열린 연회에서 조선 국왕은 "다른 나라에는 조서를 내리지 않고 유독 우리 小邦에만 칙유를 내렸으니, 소방이 어떻게 갚아야 할지, 오직 절감하며 은총을 받을 뿐입니다"라고 했다. 勤政殿에서 茶禮가 끝난 뒤에도 공용경은 "그대 국왕이 하늘을 두려워하며 공경하는 마음과 임금을 섬기는 몸가짐, 나라를 지키는 道를 보니, 中國 사람들이 모두 그대 나라를 禮를 아는 나라라고 칭송하는 것이 바로 이를 두고 하는 것임을 알겠다. 이후로도 응당 이 마음을 더욱 굳게 가져야 할 것이라"고 했다.

공용경이 굳이 주장하여 실행된 이 五拜三叩의 迎詔 의례는 이후 하나의 관행으로 정착되어 朝明 책봉-조공 관계에 적지 않은 영향을 미쳤다. 中宗 32년(1537)에 承政院에서 禮曹의 뜻으로 상주하여, "다섯 번 절하고 세 번 머리 조아리는 예와 유생들이 공경히 맞이하는 일은 辛巳년[1521]에 중국 사신 唐皐와 史道 등이 강을 건너자 처음 말했던 것인데, 지금 중국 사신 龔用卿과 吳希孟이 問禮官을 보고 먼저 이 예를 물었다. 두 차례의 중국 사신이 모두 이 예를 행하니 일정한 격식을 정하소서"라고 건의했다[16] 하고, 宣祖 28년(1595)에는 예조에서 回啓하여, "다섯 번 절하고 세 번 머리를 조아리는 예는 비록 禮文에는 없지만, 공용경이 사신

16 『中宗實錄』 32년 9월 4일 조.

으로 온 뒤부터 이후 늘 칙서를 맞이할 때마다 이 예를 행해온 지 이미 오래 되었으므로, 근래의 모든 迎勅 儀註의 관례대로 마련해서 아뢴다"[17]고도 했다. 선조 34년(1601)에도 대신 가운데서 "조칙을 맞이할 적에 4拜로 하도록 마련한 것은 『五禮儀』의 儀註에 의한 것인데, 龔天使 이후 으레 오배 삼고두의 예로 행하였으니, 한결같지 않은 것 같아 따르기가 어렵다"고 했지만, 왕은 "오배례는 전의 사신 때부터 행해온 지 이미 오래되었으니, 그 규례대로 따르지 않을 수 없다"고 했다[18]고 한다.

4. 出使의 禮와 邦交의 禮

공용경은 " [압록]강을 건너 동쪽으로 가서, 그 나라의 영토와 산천, 교량, 관사 등을 찾아 물어볼 때마다 곧 기억해두었다"가, 귀국한 뒤에 "조칙을 받들어 맞이하는 예의와 오가는 것을 맞이하고 보내는 의식, 연회와 술을 주고받는 예절, 문물과 禮敎의 법도 등에 관해서는 모두 그 진상을 눈으로 봐서 확인할 수 있었기 때문에, 스스로 헤아리지 않고 세 가지로 분류해서 차례지어" 저술하였다. 그 세 가지의 예란 곧 '出使의 禮'와 '邦交의 禮', 그리고 '사신의 임무'였다. 공용경이 기술한 이 세 가지 예는 이후 朝明 의례 관계에 적지 않은 영향을 미쳤기 때문에, 이를 정리하는 것도 의미 있는 일이라 생각된다.

공용경이 이른바 '출사의 예'는 네 가지의 예로 분류되었으니, 그 하나는 詔書를 맞이하는 의례이고, 그 둘은 조서를 열어서 읽는 의례요, 그 셋

17 『宣祖實錄』 28년 3월 16일 조.
18 『宣祖實錄』 34년 12월 1일 조.

은 연도에서 조서를 맞는 의례이며, 그 넷은 文廟를 알현하는 의례였다. 이러한 것들은 모두 출사 예절 가운데서 가장 중요한 것이라 하여 저서의 첫머리에 배치해두었다. '邦交의 의례'는 여덟 가지로 분류되었는데, 그 하나는 국왕이 베푸는 茶禮이고, 그 둘은 국왕이 접견하는 예절이었으며, 그 셋은 국왕이 연회를 베푸는 예절, 넷은 王世子가 연회를 베푸는 예절, 다섯은 대신들이 함께 뵙는 예절, 여섯은 국왕이 송별하는 예절, 일곱은 연도에서 맞아 위로하는 예절, 여덟은 연도에서 연회를 베푸는 예절 등이었다. 이것들은 모두 사신의 일과 교제의 의례라 하여, 그 다음에 배치하였다. 사신이 맡은 임무는 모두 다섯 가지로 나누어 서술되었으니, 그 하나는 여로의 거리, 그 둘은 산천의 경계, 셋은 각 道·州·府·郡·縣 등의 분류, 넷은 연도에서 진행된 각 관리들의 영접과 환송의 禮, 다섯은 軍夫가 遞送하는 예절 등으로, 이런 것들은 모두 사신의 일과 관계가 있는 것으로 사신이 마땅히 알아야 할 일이라 하여, 그 다음에 서술하였다.

공용경이 『사조선록』에 기술한 이러한 의례는 대부분 明의 사신, 특히 詔使를 영접하는 의례라 할 수 있다. 여기서는 이해의 편의를 위해, 공용경이 분류, 서술한 바와는 달리 사건이 전개되는 시간적 순서대로, 즉 明使가 입경하여 漢陽으로 들어가서 詔書를 반포하고 귀환하는 일정에 따라 진행된 의례를 차례대로 정리하면, 다음과 같다.

明使 일행이 조선에 입경한 뒤에 가장 먼저 이루게 되는 의례는 '出使之禮'의 '沿途迎詔儀', 즉 연도에서 詔書를 영접하는 의례였다. 조서가 그 지방에 도착하기 5리 전에, 그 지방의 관원들이 각각 조복을 갖춰 입고 나와서 맞이했다. 執事者가 儀仗과 龍亭·香案 등을 갖추고 조서를 맞이하여 용정 가운데에 안치하고, 악공은 악대를 갖추어 앞에서 인도했다. 관사의 문에 이르자, 王都에서 보내온 관원과 연회를 베푸는 자들이 모두 의관을 갖추고 비단옷을 입고서 몸을 굽히고 관문 밖에서 두 손을 맞잡고

서서, 조서가 관사의 중앙 대청 가운데에 이르기를 기다렸다. 有司가 가운데에 闕庭과 향안을 설치하고, 의장은 계단 아래에 서며, 일산은 당의 가운데에 있고, 부채는 동쪽과 서쪽에 나뉘어 있는데 역시 당의 위에 있었다. 각 관원들은 옆의 작은 문으로 들어오고, 贊儀가 "鞠躬, 四拜, 興平身"이라 소리치자, 각 관원들이 몸을 숙이고 네 번 절한 다음 몸을 일으켜 세웠다. 司香 두 명이 옆 계단으로 대청에 올라 세 번 향을 올렸다. 그것이 끝나자 찬의가 "국궁, 사배, 흥평신"이라 소리치고, 각 관원이 몸을 숙이고 네 번 절한 다음 몸을 일으켜 세웠다. 예가 끝난 뒤에, 각 관원들이 차례로 나가고, 유사가 궐정과 향안을 철거했다.

義順과 新安 · 安興 · 平壤 · 黃州 · 開城 · 碧蹄 등 일곱 곳에서 조서를 영접했는데, 관사의 문과 성문을 지날 때 모두 結綵하여 鰲山과 百戲를 진열했다. 다른 곳은 작은 군현이어서 이 같은 의례를 준비하지 못했다. 이들 중요 지역 일곱 곳에서는 '邦交之儀'의 '沿途迎慰之節', 즉 연도에서 영접하여 위로하는 예절이 진행되었다.

조사가 처음 義州館에 다다르면, 국왕이 判書 혹은 의정부의 議政 등의 관원을 보내 遠迎使로 삼았는데, 이를 두고 館伴이라고 했다. 따로 判尹 혹은 承旨를 보내 迎慰使로 삼아 안부를 묻게 하고, 그 외에도 또 司成 · 司藝 등의 관원 두 명을 보냈는데, 이를 두고 都監이라고 했다. 通事 네 명과 醫官 한 명이 각각 부리거나 말을 전하는 일 등을 맡아 했다. 그 뒤 詔書를 만나 접하는 곳이라면 어디서나 모두 따로 의정과 참찬 · 판서 · 판윤 · 승지 등의 관원을 보내 영위사로 충당하여 안부를 묻게 했다. 오직 벽제의 색관반 선보다 배나 많은 관원을 보내 6, 7명에 이르렀으며, 그 예절도 정중했다. 태평관에 이르러 판서 한 명을 관반으로 더 삼았고, 도감도 10명으로 증원하고, 예의도 더욱 정중했다.

詔使가 객관에 이르면, 각 관원들이 와서 뵙고 절하였고, 이 일이 끝난 뒤에는 매일 宴禮가 있었다. 이를 가리켜 '邦交之儀'의 '沿途設宴之節', 즉 연도에서 연회를 베푸는 예절이라 했다. 조사는 堂의 북쪽에 남쪽을 향해 앉고, 원영사는 서쪽 곁에 남쪽 가까이 앉았는데, 혹 관찰사나 留守 등의 관원들을 만나면 모두 자리를 함께 했지만, 節制使 이하는 함께 할 수 없었다. 그밖에 따로 영위사 등의 관원을 보낼 경우에도 자리를 같이 했다. 그 연회의 의례는 벽제관에 이르러 자못 성대했는데, 갈 때나 올 때나 모두 같았다.

沿途의 여러 관원들이 영접하고 환송하는 예절과 軍士가 차례로 호송하는 예절도 엄격하게 규정되어 있었다. 平安道 觀察使는 義順館에서 영접하고 大同館에 이르러 헤어졌다. 黃海道 觀察使는 敬天館에서 영접하고 金郊館에 이르러 헤어졌다. 京畿道 관찰사는 開城府에서 영접하고 碧蹄館에 이르러 헤어졌다. 그 屬官들도 그들을 따랐다. 송별하는 예절도 그러했다. 詔使가 일을 마치고 조정으로 돌아갈 때, 여러 관원들이 모두 慕華館에 모여서 송별했다. 또한 영접한 軍士는 모두 5백 명을 넘지 않았다. 義州 등지의 軍馬는 강가에서 영접하고 宣川郡에 이르러서 돌아갔다. 선천 등지의 군마는 영접한 뒤에 控江亭의 경계에 이르자 돌아갔다. 安州 등지의 군마는 영접한 뒤에 順安縣에 이르러 돌아갔다. 平壤 등지의 군마는 영접하고 馬駒嶺에 이르러 돌아갔다. 黃州 등지의 군마는 영접한 뒤에 鳳山郡에 이르러 돌아갔다. 봉산 등지의 군마는 영접한 뒤에 平山府에 이르러 돌아갔다. 평산 등지의 군마는 영접한 뒤에 牛峯縣에 이르러 돌아갔다. 우봉 등지의 군마는 영접한 뒤에 狻猊館에 이르러 돌아갔다. 開城 등지의 군마는 영접한 뒤에 臨津江에 이르러 돌아갔다. 漢城府 등지의 군마는 영접하고 王京까지 호송하였는데, 갈 때도 올 때와 모두 같았다. 站夫와 가마꾼은 각 道를 경계로 하여 교대했다.

明使 일행이 漢陽으로 들어가면, 먼저 迎詔儀, 즉 詔書를 맞는 의례가

궁전에서 진행되었다. 사흘 앞서 禮曹에서 내외에 알려서 각각 그 직무를 수행하게 하여, 하루 앞서 典設司에서 帳殿을 慕華館의 서북쪽에 남향으로 설치하여 結綵했다. 담당 관청에서 迎詔門을 장전의 북쪽에 세우고 결채했다. 또 숭례문과 성안의 거리 및 景福宮의 문에 결채했다. 전설사가 국왕의 幄次를 모화관에 설치했다. 兵曹 正郎이 黃屋 龍亭 하나(勅書가 있으면 두 龍亭)를 장전의 한가운데에 남향으로 설치하고 香亭은 그 남쪽에 설치했다. 담당 관청이 국왕의 절하는 자리를 장전의 남쪽에 북향으로 설치했다. 引儀가 王世子의 절하는 자리를 장전의 남쪽에 북향으로 설치하고, 문무백관과 유생들의 자리는 왕세자의 남쪽에 북향으로 설치했다. 그날 병조 정랑이 황금빛 儀仗과 金鼓를 준비하고, 典樂은 鼓樂을 준비해서, 모두 장전의 앞에 진열했다. 이렇게 미리 준비해두었다가 詔使를 맞이하여 안내했는데, 곧 다다르게 되자 왕이 冕服을 갖추고 왕세자도 면복을 갖추었으며, 문무백관들은 제각기 朝服을 갖춰 입고 유생들은 평상복을 입고서 모두 절하는 자리로 나아갔다. 조사가 조서를 받들어 용정 가운데에 두고, 贊儀가 "鞠躬, 五拜, 三叩頭, 興平身"이라고 소리 내어 외치자, 국왕이 몸을 굽히며 다섯 번 절하고 머리를 조아린 다음, 몸을 일으켜 폈다. 왕세자와 문무백관 및 유생들도 이와 같이 했다. 용정이 길로 나서면, 司香 두 명이 향정 양옆에 서서 계속 향을 피웠다. 용정이 잠시 머무르자, 금고가 앞에 서고, 그 다음에는 기마대, 그 다음에는 유생들, 그 다음에는 문무백관들이 말을 타고 가고, 그 다음에는 왕세자가 말을 타고 가고, 그 다음에는 국왕이 가마를 타고 가고, 그 다음에는 황금빛 의장과 악대, 그 다음에는 향정, 그 다음에는 조서와 용정, 그 다음에는 조사가 갔다.

국왕이 조서를 맞이한 다음에는 그 조서를 열어서 읽는 開讀禮를 진행하였다. 그날, 유사가 闕廷을 勤政殿의 한가운데에 남향으로 설치하고,

詔案을 궐정의 앞에, 香案은 詔案의 남쪽에, 조사의 자리는 향안의 동쪽에 서향으로 설치했고, 조서를 열어서 읽는 자리는 궁전의 계단 위 동쪽 가까이에 서향으로 설치했으며, 또 국왕의 자리는 궁전 뜰의 길 서쪽에 북쪽 가까이 북향으로 설치했다. 조서가 영접되어 경복궁에 이르는 것을 기다렸다가, 왕세자가 동쪽 곁문을 통해 들어오고, 문무백관과 유생들이 동쪽과 서쪽의 곁문으로 들어와 모두 제자리로 갔다. 군사들이 들어와 평소의 의례대로 진열하자, 국왕이 동쪽 문을 통해 들어와 자리에 가서 서고, 황금빛 의장이 들어와 대궐 뜰 앞에 진열했다. 조서와 龍亭이 정문을 통해 들어오고, 詔使가 따라서 들어왔다. 協律郎이 무릎 꿇고 엎드려서 깃대를 들고, 악공이 柷을 두드려서 음악을 시작했다. 국왕이 동쪽을 향해 몸을 굽혔다가 지나가면 몸을 펴고 북향해서 섰다. 왕세자와 문무백관 · 유생들도 같이 했다. 용정이 궁전에 오르고, 왕이 작은 임시 거처로 들어갔다. 조사가 조서를 받들고 탁자 위에 놓자, 협률랑이 무릎 꿇고 깃발을 눕히고 엎드리며, 악공이 敔를 두드려서 음악을 끝냈다. 引禮가 조사를 인도해서 자리로 가니, 국왕이 절하는 곳으로 갔다. 조사가 조금 앞에서 남쪽을 향해 서서, "制가 있다"고 하고, 贊儀가 큰 소리로 "鞠躬, 四拜, 興平身"이라 하자, 국왕이 몸을 숙이고 네 번 절한 다음 몸을 일으켰다. 왕세자와 문무백관 · 유생들도 같이 했다. 음악이 그치고, 국왕이 서쪽 계단을 통해 향안 앞으로 올라가서 북쪽을 향해 꿇어앉고, 왕세자와 문무백관 및 유생들도 같이 했다. 司香이 향을 받들고 꿇어앉아 국왕의 왼편에 올리자, 국왕은 세 번 향을 올리고 몸을 굽혔다가 일어나 몸을 폈다. 왕세자와 문무백관 및 유생들도 그렇게 했다. 국왕은 내려가서 자리로 돌아갔다. 捧詔官과 宣詔官 · 展詔官 등은 동쪽 곁 계단으로 올라와, 봉조관이 궁전 안으로 들어가서 북쪽을 향해 서고, 선조관과 전조관은 자리로 갔다. 조사가 조안 앞으로 가서 조서를 받들어 봉조관에게 주고, 봉조관은 꿇어앉아 받은 다음, 정문을 통해 나가 조서를 열어 읽는 자리로 가서 선조관에게 주자, 선조관이 꿇어앉아 받고서 전조관에게 주며, 전조관은 꿇어앉아 받은 뒤에 일어나서 마주보며 펼쳤다. 찬의가 "跪"라고 크게 소리치자, 국왕이 꿇어앉고, 왕세자와 문무백관 및 유생들이 그렇게 했다. 선조관의 조서 선포가 끝나자, 봉조관이 조서를 받들고 돌아와 조안에 놓고, 모두 내려가서 자리로 돌아갔다. 찬의가 "俯伏, 興平身"이라고 크게 소리치자, 국왕이 몸을 굽혔다가 일으켜 바로 섰고, 왕세자와 문무백관 및 유생들도 그렇게 했다. 찬의가 "鞠躬, 四拜, 興平身"이라고 크게 소리치고, 국왕이 몸을 숙이고 음악이 울리면서 네 번 절하고 몸을 일으켜 세웠으며, 왕세자와 문무백관 및 유생들도 그렇게 했다. 음악이 그치고, 찬의가 "搢圭, 鞠躬, 三舞蹈, 跪, 三叩頭"라고 소리치자, 국왕이 圭를 꽂고 몸을 숙이며 세 번 舞蹈하고 꿇어 세 번 머리를 조아렸다. 왕세자와 문무백관 및 유생들도 그렇게 했다. 찬의가 "山呼"라고 크게 소리 지르면, 국왕이 손을 맞잡고 이마에 대면서 "萬歲"라고 하고, 山呼하면서 "만세"라 하고, 다시 산호하며 "만만세"라고 했다. 왕세자와 문무백관 및 유생들도 그렇게 했다. 찬의가 "出圭, 俯伏, 興, 四拜, 興平身"이라고 해서, 국왕이 규를 뽑아들고 엎드렸다가 일어났고, 음악이 시작되면서, 네 번 절하고 일어나 몸을 세웠다. 왕세자와 문무백관 및 유생들도 그렇게 했다. 음악이 그치고, 찬의가 "禮畢"이라고 외치자, 국왕이 장막으로 된 임시 처소로 갔다. 인례가 조사를 인도해서 나가 임시 거처로 가고, 奉禮가 왕세자를 인도하고, 인례는 문무백관과 유생들을 인도해서 차례로 나갔다. 담당 관청이 궐정과 조안을 철거했다.

조서를 열어 읽는 일이 끝나면, 국왕이 詔使를 위해 차를 대접하는 '邦交之儀'의 '國王茶禮之節', 즉 국왕이 베푸는 茶禮의 예절이 진행되었다. 그날, 勤政殿에서 詔書를 열어 읽는 일이 끝나고, 담당관이 詔使의 좌석을 동쪽에 설치하고, 국왕의 좌석은 서쪽에 마련했다. 引禮가 조사를 인도해 중앙 계단으로 가서, 정문을 통해 동쪽으로 궁전에 올라 절하는 곳으로 가서 서쪽을 향해 섰다. 국왕은 중앙 계단으로 가서 정문을 통해 서쪽으로 궁전에 올라 절하는 곳으로 가서 동쪽을 향해 섰다. 국왕과 조사가 몸을 숙이고 두 번 절한 뒤에 몸을 일으켜 세우고 자리로 갔다. 司饔院의 관원 두 명이 과일 쟁반을 받들고 한 사람은 정사의 오른편 북쪽 가까이에서 남쪽을 향해 서고, 한 사람은 부사의 왼편 남쪽 가까이에서 북쪽을 향해 섰다. 提調가 과일 쟁반을 받들고 국왕의 오른편 남쪽 가까이에서 북쪽을 향해 서고, 또 제조 세 명이 鍾으로 차를 받아서, 한 명은 정사의 앞으로 올리고, 한 명은 부사의 앞으로 올렸으며, 한 명은 국왕의 앞으로 올렸다. 국왕이 차종을 잡아 정사 앞으로 가서 차종을 바꾸고, 또 부사 앞으로 가서 차종을 바꾸고 각각 자리로 가서 차를 들었다. 이 일이 끝난 뒤, 사옹원 관원 두 명이 나누어 조사 앞으로 가고, 제조는 국왕 앞으로 나아가서, 각각 빈 차종을 받고 과일 쟁반을 내어서 밖으로 나갔다. 다례가 끝난 뒤에, 인례가 조사를 인도해서 동쪽 계단으로 내려가서 나가고, 국왕은 서쪽 계단으로 내려가, 근정문 밖에 이르러 배웅했다.

국왕이 明使의 숙소인 太平館에서 연회를 베풀 때는 '邦交之儀'의 '國王宴饗之節', 즉 국왕이 연회를 베푸는 예절을 진행했다. 근정전에서 다례를 마친 뒤에 나와서 태평관에 이르렀다. 그날, 담당관이 조사의 좌석을 태평관 正廳의 동쪽 벽에 서쪽을 향해 설치하고, 국왕의 좌석은 서쪽 벽에 동쪽을 향해 설치했다. 향안을 북쪽 벽에, 酒亭은 정청 안의 남쪽 가까운 곳에 북쪽을 향해 설치했다. 국왕이 태평관에 이르러 便殿에 들어갔다가, 때가 되어 국왕이 중문 밖에 다다르자, 조사가 문밖으로 나갔다. 국왕이 읍양하고, 조사도 읍양했다. 조사가 문 안으로 들어갈 때 오른편으로 들어가고 국왕은 왼편으로 들어갔다. 정청에 이르러 조사가 동쪽에 서고, 국왕은 서쪽에 서서 읍하고 조사가 답으로 읍했다. 조사가 좌석으로 가고, 국왕도 좌석으로 갔다. 사옹원 提調 한 명이 茶甁을 받들고 한 명은 茶鍾盤을 받들고서 주정의 동쪽에 서고, 提擧 두 명이 과일 쟁반을 받들었는데, 한 명은 정사의 오른편 북쪽 가까이에 남쪽을 향해 서고, 한 명은 부사의 왼편 남쪽 가까이에 북쪽을 향해 섰다. 제조가 과일 쟁반을 받들고 국왕의 오른편 남쪽 가까이에서 북쪽을 향해 서고, 제조 세 명이 차종에 차를 받아, 한 명은 정사의 앞에 올리고, 한 명은 부사의 앞으로 올렸으며, 한 명은 국왕의 앞으로 올렸다. 국왕이 차종을 잡고 정사 앞으로 가서 차종을 바꾸고, 또 부사 앞으로 가서 차종을 바꾸었다. 조사는 좌석으로 가고, 국왕도 좌석으로 가서 차를 들어 다 마셨다. 사옹원의 관원 두 명이 나누어 조사 앞으로 가서 각각 빈 차종을 받고, 제조는 국왕 앞으로 가서 빈 차종을 받아서, 모두 茶盤에 담아서 가지고 나가고, 과일 쟁반도 가지고 나갔다. 조금 있다가 典樂이 노래 부르는 자와 거문고 연주자 등을 거느리고 동쪽과 서쪽의 계단에 들어와 음악을 연주하자, 사옹원이 술그릇을 작은 정자로 올렸다. 노래를 부르는 자 등이 계단 위에 올라서자, 음악이 그치고 모두 자리에 앉았다. 제거 두 명이 각각 과일 쟁반을 받들고 조사의 앞으로 가고, 제조도 과일 쟁반을 받들고 국왕 앞으로 가서, 모두 다례의 같게 했다. 과일 쟁반을 올리려 할 때 음악이 연주되기 시작했고, 제조가 盞으로 술을 받아 국왕에게 올리고, 국왕은 잔을 집고 정사 앞으로 가서 읍하고 첫 번째 잔의 술을 올렸다. 정사는 답으로 읍하고 잔을 집어 부사에게 주면서 읍하고 부사는 답으로 읍하였으며, 또 국왕을 향해 읍하자, 국왕도 답으로 읍하고 돌아와 盞臺를 잡았다. 정사가 다 마시자, 제조가 나아가 빈 잔을 받았다. 정사가 읍하고, 국왕이 답으로 읍했다. 제거가 과일 쟁반을 정사 앞으로 올리고, 제조는 또 잔으로 술을 받아 국왕에게 올리자, 국왕이 잔을 잡고 읍하며 술을 올렸다. 정사가 답으로 읍하고 잔을 잡고 다시 국왕에게 올리자, 국왕이 잔을 잡고 부사에게 주면서 읍했고, 부사는 답으로 읍하고서 또 정사에게 주면서 읍하고, 정사는 답으로 읍한 뒤에 다시 잔대를 잡았고, 국왕은 술을 들어 마셨다. 제조가 나아가 빈 잔을 받았고, 국왕이 읍하자 정사가 답으로 읍했다. 제조가 과일 쟁반을 국왕 앞으로 올리고, 제조가 또 잔으로 술을 받아 국왕에게 올리자, 국왕이 잔을 잡고 읍하며 술을 올렸다. 정사가 답으로 읍하며 잔을 잡고 마셨다. 다 마신 뒤에 제조가 나아가 빈 잔을 받자, 정사가 읍하고 국왕이 답으로 읍했다. 제조가 잔으로 술을 받아 국왕에게 올리자, 국왕이 잔을 잡고 부사 앞으로 갔는데, 예를 행함이 위의 의례와 같았다. 다 마친 뒤에 조금 물러나 서 있었다. 제조가 잔으로 술을 받아 국왕에게 올리자, 국왕이 잔을 잡고 읍하며 술을 정사에게 올렸다. 정사가 답으로 읍하며 잔을 잡고 마셨다. 다 마신 뒤에, 제조가 나아가 빈 잔을 받자, 정사가 읍하고 국왕이 답으로 읍했다. 제조가 또 잔으로 술을 받아 국왕에게 올리자, 국왕이 잔을 잡고 읍하며 술을 부사에게 올렸다. 부사가 답으로 읍하며 잔을 잡고 다 마셨다. 다 마신 뒤에 제조가 나아가 빈 잔을 받자, 부사가 읍하고 국왕이 답으로 읍했다. 詔使가 자리로 가자, 국왕도 자리로 갔다. 음악이 그쳤다. 제조 두 명이 마주 서서 饌案을 들어 올리려 하자, 음악이 연주되기 시작했다. 국왕이 정사 앞으로 가서 상을 올리자, 정사가 읍하고 국왕이 답으로 읍했다. 부사 앞으로 가서 상을 올리자, 앞의 의례처럼 했다. 다 한 뒤에 국왕이 자리로 돌아가고, 앞에 서 있던 제조가 또 안주상을 들어 올려 바치면, 정사가 국왕 앞으로 가서 상을 올렸으며, 부사도 따라 했다. 국왕이 읍하니, 조사가 답으로 읍하고 자리로 가고, 국왕도 자리로 갔다. 음악이 그쳤다. 사옹원 관원 두 명이 花盤을 전해 들자, 음악이 연주되기 시작했다. 나뉘어서 조사 앞으로 가니 通事가 꽃을 올렸고, 近侍가 화반을 받들고 국왕 앞으로 갔다. 내시가 꽃을 올리고, 그 일이 끝나자 음악이 그쳤다.

그 뒤에 왕세자와 宗親이 들어와서 이와 유사한 의례를 되풀이하였고, 宰樞 등 관원들이 차례대로 술을 올리며 모두 앞의 의례와 같이 했다. 국왕이 다시 행주했는데, 첫 번째 잔의 술을 올릴 때 의례와 같게 했다. 행주가 끝나자, 국왕이 조사와 서로 읍하고 나갔다. 조사는 중문 밖까지 배웅했다. 다음날의 연회나 전별 때의 연회도 이와 같았다. 근정전 연회는 궐정이 철거되었기 때문에 東西로 서로 향하게 했다. 조선은 단지 좌우로써 순서를 삼았기 때문에 동서를 중시했다. 이 외에 별도로 행해진 향연은 정남과 정북으로 서로 마주보는 의례여서, 임시로 어림쳐서 헤아려 행했다.

태평관에서 왕세자가 연회를 베풀 때, '邦交之儀'의 '王世子宴饗之節', 즉 왕세자 연향의 예절을 진행했는데, 그 내용은 국왕이 베풀 때와 비슷했다. 그날, 담당관이 조사의 자리를 태평관 정청 북쪽 벽에 남쪽을 향해 설치하고, 왕세자의 자리는 동쪽 벽에 서쪽을 향해 설치했으며, 향안은 북쪽 벽에, 酒卓은 정자 안의 남쪽 가까운 곳에 북쪽을 향해 설치했다. 왕세자가 태평관에 이르러 임시 처소로 들어갔다가, 때가 되어서 왕세자가 조사에게 가서 만나 함께 정청에 다다랐다. 조사가 북쪽에 서자, 왕세자가 그 앞에 가서 읍하고, 조사가 답으로 읍했다. 조사가 자리로 가자, 왕세자도 자리로 갔다. 그 뒤의 의례는 국왕이 宴饗하는 예절과 다르지 않았다.

연회가 있어 국왕이 詔使를 접견할 때는, '邦交之儀'의 '國王接見之節', 즉 국왕이 접견하는 예절이 있었다. 연회가 있어 詔使가 王府에 이르면, 국왕은 언제나 근정문 밖에서 기다렸다. 조사가 정문을 통해 들어가 근정문 밖에 이르러 수레에서 내려 국왕과 揖讓했다. 조사는 서쪽 계단을 통해 오르고, 국왕은 동쪽 계단을 통해 올랐다. 궁전에 이르러, 조사가 동쪽에 서서 서쪽을 향하고, 국왕은 서쪽에 서서 동쪽을 향했다. 읍과 절을 모두 하고 예를 마친 다음, 조사가 왼쪽을 통해 동쪽 계단을 내려가고, 국왕은 오른쪽을 통해 서쪽 계단을 내려가서 나갔다. 연회가 있어 국왕이 太平館에 이르면, 조사가 중문 밖에 나가서 맞이했는데, 예는 전과 같이 행했다. 나갈 때는 중문 밖에서 배웅했다.

여러 곳에서 조서를 영접하고 왕도에서 조서를 열어 읽은 뒤에, 여러 관원들이 參見했는데, 議政에서 判書 · 參判 · 參議 · 觀察使 · 承旨 등의 관원에 이르기까지 모두 두 번 절하는 의례, 즉 '邦交之儀'의 '陪臣參見之節', 곧 陪臣이 참현하는 예절을 행하였다. 詔使가 일어나 절을 받고 답으로 읍하였다. 그 밖의 都監 등 관원들이 절하는 예절을 행할 때는 모두 자리 위에서 읍으로 답하였고, 지방에 있는 州牧과 郡守 · 縣令 등의 관원들은 모두 앉아서 그 예를 받고 답하지 않았으니, 節制使조차도 그렇게 했다.

明使가 한양에 체재하는 동안, 빠뜨릴 수 없는 의례의 하나가 곧 '出使之禮'의 '謁廟儀', 즉 文廟를 참배하는 의례였다. 하루 전에 담당 관리가 文廟의 뜰 안팎을 소제하고, 작은 임시 거처를 문묘 뜰 동쪽 문 밖에 설치했다. 당일에 詔使가 절할 두 곳을 문묘 뜰의 남동쪽 가까운 곳 위에 북쪽을 향해 설치하고, 贊者와 謁者의 각 두 자리를 계단 아래 북쪽 가까운 곳에 동서로 서로 마주보게 설치하였으며, 집사자의 자리는 기둥 밖에 동서로 서로 마주보게 설치하였다. 詔使가 막 다다르려 하면, 諸生이 동문 밖으로 나와서 길 왼편에서 두 줄로 서고, 그 다음에는 四館, 그 다음에는 館官이 차례대로 서서 조사가 지나가는 것을 공손히 맞이하였다. 행차가 泮水橋에 이르면, 말에서 내려 작은 임시 거처로 들어가서 잠시 머물렀다. 인례가 동쪽 문을 통해 문묘의 뜰로 들어가 절하는 곳으로 갔다. 집사자 세 명이 동쪽 곁문으로 들어와 大聖 즉 孔子 앞에 꿇어앉았다. 집사자한 명이 香盒을 받들고, 한 명은 향로를 받들며, 한 명은 세 번 향을 올렸는데, 이 예를 마친 다음에 나갔다. 찬자가 "俯伏, 興, 四拜, 興平身"이라고 소리치자, 조사가 몸을 숙였다가 일어나 네 번 절하고 일어나 몸을 세웠다. 관관이 明倫堂으로 들어갈 것을 청하고, 인례 두 명이 각각 조사를 인도해서 들어갔다. 聖殿의 북쪽 담 문에서 뜰 가운데를 거쳐 명륜당으로 올라 자리로 갔다. 館伴 등 관원들이 서쪽 계단을 통해 올라, 먼저 앞으로 나아가 揖禮를 행하고 자리로 가고, 그 다음에는 관관 역시 서쪽 계단을 통해 올라 앞에서 머리를 조아리며 두 번 절한 다음 각각 자리로 갔다. 아래 관리들도 윗사람들의 의례처럼 예를 행한 뒤에 나가고, 그 다음에는 諸生들이 뜰 가운데서 역시 머리를 조아리고 두 번 절한 뒤에 차례로 나갔다. 관반과 관관이 모두 자리로 간 뒤에, 관관이 茶禮를 행했다. 조사가 나가려 하자, 관관과 사관 및 제생이 문밖에서 공손히 배웅하기를 처음 의례와 같이 했다.

마지막으로 명사가 귀환할 때, '邦交之儀'의 '國王送行之節', 즉 국왕의 송별 예절을 진행했다. 詔使가 일을 마치고 조정으로 돌아가게 되자, 그날 국왕이 먼저 慕華館까지 나와서 조사가 이르기를 기다렸다가, 館門 밖으로 나와 영접하였다. 조사가 수레에서 내려 국왕과 읍양하고 들어갔다. 그 연회의 앉는 예절은 모두 下馬宴의 그것과 같았다.

위의 의례 가운데서도 가장 중요한 것은 역시 詔書를 영접하여 開讀하는 의례인데, 『明史』 권56 禮志 4의 「迎接詔赦儀」 조에는 다음과 같이 간단하게 기술되어 있다.

> 洪武 연간에 정해졌다. 무릇 사신을 파견하여 詔書와 赦書를 열어 읽을 때는 本處의 관원이 龍亭과 儀仗, 鼓樂 등을 갖추어 성곽 밖에 나가서 맞는다. 使者는 말에서 내려 조서를 받들어 용정 가운데에 놓고 남쪽을 향하고, 본처의 관원은 조

복을 입고 五拜의 禮를 행한다. 여러 관원들과 鼓樂이 앞을 인도하고, 사자는 말에 올라 용정 뒤를 따라 관청의 문에 다다른다. 여러 관원들이 먼저 들어가서 문관과 무관이 동서로 차례지어 서서 용정이 이르기를 기다렸다가, 차례대로 늘어서서 四拜한다. 사자는 조서를 받들어 展讀官에게 주고, 전독관은 꿇어앉아 받아서 開讀案으로 나아간다. 宣讀이 끝나면 조서를 받들어 조정의 사신에게 주어, 용정 안에 둔다. 여러 관원들은 四拜하고 舞蹈하며 山呼하고, 다시 四拜를 끝낸다. 반열의 우두머리가 용정 앞으로 나아가서 꿇어앉아 황상의 옥체가 萬福하신지 여쭙고, 사자는 鞠躬하여 "聖躬이 萬福하시다"고 답한다. 여러 관원들이 물러나서 옷을 갈아입고 사자를 뵙고, 兩拜의 禮를 행한다. 다시 鼓樂을 갖추어 官亭에서 詔書를 보낸다.

이를 보면, 공용경이 迎詔할 때 五拜해야 한다고 주장한 것이 禮制에도 없는 過禮를 요구한 것은 아님을 알 수 있다. 조선의 예관들이 "五拜가 禮文에 없다"고 한 것은 조선의 「儀注」에 없다는 뜻이지, 중국의 예제에 없다는 뜻은 아니었다. 「禮志」에는 오배가 있었는데 조선의 「의주」에는 五拜가 없었다 함은 곧 그때까지 조선에서 행해져온 迎詔 의례가 중국 내의 그것과 다른 殊禮였음을 의미한다. 공용경이 五拜를 요구한 것은 곧 조선이 중국과 같은 의례 체제 안에 참여하기를 희망한 것이었다. 공용경이 『사조선록』에서 남긴 迎詔 의례의 기록은 「예지」의 짧은 기사가 생략한 정보를 상세하고 구체적으로 제공할 뿐만 아니라, 조선과 명의 禮的 관계가 어떻게 발전해갔는지 그 역사적 과정까지 보여준다.

5. 倡和 외교

嘉靖 사절단의 명목상 임무는 황태자 출생의 통보와 정보 수집 등 통상적인 것이었지만, 문학지사 정사 · 부사의 문화적 역량으로 인해 朝明 양국의 문화적 교류와 인적 交遊를 통해 외교 관계도 일층 발전하였다. 무엇보다도 가정 사절단은 전통적 唱和 외교에서 놀라운 성과를 보여주었다. 龔用卿과 吳希孟은 이전의 文學之士 출신 明使들과 마찬가지로 조선에 입경한 뒤 돌아갈 때까지 조선의 遠接使 등 관원들과 수많은 시문을 賡酬하였는데, 이들이 남긴 시문은 모두 453편(공용경이 241편, 오희맹이 211편)으로, 역대 明使들 가운데서 가장 많은 수를 기록하였다.[19]

공용경이 온다는 소식을 듣고 조선의 君臣은 그 접대에 관해 의논했는데, 이때 遠接使로 임명된 蘇世讓이 "天使를 접대하기가 어렵다는 까닭은 그 사이에 문답하는 말을 아뢰지 않고 물음에 따라서 곧 대답하기 때문이며, 또 酬唱할 즈음에 잘못하는 일이 있으면 이는 작은 일이 아니기 때문입니다"라고 하자, 조선 왕(=中宗)이 "다른 일은 모르겠으되, 그 가운데에서 수창하는 일이 매우 어려운데, 수창하는 일을 잘한다면 나머지 작은 일은 혹 뜻에 맞지 않더라도 책망하지 않을 것이다. 正使는 長篇을 잘 짓는다 하는데, 이는 중국에서 정선된 사람일 것이니, 경은 힘써 대접해야 한다. 원접사는 처음에 鄭士龍을 시켰으나, 벼슬이 낮으므로 대신에게 의논하여 특별히 경을 차출하고, 정사룡은 迎慰使로 차출해 보내어 영접하여 위로한 뒤에는 곁에서 돕게 하였다"고 했다.[20]

---

19 신태영, 『明 나라 사신은 朝鮮을 어떻게 보았는가』(다운샘, 2005), 26쪽.

20 『中宗實錄』 31년 12월 8일 조.

공용경 스스로 조선 문사들과의 시문 창화에 대해 만족감을 표시했다. 그는 「내가 조선에서 일할 때, 刑曹의 鄭(士龍) 판서가 맞이하고 송별하며 왕래하기를 벌써 한 달이 넘었다. 좌우에서 수행하며 나날이 더욱 친분이 두터워졌고, 가고 서고 놀고 마시면서 함께 하지 않은 적이 없다. 또한 詩歌도 십여 편이나 倡和하면서 문장의 우아한 느낌을 욕되게 하지 않았다. 강을 건너 바삐 서쪽으로 돌아갈 때, 특히 슬프고 한스러움을 이기지 못하여, 그저 강물에 관한 시를 지어 작별을 고하려 하지만, 情이 말 위에 떠 있어 다 표현할 수가 없다」고 하였고, 「義順館에 이르러」 "아름다운 시문 만날 때마다 기이한 글자 보게 되는데, 이별의 술자리로 더 이어져 짧은 글을 짓는다. 藩京에서 침상 빌려 잔 것이 겨우 엿새였는데, 서쪽 가는 길에 다시 나눠 헤어져야 하니 견디기가 쉽지 않다"라고 노래하기도 했다.

그러나 嘉靖 사절단의 경우, 가장 많은 수의 창화시를 교환했다는 사실보다는 오히려 조선 국왕과의 내적 교유가 훨씬 더 돋보인다. 특히 공용경은 국왕이 증여하는 예물을 여러 차례 사양함으로써, 상호 존경과 예양의 교분을 쌓을 수 있었다. 「연회에서 국왕과 문답한 말을 여기에 써둔다」는 글에 의하면, 太平館의 연회에서 조선 국왕이 그 토산품을 내어서 증여하면서 통역관을 시켜 말을 전해 이르기를, "소국에는 존경을 표할만한 것이 없다. 단지 구석진 海邦에서 나는 누추한 산나물과 해산물로써 한갓 미나리 정성을 표할 뿐이다"라고 했다. 明使가 이를 물리치자 국왕이 역관을 시켜 이르기를, "잠깐 듣기에, 두 분 대인이 보잘것없는 예의를 받아주시지 않았다 하는데, 이는 필시 예의가 부족해서 물건을 받지 않으신 것이라 생각되어, 소국은 심히 민망하여 황공스러움을 견디기 어렵다. 그러나 이 보잘것없는 토산물이 어찌 공경을 표시하기에 충분하겠는가만, 그래도 조정을 공경하기 위해 이것으로 천자의 사신에게 공경을 표하려 한 것일 뿐이라"고 했다. 이에 明使가 말하기를, "그대 나라 왕은 조정의 위대함을 공경할 줄 알지만, 공경의 지극함이 어찌 물건에 있겠는가. 공경은 물건에 있지 않고 마음에 있을 뿐이다. 천자의 사신을 공경하는 것은 조정을 공경하기 위한 것이므로, 예로써 공경하면 되지 어찌 물건이 국왕의 마음을 표현하기에 충분하겠는가. 우리는 이미 그 마음을 믿어 의심치 않는다"고 했다. 明使가 서쪽으로 돌아가며 車輦館에 이르자, 통역관이 다시 삼가고 성실하게 선물을 보낸 뜻을 설명했지만, 공용경은 받지 않고 벽에 붙여놓았을 뿐, "일부러 공손하지 못한 일을 한 것은 아니다. 대개 군자의 교제는 예의와 의리로 할 뿐이다. 현명한 번왕에게서 분에 넘치게 친절한 대접을 받았으니, 예의는 이미 지극하였고 의리도 벌써 극진했는데, 어찌 물건에 있겠는가. 군자는 물건으로 존경을 표하지 않는다. 앞서 漢城에서 첩첩이 쌓인 은혜를 감히 갖추어 받지 못한 것도 바로 이 때문이니, 현명한 국왕의 총명한 자질로 헤아려주기 바란다. 학문을 좋아하고 예의를 지키며 의리를 숭상하니, 보잘것없는 제 마음을 반드시 다 알 것이다"라고 사양했다.

공용경이 조선 측의 선물을 사양한 데 대해, 林庭機가 쓴 「龔用卿墓誌」에서는, "조선에 다다라서 國恩을 선양하고 餽贐을 힘써 물리쳐서, 遠人이 감복했다"고 특기했다. 공용경 자신도 청렴한 행동에 대해 여러 차례 시를 지어 자부했다. 「開城 太平館에 이르러」, "주머니에 가득 든 風月이 귀향하는 흥을 돋우니, 문득 평생 동안 스스로 청렴했음을 믿게 된다"고 했다.

공용경은 예물을 사양했을 뿐만 아니라 女樂도 물리쳐서 자신의 도덕적 결벽을 과시하였다. 공용경은 이를 경계하여 조선에 입경하기도 전에 다음과 같은 내용의 공문서를 관계 기관에 발송하였다. "조선국 일대에 있는 도로의 驛館에는 옛 풍속이 남아 있어 부녀자들을 써서 응대한다고 한다. 실로 그 나라가 평소에 禮義를 준수하고 있음은 알고 있지만, 이 일은 의심을 살 만한 점이 없지 않아 있다. 비록 이전부터 사신이 이를 금하고 바꾸도록 한 바 있어, 근래에는 연도의 풍속이 이미 변하였지만, 실제 국가의 체모와 관련되고 명분과 절조와 관계되는 바이니, 이미 전해들은 것이기는 하지만 감히 일찍 경계하지 않을 수 있겠는가. 이를 위해 遼東의 都司와 經歷司에 抄案을 보내 鎭東堂에 보고하여 해당 관리에게 일임해서, 案驗의 事理에 따라 즉시 공문을 보내, 사람을 차출하여 압록강 연도의 驛館들을 옮겨 다니게 하는 한편, 咨文을 국왕에게 보내 이를 금하도록 하라."

여기서 말하는 '驛館의 부녀자'란 곧 사신을 접대하는 女樂을 말한다. 『朝鮮實錄』에 의하면, 이 문건을 받은 遼東都司가 곧 조선에 그 문건의 일부를 발췌하여 보내었고, 이를 본 조선 국왕이 承政院에 다음과 같이 傳敎했다.

> 天使가 강을 건너기도 전에 먼저 遼東의 大人으로 하여금 咨文을 우리나라에 보내게 한 것은 필시 우리나라에 紀綱을 보이려 한 것으로, 이전에는 없었던 일이다. 또 연도의 驛館에서 부녀자가 접대하는 것을 금하라 했는데, 이는 필시 女樂을 가리킨다. 전에는 여악을 미리 밖에 두었다가 天使에게 뜻을 물어 만약 안 된다 하면 들여보내지 않고 거부하지 않으면 들여보냈다. 이번에 천사가 먼저 이를 스스로 금했으니, 예전에는 없었던 일이다. 여악을 쓸 수 없으면 男樂을 쓸 것인가. 史官을 대신에게 보내 의논케 하라. 만약 남악을 쓰면, 歌童과 舞童이 연습하는 일도 掌樂院 提調 등에게 유지를 보내라.[21]

21 『中宗實錄』 32년 2월 8일 조.

조선의 역관에 부녀자가 일하는 문제는 이미 朝明 초기부터 중국 측에서 거론해온 것인데, 이때 다시 거론된 것으로 보아 아직도 이 문제가 완전히 해소되지 않은 것으로 보인다. 특히 문학지사 출신의 明使들은 환영연회에서 女樂을 사용하는 문제에 대해 강한 거부 반응을 보여 왔으니, 이 역시 예론의 전개를 통해 한중 문화의 동질성을 추구하고 책봉-조공 관계를 강화하려는 노력의 일환으로 보인다.

이와 함께 공용경과 오희맹은 국왕이 베푼 慶會樓 연회에 참석하여, 문학지사 출신의 사신이 할 수 있는 문화 외교를 흥미롭게 보여주었다. 국왕이 정원을 거닐자고 청하고 누각을 돌아 돌다리 하나를 건너면서, "이 다리는 아직 이름이 없으니 이름을 지어달라"고 청했다. 공용경은 "이 돌다리는 무지개가 누워 있는 것과 같으니, '長虹'이라 하는 것이 좋겠다"고 말했다. 국왕은 다시 두 그루의 늙은 소나무의 이름을 지어달라고 청해, 공용경이 그 하나의 이름을 '老龍'이라 짓고, 副使가 다른 하나의 이름을 '盤虯'라 지었다. 다시 소나무와 느릅나무 · 홰나무 · 버드나무 등 뭇 나무들이 울창한 곳에 이르러 국왕이 "이곳에 오래전부터 정자를 하나 세우고 싶었지만, 아직 이름이 없으니, 대인이 이름을 지어주기를 청한다"고 하자, 공용경이 그 이름을 지어 '凝秀'라고 했다. 국왕이 그 북쪽 산을 가리키며, "이 산은 '白嶽'이라고 하는데, 그 이름이 이주 이름답지는 않으니 바꾸어주기를 청한다"고 하자, 공용경은 그 이름을 지어 '拱極'이라 하면서, "이는 北極을 껴안는 형상을 보여서, 그것이 명 조정을 향해 껴안기를 바라는 마음에서 이렇게 지었다"고 했다. 국왕이 또 서쪽에 있는 산을 가리키며, "이 산은 '仁王'이라 하는데, 그 이름을 지어주기를 청한다"고 해서, 副使가 그 이름을 지어 '弼雲'이라 했다. 아래로 못을 가리키며, "이 못의 이름을 지어주기를 청한다"고 하자, 正使가 그 이름을 '環碧'이라 짓고, 부사가 그 남쪽 못의 이름을 '玉液池'라 지었다. 서쪽의 가운데에 두 개의 작은 섬이 있는데, 위에는 여러 나무와 갖가지 꽃이 있었다. 이름을 지어달라고 청해서, 부사가 그 이름을 '雙洲'라 지었다.

이처럼 화기애애한 교유는 외교적 화답으로 이어졌다. 당시 『大明會典』의 수찬에 참여하고 있던 공용경이 개국 이래 조선의 오랜 외교적 숙원사업이었던 '宗系辨誣'를 위해 애를 써 주겠다고 약속한 것이다. 『朝鮮實錄』에 의하면, 이 慶會樓 연회에서 '忠孝' 2자와 '宣化' 2자를 쓴 大字 두 장을 내놓은 공용경에게, 中宗이 宗系를 바로잡는 단자를 내놓으며 다음과 같이 말했다 한다.

> 지난 翌日宴 때 『大明會典』에 관한 일을 알려드렸고, 오늘 다시 이 단자를 드리니, 대인께서 잘 알아주기 바랍니다. 본국의 世系를 『대명회전』에서 잘못 기록하여, 永樂 2년과 正德 14년, 嘉靖 8년에 실정을 펴서 아뢰어, 여러 황제의 은혜를 입어 개정하도록 윤허한 聖旨가 분명했지만, 『대명회전』을 개정할 시기에 대한 기약이 없었습니다. 이번에 받은 은혜로운 글에 '同修大明會典'이란 직함이 있어 매우 기쁘고 다행스럽게 생각했습니다. 『대명회전』을 다시 편찬하게 된 것도 천운이지만, 修撰할 대인이 우리나라에 온 것도 천운입니다. 대인이 이 呈文을 보고 한 나라의 원통함을 씻어주기를 간절히 바랍니다.

이에 대해 공용경은 "내가 과연 『대명회전』을 수찬하는 관원이니, 당연히 이 일을 힘써 바로잡을 것입니다. 우리가 上國에 돌아가면 尙書와 閣老들에게 자세하게 아뢰어 개정하여 전하의 간절한 소망에 부응하겠습니다"라고 약속했다.[22]

『대명회전』에 李成桂가 李仁任의 아들로 잘못 기록되고 이성계 부자가

---

22 『中宗實錄』 32년 3월 14일 조.

고려의 네 왕을 시해하여 왕위를 찬탈한 것으로 기재되어 발생한 이 '宗係辨誣' 사건은 두 세기(1394~1588)에 걸쳐 조선의 5대 국왕과 25명의 사신이 19차례 주청했지만 오랫동안 해결되지 못했는데,[23] 마침 『대명회전』의 修撰者로 참여한 공용경이 이를 위해 노력하겠다고 약속한 것이다. 『대명회전』의 이 기록은 명 太祖의 '祖訓'에 포함되어 있어 함부로 개정할 수 없는 문제였을 뿐만 아니라 明朝의 사정으로 『대명회전』의 改修와 간행이 萬曆 16년(宣祖 21년, 1588)까지 지연되고 있었기 때문에, 공용경이 이 문제의 해결에 얼마나 직접적인 도움을 주었는지는 확인되지 않는다. 그러나 그가 『사조선록』에 조선 국왕과 약속한 과정을 직접 기재한 것이나 여러 가지 외교적 도움을 제공한 것으로 보아, 적어도 그 약속과 노력의 진정성을 의심하기는 어려울 것으로 보인다.[24]

『사조선록』에 의하면, 근정전에서 茶禮가 끝난 뒤에, 국왕은 승지를 시켜 말을 전하기를, "소국이 공경하는 마음으로 朝廷을 섬김에 쓰지 않는 것이 없다. 무릇 도망쳐서 돌아오는 인구는 반드시 옷과 짐을 갖추어 돌려보내 上國 사람을 감히 업신여기지 않을 것이다"라고 했다. 明使가 이에 말하기를, "이 일은 이미 항상 들어왔다. 그대 국왕이 하늘을 두려워하며 공경하는 마음과 임금을 섬기는 몸가짐, 나라를 지키는 道를 보니, 中

23 殷雪征, 「龔用卿出使朝鮮考述」, 266쪽.

24 權仁溶의 「明中期 朝鮮의 宗系辨誣와 對明外交: 權橃의 『朝天錄』을 中心으로」(『明淸史硏究』 24, 2005)에서, 龔用卿이 종계변무를 위해 약속한 뒤에 조선에서 辨誣使 권벌을 명에 보내 奏請하게 하고 공용경 등 明使 출신 관료들과 접촉한 과정을 정리하면서, 공용경 등 明使들이 보인 '好意'의 진정성을 의심하였다(112쪽). 그러나 『中宗實錄』 35년 1월 6일 조에 의하면, 우의정 金克成이 "종계변무의 일은 주청을 허락받았으니 이보다 더한 경사가 없다. 비록 이는 皇恩에서 나온 것이기는 하지만, 龔 사신이 힘쓴 바가 많으니 마땅히 따로 禮幣를 보내어 사례해야 할 것이다"고 하고, 영의정 尹殷輔도 "龔사신이 힘쓴 바가 적지 않다. 또한 매번 館所에 와서 보니, 人情物을 따로 보내야 할 것"이라고 하였다 하니, 당시 조선 측에서는 공용경이 실제로 종계변무를 위해 도움을 준 것으로 평가하고 있었음을 알 수 있다.

國 사람들이 모두 그대 나라를 禮를 아는 나라라고 칭송하는 것이 바로 이를 두고 하는 것임을 알겠다. 이후로도 응당 이 마음을 더욱 굳게 가져야 할 것이라"고 했다. 이에 국왕은 그 할아비가 李仁任의 후손이 아니고 『大明會典』에 네 명의 王 씨 군주를 시해한 것으로 쓰인 일에 대해 언급하면서, 이미 일찍이 여러 차례의 상주를 거쳐 개정을 허락 받았음에도 불구하고 아직까지 고쳐지지 않았다고 했다. 명사들은 "조정의 밝은 명령이 있으면 이 일을 개정하는 것이 행해질 수 있을 것이라"고 했다. 국왕이 "최근 嘉靖 연간에 『회전』을 다시 편수한다는 사실을 알고, 사실에 근거한 밝은 명령을 내려달라고 다시 아뢰었다. 소국은 이 한 일을 위해 아침저녁으로 부지런히 애를 썼고 마음에서는 한 번도 잊은 적이 없다"고 했다. 명사들은 이에 말하기를, "이는 자손이 감히 그 조부를 잘못 말할 수 없는 마음이니, 이런 마음을 잃지 않는 것이 효도이다. 만약 그 후손이 아닌 것이 사실이라면, 아뢰어 알리는 것이 옳다"고 했다고 한다.

조선도 이에 화답하여, 명사의 내방을 기념해서 신료들을 일괄 승진시키고 과거를 열었으며 빚을 탕감해주는 등 일련의 정치적 조처를 취했다. 「이는 정랑과 말로 나눈 것으로, 재미삼아 여기에 적어둔다」는 글에서, 공용경은 "평양에 이르러, 판서 鄭士龍의 이야기를 들었는데, 賢王이 聖天子의 넓고 넓은 은혜를 받들어서 연회를 베풀고 모든 신하들을 일 계급씩 승진시키며 과거를 열어 士人을 얻고 밀린 빚은 탕진해준다고 한다. 정말 위로 조정의 마음을 본받아서 진정한 天下一家가 되었다고 말할 수 있다. 심히 부럽다, 심히 부럽다"라고 했다.

공용경은 조선에 체류하는 동안, 조선의 여러 문인 고관들과 교유하면서 적지 않은 문장을 남겨놓았다. 그 예로서, 「金 議政의 望湖亭을 題」하고, 「沈 吏曹[判書]의 鏡湖漁村卷을 題」하였으며, 「戸曹判書 蘇世讓의 堂號를 위한 銘」을 지어주었고, 「鄭[士龍] 判書의 『朝天日錄』을 題」하고, 許

洽 參贊과 許沆 參判의 「『陽川世稿』의 서문」을 썼으며, 左議政 金安老의 「明虛軒記」를 써주었다. 공용경은 귀국한 뒤에도 "큰 글자로 朱文公의 「武夷九曲櫂詩」를 써서 20장을 보내왔다." 이에 조선 국왕은 승정원에 전교하여 "곧 10폭 병풍 2座를 만들고, 天使가 또 굴[蠣房]을 구워먹는 방법을 부쳐왔다 하니, 司饔院에서 시험해보게 하라"고 했다[25] 하는데, 「무이구곡도시」는 朱熹가 武夷山에서 노닐며 지은 노래를 가리킨다. 이에 조선에서는 공용경이 지은 「翠屛山記」를 비석에 새겨 세웠다[26]고도 한다.

공용경은 明朝로 돌아가서 조선에 대해 높이 칭양하고 여러 경로를 통해 조선에 대한 우호적 조처를 부탁했다. 그는 明朝에 돌아가서 많은 사람 가운데에서 말하기를, "조선의 문물과 예의 법제가 중국과 다름이 없다"고 극구 칭찬하였고, 명의 禮部尙書도 공용경의 말을 듣고 감탄해마지 아니하여 조선에서 온 사신을 보고 칭찬하기를, "그대 나라의 문물과 예의 법제가 중국과 다름없다고 하니, 매우 가상하다"고 했다 하고, 玉河館 主事와 序班 등에게 주의시켜 "조선 사람은 삼가 소홀히 대하지 말라"고 했다[27]고 한다. 聖節使로 명조에 다녀온 趙賢範은 "天使[=공용경과 오희맹]가 돌아가서 우리나라를 예의의 나라라고 칭찬하며 권장했다. 이 때문에 禮部에서 신들을 대우하는 것이 지난날과 달랐으며 유람하고자 하는 곳이 있으면 모두 유람하도록 허락했다"[28]고 보고했으며, 聖節使 許寬은 "신이 燕京에 도착해서 오육 일이 지난 뒤에 자세히 들으니, 龔, 吳 두 사신이 조선 사람을 이렇게 대우해서는 안 된다고 提督 易寬과 郎中 白悅에게 열심히 말했다고 한다. 얼마 안 되어 門禁이 해제되었다"[29]고 보고했

25 『中宗實錄』 32년 5월 1일 조.

26 『中宗實錄』 32년 6월 29일 조.

27 『中宗實錄』 32년 11월 3일 조.

28 『中宗實錄』 32년 12월 8일 조.

다. 進賀使 李芑도 "天使들이 모두 우리나라가 예의를 안다는 뜻으로 황제 앞에서 아뢰었기 때문에, 중국 조정 사람들이 전에는 우리나라 사람을 보고 반드시 오랑캐라고 하더니, 지금은 사신이라고 했다"[30]고 보고하고, 千秋使의 通事도, "龔 사신은 예부의 主客郎中 許綸에게 '조선 사람은 常例로 대접해서는 안 되고 또 매우 청결한 사람들이니 더러운 館所에서 거처하도록 해서는 안 된다. 직접 가서 청소하는 것이 옳다'고 해서, 허논이 직접 와서 세 사신을 찾아보고 관소를 청소하여 거처하도록 했다"[31]고 했다. 이러한 공용경의 조처에 대해 국왕도, "祖宗朝로부터 反正 뒤에 이르기까지 우리나라에 내왕한 천사가 비록 많으나 돌아간 뒤에는 전혀 안부를 묻는 일이 없었는데, 공용경과 오희맹은 돌아간 뒤에 안부를 묻는 일이 계속되어, 한갓 나에게만 그치지 않고 아래로 朝臣에 미쳐 그 뜻이 간곡하다"[32]고 인정해서, 그 보답하는 방법을 의논하기도 했다.

朝明 간에 이뤄진 倡和 외교의 성과는 여기에 그치지 않았다. 공용경은 귀국한 뒤에 황제에게 상주하여 謄黃 제도라 이르는, 朝明 외교사에서 상당히 중요한 의미를 갖는 제도를 처음으로 실시하게 하였다. 즉 그는 復命하는 과정에서, "지금부터는 禮制에 관해 詔勅으로 천하에 고할 일이 있으면 그 나라 사신이 朝貢하러 왔다가 돌아갈 때 법식에 따라 詔誥 한 부를 謄黃해서 그 나라 사신이 가지고 귀국하여 스스로 開讀하여 의례를 행하게 함으로써 一統을 이룬 것을 빛내게 했으면 좋겠습니다"[33]라고 건의하여, 禮部가 동의하고 황제가 허락해서, 이후 한중 외교 관계에서 새

29 『中宗實錄』 33년 11월 25일 조.

30 『中宗實錄』 34년 8월 24일 조.

31 『中宗實錄』 34년 12월 6일 조.

32 『中宗實錄』 33년 11월 28일 조.

33 『中宗實錄』 36년 10월 7일 조.

로운 제도로 정착된 것이다. 공용경이 등황 제도를 주장한 까닭은 中外를 구별하지 않고 一統天下의 이상을 실현하는 데 도움이 된다고 판단하였기 때문이니, 그는 귀국한 뒤에 황제에게 올린 復命書에서 다음과 같이 주장했다.

> 신들이 보기에 국왕 諱는 글을 읽고 예를 알아 善으로 이끌 만해서, 바른 도리로써 말할 때마다 따르지 않은 적이 없었습니다. 이로 인해 그 館을 '慕華'라 하고 '義順'이라 하였고 그 堂을 '忠順'이라 하였으니, 이 모든 것이 向化하여 위를 존숭하는 마음을 밝게 드러내어 진실로 잊지 않음을 뜻합니다. 조서가 다다르니 온 나라 사람들이 모두 나서서 분주하게 받들었으니, 백성들은 노인과 어린아이, 병약한 이 할 것 없이 모두 지팡이를 짚고 나서서 명을 들었습니다. 임금을 존숭하는 그 마음에 끝이 없어, 그 마음이 지극히 정성스럽고 그 예가 극진했습니다. [……] 신들은 그 나라 왕이 朝廷을 이처럼 존경함을 보고, 우리 황상께서 이루신 一統의 성대함이 아득히 먼 곳까지 미쳐졌음을 감탄했습니다. 옛말에 이르기를 '王者無外'라 하였으니, 참으로 오늘날을 두고 한 말입니다. 신 등이 귀국길에 開化城 지방에 이르렀을 때, 그 나라의 迎慰使인 刑曹判書 鄭士龍 등이 와서 하는 말이, "詔使가 國門을 나서자마자 왕이 큰 향연을 열어 群臣에게 잔치를 베풀고, 높고 낮은 관위를 따지지 않고 모두 一級씩 올려주었으며, 담당관에게 명하여 科擧를 열어 士人을 뽑게 하고, 밀린 부채를 감면하고 正稅를 면제하였으니, 이 모든 것이 다 천자의 넓고 큰 은혜를 미루어서 온 나라 사람들과 함께 이번 큰 경사를 즐기려는 것입니다"라고 해서, 신 등이 더욱 감탄하여 賢하다고 생각했습니다. 『春秋』의 法은 諸侯가 夷狄의 은혜를 쓰면 이적으로 여기고 이적이라도 中國을 섬기면 중국으로 여긴다고 합니다. 조선국은 우리 朝代의 洪武 연간 이래로 臣節을 받들어 지켜 朝貢이 끊어지지 않아 恭順하다고 매우 칭찬받았습니다. 만약 그 賢함을 드러내어 그 아름다움을 이룰 수 있게 하지 않으면 어

떻게 선을 표창하고 악을 징계하여 임금을 섬기도록 권할 수 있겠습니까. 신 등의 생각으로는, 조정에서 천하에 牽制하여 詔誥할 것이 있으면 모두 일체 알려야 마땅한데, 반드시 따로 관원을 멀리 外境으로 보낼 필요 없이, 聖節과 冬至 때마다 京師에 있는 그 나라의 陪臣에게 따로 勅書를 내려, 그에게 주어 가지고 돌아가게 하면, 저들의 慕華하고 向化하는 마음이 더욱 두터워져 변하지 않을 것이고, 임금을 존숭하고 위를 친근히 여기는 정성이 더욱 굳어져 달라지지 않을 것이니, 外國이 조정을 섬긴다 하여 변방의 夷狄이 성실하게 복속함을 드러내어 권함으로써 장차 감응이 일어나 흥기함이 있을 것입니다. 王者가 크게 一統하여 다스림이 어느 것인들 이보다 더하겠습니까. 聖明이 채택하시기를 바랍니다.[34]

공용경의 이 건의는 황제의 허락을 받았다. 이에 禮部에서는 다음과 같은 제본을 올려 공용경의 건의대로 謄黃의 제도를 시행하도록 했다.

祖宗의 舊制를 살펴보면, 무릇 천하에 詔誥를 내릴 일이 있으면 宗藩의 諸王도 각 해당 布政司에서 謄黃하여 관리를 시켜 각 王府에 가지고 가서 開讀하게 했습니다. 지금 조선국은 비록 荒服이지만 이전에는 국가의 禮制, 예컨대 四郊나 九廟의 告成과 兩宮에 徽號를 올리는 등의 禮를 거행해서 천하에 조고할 때, 비록 그 나라에는 미치지 않아도 그 왕이 이를 들어 알아서 예를 갖추어 정성을 다해 사신을 보내 表文을 올리고 朝貢하며 경하했습니다. 이제부터는 국가의 일체 禮制를 조고할 때는 이를 일체 모두 알게 해도 지나치지 않을 것이니, 명을 내리는 날을 기다릴 필요 없이 本部가 咨文을 갖추어 巡撫遼東都御史에게 보내 遼東都司에게 돌려보내게 하고, 앞으로는 禮制가 있어 천하에 조고할 일이 있고 그 나라 사신이 조공하고 돌아가는 자가 있으면 격식에 따라 詔誥 한 道를 謄黃해

34 『中宗實錄』 36년 10월 7일 조.

서 그 나라 사신에게 맡겨 가지고 귀국해서 開讀하는 예를 거행케 한다면, 一統의 이름을 밝게 드러낼 수 있을 것입니다.[35]

공용경의 「墓誌」에는 그가 귀국해서 復命하며 "세 가지 일에 대해 아뢰어서, 上이 모두 가납했다"고 했는데, 그 세 가지 일이 무엇인지는 확인하기 어렵지만, 謄黃 제도의 실시가 그 가운데 하나였을 것임은 의심하기 어렵다. 공용경은 조선에 체재하는 기간에는 여러 가지 儀禮 논쟁을 유발하여 관철시키는 등, 매우 고압적인 태도를 보여서 조선 조신들로부터 비난을 받기도 했지만, 귀국한 뒤에는 조선이 매우 예의가 바르고 높은 문화를 가진 나라라고 칭송하면서, 禮部에 건의하여 조선 사신에 대한 접대를 격상케 하는 등, 朝明 외교 관계에 적지 않게 공헌하였다.

6. 嘉靖 使節團의 旅程과 咨詢

가정 사절단의 임무가 황태자의 출생을 조선에 알리는 일이었음은 앞서 언급한 바 있지만, 가정 사절단도 다른 중국의 역대 사절단과 마찬가지로 사신의 일반적 임무인 '咨詢'의 임무를 수행하였다. 이들이 정보 수집이 얼마나 철저하게 이뤄졌는지는 다음과 같은 聖節使 許寬의 보고를 통해서도 알 수가 있다.

오[희맹] 천사가 편지를 통해 말하기를, "당신 나라에 다녀온 뒤로 國恩을 잊을 수 없다"고 하고 法帖 한 건을 신에게 주었다. 그 법첩 속에는 우리나라의 單子

35 『中宗實錄』 36년 10월 7일 조.

를 이어 붙이고, 조선의 모든 내용을 죄다 갖추었는데, 四郡, 三韓과 의주에서 서울에 이르는 一路의 院, 驛과 서울의 木覓山, 濟川亭, 한강의 楊花渡, 望遠亭과 각 司의 명호와 재상, 諸君으로부터 아래로 3품 堂上의 이름에 미쳤으며, 급제의 榜目과 선위사, 원접사, 종사관 등 각 관원과 모든 통사의 성명이며 화초의 이름까지 기재하지 않은 것이 없었다. 한 권의 책으로 되어 있는데, "이것은 당신 나라를 잊지 않는 의미이다"라고 말했다.[36]

공용경도 사신의 임무를 서술하면서, 사절이 지나간 길과 관련된 곳에 국한하여 '道里의 거리'를 자세하게 기록하였다. 義州 義順館에서 所串館, 龍泉郡 良策館, 鐵山郡 車輦館, 宣川郡 林畔館, 郭山郡 雲興館, 定州牧 新安館, 정주목 納淸亭, 嘉山郡 嘉平館, 정주목 安興館, 安州牧 雲巖院, 肅川府 肅寧館, 順安縣 安定館, 平壤府 大同館, 中和郡 生陽館, 黃州牧 貯福院, 황주목 敬天館, 鳳山郡 沙里院, 봉산군 同仙館, 봉산군 劍水館, 瑞興府 龍泉館, 平山府 安城館, 평산부 寶山館, 평산부 金巖院, 牛峯縣 興義館, 江陰縣 金郊館, 開城府 太平館, 長湍府 招賢院, 장단부 東坡館, 坡州牧, 高陽郡 碧蹄館, 楊州牧 迎曙館, 그리고 王京까지 모두 1,300여 里의 여정에 있는 31개의 객관을 모두 나열하고, 각 객관 사이의 道里를 "義州 義順館에서 所串館까지 40里이다"라는 형식으로 빠짐없이 기술하였다. 이 기술이 정확하다면, 각 객관 사이 거리는 평균 약 42리 정도였음을 알 수 있다.

'山川의 경계'에 대해, 義州牧 義順館의 蘭子江과 箭門峴 · 加豆等峴 등, 所串館의 所串堡(大冊城)과 古津江 · 古津江院 등, 龍泉郡의 良策館, 鐵山郡 車輦館의 麻屹峴(鐵州城), 宣川郡 林畔館의 栢峴과 東林城(宣州城) ·

36 『中宗實錄』 33년 11월 25일 조.

淸江 · 小國司峴(上山嶺) · 五木院 · 大國司峴 · 加勿川 · 同廬河 등, 郭山郡 雲興館의 郭山孝女碑와 松峴 등, 定州 新安館의 堂於嶺과 𨘂川 · 白峴 · 茄踰嶺 · 加麻川 · 納淸亭 등, 嘉山郡 嘉平館의 齊山亭 · 曉星山 · 西門嶺(石門嶺; 嘉山嶺) · 大定江(大寧江; 博川江) · 控江亭(敵愾亭) 등, 博川郡 廣通院의 楓浦, 安州牧 安興館의 淸川江(薩水) · 百祥樓 · 鳳德山 · 柰峴 · 雲巖院 등, 肅川府 肅寧館의 楓川과 新川院 · 慈悲院 · 小於波院 · 小於波嶺 · 大於波院 · 大於波嶺 등, 順安縣 安定館의 巖赤川과 巖赤川院 등, 平壤府(西京) 大同館과 淸華館의 降福院 · 斧山院 · 普通院 · 箕子墓 · 大同江 · 大同院 · 浮碧樓 · 乙密臺 · 風月樓 · 快哉亭 · 先月亭(望月亭) · 練光亭(城德岩) · 栽松亭 · 大井 등, 中和郡 生陽館의 馬駒峴과 馬駒院, 黃州牧 敬天館의 廣遠樓와 淸歡閣 · 古城 · 黑橋 · 貯福院 · 貯福橋 · 草芝川 · 棘城鎭 등, 鳳山郡 洞仙館의 沙里院과 樓橋 · 環翠樓 · 滌署樓 · 劍水館 등, 瑞興府 龍泉館의 興水院과 大橋 · 龍泉 · 屛風巖 · 車踰嶺 · 高踰嶺 등, 平山府 安城館과 寶山館의 蔥秀山 · 翠屛山 · 崇水院(神水院) · 甑山 · 南川 · 平山嶺 · 滲嶺 · 猪灘(涀江) · 金巖館 등, 牛峯縣 興義館(臨涀館; 迎波館; 興義館) · 吾助川 등, 江陰縣 金郊館의 脫彌谷, 開城府 狻猊館과 開城太平館의 高麗王故宮 · 惠民局 · 黃橋 · 迎賓館 · 松嶽(扶蘇; 鵠嶺) · 安和寺 · 王輪寺 · 演福寺 · 橐駝橋(萬夫橋) · 南溪院 · 靑郊館 · 天壽院 · 吹笛峯 · 吹笛橋 등, 長湍府 東坡館의 招賢院과 板積川 · 板積橋 · 吾目院 · 柳峴 · 榛嶺 · 臨津江 등, 坡州牧 坡州舘의 滴翠亭과 臨津亭 · 梨川 · 二京院 · 二石將軍 등, 高陽郡 碧蹄館의 祥周院과 岐院 · 新院 · 德水川 등, 楊州牧의 迎曙亭, 漢城府 慕華館과 太平館의 綠礬嶺 · 弘濟院 · 沙峴 · 三角山(華山; 負兒山) · 白嶽(拱極山) · 弼雲山(仁王山) · 木覓山(南山; 仁慶山; 木蜜山) · 蠶頭峯(龍頭峯) · 楊花渡 · 漢江(漢山河; 北瀆; 沙平渡) · 望遠亭 · 濟川亭 · 露梁 · 龍山江 · 盤松亭 등, 각 지방 행정구역 관내의 산과 내뿐만 아니라 館院과 명승지 ·

유적지 등을 모두 기록해두었다.

또한 '각 道의 州·府·郡·縣의 소속'에 대하여, "義州牧의 義順館에서 中和郡 生陽館까지는 모두 平安道에 속하고, 黃州牧의 貯福院에서 江陰縣의 金郊館까지는 모두 黃海道에 속하며, 開城(府)에서 漢城府까지는 모두 京畿道에 속한다. 매 道에는 觀察使가 설치되어 있고, 義州에는 節制使가 설치되어 있으며, 開城에는 留守가 설치되어 있는데, 이는 그곳이 重鎭이기 때문이다"고 명기했다.

龔用卿은 출발할 때부터 「北江 年兄의 운을 이어서」라는 시를 지어, "풍속 살펴 능히 賦를 지어 바쳐야 하니, 子雲의 재주가 응당 부럽다"고 하여, 사신 본연의 임무를 상기하였고, 漢陽에 이르러서도 「太平樓에 올라 지은 賦」에서, "백성의 풍습 채집해서 우리 일에 종사하니, 공무에 사역되어 지친다고 감히 말해도 天心이야 기뻐하지 않겠나 [……] 그 지역 풍습을 咨詢하려, 홀로 사방을 두루 찾아 내달렸다"고 노래했다. 또한 일을 마치고 서쪽으로 돌아가며 평양에 이르렀을 때 許沆 參判으로부터 許氏 가문의 문집인 「『陽川世稿』의 서문」을 써달라는 부탁을 받고, "周官은 시를 채집하여 민간의 풍속을 살폈는데, 비록 마을의 보잘것없는 백성일지라도 빠뜨리지 않았다. 나는 天朝의 사신으로, 물어보고 채집하는 것을 직무로 삼아 행차하여, 이 나라의 풍속을 채집해서 밝은 조정에 아뢰고, 소경 악사에게 일러서 聖代의 융성한 다스림을 환히 밝히려 한다"고 하면서, 그 부탁을 들어주었다. 雲興館 동쪽 반 리 정도 떨어진 곳에 서 있는 華表를 살펴보면서도, "내 황명 받들어 遼海를 지나오며, 곳곳의 토착 풍속을 애써 물어 채집했다"고 하면서, 「郭山의 효녀」라는 시를 지어 애도했다. 따라서 공용경의 『使朝鮮錄』은 그 자체로서 '咨詢'의 결과를 보고한 復命書와 같은 성격을 띠고 있고 있어, 『사조선록』 下에 수록된 수백편의 시문을 정리하면 가정 사절단의 여정을 함께 따라가며 그 연도에서 관찰된 갖가지 정보를 얻을 수도 있다.

첫 시는 가정 사절단의 출사를 환송하는 자리에서 화답하는 시, 즉 「少傅 桂洲公의 韻에 화답하다」라는 제목의 시인데, 여기에서 공용경은 "元良의 소식을 鳳詔로 전하러, 侍從하던 신하가 鵷班에서 빠져나간다"고 노래했다. 그리고 「여러 우인과 이별한 밤, 潞河의 行臺에서 묵으며」 "봉황이 문 詔書가 遼左를 빛내고, 천자 깃발이 上台를 나선다"고 노래했다. 「三河에 이르러서는 壁面에 쓰인 詩의 韻에 화답해서」, "교화는 中外 구별 없이 이뤄짐을 알아야 하니, 생명 있는 곳이면 어디에나 車書 뒤덮게 해야 한다"고 했다.

이렇게 첫 시 몇 편에서는 출사의 목적과 의미를 주로 밝혔지만, 그 뒤부터는 연도에서 목격되는 풍광과 정황을 전해, 당시 遼東의 상황에 대한 정보들을 접하게 했다. 예컨대, 「楡關에서 묵으며」 지은 「楡關 雜詠」에서, "營門의 늙은 병졸이 弓馬를 조련해서, 아직도 말 달려서 북방 胡를 공격한다. 큰 이마 누런 콧수염의 가장 건장한 젊은이들, 활 당겨서 胡人이 탄 말을 빼앗는다. [……] 屯堡에 대장기 나눠 四夷를 지키는데, 푸른 산이 띠 두른 듯 깃발들로 에워싸인다. [……] 여러 해나 풀리지 않는 黃花의 수자리, 열 지은 성채와 연이은 병영에 백만의 병력"이라 노래하고, 立春일에 中前所에 이르니, 「守備 李 都闖이 병사를 거느리고 마중 나왔다」고 하면서, "관문을 나선 지 삼십 리, 이곳이 중전소라 한다. 작은 보루가 고립된 군사들을 모으고, 황량한 연기가 높은 들녘에서 피어오른다. [……] 이곳이 목구멍임은 믿을 만하니, 관문을 끌어당겨 험한 지세 움켜잡았다"고 읊소렸다. 東關驛과 高嶺驛을 지나 前屯衛에 이르러, 「楊 總戎이 여러 將校들을 거느리고 사냥하는 것을 보았고」, 大凌河所와 十三山驛을 지나 廣寧에 이르자, 「任 都憲, 馬 總戎, 王 內相 등이 會府에서 연회를 열고, 孫 正郎과 張 僉憲 등이 모두 자리에 참석해서」 다음과 같은 시를 지었다.

세 분 公의 화려한 연회가 開府에서 벌어지니, 비단 자리와 무늬 요 깔리고 종과 북이 연주된다. [……]

中丞의 의지와 기개가 높은 하늘 타고 넘어, 맑은 바람 앉아 보며 遼土를 제압한다.

元戎의 위엄과 명망이 맹위를 떨치고, 담대하게 三軍을 호령하는 모습이 당당하고 훤칠하다.

守臣은 두 눈동자 밝게 빛나니, 산뜻한 구름 옷이 홀과 인끈에 비친다.

地官은 호수와 바다를 가슴에 품고, 兵憲은 고상한 마음으로 古今을 움직인다.

黃門은 雅量으로 취했다가 다시 깨어나, 좌석에 술잔 재촉하며 어지러이 농담 날린다.

용렬한 나까지도 칼 차고 따르다가, 술자리 즐기며 다시 金縷曲을 고른다.

동쪽에 왔다 바닷가에서 기쁘게 서로 만나, 하늘 끝에서 머리 모아 함께 술에 잠긴다.

몇 길 높은 마루에서 醫巫閭山 마주보니, 열 지은 산봉우리 구름 빛이 술자리에 가득하다.

明은 遼東이 "邊防의 重地라 하여 內臣에게 명하여 鎭守하게 하고 무관은 總兵官으로 충당하고, 반드시 都御史, 巡撫 혹은 提督에게 명하여 軍務를 도와 처리하게 했다."[37] 즉 洪武 7년(1374)에 요동의 세 都指揮使司 위에 다시 欽差鎭守遼東地方總兵官을 두어 요동의 군정을 총괄하게 하고, 永樂 연간에는 欽差鎭守遼東太監을, 正統 원년(1436)에는 欽差巡撫遼

37 『遼東志』 2 建置志.

東都察院都御史를 설치하여, 요동의 군사적 사무와 변경 사무 등에 중대한 일이 발생하면 이들 3자가 廣寧의 鎭東堂에 모여 공동으로 의논하여 결정하게 했다. 여기서 말하는 '都憲'은 곧 흠차순무요동도찰원도어사를 말하고, '總戎'은 흠차진수요동지방총병관, '內相'은 흠차진수요동태감을 각각 지칭한 것이고, '會府'는 곧 진동당을 달리 이르는 말이다. 이 시는 당시 명조가 遼東을 관리하는 체제를 잘 보여준다.

「盤山驛 壁에 쓰인 시의 韻을 이어서」, "산들이 소용돌이치는 遼左에 강대한 軍鎭 열려 있고, 神京 껴안은 땅에 거대한 방어 시설이 세워져 있다. 바람 잦아든 關河에서 斥候가 분명하고, 맑게 갠 봄 들녘에 소와 양을 흩여놓는다. 동쪽에 오며 날마다 수레와 말을 만나니, 貢物 들이는 藩夷들이 帝王에 모여든다"고 노래했다. 高平驛을 지나 「沙嶺驛에서」 遼陽의 李 副總兵이 천오백의 병력을 거느리고 영접을 나왔다. 이에 "沙嶺에는 모래 길이 많아, 긴 여로에 僕夫를 어렵게 한다. 元戎이 작은 부대를 열어, 말 탄 병사들이 줄지어 앞장선다. 초가집이 황량한 객사에 있고, 마을 터가 산봉우리에 에워싸였다. 書生이 만 리 먼 길을 가벼이 여겨, 관문 출입 신표를 쓰지 않았다"고 했다. '신표'란 곧 '度關繻', 즉 關門를 출입할 수 있는 신표를 말하는데, 비단을 찢어서 만들었고, 서로 맞추어서 符信으로 사용했다.

華表觀에서는 「道長이 苑馬와 太僕, 分守, 副總兵, 都閫 등을 모아 [遼東]都司堂에서 연회를 베풀었다」. 頭關站과 靑石嶺, 甛水站, 高嶺을 거쳐 鎭夷堡에 다다랐는데, 진이보는 "'通遠堡'라고도 하고, 70여 家만 있었다. 작은 보루에 초가집이 모여 있고, 높은 산에는 척후병이 배치됐다." 鎭東堡 "또한 '雪裏站'이라고도 하는데, 50명의 군사가 그 안에 있었다." 鳳凰城에는 "5백의 군사가 머무르며 지켰다." 湯站에도 오백 명의 군사가 머무르면서 지키고 있어, "우뚝 선 외딴 성이 萬山을 지키는데, 해협의센 물결이 강굽이와 이어졌다. 中華 땅 다한 곳에서 서쪽 지역 굳게 지키고, 外國의 藩維가 바로 이곳에서 돌아간다. [……] 말 전하는 사졸과 변경 지키는 자들은, 이곳이 바로 東遼의 第一關이라 한다"고 했다. 淸明節에 九連城을 출발하려다가 비를 만났고, 八站을 지나가며 "東遼의 여덟 驛站은 가기 어렵다 말들 하는데, 험준한 비탈이 백 번 꺾여 어찌 이리도 구불구불한지 [……] 지난 先朝의 正德 연간 생각하면, 오랑캐 기병이 동쪽 산으로 떼를 지어 몰려왔다. 변경 병사와 수비 장수가 살육을 당했으니, 길손이 길을 가다 이를 듣고 얼굴 붉히며 마음 아팠다"고 회상했다.

공용경은 「重刊遼東志書序」(즉 『遼東志』를 重刊하며 쓴 서문)에서 "遼 땅은 京師의 왼팔로서, 서쪽으로는 神州를 감싸 안고, 북으로는 胡寇와 이어졌으며, 동쪽으로는 朝鮮과 이웃하며, 25개의 衛를 통괄하고 2개 州가 개재해 있다. 甲兵이 모여 있는 곳이고 夷夏가 교차하는 곳이니, 실로 畿輔의 要防이요 山海의 雄服이다. 唐宋 이래로 遼와 金의 소굴이 되었는데, 皇明이 이를 어루만지며 점유하고, 軍衛를 벌여놓고 防守를 배치하니, 巨鎭으로 우뚝 솟아 있다"고 했으니, 遼東의 군사적 특성을 잘 이해하고 있어, 요동을 지나가면서 특히 그 군사적 정황에 대해 유의하였다.

「鴨綠江을 건너며」 江界節制使가 연회를 베풀었는데, "이 땅이 신령하여 島服에서 으뜸임을 비로소 믿게 되니, 천연의 垓字로써 中華와 구별됐다. 扶餘 가는 길 위에 봄바람 일찍 불고, 압록강 강변에는 버들 꽃이 피어 있다. 이제부터 文風이 하나로 통일되고, 만년 藩屛이 皇家를 호위하리"라고 노래했다. 「義州城 義順館에서」 "사신 수레가 처음으로 의주성에 들어가니, 바로 東藩에서 맞은 첫 번째 노정이다. 館伴이 맞이하고 수백 관리들 분주하며, 將官은 호위하러 수천 병력을 이끈다. 戍樓는 멀리 여러 봉우리 풍광을 두르고, 驛舍는 비스듬히 한 줄기 푸른 물과 이어졌다"고 했다.

良策館과 車輦館·林畔館·上山嶺·東林古城·同廬河·堂於嶺·雲興館, 郭山의 孝女碑·雲巖院·安興館을 거쳐, 新安館에서 묵었는데, 국왕이 承旨를 보내와서 연회를 베풀어서, "東藩이 儀仗으로 龍詔를 맞이하니, 北極의 衣冠이 鳳函을 받들었다"고 했다. 納青亭·嘉平館·一石嶺을 거쳐, 大定江을 건너며 "控江亭은 원래 '敵愾亭'이었는데, 내가 지금의 이름으로 바꾸었다"고 했다.

楓浦를 거쳐 安興館에서 묵으니, 역시 국왕이 判尹을 보내와서 연회를 베풀었다. 淸川江을 건너, 百祥樓에 올라, 활쏘기를 구경하고, "여러 州의 察訪들도 어깨가 강건하고, 郡 관리와 縣令들도 몇 번씩 올라 화살을 센다. 나이가 어린데도 화살을 쏠 때마다 표적을 깨뜨리니, 이 나라 백성과 목민관 가운데는 무인이 많다. 힘 겨루면 작은 기술로도 다섯 石 가볍게 들고, 버들잎 꿰뚫는 활솜씨 매양 보여 기이한 功을 거둔다. 내 듣기에, 海西의 여러 胡人들이 북변을 엿보고, 여러 해 동안 黃河의 물로 말을 기른다. 어찌 깨뜨리고 축출하여 뛰어난 공 세우지 않으리오. 영구히 울타리 되어 천자께 보답하리"라고 노래했다.

肅寧과 安定館을 거쳐, 平壤府에 도착하니, 국왕이 판서를 보내와서 연회를 베풀었다. 「箕子廟를 알현」하고, 練光亭에 올랐고, 「大同江에 배 띄우고」, 「風月樓에서」 노닐었다. 「平壤의 명승 유적」을 지었는데, 원래 제목은 「20詠」으로, 「挹灝樓」가 빠졌는데, 더해서 「21詠」으로 만들어, 「德巖」과 「酒巖」, 「白銀灘」, 「錦繡山」, 「乙密臺」, 「牡丹峯」, 「浮碧樓」, 「練光亭」, 「朝天石」과 「風月樓」, 「麒麟窟」, 「綾羅島」, 「快哉亭」, 「大同江」, 「挹灝樓」 등을 노래했다. 그리고 「井田의 遺制」를 노래하며 "남쪽 지역에서 阡陌 나누어, 논밭이 우물 井자 모양으로 구획되었다. 지금까지 평양 사람들은, 아직도 商家의 풍속으로 알고들 있다"고 했다. 이어서 「文廟」를 노래하며 "東邦이 文教를 지키고, 예의가 바른 길로 사당과 위패를 높였다.

황상께서 교화하여 유학 기풍 중시하니, 조금씩 어루만져 그 효험이 나타났다"고 했다. 「檀君 사당」을 노래하며 "단군이 나라의 땅을 열어, 띠를 베고 한 구역을 세웠다. 지금까지 이 나라 사람들은, 朝鮮의 국조라 일컫고 있다"고 하고, 「箕子 무덤」과 「箕子 사당」을 참배하고 "오래된 사당이 등나무에 뒤얽혀서, 단군 사당 오른편에 우뚝 서 있다. 丹靑이 고풍스레 엄숙하게 그려졌고, 봄가을로 椒酒를 바친다 한다"고 했다. 그리고 「東明王 사당」을 참배하고 "동명이 高麗를 열었으니, 옛 도읍은 平壤에 있었다. 사당과 위패가 언제 처음 세워졌는지, 지금까지 여전히 제사를 받고 있다"고도 했다.

평양의 大同館에서 生陽館으로 옮기니, "이날은 3월 초하루였다." 「齊安館에서 廣遠樓에 올랐는데」, "국왕이 議政을 보내와서 연회를 베풀었다." 「靑歡閣을 걷고」, 「簇錦溪에 배를 띄웠는데」, "원래 이름은 '於草河'로, 吳 黃門이 이름을 고쳐 '簇錦溪'라 했다"고 했다. 棘城을 거쳐 鳳山의 洞仙館에 이르렀는데, "[洞仙]館 동쪽 수십 武 떨어진 곳에 푸른 소나무가 숲을 이루고, 그 아래에 띠를 엮은 정자가 향기로운 못 옆에 있어, 그 안에 앉아 즐기면서 그 이름을 '棲鳳'이라 지었다." 「동선관을 출발해서 山上亭에 오르니」, "이날은 上巳 날[=3월 3일]이었다." 「정오에 劍水館에서 휴식하고」, 「밤에 龍泉館에서 묵었다」. 「安城館을 지나」, 「蔥秀山을 유람했는데」, 자신이 '翠屛山'이라 이름을 짓고, 「물고기 잡는 것을 구경하고」 「사냥을 구경했다」.

「寶山에 이르러, 국왕이 우리의 말을 따라 교외에서 조서를 맞이하고 먼저 다섯 번 절하고 세 번 叩頭하는 예를 행하기로 했다는 소식을 들었는데, 이전에는 없었던 일이다. 그래서 시를 지어 기쁨을 적어 두었다」. 「또 듣기에, 국왕이 여러 儒生들에게 함께 교외로 나가서 詔書를 맞이하게 하라는 우리의 말을 따르기로 했다고 한다. 이에 시를 지어서 禮의 시작에 대해 적어두었다」고 하면서, "덕을 좋아하는 사람은 어디에나 있지만, 동쪽 藩國의 禮數는 너그럽기도 하다. 교외에서 맞이하여 먼저 다섯 번 절을 하고, 길에서 배알하는 수많은 관원들도 정중하다"고 노래했다. 南川과 金巖館·瀦灘·興義館·吾助川·金郊館을 거쳐, 開城 太平館에 이르러 "환영 나온 북과 피리가 새 儀典을 드높이고, 분주히 달리는 시골 백성들이 두려워하며 쳐다보는데", 국왕이 참판과 승지를 보내와서 연회를 베풀었다. 「개성을 출발해서」, 招賢院과 東坡館·臨津江을 건너 碧蹄에 이르니, "국왕이 의정과 판서, 승지 등 관원을 보내와서 연회를 베풀었다."

「漢城으로 들어가」, 「宣聖廟을 참배하고 明倫堂에 앉아 諸生에게 보였다」. 「慶會樓의 연회가 성대하게 열렸는데, 궁궐의 뛰어난 경치를 모두 보며 손과 주인이 만나는 즐거움을 다했고, 정도 지극했다. 이에 노래를 하나 지어 감사의 뜻을 폈다. 「勤政殿에서도 연회」가 열렸다. 「太平館에서 張[寧] 掌科의 육십 韻을 이어」 조선의 풍성한 예악을 칭송했다. 「太平樓」 "누각이 太平館 안에 있어, 이곳에 올라 즐기고, 賦를 지어 재미 삼아 登臨의 감회를 맡겼는데, 때는 嘉靖 丁酉년 3월 旣望이었다." 「국왕이 議政과 判書, 承旨 등을 보내, 곁에서 모시고 漢江을 유람하게 하고 술과 안주를 거듭 보내주었는데, 갓과 신이 길에서 이어져, 앉은자리에서 즉흥으로 두 편의 律詩를 지어, 그 명승과 함께 여러 관원을 알게 된 한때의 만남을 기록해두었다」. 「楊花 나루터에서 배 타고 고기잡이를 구경하였고」, 「龍頭峯에도 올라」 노닐었다.

「漢城을 나서서」 「慕華館에서 국왕이 송별」했다. 「3월 17일 비를 무릅쓰고 漢城을 나서서 碧蹄에 이르니, 국왕이 의정 등 여러 관원을 보내 관사에서 연회를 베풀었다. 연회가 그 다음 날에도 이어져서, 이별의 뜻을 써두었다」. 「開城 太平館으로 다시 들어가서」 「高麗의 옛 궁궐을 구경하며, 시를 지어 弔古했다」. 「黃州 齊安館에서, 국왕이 金光轍 참판을 보내와서 송별연을 베풀기에, 글을 써서 이별의 선물로 주었다. 아울러 李億孫 관찰사에게도 주었는데, 그 역시 작별하고 갔다」. 평양에 다시 들어가서 「箕子 무덤을 참배하고, 글로써 弔古했다」. 詠歸樓에 오르고 先月亭에서 노닐었다. 선월정은 "본래는 '望月亭'이었는데, [副使] 龍津이 지금의 이름으로 고쳤다." 「서쪽으로 돌아가기 위해 평양에 이르자, 국왕이 吏曹許 參判을 보내와서 연회를 베풀어서, 시를 지어 이별을 나누었다」. 「義順館에 이르자, 국왕이 벌써 司成 李希輔와 承旨 朴守良을 먼저 보내 객관에서 전별연을 베풀었는데, 의례가 끝난 뒤에도 두 賢士가 강가까지 좇아와서 환송해주었다. 이에 붓을 달려 이별의 마음을 드러냈다. 아울러 주인인 鄭 판서와 藩京의 議政, 贊成, 參贊, 判書, 參判, 判尹, 承旨 등 여러 儐者들과도 이별하며」, "藩京에서 침상을 빌려 잔 것이 겨우 엿새였는데, 서쪽에 가는 길에 다시 나눠 헤어져야 하니 견디기가 쉽지 않다"고 아쉬워했다.

이외에도 『使朝鮮錄』에는 明使의 出使에 관한 몇 가지 새로운 정보도 수록되어 있다. 한 예로, 이 문헌에 수록된 한 편의 공문서에 의하면, "압록강의 겨울 얼음이 굳고 두터워서 왕래하는 사람과 말이 모두 葦橋를 통해 건너간다고 한다." 이에 공용경은 遼東都司를 통해 咨文을 조선에 보내, "즉시 적당한 인원을 파견해서 직접 江岸으로 오게 하되, 만약 강물이 흘러 통하면 곧 선박을 미리 준비해서 들어오고, 혹시 봄 얼음이 여전히 두꺼우면 앞에서 말한 갈대 다리를 반드시 설치해서 법에 따라 정비하도록" 했다. 또한 다른 공문에 의하면, "앞서 禮部에서 각자가 家人과 書吏, 儒士, 醫士 등을 대동할 수 있도록 허락하여" 정사 · 부사 각각 5명씩 모두 10명의 개인 수행원을 대동하였음을 알려주기도 한다.

7. 맺는말

明使 龔用卿은 그의 使行詩文이자 復命書인 『使朝鮮錄』에서 조선이 文敎와 禮義가 융숭한 나라임을 누누이 도처에서 강조하고 있다. 그는 「鄭(士龍) 判書의 『朝天日錄』을 題하여」, "그 나라는 禮義를 좋아하고 기꺼이 책을 읽으며, 士人은 모두 경전에 통달하고 옛것을 학습하는 것을 높이 여기기 때문에, 평소에 禮를 지키는 나라로 칭송받는다"고 했다. 또한 「太平館에서 張 掌科의 육십 韻을 이어」, "누가 말했나 구석지고 누추한 먼 나라가 보잘것없다고, 의관과 옛 풍속이 숭상되고 있음을 이미 보았다. [……] 江河가 中華의 명승지보다 못하지 않고, 인물은 오래전부터 기운과 국량이 빼어났다. 통역하는 관리 모두 儒生에서 선발되고, 郡邑의 관원은 무관 직무에 능한 자 많다. 학교는 미나리 기르는 기풍으로 많은 선비 길러내고, 논밭은 때맞춰 오는 단비로 세 계절 농사가 가능하다"고 조선의 융숭한 禮敎를 칭송했다. 孔子廟를 참배할 때도 시를 지어 이렇게 말했다. "훌륭하구나, 그 제도의 융성함이여. 아름답구나, 그 문화의 정연함이여. 다르구나, 그 규칙의 절도 있음이여." 공용경은 귀국길에 餞慰使 許沆에게 "閣老 李時常이 '東國은 禮義의 나라이다'라고 했는데, 이번에 보니 과연 그러하다. 다만 語音이 같지 않을 뿐이고, 그 나머지 禮貌와 문물제도는 모두가 중국과 같았다. 安南이나 琉球 같은 나라들은 비록 글을 해득한다 하지만 禮樂이나 법도야 어찌 여기와 방불이나 하겠는가. 이러므로 조정에서 크게 아끼고 중히 여겨 무릇 주청하는 것이 있으면 들어주지 않는 것이 없다"[38]고 했다.

그러나 공용경이 칭송한 조선의 융숭한 문교와 예의는 箕子의 가르침에 기원한 것이었다. 그는 「(禮曹)正郎과 말을 나누며」, "東藩은 箕子가 옛

날에 봉해진 곳이었고 평소에 禮를 지켜 道로써 선해질 수 있는 곳이라 자칭하고 있음을 오래전부터 알고 있었다"고 하고, 「연일 국왕이 판서와 승지를 보내와서 안부를 묻기에」, "조선이 禮를 지킨 유래는 오래되었으니, 응당 箕疇 알아 교화의 가르침을 실행했다"는 시를 지어 이를 기리고, 「孔子廟 참배기」에서, "箕子가 남겨준 좋은 풍습과 훌륭한 정치가 아직도 남아 있다"고 했다. 그리고 「太平樓에 올라 지은 賦」에서는, "三韓의 浿水를 건너, 箕子의 옛 터에 경의 표했다"고 했다.

箕子의 가르침으로 인해 조선의 문교와 예의가 융숭해졌다 함은 곧 조선의 문화가 중국의 문화와 같아졌음을 의미한다. 그래서 「孔子廟 참배기」에서, "성인이 道를 가르친 것이 얼마나 멀리까지 미쳤고 황제의 교화가 사람을 만든 것이 얼마나 융성하게 이뤄졌는지 볼 수 있으며, 箕子가 남겨준 여운과 유풍을 알 수도 있다"고 하면서, "무릇 이를 가리켜 도덕을 하나로 하고 풍속을 같게 한다고 하고, 이를 가리켜 수레는 바퀴 사이를 같게 하고 글쓰기는 문자를 같게 하며 행동은 도리를 같게 한다고 한다"고 했다. 나아가서는 "그래서 우리 皇明께서 베푸신 一統의 다스림을 여기서 보게 된다"고도 했다. 공용경은 『사조선록』의 도처에서 中外가 구별되지 않고 문자와 수레바퀴가 통일되는 '天下一統'의 상황을 기렸는데, 한 예로, 「三河에 이르러서는 壁面에 쓰인 詩의 韻에 화답해서」, "교화는 中外 구별 없이 이뤄짐을 알아야 하니, 생명 있는 곳이면 어디에나 車書 뒤덮게 해야 한다"고 노래하고, 「開城 太平館에 이르러」 "여기서 皇明의 聲教는 멀리 있지만, 수레와 문자가 통일되어 山河가 섞여 있다. [……] 동방 藩國의 文教가 성대하고, 衣冠은 모두 독서하는 사람임이 더욱 기쁘다"고도 했다.

38 『中宗實錄』 32년 4월 3일 조.

물론 조선의 문교가 기자의 가르침만으로 융숭해진 것은 아니다. '지금까지' 끊임없이 이어져온 '중국의 교화'가 조선을 예교의 나라로 만들었다는 것이다. 공용경은 「鄭 判書의 『朝天日錄』을 題하다」는 글에서, "무릇 조선은 바닷가에 치우쳐져 있어, 中國과 땅을 달리하고 그 언어도 많이 달라 알 수가 없다. 그러나 그들이 시를 짓는 것은 음률이 조화로워 옛것과 다르지 않고 中國과도 다르지 않은데, 무슨 까닭인가. 그 이치는 같다. 그 나라는 禮義를 좋아하고 기꺼이 책을 읽으며, 士人은 모두 경전에 통달하고 옛것을 학습하는 것을 높이 여기기 때문에, 평소에 禮를 지키는 나라로 칭송받는다. 지금도 여러 차례 우리 聖朝의 교화를 입어서 점차 연마된 지 오래되어, 날마다 달라지고 달마다 바뀌었다. 그로 인해 말을 할 줄 아는 士人도 예전보다 더 많아져서 中國과 크게 멀어지지 않았다. 교화로 인해 같아지면, 소리와 노래를 펼치고 사장과 시편을 만들어내는 것도 같아지지 않을 수 없다"고 했다. 공용경이 조선의 예교가 빼어남을 누누이 칭송한 까닭은 명과 조선의 전통적 책봉-조공 관계가 유지, 혹은 강화되기를 기대했기 때문이다. 龔用卿은 「鴨綠江을 건너며」, "이 땅이 신령하여 島服에서 으뜸임을 비로소 믿게 되니, 천연의 垓字로써 中華와 구별됐다"고 하면서, "이제부터 文風이 하나로 통일되고, 만년 藩屛이 皇家를 호위하리"라고 노래했다. 또한 「國王에게 드림」이란 시에서, "오래전부터 符節 잡고 東藩을 지켰으니, 충효를 대대로 이으며 담장과 기둥이 되었다. 나라의 법도에 아직도 周의 禮樂 남아 있고, 인륜의 문화로서 여전히 漢의 의관을 지킨다"고 했다. 즉 '文風이 통일'되는 문화적 일치가 곧 '藩屛이 皇家를 호위'하는 정치적 효과를 가져올 수 있을 것으로 기대한 것이다. 그는 「孔子廟 참배기」에서 이러한 기대를 숨김없이 토로하였다.

지금 東藩은 우리 皇明의 교화를 입어 慕華하고 의로움을 숭상한다. 士는 모두 경전에 통달하고 儒學을 생업으로 삼고 있으며, 열심히 노력해서 마음을 돌려 道로 향하였다. 성인이 말한바 가르침이란 것을 이미 마음 기쁘게 받아들이고 성실하게 따르고 있으니, 이는 도덕이 하나 될 수 있음이요 풍속이 같아질 수 있음이다. 여기서 우리 夫子께서 닦으신 道의 가르침을 보게 된다. 비록 먼 지방 다른 지역일지라도 모두 俎豆를 벌여놓고 예의바른 몸가짐을 익혔으니, 실로 이른바 천지와 같아지고 고금을 초월해서 홀로 존재한다는 것이다. 또한 箕子가 남겨준 좋은 풍습과 훌륭한 정치가 아직도 남아 있으니, 어찌 우리를 속이겠는가. 무릇 王室을 마음으로 따라 영구히 藩屏을 굳게 지키는 것이 바로 성인이 가르치는 도의 큰 실마리인데, 오늘날 조선의 군신이 적절하게 힘을 쓰는 것을 내가 이번 행차에서 모두 보았다.

사실 공용경이 이끈 가정 사절단이 조선을 방문한 이유, 즉 황태자의 출생을 알리는 일 자체가 바로 中外를 구별하지 않고 문물과 예악을 一統케 하려는 정치적 고려에서 나온 것이었다. 그는 「太平樓에 올라 지은 賦」에서, "한 분의 큰 경사를 내리니, 四海가 아울러 함께 元良의 계승을 기꺼이 떠받든다. 거룩한 황제의 도량은 크고 넓어서, 萬方을 받아들여 휩싸고 밖으로 내치는 일이 없다. 朝鮮이 법도를 따른다 해서, 깊고 넓은 큰 은혜를 두텁게 베풀었다. 이에 儒臣을 골라, 이 좋은 때를 만날 수 있게 했다"고 하면서, "三代의 올곧은 道를 생각하면, 이 백성도 실로 내 同胞들이다. 어찌 저쪽과 이쪽의 간격이 있겠는가, 오로지 아래위가 엇갈리지 않을 뿐이다. 내 어렸을 때 이 특이한 옷차림을 좋아해서, 장차 四荒에 마음을 쓰려 했다. [……] 천하에 道가 있고 荒服도 안정됐으며, 수레와 문자가 크게 통일되고 백성의 풍속이 볼 만하다"라고 했다.

또한 공용경이 조선에 이르러 禮官들과 儀禮에 관해 논쟁을 벌인 것도 모두 궁극적으로는 수레와 문자를 통일시켜 조선이 藩屛으로서의 역할을 충실하게 수행하기를 기대하였기 때문이다. 그리하여 「寶山에 이르러, 국왕이 우리의 말을 따라 교외에서 조서를 맞이하고 먼저 다섯 번 절하고 세 번 叩頭하는 예를 행하기로 했다는 소식을 들었는데, 이전에는 없었던 일이다. 그래서 이 시를 지어 기쁨을 적어 두었다」는 시를 지어, "聖代의 文風이 멀리까지 미쳐지니, 현명한 藩王의 禮敎가 넉넉하다. 수레와 문자가 밝게 통일되고, 예의의 규범은 여러 고을에 갈마든다"라고 칭찬했다.

요컨대, 龔用卿의 嘉靖 사절단이 조선을 방문한 것은 단순히 황태자의 출생을 알리는 데 의미가 국한되지 않았다. 그것은 中外, 즉 중국과 외국을 구별하지 않고 황태자의 출생을 알려 함께 경하하게 하여, 조선이 중국의 禮義와 文化에 교화되게 하여 수레와 문자를 '一統'케 함으로써, 궁극적으로는 조선이 藩屛으로서의 위치와 역할을 잘 지키게 하고 册封과 朝貢을 교환하는 명과 조선의 禮的 관계를 유지, 강화하려는 노력의 일환이었다. 명 초 이래로 册封이나 皇太子 출생을 알리는 행사는 반드시 文學之士 출신의 近臣에게 위임해온 까닭이 여기에 있었으니, 翰林院 修撰 龔用卿이 이끈 가정 사절단의 역할도 그 예외가 아니었다. 공용경이 조선에 이르러 禮論을 개진하여 조서를 맞이할 때 五拜三叩의 예를 취하고 生員을 참여하게 하고 귀국한 뒤에 謄黃의 제도를 주장한 것도 中外의 구별을 없애어 天下一統의 이상을 실현하기 위한 것이었다.

공용경이 저술한 『사조선록』의 이러한 역사적 가치는 柳詒徵이 쓴 「跋文」에 잘 드러나 있다. 유이징은 嘉靖 16년 9월 庚寅일에 공용경과 오희맹이 조선에 사신으로 갔다가 돌아와서 이르기를, "조선은 평소에 공손하게 순종해서 여러 夷狄과 비교하면 같지 않다. 그래서 國家가 그 나라를 예우하는 것도 일찍이 이적을 대하는 예로써 대우하지 않았다. 근래에 조서를 가지고 그 나라에 갔더니, 그 왕 李懌은 典禮를 삼가 좇을 줄 알고 공경하는 일에 어긋남이 없으니, 실로 칭찬할 만하다. 청컨대 지금부터는 모든 詔誥와 敕諭 가운데 일이 禮制에 관련되어 마땅히 모두가 다 알아야 할 것은 반드시 관리를 보낼 필요가 없고, 다만 그 朝貢하러 오는 대신에게 가지고 돌아가게 해서, 예의 있는 자를 기르고 멀리 있는 이를 품으려는 朝廷의 뜻을 보이기를 바란다"고 했고, 이로 인해 禮部에서 그 주장을 되풀이하여 황제가 허락했다고 하면서, "조선의 事大 의례는 이때에 가장 융성하였다. 恭僖[=中宗의 諡號]는 비록 평범한 군주였지만, 나라를 오랫동안 다스리고 경역을 평안하게 관할했다. 붕당의 화가 아직 싹트기 전에, 倭寇의 무기가 여전히 거둬져 있을 때, 용경 등이 국가의 위엄으로 임하고 청렴결백한 절조로 빛나서, 그 나라 임금과 신하들이 가슴이 두근거리고 숨이 가쁠 정도로 두렵게 했다. 유생들이 조서를 영접하게 해서 예전보다 더함이 있게 하고, 安南國 莫 씨의 교활하고 난폭함을 감히 본받지 못하게 했다"고 평가했다. 역시 공용경의 『사조선록』은 중국인들에게 朝明 冊封－朝貢 관계의 典範으로 평가되었음을 알 수가 있다.

가정 사절단의 정사 공용경과 부사 오희맹은 조선을 찾은 역대 明使들 가운데서 가장 많은 수의 시를 남겼으며, 그 가운데 상당수가 조선의 문사 관원들과 賡酬한 唱和詩였다. 공용경은 倪謙 이후 문학지사 출신의 선배 명사들이 남긴 전통을 이어 倡和 외교를 활발하게 전개한 것이다. '倡和'란 앞에서 선창하고 뒤에서 호응한다는 뜻으로, '唱和' 즉 남의 시에 韻을 맞추어 화답의 시를 짓는 것도 '倡和'의 한 방식이라 할 수 있다. '唱和'는 '倡和'로 쓰기도 한다. 따라서 문학지사 明使들이 조선의 遠接使 등과 시문을 唱和한 것은 그 자체로서 하나의 독특한 외교 양식이라 할 수 있지만, 넓게 보아 서로 선창하고 화답하는 倡和 외교의 한 양식으로 이해할 수도 있다. 공용경은 일류 문학지사의 뛰어난 詩作 능력으로 唱和 외교의 전통을 적극 이었을 뿐만 아니라, 迎詔 의례 논쟁을 주도하고 黃謄 제도를 주창하며 朝明 간의 외교적 현안을 해결하는 데 앞장서는 등 朝明 倡和 외교의 한 전형적 사례를 보여주기도 했다.

제5장
朝明 唱和詩의 寶庫
—明使 朱之蕃의 使行 唱和詩集『奉使朝鮮稿』

1. 머리말

『奉使朝鮮稿』는 明 末의 일류 文學之士인 朱之蕃에 의해 저작된 使行詩集이다. 明 神宗 萬曆 34년(1606; 조선 宣祖 39년)에 元孫이 태어난 것을 알리기 위해 조선에 正使로 파견된 翰林院 修撰 朱之蕃이 副使인 禮科左給事 梁有年과 함께 北京을 출발해서 조선 王都 漢陽에 이르렀다가 다시 鴨綠江을 건널 때까지 일련의 여행 과정을 시로 표현하였다. 주지번은 1602년 12월 15일에 정사로 임명되어, 다음해 2월 16일에 북경을 출발, 3월 24일에 압록강을 건넜으며, 4월 10일에 한양에 도착해서 열흘간 머물다가, 4월 20일에 출발해서 5월 2일에 압록강을 다시 건넜으니, 조선에는 40일 동안 체류했다.

『봉사조선고』는 두 册으로 구성되었는데, 제1책은 주지번의 紀行詩를 모은 것이고, 제2책은 주지번과 賡酬한 遠接使 柳根 등 조선 관원들의 唱和詩들을 모아놓은 것으로 「東方和音」이라는 제목이 붙여져 있다. 이에 대해 「跋文」에서는, "주지번은 만력 乙巳년 겨울에 朝鮮에 사신으로 가라는 명을 받고, 丙午년 春仲에 도성을 나갔다가, 여름에 關內로 돌아왔다. 館伴과 돌아다니면서 先唱하면 반드시 和答함이 있어, 이를 기록하여 두 권의 큰 책을 만들었다. 第一册은 「奉使朝鮮稿」가 되었으니, 앞에는 詩를 수록하고 뒤에는 雜著를 수록했는데, 모두 주지번의 작품이다. 第二册은 「東方和音」으로, 조선국의 議政府 左贊成 柳根 등의 詩이다. 끝부분에는 乙未년의 制策 일 道와 東閣 倡和詩 몇 수가 있는데, 讀卷官 沈演 등의 작품으로, 대개 뒷사람이 붙인 것이다"라고 했다. 요컨대, 주지번의 『봉사조선고』는 대체로 紀行詩와 唱和詩로 구성되어 있다고 할 수 있다.

『봉사조선고』에 수록된 수백 편의 紀行詩에는 朱之蕃이 이끈 萬曆 사절단의 旅程이 자세하게 기술되어 있을 뿐만 아니라, 연도에서 목격된 燕 지방과 遼東 및 朝鮮 서북부 지방의 정황과 풍습 등이 아울러 기술되어 있어, 이들 기행시들을 분석하면 明 말 朝明 사절단의 육로 통행로와 遼東 등지의 특수한 정황에 관한 정보를 얻을 수 있다. 또한 『봉사조선고』에 수록된 수백 편의 창화시에는 朝明 양국 관계에 관한 인식과 기대가 내포되어 있어, 이들 창화시들을 통해 壬辰倭亂 직후의 한중 倡和 외교에 대한 이해를 증대시킬 수 있다.

그럼에도 불구하고, 지금까지 주지번의 『봉사조선고』에 관한 연구는 전무하다. 이는 아마도 이 책이 2003년에야 『使朝鮮錄』 叢書에 수록되어 학계에 소개되었고, 그나마 대부분 詩로 구성되어 있기 때문일 것이다. 朱之蕃에 관한 연구는 몇 편 있는데, 그것도 모두 한문학계에서 이뤄졌으며, 이로 인해 그 주제도 주지번의 문화 교류 상 역할에 국한되었다.[1] 따

1 이 책과 저자에 관한 기존의 연구 성과로는 다음과 같은 논문들이 있다. 徐英章, 「中朝二位壯元的唱和詩」, 『遼海文物學刊』 1995-1; 김홍대, 『朱之蕃의 丙午使行(1606)과 그의 서화 연구」, 『온지논총』 11, 2007; 신영주, 「朱之蕃의 조선사행과 문예교류에 관한 일고」, 『한문학보』 16, 2007; 노경희, 「17세기초 문관출신 明使 接伴과 韓中 문학교류」, 『한국한문학연구』 42, 2008.

라서 이 책에 수록된 기행시와 창화시들을 분석하여 그 史料的 가치를 소개함으로써, 앞으로 역사학계에서도 이 책을 사료로 이용해서 明 말의 한중관계사에 대한 이해를 심화할 수 있게 되기를 기대한다.

2. 明使 朱之蕃의 出使와 『奉使朝鮮稿』의 著作

朱之蕃은 明代 山東의 茌平 사람으로, 뒤에 호적을 金陵(南京 錦衣衛)으로 옮겼다. 자는 元介, 혹은 元价, 호는 蘭嵎였다. 萬曆 23년(1595)에 殿試 壯元으로 進士에 올라 翰林院 修撰이 되었고, 右春坊右諭德, 右春坊右庶子를 거쳐 少詹事와 禮部右侍郎을 역임하고 吏部右侍郎에 이르렀으나, 노모의 상을 당해 물러난 뒤로는 출사하지 않고 남경에서 우거하다가 세상을 떠났다.[2] 그의 생몰 연대는 자세하게 알려지지 않았지만, 『봉사조선고』에 실려 있는 「3월 그믐날 初度[즉 생일]에 대한 소회를 펴다」라는 시를 통해 주지번의 일생에 관한 몇 가지 정보를 얻을 수 있다.

> 지난 庚辰년 스물세 살 되는 해, 삼월 초하루 黔江 가에서 부모님 모시고 洞庭으로 배 띄우려는데, 신선 같은 노인네가 강가에서 떠나기 망설여 남게 되었다.

이들 논문들은 모두 한문학 연구자들에 의해 성취된 것으로, 주로 주지번이 조선에 소개 혹은 기증한 중국의 書畵를 주제로 하고 있다. 예컨대, 서영장은 遼寧省 박물관에 소장된 朱之蕃과 柳根의 唱和詩 書法册子를 간략하게 소개하였고, 김홍대는 주지번의 書畵 행적과 그 문화 교류의 의의를 소개하였다. 신영주는 주지번이 전개한 문예 교류 가운데서도 특히 중국 篆法의 소개를 중점적으로 다루었고, 노경희는 17세기 초 문관 출신 明使와 조선 接伴使의 문화 교류를 소개하면서 주지번과 유근의 경우도 포함시켰다. 그러나 이들 기존 연구는 모두 朱之蕃이란 인물과 그 문화적 활동에만 관심을 기울였을 뿐, 그의 저작 『奉使朝鮮稿』나 그것이 전해주는 역사적 사실에 대해서는 관심을 보이지 않았다.

2 『明人小傳』 3; 朱彝綜 『明詩綜』 63.

전원 가서 수양한 지 십삼 년, 처음으로 里選에 응해 燕山으로 왔다.

그 다음해 이날 돌아가는 말에 채찍질하니, 천리 뻗은 봄 그늘에 고행 길을 근심했다.

채찍 끼고 다시 떠나 붉은 섬돌 아래 뵙고, 성과 이름 요행히도 春官으로 거둬졌다.

어느덧 이빨이 삼십팔 년이나 자란 뒤에, 玉署로 따라 들어 편안한 일 맡았었다.

書生의 재주로 편집하고 필사하며 교정하다가, 열두 해의 흐르는 세월 탄환처럼 내달렸다.

갑자기 帝命 받들어 東國을 타이르게 돼, 관문을 한 번 나오니 바다 하늘이 넓기도 하다.

길 양옆에 깃발을 든 군사의 위용 씩씩하고, 수레와 말이 유유히 달리니 강역이 평안하다.

마흔아홉 해 동안 쓸 만한 때가 없었지만, 다만 지금은 강남 시절로 돌아감을 느낀다.

위의 자작시에 의하면, '庚辰'년, 즉 明 神宗 萬曆 8년(1580)에 23세였으니, 주지번이 태어난 해는 그보다 23년 전인 嘉靖 36년(1557)이었다. 만력 8년으로부터 13년 뒤인 萬曆 21년(1593)에 鄕擧里選으로 처음 벼슬길에 올라 북경에 갔고, 그 2년 뒤, 즉 38세 되는 해인 萬曆 23년(1595)에 殿試 壯元으로 進士에 급제하여 玉署, 즉 翰林院에 들어가 修撰의 직을 맡았다. 수찬으로 12년간 봉사하다가, 49세 되는 해인 萬曆 34년(1606)에 使命을 받들고 朝鮮으로 出使하게 되었다.

주지번은 『봉사조선고』 외에도 적지 않은 저술과 편저 등을 남긴 일류의 文學之士였다. 兩江總督이 찾아서 올린 판본의 「跋文」에 의하면, "『千頃堂書目』에 朱之蕃의 『使朝鮮稿』 4卷과 『紀勝詩』 1권, 『南還雜著』 1권,

『廷試策』 1권, 『洛花詩』 1권 등이 기재되어 있는데, 이 책과는 대동소이하다. 보이는 것은 별개의 한 판본인 것 같다"고 한다. 『천경당서목』은 淸의 黃虞稷이 지은 책으로, 明代의 책들과 저자들을 수록하였다. 그는 『盛明百家詩選』 34권, 『江南春詞』 1권, 『金陵圖詠』 1권, 『詞壇合璧』 12책 등 여러 종류의 편저를 남기기도 하고, 『歷代名公畵譜』와 『玉堂釐正字意韻律海篇心鏡』 같은 문헌을 출간하는 데도 관여했다. 또한 서화 골동품을 소장하는 수장가로도 유명했는데, "조선에 사신으로 갔을 때 그 贈遺를 모두 물리쳤지만, 조선 사람들이 와서 글을 써달라고 청하고 貂皮와 인삼 등을 선물로 주면, 그것으로 法書와 名畵, 古器 등을 사서 수장하여, 마침내 白下의 으뜸이 되었다"[4]고 한다. 주지번은 실로 詩와 書 · 畵 등에 모두 정통한 일류의 文學之士였다.

주지번은 조신으로 출사하기 전부터 이미 매우 높은 평기를 받고 있었다. 그가 한양에 도착하기 전에, 宣祖가 "이번에 오는 사신은 이름이 있는 사람인가"라고 궁금해 하니, 李好閔이 보고하기를, "朱之蕃은 乙未년에 壯元했습니다. 天朝의 科擧는 우리나라와 같지 않아, 장원은 반드시 잘 골라서 삼으니, 명성이 있지 않으면 장원이 될 수 없습니다. 이로 보아, 그가 평범한 사람이 아님을 알 수 있습니다. 또 中朝 사람들은 새로 서책을 지을 때는 그에게 序文을 부탁합니다. 신이 최근에 李德馨을 만났는데, 그가 말하기를, '中原 사람들이 學士의 문장을 꼽을 때는 焦竑과 黃輝, 朱之蕃 등 세 사람만 일컬을 뿐이니, 모두 이름 있는 사람들이다'라고 했습니다"라고 대답했다. 그는 문장력이 뛰어날 뿐만 아니라 글씨와 그림에도 상당한 재능을 갖고 있었다고 하니, 그가 조선에 들어온 뒤에도 그

3 淸 英和, 『秘殿珠林』.
4 陳田, 『明詩紀事』 18.

에 관한 정보는 매우 우호적으로 전달되었다.

朱之蕃 역시 조선을 찾은 선배 明使들과 마찬가지로 사신으로서 '咨詢'의 기본 임무를 수행하였고, 그 결과를 使行詩로 남겼다. 그는 이 임무를 잊지 않고 틈틈이 목격한 바를 시로 기록하였다. 한 예로, 「4월 그믐에 비가 조금 내렸다. 詔書가 平壤으로 들어갔는데, 춤추는 대열이 대단히 볼만해서 구경하는 사람들이 길을 막았다. 이에 시를 지어 이를 기록해둔다」거나, 「漢城에서 詔書를 맞아 기뻐 춤추며 길을 막은 것을 보고 시로 기록해둔다」라고 하였고, 일을 마친 뒤에도 「26일 정오 淸歡閣의 환송연회가 끝난 뒤에 누웠다가 다시 올랐는데, 해질녘이 다 되어 쓸쓸할 정도로 고요해서 이 시를 지어 정황을 그려 보인다」, 혹은 「賢王이 교외 慕華館에서 전별해서, 멀리 바라보며 이별하고, 이 글에 기대어 감회를 적어둔다」고 하였다. 이에 원접사 左贊成 柳根이 「東林古城을 지나며」, "翰林學士 倪[謙] 先生이 일찍이 絶句 한 수 남기며 지나갈 때, 이곳을 가리키며 '鐵山'이라고 했다. 이 말이 어느 天仙 일으켜 지금 여기 이르렀으니, 갈림길에서 깃발 멈추고 便面에 수백 자를 적었는데 흡사 杜陵[=杜甫]의 紀行詩 같다"고도 했다.

萬曆 사절단의 사행 기록은 正使 주지번에 의해서만 이뤄진 것은 아니었다. 副使로 조선을 방문했던 梁有年도 "조정으로 돌아간 뒤에 使行하며 지은 작품을 엮고 東人들과 창화한 문장을 덧붙여서 『使東方錄』이라 하고, 節使가 돌아오는 편에 우리나라로 보내어서" 許筠도 그 한 권을 얻었다[5]고 한다. 정사와 부사가 모두 使行에 관한 기록을 남긴 경우가 흔치 않다.

---

5 許筠, 『惺所覆瓿藁』 13 「使東方錄跋」.

3. 萬曆 使節團의 旅程과 遼東의 情況

주지번의 『봉사조선고』 上册에 실려 있는 紀行詩들을 따라가면, 주지번이 이끈 萬曆 사절단의 여정에 동반할 수 있다. 이에 이들 기행시의 제목을 따라 만력 사절단의 여정을 확인하면 다음과 같다.

「萬曆 乙巳[즉 33년, 1605년] 季冬[즉 늦은 겨울, 섣달] 望日[보름, 음력 15일]에 元孫[즉 황태자의 맏아들]의 탄생을 맞아 朝鮮에 詔書를 반포하게 되어, 명령을 받들어 正使로 임명되어 麒麟服을 하사 받고」, 「丙午[즉 萬曆 34년, 1606년] 仲春[한 봄, 즉 음력 2월] 16일에 도성을 나서니」, "燕 지방 들녘 봄은 벌써 반쯤 지나가고, 따뜻한 언덕의 풀 자취가 새파랬다." 「三河」를 지나, 「19일에 薊州 가는 길 입구에서 비를 만나고」, 「20일에 비 온 뒤에 玉田에 머물렀다」. 「21일에 豊潤 가는 길에 큰바람을 만나고」, 「23일에는 비가 오는데 七家嶺을 출발해서」, 灤河 가의 孤竹 「夷齊里廟」를 지나며 伯夷 叔齊를 弔古하고, 「24일에 永平을 지나며」 漢代에 北平太守로 활약한 飛將軍 李廣을 弔古했다. 「盧龍山」을 지나, 永平의 憑虛閣과 觀海亭에서 연회에 참석하고, 「秦皇島」의 「姜女石」과 「山海亭」을 유람한 뒤에, 「28일에 산해관을 나섰다」. 「寧遠의 온천」에서 휴식을 취하고, 「3월 그믐날 初度[즉 생일]에 대한 소회를 폈다」. 「초 4일에 廣寧으로 들어가서」 연회에 참석했고, 「초 7일에 맑게 갠 날씨를 즐기고」, 「초 9일에 三岔河를 건너 海州로 들어갔다」. 「초 10일 해주를 출발해서」, 「鞍山에 올라 安福寺를 노닐고」, 「遼陽 가는 길에 甘泉에서 멱 감고 四友堂에서 쉬었다」. 「浪子山에 올라」 「靑石嶺을 지나고」, 「3월 旣望[즉 음력 16일]」에 「산꼭대기에 들불 놓기」를 구경했는데, 「3월 17일에 눈이 왔다」. 「18일 이른 아침에 高嶺을 넘고」, 「盤道嶺에서 朝鮮의 修貢使와 마주쳤다」. 「草河口」와 「連山關」,

「分水嶺」을 지났는데, 「19일 새벽에는 서리가 내렸다」. 「龍鳳臺」를 구경하고, 「斜哨河」를 건너고, 「鬪嶺」과 「長嶺」을 넘어, 「鳳凰山을 바라보며」 「鳳凰城에 묵었다」. 「20일 정오에 孤山館에서 쉬고」, 「乾河」와 「三道河」를 건너, 「湯站에서 쉬면서」 「湯山의 온천」을 즐겼다. 「靑山」을 넘고 「鎭江」을 건너, 「22일에는 望江寺에서 술을 마셨다」. 「24일」에 「中江에서 호위대와 헤어지고」, 「鴨綠江을 건넜다」.

「義州에 이르러 비를 만났는데」, 「25일에 龍灣館 안에서 聚勝亭에 올랐다가 새벽에 출발했다」. 「箭門嶺과 小叉嶺」을 넘어, 「所串館으로 갔다」. 26일에 「良策館」과 「車輦館」을 경유하여, 「鐵山과 東林 등 두 古城을 지나 林畔館에서 묵었다」. 「金 효녀의 옛 마을 문」을 거쳐, 「堂於嶺을 지나, 定州 新安館에 들었다」. 「28일에 達川」을 건너, 「白峴」과 「嶇嶂嶺」을 넘고, 「麻布川」을 건너 「曉星嶺」을 넘었다. 「納淸亭」과 「齊山亭」[嘉平館], 「控江亭」[大定江] 등을 유람하고, 「赤嶺」을 넘고 「楓川橋」를 건너, 「新安館의 讌樂에」 참석했다. 2월 「그믐날 아침에 百祥樓[淸川江]에 오르고」, 「安興館의 밤 연회」에 참석했다. 「新院屯」을 지나, 「長甸의 천막 안에서 점심을 먹었다」. 「4월 그믐에 漁波嶺」을 넘고, 「巖峙川의 板橋」를 건너, 「斧山」에 다다랐다. 「肅寧館 안에 있는 정자의 이름을 '錦香'과 '小蓬壺'라 지어주었다」. 「4월 그믐날 정오에 安定館에서 점심을 먹고」, 「4월 그믐에 비가 조금 내렸다. 詔書가 平壤으로 들어갔는데, 춤추는 대열이 대단히 볼만해서 구경하는 사람들이 길을 막았다」. 「2일에 井田을 보고, 돌아와서 大同江에서 배탄 뒤에, 永明寺에 오르고, 浮碧樓 옛터에서 술 마시고, 綾羅島와 麒麟窟을 보고, 배를 놓아 객관으로 돌아왔다. 성 위의 등불이 오 리에 걸쳐 그림처럼 밝게 빛났다」. 「대동강을 건너」, 「生陽館」에 다다르고, 〈평안도와 황해도의 경계가 나눠지는〉 「駒峴」을 넘어, 「黃州鎭의 齊安館에 묵었다」. 「太虛樓」와 「簇錦溪」를 유람하고, 〈매우 험하고 기이한〉 「洞仙

嶺」을 넘어 「洞仙館에서 묵었다」. 「새벽에 劒水로 가서」 「정오에 劒水를 출발했다」. 「西山灘」을 건너 「車踰嶺에 올랐다」. 「龍泉館 南川에서」 물고기를 잡으며 놀았고, 「屛風巖」과 「翠屛山」, 「葱秀山」, 「玉溜泉」 등 명승지를 유람했다. 「漆嶺」을 넘고, 「猪灘」을 건너, 「吾助川의 廻瀾石」을 구경하고, 「金郊館」에서 묵었다. 開城의 「고려 옛 궁궐」을 弔古하고, 「臨津江」을 건너, 「坡平館」에서 묵었다. 「초 10일 아침 일찍 廣灘을 건너」, 「惠音嶺」을 넘었다. 「碧蹄를 새벽에 출발해서」, 「新院과 弘濟의 두 다리」를 지나, 「沙嶺에서 漢京城을 바라보았다」.

「漢城에서 詔書를 맞아 기뻐 춤추며 길을 막는 것을 구경했다」. 「조서의 반포 의식이 끝나고」, 「賢王이 남쪽 別宮에서 연회를 베풀었다」. 「12일에 謁聖한 뒤에 明倫堂에 올라 六館의 여러 선비들을 만나보았다」. 「漢江을 유람하고」, "銅雀 나루 가에서 맑은 낮 노닐다가" 「한강에 배 띄우고 고기잡이를 구경했다」. 「賢王이 연회를 베풀어 송별했다」. 「蠶頭峯」을 유람했다. 「賢王이 교외 慕華館에서 전별해서, 멀리 바라보며 이별했다」.

귀환 길에 「納翠亭」과 「聽泉仙榻」을 유람하고, 「愍忠壇을 지나며」 임진왜란 때 전사한 明軍을 추모했다. 「德巖」과 「酒巖」, 「朝天石」, 「麒麟窟」, 「乙密臺」, 「井田」, 「錦繡山」, 「牧丹峰」, 「綾羅島」, 「大同江」, 「快哉亭」, 「練光亭」, 「浮碧樓」, 「白銀灘」, 「風月樓」, 「挹灝樓」 등 平壤의 명승지를 유람하며 시를 읊었다. 「棘城에서 바다를 바라보았으니」, 〈귀로에서는 洞仙을 경유하지 않고 이곳을 거쳤다〉.

압록강을 건넌 뒤, 「鎭江堡에서 아파 누워, 조선을 遊歷한 일을 생각했다」. 「鳳凰山을 유람하고」, 千山 祖越寺에서 유람했으며」, 「北鎭廟를 유람했다」. 「寧遠의 온천」에서 휴식을 취하고, 「表海亭에서 노닐었으며」, 「關門으로 들어가서」, 「角山寺에서 바다를 바라보고」, 「觀海亭을 다시 노닐었다」. 「孤竹城을 유람하다가 비를 만나고」, 「化湯泉에 유람 갔다가」,

「盤山」과 「沙嶺」를 거쳐, 「城南樓」와 「北極臺」를 유람했다.

주지번은 이 같은 여정을 밟아가면서 연도에서 목격된 薊北과 遼東·朝鮮 등지의 갖가지 상황도 시를 통해 묘사하여 '咨詢'의 임무를 다하려 노력했다. 따라서 그의 기행시들을 들여다보면, 明 말 당시 계북과 요동의 특수한 정황에 대한 흥미로운 정보들을 엿볼 수도 있다. 그 한 예로 「三河를 읊다」는 시에서, 주지번은 삼하의 어려운 상황을 생생하게 전하고 있다.

말[斗]처럼 생긴 성 하나 토대 반이 무너졌고, 장마가 제멋대로 휩쓸어서 해마다 물난리 일으켰다.

마을의 반은 떠내려가고 마을의 반은 남았는데, 수레와 말이 수없이 동원돼 어지럽기 그지없다.

경작하는 농민은 반 강제로 豪貴에 적을 두고, 朱門은 어떻게든 체납된 세금을 거둔다.

힘센 환관 하인들은 공납 핑계로 진기한 물건을 빼앗고, 야반에 금전 뒤지며 죽 끓듯 소란을 피운다.

가련히 금전을 다 뺏기고 껍질까지 다 벗겨져, 더위 참고 추위 무릅쓰며 上官을 맞이한다.

마을 사람은 사람으로 태어난 낙은 모른 채, 죽거나 유랑하며 온갖 간난 없음을 부러워한다.

어찌 와서 좋은 현령 만났는지 사람들에게 물어보면, 말 한마디에 눈물 한 번 흘리니 죄다 말하기 어려운 것 같다.

불러서 오게 해도 부질없이 두려움과 의심이 깊으니, 누가 자신과 가족을 버리고 함정에 몸 던지겠나.

사이 창으로 밤비 내려 멀리 근심 더하니, 고을 諫官이 비분강개하여 긴 계책을 풀어놓는다.

역내의 양쪽 거리가 백 리 안인데, 작은 읍이 이 같은 착취를 어떻게 감당하나.

백성 위로하고 힘써 돕는다면 고을을 바꿀 수 있을 터, 마땅히 개혁을 일으켜 번거로운 걱정거리 없게 해야 하리라.

이 시 역시 사신의 기본 임무인 '咨詢'을 위해 지은 것으로, 명 말에 국가 체제가 붕괴되면서 하북의 농촌이 처하게 된 어려운 상황을 생생하게 전하고 있다. 주지번은 「산꼭대기 들불 놓기」라는 시에서도 "산에 사는 농민은 봄갈이 할 땅이 없어, 아주 작은 불 고원에 놓아 만 개의 횃불 일으킨다"고 하여, 화전민으로 전락하는 농민들의 정황을 전하기도 했다.

「遼東의 새로 닦은 강둑길에 대한 記文」은 비록 기행시는 아니지만, '咨詢'의 결과를 보고하는 성격의 문장으로, 역시 명 말 遼東의 상황을 전하는 정보들이 많이 포함되어 있다. 이 기문에서 주지번은 "萬曆 丙午년 仲春에 蕃이 使命을 받들어 은혜로운 조칙을 조선에 반포하기 위해, 山海關을 나서서 遼陽을 지나면서" 목격한 바에 의하면, " [산해]관 밖의 지름길은 虜와 접해 있어, 墩臺에서 지키며 망보는 병력이 비록 고기비늘처럼 즐비하게 늘어서 있어도, 버드나무 울짱과 모래 봇도랑을 충돌하여 몰래 일을 일으켜서, 매번 여행하는 이들의 걱정거리가 되었다. 넓은 들판과 평평한 광야는 말을 달리며 빨리 피할 수 있다. 단지 廣寧에서 三岔河까지는 밖으로 오랑캐 소굴이 겨우 2, 3리 떨어져 있었다." 특히 '廣寧에서 三岔河까지'는 "10리도 채 가지 않아 땅이 또 낮고 습기가 많아 얼음이 녹을 때마다 말의 배가 진흙에 빠졌다." 그래서 그곳 원주민에게 물어보았더니, "날씨가 무덥고 비가 올 때는 물이 넘치고 휘돌아서 땅이 크게 침수되기 때문에, 밭은 경작할 수가 없고 여행자도 통행할 수 없어, 모두 이를 걱정하고 고통스러워한 지 오래되었다"고 했다. 사신의 임무를 마치고 돌아가게 되었을 때, 가는 길이 어렵지 않을까 미리 걱정했는데, 이르러 보니 높은 담이 우뚝 솟아 있었다. 수레를 몰아 그 위를 곧바로 지났다가, 내려가서 담 밖을 빙 돌아가는 강물을 둘러보고 낮고 습한 곳을 돌아보았더니, 벌써 수목이 짙푸르게 무성하고 벼와 기장의 터로 변화되어 끝이 없이 확 트여서, 밭이 된 것이 몇 천 몇 만 頃이나 되는지 알 수가 없다. 그때 장병과 관리들과 함께 수축하는 일을 맡아 한 자를 우연히 만나 그 일의 전말을 모두 들을 수 있었다. 이에 흔쾌히 글을 지어 그 공을 기록하게 되었다고 한다.

이 「記文」에 의하면, "대개 海運이 폐지되지 않았을 때부터, 鎭武와 平陽, 西興, 百年, 西寧 등 다섯 堡 사이에 예전에는 강둑길이 있어, 三岔의 물을 받아 남으로는 바다까지 이르고, 밖으로는 족히 오랑캐를 막고 안으로는 수해를 조절할 수 있었으며, 육상으로는 수레와 말이 통하고 물길로는 바다까지 배를 통할 수 있었으니, 遼陽에는 지극히 편리한 계책이었다." 그러나 "옛 흔적이 오래전에 끊겨 없어져서, 다시 수리해서 회복시키기가 어렵고, 공사가 번거롭고 비용이 많이 들어서", 쉽게 수리해서 회복시키지 못했다고 한다. 이에 '撫院' 趙楫과 '總戎' 李成梁이 합심해서 계획하여 대대적으로 수축하기로 했다. '按院' 康公과 '巡道' 郝大猷, '儲部' 謝存仁 등이 협력해서 神宗 萬曆 33년(1605) 겨울에 사업을 시작했다. 추위가 혹독하여 잠시 멈추었다가, 그 다음해 봄에 同知 王邦才에게 격문을 보내 鎭武 이동을 감독하게 하고, 通判 孫如汕은 맨 처음 발의한 통판 張承祚와 처음 일을 맡은 經歷 周三聘의 뒤를 이어서 진무 이서를 감독하게 하였으며, 軍夫의 조달과 月餉의 증액, 교량과 수문의 건축, 강과 개천의 소통을 의논하고, 丈尺을 계산하여 給散을 엄격히 하였으니, 일의 진행에 절도가 있고 조목조목 환히 꿰뚫어 알았다. 또한 三道의 張中鴻과

楊位, 馬拯 및 參遊 이하가 각각 협력해서 수고로움을 나누고 인부를 부렸으니, 겨우 3만 鏹과 수천 金을 쓰고 2백 리가 마침내 비옥한 들로 변하였다. 물은 예전의 길로 돌아가 거스르지 않고 흘러 바다로 들어가고 배의 운항도 통하게 되었고, 둑 위를 달리는 자는 다시는 발이 빠지고 옷자락을 추어올리는 고생을 하지 않게 되었다. 또한 강의 깊이가 1丈 남짓하고 폭은 거의 3장에 이르며 둑의 높이는 1장, 바닥의 폭은 3장, 윗부분의 폭은 그 반이어서, 胡騎가 딴마음을 품어도 가로막는 형세에 막혀 기세를 빼앗기게 되었다. 주지번은 "이번의 거사로 세 가지 이익이 함께 거두어졌으니, 농사짓는 이는 보금자리에 안주하고, 여행하는 이는 평탄한 곳에서 노닐며, 지키는 이는 높고 깊은 곳에 의거할 수 있게 되었다"고 하면서, 이 사업에 공로가 있는 副將과 參將 · 遊擊 · 中軍 · 經歷 등의 이름을 모두 열거하여 밝혀두었다.

이 「記文」을 통해, 명대 요동의 군사적 상황과 경제적 정황을 헤아릴 수 있을 뿐만 아니라, 당시 遼東의 행정 및 군사 체제에 대한 정보도 얻을 수 있다. 주지번은 요동을 지나면서 요동의 여러 관원들이 마련한 연회에 여러 차례 참석했는데, 「초 4일에 廣寧으로 들어가니, 趙用吾 中丞과 李寅城 寧遠 등 두 분 공들이 교외에서 술자리를 마련했다」고 하였고, 「謝太涵 計部와 郝星湖 參知 등 두 분 공들이 교외에서 술자리를 마련했다」고도 했다. 귀환 길에는 「張雲洲 方伯과 楊誠齋 總戎이 함께 千山 祖越寺에서 유람했다」고 하고, 「張雲洲가 韓園의 술자리에 초청」했는데, 그 〈주인은 遜齋 任寬奠 參戎이었다〉고 했다. 「張, 楊 두 公과 留別」한 뒤, 「謝太涵 年兄과 郝星湖 參知가 비를 맞으며 北鎭廟를 함께 유람했다」고 하고, 「寧遠 李寅城 공이 馬園의 연회에 초청해서, 太涵과 함께 저녁에 돌아갔다」고도 했다. 「謝 年伯의 어머니를 위한 節壽詩」를 지었고, 〈趙用吾 中丞을 위해〉 「漱芳軒」이란 시를 지었다. 「馬鑑石 觀察使의 정원 정자에서 술 마시고, 함께 간 楊 參戎이 초대하여 表海亭에서 노닐었다」고도 했다. 「記文」에서 '撫院'이라 한 趙楫을 「詩」에서는 '中丞'이라 하였는데, 양자 모두 明代에는 巡撫의 별칭으로 사용된 말이다. 「기문」에서 '總戎'이라 한 李成梁은 「시」에서는 '寧遠'이라 하였는데, '총융'은 欽差鎭守遼東地方總兵官을 말하고 '영원'은 이성량의 爵號인 寧遠伯의 약칭이다. 「기문」에서 '巡道'라 한 郝大猷는 「시」에서 '參知'라고 했는데, 이는 布政使 아래의 參知政事, 즉 參政을 말한다. 「기문」에서 '儲部' 혹은 '部道'라 한 謝存仁은 「시」에서 '計部'라 하였는데, 명대에 戶部를 가리키는 별칭이었다.

『봉사조선고』에는 당시 요동의 정황을 보여주는 또 하나의 사료가 포함되어 있으니, 「尤少保 總戎 生祠 記」와 「尤 大將軍 贊」이 그것이다. '尤少保 總戎'이란 곧 당시 薊北에서 總兵官으로 주둔하고 있던 尤繼先 大將軍을 말한다. 朱之蕃이 사명을 받들고 조선에 다녀갔다가 "돌아오면서 경유한 곳은 모두 군인과 민간인이 섞여 사는 막히고 험한 요충 지역이지만, 전투하는 일은 보이지 않고 모두 생계를 위해 힘쓰고 있어 대체로 한적했다." 그가 三屯에 이르렀더니, 물산이 풍부하고 인구가 많은 경관이 지나쳐 보였고, 교외의 관문에 가까이 이르자, 父老들 수백 명이 길을 막고 책 한 권을 던지면서 이구동성으로 말하기를, "십 년 전부터 總鎭인 尤公에 의지하여 생명을 보전하고 우리 小民이 집안의 생업을 지킬 수 있었기 때문에, 이미 사당을 세워 초상을 모시고 복을 기원하며 덕에 보답함을 꺼리지 않는 뜻을 밝히니, 비석에 기록하여 영구히 게시하지 못함을 고려하여, 사신이 이를 빨리 도모해서 진심 어린 무리의 뜻을 위로해 달라"고 부탁했다. 이에 주지번은 그들이 참으로 마음속 깊이 기뻐하고 감격해하면서 눈물을 흘리는 것을 보고 가상하게 여겼다. 더구나 주지번은 우계선과 문자로써 친교를 맺은 지 오래되었기 때문에, 사양하지 않고 生

祠의 「實紀」를 써주었다.

이 「실기」에 의하면, 尤繼先은 榆林 출신으로, 그 아버지와 함께 전투를 잘해서 關隴 지방에서 명성을 떨쳤고, 元戎으로 薊北에 주둔하면서 "武備가 적고 약하며 게으름이 풍습을 이루었음을 마음 아프게 생각하여, 마음을 다해 경계를 갈라 정하고 온힘을 다해 앞장서서 외치면서 열 가지 일을 조목조목 써서 올려 쌓인 폐단을 척결하였고, 몰래 적의 동태와 형세를 살펴 적의 침입을 예방하는 일을 엄히 하고, 날래고 강하게 말 타고 활을 쏘도록 가르치는 일을 밝게 했다"고 한다.

> 휘하의 장병들은 모두 그를 믿고 따를 줄 알지만, 유약한 무리로서는 호랑이와 이리를 막아내기가 어렵기 때문에, '以夷攻夷'를 위해 夷丁을 불러들여 어루만져 고기비늘처럼 많이 줄을 이어 모이게 하고, 진심으로 대하여 심복으로 삼고, 은혜를 베풀고 법을 엄하게 하여 거처를 안정시켜 그 땅을 얻게 하니, 마을에서는 조그마한 소요도 일으키는 자가 없고 薊 이북의 오랑캐들은 한 발의 화살도 날리지 않았다. 公 자신이 紅草溝에서 처음 싸워 이겨서, 적의 목을 베어 얻은 것이 매우 많아 특별한 은총과 포상을 받았고, 변경의 관문에는 생생한 윤기가 돌았다. 그뿐만 아니라, 세금 징수의 사나운 불꽃을 차단하고, 蘆嶺의 운송관을 철폐하였으며, 喜峯 단층집에 부과한 세금의 액수를 관용하여, 특히 상인과 농민들이 혹독한 폐해를 면할 수 있었다. 농사가 잘 되지 못하고 여름 날씨가 황량하여 곡식이 익지 못하게 되자, 공이 제멋대로 이익을 독점하는 자들을 잡아 다스리고 군인과 백성들이 물품을 가지고 미곡을 바꿀 수 있게 하였으며, 다시 관청의 금은을 내어 쌀 만 석을 山東에서 사들여 떠돌아다니며 굶어죽는 재앙을 두루 구제하였다. 또한 변경 가까운 곳의 기름진 땅 백여 頃을 개간해서 기장 천 7백 斛을 얻어 夷丁들을 먹이고 궁핍한 이들을 구제하였다. 숨어서 모의하는 우두머리들을 다스려 없애고, 투항한 오랑캐 가운데 나쁜 짓을 저지르는 우두머리

를 붙잡아 묶어서 숨겨진 근심거리가 점차 사라졌고, 간사한 승려를 제거해서 翼虎가 자취를 감추었으며, 공물을 들여오는 屬夷를 타이르고 잡도리해서 강압적으로 요구하는 일이 차츰 없어졌고, 말 기르는 軍丁을 잘 단속해서 함부로 짓밟는 일이 더 이상 가해지지 않게 된 것도 또한 모두 공의 뜻이었다.

이 「실기」에서 특히 '以夷攻夷'를 위해 夷丁을 불러들여 양성했다 함은 주목할 만한 대목이다. 주지번은 이외에도 따로 시를 지어, "三屯鎭 城의 남쪽에 있는 景忠山은 가장 높고 가파른데, 그 위에 聖母宮이 있지만 규모가 작고 기반이 무너졌다. 少保 尤繼先 공은 幕府의 비용으로 충당하기 위해 香과 供物을 조금도 거두지 않아, 따르는 무리는 개혁하기를 원했다. [나] 之蕃은 사명을 받들어 朝鮮에 다녀오는 길에 尤 공을 배알했는데, 그 일을 기록해달라고 부탁해서 詩로 남기게 되었다"고 설명했다.

주지번은 「關門으로 들어가는 감회」라는 시에서, 명 말의 불안한 요동 정황을 다음과 같이 표현했다. "온 遼東의 樂土 가운데 파괴된 벽 적지 않고, 屬國의 화려한 명성이 횃불 재에 넘겨줬다. 胡沙로 길을 나서면 호랑이 표범이 우글거리고, 梅雨가 지나가면 먼지가 불어난다. 두렵고 불안한 農軍이 변방에 가득하니, 만 리 먼 곳 안정시키는 일이 특출한 인재에 의지한다." 이처럼 『봉사조선고』는 폭풍전야와 같았던 명 말 요동의 정황을 전해주는 중요한 사료로서의 가치를 갖는다.

4. 唱和 詩와 倡和 외교

주지번은 『皇華集』에 모두 259수의 시를 남겼는데, 이는 조선을 방문한 역대 중국 사신이 지은 시 가운데 가장 많은 수였다. 龔用卿이 그 다음으로 많은 241수의 시를 지었다. 주지번의 副使로 동행한 梁有年도 99수의 시를 지었으니,[6] 遠接使 "柳西埛[=柳根]은 朱[之蕃]와 梁[有年]을 접대하며 酬唱하느라 고달팠다"[7]고 한다. 주지번의 『봉사조선고』는 실로 唱和詩의 寶庫라 할 수 있다.

『봉사조선고』의 후반부에 편성된 「東方和音」에는 '朝鮮國 議政府 左贊成 柳根 著'라고 되어 있는 시 107편이 수록되어 있는데, 그 대부분이 주지번과 창화한 것이다. 이는 주지번이 유근과 헤어지면서 "내 두서없는 말 내뱉으면 그대는 약 되는 말하면서, 백 편의 시 주고받으며 붓을 놓지 않았다"고 한 시구와 대체로 일치한다. 주지번과 유근의 창화는 주지번이 압록강을 건너 조선에 入境할 때부터 시작되어 압록강을 건너 出境할 때까지 계속되었다. 주지번이 조선에 입경하여 지은 시의 대부분은 유근에 의해 화답되었다.

주지번이 「鴨綠江을 건너며」, "뚜렷하고 가파른 산봉우리가 그림 같은 병풍 열고, 강이 이은 中外가 넓고 푸른 바다로 합쳐진다"고 先唱하자, 유근이 「鴨綠江을 건너다」라는 시제를 받아서 "양안에서 징과 피리가 짙푸른 병풍 산 울리는데, 하늘에서 신선이 詔書 들고 동쪽 해 돋는 곳에 내려왔다"고 화답했다. 이후 유근은 창화시에서 내내 주지번을 '하늘에서 내려온 신선'으로 대접했다.

주지번이 다시 「義州에 이르러 비를 만나」, "구름 비단에 쓴 天章이 황제 궁문에서 나와서, 먼 길 떠난 星駕가 東藩으로 들어간다"고 노래하자, 유근도 「詔書가 義州에 이르자 번개 치고 비가 내리다」라는 시를 지어, "그때 包胥가 무거운 궁문 두드리듯, 海外 藩國 三韓이 再造되었다"고 화

---

6 신태영, 『明나라 사신은 朝鮮을 어떻게 보았는가』(다운샘, 2005), 26쪽.

7 許筠, 『惺所覆瓿藁』 24 「惺翁識小錄」.

답했다. '再造'란 곧 壬辰倭亂 때 明朝가 출병해서 위기에 처한 조선을 구해준 사건을 이르는 말로, 주지번의 사행이 임란 직후에 이뤄졌기 때문에 이후 '재조'는 그와 유근이 교환한 창화시의 핵심적 주제의 하나가 되었다.

주지번이 「25일 龍灣館 안에서 聚勝亭에 올랐다가 새벽에 출발해서」, "앞길을 물어보니 멀고도 험하다 한데, 方言은 반만 알아들을 수 있다"고 선창하자, 유근도 「聚勝亭에서 새벽에 출발하며」 "먼 곳의 백성들이 자색 雲氣 올려보며, 아득히 멀리 동쪽 가는 길을 가리킨다"고 화답했다. '方言'이란 곧 조선어를 말하는데, 조선이 중국의 '外國'임을 의식한 표현이기도 하다.

주지번과 유근은 「箭門嶺과 小叉嶺」을 지나며 다시 창화하였고, 「所串館으로 가면서」도 주지번이 "노닐던 종적이 아득해도 수레 모는 일 아직 싫증나지 않아, 명승 감상하며 즐겨 시 읊조리니 끝없이 흥이 일어난다"고 선창하자, 유근도 「所串館으로 가면서」 "儒仙과 함께 이야기하니 정말로 伯仲이고, 신기한 보검 뒤따라 아니 雌雄이 있다"고 화답하여 창화의 즐거움을 나타냈는데, 주지번을 '儒仙'이라 표현한 것은 그가 신선 같은 儒者임을 강조하려는 뜻이었다.

주지번과 유근은 「古鎮江」을 건너면서 창화하였고, 주지번이 「良策館」에 묵으며 "봄바람이 빚은 비가 行役을 재촉하고, 맑은 시냇물은 찻물 달여 나그네 마음을 깨끗이 한다"고 선창하자, 유근도 「良策館」에서 "세 번 다시 瑤篇 읽으니 옛 뜻이 깊고, 盛唐의 풍격이 高岑보다 앞지른다"고 화답했다. 상대의 문학적 역량을 높이 평가하여 칭송하는 것도 양자가 나눈 창화시의 주요 주제였다.

주지번이 「車輦館은 蟠松으로 널리 알려졌는데, 근래에는 이미 죽어 마른 줄기만 겨우 남아 있다. 앞뒤 봉우리 사이의 소나무는 모두 울창해서 사랑스럽기에, 마침내 시를 지었다」라는 제목의 시를 지어 "늙은 용이 뼈를 벗어 잠자기엔 부족한데, 용의 씨가 무리 이뤄 다투어 일어섰다 엎드린다"고 선창하자, 유근도 「車輦館의 蟠松」이라는 시를 지어 "푸른 수염 짙푸른 덮개가 산기슭을 두르는데, 숨은 용이 땅바닥에 엎드려 있다고 한다"고 화답했다. 아름다운 주변의 자연경관도 당연히 창화의 주요 주제였다.

주지번이 「鐵山과 東林 등 두 古城을 지나 林畔館에서 묵으며」 "또 보이는 고성에서 왼쪽으로 길 나서는데, 일찍이 옛 사람의 東林詩를 읊었었다. 이슬 같은 인삼탕이 차보다도 감미로워, 소나무 어루만지다 턱 받치고 시구를 찾아본다"고 선창하자, 유근도 「東林古城을 지나며」 "한림학사 倪先生이 일찍이 絕句 한 수 남기며 지나갈 때, 이곳을 가리키며 '鐵山'이라고 했다. 이 말이 어느 天仙 일으켜 지금 여기 이르렀으니, 갈림길에서 깃발 멈추고 便面에 수백 자를 적었는데 흡사 杜陵의 紀行詩 같다"고 화답했다. 明使와 遠接使가 시를 창화한 것은 世宗朝에 조선을 찾은 翰林學士 倪謙 때부터 비롯되었는데, 예겸은 조선에 파견된 첫 저명한 文學之士 출신의 正使였다.

주지번과 유근 양자의 본격적인 창화는 「柳西坰이 '도중에 만난 눈에 대해 지은 시'를 화답하였기에, 다시 화답하여 드린다」는 시를 지으면서 시작되었다. "채색 붓으로 붉은 노을을 쏘고, 그대에게 돌려주니 소매 안에 품었다. 愚溪의 아름다운 문장 뒤따르니, 百 세대가 지난 뒤에 따뜻한 바람 일으킨다. 향기로운 영예는 전부터 본시 무거웠지만, 현묘한 마음은 요사이 더욱 무르익었다. 감미로운 장마 비가 屬國에 펴지고, 따뜻한 햇살이 엄동에 비쳐진다. 전대에서 전해진 唐音이 입에서 토해지고, 연이어 엮인 郢調가 정교하기 그지없다. 서툰 내 글 솜씨가 부끄러워서, 포식한 배 어루만지며 글 비워서 숨긴다. 잘못된 감상으로 품평 늘어놓는다면,

장차 좋은 畵龍은 없게 되리라. 王事의 일정이 늘어진 고삐 같아, 시문 주고받으며 구름 봉우리 향해 간다"고 노래하자, 이에 대해 柳根이 「夷를 비루하게 여기지 않고 옥 같은 글을 써주신 은혜를 외람되이 입었는데, 또다시 진기한 선물을 욕되게 받았으니, 감사하게 생각하면서 벽옥을 품게 될까 걱정된다. 예전에 天朝의 크신 君子들께서 여기에 이르렀을 때, 맞이하는 신하들 가운데 혹은 唱하기도 하고 혹은 和하기도 했지만, 上國의 연도에서 지은 것은 감히 뒤따라 화답할 수가 없었다. 그러나 지금 받은 이 성대한 은혜는 실로 들은 적이 거의 없는 것이어서, 황량하고 누추한 능력을 헤아리지 않고 곧 부채 위에 화답하였다. 3월 17일에 보잘것없는 景仰의 뜻을 詩韻으로 조금이나마 돌려 바친다」라는 긴 제목을 붙여, 다음과 같이 화답했다.

상서로운 비단의 현란한 기린이 붉은데, 芝函이 천자의 대궐에서 나왔다.

얼굴 본 지 며칠밖에 되지 않았지만, 便面이 인자한 바람을 흩뿌린다.

문장이 한 시대의 으뜸이고, 온 집안의 고상한 기상이 농밀하다.

특별한 은혜가 下國에 베풀어지고, 큰 경사가 지난해 겨울에 있었다.

知音이라 감히 말하며 완상했으니, 기예 빼어난 장인을 외람되이 만났었다.

使星이 왼쪽 바다에서 밝고, 卿月이 높은 하늘에서 빛난다.

세련된 글귀는 한 편 한 편이 옥과 같고, 고상한 글귀는 한 자 한 자가 용과 같다.

평생토록 독보적인 학문을 사모했더니, 武夷峯을 빨리도 보게 되었다.

주지번이 조선을 '屬國'이라 하고 유근이 명을 '上國'이라 칭한 것은 明朝 양국이 이른바 冊封-朝貢 관계와 事大-字小 관계를 갖고 있었기 때문이다.

倪謙과 鄭麟趾가 그러했듯이 주지번과 유근의 賡酬는 이후에도 몇 차례 더 반복적으로 거듭되었다. 주지번이 「다시 柳西垌에 화답하여」 다음과 같이 상대를 칭송했다.

짤막한 말 던져 와서 하나가 되고, 나누는 정이 속세 밖에서 무르익는다.

떠듬거리는 나는 번개같이 빠른 말 쫓아가기 어려우니, 큰 소리로 잘 말해달라고 넌지시 권할 뿐이다.

충심으로 감복하며 자주 표범 무늬 엿보았더니, 재주가 웅걸해서 龍을 길들일 만하다.

東邦에는 우뚝 솟은 봉우리가 적지 않지만, 그대는 가장 높은 봉우리로 꼽혀지리라.

이에 유근이 「화답하는 글을 받들어 여러 번 엄숙하게 읊조리다가, 삼가 잡스러운 글을 지어 은혜에 감사하는 마음을 표하고, 첨삭해주시기를 우러러 기대한다」고 하면서, 다음과 같이 화답했다.

두 분 신선을 기다리는 꽃이 붉은데, 개울과 산이 錦繡 안에 있다.

四海가 이제 한 집안이 되었고, 천리가 본래 같은 풍속 이루었다.

北極의 丹書가 환하게 빛나고, 동쪽으로 온 자색 雲氣가 농밀하다.

乘槎한 때가 팔월인가 했더니, 넓고 정밀한 학문이 三冬보다 풍성하다.

구석진 곳의 산물이 보잘것없고, 시구 읊조리는 솜씨도 공교롭지 못하다.

금 소리가 땅에 던져져서 놀랐고, 굳세고 강한 말이 하늘을 가로지름을 느꼈다.

'四海一家'요 '千里同風'임은 책봉과 조공의 禮를 교환하는 국제질서를 표현하는 상투적인 말이다.

주지번이 다시 「柳西坰에 세 번째로 화답하여」, "천천히 가는 나그네는 문장이 으뜸이고, 賡酬는 당대에 견줄 이 없을 만큼 뛰어나다"고 선창하자, 유근이 「선물을 여러 번 받았을 뿐만 아니라, 권하여 가르치는 은혜도 입었기에, 감격과 부끄러움이 모두 극에 달하여, 삼가 앞의 韻을 써서 감사의 마음과 정성을 대략 서술하니, 잠시 봐주기를 바란다」고 하면서, "가볍게 나는 메추라기 스스로 비웃으며, 아래위로 龍을 뒤쫓아 간다"고 화답했다. '賡酬'란 곧 시문을 주고받는 '唱和'를 이르는 다른 말로, 두 사람은 서로 창화하는 문학적 역량을 칭송하며 만족해했다.

그 뒤, 新安館에 다다라서 주지번이 「柳西坰에 네 번째 화답하며, 新安館의 讌樂에 대해 적어둔다」고 하며, "빽빽하게 겹쳐진 儀章이 장엄하고, 살뜰하게 정성 다하는 禮意가 농밀하다. [……] 고니처럼 우뚝 선 樞相이 수고롭고, 물오리처럼 종종걸음 걷는 工人들이 많이 모였다. 함께 모인 이 자리는 성황을 이뤘지만, 부끄럽게도 專對는 한 것이 없다. [……] 도량 넓은 그대가 어려운 구절 헤아릴 테니, 재미삼아 기이한 봉우리 걸어가 본다"고 선창하자, 유근이 「앞의 韻을 다시 사용하여 아름다운 글을 더럽혔는데, 어제 환영하며 위로하는 연회에서 외람되이 글을 받아, 마음속에 있는 감사의 정을 글로 표현한다」고 하며, "신선과 범인 가는 길이 비록 달라도, 손님과 주인의 뜻은 모두 진하다. 예전에 천자께 朝賀하던 날, 丙子[8]년 겨울에 처음 따랐다. 세 번 호소한 것은 만국이 다 같지만, 再造는 많은 악공 중에서도 특별하였다. 우물 속 개구리의 가슴은 확 트이지 못했지만, 눈 위에 난 큰 기러기 발자국은 알맞게 찍혀 있다"고 화답했다. 원접사가 '再造之恩'에 감사하고 명사가 '농밀한 禮意'를 칭찬한 것

8 명 神宗 萬曆 4년, 조선 宣祖 9년, 서력기원 1576년.

은 쌍방이 책봉—조공 관계와 사대—자소 관계가 지속되기를 희망하는 뜻을 나타내는 말이다. 이렇게 주지번과 유근이 네 번이나 창화를 거듭하니, 倪謙과 鄭麟趾 등이 여러 차례 창화를 거듭한 것을 연상하게 된다.

다른 사람의 先唱에 주지번과 유근 두 사람이 함께 화답하는 경우도 있었다. 주지번이 副使인 「梁惺田 年丈이 '林畔館에서 산의 오래된 소나무를 마주하며 지은 題文'에 화답하며」, "오동나무에 서식하는 봉황은 열매가 드리워져도 탐내지 않고, 개구리밥처럼 떠돌아다니는 버들개지는 꽃 꿀을 당연히 싫어한다"고 노래하자, 유근도 「林畔館에 묵으며 孤松을 읊으며」, "한마디 짧은 말로도 三韓의 나무를 키웠으니, 그 넓은 식견이야 굳이 楚萍 물을 필요 있겠는가"라고 화답한 것이다. '三韓'은 고래로 新羅나 高麗·朝鮮 등 국가를 건립한 역사공동체를 이르는 말로 사용되었다.

주지번이 「東潞河를 지나, 정오에 雲興館에서 쉬며」 "눈 즐겁게 하는 산과 내가 빼어나게 아름답고, 정을 함께 하는 웃음과 대화가 화기애애하다. 揚雄이 수고롭게 필적을 남겼지만, 음성을 번역하며 잘못 전한 것 적지 않다"고 선창하자, 유근도 「東路河를 지나며」 〈강의 좌우에 예전에는 황야가 있었고 백성들은 경작해서 먹을 수가 없었는데, 근래에 수로를 파서 물을 대어 백성이 그 이익을 입을 수 있게 되었기 때문에, 이를 언급한다〉고 하면서, "수로 파서 푸른 들녘을 검게 물들이고, 수로를 뚫어 鄭白河 이루었다. 농사짓는 곳이 옛날부터 적었는데, 수확의 이익이 오늘에 와서 많아졌다"고 화답했다. 주지번은 중국 사신의 전통적 임무인 '咨詢'을 위해 연도의 풍물을 관심 있게 관찰해서 보고했는데, 조선의 원접사도 이를 이해하여 그 임무를 돕기 위해 조선의 풍물에 관한 정보를 적극적으로 제공하였다.

孝誠과 같은, 禮義와 일치하는 풍습의 채취는 당연히 사신의 '咨詢' 사명에 합당한 것이어서, 중국의 사신이 조선에 이르면 반드시 郭山 「金 효녀의 옛 마을 문」을 지나가며 이를 칭송하는 것이 관행이었다. 주지번도 "효도로 교화하는 聖朝의 다스림이 넓혀졌고, 箕封의 옛 가르침이 오래되었다. 힘써 윤리와 기강을 돈독히 하면, 예의와 제도가 부끄럽지 않으리라"고 칭송하였고, 유근도 「金 효녀의 옛 마을 문」을 지나며 "[뭇 신선들이 여러 차례 지나가며 경의를 표했는데, 옛 동네는 아직도 향기를 전하고 있다] 聖代가 효도에 각별히 힘을 쓰니, 海東에도 교화가 오래도록 흘러왔다. 公이 돌아가면 잘 펴서 아뢰어, 북극성이 바르게 의상 늘어뜨리기를 [……]"이라고 당부했다. 예의에 합당한 조선의 풍습이 箕子와 明朝의 교화에 의한 것임도 창화시의 주요 주제가 되었다.

주지번이 「堂於嶺을 지나 定州 新安館에 들어」 "어지러이 풀린 풀빛이 자리 깔고 누웠고, 난잡한 鄕音이 노래 박자에 맞춰 들린다"고 선창하자, 유근도 「新安館」에 묵으며 "신선의 무리가 멀리 中朝에서 이르니, 하늘 음악이 천상 세계에서 들려오는 듯하다"고 화답했다. 주지번이 「達川」을 건너며 "홀로 朝宗의 형세로 물 쏟아져 들어가서, 농사짓는 공로를 더 많게 한다"고 선창하자, 유근도 「達川」을 건너며 "동남에서 서쪽으로 밭에 물을 대니, 서른여섯 무지개가 드리워졌다"고 화답했다. 양자 모두 사방의 물이 한곳으로 모여드는 자연 현상을 만국이 중국 천자에게 '朝宗'하는 국제질서에 빗대어서 노래한 것이다.

「白峴」을 넘고 다시 「嶇嶂嶺」을 넘으며 주지번이 "눈 안에 들어오는 중첩된 산들이 푸른 봉우리에 걸려 있고, 파란 밭두둑에 깔린 무성한 수풀이 더 보기 좋다"고 하자, 유근도 「嶇嶂嶺」을 함께 넘으며 "밭 갈고 우물 파서 안전하게 농사지은 지 이미 오래 되었으니, 보리 물결이 바람에 흔들리며 들밭에 가득하다"고 화답하며, 조선이 중국의 明과 마찬가지로 안정된 농업 국가임을 강조했다. 「麻布川」을 건너고, 「曉星嶺」을 넘으며 주지번이 "향기로운 驛館이 멀리서 열려 그림 속에 있고, 즐겁게 잘 놀며 술 취해서 산신령과 수작한다"고 선창하자, 유근도 「曉星嶺」을 넘으며 "무수히 많은 長亭이 短亭 잇는데, 曉星이 고개 되어 하늘 별이 스쳐간다"고 화답했다. '長亭'과 '短亭'은 성 밖 큰길가에 10리 혹은 5리마다 하나씩 설치한 정자로, 행인들이 쉬거나 전별하는 장소로 삼았다.

주지번이 「納淸亭」에서 "강 건너 버들잎 꿰뚫으려 筒箭 화살 보내는데, 앞장선 군사가 산봉우리 넘어가고 골짜기가 말 탄 군사를 가린다"고 하자, 유근도 「納淸亭」에서 "꽃이 밝은 가는 길이 華蓋를 맞이하고, 버들 우거진 먼지 길이 홍의 騎士를 이끈다"고 화답하여, 수많은 군사가 勅使를 호위하고 행군했음을 노래했다.

주지번이 嘉平館 안에 있는 「齊山亭」에 올라 "東藩을 여행하다 보면, 많은 산이 푸른 장막에 둘러싸여 있다"고 찬탄하자, 유근도 「齊山亭」에 올라 "옛날에 方丈이라 부른 것이 三韓에 있어, 蓬萊의 仙人들이 놀란 눈으로 서로 본다"고 자랑했다. '東藩'이란 동쪽에 있는 울타리 나라, 즉 제후국이란 뜻으로, 흔히 중국인들이 朝鮮을 가리키는 말로 사용되었는데, 이 역시 朝明 양국이 책봉-조공 관계에 있었음을 강조하는 말이었다. 한국인들은 자국에 이른바 三神山의 하나인 方丈이 있는 것으로 자부했는데, 이는 明使 주지번을 신선 혹은 仙人으로 칭양하는 의식과 무관하지 않다.

주지번이 大定江 위에 있는 「控江亭」에 올라, "정자 에워싼 들녘이 수많은 농부로 덮여 있고, 씩씩하게 새참 나르는 여인네 머리에는 국그릇이 얹혀 있다. 골짜기 헤아리고 城 기울이며 길 양쪽을 돌아보니, 품 넓은 적삼과 순백의 옷 입고 도롱이 삿갓 쓴 이들 겹겹이 서 있다. 海國도 함께 태평 무사함을 기쁘게 바라보니, 천 년을 울타리 기둥처럼 神京 에워싸리라"고 선창하며 안정을 찾아가는 전후 조선의 정황에 관심을 보이자, 유근도 「控江亭」에 함께 올라, "물가에 치는 장막 어찌 이리 서두는가, 황금 주발에 낙타 말굽 국을 올리지도 못했는데, 잠시 고개 돌렸더니 晩潮가 올라오고, 은빛 산 위 눈 지붕이 층층이 다가온다. 이 강 역시 으뜸 물로 入朝할 터, 서쪽 바다가 神京을 둘러싸을 눈 크게 뜨고 바라본다"고 화답하여 책봉—조공 관계의 지속을 약속했다.

주지번이 「安興館의 밤 연회」에 참석해서 "天家의 조칙을 종종걸음으로 받드니, 화려한 객관 연회에 귀인들이 모여 뒤따른다. 희고 선명한 鮫珠가 귀한 횃불을 밝히고, 나란히 울리는 鼉鼓 소리가 금 술잔을 거든다"고 연회의 장면을 시로 기록하자, 유근도 「安興館」 연회에서 "銅鉢 두드리며 시 지은 뒤 그래도 늦다 꺼리는데, 珊瑚 섞어놓은 듯 나뭇가지 짙푸르다. 은실 회로 서리 비늘 떠서 반찬으로 들여놓고, 댓잎에 봄을 담아 굽은 금 술잔에 띄운다"고 그 紀行詩作을 거들었다. 이처럼 한양을 향하는 길에, 시문을 창화하고 자연 풍광을 감상하며 함께 유람하는 것이 明使와 遠接使의 중요 일정이었다.

先人이 써놓은 시문의 운을 따서 화답하는 것도 창화시의 한 양식이었다. 주지번이 「李穡 翰林의 '浮碧樓' 원래 韻을 따라 화답하며」 "산성 절에 오르는 일 이야기하며, 강안 누각의 옛일을 회상한다. 술병과 술잔으로 어둑한 빛 맞이하니, 韻을 딴 문장이 春秋에 이어졌다. 노래와 춤으로 풍류 지키고, 물고기 잡아서 즐거운 놀이를 거든다. 벽에 쓰인 시구 이어 나직이 읊조리며, 千古를 더듬어 名流를 기억한다"고 노래하자, 유근도 「李穡의 韻을 써서」 "채색 노가 가벼운 물결 위를 옮아가는데, 예부터 남이 있는 자취에서 옛 누각을 묻는다. 강과 산은 살이 있는 그림 같고, 바람과 달은 가을을 지난 것 같다. 지금은 바로 淸和의 절기, 정말 세속 벗어나 자유롭게 노닌다. 안개와 놀이 수놓은 비단 열고, 짙푸른 절벽이 맑게 흐르는 물에 거꾸로 섰다"고 노래했다.

明使가 한양을 방문할 때나 귀환할 때 평양을 경유하면, 반드시 箕子의 유적을 찾아 弔古하는 것이 관행이었다. 기자는 한국과 중국을 '禮義'라는 하나의 문화 체제 안에 포함시키고 책봉과 조공의 예를 교환한 첫 번째 선례로 기억되었기 때문에, 전통 시대 한중관계의 핵심적 고리로 작용하였다. 주지번이 「대동강을 건너며」 "변경 밖에서 명성 화려한 이곳은 원래 禹甸이었으니, 동쪽에서 내린 비와 이슬이 堯 임금의 하늘과 일치한다"고 하자, 유근도 「大同江을 건너며」 "八條의 교화가 箕子 땅에 남아 있고, 만 리 먼 곳 미친 은혜가 漢川에 이어졌다"고 응수했다. 箕子의 八條之敎를 기억하는 것은 중국인뿐만이 아니었다. 조선인들도 이를 강조함으로써, 자기들이 다른 '夷狄'과는 달리 중국 못지않은 문화의 나라임을 자부했다.

주지번이 「4월 그믐에 비가 조금 내렸다. 詔書가 平壤으로 들어갔는데, 춤추는 대열이 대단히 볼만해서 구경하는 사람들이 길을 막았다. 이에 시를 지어 이를 기록해둔다」고 하면서 "박달나무 세워서 떠받들던 堯代 도읍 아득하고, 樂浪에서 이름 전하는 漢代의 제터가 어지럽다. 聖主께서 지켜주시니 은혜가 넓고도 크고, 同德의 어짊이 풍성해서 백성들을 구제한다"고 선창하자, 유근도 「詔書가 平壤으로 들어감」을 전하면서 "온갖 神들 뒤에 거느리니 향기로운 먼지 일고, 한 쌍 鶴이 앞에서 비상하니 상서로운 아지랑이 헤맨다. 머리 숙여 肝에 새기며 감사의 마음 받드니, 두루 살리는 특별한 은택이 만백성을 넉넉히 한다"고 화답했다. 明使가 평양을 檀君의 옛터로 기억하는 것이 흥미롭다.

평안도와 황해도의 경계가 나눠지는 「駒峴」에서, 주지번이 "鄉音에 어지럽던 귀가 점차 듣기에 익숙하고, 열흘 넘도록 예의로 사양타가 향기로운 술그릇 마주한다. [……] 바다 모퉁이의 장관이 皇都와 일치하니, 사람들이 황제의 덕 노래하도록 계속 권유하기를" 기원하자, 유근도 「駒峴」

에서 "詔書를 전해주고 백성의 노래를 채집해야 하니, 뗏목을 타고 다시 詩興을 찾는다. [……] 三韓을 再造하여 오늘이 있게 하니, 천년에 한 번 있는 요순 같은 임금이다. [……] 일찍이 魯頌이 周雅에 엮였음을 들었으니, 동국 백성이 언제나 덕택에 감사해 함을 기록해주기 바란다"고 부탁했다. 원접사가 오히려 명사의 '咨詢' 기능을 이용해서 외교적 효과를 극대화하려 하는 노력이 엿보여서 흥미로운 대목이다. 「車踰嶺에 올라」서도 주지번이 "성대한 恩綸 전해주고 九重 궁궐 보고하려, 돌아가는 돛 몇 폭에 가을바람 걸어보리"라고 노래하자, 유근도 「車踰嶺」에서 "언제나 머리 숙여 천자를 축원하는 백성 되었으니, 풍속을 채집할 때 혹시 曹風 鄶風도 엮으시나"라고 화답하였고, 「고려의 옛 궁궐」을 보고, 주지번이 "三韓을 모두 싸서 한 시대를 누렸는데, 몇 겹의 황량한 언덕 옛 궁터를 가리킨다. 십 년 동안 뼈까지 놀랐다가 이제 겨우 모으고 기르니, 千古에 넋을 잃고 함께 원망하고 슬퍼했다"고 弔古하자, 유근도 "擊毬 흔적 사라진 뜰이 큰 변화를 보여주고, 숭고한 뜻 남긴 전각이 귀신의 아픔을 위로한다. [……] 한 집안인 四海가 聖代를 만났으니, 평탄하고 습한 지역 따라 民風 채집하였으면" 하며 역시 '咨詢'의 임무에 대해 기대하였다.

「臨津江」을 건너 「坡平館」에 묵으면서, 주지번이 "새 편액에 다시 題文 쓰고 坡平으로 향했더니, 무성한 풀과 화려한 서까래가 마음속 깊이 탄식 일으킨다"고 하자, 유근도 "詩仙이 때맞추어 坡平館을 찾았으니, 다른 시대의 신묘한 교제에 거리와 한계가 있겠는가"라고 답했다. 역대 明使들이 坡州를 지나면서 蘇東坡를 연상했듯이, 주지번과 유근도 이를 주제로 한중 문화의 동질성을 한 번 더 확인하였다.

주지번이 「碧蹄를 새벽에 출발하며」 "天家의 행복과 경사가 겹 울타리를 여니, 일찌감치 수레를 타고 은혜를 나누러 바다 끝에 다다랐다. [……] 장엄한 성 멀리 바라보니 백 雉나 우뚝 솟고, 사방이 환호하며 흡

족하니 천하태평를 보게 된다"고 노래하자, 유근도 "만방의 노래와 칭송이 큰 경사로 인했으니, 천년에 한 번 있을 행운을 같은 시간에 만났다. 東藩의 再造에 황제의 보살핌이 있었으니, 지금부터 春臺에 즐거움이 크고 빛나리라"고 축원했다. 한양 입성을 목전에 두고, 명사와 원접사는 함께 전란을 극복하고 '東藩을 再造'하게 된 것을 자축하였다.

한양에 입성한 주지번이 「漢城에서 詔書를 맞아 기뻐 춤추며 길을 막은 것을 보고 시로 기록해둔다」고 하면서, "모두가 기쁘게 뛰어올라 함께 즐기자는 뜻이니, 그 뒤 따라 피리 불어 簫韶를 연주한다"고 하자, 유근도 "예전에 미천한 발자취가 봉황 궁궐에 입조하여, 天命 받들며 문밖에서 황홀한 韶音 들었었다"고 응답했다. 유근은 그 이전에 세 차례나 사신으로 북경을 다녀온 바 있었다.

주지번이 「조서의 반포 의식이 끝나고」 "藩王이 칼 차고 신 신은 채 宸章을 맞이하여, 만 리 먼 곳 충성으로 태양을 에워쌈이 절실하다. [……] 三韓을 잘 거느리고 황제의 덕 노래하니, 풍랑 없는 島服이 정말 기초가 깊고 튼튼하다"고 노래하자, 유근도 「詔書 반포의 의례를 거행하고」 "밝은 시대 四海에 우뚝 선 문장의 일인자, 당대 최고의 名儒이자 紫陽이기도 하다. [……] 온 나라의 임금과 신하가 함께 절하고 춤추는데, 동트는 해를 바로 보니 이른 桑이 빙글 돈다"고 화답했다. '藩王'은 제후왕이란 뜻으로 여기서는 朝鮮王을 지칭하고, '島服'이란 바다로 에워싸인 한국을 이르는 말이다. '紫陽'은 신선을 가리키는 다른 말이니, 주지번을 '名儒이자 紫陽'이라 한 것은 곧 그를 '儒仙'이라 칭한 앞의 시구와 의미가 다르지 않다.

주지번이 「賢王이 남쪽 別宮에서 연회를 베풀었다」고 하면서, "방정 근엄한 虎拜로 紫極에 朝賀하고, 손 접대하는 자리 크게 열려 여러 신료들이 모였다. 뜰 나누어 왼쪽 자리 비우니 의례가 언제나 엄숙하고, 천지산천 제사 바치며 이뤄놓은 일을 잘 지키니 그 뜻이 배나 풍요롭다"라고 칭송하자, 유근도 「남쪽 별궁의 연회」에 참석해서 "비와 이슬 같은 은택이 聖朝에서 베풀어지니, 환호하고 내달리며 신료들이 에워싼다. 마음은 언제나 拱極하여 성의를 가리기 어려우나, 재물이 威儀만 같지 못해 禮가 어찌 풍족할까"라고 화답했다. '虎拜'란 신하가 임금을 배알하는 禮로, 조선이 詔書를 맞이할 때도 '虎拜'로써 영접하여, 조명 양국의 책봉-조공 관계를 확인하였다.

주지번은 成均館을 방문하여 「謁聖한 뒤에 明倫堂에 올라 六館의 여러 선비들을 만나보고」, "八條의 남겨진 은택으로 箕範을 준수하고, 六藝의 원류는 魯論까지 올라간다"고 칭찬하였고, 동행한 유근도 「明倫堂에 올라」 "아름다운 편액 들고 솟은 모습 구경하니, 천년 세월 함께 남아 外藩에서 기리 빛나리"라고 화답했다. 明使가 한양에 사행할 때마다 성균관을 방문하여 孔子 사당, 즉 文廟에 참배하는 것은 오래된 관행이었으니, 이는 箕子 사당을 참배하는 것과 마찬가지로 儒教를 明과 朝鮮을 연결하는 매체로서 이해하였음을 뜻한다.

명사가 한양에서 공적 임무를 마친 뒤에 한강을 유람하는 것도 관행적인 일이었다. 주지번은 「漢江 유람기」를 써서 "한강의 풍물은 東邦에서 가장 뛰어나, 海國의 여러 賢士들이 술자리를 벌였다. [   ] 銅雀 나루가에서 맑은 낮에 노니는데, 둥근 달이 별안간 산꼭대기에 冠을 토한다"고 노래하였고, 유근도 「漢江 놀이를 적어」 "옥 같은 시편이 호수와 산의 아름다움 더해주니, 새로 그린 그림처럼 樂浪에 다다른다. [……] 한평생을 통 털어서 어찌 행운이 아니겠나, 한 쌍의 새가 천년 멈춰 다시 주고받는다"고 화답하여, 한강 유람을 통해 성대하게 행해진 詩文 唱和를 특별히 강조했다. 또한 이 시는 명사의 한강 유람이 '동작 나루 가'에서 이뤄졌음을 알려준다.

명사가 한강을 유람할 때 배를 띄워 고기잡이를 구경하는 것도 관행적으로 이뤄져온 일이었다. 주지번도 「한강에 배 띄우고 고기잡이 구경하며」 "내 본디 강가에서 낚시하는 강태공인데, 십년 동안 서울 먼지 속에서 자색 길을 헤매었다"고 회상했고, 유근도 「한강에서 고기잡이 구경하며」 "문득 채색 붓 들어 이 빼어난 경치 기록하니, 瑤臺로 보내어서 이 좋은 꿈 깨우지 마소"라고 당부했다.

明使의 한강 유람은 여기에 그치지 않고, 풍광 좋은 곳에 위치한 여러 누각이나 정자에 올라 시문을 창화하기도 했다. 주지번은 「萬曆 丙午년 孟夏 중순에, 내가 사명을 받들고 이 누각에 오래 머무르면서 아침저녁으로 올라가서 내려다보았는데, 산 빛이 사람을 비추는 것이 비 온 뒤에 더욱 상쾌하여 '山雨'라고 이름 붙이고, 사물을 윤택하게 하는 공이 황제의 덕택과 같아서 이슬 덮는 감격이 東邦에 도탑고 절실함을 보고, 네 韻을 지어 같이 노니는 이들이 화답해주기를 그대들에게 바란다」고 하면서, "이층 누각이 눈앞에 둔 것이 南山이라, 아침저녁 구름 일어 나갔다가 돌아온다"고 노래했고, 유근도 「山雨樓」에서 유람하며 "자색 누각이 木覓山 허공에 떠 있는데, 산 모양이 가는 듯 돌아오는 듯하다"고 화답했다. 또한 주지번은 「皆春亭」이란 정자에도 올라 그 이름을 지어주고, "시장은 떠들썩하지 않고 베와 곡식만 교역되고, 거문고와 술항아리에 흥취 있어 賡酬를 부탁한다"고 하자, 유근이 「皆春亭」을 詩題로 하여 "비워 남긴 아름다운 편액을 오랫동안 쳐다보다, 끝내 맑은 술 동이 젊어지고 번갈아 권하며 주고받는다"고 화답했다.

명사가 한양을 방문할 때마다 유람한 명소의 하나로 한강 가의 蠶頭峯(現 切頭山)이 있다. 주지번도 「잠두봉」에 올라 "밝은 아침에 향기로운 풀이 관문 요새에 이어지니, 고개 돌려 청아하게 즐긴 漢城을 생각하리"라고 감회를 털어놓자, 유근도 「蠶頭峯」에 올라 "보배스런 필적 남겨 바위

파서 새겨볼까, 신선이 바람 몰고 赤城으로 돌아가니"라고 아쉬워했다. 주지번은 "漢城 안팎에 두 蠶頭峯이 있어, 내가 성 밖에 있는 것을 유람하고, 그 바위를 주제로 시를 지었다"고 하면서 「蒼玉巖」에 올라, "바다 신은 여전히 밀물 썰물 바쳐 보내니, 강변 마을 영원히 지키며 帝州를 호위하리"라고 기대하였고, 유근도 「蒼玉巖」에 올라 "三韓이 方丈이라 함은 빈말이 아니니, 海外에 어찌하여 九州가 있었겠나"라고 화답했다. 명사와 접반사 일행은 이외에도 「仙遊峰」과 「金華島」에서도 창화했다.

만력 사절단이 한양을 떠나 귀환하는 길에, 「廻瀾石을 다시 지나다가 비를 만나고」 「聽泉仙榻」을 지나며 시문을 창화했다. 또한 「26일 정오 淸歡閣의 환송연회가 끝난 뒤에 누웠다가 다시 올랐는데, 해질녘이 다 되어 쓸쓸할 정도로 고요해서 시를 지어 정황을 그려 보이자」, 유근도 「淸歡閣」에 함께 올라 "星槎가 아득히 먼 곳에서 왔으니, 천자의 직무가 絲綸에 있다. 關內의 靑牛가 돌아가고, 遼東의 흰 학이 돌아온다"고 이별을 아쉬워했다.

주지번은 壬辰倭亂 당시의 전장 부근에 제단을 쌓고 나무를 심어 그곳에서 전사한 明軍의 혼백에 제사지내던 「愍忠壇을 지나며」 시를 지어, "큰 장수가 교만한 오랑캐를 몰아내고, 의를 위해 목숨 버려 군주 은혜에 보답했다"고 애도하였고, 유근도 "다시 태어난 三韓 사람들, 어떻게 성은에 보답할 수 있을는지. 天仙이 시를 지어 조문하니, 이 뜻을 이미 부지런히 받들고 있다"고 응답했다. 임란 직후에 조선을 찾은 명사 주지번에게는 전후의 朝明 관계를 강화하여 明의 국위를 온전히 지키는 일이 가장 중요한 임무였으며, 조선도 이에 호응하여 양국의 전통적 관계를 지킬 것을 거듭 약속했다.

한양으로 가던 길에 평양의 井田 자취를 둘러보았던 주지번은 귀환 길에도 「箕子 무덤을 찾아뵙고」 "東方을 처음 일으켜 바닷가 侯가 되었는데, 그 옛 나라에서 꿈을 깨니 기장 드리운 가을이다"고 弔古하였고, 유근도 「箕子의 무덤을 참배하며」, "동국의 백성이 禮義를 알게 하였으니, 天仙이 이곳에 이르러서 머물다 가게 되었다"고 호응했다. 기자가 조선에 책봉되었고 조선은 기자에 의해 교화되어 중국의 전통 문화인 禮義를 알게 되었다는 전설에 대한 공동의 믿음은 명과 조선의 전통적 관계를 이어주는 가장 튼튼한 끈으로 인식되었다. 주지번은 「德巖」 등 〈平壤 13 景을 읊어〉, "阡陌 나누던 제도가 아직도 남아 있어, 백성 쓰임이 윤택하고 나라도 마땅히 새로워지리라"고 노래하고, 유근도 「平壤의 절경 열여섯 곳」을 노래하며 "여덟 조목 가르침이 동국의 백성에게 남아 있고, 같은 井의 사람들이 밭을 갈며 봄 묻는다"고 화답함으로써, 기자의 전설을 사실로 확인하였다.

주지번이 義州의 「龍灣(館)에서 午日」을 보내며 "아득히 먼 귀로가 東藩에서 시작되어, 차례로 들어가 符節 걸고 國門을 바라본다"고 귀국의 감회를 시로 읊으니, 유근도 「龍灣의 단오일」을 시제로 하여 "천상 세계의 詩仙이 外藩으로 내려왔다가, 홀연히 芝輪이 나라의 서쪽 문으로 돌아간다"고 화답했다. 주지번은 조선에 입경한 뒤로 계속 동행한 유근과 헤어지기에 앞서, 「西垌 老丈이 외딴 산에 은거하는 명승을 그려 보여, 긴 노래 지어 이별의 뜻을 전하고, 아울러 화답의 가르침을 기대하면서, 헤어지는 마음을 위로하며」, "내 두서없는 말 내뱉으면 그대는 약 되는 말 하면서, 백 편의 시를 주고받으며 붓을 놓지 않았다"고 아쉬워했고, 유근도 「長歌」를 지어 "사람이 태어나 멀리 헤어짐이 얼마나 어려운지 알게 됐지만, 그래도 아름다운 패옥이 상자 안에 남아 있음을 위안 삼는다"고 화답했다. 마지막으로 주지번은 「義州에 이르러 西垌 相國에게 유별하는 律詩 한 편」을 써서, "압록강이 헤어지는 사람 가로막고 끊어놓으니, 하늘처럼 큰 시름 가라앉히기 너무 어렵다. 아침에 서둘러 내가 오른 산이 빗처럼 생겼고, 나라를 빛낸 그대가 품은 붓은 무지개와 같다"고 이별을 슬퍼했고, 유근도 「義州의 이별」을 아쉬워하며 "金陵에서 떨어진 이곳은 箕壤으로 막혔으니, 오래전부터 析木 하늘에 무지개 아득히 걸렸었다. 고상한 시편 여러 번 얻어 밝은 구슬을 백여 개나 꿰었는데, 이 아름다운 선물 모두 白璧 한 쌍보다 훌륭하다"고 화답했다.

주지번은 「東方和音」에 수록된 柳根의 이들 창화시 뒤에 "동국의 西坰 柳 군이 강가에서 맞이하고 함께 배 타고 갔다 오면서 주고받은 시가 마침내 책을 이루어, 모두 나무에 새겨서 기호를 같이하는 여러분들께 드린다. 진기한 보물인지 여부와 그 가치에 대한 평가는 후대에 맡기고, 한때 일을 함께한 정을 기록하여 오래도록 전하고자 한다. 朱之蕃 씀"이라는 注記를 덧붙였는데, 徐英章이 소개[9]한, 遼寧省 박물관에 소장된 「朱之蕃과 柳根의 倡和詩 書法册子」란 것이 바로 이것을 두고 한 말이 아닌지 모르겠다.

明使 朱之蕃과 遠接使 柳根의 창화시는 이처럼 주로 문학적 교감과 상대의 문학적 역량에 대한 칭송을 전제로 하고, 그 결론은 壬辰倭亂 때의 援軍에 대한 감사와 明帝에 대한 충성의 기대 등으로 모아졌다. 「東方和音」에는 원접사 柳根의 창화시 외에도, 주지번과 동행하여 명승을 유람한 조선의 다른 관원들이 쓴 창화시들도 다수 수록되어 있다.

그 예로, 주지번이 「狎鷗亭」을 詩題로 하여 〈領議政 柳春湖를 위해 시를 지어〉 "내가 와서 먼저 '狎鷗'의 절구를 지었으니, 정자가 완성되면 함께 노닐던 일이 두 배나 생각나리"라고 선창하자, 영의정 柳永慶도 「狎鷗亭」을 시제로 하여 "정자가 완성되기도 전에 이름이 먼저 갖춰지니, 앞선 사람 따라 갈매기를 사랑한다고 말했다"고 화답했다.

9 「中朝二位壯元的唱和詩」(遼海文物學刊 1995-1).

주지번이 「彰賜亭」이란 시를 지어 〈領中樞府 李五峯을 위해 題文을 써서〉 “내가 이들을 사랑해서 많은 시를 읊으며 滄洲로 달려가니, 海表에서 뒤따르며 완상하기에 족하리라”고 노래하자, 館伴使 李好閔도 「彰賜亭의 題詩를 받고서, 관을 바로 쓰고 삼가 읊어보았더니, 마치 종이 면에 청풍이 일어나듯 바람이 솔솔 불어, 어찌 감탄하지 않을 수 있겠는가. 鯫生은 쇠약하고 병이 심해서 때때로 정자로 돌아가서 여생을 보내야 하니, 죽을 때까지 德音을 읊조릴 뿐만 아니라, 쇠를 녹이고 돌을 새겨서 집안을 안정시키는 보배로 삼을 것이다. 삼가 고상한 韻에 기대어서 보잘것없는 마음을 바친다」고 하면서 “연이어 임무 맡은 皇華가 白雪을 읊조려서, 외진 바닷가에서 붙든 붉은 마음을 어여삐 여기신다”고 화답했다.

이호민이 먼저 선창하고, 주지번이 화답한 창화시도 있었다. 「교외 驛館의 헤어지는 자리에서」 접반사 이호민이 “詩가 와서 편지를 뜯고 옥 가지를 받았는데, 詩에 담긴 슬픈 마음에 이어지는 정을 본다. 한 폭의 새 그림처럼 강가에서 만났더니, 몇 번이나 가다가 峴山碑에 눈물 흘린다”고 이별의 노래를 선창하자, 주지번도 이에 응하여 「李五峯 樞相이 준 이별의 韻에 화답하여」 “높은 정자에서 푸른 버들가지 꺾으니, 서로 만난 지 열흘 만에 갑자기 헤어진다. 밝은 달이 내게 던져준 가슴속 詩句, 푸른 산 갈림길에서 그대에게 맡긴다”고 화답했다.

原任 禮曹判書 李廷龜도 「여러 날 외람되이 모시고 노닐며 구경했는데, 아주 가까이서 웃으면서 이야기하며 덕택과 은혜로 온화하게 감싸주시니, 이는 실로 천고에 없었던 성대한 일이었다. 더구나 욕되게 詩를 써넣은 부채까지 받았는데, 그 정묘한 문장과 글씨는 마치 한 아름의 벽옥을 얻은 것 같아, 여러 겹 잘 싸서 작은 상자에 비장해두었다. 飈輪이 빨리 돌아가면 재미있게 노닐었던 일이 꿈과 같이 되니, 어찌 우러러 사모하는 마음을 이길 수 있겠는가. 감히 瓊玉 같은 시를 뒤쫓아 영광스런 감

회와 슬프고 암담한 마음을 남긴다」고 하면서 "문장은 李白 杜甫와 어깨를 나란히 하고, 정묘한 글씨는 鍾繇와 王羲之의 후신이라"고 칭송하자, 주지번은 「李 月沙의 송별시에 화답하여」 "하늘 끝에 함께 있는 강직한 사람, 담백한 마음 갖고 어찌 번거로운 속세 일에 떨어지려 하겠는가"라고 응수했다.

또한 주지번이 「快哉亭에서 海嶽翁의 韻에 화답하여」 "백성을 안락하게 하고 옛 우물을 남겼으니, 멀리 바라보려 높은 누대로 나아간다"고 선창하니, 兵曹判書 許筬이 「보배스런 부채와 옥 같은 시편을 품격이 낮고 천한 사람에게 주시어, 백 번이나 소리 내어 읽으니 감명 받은 바가 실로 많다. 삼가 原韻을 뒤따라 화답하니, 밝게 살펴주시기를 우러러 기대한다」고 하면서 "八條의 남겨진 은택이 동방에 스몄는데, 어진 은혜가 먼 백성까지 미쳤음을 이제 다시 기뻐한다"고 화답했다. 주지번은 「太虛樓에서도 海嶽翁의 운을 이어」, "구름 나는 먼 나무를 시 읊으며 응시하니, 달 비치는 맑은 술잔에 귀밑 털 그림자가 성기다"라고 창화시를 지었다.

戶曹判書 韓浚謙도 창화에 참여하여, 「漢江과 蠶頭의 두 고상한 모임은 실로 海外의 못난 사람이 일찍이 얻을 수 없었던 성대한 일이었다. 더구나 욕되게도 詩를 써 넣은 부채를 얻은데다가 '柳川'이란 두 큰 글자를 높이 걸어둘 수 있게 되었으니, 감격하지 않을 수 없다. 삼가 부채 위의 詩韻을 이어서, 뒤늦게나마 감사와 정성을 밝히려 하니, 미안하기 그지없다」고 하면서, "새로 쓴 詩 운치 있어 대나무 부채에 남겨두고, 화려한 필치 고상해서 '柳川'이라고 걸어놨다"고 하자, 주지번도 「韓 柳川의 송별시에 화답해서」 "재회를 이루려 해도 날 없음을 탄식하다가, 갑자기 새 詩 보내주니 각자의 하늘 다름이 마음 아프다"고 화답했다.

주지번이 선창하면, 그 자리에 합석한 조선의 여러 관원들이 동시에 화답하는 경우도 적지 않았다. 창화에 가장 많은 이들이 참여한 詩題는 「漢

江 놀이」였다. 「漢江」 혹은 「한강 놀이」로 창화한 이로는 遠接使 柳根 외에도 領議政 柳永慶과 전임 判敦寧府事 李光庭, 館伴使인 領中樞府事 李好閔, 原任 禮曹判書 李廷龜, 工曹判書 徐渻, 工曹判書 徐渻, 戶曹判書 韓浚謙, 漢城判尹 申欽, 都承旨 尹昉, 侍講院輔德 李愖, 成均館 司藝 丁好善 등 11명이 참여했다. 그 다음으로 많은 이가 창화에 참여한 시제는 「蠶頭峰」이었다. 「잠두봉」으로 창화한 이로는 領議政 柳永慶과 領中樞府事 李好閔, 전임 判敦寧府事 李光庭, 原任 禮曹判書 李廷龜, 工曹判書 徐渻, 工曹判書 徐渻, 戶曹判書 韓浚謙, 漢城判尹 申欽, 都承旨 尹昉 등 9명이다. 그 다음으로 많은 이가 참여한 시제는 「배 띄우고 고기잡이 구경하다」였다. 이 시제로 창화한 이로는 領議政 柳永慶과 領中樞府事 李好閔, 전임 判敦寧府事 李光庭, 工曹判書 徐渻, 工曹判書 徐渻, 戶曹判書 韓浚謙, 漢城判尹 申欽, 都承旨 尹昉 등 8명이었다. 그 다음으로는 「聖人을 알현하다」인데, 여기에는 領中樞府事 李好閔과 承政院 都承旨 尹昉, 左參贊 宋言愼, 知中樞府事 鄭昌衍, 成均館 大司成 洪履祥 등 5명이 참여해서 창화시를 지었다. 이외에도 「漢城에서 詔書를 맞이하다」와 「彰賜亭」 등 복수의 관원이 창화에 동참한 시제가 적지 않았다.

이처럼 주지번이 압록강을 건너 조선 경내로 들어온 뒤부터 한양에서 공무를 끝내고 압록강을 건너 돌아갈 때까지 백 수십 편의 사행시, 혹은 기행시를 썼는데, 그 대부분이 원접사 柳根과 접반사 李好閔 등 조선 문관들에 의해 화답되었으니, 이런 경우는 전무후무한 일이었다. 이렇게 된 이유는 무엇보다 주지번 자신이 詩作을 즐기는 일류 시인이었기 때문이기도 하지만, 최초의 문학지사 출신 明使인 倪謙 이후 조선 원접사, 혹은 접반사와의 시문 창화가 크게 유행해서 주지번에 이르러서는 하나의 외교적 관행으로 정착되었고, 임란 이후의 국제정세가 불안정하여 명과 조선의 '倡和外交'가 절실하게 요구되었기 때문이다. 이들 창화시의 주요 내용은 주로 상대의 문학적 역량을 칭송하고, 상대 국가의 禮義와 은택을 찬양하는 등 상투적인 것 외에도, 箕子와 儒教 등 한중관계의 매체와 공유 부분을 강조하고, 임란 때 明軍이 파병되어 조선을 '再造'하게 한 은혜를 강조함으로써, 朝明 양국의 전통적 册封－朝貢 관계와 事大－字小 관계를 복원하자는 것이 주로 포함되었다.

5. 箕子와 壬辰倭亂

朱之蕃의 『奉使朝鮮稿』에서 가장 자주 눈에 띄는 말은 '箕子'다. 주지번은 「金 효녀의 옛 마을 문」을 지나면서 "효도로 교화하는 聖朝의 다스림이 넓혀졌고, 箕封의 옛 가르침이 오래되었다"고 칭송했다. 또한 漢陽에서 「謁聖한 뒤에 明倫堂에 올라 六館의 여러 선비들을 만나보고」, "八條의 남겨진 은택으로 箕範을 준수하고, 六藝의 원류는 魯論까지 올라간다"고 칭송하기도 했다. 「遠接使 贊成 柳根이 牧使 權盼이 소장하고 있던 8대조 權近에게 太祖 高皇帝께서 하사한 3章의 시와 그것에 부록된 應制 작품들의 끝부분에 題文을 써달라」는 부탁을 받고서도, "농사짓고 노래하여 강포함과 거짓이 없어지니, 箕封에 경사스런 은택이 다시 길게 넘쳐흘렀다"고 칭찬했다.

주지번은 「箕子 무덤을 찾아뵙고」 "오랜 소나무 가래나무 옆에서 椒漿으로 잠시 제사 지내고, 황급히 하늘 끝 돌보며 四牡가 머무른다"고 弔古했다. 「箕子 무덤에 제사 지내며」 "八條와 井牧의 남겨진 교화를 보고는 그저 순수하고 대범한 마음이 일어났으니, 이른바 '교화의 영향은 백 세대 이후까지, 상상으로 안 것은 백 세대 이내까지'라는 말을 여기서 더욱 믿을 수 있게 되었다"고도 했다. 또한 평양의 「井田」 遺址를 노래하며,

"箕封의 옛 풍속은 농사짓는 일뿐인데, 西疇에 일 있으니 바로 봄이 되었다. 阡陌 나누던 제도가 아직도 남아 있어, 백성 쓰임이 윤택하고 나라도 마땅히 새로워지리"라고 기대했다.

明使 주지번만 箕子와 그 遺風에 관해 관심을 보인 것이 아니다. 「東方和音」에 수록된 많은 조선 관원의 唱和詩에서도 '箕子'가 자주 등장한다. 遠接使로 선임된 左贊成 柳根도 「井田의 유적지를 두루 살펴보고」, "온 천하가 周를 마루로 받들고 殷은 더 이상 받들지 않았으니, 箕封에 남긴 옛 풍속이 아직도 향기롭다"고 자부하고, 「大同江을 건너며」 "八條의 교화가 箕子 땅에 남아 있고, 만 리 먼 곳 미친 은혜가 漢川에 이어졌다"고 자랑했다. 「箕子의 무덤을 참배」할 때도, "온 천하가 다투어 周鼎을 쳐다보며 점을 치고, 바다 한 귀퉁이에서도 箕疇를 벌일 수가 있게 됐다. 동국의 백성이 禮義를 알게 하였으니, 天仙이 이곳에 이르러서 머물다 가게 되었다"고 했다. 「井田」에 관한 시에서도, "여덟 조목 가르침이 동국의 백성에게 남아 있고, 같은 井의 사람들이 밭을 갈며 봄 묻는다"고 했다. 柳根뿐만 아니라, 주지번과 창화한 다른 관원들도 자주 箕子를 거론하였다. 兵曹判書 許筬은 "八條의 남겨진 은택이 동방에 스몄는데, 어진 은혜가 먼 백성까지 미쳤음을 이제 다시 기뻐한다"고 하고, 成均館 直講 許筠도 "箕子가 책봉된 곳 총애하여 禮俗을 돈독히 하고, 특별히 詔書를 발포하여 殊方에 은혜를 베풀었다"고 했다.

한편 『봉사조선고』에서는 '箕子' 못지않게 '再造'에 관한 이야기가 자주 거론되었다. 특히 「東方和音」에 수록된 조선 관원들의 창화시에서 빈번하게 발견된다. 원접사 柳根은 「詔書가 義州에 이르자」 "그때 包胥가 무거운 궁문 두드리듯, 海外 藩國 三韓이 再造되었다. 은혜를 굽이 입어 오로지 감격해서, 감히 章奏 꺼린 것이 너무나 빈번했다"고 했는데, 여기서 "三韓이 再造되었다" 함은 물론 壬辰倭亂 때 明이 援軍을 보내주어 倭

軍을 격퇴하였음을 가리킨다. 그리하여 「東林古城을 지나며」 "용과 뱀이 근래에 환란을 만났다가, 천자의 위엄에 의지해서 나라를 다시 일으켰다"고 하고, 「車踰嶺」을 넘으며 "小邦은 처음부터 끝까지 은혜를 입어 생성하였는데, 海岱에 갑자기 요사스런 기운이 퍼졌음을 알게 되었다"고 했다. 유근은 「환영하며 위로하는 연회에서 글을 받아」, "세 번 호소한 것은 만국이 다 같지만, 再造는 많은 악공 중에서도 특별하였다"고 감사한 마음을 표현했다. 그는 「駒峴」을 넘으면서도 "三韓을 再造하여 오늘이 있게 하니, 천년에 한번 있는 요순 같은 임금이다"라고 하고, 「碧蹄를 새벽에 떠나며」 "東藩의 再造에 황제의 보살핌이 있었으니, 지금부터 春臺에 즐거움이 크고 빛나리라"고 칭송했다. 유근뿐만 아니라 창화에 참여한 다른 조선 관원들도 '再造之恩'을 잊지 않았으니, 館伴을 맡은 領中樞府事 李好閔은 「詔書를 반포하는 의례를 이루다」는 창화시에서 "황제 德을 이제 어떻게 갚아야 하나, 요사한 기운이 오래전에 扶桑에서 사라졌다"고 사례함을 잊지 않았다.

임진왜란 때 明이 원군을 파견해서 조선을 구원해 준 데 대해 조선의 관원들이 창화시에서 '再造之恩'을 자주 거론한 것은 자의에 의한 것인지는 확인할 수 없지만, 그것이 明使 朱之蕃의 기대를 충족시키는 것이었음은 분명한 일이다. 원접사 柳根은 「愍忠壇을 지나며」 임진왜란 때 조선에서 전사한 明軍에게 조문하였다.

> 小邦이 비와 이슬 같은 은혜를 입어, 皇威가 바다의 요사스런 기운을 깨끗이 했나.
>
> 국토는 비록 彈丸이지만, 이백 년 동안이나 屏藩이 되었다.
>
> 天心이 작은 나라 구휼함에 있어, 도끼를 李將軍에게 주었다.
>
> 旌旆가 강을 건너와, 하늘을 가리키니 하늘이 어두워져 있었다.

다시 태어난 三韓 사람들, 어떻게 성은에 보답할 수 있을는지.

天仙이 시를 지어 조문하니, 이 뜻을 이미 부지런히 받들고 있다.

將軍은 구름 속에서 전사했지만, 큰 공은 천하의 대세를 전환시켰다.

그러나 이에 앞서 明使 주지번이 「愍忠壇을 지나며」 다음과 같이 先唱하여 和答을 기대하였다.

길 왼편에 잇닿아 가득 쌓여 있는 것, 모두가 戰士들의 무덤이다.

칠 척의 몸이 하루아침에, 만 리 먼 곳 헤매는 英魂 되었다.

예전 壬辰 癸巳 연간을 생각하면, 바다에 요사한 기운이 끓어올랐다.

분탕질과 노략질 망설이지도 않고 행하여, 東藩의 반이 짓밟혔었다.

밝게 빛나는 皇威가 힘차게 펼쳐져서, 樓船으로 三軍이 바다를 건넜다.

견고한 적군을 공격해서 강력한 예봉을 꺾고, 이곳저곳 옮겨 싸우며 아침 해가 저물었다.

그대들 살아서 서로 의지하게 되었으니, 정성과 위로를 九原에 돌려줘야 한다.

그늘 같은 도움 빌려 외적 침략을 물리쳤으니, 오래도록 바른 하늘과 땅이 돼야 한다.

愍忠壇이란 壬辰倭亂 당시의 전장 부근에 제단을 쌓고 나무를 심어 그곳에서 전사한 明軍의 혼백에 제사지내던 곳으로, 宣祖 26년(1593)에 평양과 碧蹄, 한양 등에 '민충단'이란 글을 내려 그곳에 제사를 지내게 했다. 명사 주지번이 민충단을 지나면서 임란 때 전사한 명군을 거론하며 "정성과 위로를 九原에 돌려줘야 한다. [……] 오래도록 바른 하늘과 땅이 돼야 한다"고 한 것은 곧 쇠약해진 명의 국력과 위태로운 遼東의 정황을 의식하여, 明帝에 대한 지속적인 충성, 즉 전통적 明朝 册封－朝貢 관계의 유지와 강화를 기대한 것이니, "天仙이 시를 지어 조문하니, 이 뜻을 이미 부지런히 받들고 있다"고 한 원접사 유근의 화답은 곧 명사 주지번이 처음부터 기대한 외교적 성과였다. 주지번은 귀환 길에 「李仰城 사당에 제사 지내며」, "아, 지난날 동쪽에 이웃한 교활한 倭가 침범하여, 황제께서 동국을 돌아보며 도끼를 주어 專征케 했다. 압록강에서 誓師하고 旗幟 빛을 드러내니, 이르는 곳마다 승리를 거두어 藩邦이 다시 살아났다"고 조문하기도 했다.

『봉사조선고』에서 자주 보이는 '箕子'와 '再造'란 말이 일견 보아서는 관련이 없는 것처럼 보이기도 하지만, 그 역사적 의미에 접근해 보면 양자 사이의 내적 관련성이 확인될 수도 있다. 주지번은 임란 때 불태워졌다가 전후에 「다시 수리한 朝鮮 明倫堂의 記文」에서, "史蕃이 천자의 사명을 받들어 東方에 수레를 타고 그 강역으로 들어와서, 민간의 풍속이 온화하고 조용하며 겸손하여 사양함을 보았는데, 오직 삼가며 논밭 갈고 독서하였으며, 어질고 현명한 사대부들과 매일 揖讓하고 周旋하였고, 그 글의 수식과 내용이 알맞게 갖춰져 있다. 이미 이 나라 임금이 공경하고 삼가며 법도를 잡고 있음을 보았는데, 군주를 존중하는 그 충정 어린 정성과 마음속 깊은 곳에서 우러난 감사의 공경의 태도에는 言外에서 가득 차 넘치는 바가 있다"고 하면서, "물러나며 손님을 맞을 때는 예를 다해 게을러 함이 없고, 좌우에서 도우며 일을 맡아하는 이들도 조심스럽게 공경하는 바 있어, 箕聖이 남겨준 교화에 걸맞게 온화한 모습으로 삼갔으니, 깊이 생각할 만하다. 또한 우리 列聖의 덕화와 교화를 점차 입어, 그 효험이 자못 있었다"고 하여, 조선의 禮教가 뛰어남은 箕子와 明帝의 교화에 힘입은 것이라 했다. 그리고 이번에 사신의 임무를 맡아 조선에 온 것도 "진실로 東人을 일체로 여겨 조금도 차별하지 않았기 때문이라"고

하면서, 명륜당에서 여러 선생과 제자들이 "그 光復의 일에 대해 써달라"고 부탁해서, 곧 遺訓을 서술하여 "동국 사람들과 함께 倫常의 뜻을 돈독히 하고 外侮를 잊지 말 것을 기약했다." 그는 "정성이란 자기로부터 말미암아 남에게까지 미치는 마음이다. 오래 안정시키며 길게 다스리는 길을 펴서, 국가의 운세가 화려하고 아름다운 건물과 함께 새로워지고, 나라의 기틀이 階地와 함께 오래도록 안정되어, 우리 聖帝께서 동쪽을 돌아보는 근심을 풀어준다면, 어찌 지금부터 다시 시작한다 하지 않겠는가"라고 하여, 箕子의 敎化로 禮義之國이 된 조선은 책봉과 조공의 禮를 교환하는 明과의 관계를 유지, 강화해야 함을 강조했다.

주지번은 「箕子 무덤에 제사를 지내면서」, "능히 마음과 법을 펴서 후세에 전하거나, 충성과 정성을 다하여 나라에 보답하고, 정치와 교화를 잘해서 백성을 화목하게 하는 자는 각각 그 하나만 할 수 있어도 俎豆를 빛내어 제사를 천년 동안 전하기에 족한데, 하물며 이 삼자를 모두 겸하여 몸소 갖춘 箕聖 같은 이의 원대한 계책과 공적이야 어찌 우주와 더불어 영원히 살아남지 않겠는가. 또한 동방에서 그 은택을 직접 입은 자들은 冠과 신발의 가르침을 받듦이 매우 오래되어 돈독하지 않겠는가"라고 하면서, "八條와 井牧의 남겨진 교화를 보고는 그저 순수하고 대범한 마음이 일어났으니, 이른바 '교화의 영향은 백 세대 이후까지, 상상으로 안 것은 백 세대 이내까지'라는 말을 여기서 더욱 믿을 수 있게 되었다"고 했다.

주지번은 「도성을 나서며」, 조선은 "聲敎의 유래가 오래된 곳이라, 여정이 얼마나 먼 지 묻지 않는다"고 하였듯이, 북경을 출발할 때부터 이미 조선이 교화된 '禮義之國'이고 오래전부터 중국과 책봉-조공 및 事大-字小의 관계를 가져온 나라임을 잘 알고 있었다. 임란 때 명이 원군을 조선에 파견한 것은 실제로는 '脣亡齒寒'의 논리에 의해 遼東을 지키기 위한 것이었지만, 적어도 명분상으로는 책봉과 조공의 예를 교환해온 '藩國'을 '字小'하기 위한 것이었으니, 册封과 字小의 주체가 위기에 처한 朝貢과 事大의 나라에 '再造之恩'을 베푼 것은 당연한 일이었다. 임진왜란이 종전된 직후에 조선으로 출사한 주지번의 萬曆 사절단은 비록 겉으로는 元孫의 출생을 알리기 위한 것이라 해도, 실제의 사명은 再造의 은혜를 내세워 전통적 책봉-조공 관계를 단속하는 것이었음이 분명하다.

6. 맺는말: 倡和 外交와 문화 교류

朱之蕃에 관한 기존의 연구는 모두 미술사학계와 한문학계에서 이뤄져 왔으며, 그 주제도 예외 없이 그 문화 교류에서의 업적에 집중되었다. 한 예로, 김홍대(북경 중앙미술학원)와 신영주(퇴계학연구원)는 주지번이 조선의 서화단에 미친 영향에 대해 소개하였는데, 이들의 기존 연구에서 거론된 주지번의 한중문화교류사 상의 역할을 정리하면 다음과 같다.

주지번은 중국에서 자신의 작품인 「千古最盛帖」을 가지고 와서 柳根에게 跋文을 부탁했는데, 이에 대해 柳根의 從事官으로 종사한 許筠이 다음과 같이 소개했다.

> 朱 太史가 吳輞川의 솜씨를 빌려 小景 20幅을 그렸는데, 모두 옛 名人의 詩文 가운데서 그림에 넣을 만한 것을 취해 실었으며, 또 손수 文과 賦, 詩 등을 해당하는 그림 밑에 써두었으니, 참으로 좋은 일이었다. 그 화본이 궁내에서 나와 지금은 義昌君의 집에 있다. 舍兄[=許筬]이 李澄의 솜씨를 빌려 그 그림을 베끼고 그 嫡兄 李瀟이 글씨를 썼다. 글씨는 朱公에 미치지 못하지만 그림은 더 뛰어나다. 桃花源 [……] 山陰 [……] 岳陽樓 [……] 蜀道 [……] 赤壁 [……] 등 각처가

모두 그 가운데 있어, 대개 내가 놀아보고 싶었던 곳들을 눈을 들어 한 번에 다 볼 수가 있으니, 어찌 인간의 한 큰 유쾌한 일이 아닌가. 내가 매우 기뻐서 감상하여 마지않는다."[10]

이 「천고최성첩」은 주지번이 손수 그려서 宣祖에게 바치고, 그 副本으로 柳根에게 기증된 것이 그 집안에서 대대로 전해졌으며, 이 부본이 다시 許 씨 등 다른 집에서 본떠져서 模本이 널리 유행되기도 했다. 문학적 주제를 회화한 화첩은 元代 이후 明代 吳派 화가들 사이에 널리 유행한 것으로, 이 「천고최성첩」이 조선에 전래됨으로써 중국의 유명 문학가들의 작품을 그림으로 그려서 화첩을 만들어 감상하는 기풍과 중국 吳派의 화풍이 조선의 화단에 적지 않은 영향을 미쳤다고 한다.[11]

주지번은 그림보다, 심지어 使行詩보다도 더 많은 글씨를 조선에 남겼다. 그는 "술을 즐기고 시를 좋아하였으며, 편액 글자에 능하였다. 또 우리나라 宰樞들과 연회에서 노닐면서 친구처럼 어울려서 붙잡고 놀기까지 하였다. 액자를 청하는 사람이 있으면 귀천을 가리지 않고 곧 붓을 휘둘렀으니, 그의 필적은 中外 인가의 창과 벽에 거의 두루 붙여지게 되었고, 碑碣을 청하는 사람이 있어도 응하지 않는 일이 없었다. 梁[有年]의 才華는 朱[之蕃]보다 훨씬 떨어졌다"[12]고 하니, 지금까지 전해지고 있는 작품만 해도 이삼십여 점에 달한다고 한다. 그 대표적인 것으로 明倫堂 편액이 있는데, 이는 조선이 임란 때 타버린 명륜당을 새로 지은 뒤에 그 편액을 쓸 사람을 찾지 못하다가 때마침 내방한 명사 주지번에게 부탁해서 쓰게

10 『惺所覆瓿藁』 13.

11 김홍대, 『朱之蕃의 丙午使行(1606)과 그의 서화 연구』(온지논총 11, 2007), 272~282쪽.

12 尹國馨, 『甲辰漫錄』 「乙巳冬」(『大東野乘』 所收).

했다고 한다. 이와 더불어 주지번은 자신이 고증한 『篆訣歌』라는 책을 조선에 전하기도 했는데, 이 책은 篆書를 楷書로 해석하고 전서의 부수를 풀이하기도 한 책이니, 그의 篆書에 대한 해박한 지식을 엿보게 한다. 주지번이 편찬한 『玉堂釐正字意韻律海篇心鏡』이라는 字書도 적어도 1614년 이전에 조선으로 유입되어 조선인의 서법 연구에 적지 않은 영향을 미쳤다.[13] 또한 그는 文徵明의 「衡山石刻帖」을 가지고 와서 許筠에게 선물해서 중국의 당대 吳派 화풍을 조선에 소개하기도 하고, 조선의 명필 韓石峯의 글씨를 구해서 중국으로 가지고 돌아가서 좋은 평가를 받게 하기도 했다.

문학 분야의 교류에서도 주지번의 역할은 적지 않았다. 그는 遠接使 柳根의 從事官으로 활약한 許筠에게 『世說刪補』와 『詩雋』, 『古尺牘』 등의 서적을 전해주었는데, 특히 『세설산보』의 경우, “明人이 그 번잡한 부분을 깎아내고 기이함을 보완하여 한 책으로 만들었으니, 실로 藝林의 珍賞이다. 天使 朱之蕃이 가지고 와서 柳西坰에게 선물로 주어, 마침내 우리 동국의 글 짓는 이들이 즐겨 읽는 바가 되었다”[14]고 한다. 또한 주지번은 新羅 이래 지금까지 한국의 詩歌 가운데서 좋은 것으로 책 한 권을 만들어 달라고 부탁해서 “우리나라 사람의 시 가운데서 孤雲[崔致遠] 이후 124명이 시 830편으로 4권의 책을 만들어 두 사신에게 증정했다” 하고, 上使, 즉 주지번이 허균을 불러 “우리나라에서 간행된 古詩本을 구해달라고 해서, 行囊에 마침 外王父가 받은 「后山詩」 6권이 있어 증정했다”[15]고도 한다. 이로 인해 만력 사절단은 조선을 방문한 그 어떤 중국 사절단보

13 신영주, 「朱之蕃의 조선사행과 문예교류에 관한 일고」(『한문학보』 16, 2007), 47~59쪽.

14 李宜顯, 『陶谷集』 28 「陶峽叢說」.

15 許筠, 『惺所覆瓿藁』 18 「丙午紀行」.

다 문화 교류의 면에서 괄목할 만한 성과를 남긴 것으로 평가받았다.[16]

만력 사절단의 이러한 문화 사절단으로서의 역할은 이른바 '倡和外交'의 한 성과라 할 수 있다. 명과 조선의 창화 외교는 明使와 遠接使의 詩文唱和에 그치지 않고, 광범한 문화적 교류를 동반하였던 것이다. 만력 사절단을 이끈 正使 朱之蕃과 副使 梁有年은 역대 明朝의 사절단 가운데서 가장 많은 창화시를 지어 남겼으며, 그 과정에서 조선의 遠接使 柳根과 館伴使 李好閔 등 문인 관료들과 빈번한 詩的 교감을 나누었다. 그 결과, 이들은 使命을 다 수행하고 귀국한 뒤에도 계속 조선의 朝臣이나 使節들과의 交遊를 지속하면서 조선의 對明 외교를 지원하고 조선 사절단의 편의를 도와주는 등 각별한 관계를 유지하였다. 특히 임진왜란의 종전 직후에 조선을 방문한 명의 만력 사절단은 明朝의 파병에 의한 '再造之恩'을 확인하고 쇠약해진 명조에 대한 조선의 지속적 지지와 협조를 기대한 일차적 사명을 충실하게 수행함으로써, 朝明 양국의 '倡和關係'를 성공적으로 유지할 수 있도록 기여하였다.

16 노경희, 「17세기초 문관출신 明使 接伴과 韓中 문학교류」(『한국한문학연구』 42, 2008), 239~244쪽.

제6장
姜曰廣의 『輶軒紀事』와 明末의 遼東

1. 머리말

『輶軒紀事』는 明 末의 문학지사 翰林院編修 姜曰廣이 明 熹宗 天啓 6년(1626; 조선 仁祖 4년)에 황태자의 출생을 조선에 알리기 위해 正使로 임명되어 副使인 工科給事中 王夢尹과 함께 朝鮮에 사신으로 다녀갔다가 기록한 여행기이다. 강왈광이 天啓 연간에 이끈 明朝의 사절단(이하 '天啓 사절단'이라 약칭함)은 登州에서 4월 23일에 출항하여, 廟島 열도를 경유해서 5월 19일에 압록강 하구에 있는 皮島(=椵島)에 도착해서 그곳을 지키던 毛文龍을 만난 뒤에 상륙해서 육로로 남하하여, 6월 13일에 한양으로 입성, 조서를 반포하고 仁穆大妃의 국상에 조문한 뒤, 6월 21일에 귀국길에 올라 같은 길로 되돌아가서 7월 중순에 등주에 닿고 8월 22일에 북경에 도착했나. 『유헌기사』는 전계 사절단이 밟은 이 일련의 긴 여정을 저명한 문학지사 출신의 正使 강왈광이 매우 생동감 넘치게 서술하여 일견 보아 문학적 가치가 돋보이지만, 그 못지않게 사료적 가치가 풍부하게 엿보이는 문헌 기록이라 할 수 있다.

강왈광이 조선에 갈 때는 女眞의 後金이 遼東을 석권하여 明朝의 北京과 朝鮮의 漢陽을 잇는 遼東의 육로가 단절되었고, '遼民', 즉 중국계 요동 주민들이 대거 남쪽으로 피난하여 조선의 북변을 전전하며 조선에 큰 폐해를 끼치고 있었으며, 明將 毛文龍이 遼民을 수습하여 압록강 입구의 皮島에 있는 東江鎭에서 농성하고 있었고, 조선이 明朝와 후금 사이에서 미묘한 외교적 태도를 취하고 있던 매우 특수한 상황이었다. 따라서 강왈광의 天啓 사절단은 역사상 처음으로 해로를 통해 조선을 방문했고, 황태자의 탄생을 알리는 본래 임무 외에도, 모문룡을 탐색하여 견제하고, 조선으로 피난한 遼民을 보호하며, 조선과의 전통적 冊封-朝貢 관계를 유지하여 후금을 고립시키는 등 여러 가지 임무를 복합적으로 띠고 東來했다. 『유헌기사』에는 당시의 이러한 특수 상황이 잘 묘사되어 있어, 명말 청초의 동북아시아의 미묘한 상황을 이해하는 데 매우 귀중한 사료로서의 가치를 갖고 있다. 또한 요동 육로의 단절로 인해 천계 사절단은 부득이 海路를 이용해서 내왕할 수밖에 없었기 때문에, 『유헌기사』에는 山東에서 廟島 열도와 皮島를 거쳐 한국의 서북 해안을 따라 漢城으로 왔다가 돌아간 해로가 상세하게 기재되어 있어, 전통 시대 한중 해상 교통로를 이해하는 데도 매우 귀중한 사료가 된다. 이외에도 강왈광이 조선 측의 물적 지원을 일체 거절하는 과정이 생생하게 기술되어 있어, 明使의 일상적 접대에 관한 정보를 얻을 수도 있고, 해상의 풍랑을 만나 天妃에게 기도하는 장면이 여러 번 기술되어 당시 동아시아에서 유행한 天妃 숭배 민간 신앙의 연구에도 많은 도움을 얻을 수도 있으며 海市, 즉 신기루를 목격한 경험을 기술하여 발해와 그 연안에서 자주 발생하는 신기루가 神仙 관념의 형성에 어떻게 작용했는지 시사 받을 수도 있다.

강왈광은 청렴 강직한 태도로 조선 조야의 관심을 모았다. 그는 조선으로 입국하기 전부터 그동안 明使의 사절단에 동행하여 각종 작폐를 일삼았던 상인들의 탑승을 엄금하였고, 조선 측의 일체 물품 공급을 사양하였을 뿐만 아니라, 의례적인 선물까지도 물리쳤다. 그러나 그는 私益 대신에 國益을 적극 추구해서, 평안도 일대로 밀려 내려온 遼民의 구호와 毛文龍에 대한 지원 등을 조선 측에 요청하고 朝明 양국의 전통적 冊封-朝貢 관계를 유지하려 노력했다. 다른 文學之士 출신의 明使들과 마찬가지로, 강왈광도 한양에 도착하자마자 禮論을 개진하여, 喪服을 벗고 예복으로 詔書를 영접하도록 강요하여 끝내 관철시켰다. 결국 강왈광은 조선의 협조를 얻고 모문룡의 東江鎭을 단속하려한 소기의 외교적 성과를 거두었을 뿐만 아니라, 조선인의 감동을 불러일으켜 전례 없이 生祠를 세우는 선물까지 얻고 귀국했다. 姜曰廣은 환관 魏忠賢에 의해 東林黨으로 몰려 削籍되기도 했고, 명이 패망한 뒤에는 滿淸에 끝까지 저항하다가 패전과 함께 자결한 인물이니, 明使로서 조선에서 취한 강직한 언동은 결코 가식적이거나 우연한 것이 아니었다. 따라서 『유헌기사』는 명말 중국의 士大夫像을 이해하는 자료로서도 유용한 의미를 갖는다고 하겠다.

그러나 강왈광과 그의 『輶軒紀事』는 지금까지 韓中 양국의 학계에서 거의 주목을 받지 못했다. 아마도 이 책이 강왈광이 귀국한 뒤 1년 10개월 뒤인 1628년에 처음 출간되었다가, 光緖 21年(1895)에 『豫章叢書』本으로 다시 출간되었지만, 최근(2003년)에 北京圖書館出版社에서 출간한 『中朝關係史料叢刊: 使朝鮮錄』에 수록됨으로써 비로소 학계에 널리 알려지게 되었기 때문일 것이다. 지금까지 강왈광과 그 『유헌기사』와 관계된 연구로는 단 한 편의 논문밖에 발견되지 않는데,[1] 그나마 이 논문도 『유헌기사』의 한 측면, 즉 강왈광이 조선에서 일체의 물자 공급과 선물을 받지

1 韓明基, 「17세기 초 明使의 서울 방문 연구: 姜曰廣의 『輶軒紀事』를 중심으로」, 서울시립대학교 서울학연구소, 『서울학연구』 8, 1997.

않은 일만을 다루고 있어, 『유헌기사』의 광범한 사료적 가치를 학계에 정리, 소개할 필요를 절실하게 느끼게 된다. 따라서 이 글에서는 강왈광의 『유헌기사』에서 발견되는 遼民의 동향과 東江鎭의 위상, 朝鮮과 明, 後金 삼국의 삼각관계, 禮論을 통한 책봉-조공 관계의 유지, 명말 중국 지식인의 한국 인식, 廟島 열도를 통한 해상 교통로 이용, 동북아시아의 天妃 숭배와 신기루와 신선 관념의 관계 등에 관한 갖가지 기사들의 사료적 가치를 확인하고, 나아가서는 이러한 자료를 통해 명 말 遼東의 특수한 상황에 대한 역사적 이해를 강화하려 할 것이다.

2. 明 말의 遼東 상황과 天啓 사절단의 出使

姜曰廣이 이끈 天啓 사절단은 明帝의 皇太子 탄생을 朝鮮에 알리기 위해 파견되었지만, 그 목적은 그리 단순하지만은 않았다. 천계 사절단의 출사 목적에는 황태자 탄생을 알리는 공식적 행사 외에도 명 말 요동의 특수한 상황을 직접 파악하여 대처한다는 특수한 임무가 포함되어 있었다. 이에 대해 천계 사절단의 正使 강왈광은 그 기행문 『輶軒紀事』의 서두에서 다음과 같이 밝히고 있다.

> [熹宗] 天啓 乙丑년[=天啓 5년; 1625]에 皇太子가 태어나서, 조정에서 벼슬하는 신하를 보내 천하에 경사를 널리 알렸는데, 故事로는 海外의 여러 나라들 가운데 오직 朝鮮만이 中國과 견주었으니, 禮臣이 題本을 갖추어 올려 聖旨를 받았다. 이때 遼를 잃어 육로가 막힌 지 오래되어, 조정에서 벼슬하는 신하를 보내지 못하였다. 명령이 禮臣에게 내려가자, 院長[=翰林院掌院學士]이 원내의 여러 公들을 모아 오래도록 논의하여 의결하고, 禮臣이 다시 제본을 올려 翰林院 編

修인 姜日廣을 正使로 충임하고 工科給事中 王夢尹을 副使로 삼도록 건의했다. 황제께서 이를 허락하고, 각자에게 正一品의 조복 일습을 하사했는데, 廣의 것은 금실로 麒麟 무늬를 넣어 짠 진홍색 비단 한 벌과 청색 비단 한 벌, 녹색 비단 한 벌이었다. 따라가는 家人은 모두 관직을 冒稱할 수 있게 했다. 조정은 신하가 먼 곳에 가는 일을 가엾게 여겨서 특별히 두터운 은혜를 베풀었다. 이에 앞서 조정에서 벼슬하는 많은 신하들이 어지러이 東江의 일에 대해 이야기하여, 마침 王 諫議가 상소해서, 마땅히 관원을 파견해서 살펴보게 해야 한다고 주장하니, 황상께서 옳다고 여기시고 즉시 조칙을 반포하여, 두 신하가 便道하여 곧장 가서 상세하게 살펴보도록 했다. 나는 이를 듣고 內閣으로 가서 사양하였으나 윤허를 받지 못하고, 학식과 재주가 얕고 천박한 데도 무거운 명령을 두 가지나 받들어, 발길을 돌려 피할 수 없게 되었다.

요컨대, 천계 사절단은 두 가지 임무를 띠고 출행했으니, 그 하나는 太子 출생을 알리는 詔書를 전달하는 것이고, 다른 하나는 東江, 즉 皮島에서 농성하는 毛文龍 軍鎭 문제를 살피고 통제하는 일이었다. 이에 대해 「序文」을 쓴 姜日敬도 "지금까지는 詔使는 詔書를 반포하는 일만으로 공무를 끝내기에 족했지만, 이번에는 그렇지 않았다. 대개 海外를 閫外의 일로 삼는 자들이 먼 곳에 있음을 믿고, 매번 글을 올려 사정을 말하며 간청하였는데, 성을 내는 기세로 떠벌리며 자랑하는 말을 해서, 조정의 논의에서 이를 물리치고 공과 죄의 두 가지 안건으로 이를 물었다. 그러나 물가 지역은 통제할 수가 없어, 詔使로 하여금 겸하여 정황을 살펴보게 하니, 체면을 지킬 수가 없었다. 너무 세게 부딪혀 자극하는 것도 불가하니, 이는 어려운 일이었다"고 하여, 천계 사절단이 "무거운 명령을 두 가지나 받들어" 出使했음을 확인해주었다.

황태자의 출생을 알리는 '詔使'로서 翰林院 編修 등 文學之士가 선발된 것은 明代 일대의 전통이었다. 『明史』 권320 朝鮮傳에 의하면, 憲宗 成化 4년(1468)에 巡按遼東御史 侯英의 상주로 인해, "앞으로는 상을 내릴 때는 '內臣'을 보내고, 册封의 正使와 副使는 廷臣 가운데서 學行이 있는 자를 뽑도록 하라"고 지시했다 하는데, 실제로 그 뒤로는 책봉 등 중요한 의전이 있을 때는 문학과 덕망이 뛰어난 翰林院의 學士들 가운데서 正使를 선발하는 것이 관행화되었다. 따라서 명대 말기일지라도 황태자 출생과 같이 중요한 일을 알리는 詔使로서 한림원 편수가 선발된 것은 당연하고 자연스러운 일이었다. 그러나 황태자의 출생을 알리기 위해 파견된 詔使가 야전군 군진의 동태를 살피는 특수한 임무를 동시에 맡아 수행하게 된 것은 당시 遼東의 특수한 상황이 낳은 매우 이례적인 일이었다.

萬曆 47년(1619; 後金 天命 4년; 朝鮮 光海君 즉위 11년)에 薩爾滸 전역에서 明軍이 대패하여 遼東의 대부분이 後金에 의해 장악된 뒤로, 明과 後金·朝鮮 등 삼국 사이에 요동을 둘러싸고 미묘한 역학적 관계가 조성되었다. 『명사』 조선전에 의하면, 이 살이호 전역에 "전투를 돕기 위해 파병된 조선의 장병 가운데는 항복하기도 하고 전사하기도 했다" 하고, "이때 遼鎭에서는 塘報[즉 척후병이 적의 정세를 살펴 알리는 일]로 조선이 大淸과 강화한다고 보고하기도 했다"고 한다. 이에 명의 朝議에서는 "[조선 왕] 琿[=光海君]이 겉으로는 중립을 지키는 체하면서 속으로는 몰래 [후금을] 따르니, 관리를 보내 宣諭해야 마땅하다"고 하기도 하고, 혹은 "장수에게 명해 監護해야 한다"고 하는 등, 의논이 분분했다고 한다. 이에 조선 국왕이 국서를 보내 "2백 년 동안 충성을 다해 事大했으니, 죽으나 사나 절개를 변치 않을 것이라"고 하고, 그 말이 지극히 간절하여, 明朝의 禮部와 兵部에서 勅侖을 내려 알아듣도록 타일러서 그 마음은 안정케 하자고 청해서, 明帝가 명조의 관리는 파견하지 않았지만, 조선의 관리가 칙령을 가져가게 했다고 한다. 요동의 상황이 더욱 악화되어, 天啓 원년(1621; 광해군 13년)에는 조선이 명에 朝貢해 오는 길을 바꿔 바다를 통해 登州에 이르러서 곧바로 北京에 도달하도록 했다. 그때 명의 總兵 毛文龍이 皮島에 주둔해서 逃民을 불러 모아 병사로 삼고 필요한 물자를 조선에서 보급받고 있었다. 이에 조선 국왕 광해군은 명조에 대해 "군량을 공급하기 힘겨우니, 萬曆연간에 東征할 때의 전례에 따라 山東의 곡식을 운송해달라"고 요청하여 관철시키기도 했다.

그러나 天啓 3년에 조선에서 정변이 일어나서 이른바 '仁祖反正'으로 국왕이 廢置되었는데, 이때 皮島의 毛文龍이 정변을 일으킨 仁祖에게 유리하게 본국에 보고했다. 『명사』 조선전에 의하면, 당시 명조의 禮部尙書가 "琿[=光海君]이 실로 悖德하여 倧[=仁祖]이 叛臣을 토벌해서 진심으로 朝廷을 받들고자 했다고 말한 자는 오직 모문룡 한 사람 뿐이라"고 하고, "먼저 勅諭를 반포해서 倧이 國事를 통리케 하고, 군사를 징발하고 賦稅를 거두어서 모문룡과 함께 伏兵을 배치하고 奇兵을 내보내게 하면서, 점차 일의 진행을 기다렸다가 비로소 중신을 보내 封典을 바로잡도록 하자"고 건의해서, 천계 4년에 인조의 冊封이 이뤄졌다고 한다. 天啓 5년에는 李适의 반란이 일어나서, 모문룡은 "조선에서 逆黨 李适과 韓明璉 등이 昌城에서 군사를 일으켜 곧장 王京으로 내달리다가 臣에게 사로잡혔다"고 본국에 보고하면서, "鐵山의 무리를 잠시 옮겨 雲從島에 가서 땔감을 장만하게 했다"고 알렸다. 당시 요동의 상황을 임시로 관장한 登萊巡撫의 보고에 의하면, "毛帥는 5월부터 須彌에 집을 짓고 있는데, 이른바 雲從이 바로 그곳이다. 이제 10월에 또 병사와 백성, 상인 등을 옮겨 그곳을 채우니, 鐵山 땅은 비게 되었다. 그래서 조선의 각 道에서는 그들이 너무 가깝게 와서 살게 되지 않을까 의심해서, 심지어는 군사를 배치해서 그들을 방어하기에 이르렀다"고 한다. 이러한 보고를 접한 명조의 병부에서는, "敵國을 견제하는 자는 朝鮮이고, 조선과 聯屬 하는 자는 毛鎭이며,

모진을 駕馭하는 자는 登撫인데, 지금 撫臣이 鎭臣과 不和하여, 鎭臣과 屬國이 불화함에 이르게 하니, 매우 이롭지 않다"고 해서, 明帝는 鎭臣, 즉 東江鎭의 毛文龍과 撫臣, 즉 山東의 巡撫가 마음을 합치도록 힘쓰라 명했다. 이때 조선 국왕 仁祖가 명조에 대해 "遼民을 철수시켜 中土에 안주시키도록" 요청하여, 명의 兵部에서 "遼人이 떠나고 머무는 것은 毛文龍이 주관한다. 모문룡이 하루라도 나가지 않으면 遼人도 하루도 떠나지 않는다. 조선인이 그들을 몰아서 섬 안으로 들어가게 하는 것은 가능하지만, 그들을 몰아서 섬을 떠나게 하는 것은 불가능하다. 마땅히 鎭臣에게 遼民을 모두 데리고 섬을 빠져나가게 하고, 登[萊巡]撫에게는 기한 안에 양곡을 조선으로 운송해서 헤아려 구휼하여 屯牧에 도움이 되게 해야 한다"고 해서, 그렇게 하기로 했다.

그러나 당시 모문룡의 皮島 농성과 遼民의 피난은 조선에 심각한 부담을 안겨주었다. 천계 6년 10월에 조선 국왕은 다음과 같은 국서를 명조에 보내어 당시의 어려운 상황을 하소연했다.

> 毛鎭이 遼東 전역의 함락을 당한 뒤에 외로운 군대를 이끌고 동쪽으로 건너와서 바닷가에 잠시 더부살이로 묵으면서 遼民을 불러 모은 것이 앞뒤로 수십 만에 이르러, 小邦에도 필요한 물자의 공급을 기대고 있습니다. 그러나 우리나라에서는 어려운 일이 많이 있어 토지는 척박해지고 백성은 궁핍해져서, 안으로는 본국의 군수품을 보급해야 하고 밖으로는 식량을 기다리는 鎭兵을 구제해야 하나, 곡식의 생산에는 한계가 있어 지급하기가 실로 어렵습니다. 遼民들은 굶주림에 못 이겨 촌락에 흩어져서 힘센 자는 빼앗고 약한 자는 구걸합니다. 小邦의 병사와 백성들은 이러한 소란을 감당하지 못해 고향을 포기하고 內地를 돌아다니고, 遼民도 먹을거리를 뒤쫓아서 그들을 따라 들어왔습니다. 昌城과 義州 이남과 安州와 肅川 이북은 客民이 [10의] 6, 7이고, 主居가 3, 4일 뿐입니다. [……] 毛帥

는 오래전부터 海外에 주둔하고 있어, 臣과 서로 周旋한 지 벌써 10년 가까이 되었습니다. 비록 군량이 거의 다 떨어져서 피차가 모두 궁핍하지만, 두터운 情誼는 실로 조금도 손상되지 않았습니다. 또한 그들이 須彌로 옮긴 것은 바로 보호할 대상이 더욱 무거워져서 꼴과 땔감을 준비하기 위한 것입니다. 한번 나아가고 한번 물러나는 것은 병가의 상사입니다. 잘못 전해지거나 남을 헐뜯는 말은 본래 개의하지 않습니다. 兵部와 撫臣이 보낸 咨文을 살펴보니, "너무 가까이 와서 살게 될까 걱정한다"라든가, "그 백성을 몰아내고, 그 장수를 몰아낸다" 하고, 심지어는 "군사를 배치해서 방어하고, 屬國이 두 마음을 품는다"는 등의 말이 있는데, 海外의 정황을 완전하게 다 알지 못하는 것 같습니다. 신이 遼民을 모두 쇄환하기를 청한 것은 구제할 힘이 부족하기 때문이지, 가까이 와서 사는 것을 걱정하기 때문이 아닙니다. 신은 바야흐로 毛鎭과 마음을 모으고 힘을 아울러서 공을 세워 주군에게 보답하려 하는데, 어찌 감히 추호라도 의심하여 막으려는 뜻이 있었겠습니까.

이에 대해 明帝는 다음과 같이 답했다.

왕은 東鎭과 화목하고 협력하여 中朝를 존중해서 받드니, 충성스럽고 곧은 정성이 말에 잘 드러나 있습니다. 鎭軍은 오랫동안 멀리 떨어져 있고, 조선인과 遼人이 서로 섞여 살고 있으니, 오래 머문 객이 주인에게 누를 끼치고, 생산은 적은데 먹을 사람은 많습니다. 왕의 말이 없었다면, 짐이 만 리 밖에 앉아서 덕을 미치지 못하는 바가 있을 것입니다. 그러나 毛帥는 中朝에는 [적국을] 견제해주는 군대가 되고, 왕의 나라에는 입술과 이빨의 형세와 같은 군대가 됩니다. 바닷가의 軍鎭이 사용할 꼴과 군량은 벌써 해당 부처에 명해서 담당 지역을 나누어 기한에 맞추어 운송해서 구제하게 했습니다. 피난 간 변방 백성들도 毛帥에게 명하여 마음을 다해 조처하게 하고, 더 이상 왕에게 누를 끼치지 않도록 했습니다. 잘못 전해진 말은 개의할 바가 되지 못하니, 힘을 합치고 마음을 모을 수 있도록 왕이 힘써주기 바랍니다.

『明使』 권259 袁崇煥傳에 의하면, 毛文龍은 "仁和 사람으로, 都司로서 朝鮮을 원조하며 遼東에 머물러 있었는데, 요동을 잃게 되자 바닷길로 도망쳐 돌아와서, 빈틈을 타서 大淸 鎭江의 守將을 습격해서 죽이고 巡撫인 王化貞에게 보고하면서, 經略인 熊廷弼에게는 알리지 않아서 두 사람 사이에 틈이 생기기 시작했다"고 한다.

당시에 집정하고 있던 자가 바야흐로 왕화정을 존중하였기 때문에, 마침내 모문룡에게 總兵 직을 주었고, 점차 승진해서 左都督에 이르러 將軍의 印綬를 차고 尙方劍을 하사받고, 皮島에 內地처럼 軍鎭을 설치했다. 皮島는 東江이라고도 하는데, 登州와 萊州의 큰 바다 가운데에 80리 잇닿아 있고, 초목은 나지 않는다. 남쪽 해안은 멀고 북쪽 해안은 가까워서, 북안으로 바닷길 80리를 가면 大淸[=後金]의 땅에 다다르고, 그 동북 바다는 조선이다. 섬 위의 군사는 본래 河東 백성으로, 天啓 원년에 하동을 잃었을 때 많은 백성들이 섬 안으로 도망했다. 모문룡은 그 백성들을 농락해서 병사로 삼고 哨船을 나누어 배치해서 登州와 聯接하여 犄角의 계책으로 삼았다. 中朝에서는 이를 인정해서, 島事가 이로부터 일어났다. 4년 5월에 모문룡은 장수를 보내 鴨綠江을 따라 長白山을 넘어 大淸國의 동쪽 땅을 침범했다가, 그곳을 지키는 장수에 의해 격퇴되어 무리가 모두 섬멸되었다. 8월에는 병력을 보내 義州城에서 서쪽으로 강을 건너 섬 안으로 들어가 屯田했으며 [……] 5년 6월에는 병력을 보내 耀州의 官屯寨를 습격했다가 패퇴해서 돌아갔다. 6년 5월에는 병력을 보내 鞍山驛을 습격했다가 그 병졸 천여 명을 잃었다. 며칠 지난 뒤에 또 병력을 보내 撒爾河를 습격해서 城 남쪽을 공격했다가 大淸의 수비 장수에게 격퇴되었다. 7년 정월에는 大淸의 군사가 朝鮮을 정벌하면서, 아울러 모문룡을 도모하여 공략했다. 3월에는 大淸의 병력이 義州를 함락시킨 뒤에, 병력을 나누어 밤에 모문룡을 鐵山에서 공격했다. 모문룡이 패배하여 도망쳐서 섬 안으로 돌아갔다. 그때 大淸은 모문룡이 그 뒤를 밟는 것을 싫어했기 때문에, 조선을 토벌하기에 이르렀는데, 조선이 모문룡을 도운 것이 전쟁의 단서가 되었다. 모문룡이 거처한 東江을 돌아보면, 그 형세가 비록 牽制하기에 족하지만, 그 사람됨은 본래 大略이 없어 가기만 하면 곧 패퇴하여 꺾였으며, 매년 소비하는 양곡을 헤아리지 못하고 오로지 널리 상인들을 불러들여 禁物을 교역하는 데만 힘썼으니, 그 명분은 조선을 구제한다는 것이었으나 실제로는 함부로 경계 밖으로 나가서, 평시에는 인삼과 베를 사고파는 일을 업으로 삼고 유사시에도 그 쓰임을 드물게 얻었다.

崇禎 2년에 兵部尙書 겸 遼東經略 袁崇煥이 모문룡을 雙島로 유인하여 잡아 죽이면서, 그 12죄목을 다음과 같이 열거했으니, 이를 보면 당시 모문룡의 작폐와 동강진의 위상을 대강 짐작할 수가 있다.

祖制에 의하면, 大將이 밖에 있으면 반드시 文臣에게 감독을 명한다. 너는 한 지방을 專制하면서, 군마와 錢糧에 대해 조사를 받지 않았으니, 斬할 만한 첫 번째 죄이다. 人臣의 죄 가운데서 임금을 속인 죄보다 더 큰 것은 없는데, 네가 아뢴 것은 모두 거짓된 것으로, 항복한 사람과 피난민을 죽여서 공으로 속였으니, 참할 만한 두 번째 죄이다. 人臣은 역심을 품지 않아야 하고, 역심을 품으면 반드시 주살된다. 네가 아뢴 것 가운데는 登州에서 말을 길러 南京을 취하는 것은 손바닥 뒤집는 것처럼 쉽다는 말이 있는데, 이는 대역무도한 것이니, 참해야 할 세 번째 죄이다. 매년 餉銀 수십 만을 병사들에게 지급하지 않고, 매달 3말 반의 쌀만 흩이는데 그쳐 군량을 침범하여 훔쳤으니, 참해야 할 네 번째 죄이다. 제멋대로 皮島에서 馬市를 열어 外番과 사사로이 통했으니, 참해야 할 다섯 번째 죄이다.

部長 수천 명이 모두 자기의 姓으로 假稱하고, 副將 이하가 함부로 지급한 札付가 천 건이며, 徒卒과 輿夫가 모두 金緋를 착용하니, 참해야 할 여섯 번째 죄이다. 寧遠에서 돌아가며 상선을 쳐서 약탈하여 스스로 도적이 되었으니, 참해야 할 일곱 번째 죄이다. 민간의 자녀를 강제로 취하여 紀綱을 알지 못하고, 그 부하도 못된 짓을 본받아, 사람들이 안심할 수 없었으니, 참해야 할 여덟 번째 죄이다. 피난민들을 몰아서 멀리 남의 인삼을 훔치게 하고, 따르지 않으면 굶어죽게 해서 섬 위에 백골이 풀숲처럼 덮였으니, 참해야 할 아홉 번째 죄이다. 京師에 금을 실어 날라 魏忠賢을 애비로 삼고, 진흙으로 빚어 만든 冕旒冠 상을 섬 안에 두었으니, 참해야 할 열 번째 죄이다. 鐵山의 패전에서 무수히 많은 군사를 잃고서도 패전을 엄폐하여 공으로 삼았으니, 참해야 할 열한 번째 죄이다. 軍鎮을 연 지 8년이 되었으나 한 치의 땅도 회복하지 못하고, 관망만 해서 敵勢를 키웠으니, 참해야 할 열두 번째 죄이다.

女眞이 薩爾滸 전역에서 승리를 거두고 開原과 瀋陽·遼陽·廣寧 등 요동의 중심부를 순식간에 석권하면서, 요동은 황폐화하고 대량의 유민이 발생하였다. 당시의 遼東, 특히 河東(즉 遼河의 동쪽)의 상황에 대해 賀長齡의 『皇朝經世文編』(81 兵政 11)에서는 다음과 같이 전하고 있다.

遼河의 동쪽은 姓堡가 비록 많아도 모두 황무지가 되어 奉天과 遼陽, 海城 세 곳만이 府縣의 규모가 조금 남아 있을 뿐, 遼海의 두 縣은 城池조차 없고, 蓋州와 鳳凰城, 金州의 인구는 수백 명에 불과하며, 鐵嶺과 撫順은 오직 流民만 있어, 경작을 할 수도 없고 백성을 기를 수도 없었다. 단지 몸만 빠져나와 도망한 자가 태반이고 가족이 조금 있는 자도 겨우 그곳에서 늙고 죽을 수만 있을 뿐, 실제로 지방에 도움이 되지는 못하였으니, 요하 동쪽 중심부의 상황이 이러하였다. [……] 河東과 河西의 중심부를 합하여 보면, 城과 堡는 황폐해지고 기와와 담장은 무너졌으며 비옥한 들판 천 리에는 땅은 있지만 사람이 없어 믿을 만한 것이 전혀 없었다.

이러한 상황에서 "關內[山海關 이서, 즉 中國]로 도망해 들어간 遼民이 280여 만인에 달하였다"[2]고 하고, 압록강 입구 皮島에서 軍鎭을 차리고 있던 毛文龍에게 도피한 遼民만도 "數十萬口"[3]에 이르렀다고 한다.

이 같은 명말 요동의 특수한 정황은 직접 현장을 답사하여 목도한 姜曰廣이 그 기행문 『輶軒紀事』에서 상세하게 전하고 있다. 그래서 그 「서문」을 쓴 姜曰敬은 "遼를 잃은 까닭에 조선을 번거롭게 하는 유민들이 실제로 그 땅에 바싹 다가가서 있으면서, 서로 잇닿아 겹쳐 쌓여 시끄럽게 아우성치며 그곳에 의지해서 삶을 유지해가는 자가 셀 수 없을 만큼 많다. 많은 어려움이 극도에 달하고 오랫동안 어려움이 이어지고 있으니, 그 정황은 이미 글에서 보인다"고 한 것이다. 『유헌기사』가 갖는 가장 큰 사료적 가치가 여기에 있다.

3. 遼民과 東江鎭

姜曰廣은 東江鎭이 있는 皮島에 이르러 요동의 상황을 탐색했는데, 그때 새로 구제받으러 온 遼民에게서 다음과 같은 정보를 듣기도 했다. "백성들은 처음에 오랑캐가 어떻게 생겼는지 알지 못해서 귀신처럼 두려워했다. 그런데 막상 그들을 보니까 허리를 꼿꼿이 세우고 꿇어앉아 머리를

2 王在晋, 『三朝遼事實錄』 10.

3 『明熹宗實錄』 77.

바치며 죽음을 기다리고 있었는데, 잠시 익히며 함께 있으면서 알고 보니, 역시 사람과 같을 뿐이었다. 오랑캐는 寧遠에서 패하여 돌아와서, 기세가 이미 위축되었다. 그 牛鹿이 일찍이 백성들에게 말하기를, '上天의 氣候가 바뀌어져서, 만일 내가 大發馬의 수중에 떨어져, 나를 撥兒로 삼는다 해도, 나는 족하다'라고 했다. 大發馬란 中國人을 높여서 이르는 말이고, 撥兒란 臧役이다. 오랑캐가 遼民을 얻어서 그것으로 삼았기 때문이라고 한다." 요동이 後金에 장악됨에 따라, '遼民', 즉 遼東에 거주하고 있던 '中國人'의 다수가 여진의 노예가 되었음을 전하는 정보였다.

遼東의 상실이라는 특수한 상황은 明使 姜曰廣의 의식을 전면적으로 지배하고 있었다. 그는 山東을 출발할 때 擒詠島에 있는 사당에서 "遼東을 잃을 때 國事로 죽은 이들을 위해 제사를 드렸는데, 張, 何, 劉, 杜 이하 모두 배열하였다." 그는 "절하고 올려다보며 지난 일을 돌이켜 생각하니, 의로움이 느껴진다"는 감회를 드러냈다. 그는 조선의 林畔館에 이르러서도, "승려가 齋를 올리는 일이 끝났음을 알려왔는데, 대개 遼東에서 목숨을 잃은 이들을 위해 제사를 드렸으니, 우리 두 사람은 다시 가서 곡을 했다"고 했다. 그는 검영도에 있는 黃連과 띠, 薺菜, 猴文菜, 야생 부추 등이 "唐王이 遼東을 정벌할 때 군사들이 남긴 종자라"고 하는 말을 듣고는, "[唐] 太宗이 남긴 업적을 생각하며 탄식하고, 북쪽으로 旅順을 바라보았다. 오랑캐 기병이 제멋대로 날뛰며 거리낌이 없으니, 칼 잡는 뜻을 이기지 못하여 소매 떨치고 돌아와서, 급하게 붓을 찾아 문서에 서명하고 '氣可呑鯨'이란 네 글자를 썼다"고 한다.

강왈광은 鞍山 전투에서 王輔라는 한 명의 명장을 잃었다는 사실을 전해 듣고는, 비분강개하여 왕보의 죽음을 다음과 같이 한탄했다.

왕보는 遼人이다. 책을 잘 읽었고, 의로움에 결연하여 의기가 넘쳤다. 힘은 좌우로 활을 쏠 수 있어, 오랑캐가 이를 듣고 두려워했다. 전투에서 부딪혀 불리해지면, 모두 재빠르게 소리 내어 울며 도망쳤다. 왕보는 큰소리로 용맹스럽게 부르짖으며 말하기를, "장부가 오랑캐 추장을 반드시 잡을 뿐이라"고 했다. 그가 탄 말이 화살을 고슴도치처럼 모으고 넘어지니, 다른 말에 뛰어올라 사람을 밀어 떨어뜨리고 다시 싸웠는데, 바꿔 탄 말이 다시 넘어졌다. 이에 하늘을 올려다보며 큰 소리로 부르짖어 말하기를, "안타깝구나, 하늘이 왕보를 낳았는데 이처럼 죽게 되어, 오랑캐 추장 머리를 묶어 北闕에 가져가서 천하에 이름을 날릴 수 없게 되었다. 그러나 바다 이동에 왕보를 모르는 자가 없으니, 죽어도 족하다"고 했다. 아, 그는 의로운 士人이다. 나는 그 말을 듣고 눈물을 흘렸다.

그는 요동의 전역에서 잃은 또 한 명의 장수를 기억했다. 귀국길에 旅順을 지나가면서, 그 북쪽에 있는 보루를 보수하여 구축하다가 女眞의 습격을 받아 전사한 張攀이란 장수를 다음과 같이 기렸다.

장반이란 이도 역시 遼人으로, 의기가 넘치고 지모가 많았다. 이에 앞서 백 명이 이 보루를 지켰는데, 오랑캐의 많은 병력이 갑자기 들이닥쳐, [장]반이 黃蓋 열 개를 빼앗아 당나귀의 등 좌우에 묶고 달리며 병사들에게 외치는 소리를 모두 진하게 하니, 오랑캐가 이를 보고 놀라 도망가면서 보루 안에 틀림없이 병사들이 모여 있다고 생각했다. 한 번은 모면했어도 두 번은 기어이 모면하지 못했으니, 어찌 천명이 아니겠는가. 슬프다, 슬프다.

그는 "만약 張攀과 王輔가 있다면, 한 방면을 감당할 수 있지 않았겠는가. 국가는 모범으로 삼을 만한 무신의 힘을 얻을 수 없음을 걱정할 뿐이다. 그러나 두 사람이 아직 죽기 전에, 왕보와 장반를 알아보는 사람이 있지 않았으니, 슬프고 슬픈 일이다"라고 한탄했다.

『유헌기사』는 皮島와 鐵山을 중심으로 조선 서북 지역에 흩어져 있던 遼民의 정황을 다음과 같이 전하였다.

> 皮島는 바다 가운데 외롭게 동떨어져 있어, 遼民이 모여 섬에 의지해서 저자를 이루고 있다. 南兵이 약 3천 정도로, 모두 그 위에 모여 있다. 섬 서쪽에서 바라보면 3십 리 떨어진 곳이 곧 朝鮮의 변경으로, 이른바 鐵山이란 곳이다. 毛 대장은 이곳에도 주둔하고 있다. 여러 저자가 皮島보다 적지 않지만, 모두 빠짐없이 생업으로 삼아 그럭저럭 생계를 영위했다. 鐵山에서 安州까지, 遼民과 조선인이 섞여 있는데, 요민은 버려진 자갈땅에 씨를 뿌려, 언제나 결실을 얻지 못했다. 조선이 또 물자를 공급해서 구제했지만, 땅이 멀고 구석져서 이익이 미쳐지지 못해, 여러 달 풀뿌리를 씹으며 허기를 채웠다. 살 곳을 잃고 천 리를 떠돌아다니며 배고파 우니, 다시는 사람의 모습이 아니다. 땅에서 이리저리 옮겨 다니니, 그 호곡하는 소리가 하늘을 뒤흔든다. 모두들 또렷하게, 그리고 소란스럽게 말하기를, "天朝에서 도망쳤더니, 高麗 귀신이 되는구나"라고 했다.

한편 강왈광은 登州로 무사히 귀환한 뒤, 황제에게 보고할 상주문의 초고를 작성하면서, 상주문 머리의 遼兵의 사정과 형세에 관한 한 부분에서, "대개 遼兵은 遼民인데, 쓸 만한 자는 불과 이삼만 명에 지나지 않는다"고 썼음을 『유헌기사』의 말미에서 밝히기도 했다.

조선 서북 지역으로 流入하여 전전하는 피난 遼民 집단은 조선인과 조선 정부에 큰 부담이 되었다. 「서문」에서 "東江의 대군은 번번이 견제한다는 명분을 빌려 그 供億을 제 멋대로 가져갔다"고 하였듯이, 본문에서는 "遼民이 조선에 기대어 살아가는 것은, 의지할 데 없는 사람들이 배고프고 곤궁하여 무리 지어 조선의 가옥으로 들어가 술과 음식에 다가서서, 조선인들이 입술을 조금 삐죽거리며 싫어하자, 곧 그 솥과 시루, 병, 독

등을 부수고, 으르렁거리며 욕하고 팔을 들어 휘두르니, 조선 백성들이 이를 걱정하고 고통스러워했다"고 했다. 이러한 현장을 목도한 강왈광은 수레에서 내려 위로하고 "흐느끼며 눈물을 흘리지 않을 수 없었다"고 한다. "국왕은 화물을 구매하여 매년 미곡 약간 石을 나른 지 오래되었지만, 그들이 좋아서 한 일은 아니었다. 마음속으로 毛[文龍] 대장에 대해 화가 난 것이 심했지만, 앞서 이전의 爵稱으로 책봉해달라고 청했을 때 毛 대장이 실제로 주선해서 길을 열어주었기 때문에, 감히 여러 사람 앞에서 분명하게 말하지는 못했다"고 한다. 이로 인해 강왈광은 "베푸는 자가 고달픔을 아뢰어, 이미 그것이 극에 이르렀음을 염려했다. 그래서 국왕을 권하고 일깨워 遼民에게 은혜를 베풀도록 매우 곡진하게 타일렀다"고 한다.

사실 강왈광의 天啓 사절단이 조선에 파견되며 받은 사명의 하나는 바로 이러한 정황을 직접 확인하고 流民 문제의 해결을 위해 조선의 협조를 얻어내는 데 있었다. 강왈광이 詔書를 반포하는 일차적 사명을 수행한 뒤에 귀국하겠다고 조선에 통고했을 때, 국왕이 객관으로 와서 직접 만류하며 연회를 베풀었는데, 이야기가 遼民의 일에 미쳐지자 강왈광은 遼民을 위해 힘써달라고 여러 차례 청하였지만, 조선 국왕은 말을 이리저리 피하다가, 이렇게 말했다고 한다.

> 재앙을 만나 여윈 나라가 되었는데, 근래에 遼民이 이 땅에서 섞여 먹으니, 주인과 객이 다함께 곤궁해졌습니다. 무릇 天朝가 四海의 큰 힘으로도 공급하여 구제하기 어려운데, 彈丸 같이 작은 나라에 무엇이 있겠습니까. 다만 '가죽이 없어 털이 안전하게 붙을 수 없음'[4]을 두려워할 뿐인데, 天朝에서는 아직 이 점을 돌아보아 생각하지 않았습니까.

4 『左傳』 僖公 14년 조.

이에 강왈광은, "遼民이 이 땅에서 떠돌아다녀, 거룩한 천자께서 근심하여 음식을 먹어도 맛이 달지 않으셔서, 사자가 살펴보라는 명을 다시 받들었습니다. 천하는 一家이니, 땅의 나눔은 있어도 백성의 나눔은 없습니다. 賢王이 거룩한 [황제의] 자애로움을 우러러 잘 살펴 체득해서 시종일관 그 덕을 베푼다면, 역시 아름다운 일이 아니겠습니까"라고 하면서 다시 선처해달라고 청하였고, 조선 국왕은 "이와 같이 하면, 여러 신하들이 격렬하게 머리가 아프도록 아뢰는데, 天朝에서는 마음 편하게 보지도 듣지도 않으니, 小邦을 소홀히 배려함이 얼마나 심합니까"라고 하면서 역시 회피하였다. 이에 강왈광은 이른바 '大義'를 들어 다음과 같이 반박하여 조선 국왕을 '굴복'시켰다고 했다.

> 예전에 關白이 난을 일으켰을 때, 당신네 나라의 宗社는 이미 망했는데, 神宗 皇帝께서는 中國의 경제력이 곤핍해지고 中國의 백성들 가운데 죽고 부상 입은 자를 실은 수레가 잇닿는 지경에 이르렀지만, 당신들을 위해 큰 어려움을 베어 없애고 돌보아 도와주어 안전하게 함으로써 오늘이 있게 해주었습니다. 왕이 어질고 총명하다고 해서, 천자께서는 초연하게 멀리 보시어 다른 의견을 홀로 깨뜨리시고, 특별히 포상과 책봉을 내려 東國을 어루만지셨는데, 동국은 천조의 큰 덕은 생각하지 않고 바라는 것만 있습니까. [……] 遼民이 海外에서 인구를 늘리고 물자를 축적하여 점차 거대한 鎭을 이루었으니, 장차 귀국과 脣齒를 이루기에 족하지 않겠습니까. 최근의 廣寧 승전은 遼民이 힘을 다해 딴마음 없이 부형자제의 원수를 갚기 위해 스스로 싸운 경우가 실로 많습니다. 거룩한 천자의 생각이 그 날카로운 기세를 사용함에 미쳐, 반드시 불러 모아 옛 땅으로 돌아가게 하고, 그들을 써서 오랑캐를 공격하려 하니, 귀국이 한 끼 밥을 나눠주는 아주 작은 은덕을 베풀면, 뒷날 역시 그 보답이 있을지도 모릅니다.

결국 강왈광이 조선 국왕에게 한 말 가운데서, 壬辰倭亂 때 거국적인 지원을 통해 조선을 회생케 했다는 再造之恩論과 "천하는 一家이니, 땅의 나눔은 있어도 백성의 나눔은 없다"는 天下一家論, "遼民이 海外에서 인구를 늘리고 물자를 축적하여 점차 거대한 鎭을 이루었으니, 장차 귀국과 脣齒를 이루기에 족하지 않겠는가"라고 한 脣亡齒寒論 등이 설득력이 있어, 조선을 움직여 遼民의 구제에 도움을 주게 되었다는 것이다. 그러나 실제로 조선을 움직인 것은 '눈물'로 나타낸 그의 진심이었다.

강왈광은 요동의 패망으로 인해 발생한 난민에 대해서도 각별한 관심을 드러냈다. 그는 小平島에 잠시 쉬면서 "물가에서 무슨 새인지 알지 못하는 새가 야반에 오르내리며 까마귀 슬픈 소리를 내서, 마치 집 잃고 한탄하는 遼民이 흐느끼며 눈물을 흘리는 소리를 듣는 듯하다"고 하고, 廣鹿島에 이르러서는 "여러 섬 가운데서 이 섬이 약간 크다. 세로가 거의 30리에 달하고, 가로는 이보다 짧다. 그 오목하게 들어간 평지는 바람을 가두는 곳으로, 배를 정박하여 머무를 수 있고, 물고기를 잡고 소금을 만들 수도 있다. 이전에는 사람이 있어 수십 家가 이곳에서 살아 마치 한 桃源 같았는데, 근래에 난민들이 개미처럼 붙어서 다시는 살기 좋은 樂土가 아니다. 위에 關聖 龍王의 사당이 있어, 내가 가서 배알하고 제사를 올렸다. 부녀자와 아이들 수천 명이 어지러이 배고프다고 울부짖으며 구휼해달라고 했지만, 우리 두 사람은 마주하여 처절함을 느꼈을 뿐 방책이 없어, 將官을 시켜 제 지낸 고기를 베어 나누어주어 집집마다 저민 고기 한 조각씩을 맛보게 해줄 뿐이었다"고 했다. 또한 "鐵山에서 安州까지, 遼民과 조선인이 섞여 있는데, 요민은 버려진 자갈땅에 씨를 뿌려, 언제나 결실을 얻지 못했다. 조선이 또 물자를 공급해서 구제했지만, 땅이 멀고 구석져서 이익이 미쳐지지 못해, 여러 달 풀뿌리를 씹으며 허기를 채웠다. 살

곳을 잃고 천 리를 떠돌아다니며 배고파 우니, 다시는 사람의 모습이 아니다. 땅에서 이리저리 옮겨 다니니, 그 호곡하는 소리가 하늘을 뒤흔든다"고 하면서, 이러한 현장을 목도한 강왈광은 수레에서 내려 위로하고 "흐느끼며 눈물을 흘리지 않을 수 없었다"고 했다. 조선 땅을 전전하는 遼民에 대한 강왈광의 각별한 관심은 조선 측에 전달되어, 마침내 조선의 구제를 이끌어낼 수가 있었다. 그리하여 귀환 길에 개성에서 遠接使가 말하기를, "국왕께서는 근래에 天使가 遼民 때문에 마음이 상하여 눈물을 떨어뜨렸다는 소식을 들으시고, 국왕께서도 불쌍히 여기셔서 이미 명을 내려 황해도와 충청도에서 쌀을 운송하도록 재촉하셨다"고 했다. 강왈광은 이에 "우리 두 사람은 연이어 고맙다는 소리를 전하게 했다"고 한다.

그러나 遼民 구제 문제는 간단하지 않은 것이 바로 毛文龍의 東江鎭 문제와 직결되어 있었기 때문이다. 「서문」에서 "東江의 대군은 번번이 견제한다는 명분을 빌려 그 供億을 제 멋대로 가져가니, 베푸는 자가 고달픔을 아뢰어 사자는 이미 그것이 극에 이르렀음을 염려했다. 그래서 국왕을 권하고 일깨워 遼民에게 은혜를 베풀도록 매우 곡진하게 타일렀다"고 하여, '東江(鎭)'과 '遼民'을 구별하지 않은 것도 이 때문이다. 조선 국왕이 객관에 와서 강왈광 일행을 餞別하기에 앞서 원접사가 "毛 대장이 문서를 보내 군량을 달라 한다"고 아뢰었는데, 그 말이 번거롭고 장황하게 길어지자 왕이 기뻐하지 않았다고 한다. 명의 정사·부사 "두 사람이 앞서 한 말을 다시 정리해서 너그럽게 깨닫도록 넌지시 타이르자, 왕의 마음이 풀어졌다"고 한다.

강왈광 일행은 황태자 출생 조서를 전하는 편에, 東江鎭의 상황을 살펴보고 오라는 명령을 수행하기 위해, 조선에 갈 때와 귀국할 때 두 번 동강진에 들러 毛文龍을 만났다. 강왈광이 皮島에 도착한 직후에 大將軍 毛文龍을 처음 만났을 때, 그 용모와 안색이 수척한 것을 보고 마음속으로 괴이하게 여겼는데, 대략 안부를 묻고 헤어진 뒤에야 鞍山 전투에서 패배한 직후였기 때문임을 알았다. 『輶軒紀事』는 안산 패전의 이유와 과정을 다음과 같이 설명했다.

> 바야흐로 오랑캐가 寧遠을 공격했다가 패하여 돌아갔다. 조정은 견제함에 공이 없었다고 해서, 毛 대장을 힐책했다. 오랑캐는 毛 대장이 급하게 해직될 것임을 알고, 거짓으로 강을 건너 그를 유인했다. 毛 대장이 급작스럽게 군사를 내보내니, 꼬리 뒤의 병사들은 저절로 쌓여 군대가 이어지지 못하였다. 또 기계도 많이 없고, 기세를 먼저 빼앗겼다. 오랑캐는 군사를 되돌려 이곳저곳으로 옮겨가면서 싸우며, 좌우 날개를 풀어놓아 우리 병력을 에워싸니, 죽이고 상처를 입힌 수는 헤아릴 수가 없었다.

강왈광은 안산 패전을 계기로 심화된 중앙정부와 동강진의 갈등을 조정하기 위해 모문룡과 논쟁하였고, 그 과정을 『유헌기사』에서 상세하게 기술했다. 모문룡은 철산의 관공서로 들어가며 자기를 탄핵한 자들에 대해 거론했는데, 발끈해서 말이 점점 격렬해졌다. 이에 강왈광은 비유를 들어 다음과 같이 말했다.

> 大將軍은 다만 軍中에서 서로 힘을 합해야지, 다른 사람의 말은 따지지 마라. 이는 큰 병의 조처에 비유할 수 있으니, 다른 사람이 자기를 헐뜯는다고 그 사람을 찾아 시끄럽게 비난할 것인가, 아니면 휘장으로 내려가서 본업을 수행할 것인가. 무릇 군주의 근심은 신하의 치욕이니, 누가 같이 미워하지 않겠는가. 실제로 다른 생각이 있다기보다는, 차라리 견해가 각각 달라서 잠시 아뢰었을 뿐일 것이다. 또한 장군도 言官의 깊은 뜻을 알지 않은가. 大將軍은 해상에서 독단으로 일을 처리하며 오랫동안 무거운 권한을 쥐고 왔으니, 조정에서 게으름을 피우며

한 번도 묻지 않는다면, 이는 정치를 하는 요령이 아니다. 따라서 臺省에서 틈틈이 분개하거나 불만 섞인 말이 있었던 것은 朝廷을 높이려는 것이지 將軍 때문만은 아니다.

또한 모문룡이 出鎭한 야전군 사령관의 '便宜從事' 권한을 중앙정부가 존중해주지 않는다고 불평하자, 강왈광은 "대장군은 왜 이것을 조목조목 章奏에서 밝히지 않고, 노기등등해서 말다툼을 벌이고 쓸데없이 시끄럽게 다투는가. 도움이 되지 않는 일이다"라고 제지하였고, 모문룡이 "근래에 보니, 조정의 뜻이 오로지 關門에만 의지하고, 이곳은 내버려두고 돌아보지 않는다. 무릇 호흡이 서로 맞지 않는데, 남보고 힘을 발휘하라고 강요하는 것도 어려운 일이 아니겠는가"라고 불평하자, 강왈광은 "袁[崇煥] [巡]撫가 외로운 군대로 미친 오랑캐에 저항해서 오랑캐 병사와 말의 반 이상을 죽인 것에 힘입어, 오랑캐가 갈팡질팡하며 소굴로 되돌아가게 하였으니, 이는 정말 社稷의 공이요 거룩한 천자께서 특별히 간택함이 있었기 때문이니, 거룩한 천자의 현명함이다. 海外에 물자를 내어 구제함이 예전과 다를 바 없고, 요즈음 천자의 뜻이 빈번하게 더해졌으니, 어찌 東江에 무관심하다고 말할 수 있겠는가"라고 타이르면서, "장군은 스스로 장군의 공로 조목을 갖고 있다. 지금 유망민들을 달래어 歸附하게 하고, 차례로 목을 베거나 사로잡아, 오랑캐가 遼人을 써서 遼地를 경작할 수 없게 하였으니, 이는 장군의 공이다"라며 위무하기도 했다.

강왈광 일행이 鐵山 입구를 거쳐 조선의 관문으로 들어갈 때, 모문룡이 높은 고개에서 장막을 치고 전별했는데, 이때 강왈광은 "장군이 오랑캐를 견제하여 그 생사를 제압한다고 말해온 까닭이 어디에 있는가. 헤어진 뒤에, 먼저 전체 지도를 하나 그리고, 지리적 이점을 가리키며 어느 곳을 공격할 수 있고 어느 곳은 지킬 수 있는가를 분명하게 설명한 뒤에, 써야 할 군량이 얼마나 필요하고 시일은 얼마나 소요되는지 등을 분명하게 말해서, 우리 두 사람이 마음속으로 명료해질 수 있도록 해주기를 바란다. 장군은 지나치게 꼼꼼하게 따지는 것을 양해해서, 돌아올 때는 方略을 들을 수 있도록 해주기를 바란다"고 당부하고 헤어졌다. 그 뒤 조선 도성에 가서 본래 임무를 마친 뒤에 본국으로 귀환하면서, 강왈광은 철산에서 모문룡과 다시 만나 지난번 헤어질 때 한 말을 처리했다. 이때 모문룡이 그린 도형을 꺼내 "오랑캐의 오래된 성채 뒤가 長白山이 되고, 산 뒤는 渾河가 되니, 三岔河를 거슬러 올라가서 渾河로 들어가서 그 뒷문을 뒤좇는다면, 이것도 하나의 기이한 전략이다"라고 하자, 강왈광은 "杜[松] 將軍이 예전에 이곳을 건너지 않았는데, 어떻게 함몰되었겠는가. 옛날 憲宗 시기에 李秉과 趙輔가 董山을 크게 토벌하였을 때, 일진은 渾河로 나가서 石門과 土木河를 넘어 分水嶺에 이르고, 일진은 鴉鶻關을 거쳐 鳳凰城과 摩天嶺을 지나고 潑猪江에 이르렀으며, 中軍은 薄刀山 粘魚嶺에서 五嶺을 지나 蘇子河를 건너 古城에 이르렀다. 듣기에 이 길은 모두 새나 다니는 좁은 길로 현격하게 동떨어져 있어, 사람이 나란히 갈 수가 없고 말을 타고서는 열을 지어 갈 수가 없는 곳이다. 趙 장군인들 어떻게 기세를 떨치며 앞으로 나아가서 깊이 들어가, 일거에 이길 수 있었겠는가"라고 반박하면서, 당시 요동의 형세와 동강진이 취해야 할 전략에 대해 다음과 같이 논평하고 충고했다.

> 옛날 金, 元 이래로 능히 크게 갖고 할 수 있었던 것은 燕, 雲 등 여러 郡으로 오래도록 빠져 들어가 胡虜가 中國을 이용해서 中國을 공격했기 때문이다. 遼地는 비옥한 땅이 천 리나 되고, 그곳 사람들은 모두 사납고 날쌔며 교활하고 영리해서 오랑캐가 어루만지지 못하는데, 이를 이용해서 장군의 밑천으로 삼는다면, 이는 하늘이 장군에게 큰 공을 이룰 수 있도록 내려준 것이다. 근래에 듣기로, 그

땅에서는 쌀 한 말 布 한 필이 5~7천 錢을 넘는다고 하니, 쇠약하고 고갈된 형세가 보인다. 大將軍은 실로 능히 정예 부대 하나를 연습시켜 만들어 海東을 위엄 있게 내려다볼 수 있을 것이니, 그런 뒤에 楡關과 약속해서 길을 나누어 함께 진군한다면, 점차 開原과 鐵州 등 여러 성을 회복하고, 그 요해지를 움켜잡아 궁지에 빠뜨릴 수 있으니, 이는 마치 동굴 안에 쥐를 막아 스스로 굶어죽게 하는 것과 같다. 혹은 굳게 지키다가, 틈을 탈 수 있음을 보고 여러 방면으로 기습 병력을 출동시켜, 교대로 어지럽혀 목숨만 건져 겨우 도망치는 일에 급급하게 한다면, 이 역시 군법에서 말하는 '세 번 놀랄 때마다 한 번씩 이른다'는 것이다. 무릇 큰 것으로써 작은 것을 곤궁하게 하는 계책으로 이보다 나은 것이 없다.

또한 모문룡이 "지금 걱정거리는 군량이 없다는 데 있다"고 불평하자, 강왈광은 "무릇 군량을 충분하게 하는 법은 군사를 잘 골라 뽑는 것만 못하다. 이를 비유한다면, 두 공기의 밥으로 두 사람을 먹이면 두 사람이 굶주리지만, 한 사람을 먹이면 한 사람이 배부르게 된다"고 하며 "군사는 정예가 중요하지 많은 수가 중요하지 않음"을 강조하였고, "지금 조정이 구제를 위해 내어주는 물자는 늘리기 어렵고, 구제받으러 오는 행렬은 죽 이어져 날로 많아지는데, 장군은 일찍이 적절하게 처치하지 않고 다만 손을 단단히 묶고 있으니, 대책이 없어 매우 난감해할 뿐이다"라고 하면서, "또한 비단 이뿐만이 아니라, 장군은 외딴 곳의 군대로 홀로 서서 조선의 성원에 의지하고 있으면서, 때때로 양식이 모자란다는 이유로 조선에서 모두 취하고 있으니, 만에 하나라도 조선과의 사이에 틈이 생겨 [조선이] 두 마음을 품는다면, 장군이 발 디딜 땅을 갖지 못할까 걱정된다"고 하여, 군량의 조달을 멀리 떨어진 중앙정부나 외국인 조선에 기대기보다는 屯田 등의 방법으로 스스로 해결하기를 권유하였다.[5]

4. 東江鎭과 朝明 관계

사실 毛文龍의 東江鎭이 조선에 기대어 적지 않은 폐해를 끼치고 있음은, 後金이 遼東을 장악하고 있는 미묘한 상황에서 조선이 "두 마음을 품을지도 모른다"는 걱정을 불러일으키게 하는 단서로 작용하고 있었다. 『유헌기사』에는 당시 요동을 둘러싼 明朝와 조선, 後金, 그리고 遼民과 毛文龍의 東江鎭 등의 미묘한 역학적 관계를 시사하는 갖가지 정보가 담겨져 있다.

天啓 사절단이 조선을 방문한 때는 遼西 일부를 제외한 '全遼'가 누르하치(奴爾哈赤)의 大金, 즉 後金에 의해 장악되어 있었다. 이로 인해 『유헌기사』의 「서문」에서는 "무릇 遼가 망하여 육로가 막혀서 登州를 거쳐 바닷길로 들어갔으니, 使者로서는 처음 있는 일이었다. 돛을 올려 물결을 가르며 颶風과 부딪히고 바위에 부딪히는 물결을 범하면서 큰고래 입안에서 생사를 다투었는데도, 만의 하나 아무 탈이 없었으니 천행이었다. 또한 旅順의 小平과 조선 林畔의 小泉 등 여러 지경은 虜酋의 정찰병이 그 사이에 출몰하여 왕래하는 사람을 가로막고 죽이는 일이 일상사가 되었으니, 이는 위험한 일이었다"고 하여, 요동반도의 南岸까지 후금에 의해 장악되어 있었던 당시 상황을 강조하였다. 이로 인해 본문에서 강왈광은 小平島를 지날 때, "섬의 서쪽은 金州[=大連]의 오랜 절벽과 끊어졌다 이어져 있어, 오랑캐의 정탐 기병이 항상 이른다고 한다. 나는 이를 꺼려 배를 절벽에서 이백 步 떨어진 곳으로 옮겨, 싸움을 멀리했다"고 하고,

5 毛文龍과 東江鎭에 관해서는 鄭炳喆의 「明末 遼東 沿海 일대의 '海上勢力'」(『明淸史硏究』 23, 2005)에서 종합적으로 정리되어 있으나, 姜曰廣의 『輶軒紀事』는 사료로 활용되지 못했다.

"將官들에게 경계를 엄중히 하라 하고, 굳센 병졸을 먼저 보내, 높은 곳에 올라 멀리 살피게 했는데, 賊이 이르면 깃발을 흔들고 부르면 재빨리 배로 돌아오도록 약속했다"고 할 정도로 金軍을 극도로 경계하였다. 또한 海防 將官이 "오랑캐의 배 서너 너덧 척이 皇城島에 정박하면, 黃縣[=山東省 龍口市 동남쪽]의 인민들은 모두 새나 짐승처럼 숨는다"고 한 말을 듣고, 두려움에 떨었다고도 했다.

金軍이 이처럼 明使의 행로에 접근해 있는 상황은 명과 조선 사이에 미묘한 간극을 형성케 하였다. 天啓 사절단이 귀로에 中和에 이르렀을 때, 이들은 金軍이 국경에 바싹 접근하여 불과 백여 리밖에 떨어지지 않았다는 소식을 들었다. 따르는 자들이 위급하다고 몹시 두려워하자, 강왈광은 "우리가 이만큼 엄중하고 바야흐로 사람이 눈을 크게 떠야 할 이때에, 어찌 놀라고 황급한 모습을 조금이라도 보여서 屬國에 가볍게 보일 수 있겠는가. 또한 너희는 내가 전에 한강을 유람하면서 강물이 安州와 통하는지 물은 뜻을 기억하고 있는가. 바로 오늘이 있을까 걱정했기 때문이다. 이곳은 강에서 겨우 3~4리 떨어져 있어, 일이 급하면 곧 몸을 가볍게 하고 바다로 들어갈 수 있다. 다만 가까이에 遼船이 있어야 한다"고 했다. 강왈광이 저녁에 遠接使에게 "귀국은 오랑캐가 이르는 것을 두려워하는가"라고 물었더니, 조선의 원접사는 "아니다"라고 했다. 강왈광이 "어디에 믿는 것이 있어서 겁내지 않는가"라고 말하자, 원접사는 "소국은 방비해서 지키는 군사가 있다"고 했다. 그러나 강왈광이 물러나 사람을 시켜 알아보게 했더니, 실은 방비가 없었다고 한다. 다음 날 아침에 강왈광이 변경의 경보에 대해 물었더니, "賊이 갔다"고 했다. 변경의 보고를 가져다 보았더니, 과연 그러했다. 그러나 마을의 집들을 강포하게 약탈하고 가축을 몰아서 노략한 것 역시 수백 건 이상이었다. 이에 강왈광은 "조선인들은 오랑캐의 척후를 조용히 받아들여, 막거나 패퇴시킨 공이 거의 없었다.

어제 이른바 '방비하여 지킨다'고 한 것은 그 효험이 역시 볼만했다. 듣기에 여러 오랑캐가 망하면 高麗에서 공물을 거두어갔다고 하는데, 어찌 다만 그 도탑고 순박해서 융통성이 적은 것만을 두고 이르는 말이겠는가"라고 했다.

명 측의 이러한 의심을 의식한 조선의 원접사는 일행이 林畔에 이르렀을 때, "근래에 길에서 듣기로, 小邦이 오랑캐와 친교를 맺고 사이좋게 지낸다고 하는데, 어찌 이런 일이 있겠는가. 대신들이 특히 이 일에 대해 망연자실하고 있다"고 했다. 이에 강왈광은 "足下는 어찌 이런 허무맹랑한 말을 받아 일컫는가. 만약 君의 말과 같이 곧 노예처럼 그 두목을 섬긴다면 필시 祝髮하고 左衽하는 夷狄으로, 천추에 치욕을 끼치는 일이니, 貴國의 군신처럼 현명한 자들이 이런 일은 죽어도 하지 않을 것임을 알고 있다"고 하여, 조선 측을 안심시켰다.

사실 조선에 대한 명 측의 의심은 이미 일행이 조선 땅에 상륙했을 때부터 비롯되었다. 강왈광은 그때 "조선이 사실은 오랑캐와 통해서 使者에게 이롭지 않은 일을 꾀하려 한다"는 말이 떠들썩했다고 했다. 이에 將官들이 몰래 이를 알리면서, 관문 부근에 머물며 추이를 살펴보자고 청했는데, 강왈광은 "어찌 이런 일이 있겠는가. 임금의 명령이 있는데, 어디에 간단 말인가. 또 내가 묵고 있는 관공서까지 소문이 전해지고 있지만, 白氣가 밤새도록 하늘에 뻗쳤으니, 나도 묻지 않을 것이다"라고 했다 한다.

조선 측은 明使의 이런 의심을 풀어주기 위해 활터의 과녁에 '虜酋'라는 글자를 써두기도 했다. 일행이 納清亭을 지나갈 때, 明瑟亭이란 정자 옆에 활터가 있었는데, 그 "과녁의 중심에는 '虜酋' 두 자가 크게 쓰여 있어, 적개심을 드러내었다." '虜酋'란 말한 것도 없이 女眞의 군장, 즉 누르하치를 낮추어 이르는 말이었다. 그러나 강왈광은 기회가 있을 때마다 조선 측의 명확한 태도를 요구하였다.

관례대로 漢江에서 고기잡이를 구경하며 유람했을 때, 강왈광은 "이 물이 安州까지 이르는가"라고 물었고, 모두들 "그렇다"라고 대답하자, "유람을 따르는 여러 분들은 즐거운가"라고 물었다. 모두들 "즐겁다"고 대답하자, 강왈광은 "오랑캐가 아직 죄를 自服하고 스스로 죽지 않은 것이 한스러울 뿐이라"고 해서, 들은 자들이 놀라고 근심하며 안색을 바꾸게 했다. 그는 또 "여러분들은 國器이니, 다만 王室과 힘을 모을 뿐, 반드시 新亭을 지어 울 필요는 없다"고 말하자, 유람을 따르는 자들이, "오랑캐 추장이 난을 일으켰을 때, 天朝가 다만 군대를 움직이지 않고 싸우지 않으면서 여러 해 동안 곤궁하게 포위하여, 오랑캐의 세력이 눈앞에 박두하여 저절로 어지럽게 되었을 뿐이니, 어찌 禍가 오늘에까지 이어지게 되었는가"라고 했다. 강왈광이 "오랑캐는 비록 작지만 강하다. 강하면 그 날카로운 예봉과 다툴 수 없다. 작으면 끝까지 앉아서 곤궁하게 할 수 있다"고 하자, 여러 사람들이 자리를 피해 경의를 표하면서 "긴요하고 심오한 말이다"라고 했다 한다. 강왈광이 "新亭을 지어 운다" 함은 곧 나라를 걱정해서 슬퍼한다는 뜻으로, 中原을 상실한 東晋의 名士들이 新亭이라는 정자에 올라가서 술 마시며 눈물을 흘린 고사에서 유래한 말이다.

강왈광은 조선이 두 마음을 품게 될까 걱정했다. 그는 귀로에 毛文龍과 만난 자리에서, "장군은 외딴 곳의 군대로 홀로 서서 조선의 성원에 의지하고 있으면서, 때때로 양식이 모자란다는 이유로 조선에서 모두 취하고 있으니, 만에 하나라도 조선과의 사이에 틈이 생겨 [조선이] 두 마음을 품는다면, 장군이 발 디딜 땅을 갖지 못할까 걱정된다"고 했다. 海防 將官이 "논자들은 '오랑캐가 말에 안장을 지우는 장기를 버리지 않고 배와 노를 일삼는다'고 말하는데, 사실입니까"라고 물었을 때, 그는, "나도 전에는 그 말이 옳다고 생각했지만, 요즘 와서는 그렇지 않음을 알고 있다. 中國은 남쪽으로 倭와 이웃하고 오랑캐와도 나란히 이웃하고 있는데, 겨우 朝

鮮 한 나라만 扞蔽[=藩屏]일 뿐이다. 조선인이 돛을 타고 가면, 배가 빨라서 바람이나 비와 같다. 만에 하나라도 딴마음을 품고 오랑캐를 위해 그 명령을 받든다면, 다만 한 명의 장수에게 명해서 침략해오게 한다 해도, 우리의 淮水 유역 揚州와 青州, 登州 등은 모두 편안한 집이 없게 될 것이다. 오랑캐가 기병으로 관문을 두드리면, 그 온힘으로 아무런 장애 없이 마음대로 할 것이다"라고 했다.

이에 「서문」의 찬자는 "내가 일찍이 반복해서 읽었는데, 그 기록 가운데서 자신의 뜻을 여러 번 밝히면서도 그만둘 수 없었던 것은 조선의 中國과의 관계가 무겁기 때문이었음을 느꼈다. 그곳에서 이르기를, '中國은 남쪽으로 倭와 이웃하고 북쪽으로는 虜와 이웃하는데 다만 조선 하나만 扞蔽가 되었으니, 우리 國家가 조선을 친절하고 극진하게 대하는 뜻이 깊고도 멀다'고 하였으니, 이 말에는 음미할 만한 속뜻이 있지 않은가"라고 하면서, 東江鎭을 둘러싸고 전개된 조선과 명의 미묘한 관계에 관한 강왈광의 상황판단과 전략적 대처를 다음과 같이 정리하였다.

> 지난날 關白이 난을 일으켜 그 도성에 함부로 들어가서 짓밟았는데, 우리의 군대와 무신들이 건져서 구해주면서 힘쓰지 않아, 거듭된 어지러움이 반복되었다. 조선은 마음속으로 우리에게 의지할 바를 잃었으니, 여전히 우리에게 두 마음을 품지 않고 있다. 지금에 이르러 오랑캐가 다시 그 강역을 놀라게 하지만, 우리는 바야흐로 우리 자신을 구하는데도 겨를이 없어, 아직 그들을 덮어 감싸줄 틈이 없다. 그래서 皇華가 사명을 공손하게 받들어도, 빈이름만으로 그곳에 임할 뿐이었다. 이에 그 군주와 신하 상하가 손을 맞아 접대하거나 전별하여 보낼 때, 禮에 어긋남은 없었고 정에도 여유가 있었다. 왕이 새로 喪을 당했는데도 옷을 바꿔 입는 것과 같은 것이 다만 명령만으로 이뤄졌고, 지위를 내리거나 뒤를 이어 즉위하는 것도 오직 명령만으로 되었다. 비록 뛰어난 사자의 말씀이 있었다 하

더라도, 역시 침략하지 않고 배반하지 않으며 대를 이어 충성한 것은 거룩한 조정에 얽어 묶인 인연이 깊었기 때문이다. 모문룡이 과연 大史가 가리킨 대로 한 군대를 훈련시켜 구성해서 海東을 위세 당당하게 내려다보면, 그 형세는 반드시 조선과 좋은 사이로 掎角을 이루게 될 것이고, 조선도 전쟁 준비로 고생하지 않아 조선이 온전하게 지켜질 것이며, 조선이 온전하게 지켜지면 우리의 扞蔽가 먼 곳에서 견고하게 유지될 것이다. 나라를 위한 사신의 책략은 그 뜻이 깊고도 길어서, 여기에까지 이르렀다.

5. 明使 姜曰廣의 淸廉 외교

강왈광은 매우 청렴한 인물이었다. 그가 사신으로 조선에서 행한 행동 가운데서 특히 청렴한 자세가 『輶軒紀事』에서 돋보인다. 그는 조선 정부나 관원이 제공하는 일체의 선물을 거부하였고, 명조 사절단이 조선에 미칠 물질적 폐해나 부담을 일체 소거하였다. 이러한 태도는 그 개인에게는 물질적 이익은 가져다주지 못했지만, 조선인들이 출국도 하기 전에 生祠를 지어주는 등 아름다운 명예를 가져다주었을 뿐만 아니라, 그의 나라에는 적지 않은 국익을 안겨주었다. 따라서 '청렴 외교'라고 부를 만한 강왈광의 이러한 외교적 행위는 朝明 시대의 한 외교적 양식으로 기억할 만하다 하겠다.

이 책의 「서문」에서 姜曰敬은 姜曰廣의 청렴한 행위와 그 의미를 다음과 같이 소개했다.

조선은 사실 물자가 풍부하지 않은데, 우리의 간교한 상인과 교활한 백성이 기이한 재화를 얻을 수 있을 것으로 보고, 왕왕 使星이 내는 빛의 끝에 의지하여 붙어 그 나라에서 닥치는 대로 가져가서, 조선인들이 매우 걱정하고 고통스럽게 여긴다. 大史는 諫議와 함께 이들 무리와 단호히 관계를 끊고 청탁을 거절했다. 동틀 무렵에는 전부터 미리 알려져 있던 영명한 명성이 이미 조선에 전해져 있었다. 도착하자 곧 천자의 어짊을 받들어 드날려, 그 번잡한 비용과 그 나라에서 공급하는 물자, 牽餼 등을 모두 면제해주고, 풍부하고 화려한 토산물을 대접하여 보내는 것은 장차 명예를 더럽힐 것처럼 힘써 씻었다. 그 왕은 명령을 받아 행해야 할 자들이 역할을 수행함에 무능하였다고 화를 내며, 명령을 내려 그들을 죽이겠다고 하면서 꼭 받도록 위협하였지만, 단호히 거절하여 마음이 흔들리지 않았다. 돌아오는 배의 여행 짐은 텅 비어 있어, 蓬萊閣 아래에서 배에 들어갈 때와 같았으니, 이는 깨끗한 일이었다. 朝鮮의 풍속은 예전부터 文事에 능하고 風雅한데, 殷人의 솔직하여 꾸밈이 없는 기풍이 아직 남은 것이 있기 때문에, 감동시켜 교화하기가 특히 용이하다. 사자가 적절하게 절약하고 줄여주자, 위문하고 구제하는 덕택의 뜻이 그 나라를 덮어 감화시켜, 한번 전해들은 소문이 빙빙 돌아서, 남자와 여자들이 모두 노인을 부축하고 아이를 데리고 수백 리 밖에서 와서 향을 피우고 膜拜하면서, 비 오듯 눈물 흘리며 수레를 세우고 가로막아 갈 수가 없었다. 生祠를 짓는다는 소식이 있어, 비록 글을 보내 힘써 말렸지만, 사당은 며칠 걸리지도 않아 이미 사통오달의 네거리에 우뚝 높이 이뤄졌으니, 이는 기이한 일이다. 燕及은 이때부터 다른 사람들과 달리 위험한 일이나 어려운 일이 없었다. 깨끗한 일과 기이한 일이 域外에서 겉으로 드러났고, 차례로 문장과 氣節로써 區內를 울렸으니, 어찌 燕及도 다른 사람과 같다 하겠는가.

실제로 『유헌기사』 본문에서는 강왈광이 중국을 떠나기도 전부터 청렴한 조처를 취했음이 서술되어 있다. 그는 登州에서 副使와 의논하여, “상인은 국가의 체모를 지키기 위해 마땅히 금해야 하고, 家人 외에 醫生과 墨客은 데리고 가지 않으며, 輿夫는 필요가 없다. 관행적으로 늘 해온 일

가운데 간사하고 잘못된 것은 막는다"는 합의를 보았다. 그리고 將官들이 배를 이끌고 통솔하여 正使를 알현할 때, 강왈광은 그들을 면전에서 타이르며, "감히 금령을 어기며 간사한 상인을 사사로이 숨기거나 水卒을 거짓으로 충원한 자가 있으면, 체포하여 죄상을 캐묻고 법으로 죄를 다스려 壬辰 법에 따라 엄격하게 처벌할 것"이라고 말했다.

또한 水祭를 마치고 관청으로 돌아오니 몰래 말하는 자가 있어, "王 씨와 胡 씨 등 두 환관이 조선에 사신으로 갔다가 돌아와서, 육십 扞을 大璫[즉 고위 환관]에게 바치고, 몰래 河間에 보내어 아무런 화를 입지 않을 수 있었다"고 하자, 그는 "사람은 같지 않음이 있다. 또한 나는 이번 행차에서 이미 禍福에 대해 개의치 않기로 했다"고 하여, 그때까지의 관행을 단호히 거부했다. '王 씨와 胡 씨 등 두 환관'이란 곧 王敏政과 胡良輔를 말하는데, 양자 모두 魏忠賢의 부하 환관으로 仁祖反正 때(실제로는 仁祖 3년)에 조선에 册封使로 다녀갔다.

天啓 사절단이 조선에 당도하자마자, 두 명의 조선 대신들이 明使를 찾아와서 "天使께서 험한 길을 지나 멀리서 왕림하셨는데, 國王이 직접 마중 나오지 못하고 삼가 대신을 보내 문안하면서, 아울러 바칠 것이 약간 있다"고 했지만, 강왈광은 "먼 곳에서 번거롭게 노고를 묻는 것은 국왕의 예의니, 다만 그 뜻만으로 족하다"고 하면서, 역시 그것을 물리쳤다. 그 뒤 조선의 遠接使가 환영 연회석에서, "황공하게도 변변치 않은 물품 공급은 2백 년 된 오랜 규정인데 大人께서 내치시어, 小邦의 事大에 정성이 빠지게 되었으니, 마음에 걸린 것을 떨칠 수가 없다"고 했다. 강왈광은, "마음을 바랄 뿐, 물건은 원하지 않는다. 사람이 태어나서 매일 한 번씩 배불리 먹으면 될 뿐인데, 대접을 받아 번거로운 비용을 얼마나 견뎌야 하고 이 지방의 백성을 괴롭혀야 하나"라고 말했다. 遠接使란 길을 가면서 周旋하고 應對하는 자로서, 당시에 조선은 吏曹를 관장하는 金瑬에게

그 임무를 맡겼었다.

이와 아울러 강왈광은 일체의 물품 공급을 없애게 했다. 예컨대 찻물이나 끓인 물을 준비하는 것이 있었는데, 그 비용이 헤아릴 수 없을 정도로 많았다고 한다. 이에 대해 원접사 김류가 말하기를, “상인들이 이르지 않아, 소방은 매우 감사하게 생각한다. 그런데 수요에 맞추어 공급하는 물품을 없애게 한 일과 같은 것은 사실 처음 들어보는 것으로, 寡君은 이 일로 인해 놀라고 두려워하여 제대로 받들어 모시지 못했다고 책망하였으니, 좌우의 대신들이야 무슨 말을 하겠는가”라고 하자, 강왈광은 “왕이 예절을 잘 지켜 경의를 표했지만, 나는 비용을 줄여 어짊을 펼치는 것이다. 대저 道란 각자가 스스로 최선을 다하면 된다”고 했다. 그날 저녁에 부사의 숙소를 지나며 강왈광이 말하기를, “우리가 이곳에 이르러, 일체의 물품 공급이 저들 오랑캐 얼굴을 하고 鳥語로 수군거리는 자들에 의해 면전에서 느릿하게 행해지고 있으니, 내가 어떻게 알겠는가. 어쩔 수 없이 문서를 통해 알아야 하지 않겠는가. ‘쌀과 소금 약간, 기름과 초 약간 등’, 필요한 물품은 이렇게 갖춘다. 매일 몸소 써서 일이 끝나면 그것을 왕에게 돌려준다면, 누가 감히 이것을 가지고 내가 이익을 본다고 하겠는가”라고 했다. 이에 지방의 節制使와 觀察使 등 관원에게 전하여 보였더니, 모두들 억지로 할 수 없다고 하면서 거듭 고집을 부렸다. 이에 강왈광은 직접 글을 써서 말하기를, “거룩한 천자께서 東國에 친절하고 극진하시기 때문에, 使者가 여기에 이르렀다. 무릇 내가 온 까닭도 역시 거룩한 덕을 조금이라도 밀어 넓히려 한 것이기 때문에, 필요한 물품의 공급을 빌려 번거롭게 하지 않을 뜻을 밝힌 것인데, 이 일의 책임자가 고집을 부리며 허락하지 않으니, 무슨 까닭인가. 무릇 이익을 모으려 움직이면 빈구멍이 많아진다. 天使를 받든다는 명분을 빌려서 몰래 스스로 구실을 찾는 것은 아닌가. 東國에 현명한 이가 많으니, 반드시 그렇지는 않으리라”

고 했다. 이를 통역관에게 보여주고 내보냈더니, 들어와서 말하기를, "大人의 자비로 陋邦이 여기에 이르렀으니, 감히 명령대로 하지 않을 수 있겠는가"라고 했다. 아울러 지나가는 지방의 관원에게도 보여, 그 일체의 供帳 등 물품은 출발에 임하여 모두 살펴서 직접 조사해서 책임자에게 지급하게 했다고 한다.

그 뒤 사절단 일행이 安州에 이르렀을 때, 城에서 수십 武 떨어진 곳에 바다가 있어, 따라온 將官이 鐵山에서 배를 옮겨와서 성 아래에 정박시켰다. 이날 강왈광은 장관과 만나 배의 무리에게 지시하기를, "그대들은 엄중하고 화목하게 구역을 설정해서 지키되, 마음대로 배를 떠나서 조선 백성에게서 사소한 이익을 구하지 말라. 만약 이 약속과 규정대로 하지 않는 일이 있게 되면, 장관도 같이 처벌될 것이다"라고 엄명했다. 將官들이 사신을 직접 모시고 王京으로 들어가게 해달라고 요청하자, 강왈광은 "너희가 말하는 이 행차는 文事로 가는 것인가, 아니면 武事로 가는 것인가. 문사로 가는 것이라면 너희가 필요하지 않고, 무사로 가는 것이면 두세 명의 고기를 물리도록 먹기는 어렵지 않겠는가"라고 하면서 허락하지 않았다. 그래도 땅에 엎드려 굳이 청하였기 때문에 강왈광은 벌컥 화를 내며, "너희의 마음이 반드시 내 마음과 같지 않다면, 너희가 어찌 조선에 폐를 끼치며 이익에 빠져들지 않겠는가. 장차 조선에 가서 폐를 끼쳐 나라를 욕되게 한다면, 나는 너희를 나중에라도 용서하지 않을 것이다"라고 말하고, 그들을 떨치고 일어났다고 한다.

安州의 연회에서도 왕이 관리를 보내 문안하였으나, 예물을 물리치고 되돌려 보냈다. 문안하는 관리가 모인 연회에도 참석하지 않음으로써, 명령을 지체할 수 없음을 보여주었다. 開城에서도 왕이 관원을 보내 문안했는데, 세 가지 예를 더함이 있어, 역시 이를 물리쳤다고 한다.

한양에서 왕이 답례품을 보내왔을 때도 물리쳤다. 다시 또 보내왔는데,

그 말이 매우 간절했지만, 다시 편지를 써서 물리쳤다. 그 뒤에도 왕이 通政使와 都承旨 등 두 명을 파견해서 전별 예물을 보냈지만, 이를 물리쳤다. 왕이 다시 館伴使와 遠接使 등 다섯 명을 시켜 힘써 간청하면서, 여러 번 물리치면 체면이 없다고도 말했다. 강왈광이 굳이 받지 않으니, 왕이 명령을 받들어 수행하는 자들이 무능하다고 화를 내면서, 통정사와 도승지를 특별히 죽이겠다는 명을 내렸다. 그때 이들 세 명이 문밖에 오랫동안 꿇어앉아 "살려달라"고 호소했고, 관반과 원접사도 땅에 엎드려 애달프게 청했다. 강왈광이 웃으며 말하기를, "이른바 스스로 죽인다 하는 것은 바로 그대들의 한집안 사람이다. 무릇 오고 갈 때는 각자의 道가 있는데, 어찌 서로 강요하는가. 또 왕이 이런 일로 그 신하를 죽인다면, 어찌 사신을 예우한다고 하겠는가"라고 했다. 왕이 이를 듣고서는 앞서 내린 명을 멈추었다고 한다.

강왈광의 청렴 외교는 본인이 의도한 것이든 의도하지 않은 것이든, 결과적으로 그 국가에 적지 않은 외교적 이익을 가져다주었다. 明使가 조선국왕과 만났을 때, 왕이 "두 분 대인의 수행이 얼마나 간소한지. 물자를 풍부하게 공급해드리지 못한 데 대해 예우가 마음과 같지 못한 것을 바야흐로 두려워하고 있는데, 대인께서 모두 바꾸고 물리치시니, 이는 不穀의 죄를 더욱 더하는 것입니다"라고 하자, 강왈광은 "遼民이 영락하여 매우 곤란한 처지에 놓여 있어, 貴國에서 보살피고 도와주지 않으면, 모두 생존하기 어려울 것이니, 이들 외롭게 남겨진 무리가 불쌍하기 그지없습니다. 그런데 무슨 마음으로 이런 상황에 직면해서 자신은 풍족한 대접을 받겠습니까"라고 답하여, 조선의 遼民 구제를 유도했다. 그리하여 귀환길에 개성에서 遠接使로부터, "국왕께서는 근래에 天使가 遼民 때문에 마음이 상하여 눈물을 떨어뜨렸다는 소식을 들으시고, 국왕께서도 불쌍히 여기셔서 이미 명을 내려 황해도와 충청도에서 쌀을 운송하도록 재촉하셨다"는 소식을 들을 수 있었다.

강왈광이 의도적으로 청렴 외교를 펼쳐서 遼民 구제를 유도하였는지는 확인하기 어렵지만, 그가 국익을 위해 얼마나 세심하게 준비하였는지는 다음과 같은 사례를 통해서 알 수가 있다. 강왈광 일행이 文廟를 참배하였을 때, 언어가 통하지 못해서 강의는 그만두었는데, 이로 인해 명 太祖 때에 翰林侍講 火原潔을 시켜 『華夷譯語』를 편찬하게 했고, 책이 완성되어 간행, 반포된 뒤로부터 사자들이 모두 夷狄에 관한 정보를 얻을 수 있었음이 생각났다고 한다. 그는 황급하게 사명을 받들었기 때문에 미처 이 책을 사서 구해볼 수 없었다. 登州에 이르러 조선에서 돌아온 遼民 한 명을 찾아, 그 나라 말을 차례 따라 엮게 하고, 강왈광 본인이 그것을 써서 식별했다. 그러나 끝내 익숙하게 습득하지는 못하고, 틈틈이 하나씩 들어 조선인에게 말했더니, 조선인들이 모두 서로 돌아보며 깜짝 놀라며 갔다고 한다. 또 그는 한 선배가 조선에 사신으로 갔더니 조선인이 人首魚를 삶으며 서로 어려워했는데, 이 물고기는 눈만 먹을 수 있어 사신이 숟가락을 들어 곧바로 물고기 눈을 가져가서 조선인들을 굴복시켰다는 이야기를 들었다고 하면서, "무릇 남의 나라에 사신으로 가는 자가 어찌 하나라도 소홀히 할 수 있겠는가. 천자의 거룩한 책략은 심원하고 성실하다"라고 했다.

강왈광의 이러한 조처와 언동은 그 개인에게 물질적 이익을 가져다주지는 못했지만, 勅使 대접으로 시달려온 조선인들에게는 적지 않은 충격과 감동을 안겨주었다. 사절단 일행이 개성을 지나 이삼 리 정도 남행했을 때, 갑자기 무슨 삿갓이 숲을 이루며 떼 지어 모여서 시끌벅적 소란스럽게 떠들면서 하늘을 가리켜 손바닥을 비비는 것이 보였다. 앞에 누런 머리에 이빨이 다 빠졌다 다시 난 수백 명의 노인들이 있어, 수레를 두드리고 눈을 크게 떠서 직시하며 입으로는 무어라 중얼거리는데, 무슨 말인지는 알아들을 수가 없었다. 강왈광이 놀라서 낯빛이 변해 급하게 불러 그 까닭을 물었더니, 통역관이 "이들이 와서 염불하며 은혜에 감사해 하는 것"이라고 했다. 강왈광도 수레에서 내려 그들을 위로했는데, 모두들 머리를 조아리며 膜拜하고 갔다. 그 뒤로는 지나가는 곳마다 으레 그렇게 했다고 한다.

천계 사절단이 귀국을 위해 출행하니, 왕이 객관에 와서 餞別했다. 왕은 "두 분 대인이 주옥처럼 몸을 지키고 자애로운 어머니처럼 백성을 사랑하여, 甘棠에 남겨진 덕택이 대대로 三韓에 있을 것이니, 陋邦은 장차 峴山의 故事를 다시 보게 될 것입니다"라고 했다. 여기서 말하는 '현산의 고사'란 晋의 羊祜가 襄陽太守가 되어 선정을 베푼 것을 추모해서, 백성들이 그가 자주 올랐던 峴山에 비석을 세우고 눈물을 흘린 일을 말한다. 『晋書』 羊祜傳에 의하면, "襄陽 백성들이 峴山의 양호가 평생에 노닐며 쉬었던 곳에 비석을 세우고 사당을 건립하고, 매년 때맞추어 제사를 올렸는데, 그 비석을 바라보는 이 가운데 눈물을 흘리지 않는 자가 없어, 杜預가 이름을 지어 '墮淚碑'라고 했다"고 한다. 강왈광이 "사자의 輶軒이 건너와서 살펴보았을 뿐인데, 백성들에게 한 것이 어찌 이와 같을 수 있겠습니까. 아마도 까마귀 사랑이 아닌가 싶습니다"라고 하자, 왕이 "이 나라 사람들이 실로 큰 복을 받았으니, 어찌 不穀 한 사람의 사사로운 일이겠습니까"라고 했다. 왕이 다시 천막에 머무르며 눈물을 머금고 절하면서, 몸을 잘 보전하라고 간절하게 부탁했다. 강왈광이 수레에 올라가자, 통역관 한 명이 아뢰어 이르기를, "왕이 아직도 비탈 위에 머무르며 쳐다보고 있다"고 했다. 또 한 명의 통역관이 와서 말하기를, "국왕이 보이지 않을 때까지 쳐다보며 눈물을 뿌리다가, 시간이 다 되어서 갔다"고 했다. 강왈광은 "나도 이 말을 듣고서 슬퍼졌다"고 술회했다.

이날 온 나라 인민들이 길을 가로막고 膜拜했다. 수십 리나 끊임없이 이어져, 이르는 곳마다 어지러이 歌謠를 바쳤다. 그러나 가사가 속되다고 판단해서 기록하지는 않았다. 그러나 開城과 平壤에서는 여름 장마와 수레 끌채를 부여잡고 만류하는 자 때문에 수레를 멈추어 갈 수가 없는 지경에 이르렀다. 부녀자와 아이들도 모두 모였다. 통역관이 아뢰는 말 가운데는 백 리 밖에서 양식을 갖고 온 자도 있어 오늘 벌써 사흘을 기다렸다고 했다. 강왈광은 다시 수레에서 내려 위로하고, "황명을 받들어 살펴보았으니, 감히 오래 다른 나라에 머무를 수 없다"고 말했다. 그 뒤에도 지방의 太守와 父老 수천 명이 다시 여러 차례 붙들어 머물게 했다. 遠接使 김류도 헤어지면서 슬픈 목소리에 눈물을 흘리며 목이 메어 말을 못했다. 예물을 갖추어 주었지만, 역시 물리쳤다.

그는 黃州에 이르자, 글을 써서 각 道의 觀察使에게 주어, 백성들이 碑亭을 건립하는 것을 그만두게 했다. 앞서 開城에 있을 때, 원접사가 이 일을 들려주었기 때문이다. 「서문」에서 "生祠를 짓는다는 소식이 있어, 비록 글을 보내 힘써 말렸지만, 사당은 며칠 걸리지도 않아 이미 사통오달의 네거리에 우뚝 높이 이뤄졌으니, 이는 기이한 일이다"라고 하였듯이, 강왈광의 청렴함에 감동한 조선인들이 그가 귀국하기도 전에 生祠를 지어주었다는 사실은 중국인들에게도 매우 감동적인 사건이었으니, 『明史』 강왈광 열전에도 이 사실이 특기되었다.

6. 明使 姜曰廣의 禮論과 韓國 인식

倪謙 이후 조선을 찾은 역대 明使들은 한결같이 禮論을 전개하여 전통적 明朝 冊封−朝貢 관계를 강화, 혹은 유지하려 노력했다. 이 책의 「서문」에서도, "『輶軒紀事』는 太史 姜燕及이 명을 받들어 사신으로 朝鮮에

갔다가 돌아와서, 海外의 일을 모아서 적은 것이다. 왜 적었느냐 하면, 天子의 위엄에 밝게 의지하여 屬國을 禮로써 바로잡고 德으로써 품어서 使命을 욕되게 하지 않도록 바랐기 때문이라고 한다"고 하여, 明使 姜曰廣의 임무 가운데 하나가 "屬國을 禮로써 바로잡는 것"이었음을 특기하고 있다. 실제로 강왈광은 조선 땅을 밟자마자 禮論을 개진하여 조선을 압박하였다.

강왈광의 天啓 사절단이 皮島에 올라 詔書를 받들고 가려할 때, 朝鮮 국왕이 파견한 통역관이 帖籤을 가지고 마중했다. 이때 강왈광은 그 첩첨이 남색을 써서 國喪에 대응하듯 한다고 힐난했다. 그는 그것을 물리쳐 받지 않고, "편지는 홍색이 맞다. 조정의 큰 경사는 무겁다. 열어서 읽어 본 뒤, 柬籤의 표면이 붉은색이고 안은 남색이면 괜찮다"고 했다.

강왈광이 禮論을 통해 조선을 압박한 것은 여러 곳에서 이뤄졌지만, 그 가운데서도 慕華館에서 이뤄진 喪服 논쟁이 가장 중대했다. 당시 모화관의 객관은 倭亂으로 인해 불타서 장막을 펴서 그것을 대신하고 있었는데, 강왈광 일행은 벽제를 출발해서 날이 샐 무렵에 임시로 친 천막으로 들어가서 황제가 하사한 옷으로 바꿔 입었다. 조선 왕이 영의정 申欽 이하 수백 명의 백관을 이끌고, 香亭과 龍亭 · 儀仗 · 金鼓 · 雜戱 등을 갖추어 詔書를 영접했는데, 동쪽과 서쪽에는 鰲山과 彩綳을 성대하게 엮어놓았다. 明使 두 사람이 조서를 받들고 가니, 통역관이 아뢰어서 잠시 머무르고, 국왕이 조서를 맞는 의례를 행했다. 서로 반 里 정도 떨어졌는데, 왕이 거슬러 맞서서 절을 했다. 이때 강왈광은 통역관을 불러, "왕은 아래에서 절하지 마십시오. 흰옷을 입은 것은 무슨 까닭입니까"라고 했다. 통역관이 왕이 온 곳에서 종종걸음으로 빨리 와서, 근래에 喪을 맞았기 때문이라고 아뢰었다. 이에 강왈광은 말을 전해 이르기를, "조정의 慶事는 公的인 일이고 나라의 喪事는 私的인 일입니다. 신하 된 자는 사적인 일로 공적인 일을 폐할 수 없습니다"라고 했다. 왕이 다시 말을 전하기를, "충과 효는 하나의 道이니, 자식이 부모에게 효성을 다하려는 마음은 원래 君父에게 바른대로 고할 수 있습니다"라고 했다. 강왈광이, "왕은 효성을 옮겨 충성을 이룬다는 말만 듣지 못했습니까. 三年喪은 어느 때라도 슬픔을 스스로 다 표현할 수는 없는데, 무릇 조서를 반포하는 것은 이 하루뿐입니다. 하루의 정성으로 君父를 위해 힘쓸 수 없단 말입니까"라고 하자, 왕이 다시, "小邦이 바다 넘어 그 바깥에 있어 의복을 갖추지 못했으니, 대인께서 너그럽게 생각해주시기를 바랍니다"라고 했다. 이에 강왈광은 다시, "회피하려고 꾸며서 하는 말입니다. 貴國은 聲名과 文物로써 海外에서 칭송된 지 오래되었습니다. 사람의 무리를 가지런히 영도하는 군주로서 의복을 갖추지 못했다고 말하니, 이렇게 해서야 어찌 보는 사람과 듣는 사람들을 타이를 수 있겠습니까. 또한 우리 祖宗께서 당신에게 하사하신 각종 비단은 지금 모두 어디에 있고, 또 장차 그것을 어디에 쓰려 하십니까"라고 힐책했다. 조선 국왕이, "한 달이 지난 喪으로 이처럼 마음이 불안하니, 어찌 하겠습니까"라고 하면서 여전히 옷 갈아입기를 거부하자, 강왈광은 다시 다음과 같이 말했다.

> 禮에 불안해하고, 도리어 非禮에 안심하십니까. 만약 使者가 조서를 日本이나 琉球에 반포하는데, 의식의 예절이 이치에 어그러져 옳지 못하다면, 어떻게 그것을 구할 것입니까. 내가 듣기에, 天朝가 夷狄을 대할 때는 그 풍속에 맡겨 스스로 덕으로 교화하여 기르게 한다고 합니다. 무릇 朝鮮도 우리 中華의 가르침과 같아서, 경사가 있으면 嘉服을 입었는데, 왕은 어찌해서 使者가 中華의 禮로써 국왕을 두텁게 대함을 듣지 못하고, 국왕은 도리어 夷狄의 풍속으로 스스로 처신하면서 그렇게 말하는 것은 무슨 까닭입니까.

왕은, "不穀 역시 예의와 교화에 대해 얻어들은 바 있으니, 이도 실로 하나의 道입니다"라고 하면서 다시 거부하니, 강왈광은, "무릇 禮란 신하가 스스로 다 하는 바이니, 다른 사람이 그 지나침을 다툰다면 이미 잘못된 것이고, 필시 잘못된 것을 고집함에 특히 잃은 바가 있으니, 사자가 이렇게 와서 賢王의 뜻을 삼가 바라는 것입니다"라고 했다. 왕은 또다시, "여러 차례 밝은 가르침을 받았으니, 어찌 감히 변변치 못한 조그마한 마음을 고집하겠습니까. 다만 대인께서 처음부터 끝까지 애련히 여겨주시기 바랍니다"라고 하면서 거부했다. 이에 강왈광이 갑자기 낯빛을 바꾸며, "천자의 용안이 지척도 떨어져 있지 않은데, 어찌 가볍게 여겨 함부로 명령을 어기십니까. 오늘의 거동은 禮에 어긋남이 있는데, 사자가 이를 알고서도 말하지 않거나, 말하고서도 힘쓰지 않으면, 죄가 사자에게 연좌됩니다. 사자가 의로움에 대해 거듭 말했는데도 끝내 잘 따르지 않는다면, 죄가 국왕에 연좌됩니다. 왕이 옷을 바꿔 입지 않으면 조서는 반드시 열지 않을 것이니, 왕은 여러 번 되풀이하여 깊이 생각해서 소홀함이 없게 하십시오"라고 힐난하니, 왕이 마침내, "감히 명령대로 옷을 바꿔 입지 않겠습니까"라고 하면서 굴복했다고 한다.

그 뒤 조선 국왕이 객관에서 인사한 뒤에, 곧이어 궁전에서 환영 연회를 베풀었는데, 술잔이 두 번 돌자 왕이 눈살을 찌푸리고 얼굴을 찡그리며 말하기를, "不穀이 喪을 당해 애통해서 슬퍼하며 몸져누웠기 때문에, 손님을 모시는 술자리에서 예를 제대로 따르지 못합니다. 또한 거듭 대인의 명이 엄숙하여 특별히 吉服으로 갈아입어, 내 마음이 편안하지 않습니다"라고 했다. 이에 강왈광은, "慶事가 반포되어 특별히 嘉服으로 갈아입은 것은 임금에 대한 공경함입니다. 禮를 이룬 뒤에 물러나 本服을 따른 것은 부모에 대한 효성입니다. 충성과 효성을 다 갖추었는데, 어찌 불안하다고 말하십니까"라고 하며 이 논쟁을 종결지었다.

그러나 명사와 조선 측의 의례 논쟁은 여기서 그치지 않았다. 그때까지 의거해온 儀注에 의하면, 使者와 國王의 相見禮 때에 正使는 동쪽에 서고 그 다음에 副使와 국왕이 정사를 향해 서쪽에 서는데, 副使인 王夢尹이 遠接使에게 "이것은 잘못이다. 국왕은 마땅히 부사를 향해 서야 한다"고 주장했다. 조선의 원접사는, "무릇 儀注는 옛 전례를 모두 따른 것이라, 감히 조금이라도 틀림이 있게 할 수는 없다"고 했지만, 부사는 "무릇 禮란 義로부터 일어나는 것이다. 지금 동서로 차례를 통하게 함을 생각하면, 손님이 도리어 주인 아래에 서는 것은 거의 不可함에 가깝다"고 고집했다. 이에 원접사가 국왕에게 보고했지만 국왕이 이를 듣지 않아, 正使 강왈광도 副使와 함께 힘써 다투었다. 결국 국왕은, "삼가 명대로 하겠습니다. 그러나 만약 그것이 잘못된 것이라면, 不穀의 죄가 아닙니다. 그 유래가 오래되었습니다"라고 하면서 역시 물러섰다고 한다.

강왈광이 이처럼 집요하게 상복을 조복으로 바꿔 입도록 강요하고 조선 국왕과 明使의 위치를 고집한 것은 명과 조선의 명분적 관계를 분명하게 함으로써, 기울어져가는 明朝의 위신을 지켜내고 조선의 애매모호한 태도에 경고를 보내려는 정치적 의도가 강하게 내포되어 있었다. 강왈광은 조선 경성에 들어가면서 조선을 압박한 뒤, 원래 使命에 포함되지 않은 弔問의 禮를 굳이 취하기도 했다. 明使가 王의 喪을 조문하는 일을 의논하자, 왕이 이를 듣고서는 靈柩가 이미 나갔다고 사양했지만, 몰래 館伴에게 祭文의 원고를 적어 주어 왕에게 바치도록 했다. 관반이란 王京에서 주선과 응대를 주관하는 자로서, 그때 禮曹判書 李廷龜가 이 일을 맡고 있었다. 이에 왕이 객관을 방문해서 祭文에 대해 감사를 표하자, 강왈광은 "사자가 간 나라에서 喪을 맞으면 조문하는 것이 禮입니다. 어제는 거절하셔서 마음을 펴 보이지 못했는데, 감히 번거롭게 감사의 인사를 받았을 따름입니다"라고 했다. 遼東과 실력을 이미 상실한 明朝는 이처럼 형식적 禮論을 고집함으로써 기왕의 책봉—조공 관계 형식을 계속 유지하려 노력하였다.

조선 국왕도 "不穀이 東海의 外臣으로, 거룩한 천자를 바라볼 인연이 없었는데, 황태자께서 뛰어난 자질을 타고 태어나셨다는 소식을 한번 듣고 경사스런 일이라 기뻐하지 않을 수 없었습니다"라고 하면서 '外臣'을 자칭하여, 朝明의 책봉—조공 관계를 유지할 뜻을 분명히 했다. '外臣'이란 원래 중국 밖에 있는 신하라는 뜻으로, 중국 안의 '內臣'과 대응하는 말이었다. 漢 초에 南越과 朝鮮의 국왕을 '外臣'으로 삼았다는 기사가 『史記』 南越朝鮮列傳에 보이는데, 이때 '外臣'은 '內臣'과 마찬가지로 중국 국가의 군장인 天子와 册封—朝貢 관계를 갖지만, 실제로는 독립된 국가의 군주로서의 지위를 유지했다.

강왈광이 조선에서 禮論을 전개하여 조선인을 설득시킨 것은 조선은 禮義와 文事의 나라라는 전통적 인식을 배경으로 이뤄졌다. 『輶軒紀事』는 天啓 사절단이 조선을 방문하며 보고 느낀 것을 기록한 기행문이다. 강왈광은 여로에서 만난 조선의 풍속과 문화를 관찰하여 기록했는데, 특히 그것이 중국의 문화와 어떠한 관계에 있었는지에 대해 관심을 기울였다. 예컨대, "縉紳의 衣冠은 우아한데, 中國의 제도와 같다. 品官은 巾圈으로 구별한다. 進賢冠을 쓸 때는 반드시 앞을 올려서 그 건귄을 빛나게 한다. 갈 때는 유별나게 걸음이 느리다. 마실 때는 번거롭게 揖讓하여 공손함을 밝힌다. 그 풍속은 오랫동안 교화와 규범이 융성하여, 아래로는 수레꾼과 하인에 이르기까지도 詩를 이해해서 읊조리고 말끝마다 문장을 과시하며, 中國의 詩文을 죄다 갖추고 있다. 다만 먹고 마시는 것은 서로 통할 수 있는 것이 적고, 밥 지을 때도 많이 익히지 않는다"라고 해서, 일상생활은 중국과 다른 것이 있어도 관제와 시문은 중국과 다르지 않음을 주목했다.

강왈광은 "驛館의 公役에 복무하는 자는 文學에 익숙한 子衿을 골라 충원한다. 들어갈 때는 신발을 벗어두고, 문밖에서는 담 길을 따라가는 등, 몸가짐과 행동거지가 볼 만하다. 밥 짓는 일을 위해 부녀자를 많이 쓰는데, 使者의 사무실에는 감히 들어갈 수 없다. 부녀자들이 물을 길을 때는 머리에 옹이를 이는데, 무거운 것은 수십 斤이나 되는 것을 팔로 바로잡고 길 위를 종종걸음으로 빨리 가니, 이 역시 하나의 신통한 일이다"라고 하여, 역시 일상생활의 고유성을 간과하지 않으면서, 아울러 "文事에 능한 조선의 풍습"에 주목하였다. '子衿'이란 『詩經』「鄭風」子衿篇에서 "青青子衿 悠悠我心"이라는 한 구절에서 유래한 말로 그것은 青衿, 즉 청색 깃의 옷을 입는 學子나 生員을 일컫는 말이다.

연도의 각지에서 詔書를 맞이하는 예법도 중국과 다르지 않음이 지적되었다. "저녁에 城에 다다르니, 횃불을 총총히 피워, 불빛이 밝게 비친다. 갖가지 놀이가 길을 채우고, 백 가지 짐승이 만들어져 춤을 춘다. 그 節制使와 觀察使, 太守 등 관원들이 모두 朝服을 입고 교외에서 詔書를 맞았다. 앞에는 龍亭과 儀仗, 鼓樂 등을 벌여놓았는데, 모두 중국의 예와 같았다." 특히 한양의 궁 안에서 조서를 맞아 읽는 의식은 고도한 예법을 실현하는 것으로, 중국에서 온 사신들도 감복케 했다.

詔書가 궁전에 오르자, 궁전에는 北闕이 설치되고 句臚, 즉 통역관이 의식의 절차를 낭독하며 진행하는 것을 전했다. 왕이 대신들을 이끌고 절했다. 故事로는, 조서를 반포하는 일이 끝나면, 왕이 북궐에 가까이 가서 詔勅을 받아, 펼쳐놓고 소리 내어 읽는다. 執事者가 먼저 동서로 서고, 왕이 한 계단을 한 발씩 디디고 올라가서 허리를 꼿꼿이 세우고 꿇어앉아 북면하여 詔書를 받는데, 읽는 일이 끝나면 조서를 두 손으로 받들어 동쪽에 서 있는 자에게 주고, 서쪽에 서 있는 자에게는 勅書를 준다. 왕이 받지 않고 눈으로 대신에게 대신하게 하였으나, 대신들이 서로 보면서 깨닫지 못했다. 한참 지나서, 왕이 조서를 받든 자에게 명해서 조서가 闕廷으로 들어가도록 먼저 청하게 하고, 다시 칙서를 받든 자에게 명해서 동쪽에 서도록 한 뒤에, 칙서를 받아서 읽었다. 이에 강왈광은 부사에게, "왕도 이처럼 예의를 아니, 우리가 더 조심하지 않을 수 있겠는가"라고 했다고 한다.

예가 끝난 뒤에 왕이 절하고 명사들도 절했는데, 왕의 좌우에서 각각 橐筆, 즉 왕의 곁에서 책이 든 자루를 들고 붓을 머리에 꽂고서 왕의 자문이나 글 쓰는 일에 대비하면서 그 언동을 쓰고 있었으니, 강왈광은 이를 보고 "역시 [중국의] 옛 史官의 유풍과 같았다"고 논평했다. 그 다음 날 文廟를 찾아뵈었을 때도, "사당의 제도는 대개 成均, 즉 太學을 본떠 만들었는데, 여러 子衿이 절하고 꿇는 것이 모두 禮와 같다. 다만 두건과 신발에서 차이가 있다"고 했다. 禮가 끝나고, 國都의 성문 안으로 들어가서 그 인물과 궁실을 보았는데, "모두 우아하고 크고 아름다웠다. 白嶽이 용처럼 주위를 빙 감아 두르고, 漢江은 천연의 垓字니, 성대한 大國의 풍모이다"라고 감탄했다.

文事의 나라, 조선에 대한 기대가 너무나 커서, 강왈광은 객관에서 經書의 善本을 가져다 읽었는데, 그 까닭은 오래전부터 내려오던 "高麗에 異本이 많다"는 설[6]을 확인하기 위한 것이었다. 그러나 강왈광은 확인 결과, "예전부터 전해져온 『論語』『孟子』와 차이가 없고 잘못된 글자가 있어, 壁書의 古文보다 몇 편 더 있다는 것이 모두 허황된 말임을 알게 되었

6 『朱子語類』 133 本朝夷狄 조에 의하면, "일찍이 韓無咎가 이르기를, 고려가 入貢할 때 神宗이 先秦의 古書를 바치도록 하였는데, 바쳐온 책 가운데는 불타지 않은 六經이 있어, 신종이 기뻐하여 곧 천하에 頒行하려 했다"고 하고, 한국에는 중국에서 散佚된 好本이 많이 보존되고 있다고 해서 北宋 哲宗은 128종의 서적을 고려에서 구하기도 했다(『增補文獻備考』 242 藝文考 1; 『高麗史』 10).

다"고도 했다.

그 반면에 조선의 문화를 과소평가한 측면도 드러냈다. 강왈광은 오래 전부터 조선이 옛날부터 의술이 좋지 않다고 들어왔기 때문에, 副使와 약속해서 각자 醫書를 구입하여 조선에 선물로 남겨주었다. 강왈광이 병이 났다는 이야기를 전해들은 조선 국왕은 약을 보내주며 직접 문병하기도 했는데, 이때 중국에서 가져온 책을 주면서 "간행하여 널리 펴달라"고 부탁했다고 하는데, 왕이 책을 받고는 여러 번 탄식했다고 한다. 그때 선물한 것은 王肯堂의 『證治準繩』이었다.

강왈광의 이러한 한국 문화 인식은 중국인의 전통적 역사인식과 깊은 관련을 갖고 표현되었다. "朝鮮의 풍속은 예전부터 文事에 능하고 風雅한데, 殷人의 솔직하여 꾸밈이 없는 기풍이 아직 남은 것이 있기 때문에, 감동시켜 교화하기가 특히 용이하다"고 한 「서문」처럼, 무엇보다 禮義와 文事에 밝은 한국은 箕子에서 비롯되었다는 역사인식이 도처에서 발견된다.

천계 사절단이 평양의 관사 안으로 들어가서 연회가 열렸다. "연회에서는 작은 아이들을 써서 노래와 춤을 추었는데, 고상한 멋이 있고 소박하고 간략했다." 이를 보고 강왈광은 "조선의 일은 옛것을 모방했으니, 역시 商氏의 유풍이 있는 것인가"라고 했다. 또한 "從者들은 무슨 삿갓을 쓰고 흰옷을 입었는데, 商氏부터 내려온 유풍인가"라고 했다. '商氏'란 「서문」에서 말하는 '殷人'과 같은 뜻으로, 殷(商)이 망하고 조선에 동래하여 '八條之敎'를 가르쳤다는 箕子를 이르는 말이다.

천계 사절단이 조선에 입국해서 한양으로 가는 길에 평양을 들렀을 때, 文廟를 알현하고, 그 다음에는 箕子의 사당을 참배했다. 『유헌기사』에서 강왈광은 "성의 서쪽, 錦繡山서부터 구불구불 높고 길게 이어져 엎드렸다가 다시 일어난 데가 箕子의 衣冠이 보관된 곳이다. 묘지는 흙을 쌓고 돌은 쓰지 않았다"라고 기술했다. 遠接使가 성 아래에 배를 대고 大同江에 배를 띄우자고 초청해서, 浮碧樓와 練光亭에 올랐는데, 강왈광은 "箕子가 井田을 구획한 곳의 유적을 바라보니, 의혹이 싹 가신다"라고 했다. 이처럼 강왈광은 箕子를 매개로 하여 문화적 동질성과 책봉-조공 관계의 전통을 확인함으로써, 명과 조선의 禮的 관계를 유지, 강화할 수 있을 것으로 기대했다.

7. 廟島列島의 海路

「서문」에서 "무릇 遼가 망하여 육로가 막혀서 登州를 거쳐 바닷길로 들어갔으니, 使者로서는 처음 있는 일이었다. 돛을 올려 물결을 가르며 颶風과 부딪히고 바위에 부딪히는 물결을 범하면서 큰고래 입안에서 생사를 다투었는데도, 만의 하나 아무 탈이 없었으니 천행이었다. 또한 旅順의 小平[島]과 조선 林畔의 小泉 등 여러 지경은 虜酋의 정찰병이 그 사이에 출몰하여 왕래하는 사람을 가로막고 죽이는 일이 일상사가 되었으니, 이는 위험한 일이었다"고 하였듯이, 요동이 후금에 장악되어 역사상 처음으로 明使가 산동에서 廟島 열도와 요동반도 남안을 따라 해로로 조선에 갔는데, 이 여정은 거센 풍랑과 金軍의 위협이라는 위험을 무릅쓰고 선택한 것이었다. 『輶軒紀事』에서는 해로를 통한 天啓 사절단의 여정이 생동감 넘치게 기술되어 있어, 간략하게 재구성하면 다음과 같다.

姜曰廣이 使命을 받들어 天啓 사절단이 출발하려 하자, 朝紳 가운데 바닷가에 사는 자들이 와서 격렬하게 하는 말이, 바다를 건너려면 봄과 여름에 큰 바람이 엇갈릴 때를 기다려야 하니, 이는 대개 동해는 가을과 겨울에 바람이 강하고 물이 세어서 배가 갈라지게 하기 때문이라고 했다.

강왈광이 이를 禮臣에게 고하였더니, 예신이 조목별로 상주하여 풍향을 관측하였다가 諭旨 받들기를 청해야 한다 하고, 바다를 건너는 일은 육지를 따라 가는 일과는 같지 않으니 의논한 대로 가야 한다고 했다. 이에 강왈광은 副使인 工科給事中 王夢尹과 약속하여, 丙寅년, 즉 天啓 6년(1626년) 2월 庚申일에 산동의 登州에서 만났다. 開府 李祀垣과 楊大和 大將軍이 蓬萊閣에서 환영 연회를 베풀어주었는데, 누각은 丹崖山 꼭대기에 지어져 있었다. 이곳에서 바다를 바라보면 沙門과 牽牛 등 크고 작은 대나무 섬들이 멀고 가까운 곳에서 점점이 파도 가운데 떠 있고, 하늘 끝에서 旅順 鐵山이 보기기도 한다.

그 다음 날, 강왈광은 부사와 의논해서, 타는 배 외에도 劃船이란 나룻배를 이용해서 호응하여 돕게 하고, 唬船이란 군함을 이용해서 말린 양식을 싣게 했으며, 키와 돛대를 따로 하나 더 두고, 화살과 돌덩이를 많이 비축했다. 水兵은 힘세고 튼튼한 자를 가려 써서, 적병을 만날 경우에 엄중하게 대비했다. 甲子 길일을 택해서 天妃에게 경건하게 제사 지내고, 水城에 이르러 배를 살펴보았는데, 수성은 蓬萊縣城 북쪽 丹崖山 동쪽에 있는 城으로, 일명 備倭城이라고도 하는 해상 방어 요새였다. 배는 예전대로 두고 조금 수선만 하였으며, 제도는 다만 江湖의 中下 등급 관청 선박과 같게 했다.

재계하여 택일하고, 4월 甲午 일에 배에 올랐다. 배가 가벼워서 물결에 출렁거릴까 염려해서 흙과 돌을 운반해서 배를 누르게 했다. 庚子 일에 돛을 올리고 關門을 나가서 곧 廟島에 다다랐다. 묘도는 물 흐름이 평온해서, 깊이 들어가면 배를 정박시킬 수 있는 곳이 많고, 海防汎軍이 주둔하는 곳인데, 그 위에는 唐 太宗이 쌓은 옛 성이 있다. 廟島를 나가서 大欽島와 小欽島를 지났는데, 담장처럼 가파르게 점점 깎여져 서 있고 가장 높은 곳에는 '阿彌陀佛' 네 자가 새겨져 있다. 欽島를 지나니, 곧 皇城이다. 상선이 부근에 작은 항구를 파내어서 그곳에 피하고 골짜기에 배를 숨긴다. 乙巳 일에 섬에 올라, 항구 북쪽으로 나가서 撿詠島에서 머물렀는데, 새로 지은 절이 있어 부처에 예를 올리고, 절 옆에 있는 사당에서 遼東을 잃을 때 國事로 죽은 이들을 위해 제사를 드렸다. 섬 입구에 두 개의 암초가 있는데, 사람이 趺坐하고 있는 것과 같아, 사람들이 觀音羅漢礁라고 부른다. 산꼭대기에서 뒤돌아보면, 지나온 섬들이 남쪽으로 치닫는 것이 마치 여섯 마리 자라가 손바닥 위에 있는 듯하다.

다시 일백십 리를 더 가서 小平島에 이르렀다. 이 섬은 서로 마주서서 문을 이루는데, 물이 용솟음쳐서 입구로 들어가기가 어렵다. 섬의 서쪽은 金州의 오랜 절벽과 끊어졌다 이어져 있어, 오랑캐의 정탐 기병이 항상 이른다고 한다. 이를 꺼려 배를 절벽에서 이백 步 떨어진 곳으로 옮겨, 싸움을 멀리했다. 이날 큰 바다를 가로질러 건넜는데, 배가 끝내 기울어진 그릇이 공중에 내던져진 것과 같게 되었다. 밤이 되어 표류하다가 정박하였다. 小平島를 나가니, 암초가 이어지며 멀리 뻗쳐 더욱 고생했다. 辛亥 일에 廣鹿島에 이르렀다. 여러 섬 가운데서 이 섬이 약간 크다. 세로가 거의 30리에 달하고, 가로는 이보다 짧다. 그 오목하게 들어간 평지는 바람을 가두는 곳으로, 배를 정박하여 머무를 수 있고, 물고기를 잡고 소금을 만들 수도 있다. 이전에는 사람이 있어 수십 家가 이곳에서 살아 마치 한 桃源 같았는데, 근래에 난민들이 개미처럼 붙어서 다시는 살기 좋은 樂土가 아니다. 위에 關聖 龍王의 사당이 있어, 가서 배알하고 제사를 올렸다.

乙卯 일에 長山을 지나, 丙辰 일에 石城에 다다랐다. 이날 각 섬들이 다투어 신기루 현상이 일어나서 기묘함을 드러냈다. 따르던 배가 바람을 잃어 이르지 않아 정지해서 기다리고 있다가, 따르는 배가 이르러 곧 돛을 올렸다. 鹿島에는 정박할 수 있는 쪽이 하나도 없어 빠르게 皮島를 뒤쫓다가, 거센 회오리바람과 사나운 풍랑을 만나 키가 부러지며 표류했다.

이날 5월의 己未 일에 끝내 王 諫議와 서로 잃었다. 小平島를 경유해서 皮島에 이를 때까지 천 수백 리에, 저녁마다 배가 빙 돌아가고 암초 사이에 들어갔다 나온 것이 여러 번이었다.

庚申 일에 皮島에 다다라 大將軍 毛文龍과 만났다. 王 諫議의 배는 사납게 부는 바람에 부딪혀 獐子島에 이르러 2백여 리나 삐쳐졌다가 간신히 피도에 이르렀다. 辛酉일에 皮島에 올랐다. 막 詔書를 받들고 가려 했는데, 朝鮮 국왕이 벌써 通官을 보내 帖籤을 가지고 마중했다. 皮島는 바다 가운데 외롭게 동떨어져 있어, 遼民이 모여 섬에 의지해서 저자를 이루고 있다. 南兵이 약 3천 정도로, 모두 그 위에 모여 있다. 섬 서쪽에서 바라보면 3십 리 떨어진 곳이 곧 朝鮮의 변경으로, 이른바 鐵山이란 곳이다. 毛 대장은 이곳에도 주둔하고 있다. 여러 저자가 皮島보다 적지 않지만, 모두 빠짐없이 생업으로 삼아 그럭저럭 생계를 영위했다. 壬戌 일에 毛 대장과 같이 철산의 관공서로 들어갔다. 癸亥 일에 遠接使를 만났다. 甲子 일에 鐵山 입구를 거쳐 조선의 관문으로 들어갔다. 천계 사절단의 귀로 역시 산동에서 조선에 올 때의 해로를 되짚어갔다.

8. 天妃와 海市

姜曰廣의 天啓 사절단 使行은 험난한 바닷길로 이뤄졌기 때문에, 『輶軒紀事』에는 온갖 위험한 고비가 생동감 있게 기술되어 있는데, 그 가운데서 특히 눈에 띄는 것은 위기를 맞을 때마다 '天妃'를 찾아 간절하게 기도하는 장면이다. 따라서 이 『유헌기사』는 明 末 당시 渤海와 黃海 · 中國海 등을 항해하는 사람들에게 유행한 '天妃' 숭앙의 풍습을 이해하는 데 좋은 자료가 되기도 한다.

천계 사절단은 산동 登州에서 뱃길을 떠나기 전에 '水祭'를 지내며 무사 항해를 빌었는데, 곧 "甲子 길일을 택해서 天妃에 대한 제사를 경건하게 함께 지내고, 아울러 이번 使役에서 두 신하가 마치 손으로 한 올의 가는 실로 동전 한 닢을 꿰는 것처럼 하리라고 맹세했다"고 한다. 그리고 "4월 戊寅 길일에도 天妃에게 기도드리고, 곧이어 水城에 이르러 배를 살펴보았다"고 하는데, 수성은 山東省 蓬萊縣의 城 북쪽 丹崖山 동쪽에 있는 城으로, 일명 備倭城이라고도 했으니, 明淸 시대의 해상 방어 요새였다.

천계 사절단 일행이 탄 배가 廟島 열도를 따라 동북행하다가 小平島에 이르렀을 때도 天妃에 대해 기도가 이어졌다. 이 섬은 서로 마주서서 문을 이루는데, 물이 용솟음쳐서 입구로 들어가기가 어려웠다. 그때 바람 끝 힘이 약해져서 배가 벼랑 아래에서 나아갔다 물러났다 하며 싸우니, 배에 탄 사람들이 힘들어 지치고 걱정하며 탄식했다. 이때 강왈광은 "일어나 향을 피우고 天妃에게 조아렸다". 얼마 지나지 않아 서남풍이 다시 배를 흔들어 빠른 흐름을 따라 달려 들어갔더니, 마치 수백 명이 끌어당긴 것 같았다고 한다.

또 鹿島에서 皮島로 향했을 때, "머리 위에서 천둥 치는 큰 소리와 뱃사공이 자주 외치는 소리가 자세하게 들릴 뿐이었다. 갑자기 거센 회오리바람이 사방에서 사나운 풍랑을 만들어 둘러싸서 키를 부러뜨려 배를 조정할 수 없게 되니, 마치 잎 하나가 뒤집히고 처박히는 것 같았다. 뱃전이 물을 받아 쏟아져 들어오고, 또 사람들은 얼굴을 분간하지 못한 채, 배 안을 가리키며 황급하게 두려워하면서 울부짖었다." 이때 강왈광도 "일어나 넋 빠진 듯 멍하니 앉아, 살아온 평생을 되밟아 살펴보고, 마음속으로 上帝에게 기도했다. 오랫동안 배 안에서는 온통 天妃를 부르는 소리가 그쳐지지 않았다"고 한다. 오래지 않아 하늘가가 점차 나뉘어져 흑백이 구별될 수 있었다. 바람도 조금 잦아들어, 사람들이 다시 태어났다고 기뻐하였는데, 이날은 5월의 己未일이었다. 이날 끝내 정사와 부사가 각각 탄 두 배가 서로 잃게 되었다.

귀국길에서도 "돛을 올리고, 天妃에게 제사 지내고 고할 것을 기약했다"고 한다. 강왈광이 배에 오를 때, 副使인 王 諫議가, "호랑이 굴을 나왔지만, 내 목숨이 장차 있겠는가"라고 해서, 웃으며 "아직 안심하기는 이르다. 그대는 그것을 해변에서 물어보라"고 했다고 하는데, 과연 鐵山을 거쳐 큰 바다가 열리면서 또 한 번 거센 풍랑을 만나 죽을 고비를 넘겼다.

한낮에 피비린내가 풍기는 바람이 코를 거스르고 닭털처럼 물이 용솟음친다. 뱃사람이 "바람 신호가 왔다"고 했다. 해질녘에 과연 소용돌이치며 질풍이 일어나서 폭우를 끼고 사나워져 파도와 합쳐져서 솟아오르며 쳤다. 뒤따르는 배가 작아서 더욱 지탱하지 못하고, 저녁 내내 울부짖으며 구조해달라고 소리쳤다. 비 내리는 하늘은 칠흑 같은데, 각 배가 두려움에 떨며 스스로 지키지를 못하고, 다만 먼 소리로 호응하여 위로할 뿐이었다. 나는 속옷이 물에 빠진 것을 참아내지 못하고 옷깃을 열어젖히고 앉아서 변고를 기다렸다. 물에 숙달된 자를 불러 안으로 들어오게 해서, 배가 잘못되면 메고 져서 절벽에 오르게 했다. 다음 날도 비가 끊어지지 않고 퍼붓듯이 내렸다. 나는 민가를 빌려서 묵었다. 황량한 물가는 낮고 습기가 많고, 낡은 가옥은 연기가 차갑다. 어두운 곳의 곤충들이 무겁고 탁한 소리를 쓸쓸하게 길게 뺀다. 그 甲子에 두꺼운 구름장이 한쪽으로 치우치다가 점차 흩어져서, 정오에는 청명한 날씨가 활짝 열렸다. 나는 미친 듯 흥이 나서 갑자기 비틀거리며, 진흙 속에서 뛰어나와서 남쪽 절벽 뒤꽁무니에서 속이 텅 빈 동굴을 찾아냈다. 동굴은 수십 명이 들어갈 만했는데, 아래로 깊은 못이 내려다보이고, 사람과 짐승의 자취가 보이지 않는다. 나는 한 발자국 반 발자국 골라 두면서, 서로 바꿔가며 두 다리를 쭉 폈다. 밖에 있던 사졸들이 원숭이처럼 잇닿아 내려와서, 동굴로 들어가 "天妃救苦"[즉, 천비께서 이 고통에서 구해달라는 뜻] 네 글자를 썼다.

이들은 登州로 무사히 돌아온 뒤, "天妃에게 제사를 올려 감사드렸다"고 한다. 물론 강왈광 일행이 항해하며 天妃에게만 기도한 것은 아니었다. 절이 있으면 부처에게 기도하기도 하고, 사당이 있으면 그 신에게 기도하기도 했다.

> 撿詠島에서 머물렀는데, 새로 지은 절이 있다. 법단은 텅 비고 고요하며 불상은 크고 웅장하다. 승려의 무리도 스스로 엄숙, 단정하여, 大乘의 위엄 있는 의용을 갖추었다. 우리 두 사람은 부처에 예를 올리고 복을 빌고서 갔다. 절 옆에는 사당이 하나 있어, 遼東을 잃을 때 國事로 죽은 이들을 위해 제사를 드렸는데, 張, 何, 劉, 杜 이하 모두 배열하였다.

조선의 林畔館에 이르렀을 때도, 승려에게 부탁해서 齋를 올렸는데, 대개 遼東에서 목숨을 잃은 이들을 위해 제사를 드렸으니, 明使 정사 · 부사 두 사람은 "다시 가서 곡을 했다"고 한다. 廣鹿島에 이르렀을 때는 "위에 關聖 龍王의 사당이 있어, 내가 가서 배알하고 제사를 올렸다"고도 했다. 또 鹿島에서 皮島로 가면서 사나운 풍랑을 만났을 때는 "나도 일어나 넋 빠진 듯 멍하니 앉아, 살아온 평생을 되밟아 살펴보고, 마음속으로 上帝에게 기도했다"고도 했다. 오랫동안 배 안에서는 온통 天妃를 부르는 소리가 그쳐지지 않았다.

天妃란 海神의 이름으로 天后라고도 했는데, 『大明一統志』에 의하면, "天妃의 사당은 瓊州府城의 북쪽 10리 떨어진 海口에 있다. 옛날 宋代에 莆田 사람 林 씨의 딸이 물에 빠져 神이 되었는데, 매우 영험해서, 바다를 건너는 사람은 누구나 반드시 제사 지내고 점을 쳤다. 역대(왕조)에서 여러 차례 天妃란 호칭을 封했다"고 한다. 공교롭게도, 天妃 숭배사상의 유행은 北宋의 사신이 高麗를 다녀오면서 시작되었다. 程端學의 「天妃廟記」에 의하면, "神의 성은 林 씨로, 興化 莆田 都巡君의 季女인데, 태어나면서 神異하여 사람을 환란에서 구하는 능력을 갖고 있었다. [……] 宋元祐 연간에 邑人이 그를 제사 지냈는데, 水旱이나 역질을 만나거나 배를 타고 가다가 위급한 상황에 부딪힐 때 기도하면 효험이 있었다. 宣和 5년에 給事中 路允迪이 여덟 척의 배를 타고 高麗로 使行했는데, 그 가운데 일곱 척이 바람이 불어 물이 빠지고 오직 노윤적의 배만 神女가 돛대에 내려온 것을 보고 면할 수 있었다. 이 일이 조정에 알려지자, '順濟'라는 廟額이 내려졌다"[7]고 한다. 이 뒤로 천비 신앙이 빠른 속도로 광범하게 전파되어서, 儒佛道 三教에 모두 포섭되어 중국 대륙의 전 해안 지역뿐만 아니라 한국과 일본까지 유행하였고, 宋代에는 열네 차례, 元代에도 다섯 차례, 明代에는 네 차례, 청대에도 여덟 차례 冊封되기도 했다.[8]

『輶軒紀事』에 담긴 정보 가운데는 흥미로운 것이 적지 않은데, 그 중 하나가 海市, 즉 蜃氣樓에 관한 것이다. 姜曰廣은 산동을 출발하기 전에 登州에서 이미 신기루를 직접 목격하였고, 항해 중에도 신기루를 보았는데, 이 지역의 신기루는 先秦 시대 이전부터 神仙의 영감을 불러일으킨 자연환경으로 작용하였다.

강왈광이 登州에서 출행을 준비하던 중에 어느 날 蓬萊閣에 올라 海市를 살폈더니, 갑자기 바다에 배 서너 너덧 척이 와서 수면에 보였다가 사

7 元代의 王元恭이 찬술한 『四明續志』 권9 「祠祀篇」에 인용.

8 黃靜, 「天妃信仰的起源,屬性,傳播及其歷史文化背景」(『廣東史志』 1999-2), 43~45쪽. 天妃에 관해서는 중국학계에서 몇 편의 연구 성과를 냈지만, 姜曰廣의 『輶軒紀事』에 나오는 天妃에 관한 기사는 사료로 활용되지 않았다.

라졌다 하다가 순식간에 성 아래에 다다랐는데 겨우 배 두 척만 보였다고 한다. 그는 마음속으로 그것이 신기루임을 알아보았지만, 숙소로 돌아온 뒤에 다른 사람에게 말하지 못했다. 그 뒤 어느 날 관청 밖으로 나오자, 갑자기 흰 바깥 바다에 신기루 현상이 나타나려고 해서, 그는 빨리 말을 달려 봉래각에 올랐다. 따르던 관원이 손가락으로 가리켜 보였는데, 막 산이 머리를 쳐들고 입을 벌린 모양이 보였다. 푸르고 흰 기운이 바람에 날려 하늘거리며 높은 형상을 만들었는데, 가로누운 樓臺와 성곽이 끊어졌다 이어지며 숨겨졌다 드러났으며, 크고 작은 것이 모였다 흩어지며 번뜩이는 것이 하나둘이 아니었다고 한다. 갑자기 또 동굴 입구가 열리기도 하고, 혹은 사람과 말이 모이고 혹은 깃발이 드러나기도 했으며, 깃발이 또 흔들리며 바뀌지기도 해서, 보는 사람들이 모두 찬탄하며 신기하게 여겼는데, 조금 있다가 바람의 힘이 약간 강해지자, 또 갑자기 어디로 갔는지 알 수 없게 되었다고 한다.

신기루를 본 강왈광은 "아, 세상일이란 눈 한번 돌리면 움직여 옮기는 것이니, 어찌 한 차례 신기루뿐이랴"라고 탄식했다. 그 뒤에 그는 등주에서 신기루를 한 번 더 보았지만, "대체로 그 형상은 마음속으로만 이해될 뿐, 오직 牽牛島만 뚜렷하고 분명하였으니, 이로써 그는 徐生이 秦의 皇帝를 속인 것이 이것 때문이었음을 깨닫게 되었다. 혹자는 그것을 바라보면 구름 같다고 하고, 혹자는 그곳에 다다르면 바람 따라 가버린다고 한다. 지금 登州 南門 위에 세워진 망루는 望仙樓의 유적지로, 서생이 이곳에서 신선을 바라보았다고 전해진다"고 했다. '서생'이란 곧 秦代의 方士 徐市, 즉 徐福을 말한다. 『史記』 秦始皇本紀에 의하면, "齊人 徐市 등이 글을 올려, 바다 가운데에 三神山이 있어 蓬萊, 方丈, 瀛洲라 하는데, 仙人이 그곳에 산다고 하면서, 齋戒하고 童男 童女와 함께 그곳을 찾게 해 달라고 청하였다. 이에 서불을 보내어 동남동녀 수천 명을 발동해서 바다로 들어가 선인을 찾게 했다"고 한다. 산동 바닷가에서 신선 사상이 발생, 혹은 발달한 까닭의 하나가 이곳에서 자주 신기루 현상이 나타난다는 자연환경과 관련 있음을 강왈광 자신도 잘 알고 있었던 것이다.

그 뒤 강왈광은 항해하다가 石城에 다다랐을 때도, "각 섬들이 다투어 신기루 현상이 일어나서 기묘함을 드러냈다"고 한다. 그가 무사히 등주의 水城으로 돌아왔을 때, 얼굴을 돌려 큰 바다를 바라보니 거의 꿈이 남아 있고 술에서 깨어나는 것과 같았다. 그는 동행한 副使를 돌아보며 다시 태어난 것을 서로 경하하면서, "우리 두 사람은 오늘 마침내 신선이 되지 않았는가"라고 했다. 그는 항해하면서 "安門羨期와 어깨를 마주잡고 은거할 일만 생각하게 된다"고 했는데, 이 모든 것이 허망한 짓임을 깨달았다고 했다. 그가 말하는 '安門羨期'란 安期와 羨門을 잘못 적은 것으로, 安期는 安期生, 즉 秦漢 시대 齊나라 사람으로, 河上丈人에게서 黃帝 老子의 학설을 배우며 東海 연안에서 약을 팔았는데, 秦始皇이 巡狩할 때 그와 이야기를 나누었지만 곧 책과 赤玉舃을 남겨놓고 사라졌다고 한다. 후대의 方士와 道教에서는 그를 바다의 神仙이 되었다고 한다. 羨門은 秦始皇이 동쪽 해안을 순수할 때 碣石에서 만났다는 전설상의 仙人으로, 이름은 子高라고 했다.[9] 강왈광은 등주에 처음 도착해서 신기루를 목격했을 때부터 神仙을 연상했고, 항해 도중에 신기루를 볼 때마다 자신이 마치 신선인양 착각했지만, 말할 수 없는 고생을 겪고 되돌아와서는 그것이 한갓 신기루에 불과했음을 깨닫게 되었다는 것이다. 海市란 海市蜃樓, 즉 신기루를 말하는데, 조개가 기를 토해내서 생긴다고 생각해서 이렇게 불렀다.

9 『史記』 秦始皇本紀; 『史記』 封禪書; 『列仙傳』.

9. 맺는말

『輶軒紀事』는 姜曰廣이 使命을 받들어 사신으로 朝鮮에 갔다가 돌아와서 海外의 일을 모아서 적은 것이다. 그 문장은 「서문」에서 칭송되었듯이, "여러 섬에서 기이함을 찾은 것과 같은 것은, 태양을 희롱하고 구름을 소매에 가두며 절벽을 쓰다듬듯이 스스로 뜻을 활짝 폈고, '기세가 고래를 삼킨다'는 題署와 같이 흥을 맡겼으니, 정말 스스로 사실을 굽혀 말하지 않았다. 또한 域外의 산천과 초목도 마치 기대하는 바가 있는 것처럼 그 기색을 살렸다. 환영처럼 갑자기 나타났다 사라지는 변화를 그대로 묘사하여, 붓이 地境의 변화를 따라 움직였으니, 지경과 함께 모두 아름다운 것도 있고, 지경과 함께 모두 오래된 것도 있으며, 지경과 함께 산뜻하고 분명한 것도 있고, 지경과 함께 멀리까지 이어지는 것도 있으니, 구름처럼 변하고 놀처럼 이상하며 비단처럼 현란하고 구슬처럼 동그랗게 묘사되었다. 이것을 읽으면 사람의 넋으로 하여금 그곳에 가게 한다"고 하였듯이, "실로 鴻儒의 시문 잘 짓는 재주"가 마음껏 발휘되었으니, 문학적 가치가 뛰어난 작품이라 하겠다. 그러나 이 글은 무엇보다도 그 사료적 가치가 돋보이는 문헌이라 할 수 있다.

강왈광이 이끈 明의 天啓 사절단은 황태자의 출생을 알리는 사명 외에도, 東江鎭의 동향을 살피고 피난 遼民을 구제하며 조선의 애매한 입장을 경계하는, 보다 실질적인 사명을 띠고 조선을 방문했다. 따라서 그의 기행문인 『유헌기사』에는 무엇보다도 明이 後金에 遼東을 상실하고 山海關과 遼西 일부를 지키고 있을 때, 압록강 하구에 있는 皮島에서 피난 遼民을 수습하여 후금의 배후를 견제하고 있던 毛文龍의 東江鎭과 요민을 구제하고 동강진에 군량을 보급하느라 고통을 받고 있던 조선의 미묘한 입장 등이 생동감 있게 잘 기술되어 있다. 특히 오가는 길에 피도에서 두 차례나 모문룡을 만나 明朝의 뜻을 전달하며 나눈 대화나 遼東을 에워싸고 明朝와 東江鎭 · 遼民 · 後金 · 朝鮮 등이 전개한 미묘한 역학관계에 관한 기사들은 17세기 중엽의 동북아시아 국제관계를 이해하는 데 적지 않은 도움을 주리라 기대된다.

『유헌기사』에는 청렴하고 강직한 강왈광 자신의 성품이 꾸밈없이 묘사되었는데, 이는 『明史』의 姜日廣列傳 기사와 일치된다. 이러한 강왈광의 캐릭터는 그 자체로서 明末의 독특한 士大夫像을 구성하여 연구할 만한 가치가 있지만, 正使로서 조선을 방문하여 청렴하고 강직한 태도를 보임으로써 淸廉 外交라는 한 외교 양식을 기록에 남기고 있다. 강왈광은 조선 정부가 제공하는 일체의 사적 선물을 받지 않았을 뿐만 아니라, 사절단에 필요한 물품을 제공하는 관행조차 거부함으로써, 조선 국왕과 조선 인민을 감동시켜 生祠의 건립이라는 망외의 선물을 받았을 뿐만 아니라 피난 遼民과 東江鎭의 구제라는 외교적 목적을 자연스럽게 달성하였다.

강왈광은 倪謙 등 선배 明使들과 마찬가지로 고압적인 禮論을 통해 기존의 朝明 册封－朝貢 관계를 확인, 유지하려 노력했다. 그는 끈질긴 설득으로 조선 국왕의 喪服을 벗기고 朝服을 입게 하였고, 조선 국왕과 明使의 서는 자리를 조정하여 명조의 상대적 위상을 제고하려 하였다. 이러한 노력은 文學之士 출신 明使의 일반적 관행이라 할 수 있을 정도로 흔히 볼 수 있는 일이었지만, 특히 明朝의 쇠망이 현저히 보이는 상황에서 전개된 예론은 특별한 역사적 의미가 돋보인다 하겠다. 강왈광의 禮論은 조선이 禮義와 文事의 나라라는 역사적 인식을 매개로 하여 강한 설득력을 발휘했다. 그는 조선이 箕子 이래로 예의를 존숭하고 높은 문화적 수준을 유지해온 나라임을 강조함으로써, 명과 조선의 책봉－조공 관계에 논리적 타당성을 부여할 수 있었다.

明이 遼東을 상실한 직후의 상황으로 인해 강왈광의 天啓 사절단은 요동을 통한 육로 여행을 포기하고 山東에서 廟島 열도를 따라 북상해서 압록강 하구의 皮島를 경유해 한국에 상륙하는 해로를 선택하지 않을 수 없었다. 이로 인해 『유헌기사』에 기재된 여행 일기는 고대 이래로 매우 중요한 한중 교통로의 하나였던 廟島 열도 해로를 상세하게 확인할 수 있는 귀중한 자료로 이용될 수 있다. 특히 항해 중에 이들이 겪은 갖가지 고난의 역정에 관한 생동감 넘치는 기술은 사료적 가치와 더불어 뛰어난 문학적 가치를 과시하는 것이라 하겠다.

廟島 열도를 따라 오고 간 천계 사절단의 여정에서 특히 주목을 끄는 것은 天妃 숭배와 海市의 관찰에 관한 것이다. 일반 뱃사람은 물론이거니와 매우 합리적인 정신의 소유자인 강왈광까지 항해 중에 광폭한 파도를 만날 때마다 天妃를 찾는 장면이 여러 차례 기술되었는데, 천비는 당시 한·중·일 삼국을 중심으로 발해 혹은 황해 등을 항해하는 이들에게 널리 알려진 바다의 신이었다. 海市란 곧 신기루의 다른 말로, 산동의 연해와 발해의 여러 섬들 주변에서 자주 관찰되는 자연현상이었는데, 선진 시대 이래로 이 지역에서 널리 유행한 神仙 사상과 일정한 관련성이 있음을 『유헌기사』에서도 확인할 수 있다.

姜曰廣의 기행문인 『輶軒紀事』는 그 뛰어난 문장력으로 인해 문학적 가치가 돋보이는 작품이지만, 무슨 까닭인지 아직 한문학계에서 전혀 관심을 보이지 않고 있다. 『유헌기사』에는 명 말에 요동을 둘러싼 미묘한 국제관계의 갖가지 정황을 담고 있어 그 사료적 가치가 적지 않지만, 역시 역사학계에서도 거의 관심을 보이지 않고 있다. 이 소개와 기초 연구를 계기로 한문학계와 역사학계에서 강왈광이라는 인물과 『유헌기사』라는 기행문, 그리고 이들을 통한 명 말 遼東史에 대한 연구가 좀 더 깊이 있게 이루어지기를 기대한다.

제3부
淸使의 朝鮮 使行錄

제1장
阿克敦의 『東游集』과 『奉使圖』의 序文과 跋文

1. 머리말

『東游集』은 滿洲人 阿克敦이 사신으로 조선에 네 차례 다녀가면서 지은 使行詩 가운데서 28首를 편집하여 출간한 시집이고, 『奉使圖』는 『동유집』에 수록된 시에 맞추어 20장의 그림을 그리고 그 상단에 관련된 시와 注記를 넣어서 雍正 3년(1725)에 출간한 특수한 使行圖錄이다. 특히 『봉사도』는 奉使의 과정을 정밀한 그림으로 전해주는 문헌으로, 徐兢의 『高麗圖經』이 그림을 상실하여 아쉬운 상황에서, 남아 있는 유일한 '奉使圖'로서 문화사적 가치가 높게 평가된다.

이로 인해 특히 『봉사도』는 발견되는 과정부터 학계의 관심을 모았고, 다른 조선 사행록과는 달리, 그 뒤부터 상당한 수의 관련 연구 성과가 생산되었다.[1] 그러나 지금까지는 주로 『봉사도』의 書誌學的 연구나 美術史

1 阿克敦과 그 『奉使圖』 및 『東游集』에 관한 연구 성과로는 다음과 같은 것이 있다. 黃有福, 「『奉使圖』初探」, 『아세아문화연구』 3, 1999; 黃有福, 「『奉使圖』成書始末」, 『아세아문화연구』(경원

的 평가 등에 관심이 집중되어, 清使의 使行錄임에도 불구하고 그 내용에 대한 韓中關係史的 연구는 거의 이루어지지 못하였다. 이 두 책의 저자는 자신이 使行을 통해 직접 보고 들은 滿淸과 朝鮮의 册封-朝貢 관계와 조선의 풍속과 풍물 등에 관한 정보를 전하려는 저작 목적을 갖고 있었다. 따라서 여기서는 이 두 책에 수록된 28수의 사행시와 自注, 및 20장의 그림 등에서 清使의 접대와 詔書의 영접 의례에 관한 정보와 조선의 풍속과 풍물 등에 관한 정보를 정리하여, 朝淸 시대의 한중관계를 이해하는 데 필요한 사료를 확보할 것이다.

아극돈은 『동유집』과 『봉사도』를 제작한 뒤에 名士와 고관 등 지인들에게 보여주면서 題詩를 부탁했고, 이로 인해 이들 두 책에는 題詩의 형식으로 된 모두 24편의 序文과 跋文이 附錄되어 있는데, 이 글들을 쓴 이들 가운데는 大學士 등 고위 관료와 당대의 저명한 書畫家들이 포함되어 장관을 이루었다. 이들 서문과 발문은 단순히 아극돈의 글과 책을 칭양하는 題詩에 그치지 않고, 두 책과 그 내용을 이해하는 데 도움을 주는 자료를 다수 포함하고 있어, 그 사료적 가치 또한 적지 않다. 따라서 이들 서문과 발문을 별도의 장에서 분석, 정리하여 阿克敦과 그 저서에 대한 이해를 제고할 필요도 있을 것이다.

대 아시아문화연구소) 4, 2000; 李英, 「『奉使圖』의 建築에 관한 小考」, 『아세아문화연구』 4, 2000; 정은주, 「阿克敦 『奉使圖』 硏究」, 『美術史學硏究』 246+247, 2005; 홍성구, 「18世紀 中國의 朝鮮認識: 阿克敦의 朝鮮出使와 「東游集」 『奉使圖』를 통해 본 朝淸關係, 그리고 그 時代的 特徵」, 『15~19세기 중국인의 조선인식』, 고구려연구재단, 2005; 廉松心, 「清代中朝文化交流的結晶: 『奉使圖』」, 『北華大學學報』(社會科學) 2005-3; 李永求, 「『奉使圖』與『東游集』及鄭璵等問題的考辨」, 『棗莊學園學報』 2007-3; 『역사문화연구』 26, 2007; 姜婷, 「『奉使圖』及其史料價值」, 『唐山師範學院學報』 2010-32, 3. 특히 이 가운데서도 황유복의 두 편 논문에서는 『봉사도』의 발견 과정과 형태, 내용, 流轉 과정 등 주로 서지학적 기초 연구가 이뤄져 있다.

2. 阿克敦의 出使와 『東游集』 『奉使圖』의 著作

阿克敦은 滿淸의 滿洲正藍旗人으로, 1685년부터 1756년까지 생존했다. 성은 章嘉 씨이고 자는 仲和, 혹은 立恒과 恒巖 등을 사용했다. 康熙 48년에 進士가 되어 庶吉士로서 編修의 직을 받았고, 52년에 河南 鄕試考官이 되었다. 53년에 황제가 아극돈의 학문이 뛰어나고 과거를 주관해서 명성을 얻었다 해서, 侍講學士로 특별히 발탁했다. 55년에 다시 侍讀學士가 되었는데, 56년에 조선에 사신으로 다녀왔다. 詹事로 승진했다가, 57년에는 內閣學士로 발탁됐다. 61년에 正使로 조선에 다녀온 뒤에 兵部侍郎으로 발탁됐다. 世宗이 즉위하자, 翰林院掌院學士를 겸하고 『聖祖實錄』 副總裁에 충임되었다. 雍正 원년에는 한림원장원학사를 專管하고 『國史』와 『會典』 부총재에 충임되었다. 다시 散秩大臣 舒魯와 함께 조선 국왕 李昑을 冊封하는 사신으로 갔다. 3년에 禮部侍郎이 되어 兵部侍郎도 겸하였고, 4년에는 병부시랑으로서 國子監 祭酒를 겸하였다. 兩廣總督이 入覲하자, 아극돈이 양광총독의 서리가 되어 廣州將軍을 겸하였다. 그 뒤 吏部侍郎으로서 廣東巡撫와 廣西巡撫를 署理했다. 9년에 準噶爾를 도벌힐 때, 內閣額外學士가 되어 軍務를 協辦했다. 乾隆 3년에 다시 準噶爾에 사신으로 가서 경계에 대해 논의했다. 工部와 刑部, 吏部의 侍郎을 하다가, 8년에 鑲藍旗 滿洲都統이 되었고, 10년에는 한림원장원학사를 겸하였다. 11년에 刑部尙書가 되고, 13년에는 協辦大學士가 되었다. 14년에는 太子太保를 더하였고, 左都御史와 步軍統領이 되기도 하다가, 20년에 퇴직하고, 21년에 세상을 떠나니, 시호를 文勤이라 했다. 저서로 『德蔭堂集』이 있다.[2]

아극돈은 전후 네 차례에 걸쳐 조선에 사신으로 다녀갔다. 제1차로는

康熙 56년(1717년; 조선 肅宗 43년)에 조선 국왕 李焞(=肅宗)이 눈이 아파서 사신을 보내 空靑을 구해서, 황제의 명으로 아극돈이 이를 조선 왕에게 가져다주었다. 공청이란 곧 楊梅靑, 즉 구리를 精熏하면 생기는 물질로, 공 모양에 안이 비었고 짙은 녹색을 띠며 회화 안료나 약재로 쓰는데, 주로 四川의 益州나 江西 등 구리가 있는 곳에서 생산되었다.[3] 당시 正使 阿克敦은 翰林院侍讀學士의 신분으로 副使인 鑾儀衛冶儀正 張廷枚와 함께 9월 18일에 詔命을 받들어 10월 19일에 압록강을 건넜고, 27일에 漢陽에 다다랐다가, 11월 5일에 귀국길에 올랐다. 제2차 出使는 皇太后의 죽음을 알리기 위해 告訃使의 자격으로 떠났는데, 북경에 돌아간 지 불과 사흘 만에 역시 부사 장정매와 함께 다시 조선으로 출발해서, 강희 57년(1718) 정월 4일에 한양에 도착해 나흘을 머물고 귀국했다. 제3차 출사는 조선 국왕 李昀(=景宗)이 그 아우 昑을 世弟로 세우게 해달라고 청해서, 康熙 61년(1722; 景宗 2년)에 內閣學士의 신분으로 副使인 二等侍衛 佛倫과 함께 世弟 冊封使로 조선에 갔는데, 5월 27일에 한양에 도착했다가 6월 4일에 귀국길에 올랐다. 제4차 출사는 雍正 3년(1725; 英祖 원년)에 景宗에게 賜祭하고 英祖를 冊封하기 위한 것이었다. 이때 正使는 散秩大夫 覺羅舒魯였고 翰林院學士 阿克敦은 副使로 갔는데, 12월 19일에 출발했으나 정사가 도중에 병이 나서 그 다음해 3월에야 한양에 도달했다.[4]

『東游集』은 바로 아극돈이 세 번째 조선을 다녀간 뒤에 28수의 시를 골라서 스스로 편찬한 것으로, 이는 『德蔭堂集』에 수록되어 있다. 『덕음당집』은 아극돈의 사후에 그 장자 阿桂가 乾隆 43년(1778)에 부친의 유고를

2 『淸史稿』 303; 『淸史列傳』 16; 『滿洲名臣傳』 35.

3 『本草綱目』 「石」4.

4 『康熙實錄』 권271, 297; 『雍正實錄』 권27; 『肅宗實錄』 43년 11월 癸巳, 壬子; 12월 丙午; 『景宗實錄』 2년 4월 辛巳, 5월 辛亥; 『英宗實錄』 元年 3월 乙巳 조.

모아 편찬한 문집으로, 모두 4冊 16卷으로 구성되었는데, 그 제6권이 『동유집』이다. 이와 달리, 『봉사도』는 네 번째 조선을 다녀온 뒤에 제작한 것으로, 雍正 3년(1725) 6월에 鄭璵가 그림을 그리고 장정하여 책으로 만들었으며, 같은 해 12월 4일에 王澍가 題字했다.[5] 『봉사도』는 모두 20폭의 그림으로 구성되었고, 각 그림의 상단에 『동유집』에 실린 28수의 시를 차례대로 분배하여 기재한 것이다.

첫 번째 그림에는 阿克敦의 전신 초상이 그려져 있고, 그 옆에 "雍正 3년 6월에 海寧 鄭璵가 제작함"이라는 글이 써져 있다. 두 번째 그림에는 사절단이 鳳凰山 밖에서 천막을 치고 야영하는 장면이 그려졌다. 세 번째 그림에는 사절단 일행이 배를 타고 압록강을 건너고, 義州城 아래 강가에서 조선의 관원들이 기다리고 있는 장면이 그려져 있다. 네 번째 그림에는 淸使가 탄 수레 행렬과 장막을 치고 기다리는 조선 관원들이 그려져 있다. 다섯 번째 그림은 험한 산길을 청사 행렬이 지나가고 조선의 백성들이 엎드려 있는 그림이다. 여섯 번째 그림에는 강가에 초가집이 있고 농부가 경우로 밭을 가는 장면이 그려져 있다. 일곱 번째 그림에는 淸使를 위해 百戱가 공연되고 사람들이 구경하는 장면이 그려져 있다. 여덟 번째 그림에는 臨津江을 건너며 목격한 물가의 정자가 그려져 있다. 아홉 번째 그림에는 숙소에 묵은 사신을 조선 관원과 시종들이 모시는 장면이 그려져 있는데, 그 앞에 태극기가 그려진 큰 장막이 펼쳐져 있는 모양이 이채롭다. 열 번째 그림에는 "끊어진 낭떠러지에 이름난 샘물이 떨어지는" 葱秀驛의 玉溜泉이 그려져 있다. 열한 번째 그림에는 安州와 黃州 · 平壤 · 開城 등 몇몇 큰 성으로 들어가는 장면과 성안의 민가 풍속 등이 그려져 있다. 열두 번째 그림에는 鳳山의 山杏과 山梨 · 杜鵑 등 아름다운

5 황유복, 「淸阿克敦『奉使圖』初探」, 10~11쪽.

풍광을 그려놓았다. 열세 번째 그림에는 平壤의 練光亭에 올라 유람하는 장면과 대동강에서 고기 잡는 장면이 그려져 있다. 열네 번째 그림에는 弘濟院 부근 慕華館에서 사신을 맞는 장면이 그려져 있다. 열다섯 번째 그림에는 한양의 궁전에서 사신을 영접하는 장면이 그려져 있다. 열여섯 번째 그림에도 편전에서 조선 국왕과 淸使가 마주보며 인사하는 장면이 그려져 있다. 열일곱 번째 그림에는 청사의 숙소에 국왕이 환관을 보내 안부를 묻는 장면이 그려져 있다. 열여덟 번째 그림에는 국왕이 화려한 연회를 열어 사신을 접대하는 장면이 그려져 있다. 열아홉 번째 그림에는 義州의 馬尾山과 의주성 · 압록강 등이 그려져 있다. 마지막 스무 번째 그림에는 압록강 가에서 사절단이 배를 타고 떠나고 조선 관원들은 환송하는 장면이 그려져 있다.

이처럼 『봉사도』에는 使行 행렬과 迎詔 의례, 조선의 풍속과 궁전 · 산수 · 연회 등 다양한 그림들이 그려져 있어, 당시 朝明 외교 의례와 조선의 민속 등 문화를 이해하는 데 중요한 자료를 제공한다. 그러나 1756년에 아극돈이 죽은 뒤에, 『봉사도』는 이리저리 전전해서 다른 집안으로 들어가기도 하다가 그 5대손 때 다시 귀환되었다. 지금은 中國民族圖書館 善本部에 소장되어 있는데, 이를 확인한 中央民族大學의 黃有福 교수가 이를 1999년에 처음으로 학계에 소개하였고, 北京圖書館出版社에서 『中朝關係史料叢刊: 使朝鮮錄』을 2003년에 출간하면서 아극돈의 『봉사도』를 포함시킴으로써, 그 내용이 학계에 널리 알려지게 되었다.

3. 淸使의 接待와 詔書의 迎接

『東游集』과 『奉使圖』에 실린 20편의 시는 크게 두 가지의 내용으로 구성되었는데, 그 하나는 清使 접대와 詔書 영접 의례에 관한 것이고, 다른 하나는 조선의 풍속과 풍광에 관한 것이다. 전자는 朝淸 冊封–朝貢 관계의 禮制에 대한 이해를 도울 것이고, 후자는 중기 · 후기의 조선 사회에 대한 정보를 제공하는 사료로서의 가치를 갖는다. 특히 阿克敦은 詩句의 중간에 산문 형식의 「自注」를 添記하여 정보의 구체성을 더하였고, 그림을 그려놓아 생생한 감동을 불러일으킨다. 먼저 조선인의 清使 접대와 詔書 영접의 장면을 묘사한 시구와 注記 및 그림을 정리하여 소개하면, 다음과 같다.

흔히 清使의 영접은 鳳凰城을 지나면서 시작되었다. 阿克敦은 『東游集』의 「鳳凰城」이란 시에서 "鳳凰山 바깥에서 동쪽으로 말 가는데, 들판에서 묵는 일이 전혀 內地와 같지 않다. 베를 펼쳐 장막 만들어 간신히 햇볕 가리고, 띠를 묶어 집 만들어도 바람 견디지 못한다"고 노래하고, 『奉使圖』에서는 "鳳凰城에서 義州에 이르기까지 한 번 묵었는데, 조선인들이 풀을 베어 집 만들고 그 앞에 장막을 쳤다"는 「自注」를 添記하면서, 천막으로 된 임시 처소에서 清使가 야영하는 장면을 그림으로 그려놓았다. 그리고 압록강을 건너 「객관에 가서 즉흥으로 시를 읊으며」, "언어를 대충 알아 中華를 전하는데, 관청은 鴻臚로서 옛날엔 大加였다. 다른 이의 뜻을 모두 해석할 수는 없이, 때로는 글로 대신해도 번번이 비꺼긴다"고 노래하면서, "조선은 예전에는 鴻臚가 빈객을 주관했는데, 곧 大加였다. 고유한 이름이 달리 있다. 아침저녁으로 좌우에서 받들어 모시면서 언어를 통역한다"고 注記했으며, 『봉사도』에는 清使 일행이 배를 타고 강을 건너고 조선의 遠接使 일행이 강변에서 이를 맞이하는 장면이 그려져 있다.

또 『동유집』의 「길 가다가 즉흥으로 읊다」라는 시에서, "괴이쩍고 진기한 음악이 귓속으로 들어오고, 높다랗게 장막 치고 찻물 따르는 사람 들인다"고 노래하였고, 『奉使圖』의 「自注」에서는 "使者는 두 마리 말이 끄는 수레에 타는데, 약 이삼십 리를 가면, 장막을 치고 차를 바친다"고 설명했다. 그리고 같은 시에서, "길을 막고 환호하는 소리 알아듣지 못했지만, 남에게 부탁해서 뜻 풀어 전해 들으니 정이 더욱 깊어진다. 천자께서 仁德 있고 장수하시라 축원하니, 오늘 받든 은혜가 물가까지 다다른다"고 노래하며, "길가의 백발노인과 어린아이들 중에 황은에 감사히 여기며 공경하여 먼지를 바라보며 둘러서서 절하지 않는 이가 없었다"라고 주기했으며, 『奉使圖』에서도 "義州에 이르러 入境한 뒤 都城에 이르기까지 촌과 읍의 백발노인과 어린아이들이 황은에 감사히 여기며 공경하여 먼지를 바라보며 둘러서서 절하지 않는 이가 없었다"라고 注記했다. 또한 "모자에 깃털 꽂고 서로 따라 걷는데, 정렬해서 선도하는 대열에는 여러 겹 있다. 길을 도는 깃발 한 쌍 쳐다보는 이 없고, 길 가던 사람 땅에 엎드리니 그 뜻이 더욱 공손하다"고 하면서, "호위병으로 앞에서 따르는 자들은 모두 깃털을 꽂았고, 길 가는 사람들이 사자가 지나는 것을 보면 모두 땅에 엎드려 공경함을 나타낸다"고 설명했다. 또한 "온갖 놀이가 여러 번 길 앞으로 오는데, 피리와 북 소리의 울림이 우레와 같다. 갑자기 말 앞에 이르렀다 다시 잠시 일어서니, 한 사람의 춤으로 웃는 얼굴이 열린다"고 하면서, 『奉使圖』에서 "행차가 지나갈 때, 갖가지 놀이들이 모두 벌어지는데, 한 사람이 춤을 추며 뛰어오르는 형상으로 다른 사람들을 웃기며 말한다"고 주기했다. 『봉사도』에는 청사가 탄 수레 행렬이 묘사되고, 연도의 사람들이 서서 혹은 엎드려서 맞이하는 장면과 百戲의 놀이를 청사가 구경하는 장면 등이 그려져 있다.

또 다른 「즉흥시」에서, "宏[弘]濟院 근처에서 새벽 출발 재촉하고, 慕華館 밖에서는 먼 길 가는 말이 머문다. 원추새 반열 늘어서서 경건하게 우러러 절하는데, 오색의 天書가 진홍빛 하늘에서 내려왔다"고 읊으면서,

"慕華館은 왕성에서 십 리 떨어진 곳에 있다. 국왕이 성을 나와서 이곳에 이르러 勅書를 맞는 예를 행하였다"고 주기하였고, 『奉使圖』에서도 "홍제원 길은 왕성의 십 리 앞에 있어, 하루는 여기서 잠시 묵었다가, 아침에 慕華館에 이르니, 환영하는 첫 예식이 행해졌고, 예식이 끝난 뒤에 비로소 성으로 들어갔다"고 注記하면서, 조선의 군신이 모화관에서 청사 일행을 성대하게 맞이하는 장면을 그려놓았다. 그리고 "結綵해서 崇禮門에 높이 내걸고, 구름처럼 어깨 가마 옹위하며 온 성이 떠들썩하다. 사람 피하게 해서 길을 깨끗이 하여 天使를 맞이하고, 藩宮으로 이끌어 들어가니 예우가 더욱 높다. 便殿 안에 무거운 자리 일찍부터 설치하고, 섬돌 올라 자리에 나아가서 東西로 늘어선다. 천자 안색 기쁘신지 신하 보고 자주 묻고, 마음으로 皇恩에 감사하며 특별한 대우가 융숭하다"고 하여 迎詔 의례를 詩로 기술했다. 『奉使圖』에서는 "숭례문은 왕성의 남문이다. 조선은 사자를 天使라고 부른다"는 注記를 첨기하고, 궁전에서 청사를 영접하는 장면을 그려놓았다.

阿克敦은 「館舍에서 떠오르는 생각을 읊으며」, "東蕃은 땅을 받아 諸侯 지위에 올랐는데, 흰 깁 죽간에 이름 써서 內使 시켜 보내었다. 이로부터 주인의 정이 가장 도타우니, 문채 화려한 비단이나 질 좋은 황금일랑 상관없다"고 노래하고, "헤어질 때, 국왕이 시적에 이름을 써서 內使를 객관에 보내 선물했다"고 주기했다. 「연회의 정성」을 표현한 시에서는, "바다 진미 산과일이 화려한 술자리 덮었는데, 각 방면에 열린 병풍 산뜻하고 정갈하다. 술 한 잔 올릴 때마다 꽃 한 송이 바쳐지고, 관리가 물러나면 곧장 樂人이 앞에 온다. 면면이 몇 곡 이어지며 夷歌 가락 연주되고, 쌍 이루고 춤추는 소매는 박자 맞춰 호응한다"라고 읊었으며, 『奉使圖』에서는 "술은 모두 일곱 번 올리는데, 음악이 그치고 연회가 끝나면, 執事者가 모두 꽃을 꽂아준다. 춤추는 아이들이 긴 소매에 꽃 받들고 노랫소리가 서로 호응하지만, 가사는 알아듣지 못했다"라고 설명을 더하면서, 청사의 숙소에서 예물과 향연을 받는 그림이 그려져 있다.

「鴨綠江 건너 돌아오며」 "서로 보니 문득 은근한 뜻이 있어, 압록강 가에서 함께 보내고 돌아온다"고 하며 이별을 아쉬워하고, 『奉使圖』의 스무 번째 그림에서 "국왕이 대신 등 관리를 보내 천여 리 환송했다. 朝鮮에 이르러 경계를 나누고, 압록강을 건너 돌아왔다"는 注記를 첨기했다. 그 외에도 「都城」이란 시에서는, "도성은 번성해서 예사스런 곳과 다른데, 이날 다투며 보는 남정네와 부녀자들이 바쁘다. 행렬이 길거리의 주택 옆에 다다르자, 두레박으로 맑은 물 길러주고 상 위에 향 피운다"고 했고, 『奉使圖』에는 "安州와 黃州, 平壤, 開城 등 몇몇 큰 성들은 다른 邑에 비해 번성했다"는 注記가 있으며, 압록강 가에서 조선 伴送使의 환송을 받으며 청사 일행이 배를 타고 떠나는 장면이 그려져 있다.

아극돈은 明使들과 마찬가지로 朝淸 책봉—조공 관계의 기원을 箕子에서 찾았으니, 「紫樹를 읊다」라는 시에서, 大同江 가의 紫樹 숲을 보며 "듣기에 箕子 때부터 몸소 심었다 해도, 천년 백년 지나서도 여전히 무성하다. 흉년 들면 백성들이 그 잎 많이 먹었으니, 재난을 구제하려는 先哲의 마음이 더욱 보인다"고 노래했다. 「平壤의 練光亭에 올라서는」 "옛 封土 아직 있고 물려준 덕행 남아 있어, 부끄럽지 않은 標題가 海東을 누른다"고 노래하였고, 『봉사도』에는 청사 일행이 대동강변 연광정에 올라 풍광을 즐기는 장면이 그려져 있다. 또한 그 注記에서 "明代 使人이 扁額에 題하여 '第一江山'이라고 했다"고 했는데, 그가 말하는 '明代 使人'이란 곧 宣祖 39년(1606)에 조선을 방문한 明使 朱之蕃을 이르는 말이다. 李重煥의 『擇里志』에 의하면, "明代에 朱之蕃이 사명을 받들어 와서, [練光]亭에 올라 상쾌하다고 소리 지르며 손으로 '天下第一江山'이라는 여섯 글자를 써서 편액을 걸었는데, 丁丑년에 淸 나라 황제가 回軍 하는 날에 이를 보고서는 '中原에 金陵과 浙江이 있는데 이곳이 어찌 第一이 될 수 있는가'라고 하면서 사람을 시켜 부숴버리게 했다. 그 뒤에 그 훌륭한 글씨를 아깝게 여겨 '天下' 두 글자만 톱으로 없애버리도록 했다"고 한다.

4. 朝鮮의 風俗과 風物

한편 『동유집』과 『봉사도』는 조선의 풍속과 풍물에 대해서도 적지 않은 정보를 담고 있다. 阿克敦 본인이 직접 목격하고 경험한 바를 詩로 읊고 注記로 설명하였을 뿐만 아니라 그림으로 그려놓아서, 그 사료적 가치가 적지 않다 하겠다. 실로 『高麗圖經』의 아쉬움을 조금이나마 여기서 달랠 수 있다.

아극돈은 「길 가다가 즉흥으로 시를 읊어」, "누런 삿갓은 關尹의 뜻과 통할 수 있고, 흰옷도 梵王의 경전을 외운다. 東方은 원래 二氏가 존중되지 않고, 예식은 尼山과 武壽亭 뿐이다"라고 노래하고, 注記를 통해 "누런 삿갓과 흰옷은 승려들이 쓰는 관과 입는 옷이다. 조선은 귀신을 좋아하지만, 二氏를 중시하지 않아, 봄가을로 제사를 드리는 것은 오직 孔子와 關帝 뿐이다"라고 설명하여, 조선에는 불교와 도교가 성행하지 않고 다만 유교와 關羽 숭앙만 있을 뿐임을 강조하였다. 그러나 『봉사도』에서는 淸使의 행렬을 멀리 높은 곳에서 지켜보는 승려와 절집이 그려져 있다.

아극돈은 『동유집』에 수록된 같은 시에서, "농토 역시 관개수리 알아서 경영하는데, 인가의 태반은 산 가까이에 있다. 소나무 가지 꺾어서 울타리에 더 보태고, 푸르고 짙푸른 적막함이 초가집에 어린다"고 노래하고, 『奉使圖』에서 "땅은 벼와 메조 기르기에 적합하고, 사람들은 산골짜기에 사는데, 소나무 울타리와 초가집도 정치가 있다"고 注記했다. 그리고 소와 쟁기로 논밭 가는 농부가 그려져 있고, 아름다운 산수를 배경으로 솔가지로 울타리 친 초가집이 그려져 있으며, 참거리 소반을 머리에 이고 아이의 손을 잡고 초가에서 밭으로 오솔길을 가는 아낙네의 정겨운 모습이 그려져 있다. 「臨津江을 건너며」라는 시에서도, "넓은 두렁 부드러운 바람이 보리 물결 일으키고, 평평한 논에 얕은 물이 갓 자란 볏모 드러낸다"고 노래하며 조선의 농경 풍습을 소개하였고, 『봉사도』에서는 강가에 넓게 펼쳐진 논밭을 그려놓았다.

「객관에 가서 즉흥으로 읊다」라는 시에서는, "남을 보고 웅크림은 예사로운 일이고, 뜰 앞에서 빨리 달리니 예절이 번거롭다. 가죽신과 風巾은 옛것을 따랐으니, 낯선 고장 이곳에 머물며 잠시 머뭇 서성인다"고 노래하며, "웅크리고 앉는 자세는 일상적인 것이고 빨리 달림은 공경을 표하는 것이니, 습속이 그러하다. 누런 가죽신과 折風 두건은 옛 제도를 따른 것이다"라는 설명을 덧붙였다. 『봉사도』에는 객사에서 청사를 접대하는 관원과 잡역의 모습이 그려져 있다. "折風 두건은 옛 제도를 따랐다" 함은 『三國志』 東夷傳 高句麗條에서 "그 小加는 折風을 썼는데, 모양이 고깔과 같다"고 하고, 『北史』 高麗傳에서 "사람들은 모두 머리에 折風을 썼는데, 모양이 고깔 같고, 士人은 새털 두 개를 더 꽂는다"고 한 것을 염두에 두고 한 말이다.

또 「都城」에서 "잠깐 본 치마 적삼은 역시 놀랍고, 틀어 올린 낭자머리는 앞면이 친근하다. 예쁜 모습이 원래 中夏와 같지 않은데, 농염하게 화장하고 오니 물리치기 애처롭다"고 읊조리며, 『奉使圖』에서 "부녀자들이 椎髻하여 앞으로 향하게 하고 긴 치마와 짧은 저고리를 한쪽으로 쏠리게 입는 것은 中夏와 다르다"고 주기했다. 『봉사도』에도 청사 일행이 도성 안으로 들어올 때 연도 민가의 풍광과 남녀의 의복이 그려져 있다.

다른 「즉흥시」에서는, “고구려 사람은 武事에서 뛰어나다 자칭했으니, 짧은 칼 넓은 옷과 작은 활을 드러냈다. 내달리며 그것에 의지해서 채찍 잡은 자, 朱蒙이 果下馬 탔다고 부질없이 전해진다”고 하면서, 自注를 통해 “조선에서는 三尺馬를 朱蒙이 탔다고 한다. 果下馬 종이 내달리면, 한 명이 따라서 걸어간다. 활과 칼은 가장 작아서, 武事는 떨어진다”고도 했다. 『봉사도』에는 慕華館에서 청사를 맞이하는 병사들이 도열한 그림이 그려져 있다. ‘果下馬’는 『三國志』 東夷傳 濊條에서 “果下馬를 생산하는데, 漢 桓帝 때에 이를 바쳤다”고 하고, 그 裵松之 注에서 “과하마는 높이가 3尺이어서, 이것을 타면 과수 아래를 갈 수가 있기 때문에 과하마라고 한다”고 했다.

道光 12년(1832)에 英和가 『봉사도』 발문에서, “나는 일찍이 朝鮮에 사신으로 다녀온 적이 있어, 일찍이 산천과 풍토, 朝會와 향연 등 여러 중요한 종류를 마음속으로 기억해두지 않을 수 없었는데, 이 그림을 살펴보니 서로 꼭 들어맞았다”고 술회했다. 『奉使圖』 序詩를 쓴 鄒一桂는, 아극돈이 네 번이나 朝鮮에 갔다가 와서 册으로 기록하여 風謠를 갖췄으니 夷人의 정황을 또렷하게 알 수 있게 되었다고 하면서, “작은 말에 중국식 衣冠 차리고, 모든 人士가 도롱이와 삿갓 썼다. 긴 치마로 강기슭 모래 떨치고, 옆으로 머리 틀고 정수리엔 머리 얹고 간다. 天使가 이른 소식 기쁘게 듣고, 折巾에 깃털을 두루 꽂았다. 아이들은 竹馬를 몰고, 亞旅는 김매고 북돋우는 일 잠시 멈췄다. 上宮 음악을 연주해서 맞이하고, 갖가지 놀이에서 傀儡가 나타난다. 鼇山 놀이가 육지에서 행해지고, 채색 줄이 허공에 걸려 내달린다”고 하여, 『봉사도』를 보고 얻은 정보를 되풀이하여 노래했다. 『봉사도』의 跋文을 쓴 沈德潛 역시, “사신이 겨를 있어, 강역을 두루 살폈다. 거리는 평평하고 곧으며, 초목은 울긋불긋하다. 소를 몰아 쟁기 지우고, 힘을 써서 서로 통한다. 井田의 경계가 은택으로 남겨져서,

아직도 옛 기풍이 그대로 남아 있다"고 하면서, "箕子가 나라를 열고 힘써 井田을 행하였는데, 唐代의 유적이 여전히 남아 있다"는 주기를 붙여, 『봉사도』를 읽고 얻은 조선의 풍속과 풍물에 관한 지식을 과시하였다. 이는 곧 아극돈이 『동유집』이나 『봉사도』의 저작과 출간을 통해 당대 중국의 지식인들에게 자신이 '咨詢'하고 '採風'하여 얻은 조선의 풍속과 풍물에 관한 지식과 정보를 전달하려고 한 원래의 의도가 충분하게 실현되었음을 의미한다.

5. 序文과 跋文의 史料的 가치

阿克敦이 지은 『東游集』과 『奉使圖』에 실린 시는 28편에 지나지 않지만, 이처럼 朝淸 冊封-朝貢 관계와 朝鮮의 풍속에 관해 풍부한 정보를 제공하고 있다. 그러나 이 두 책의 사료적 가치는 이 두 책에 실린 아극돈의 28편 시와 주기 및 그림에 국한된 것이 아니다. 이 두 책은 유난히 많은 서문과 발문이 부록되어 있는데, 아극돈의 친우나 동료 · 제자 · 후손들이 쓴 서문과 발문들에도 사료적 가치가 풍부한 문장들이 적지 않게 포함되어 있다.

아극돈은 1752년에 『봉사도』를 이름난 公卿들과 여러 先達들에게 보여주면서 題詩를 부탁했다. 이로 인해 于敏中 등 4명의 「序詩」와 史貽直 등 16명의 「後詩」 혹은 「跋文」이 附錄되어 있는데, 이들 가운데는 大學士 등 고위 관료와 당대의 저명한 書畫家들이 대거 포함되어 장관을 이루었다. 『東游集』에는 친우 王兆符와 친지 蔣衡, 後學 王澍 등 3인의 跋文이 있고, 『奉使圖』에는 門下晩生 于敏中, 晩生 鄒一桂, 後學 介福, 後學 董邦達 등 4명의 序詩와 지인 史貽直, 受業 錢維城, 受業 陳大崘(진대곤), 後學

彭邦疇, 오래된 친구 陳世倌, 晩生 蔣溥, 受業 劉統勳, 文恭公(鄂爾達), 문공공의 아들 英和, 受業 錢陳群, 後學 梁詩正, 德齡, 受業門人 沈德潛, 後學 錫縝, 7대 孫 鄂禮, 長白存耆 등 16명의 발문이 있다. 이들 23명 가운데, 21명이 進士에 급제한 文學之士였고, 14명이 大學士나 尙書, 侍郎 등 고위 관직을 역임했으며, 17명이 『淸史稿』와 『國朝耆獻類徵』 등에 立傳된 名士였다.[6] 道光 12년(1832)에 彭邦疇가 『봉사도』의 발문에서, "이 책 안에는 당대의 名公과 卿相들이 함께 읊조리고 노래하여 쉬지 않고 멀리 간 것을 빛내어 모두 이어서 지었다"고 하고, 同治 7년(1868)에 長白存耆가 『봉사도』 발문에서, "그림 뒤에 여러 先哲 題辭와 跋文 몇 폭이 정교하고 아름다운 옥돌 같은 시문으로 눈을 가득 채우니, 이 책이 당시에 이미 진기하고 소중하게 여겨졌음을 입증하기에 충분하다"고 했다. 따라서 이 사실 하나만으로도 阿克敦의 『동유집』과 『봉사록』에 붙은 서문과 발문들

6 『동유집』의 발문을 쓴 王兆符는 康熙 연간에 進士, 『史記』 등을 批解하였다(『國朝耆獻類徵』 431). 蔣衡은 詩書에 뛰어나, 國子監正에 제수되었으나 취임하지 않았다(『淸史稿』 508). 後學 王澍는 康熙 연간에 進士, 吏部員外郎 역임, 글씨를 잘 썼다(『淸史稿』 508). 『奉使圖』의 序詩를 쓴 于敏中은 乾隆 연간에 進士, 文華殿大學士와 文淵閣領閣事 역임(『淸史稿』 325). 鄒一桂는 雍正 연간에 進士, 禮部侍郎과 內閣學士 역임, 花卉를 잘 그렸다(『淸史稿』 311). 介福은 道光에 進士, 內閣學士와 禮部侍郎을 겸, 시문과 서화에 뛰어났다(『淸史稿』 73). 董邦達은 雍正 연간에 進士, 侍讀學士와 內閣學士, 工部尙書 역인, 산수화에 뛰어났다(『淸史稿』 301). 『奉使圖』의 발문을 쓴 史貽直은 康熙 연간에 進士, 文淵閣大學士, 吏部尙書 역임(『淸史稿』 309). 錢維城은 乾隆 연간에 進士, 翰林院修撰과 刑部左侍郎 역임(『淸史稿』 311). 陳世倌은 康熙 연간에 進士, 山東巡撫와 工部尙書, 文淵閣學士 역임(『淸史稿』 309). 劉統勳은 雍正 연간에 進士, 東閣大學士 역임(『淸史稿』 308). 文恭公(鄂爾達)은 滿洲正白旗 소속, 廣東總督과 協辦大學士 역임(『淸史稿』 329). 錢陳群은 康熙 연간에 進士, 翰林院編修와 刑部右侍郎 역임, 江南二老로 불려졌다(『淸史稿』 311). 梁詩正은 雍正 연간에 進士, 東閣大學士 겸, 吏部尙書 역임, 『文獻通考』의 편찬(『淸史稿』 390). 德齡은 滿洲鑲黃旗 소속, 康熙 연간에 進士, 巡撫와 盛京禮部侍郎 역임(『國朝耆獻類徵』 73). 沈德潛은 乾隆 연간에 進士, 翰林院編修와 內閣學士, 禮部侍郎 역임, 박학하고 시를 잘 지어서 東南二老로 칭송되었다(『國朝先正事略』 18). 錫縝은 滿洲正藍旗 소속, 咸豊 연간에 進士, 駐藏大臣 역임, 詩書에 뛰어났다(『淸史稿』 491). 彭邦疇는 京兆試에서 選擧되었다(『奉使圖』「跋文」).

을 당대의 독특한 출판문화를 이해하는 데 상당히 의미 있는 사료로 평가할 수도 있지만, 이들 서문과 발문에는 당대 중국 사회를 주도한 지식인들의 한국의 역사와 문화 및 한중관계에 관한 지식과 인식의 단면이 드러나 있어, 朝淸 시대 중기의 한중관계사 연구에도 매우 귀중한 자료로 활용할 수 있다.

첫째, 이들 서문과 발문에는 阿克敦이 사신으로 선발된 이유와 그 인물 및 경력에 대한 정보가 포함되어 있다. 먼저 조선으로 보내는 사신의 선발 기준에 대해 梁詩正은 『봉사도』 발문에서, "西旅가 큰 개 바치고 越裳이 꿩 바치니, 공물 보물 바치려고 산 오르고 강 건너기 거듭했다. 하물며 이들은 떨어진 것이 수만 리이지만, 조선은 가까워서 神州와 다름없다. 위엄과 덕을 두려워하여 삼가하며 받드니, 은혜의 베풂도 다른 나라에 비해 융숭하다. 重臣을 특별히 보내어 자애로운 은혜를 보이니, 기꺼이 찾아뵙고 두 손 모아 절하며 우리 公을 받들었다"고 하여, 滿淸이 주변의 어느 나라보다도 조선을 가장 중시했기 때문에 사신으로 '重臣'을 보냈다고 했다. 또한 양시정은 아극돈이 "오래전부터 詩를 읊고 독자적으로 응대할 수 있어, 욕되게 하지 않고 여러 경전을 바르게 의지했다. 마침내 要荒에서 姓氏를 알아보고, 성대한 일을 널리 알리니 아름다운 글이 뛰어났다. 白硾紙는 깨끗하고 이리 꼬리 굳세니, 三韓의 八道가 빚어내고 녹여낸다. 문장이 나라를 빛내 예로부터 견줄 이 없었으니, 영구히 쇠북과 솥에 그 공을 새기리라"라고 하여, 아극돈이 專對와 文學 등 전통적으로 사신에게 요구된 기본 역량을 두루 갖춘 인물이었음을 강조했다.

사실 阿克敦은 출사할 당시 滿淸의 조정에서는 이미 무거운 지위와 명망을 얻고 있던 인물이었다. 그래서 王兆符는 아극돈이 출사 전에 이미 "館閣[즉 翰林院]으로 들어가 우대받고 존숭되는 지위에 올랐다"고 했고, 錢維城은 "契丹의 사자가 성명을 두려워하고 雞林의 賈客이 문자를 구하였는데, 덕망과 威名이야 지금 누가 長白의 相國과 겨루겠는가. 우리 夫子께서는 三朝에 걸쳐 台司를 모두 역임하고, 한 시대의 문장이 桃李에 고루 미쳤다"고 자랑했다. 그리고 錢陳群은 "선생의 벼슬 경력 가운데서 臺閣을 책임 맡으면서 멀리 떨어진 絕域에 使行 나간 것이 두 번이나 있었다"고 했다.

아극돈은 조선으로 出使하기 전에 이미 西域 등 다른 방면에 출사한 경험이 있었다. 이에 于敏中은 아극돈이 "일찍이 高昌에서 氣色을 살폈었다"고 하고, 董邦達도 "肅愼을 두루 살펴 重譯하게 하고, 氐羌을 진동시켜 來享하게 했다"고 했으며, 錢維城도 "지난날 使節에 의지하여 西戎을 화평하게 하니, 포도와 苜蓿 등이 漢宮으로 돌아왔다. 천자의 위엄을 멀리 떨쳐 犬羊을 두려움에 떨게 하여, 앉아서 창칼을 녹이고 노래와 종을 울려, 朔漠이 창칼을 놓았다"고 칭송한 바 있었다.

『봉사도』의 서문과 발문 가운데는 아극돈이 조선에 두 번 출사한 뒤에 쓴 것도 있고 세 번째 사행 뒤에 쓴 것도 있지만, 그의 잦은 조선 출사는 다른 이의 감탄을 자아내게 했다. 于敏中은 "두 번이나 은혜로운 조칙 받들어 涓水의 동쪽 갔다"고 했고, 王兆符는 "聖祖 仁皇帝께서 塞外로 피서할 때, 오고 가며 호종한 것이 10년이었는데, 그 사이에 使命을 받들어 朝鮮에 사신으로 다녀온 것이 세 번이었다"고도 했다. 사실 錫縝이 "高麗에 사신 간 자는 이루 헤아릴 수 없지만, 한 사람이 세 번 사행한 경우는 견줄 자 없다"고 한 것처럼, 한 사람이 세 번이나 같은 나라에 출사한 경우는 전무후무한 일이었는데, 실제로 아극돈은 그 뒤에 한 번 더 조선에 다녀왔으니, 滿淸으로서는 매우 특별한 배려였다.

둘째, 이들 서문과 발문에는 사신의 기본 임무가 咨詢에 있었음을 밝히고 아극돈 역시 이 자순의 임무에 충실하였음을 강조하는 글이 다수 포함되어 있다. 한 예로, 文恭公, 즉 鄂爾達은 阿克敦이 사신으로 조선에 파견되어 수행한 역할과 임무에 대해 시를 지어 노래했다.

밝게 冊封하고 弔問했을 뿐만 아니라, 어루만져 더욱 따르게 하는 일까지 이루었다.

두 번이나 이 역할을 잘 수행할 수 있었으니, 원래 점쳐서 적합한 인물을 얻었기 때문이다.

예의는 箕子의 가르침을 생각하게 하고, 풍속은 管山의 길들임을 회상케 한다.

冠冕 쓰고 天使를 우러러 보고, 술병과 술잔을 島民들이 바친다.

중국의 여러 가르침을 상세하게 전해주고, 큰 임금의 어짊을 널리 펼쳐 보여준다.

三韓의 기운이 두루 고르게 퍼져나가고, 百濟의 봄이 따뜻하게 살아난다.

屬國에 행차함에 부끄러움이 없고, 이웃 異域을 복속시킴에 道가 있었다.

시절의 변화 거두어서 살피고 구경했고, 風謠도 거둬들여 뽑아서 기록했다.

대궐 섬돌로 돌아가는 날, 咨詢한 것 많이 아뢰리라 생각했었다.

이처럼 아극돈의 역할은 宋代 이래 중국 사신들이 일관되게 수행해온 기본 임무인 '咨詢', 즉 널리 듣고 살펴서 확보한 정보를 보고하는 일이었다. 錢維城도 아극돈이 수행한 咨詢의 임무와 그 의미에 대해 다음과 같이 강조했다.

분홍색 종이와 하얗게 광택을 낸 종이, 斑竹 피리, 산천과 백성, 산물 등을 輶軒의 여행용 광주리에 거두어 가져왔는데, 모두 몇 권의 旂常과 공훈이 자신에게 있는지 알지 못했다. 요사이에 이 그림과 風詩를 단장하게 하셨는데, 서역 정벌은 그리지 않고 동국 使行은 그렸으니, 全羅와 辰韓 및 平壤 등을 몰래 살핀 것을 세상 사람들이 어떻게 알겠는가. 탁자 위의 煙雲과 책상머리의 幛子가 마치 지도와 호적이 蕭何에게 돌아간 것과 같다.

아극돈의 『東游集』과 『奉使圖』는 실로 사신의 기본 임무인 '咨諏'의 결과였다. 그리하여 于敏中은 "朝鮮의 풍경과 산물을 그림에 담고, 한 册의 詩 만들며 採風하여 돌아온다"고 하고, 劉統勳은 "가는 곳마다 휘장 걷어 빛나는 풍채 곧추 세우고, 수레 멈춰 정무 보며 風謠를 묻는다. 풍경 살펴 거두어서 吟篋에 넣어두고, 돌아올 때 篇章 퍼뜨리며 바닷가 산봉우리 지나간다"고 했다. 鄒一桂도 "先生은 밝은 詔書를 받들고, 네 번이나 朝鮮에 갔다가 왔다. 册으로 기록해서 風謠를 갖췄으니, 夷人의 정황을 또렷하게 가리킬 수 있게 됐다"고 하고, 沈德潛 역시, "사신이 겨를 있어, 강역을 두루 살폈다. [……] 큰 儒者가 임무를 수행하니, 처음과 끝이 다르지 않다. 황제의 뜰을 선양하고, 임금의 명을 욕되게 하지 않았다. 읊조려서 詩歌 이루고, 색을 칠해 그림 그렸다"고 하여, 『동유집』과 『봉사도』가 咨諏의 결과물이었음을 강조했다. '咨諏'은 오래전부터 중국에서 파견된 사신들의 기본 임무였으니, 德齡도 "두루 미쳐 諮諏함은 예전부터 기록된 바"라고 했다.

한국 방면으로 파견된 사신이 수행한 咨諏의 인형은 徐兢의 『宣和奉使高麗圖經』이었으니, 彭邦疇는 "지금 阿父께서 수고하여 만든 이 그림을 보니, 서긍의 책에서 결락된 부분을 보완하기에 충분하다"고 하여, 『高麗圖經』의 부족한 부분을 메워주는 전적이라 평가하기도 했다. 또한 錫縝도 서긍뿐만 아니라 唐代에 고구려로 파견되어 정보를 수집한 陳大德의 역할과도 비교하면서, "이는 정말 宋代와 唐代를 능가하는 일이다. 名臣錄처럼 標題 나열하고, 여러 겹 싸 비장해서 丞相堂에 진열하리"라고 칭송하기도 했다.

셋째, 서문과 발문에서는 조선이 箕子 이래로 敎化된 禮樂의 나라이고 기자 이래로 중국과 冊封-朝貢 관계를 지속해온 나라임을 강조하는 글이 빈번하게 발견된다. 한 예로, 于敏中은 『봉사도』 서문에서 아극돈의 원래 韻을 이어 화답하여, "베 장막과 대나무 집은 그곳 풍속 따랐지만, 이미 中華의 擊壤 풍속과 비슷하다. 箕子가 아직 나라를 열기 전 날, 九疇를 진술해서 경전에 이미 벌여졌다. 놀라운 정성으로 聖賢께 제사 드리니, 한 줄기 儒家의 기풍이 길고 짧게 미쳐졌다"고 하여, 箕子 이래로 중국의 예악이 조선에 영향을 미쳐 문화와 풍속이 중국과 같아졌음을 노래했다. 예의와 교화는 책봉-조공 관계와 서로 밀접한 관계에 놓여 있다. 양자는 서로 원인과 결과의 관계를 반복한다. 이에 鄒一桂는, "海邦은 京師를 호위하고 도왔으니, 向化하여 본래부터 가까웠다. 하물며 그 나라가 처음 열렸을 때야, 箕子 때부터 符節을 쪼개었다. 예의와 교화로써 藩封을 지켜, 띠와 숫돌처럼 길게 이어졌다"고 노래하고, 錢陳群도 "가장 먼저 歸化한 衣冠의 나라, 홀로 두텁게 은혜 입어 聖朝 밝혔다. [……] 使星은 예로부터 뗏목 타는 길손이고, 屬國에는 원래부터 禮를 아는 신하 많다"고 했다.

이들 청인들은 한결같이 조선을 '屬國'이라 표현하였는데, 蔣溥 역시 "朝鮮은 正朔 받들어 屬國이 되었으니, 公도 실로 어진 바람 따뜻하게 퍼뜨렸다"고 하고, 董邦達도, "鴻臚가 九賓을 늘어세우니, 屬國 가운데 樂浪이 으뜸이었다"고 노래했다. 그러나 이들이 말하는 '屬國'이란 중국의 밖에 있으면서 중국을 지배하는 滿淸과 冊封-朝貢 관계를 유지하고 있는 '藩國'을 나타내는 또 다른 말이었다. 이에 陳世倌은 "萬國이 덕화를 입었지만, 그 가운데서도 으뜸인 藩國은 朝鮮이다. 箕子의 옛 땅 이어 봉해졌으니, 땅이 동쪽 瀛洲에 치우쳐 있다. 공손하게 순종함이 대대로 드러나고, 변천해온 내력은 簡編에 열거됐다. 熙朝가 열려 창건된 초기에,

가장 먼저 덕화에 귀복했었다. 여러 번 帶礪 받아 책봉 받으니, 언제나 星軺 보내 빈번하게 왕래했다. [……] 물산 또한 특히 풍성하니, 職貢에 허물 있었던 적이 없다. 慕華하는 정이 평소에 깊고, 事大하는 마음이 오래도록 굳다"라고 칭양하고, 沈德潛도 "東服인 朝鮮은, 실로 箕子의 나라이다. 蠶桑과 禮樂이, 蠻貊과 구별된다"고 칭송했다.

넷째, 조선이 淸使를 접대하고 詔書를 맞이하는 의례가 융숭했음을 지적하는 글 또한 다수 포함되어 있다. 箕子의 教化로 禮樂의 나라가 되어 오랫동안 중국과 책봉-조공 관계를 지켜온 조선은 淸朝에도 조공하고 책봉을 받았으니, 阿克敦이 淸使로 조선을 찾았을 때, 조선의 접대가 융숭하였음은 당연한 일이었다. 그리하여 于敏中은 "평소에도 공경의 禮 표하며 거만 떨지 않았지만, 이날은 존숭하여 더욱 공손하게 대하였다. 산뜻하게 줄지어 가는 길 여러 번 와도 변치 않은데, 모두 무겁게 맞는 뜻이 더욱 가깝게 느껴진다. 백발노인과 노란 아이들 더욱 감격해서 경모하니, 은혜의 물결이 겹겹이 강가에 가득 찬다. 지금까지 東國은 무거운 명성 화려하여, 使節이 거듭 지나고 禮도 더욱 더해졌다"고 하고, 梁詩正 역시 조선이 淸使 阿克敦을 공손하게 맞았음을 다음과 같이 노래했다.

重臣을 특별히 보내어 자애로운 은혜 보이니, 기꺼이 찾아뵙고 두 손 모아 절하며 우리 公을 받들었다.

총애하는 명령이 앞뒤로 두서너 번 내려진 뒤, 산천이 선명하게 奚囊 안에 쌓여졌다.

꺾인 두건과 큰 소매가 길옆에서 알현하고, 鳩杖 짚은 백발노인들이 아이들과 함께 곁 모신다.

그 君長 좇아 땅에다가 머리를 조아리며, 藩臣이라 자칭하고 附庸이라 말한다.

天使가 칙서를 선포하자 발 구르며 춤을 추고, 종 치고 북 울리며 瑤宮을 활짝 연다.

서문과 발문의 작가들은 이처럼 융숭한 접대를 받았음에도 불구하고 아극돈이 조선 측에서 제공하는 예물을 사양하며 그 청렴함을 과시한 사실을 주목했다. 문학지사 출신의 明使들이 조선 관원이 예물을 줄 때 그러했듯이, 문학지사 출신의 清使 阿克敦도 조선에 네 번 출사해서 조선의 예물을 받지 않았다는 것이다. 한 예로, 陳大晞은 "순종하는 곳 蕃臣이 멀리까지 배웅하는데, 정자 위에서 金 물리치고 金臺를 바라본다"고 하였고, 史貽直도 "또한 전에 金을 거절하고 정자 위에서 바라보니, 푸른 깁 등롱 있는 곳에 몇 행의 詩가 있다"고 칭송했다. 于敏中 역시, "金을 거절하고 신의로 응답함이 평생의 절개이니, 어찌 밝은 구슬과 채색 金을 묻겠는가"라고 반문했으니, 아극돈의 청렴함은 明使의 전통이 청대까지 살아 있음을 보여주는 듯하다.

아극돈이 조선에 출사하여 그 기본 임무인 咨詢을 성실하게 수행함으로써 획득한 조선에 관한 정보, 특히 조선이 교화되어 중국과 다를 바 없는 문화를 향유하고 있음과 전통적 책봉-조공 관계가 朝清 시대까지 원만하게 지속되고 있음을 使行詩와 그림으로 復命한 것이 곧 『東游集』과 『奉使圖』였다. 鄒一桂는 이를 두고, "마침 乘槎圖를 그렸으니, 이로써 登瀛記와 짝하게 되었다"고 읊조렸는데, '승사도'(즉 사행하는 그림)는 『봉사도』를 이르는 말이고 '등영기'(즉 瀛洲에 오른 기록)는 『동유집』의 다른 표현이었다. 이 두 책의 서문과 발문의 작가들은 두 책의 제작 과정과 출간 이후의 운명에 대해서도 일정한 정보를 제공하였다.

아극돈의 오랜 친구인 王兆符는 『동유집』의 跋文에서 『동유집』의 제작 과정에 관해, "나의 자형인 蔣函潭이 行書와 楷書를 잘 써서 일찍이 여러

體法을 만들었기에 [……] 공이 글을 써달라고 청해서 [……] 내가 공의 시를 가지고 함담에게 청하여, 體法은 小楷로 하여 詩 12首를 섞어 쓰게 해서, 이를 한 권의 책으로 만들었다"고 했다. 글씨를 부탁받은 왕조부의 姊兄 蔣衡(函潭)도 『동유집』의 跋文에서, "癸卯년[雍正 1년, 1723년] 中春에 [……] 공이 소장하고 있던 前代 內庫의 종이를 꺼내어서 글을 부탁했다. 또 使命을 받들어 세 번 朝鮮에 갔을 때, 그 나라의 왕 李 씨 부자가 서로 소식을 전하며 안부를 물었는데, 繭紙가 두껍고 윤이 나며 질기고 희다고 해서, 晉代와 魏代의 각 서체를 모사해서 써달라고 부탁했다. 그 뒤에 『東游集』이라는 저작의 초고에 수록된 雜記와 詩 20首로 책 하나를 만들고 싶어 해서, 隆川[王兆符]이 이를 위해 跋文을 썼다. 나는 나를 알아주는 애정으로 인해 감히 사양하지 못했다"고 했다.

『봉사도』의 「跋文」에는 이 책이 출간된 뒤에 겪었던 운명에 대한 정보도 적지 않게 실려 있다. 道光 12년(1832)에 아극돈의 後學 彭邦疇가 그 발문에서, "특이하게도 이 그림을 만든 지가 지금까지 모두 108년이 되었는데도, 화려한 채색이 여전히 새롭고 음성과 용모가 살아 있는 것 같다. 또 이리저리 옮겨 다니고 정처 없이 떠돌아다니다가 다른 집안으로 들어가서 역시 거의 멸실되다가 간신히 살아남았다"라고 밝혔다. 역시 같은 해에 『봉사도』의 「발문」을 쓴 英和도, "阿 文勤公의 『奉使圖』 한 책은 그림이 모두 20장으로, 公이 각 장마다 詩를 그 위에 연계지어 놓았고, 또 한 책은 당시 여러 노 선배들의 題詠으로 이루어졌다. 溶川이 학교에서 강습하다가 서점에서 이 책을 구해서 내게 보여주었는데, 그 안에는 돌아가신 부친 文恭公의 긴 五言 長律 한 章이 있었다. 용천은 내게 따로 써서 친필 글씨를 선물로 달라고 부탁하고, 아울러 그 처음부터 끝까지의 사정을 기록해달라고 부탁했다. [……] 溶川은 아무쪼록 이 책을 보배롭게 여기시라"고 하여, 道光 12년까지 이 책이 서점 등을 전전하다가 溶川이란 이에게 구입, 소장되었음을 밝혔는데, '용천'이란 汪汝淮의 호이다. 왕여회는 淸代 江西 사람으로, 乾隆 연간에 擧人이 되어 네 차례나 會試에 응시했으나 모두 실패했지만, 당대에 文名이 높았던[7] 인물이다.

『봉사도』의 그 뒤 운명은 아극돈의 제7대 孫 鄂禮가 쓴 「발문」에 밝혀져 있다. "이리저리 떠돌다가 다른 집안에 들어간 지 여러 해 지난 뒤에, 道光 말에 선대 從祖 瀾止公께서 비로소 다시 돈을 들여 돌려받았다. 되돌아온 뒤에 명을 받들어 江北에서 군사를 통솔하게 되어, 공의 딸이 시집간 貝勒 溥莊의 從姑 收庋에게 맡겼다. 嗣公이 軍中에서 죽고 아들과 손자도 뒤를 이어 세상을 떠나자, 同治 紀元에 從姑가 마침내 그것을 (나) 鄂禮에게 내주었다. 삼가 상자를 만들어 宗祠에 비장하고, 아울러 그 자세한 사정을 오른편의 글과 같이 써둔다." 또한 여기에 부연하여 同治 7년(1868)에는 長白存耆가 『봉사도』 「발문」에서, "지금 公의 제9대 嫡孫女인 章佳慧 君이 대를 이어 지키는 바가 되었는데, 바로 나의 內弟인 영구 貝子 次馨의 부인이다"라고 했다.

이처럼 『동유집』과 『봉사도』에 수록된 23편의 서문과 발문은 그 존재 자체로서 청대 중기 중국의 문화사를 이해하는 데 중요한 자료가 될 뿐만 아니라, 이들 글 안에 내포된 阿克敦의 인물과 경력, 조선 出使 이유, 咨詢의 임무와 採風의 수행, 두 책의 저작과 流轉 과정 등에 관한 글들은 아극돈의 조선 使行錄을 이해하는 데 상당한 도움을 주는 사료적 가치를 가지며, 특히 조선의 역사와 문화, 풍속 등에 관한 글들은 청대 중기 중국 사회를 지도한 지식인들이 한국을 어떻게 이해하고 있었는지 확인하게 하는 자료로 활용될 수도 있다. 무엇보다도 이처럼 많은 명사와 고관들이 조선과 만청의 책봉-조공 관계를 칭송하고 조선의 풍속과 풍물을 되뇌

7 『國朝耆獻類徵』 권456.

면서 읊조렸다는 사실 자체가, 아극돈이 자신의 咨詢과 採風을 통해 확보한 정보를 『동유집』과 『봉사도』를 통해 중국의 지식인들에게 전달하려고 한 본래의 의도가 상당한 수준으로 실현되었음을 의미한다 할 것이다.

6. 맺는말

阿克敦은 제1차 조선 使行 중에 5편의 시를 지었고, 조선 정부는 이들 시를 편집, 장정해서 『阿克敦詩』라는 제목의 책을 만들어 奎章閣에 보존했는데,[8] 여기에는 「玉流泉 題詩」와 「空靑을 하사하며」, 「快哉亭」, 「저녁에 義州에서 묵으며」, 「箕子 무덤을 참배하며」 등 5편의 시가 포함되어 있다. 또한 아극돈 뒤에 조선에 出使한 魁齡의 『東使紀事詩略』 「太虛樓引」이란 시에서는 "누각 위에는 阿 文勤公[=阿克敦]과 [副使] 張廷枚 군이 서로 唱和하며 만들어낸 작품이 있다"고 注記했다. 이로 보아 아극돈도 네 번이나 조선에 출사하여 적지 않은 수의 시를 지었고 조선의 遠接使나 接伴使들과 시문을 창화하였을 것으로 추측할 수도 있지만, 유감스럽게도 지금까지 남아 있는 창화시가 발견되지 않는다. 이는 시문 창화가 크게 유행했던 朝明 시대와는 달리 朝淸 시대에 이르러서는 시문 창화의 전통이 상당히 쇠퇴해진 결과일 수도 있다. 滿淸은 조선에 파견하는 사신으로 언제나 滿洲人을 선발하였는데, 비록 그들 역시 만주인 가운데서는 문학적 명망이 높아서 선발된 文學之士 출신이라 하더라도, 明朝 翰林院의 일급 문학지사들과 조금도 위축되지 않고 시문 창화를 경쟁했던 조선 관원들을 상대해서 詩作의 역량을 과시하기에는 부담스러움이 있었을 것

8 『肅宗實錄』 43년 11월 壬子 조.

이다.

시문 창화뿐만 아니라 迎詔 儀禮의 논쟁조차 阿克敦의 두 책에서는 발견되지 않는다. 朝明 시대에는 문학지사 출신의 明使들이 으레 詔書를 맞이하는 의례에 대해 이의를 제기하여 고답적인 禮論를 개진하였지만, 아극돈의 使行錄에서는 조선의 淸使 접대와 조서 영접의 의례에 대한 만족과 칭송만 발견될 뿐이다. 이는 中國의 전형적 국가인 明과 滿洲의 통합국가인 淸이 갖는 국가적 성격의 차이에서 비롯되었을 것이고, 일류 문학지사 출신의 明使들과 만주인 출신의 淸使들이 갖는 성향과 역량의 차이에 기인하기도 했을 것이나, 무엇보다도 조선과 明의 외교적 관계와 조선과 滿淸의 외교적 관계가 상이하였음을 고려할 수도 있을 것이다.

그러나 비록 淸使 阿克敦이 明使들과는 달리 조선에서 詩文 唱和에 적극적으로 대응하지 않고 조선 측의 영접 의례를 소극적으로 접수하였다 하더라도, 사신의 기본 임무로 간주된 '咨詢' 혹은 '採風'의 전통은 적극적으로 계승하였다. "全羅와 辰韓 및 平壤 등을 몰래 살핀 것을 세상 사람들이 어떻게 알겠는가"라고 한 錢維城의 跋文처럼, 아극돈은 네 차례나 조선에 출사하여 조선의 정치와 외교, 풍속과 풍물 등을 주의 깊게 관찰하여 기록하였으니, 『동유집』과 『봉사도』도 이러한 咨詢의 결과를 보고한 일종의 復命書였다고 할 수 있다. 다만 使行詩를 使行圖로 옮겨 그려서, 徐兢의 『高麗圖經』에서 그림이 결락된 아쉬움을 조금이나마 갚을 수 있게 되었으니, 그 문화사적 의미 역시 적지 않다고 하겠다.

제2장
柏葰의 『奉使朝鮮驛程日記』와 朝淸 使行路程

1. 머리말

『奉使朝鮮驛程日記』는 滿淸 道光 23년, 즉 조선 憲宗 9년(1843) 8월에 조선의 (孝顯)王后 金氏가 승하했다는 소식이 전해지자, 그 이듬해에 正使 戶部右侍郞 柏葰이 副使 鑲紅旗漢軍副都統 恒興과 함께 諭祭使로 조선에 다녀간 뒤, 그 해 5월에 출간한 여행일기와 使行詩 모음집이다. 柏葰이 이끈 淸朝의 道光 사절단은 1844년 1월 12일에 북경을 출발하여 2월 7일에 압록강을 건넜고, 2월 21일에 한양에 입성하여 諭祭를 거행한 뒤, 사흘 만인 2월 24일에 귀국길에 올라 3월 7일에 압록강을 다시 건너고, 4월 1일에 북경에 도착해서 복명했다.

이 책은 크게 두 부분으로 구성되었는데, 전반부는 「奉使朝鮮驛程日記」로, 1843년 12월 20일에 諭祭使의 임무를 부여받았을 때부터 다음해 4월 2일 복명할 때까지 매일 겪었던 旅程을 일기 형식으로 기록하였고, 후반부는 「薜 箖吟館鈔存」으로, 백준이 조선의 문사 관료들과 교환한 창화시와 「朝鮮竹枝詞」 30수가 수록되어 있다. 또한 이 책의 앞에는 阿克

敦의 『奉使圖』처럼 8편의 題詩와 賀詞가 부록되어 있는데, 이들 글을 쓴 이들은 모두 당대 일류의 고관 명사들로서, 당시 출판문화의 일단을 보여준다.

특히 「奉使朝鮮驛程日記」는 사절단의 이동 거리와 시간이 매우 정확하고 구체적으로 기록돼 있어, 적어도 이 방면에서는 역대 조선 使行錄 가운데서 가장 정밀한 사료라 할 수 있으니, 실로 청대 한중 교통사를 연구하는 데 대단히 긴요한 자료로 활용될 수 있을 것이다. 또한 「薜箖吟館鈔存」에는 상당한 수량의 唱和詩들이 수록되어 있어 명초 이래 유행한 사신들의 창화 詩作 관행이 청대까지 지속되고 있었음을 보여주고, 「朝鮮竹枝詞」 30수에는 조선의 역사와 지리 · 문화 · 풍속 등이 竹枝詞 형식으로 기술되어 있어 역시 송대 이래로 관행화된 사신의 '咨詢' 임무를 淸使도 수행하였음을 시사하고 있다.

그럼에도 불구하고 柏葰과 그 조선 사행록에 대한 연구는 거의 이루어지지 못했다.[1] 따라서 여기에서는 역대 조선 사행록 가운데서 사행 여정이 가장 정밀하게 기록된 「奉使朝鮮驛程日記」를 분석하여 朝淸 시대 사절단의 왕래 통로와 그 여정에 관한 정보를 정리하고, 淸使와 조선 遠接使가 서로 교환한 창화시를 다수 수록하고 있는 「薜箖吟館鈔存」을 분석하여 시문 창화의 전통이 조청 시대까지 지속되었음을 확인하며, 조선의 역

1 이 책에 관한 연구 성과로는 다음의 두 편 글이 있다. 구범진, 「19세기 전반 淸人의 朝鮮使行: 柏葰(1844년)과 花沙納(1845년)의 경우」, 『史林』(首善史學會) 22, 2004; 김성남, 「柏葰 撰, 『薜箖唫館鈔存』 해제」, 『19세기 중국인의 조선기행』(성균관대학교 동아시아학술원, 『해외한국학자료총서』 제7권, 2004). 전자는 『奉使朝鮮驛程日記』의 전반부에 해당하는 「奉使朝鮮驛程日記」와 그 다음해에 조선을 내방한 淸使 花沙納의 『東使紀程』을 자료로 삼아 滿淸 사절단의 규모와 노정 · 활동 · 접대 등을 정리한 논문이고, 후자는 『奉使朝鮮驛程日記』를 간략하게 解題한 글이다. 양자 모두 북경도시관 발행 叢書 『使朝鮮錄』 판본을 이용하지 않고, 道光 24년(1844)에 출간된 『薜箖吟館鈔存』 刻本에 근거하였다.

사와 지리 · 문화 · 풍속 등을 소개한 「朝鮮竹枝詞」를 분석해서 중국 사신의 전통적 咨詢 임무를 살펴볼 것이다.

2. 淸使 柏葰의 出使와 『奉使朝鮮驛程日記』의 著作

柏葰은 본래 이름이 松葰이고 자는 靜濤였으며, 巴魯特氏로 蒙古 正藍旗人이었다. 道光 6년에 進士가 되어, 庶吉士로 編修의 직을 받았다. 그 뒤 內閣學士로까지 승진하고 正紅旗 漢軍 副都統을 겸하였다. 18년에는 盛京工部侍郞, 刑部侍郞이 되어 奉天府尹을 겸하였고, 중앙의 刑部侍郞, 吏部侍郞, 戶部侍郞 등을 지냈다. 23년에 朝鮮에 가서 諭祭하는 正使로 충임되었는데, 전례에 따라 餽贐이 있었지만 上奏하여 이를 물리쳤다. 25년에는 總管內務府大臣에 충임되고, 26년에는 江南 鄕試를 주관했다. 28년에는 左都御史로 발탁되고, 30년에는 兵部尙書로 승진하여, 內大臣에 임용되었다. 곧이어 吏部尙書로 선임되어 三庫를 관리하고, 翰林院掌院學士를 겸하였다. 咸豊 3년에는 내무부대신에서 물러나 左副都御史로 좌천되었다가, 얼마 지나지 않아 馬蘭鎭總兵이 되었고, 5년에는 熱河都統으로 발탁되어 山匪를 수색, 체포했다. 다시 戶部尙書가 되어 正黃旗 漢軍 都統을 겸하고, 6년에는 軍機大臣으로 한림원장원학사를 겸하였다. 그리고 호부상서 協辦大學士로서 8년에 順天 鄕試를 주관하고, 文淵閣大學士에 임명됐다. 백준은 평소에 곧은 입장을 견지하여, 樞府에 오른 뒤로 載垣, 端華와 肅順 등과 불화하여, 鄕試를 주관하면서 비리를 저질렀다는 모함을 받아 9년에 주살되었다. 11년에 穆宗이 즉위한 뒤에 雪冤되었다. 書室 이름은 薜箖吟館이고, 저서로는 『薜箖吟館詩存』이 있다.[2]

柏葰의 「自序」에 의하면, "朝鮮은 本朝에 이르러 正朔을 받들어, 삼가 매년 줄지어 朝貢하는 일 외에도 경조사가 있으면 때때로 통하였는데, 癸卯년 섣달에 왕비 金氏의 제사를 지내라는 칙명이 있었다. 禮臣이 전례에 따라 명단을 나열해서 천자께 청하여, 臣 柏葰에게 正使를 맡기고 副都統 恒興은 副使로 삼는다는 명을 얻었으니, 모두 特簡이었다"고 한다. 癸卯년, 즉 滿淸 宣宗 道光 23년(1843)에 조선 왕비의 제사를 지내라는 칙명을 받고 正使로 '特簡'되었다는 것인데, '特簡'이란 특별한 간택, 즉 파격적 선발이었음을 뜻한다. 鄂恒도 「서문」에서 "해는 甲辰년 建寅월에, 李 씨가 弔問을 청해 臣工을 번거롭게 했다. 황제께서 '너 누구가 가라'고 말씀하시니, 격 깨뜨린 기용은 다만 순결한 속마음 때문이다"라고 했다. 여기서 말하는 '특별한 간택'이나 '격 깨뜨린 기용'이란 明朝에서 점하는 柏葰의 무거운 위상을 의미한다. 『淸史稿』 열전에서 柏葰이 "戶部侍郎을 지냈다"고 하면서 "조선에 가서 諭祭하는 정사로 충임되었다"고 하고, 德誠이 賀詩에서 "同年의 靜濤 형은 右司農으로 朝鮮에 사신으로 나갔다"고 했는데, '右司農'이란 곧 戶部右侍郎을 달리 이른 말이다. 백준은 사신의 임무를 성공적으로 마치고 귀환하는 길에 승진했다는 소식을 들었다. 그는 2월 30일자 「日記」에서 "막 출발하려는 차에, 吏部에서 보내온 공문을 접수했는데, 吏部左侍郎으로 선임되었다. 〈2월 14일자로 임명되었다〉"고 했는데, 「序詩」에서도 賈楨이 "빛나는 재능 뛰어나서 翰林에서 중시되고, 돌아오며 三鈴 맡아 총애가 깊어졌다. 〈길에서 吏部侍郎으로 임명되었다〉"고 하고, 德誠은 "수고로움을 어찌 官階로 갚을 수 있을까만, 少宰는 돌아와서 官位가 올라갔다"고 하여, 이것이 官位의 승진임을 알려주었다.

柏葰은 관위가 높았을 뿐만 아니라, 평소에 사신에 적합한 역량을 높게

2 『淸史稿』 권389; 『淸史列傳』 권40.

평가받고 있었다. 「서시」에서 鄂恒이 "少宰의 응대는 제일로 칭송되고, 몸가짐은 禮에 맞아 언제나 의젓하다"고 칭송하고, 賈楨이 "가장 뛰어난 文章이 上台에서 나오고, 높은 곳에 올라 專對하니 여러 재능 겸비했다"고 평가했다. 백준을 정사로 선정한 일은 明朝에서는 조선에 대한 특별한 배려였다. 이로 인해 麟魁는 "東國은 예로부터 純正한 교화를 입어왔고, 盛代는 처음부터 儒臣을 중용했다"고 하면서, "고결한 절조는 천 兩의 가벼움을 문득 깨닫게 하고, 문장은 九重의 인정을 먼저 받았다"고 하고, "명을 받든 날, 글을 잘 짓는다고 황상의 칭찬을 받았다"는 自注를 첨기했다. 또한 德誠도 "저 朝鮮이란 나라는, 遼海 이동의 땅이다. 嚮化하여 극히 올바르고 순정하니, 臣服하여 대대로 두 마음 품지 않았다. 황제는 그 정성을 기특히 여겨, 영예로운 지위 내려 바꾸지 않았다. 詔勅으로 重臣에게 명해, 특별한 恩典으로 어진 다스림 펴게 했다. 이에 司農에게 물어, 그 품행과 학문이 순수함을 확인했다. 먼 나라 회유해서 사모하여 오게 하고, 要服과 荒服을 잘 어루만져 보살피게 했다. 九重 궁궐의 정교한 간택은 빈틈이 없었고, 天節의 별점은 상서로웠다. 봉황 같은 인재를 밝게 등용하니, 우러러 狨座에 앉아 귀하게 되었다"고 칭송했다.

淸帝가 이처럼 조선으로 출사하는 正使를 '特簡'한 까닭은 "東國이 예로부터 純正한 교화를 입어왔고," "臣服하여 대대로 두 마음 품지 않았기" 때문이기도 하지만, 무엇보다도 조선의 禮樂과 문물이 뛰어나서 무시하기 어렵기 때문이었다. 그리하여 백준도 「自序」에서 "하물며 조선은 문물과 衣冠이 中夏에 버금가니, 四牡의 노래와 더욱 자주 만나게 된 것이 아니겠는가"라고 한 것이다.

백준은 조선으로 出使하기 전에 이미 네 차례나 중국의 각 지방에 사신으로 파견된 경험을 갖고 있었다. 「서시」에서 麟魁가 "네 번째 '皇華' 읊조리며 옛날을 생각하니, 星軺가 東夷로 나가는 것이 또 보인다"고 노래하면서, 그 自注에서 "君은 일찍이 山東과 陝西, 熱河, 江南 등 네 省으로 파견되어 나갔다"고 설명했다. 同年인 德誠도 "생각난다, 예전에 감별하여 평가하는 입장에서, 魯 나라 사람 글을 큰 소리로 모으던 일. 秦 晉 지방 송사를 공평하게 처리하고, 순행하며 중대한 임무를 위임받았다. 조문하러 여러 번 말을 달렸고, 皇華 읊는 시를 지어 자위하였다. 중국과 외국에 부지런한 수고가 드러났으니, 아아 사신의 일을 빛내었구나"라고 덧붙였다.

그런데 백준은 네 차례 使行하면서 언제나 「日記」를 썼다고 하니, 「自序」에서 "생각건대 조정의 명부에 이름을 올린 이래로 여러 차례 使命을 받들었는데, 지나간 곳은 모두 日記가 있어 참고하여 거울로 삼는 데 도움이 되었다"고 했다. 바로 이러한 경험을 통해 조선에 사행할 때도 「日記」를 쓰게 된 것이다. 이로 인해 麟魁가 「서시」에서 "큰 바다 동쪽의 풍토와 인정, 틈을 타서 비단 주머니에 거둬 넣었다. 글씨가 구슬 같아 찾아와서 바꿔가려 하는데, 금 같은 먹이 금 아니라 해서 아쉬워할까. 日記는 남쪽 여행 때 쓴 글보다 오히려 간결하고, 기록은 西域에 기대어서 붓이 더욱 정교하다"고 한 것이다.

백준은 道光 24년(1844) 5월에 스스로 쓴 「自序」에서 『奉使朝鮮驛程日記』를 저술하여 출간한 과정과 목적에 관해 다음과 같이 진술했다.

> 復命한 뒤에, 여행용 상자를 뒤져서 驛程 일기 한 권과 詩 수십 편, 竹枝 약간 首를 찾아, 기록하여 출간하였다. 榆關을 출입한 여러 임무도 덧붙여 남겨서 알려지게 했다. 阿 文勤公은 세 차례 조선에 사신으로 다녀와서, 그림도 있고 기록도 있지만, 길을 떠나기 전에 물품을 갖출 때 구하지 못했다. 이 책에서 겨우 道里의 멀고 가까움과 눈과 귀가 보고 들은 바를 적어두어, 東藩 풍경을 한 부분이나마 대략 보인 것도 역시 이 뒤를 위한 것으로, 皇華를 노래한 것은 먼저 간 이가 뒷

사람의 길잡이가 되기 위한 것이다.

백준은 자신이 쓴 「일기」와 시를 가까운 지인들에게 돌려 읽혔는데, 恩銘은 「서문」에서 "6월 22일에 한 기행문을 삼가 읽었더니, 문장이 간결하고 문체는 단정하다. 詩는 음률이 조화롭고 섬세하다"고 논평하였고, 賈楨도 "보여준 日記를 받들어 두 번 세 번 읽고 읊으니, 기록한 글은 우아하고 깨끗하며 상세하고 분명하였고, 시편은 맑고 부드러우며 아름답게 윤이 나서, 東藩의 풍토가 정연하게 펼쳐져 있다. 비단 뜻이 같은 친구들에게 널리 보여 읽히기 위해서 뿐만 아니라, 이후에 指南의 도움도 되리라 생각된다"고 하여 백준의 저작 목적에 부응하였다. 湯金釗도 "적확한 기술이 주밀하고 상세하며 분명하고 깨끗하여, 이후에 攷證하는데 도움이 되기에 충분히 유용한 책이다. 詩 역시 아름답고 우아함이 특별히 뛰어나서, 손에 잡고 즐기다 보면 손에서 떼어놓을 수가 없다"고 높이 평가하였다.

이 책의 본문 앞에서 湯金釗 · 恩銘 · 吳贊 · 杜受田 · 賈楨 · 鄂恒 · 麟魁 · 德誠 등 8인의 「서문」 혹은 「序詩」가 부록되어 있는데, 대부분이 柏葰과 과거에 함께 합격한 同年이었던 이들은 모두 저명한 文學之士였고, 한 명을 제외하고 모두 『清史稿』에 立傳된 名士였으며, 대부분 大學士나 六部尚書 등을 지낸 고관이었는데, 이들 가운데 4명은 滿洲人이고 4명은 漢人이었다.[3] 阿克敦의 『東游集』과 『奉使圖』에서도 발견되는 이처럼 화

3 湯金釗는 嘉慶 연간에 進士가 되어 協辦大學士와 吏部尚書 등을 지냈다(『清史稿』 370). 恩銘은 滿洲人으로, 嘉慶 연간에 進士가 되어 熱河都統과 漕運總督을 역임해서 많은 치적을 남겼다(『清史稿』 493). 吳贊은 道光 연간에 進士가 되어, 刑部員外郎을 지냈다(『清史稿』 513). 杜受田은 道光 3년에 進士가 되어, 內閣學士, 工部, 戶部侍郎, 左都御史, 太子太傅, 刑部尚書, 協辦大學士 등을 지냈다(『清史稿』 385). 賈楨은 道光 연간에 進士가 되어 編修와 侍講學士로 발탁

려하고 수다한 「서문」과 「跋文」의 존재는 청대 출판문화의 독특한 한 양식을 보여준다.

3. 道光 使節團의 使行經路와 旅程

『奉使朝鮮驛程日記』의 전반부는 「일기」 형식의 산문으로, 北京에서 漢陽까지의 모든 驛程이 빠짐없이 상세하게 기술되었을 뿐만 아니라, 驛站과 역참의 거리와 역참을 떠나고 도착할 때의 시각, 여정에서 목격된 정황과 사행 중에 진행된 사신 활동 등이 구체적으로 적시되어 있어, 柏葰이 이끈 道光 사절단의 발자취를 뒤따라가면 朝淸 시대 중기에 이용된 滿淸 사절단의 내왕 경로와 여정에 대한 정보를 풍부하게 확보할 수 있다. 원문에는 각 지점을 출발하고 도달하는 시각이 정확하게 기술되어 있지만, 여기서는 시각은 생략하고 지리만 정리하면 다음과 같다.

『奉使朝鮮驛程日記』의 저자 柏葰은 滿淸 宣宗 道光 23년, 즉 조선 憲宗 즉위 9년(1843) 12월 20일에 鑲紅旗 漢軍 副都統 世習一等子 恒興과 함께 朝鮮에 가서 제사를 지내라는 명령을 받고, 그 다음해 정월 초 9일에 황제를 직접 뵙고 하직 인사를 드렸다.

12일에 禮部에서 勅書를 받고 三跪九叩하는 예를 마친 뒤에, 朝陽門 밖

되고, 內閣學士, 工部, 戶部侍郎, 左都御史, 禮部尙書, 吏部尙書, 協辦大學士, 翰林院掌院學士, 武英殿大學士 등을 지냈다(『淸史稿』 390). 鄂恒은 만주인으로, 道光 연간에 進士가 되어 陝西知府事를 지냈다(『淸史稿』 491). 麟魁는 만주인으로, 道光 6년에 進士가 되어 侍講學士, 刑部, 戶部, 吏部侍郎, 總管內務府大臣, 山東巡撫, 禮部尙書, 翰林院掌院學士, 兵部尙書, 協辦大學士 등을 역임했다(『淸史稿』 389). 德誠은 만주인으로, 백준과 함께 과거에 합격한 同年이다.

慈雲寺에서 잠시 쉬고, 첫걸음을 떼었다가, 通州에 다다라 묵었다. 13일 통주에서 40리를 가서 三河縣의 夏店에서 쉬었다가, 30리를 더 가서 삼하현의 棗林에 이르러 묵었다. 14일에 40리를 가서 薊州의 邦均에서 쉬었다가, 30리를 더 가서 淢溜에서 말을 바꾸고, 20리를 더 가서 계주의 別山에서 묵었다. 邦均의 동문 밖에 關廟가 있는데, 담 위에 큰 글씨로 '동남으로 가는 길은 山海關과 통하고, 동북으로 가는 길은 喜峯口로 통한다'고 씌어져 있다.

15일에 30리를 가서 彩亭에 닿았고, 20리를 가서 玉田縣에 다다랐다. 東關店 안에서 쉬었다가, 40리를 가서 豊潤縣의 沙流河에 이르러 묵었다. 옥전현의 西關 밖 절 담장에 큰 글자로 '서북으로 가는 길은 京都로 통하고, 서남으로 가는 길은 天津으로 통한다'고 씌어져 있다. 16일에 40리를 가서 豊潤縣에서 쉬고, 30리를 가니 鋏城이다. 다시 20리를 가서, 灤州의 榛子鎭에 다다라 孝廉王의 廳事를 빌려 묵었다. 17일에 20리를 가고 다시 20리를 더 가니, 馬舖營이다. 또 10리를 가서 遷安縣의 沙河驛에서 쉬었는데, 遷安 縣城에서 40리 떨어져 있다. 물 따라 길을 가서, 남쪽 길을 경유해서 灤河를 세 번 건너, 永平府에 이르러 묵었다. 18일에 35리를 가서 撫寧과 盧龍에 兩屬된 雙旺에서 쉬었다. 쌍왕에서 동쪽으로 8리를 가니, 背陰堡였다. 35리를 가서, 撫寧縣에 이르러 묵었다. 19일에 撫寧縣에 속한 灤河에 이르고, 40리를 가서 쉬었다가, 50리를 더 가서 臨榆縣의 紅花店에서 조금 쉬었다. 西關에 도착하니, 關帝廟의 副都統 監督이 황상의 안부를 여쭈었다. 먼저 副帥府에 이르고, 다시 戶部의 稅府에 이르렀다가, 마침내 公館에 다다랐다.

20일에 관문이 열리자마자 곧 떠나, 10리 밖에서 姜女 사당을 유람했다. 25리를 가서 寧遠州의 中前所에서 쉬었다가, 35리를 가서 前屯衛에서 묵었다. 21일에 50리를 가서, 寧遠州의 中後所에 도착해서 쉬었다. 시

가지는 혼잡하고 시끌시끌하여 약 2, 3리 정도 뻗어 있어, 관문을 나선 이래 제일의 鎭店이다. 20리를 가서 東關店에서 말을 바꾸었다. 30리를 가서 沙河所에 다다라 묵었다. 동관에는 驛丞이 있고, 중후소에는 路記佐領이 있다. 22일에 30리를 가서 寧遠州에 다다랐다. 밥을 먹고 2리 밖에서 溫泉寺를 찾았는데, 이 州에서 사는 사람들은 모두 이곳에서 목욕해서 질병을 치료한다. 30리 가서 錦縣의 連山에 도착해서 묵었다. 寧遠에는 路記를 관장하는 佐領이 있다. 23일에 18리를 가니 塔山이고, 12리를 가니 高橋이며, 杏山과 松山까지 각각 18리이다. 이 程이 지극히 멀다고 하지만, 역시 10여 리 조금 넘을 뿐이다. 松山에 이르니, 錦州의 副都統이 황상의 안부를 여쭈었다. 府城에서 20리 떨어진 곳이다. 小凌河에는 路記佐領이 있고 驛丞이 있다. 24일에 18리를 가서 小凌河를 건너고, 12리를 가서 雙陽店에 이르러 말을 바꾸면서 조금 쉬었다. 20리를 가서, 錦縣의 大凌河에 이르러 쉬었다. 30리를 가서 石山站에서 말을 바꾸고 조금 쉬었다. 閭陽에 路記 章京이 있고, 석산참에는 역승이 있다. 20리를 가서, 금현의 四台子에 도착해서 묵었다. 25일에 25리를 가니 閭陽驛이다. 역은 醫巫閭山의 동쪽에 있다. 40리를 가면 廣寧 역참으로, 廣寧縣에서 15리 떨어져 있다. 50리를 가서, 광녕현의 羊腸河에 다다랐다. 광녕에는 防守禦가 있고 驛丞이 있다. 26일에 12리를 가니 大黑山이다. 4, 5리를 가니 胡家窩堡이다. 50리를 가서 新民屯의 二道井子에 도착했다. 20리를 가서 半拉門에 이르고, 30리를 가서 大白旗堡에 도착했다. 小黑山과 二道井·白旗堡 등에는 모두 驛丞이 있고, 백기보에는 路記章京이 있다. 27일에 12리를 가서 石獅子를 지나고, 15리를 가서 柳河를 지났다. 다시 8리를 가니 黃旗堡이다. 巨流河의 路記佐領이 뱃사공을 감독해서 길을 이끌었다. 20리를 곧바로 가서 新民屯에 이르고, 20리를 가서 巨流河 얕은 물을 지났다. 15리를 가니 藍旗堡이고, 5리를 가서 신민둔의 孤家子에서 묵었다. 거류하에 이르니, 驛丞이 있었다. 28일에 25리를 가서 老邊에서 말을 갈아타고, 또 30리를 가서 承德縣의 永安橋에 이르렀다.

먼저 昭陵을 참배했다. 예를 마친 뒤에 30리 가서 瀋陽 西關에 이르렀다. 將軍 大人이 황상의 안부를 여쭈었다. 舊邊首站에는 모두 驛丞이 있다. 29일에 福陵을 참배하고 돌아왔다. 25리를 가서 店에 도착했다가 다시 출발했는데, 진창이 길에 가득 차고 渾河는 반은 다리로, 반은 걸어서 건넜다. 首縣의 白塔堡에 이르렀는데, 20리가 더 되었다. 瀋省을 나와서 남쪽으로 가는데, 짐 질 말이 없어 수레를 갈아타고 끌며 옮겼다. 매 驛에는 13필의 말만 있어, 상하가 협력하여 서로 지원할 필요가 있다. 30일에 20리를 가니 沙河堡고, 20리 더 가니 十里河인데, 큰 길에 물이 쌓여 가기 어렵다. 십리하에 이르러, 말에 채찍질해서 강을 건넜다. 20리 더 가서 遼陽州의 萬板橋에서 쉬었다가, 비로소 요양주에 다다랐다. 동북쪽 高麗門으로 나아가고, 3, 4리 더 가서 襄平書院에서 묵었다. 太子河를 지났는데, 三道의 옛 성터가 강의 북쪽에 있다. 瀋陽省을 나와 남쪽으로 내려오니, 비옥한 들녘이 천 리에 펼쳐져 있고 阡陌이 종횡으로 뻗쳐 있어 그 끝이 보이지 않는다. 10리를 가면 河東京驛으로, 모두 驛丞이 있다.

2월 초하루, 동문을 나서서 동남쪽으로 갔다. 30리를 가니, 望寶台다. 민간의 방을 빌려 쉬었다가, 20리를 가니 湯河站이다. 25리를 가서 亮甲山에 다다라, 숙소를 빌려 舖 안에서 묵었다. 이 堡에서부터 모두 旗堡로서, 漢人을 불러들여 땅을 개간하는데, 드문드문 한인과 旗人의 점포와 저자가 있을 뿐이다. 浪子山에 驛丞이 있다. 2일에 黃嶺을 넘고 또 青石嶺을 넘었는데, 서쪽은 완만하고 동쪽은 험하다. 40리를 가서 甜水站에서 쉬었다가, 10리 밖에 大高嶺에서 15리를 오르내리고, 또 15리를 가서 塔嶺을 지나면서 아래를 흐르는 강물을 내려다보았다. 또 5리를 가서 連山關에서 묵었다. 摩天嶺의 다섯 봉우리를 넘어가니 험준한 곳이 이어져있고, 북쪽에는 小高嶺이 있다. 큰 수레가 쉽게 가서, 20리를 에돌았다. 甛水站에는 역승이 있다. 3일, 5리를 가서 劉家嶺에 이르고, 5리를 가서 高家嶺에 이르렀으며, 10리를 가서 分水嶺을 지나니, 곧 岫岩의 경계이다. 5리를 가서 草河口의 客店 안에서 잠시 쉬고, 곧 출발해서 30리를 가서 岫岩廳의 通遠堡에서 묵었다. 통원보에서 旗人의 집을 빌려 묵었다. 통원보에는 역승이 있다. 이곳은 서남쪽으로 海口에서 300리 떨어져 있다. 4일, 40리를 가서 金家河를 지나, 밥 짓는 동안에 조금 쉬었다. 5, 6리 밖에서 劉家河 다리를 건너고, 또 2, 3리를 가니, 陡嶺子라고 한다. 한번 올랐다고 곧 내려와서, 또 善家河 다리를 지났다. 험한 돌길을 또 몇 리를 가니 長嶺子다. 다시 내려가서 비탈을 한번 감돌아 1리 정도 가니, 주암의 薛禮站이다. 민가를 빌려 묵었다. 30리는 충분히 된다. 연일 자갈길이고 수로도 많아, 수레가 가는 것이 지연되어 느려져서, 겉으로 보아서는 모두 70리는 되는 것 같다. 鳳凰城에는 驛丞이 있다.

5일에 15리를 가서 蘑菰嶺을 넘고, 5리를 가서 四台子에 이르렀다. 민가의 방을 빌려 조금 앉았다가, 20리를 가서야 四台子에 이르렀다. 鳳凰城을 지키는 관원이 三皇廟에서 황상의 안부를 여쭈었다. 또 5리를 가서 성안의 上帝廟에 이르러 묵었다. 朝鮮人 差備官 金相淳 등이 정해진 路程을 적은 쪽지를 바치고 돌아갔다. 이곳은 바다 입구에서 180리 떨어져 있고, 동남쪽에는 鳳凰山이 있다. 李 通使가 氈帽를 1천 頂(銀 69兩)에 대신 사주었다. 6일에 30리를 가서 邊門에 도착했다. 조금 앉았다가 곧 출발해서 변문을 나갔다. 葱秀에 이르렀는데, 또 30리이다. 조선인이 미리 돗자리와 시렁을 준비해서 여러 자리를 하나로 잇고, 가운데 자리를 勅書에 바치고, 그 동쪽은 正使에게, 서쪽은 副使에게 제공했다. 家人들은 차례로 각각 동쪽과 서쪽에 자리 잡고, 통역관도 그 다음에 있었다. 양쪽 옆은 나무로 轅門을 세우고, 요리사를 내어주어 스스로 음식을 해먹을 수 있게 했다. 50리를 가서, 沙窩에 이르러 들에서 병영을 세웠다. 25리를 가서 한 방죽을 오르내렸는데, 수레 길이 간신히 통해 있었다.

7일에 길을 나서니, 20리 밖은 조금 평탄했다. 또 10리를 더 가서, 中江의 卡官 防禦를 접견했다. 중강에서 1, 2리 정도 떨어진 곳에 이르니, 조선 측에서 亮轎로 영접하여 배를 타고 愛河를 건넜다. 가마를 타고 6, 7리를 가서, 중강을 지나 다시 鴨綠江을 건넜다. 앞의 愛河는 서쪽 갈래로 본 물줄기인데, 중강에 이른 뒤에 다시 건너면 동쪽 갈래이니, 사실 모두가 같은 압록강이다. 두 필의 말이 끄는 수레를 타니, 집사자가 앞에서 인도했다. 義州府尹 尹定欽과 遠接使 趙秉鉉, 記載官 平安道 李憲球 등이 강안에서 영접하여 의주 북문으로 나아가고 龍安館에 다다랐다. 국왕이 관원을 보내 영접했는데, 원래 명함으로 문안했다. 명함은 모두 흰 高麗紙 명함인데, 오직 국왕만 붉은색 쪽지가 있고, 봉투에 이름이 앞에 써져 있다. 각 관원들이 인사해서, 앉아서 받았다. 儀注 단자를 올려, 일정과 길을 열어나가는 시각표를 달라고 청했다. 義州의 旗鼓折衝官 金樂裕와 平安道 旗鼓官 鄭源이 수행했다. 驍騎校 두 명에게 작은 칼 주머니를 상으로 주고, 병사 13명에게는 錢 20千을 주었다.

8일, 旗鼓官이 관악기를 처음 불었음을 아뢰었고, 세 번째 불 때까지 15리 나아갔다. 延峰 모퉁이의 말을 교체하는 곳에 이르러 차를 마시며 잠시 쉬고, 말을 바꾸었다. 또 15리를 가서 小華館 곳에서 잠시 쉬었는데, 관악기를 세 번 분 것은 앞서와 같았다. 30리를 가서 馬尾院의 말을 교체하는 곳에서 차 마시며 잠시 쉬었는데, 말을 바꿀 때마다 반드시 구리 쟁반을 바쳤다. 20리를 가서, 龍川府의 良策館에 이르러 묵었다. 역참길이 있어, 한가하고 일없는 사람을 몰아서 부리는데, 모두 병사와 다를 바 없다. 9일에 15리를 가니, 西林이란 이름의 城이 있다. 院坪站에 이르러, 말을 바꾸고 차를 마시며 쉬었다. 鐵山府의 車輦館에 이르러 쉬었다. 역시

15리인데, 무척 가깝다. 10리 밖에 東林城이 있다. 淸江 벌에 이르러 조금 쉬었다가 곧 떠나니, 모두 45리이다. 林畔館에 이르러 묵었다. 두 곳은 모두 宣川府의 주요 역참이다. 점심 먹을 때, 毛氈으로 만든 모자 20頂이 있어, 객관을 보는 사람에게 상으로 주었다. 10일, 15리를 가서, 말 바꾸는 곳에 이르렀다. 20리를 가서, 郭山府 雲興館에 이르러 쉬었다. 15리를 가서, 新安館 堂峨嶺의 말 바꾸는 곳에 이르렀다. 고개를 지날 때 차츰 높아져서, 사람이 드는 가마로 올랐다가 내려갔다. 또 10리를 가니, 定州 牧使 등이 詔書를 영접하여, 말을 타고 수행했다. 5리를 가서, 定州城으로 들어가, 新安館에서 묵었다. 定州의 네 관원이 조서를 바라보며 예를 행한 뒤에, 다시 머리를 조아리며 알현했다. 작은 칼 자루와 모전 모자 10頂을 선물로 주었다. 11일에 25리를 가서, 嘉州嶺 말 바꾸는 곳에서 차를 마시며 쉬었는데, 고개 하나를 넘고 다시 曉星嶺을 넘었다. 모전 모자 20정을 상으로 주었다. 25리를 가서, 嘉山郡 嘉平館에 이르러 묵었다. 12일에 아래위가 완만한 비탈길을 갔다. 20리 밖의 산세는 평평하게 멀고 大定江이 바라보였다. 또 5, 6리 남짓 가서, 嘉山郡 廣通站에서 말을 교체했다. 고개 하나를 넘어 20리를 가서 淸川江을 지나니, 安州城이 바라보인다. 또 10리를 가서 성 밖에서 잠시 쉬었다가, 안주성에 들어가 安興館에서 묵었는데, 각 속관들이 예를 행한 것은 전일과 같았다. 국왕이 中使 鄭喜常을 보내 명함을 가지고 문안 인사를 했다. 옷감 한 필과 주머니 한 벌을 상으로 주고, 따라온 사람 10명에게 모전 모자 20頂을 상으로 주었다. 平安道 兵馬使 尹義儉이 머리를 조아리며 알현했지만 모두 알현을 면하게 하고, 旗鼓官 두 명에게 주머니 두 벌과 작은 칼 두 자루를 상으로 주었으며, 객관을 보는 사람에게 자루 한 벌과 작은 칼 한 벌을 상으로 주었다. 13일에 30리를 가서, 安興官 말 교체하는 곳에서 차를 마시며 쉬었다. 또 30리를 가서, 肅川府 肅永館에 다다라 묵었다. 14일에 30리를 가서 安定站에 이르러 말을 바꾸고, 다시 30리를 가서 安定館에서 쉬었다. 두 곳은 모두 順安縣에 속한다. 25리를 가서 斧山站에 이르러 말을 바꾸었는데, 平壤府에 속한다.

또 25리를 가서 평양부 大同館에 이르러 묵었다. 北門 밖에서 여러 관원들이 詔書를 이전과 같이 영접했다. 正使가 묵는 객관의 동북 귀퉁이에 快哉亭이 있다. 국왕이 承政院 同副承旨 趙忠植을 보내, 명함을 가지고 와서 문안 인사를 하고, 뒤따라 알현하려한 관원들은 모두 알현을 면하게 했다. 15일에 快哉亭에 올랐다가, 길을 떠나 大同門을 나서서, 곧 배에 올라 남쪽 강안에 다다르고, 강의 서쪽 언덕을 따라 10리를 갔다. 25리를 더 가서, 大井站에서 말을 갈았다. 25리를 가서, 中和府 生陽館에서 쉬었다. 비탈길을 오르내렸는데, 붉은 흙과 푸른 소나무 길을 25리를 가서, 黃州 貯福站에서 말을 교체했다. 黃州城 밖에서 앞에서처럼 勅書를 영접했다. 黃州鎭 齊安館에 이르러, 묵었다. 국왕이 戶曹 參判 南秉哲을 보내어 접견했고, 알현하려는 관원은 모두 면하게 했다. 16일에 太虛樓에 올랐는데, 金陵의 朱之蕃이 이름을 지었다. 10여 리를 가서 小洞仙嶺을 지났는데, 사람이 드는 가마로 갔다. 관문 하나를 지나니, 洞仙關이라 했다. 다시 큰 고개 하나를 지나니, 모두 45리 정도였다. 鳳山郡의 洞仙別館에서 쉬었다. 30리를 가서 瑞興郡 劍水에서 말을 바꾸고, 다시 두 고개를 지났는데, 사람이 드는 가마로 갔다. 40리를 가서, 龍泉 映波樓에 이르러 묵었다. 이날 110리를 가면서 종종 지연되기도 했지만, 그렇게 많이 늦지는 않았다. 差備官 金相淳이 하직 인사를 하고 먼저 王城으로 돌아갔다. 17일에 20리를 가서, 비탈 하나를 사람이 드는 가마를 타고 내려갔다. 다시 5리를 가서 信川郡에서 말을 바꾸고, 다시 25리를 갔다. 산수가 점점 빼어나서, 葱秀에서 쉬었다. 朱之蕃이 '玉溜'라 이름 지은 한 줄기 맑고 깨끗한 개울물이 작은 다리를 지나 관내로 통하니, 이를 두고 지은 시가 아주 많아, 역시 시 한 편을 남겼다. 산 뿌리까지 가서 샘이 나오는 곳을 구경했다. 15리를 가서, 平山에서 말을 바꾸었다. 15리를 더 가서 平山府 東陽館에서 묵었다. 객관을 보는 사람에게 주머니 하나와 작은 칼 하나, 모자 5정을 상으로 주었다. 18일에 출발하니 비탈길이 아주 많았지만, 고개 하나 비탈 하나 지날 때만 사람이 드는 가마로 갔다. 30리를 가서, 海州 金陵館에서 쉬었다. 객관을 보는 사람에게 칼과 모자를 상으로 주었다. 25리를 가니, 곧 京畿道의 관내이다.

35리를 가서, 開城府 西關 밖의 太平館에 다다라 묵었다. 5리 떨어진 곳에서 이전처럼 조서를 영접했다. 국왕이 승정원 우부승지 柳昌根을 보내, 명함을 갖고 문안 인사를 했는데, 역시 관원의 직함을 쓴 명함 하나를 돌려주어서, 差備官을 돌려보내었다. 京畿觀察使 沈宜臣과 開城府 留守 趙容和가 알현하였고, 나머지는 모두 면해주었다. 19일에 17, 18리를 가서 비탈 하나를 올랐다가 내려가서, 곧 말 바꾸는 곳에서 차를 마시며 쉬었다. 20리를 가서, 通津府 臨湍館에서 쉬었다. 20리를 가서 臨津江 북안에서 말을 바꾸고 배에 올랐는데, 산 입구에 관문 하나가 있어, '鎭西門'이라 써져 있다. 비탈길을 오르며 가마를 탔다. 20리를 가서, 驪州 坡平館에서 묵었다.

開城府 南關을 통해 밖으로 나가서 에돌아가니, 인가가 번창해서 많다. 20일에 20리를 가서 말을 바꾸고, 다시 말에 채찍질해서 20리를 갔다. 작은 비탈 하나를 오르내리고, 廣州府 碧蹄館에서 묵었다. 20리를 가서 말을 바꾸고, 다시 말에 채찍질해서 20리를 갔다. 큰 비탈 하나를 올랐다가 내려가서, 揚州 洪濟院에서 묵었다. 국왕이 承政院 都承旨 李景在를 보내 명함을 갖고 문안 인사하면서, 18일에 가지고 간 명함을 바쳤다. 또 議政府 左議政 權敦仁이 있어, 알현하며 머리를 조아렸다. 21일에 2리를 가니, 산골짜기가 심하게 기울어져 있다.

산 입구에서 멀지 않은 곳에 간판을 돌에 새긴 누각이 있는데, '迎恩門'이라고 써져 있으니, 곧 慕華館이다. 누각 안에서 잠시 쉬면서, 국왕이 조칙을 맞이한 뒤에 먼저 돌아가기를 기다렸다. 처음으로 말을 타고 조서를 실은 수레를 뒤따랐는데, 儀仗이 어지러이 느릿하게 가서 정남방의 崇禮門으로 들어가니, 市街는 넓게 트였다. 3, 4리 정도 가서 敦化門으로 들어가, 곁눈질로 흘끗 보니 園林이 자못 아름답지만, 모두 베로 가려놓았다. 방향을 바꾸어 동쪽으로 가니, 進善門이라고 한다.

仁政門을 지나 肅章門으로 들어가서, 굽이굽이 에돌아 明政門에 이르러 말에서 내렸다. 贊禮하는 자가 인도해서 들어갔다. 正使가 칙서를 받들어 明政殿의 동쪽 책상에 모셨다. 그 옆에 서서, 국왕이 섬돌 아래에서 예를 행하기를 기다렸다. 예가 끝난 뒤에, 찬례자의 인도를 따라 궁전을 나섰다. 작은 임시 거처 안으로 들어가, 양피로 만든 푸르고 긴 朝服으로 갈아입고, 한참 동안 국왕이 상복으로 갈아입는 것을 기다렸다가, 인도를 받아 궁전에 이른 뒤에, 방향을 바꾸어 동쪽으로 가니, 곧 魂殿이다. 두 사신이 차례로 폐물과 祭酒를 바쳤다. 예가 끝난 뒤에 북쪽을 향해 서고, 국왕은 북쪽 섬돌로 올라와서 남쪽을 향해 섰다. 국왕은 종친을 거느리고 상복을 입은 채 허리를 굽혀서, 칙서의 선포를 들었다. 예가 끝나고 곡을 했다. 끝난 뒤에, 칙서를 받들고 望祭와 燎祭의 예를 이루었다.

좌우로 가서 궁전에 이른 뒤에, 국왕과 拱手하며 헤어지고, 다시 임시 거처에 이르러 馬褂로 옷을 갈아입고 앉아 오랫동안 기다렸다가, 다시 청을 받아 궁전에 이르러 茶禮를 차례대로 행하였다. 두 사신은 서쪽을 향하고, 국왕은 소복을 하고 동쪽을 향했다. 국왕이 두 번 절하는 예를 행하겠다고 청해서 세 번 사양하다가, 비로소 피차가 허리를 굽히는 예를 한 번씩 행했다. 국왕이 聖躬의 萬安과 皇太后의 만안에 대해 묻기에 답하였다. 손에게 자리에 앉기를 권하고, 온 조정의 王과 貝勒의 안부를 물었으며, 두 사신이 지나온 여로에 날씨와 형편이 좋았는지 몇 마디 물은 뒤에, 차와 과일을 올렸다. 국왕이 은 젓가락으로 손을 들어 권하여 역시 한 두 가지 음식을 먹었는데, 또 통역관 등을 시켜 차를 마시도록 권하고 갔다. 예를 마친 뒤에 하직하고 갔더니, 또 한 번 허리를 굽혔다. 동쪽과 서쪽으로 나뉘어 가서, 明政門 난간 밖에 이르자, 또 한 번 허리를 굽히고, 섬돌 아래로 내려가 말을 탔다. 국왕이 문 아래에서 拱手하며 전송했다.

남쪽 별궁에 이르러 묵었다. 국왕이 승정원 동부승지 金德喜를 보내 와서 문안하고, 조금 있다가 또 中使 金雲璧을 보내 帖을 갖고 문안하면서, 나물 다섯 그릇을 보냈다. 상으로 조복 만드는 재료 한 필과 주머니 한 짝을 주고, 하인들에게는 모전 모자 여덟 짝을 주었다. 明雪樓에 올라 산을 보았다. 館伴인 知中相府事 朴岐壽와 提調인 戶曹判書 朴永元 등이 알현했다. 국왕이 스스로 茶宴을 베풀 때, 직접 작은 摺扇 하나를 잡았는데, 담소를 나눌 때는 그것을 보았다. 찬례하는 이도 그렇게 했다.

22일에 국왕이 護軍 柳莖常을 보내 명함을 갖고서 문안했다. 뒤에 또 中使 石泰元을 보내 문안했다. 옷감 한 벌과 주머니, 부채, 작은 칼 한 개씩을 상으로 주고, 從人들에게도 모전 모자 16頂을 상으로 주었다. 국왕이 와서 절했다. 대청에 병풍을 둘러치고, 사자가 맞기 위해 동쪽 섬돌로 내려가서 拱手하고, 나란히 대청 위로 올라가서 같이 揖하며, 어제 객관으로 돌아와서 편안했는지 물었다. 자리에 올라 茶宴의 예를 어제처럼 행하며, 국왕의 나이가 18세인지 물었다. 연회를 마치고, 다음 날이 그곳 풍속에 꺼리는 날이라 하여 출발할 수 없다고 하면서 거듭거듭 성의를 다해 만류하니, 지극한 정성에서 나오는 말 같았다. 겨우 허락해서, 자리에서 나와 두 손 모아 허리를 굽혀 읍하고, 동쪽 섬돌 아래에 이르러 눈으로 전송하려 했으나, 허락하지 않아 한참 동안 서로 사양하다가, 두 사신이 복도에 서서 그가 갈 때까지 기다렸다. 사람을 보내 帖을 가지고 가서, 발걸음을 해준 데 대해 사의를 표하게 했다. 中使 洪命富를 보내 문안했다. 이전처럼 상을 주었다. 중사 黃鐘和를 보내, 먹을거리를 보내왔다. 이전처럼 상을 주었다. 글을 써달라고 청하는 자들이 어지러이 계속 몰려 와서, 응대하여 접대하느라 겨를이 없었다. 국왕이 종이 두 卷을 보내서 글을 써달라고 청했다.

23일에 국왕이 승정원 우부승지 申錫愚를 보내와서 문안했다. 戶部에서 원래의 예물 단자를 교체했다. 먼저 보낸 牌를 발송했다. 중사 鄭喜常이 와서 명함을 바치고 감사의 뜻을 표했다. 또 중사 韓珩和를 보내 먹을거리를 보냈다. 이전처럼 상을 주었다. 또 승정원 도승지 李景在를 보내와서 贐儀를 보냈으나, 이를 사양했다. 중사 李元會를 보내 路菜를 보냈다. 이전처럼 상을 주었다. 은 삼백 兩을 내어 差備官 李尙迪에게 주고, 각종 役을 담당한 자들에게 상을 주었으며, 남쪽 별궁의 각종 업무를 맡은 사람들에게 모전 모자 490여 頂을 상으로 주었다. 24일에 국왕이 知義禁府事 趙冀永을 보내와서, 명함을 가지고 문안했다. 국왕이 천연두가 나서 아직 낫지 않아서 멀리 나가서 전송하지 못하고 남쪽 별궁에 와서 餞別하여 인사하고 궁으로 돌아갔다. 비로소 출발하여, 말을 바꾸는 곳에 이르렀다. 碧蹄館에 이르러 쉬었고, 坡平館에 이르러 묵었다. 국왕이 중사 崔健常을 보내 명함을 갖고 문안했다. 조복 옷감과 작은 칼을 상으로 주었다. 25일에 護送使 禮曹判書 李若愚가 알현했다. 臨津江을 건너, 臨湍館에 이르러 쉬었다. 40리를 가서, 太平館에서 묵었다. 국왕이 戶曹參判 金洙根을 보내, 명함을 갖고 문안하게 했다. 26일에 60리를 가서 金陵館에서 쉬고, 30리를 가서 東陽館에 이르러 묵었다. 27일에 葱秀에 이르러 쉬고, 龍泉에 이르러 묵었다. 黃海道에서 수고한 사람들의 상으로 일백 량을 李 首堂(尙迪)에게 주었다. 28일에 40리를 가서 劍水에 이르러 쉬고, 30리를 가서 洞仙別館에 이르렀다. 곧바로 小洞仙嶺을 지나 40리를 가서, 술시 초에 齊安館에 이르러 묵었다. 29일에 50리를 가서, 生陽館에서 묵었다.

平壤에 이르러 묵었다. 국왕이 승정원 좌부승지 徐元淳을 보내 명함을 갖고 문안하게 했다. 30일에 吏部에서 보내온 공문을 접수했는데, 2월 14일자로 吏部 左侍郎으로 선임되었다는 내용이다. 50리를 가서 順安에 이르러 쉬었다. 60리를 가서, 肅永館에 이르러 묵었다. 3월 초 1일에 일어나, 곧 正堂에 香案을 배치하고 궁궐을 바라보며 아홉 번 머리를 조아려 절한 다음, 아침밥을 먹었다. 60리를 가서, 安州에 도착했다. 安西門으로 들어가 淸南樓 서쪽 安肅館으로 가서 묵었다. 국왕이 中使 申寬吉을 보내 와서 문안하게 했다. 외투 옷감과 작은 칼을 상으로 주었다. 2일 묘시에 출발해서 淸川江을 건너고, 다시 大定江을 건너 嘉平館에 이르러 묵었다. 鳳凰城 守尉에게 공문을 보내 압록강을 건너는 날짜와 시간을 알려주었다. 3일에 雲興館에 이르러 쉬고, 林畔館에 이르러 묵었다. 4일에 45리를 가서 車輦館에서 쉬고, 良策館에서 묵었다.

5일에 50리를 가서 小華館에서 쉬고, 30리를 가서 義州 南門으로 들어가니, 편액에는 '海東第一關'이라고 써져 있다. 王京 밖에서 이곳보다 더 人家가 조밀한 곳이 없다. 국왕이 漢城府 左尹 金箕祖를 보내 명함을 갖고 문안하게 했다. 義州에서 쌀 네 섬을 보내주어서, 상으로 大通使에게 한 섬을 주고, 요리사와 茶 담당자에게 각각 한 섬씩, 수행하는 짐꾼과 마부의 우두머리에게 모두 한 석을 주고, 소금 두 섬은 상으로 大通使에게 다섯 말, 요리사와 차 담당자에게 각각 다섯 말씩, 말 부리는 노복에게 모두 다섯 말을 주었다. 6일에 여행 짐을 수습해서 하루 동안 잠시 머물렀다. 공문을 돌려서 은 5천 량을 보존하도록 훈계했다. 趙暘의 「石屛十扇」을 베끼고 香光의 「阿房宮賦」를 모사했는데, 여전히 풍치가 있다. 7일, 강을 건넌 뒤에 야영해서 쉬고, 葱秀에 이르러 묵었다. 義州에서 갖추어 보낸 관원에게 상으로 모점 모자 5頂을 주었다.

8일, 邊門으로 들어가 5리 정도 가서 쉬었다. 백성 安均一이 올린 글을 접수하여, 岫岩에 회답을 보내 심문하게 하고, 巡檢 崔秉章에게 직접 교부했다. 상으로 가마꾼에게 밥값과 건초비 23千 錢을 주고, 마부 우두머리에게 주머니 두 짝을 주었다. 鳳凰城에 이르러, 먼저 성의 守尉府로 가서 인사하고 환담한 다음, 비로소 上帝廟로 돌아가서 묵었다. 9일에 頭台子廟에 香資錢으로 錢 20千을 내고, 상으로 李寶賢에게 4兩 4錢을, 茶通使에게 3兩을, 말머리를 싸는 마부에게는 錢 20千을 주었으며, 上帝廟의 향자전으로는 4千을 내었다. 城의 守尉가 천자의 편안하심을 부탁했다. 薛禮站에 이르러 묵었다. 10일, 70리를 가서 通遠堡에 이르러 묵었다. 11일에 50리를 가서 連山關에서 묵었다. 蛤蟆灘이 이곳에서 20리 멀리 떨어져 있어, 다음 날 小高嶺을 거쳐 조금 돌아가기로 했다. 상으로 驍騎校에게 주머니와 칼, 부채 등을 주고, 兵丁 14명에게는 錢 30千을 주었다. 12일에서 몇 리를 가서, 大高嶺에 이르러 말에 채찍질해서 올랐다가 내려갔다. 甛水站에 이르러 쉬고, 亮甲山에 이르러 묵었다. 13일, 40리 가서 韭菜園子店에서 묵었는데, 遼陽州를 10리 지난 곳이다. 요양의 병졸과 하급 무관들에게 이전처럼 상을 주었다. 14일에 30리를 가서 萬板橋에서 쉬고, 40리를 가서 沙河堡에서 차를 마시며 쉬었다. 마른 진흙에 바퀴자국이 깊이 박혀, 한 걸음 한 걸음 길을 골라 걸었으니, 이 40리가 더욱 어려웠다.

또 30리를 가서 渾河를 지나고, 다시 10리 더 가서 瀋省으로 들어가니, 將軍 대인이 객점 안까지 와서 영접했다. 15일에 각처에서 손님에게 인사를 드렸다. 副都統府에서 송별연에 참석했다. 객사에 옛 屬官들과 알고 지내는 사람들이 한가롭게 틈을 내어 찾아와서, 응접하기에 겨를이 없었다. 근래 수십 일 가운데서 이날처럼 바빴던 적이 없다. 16일에 출발하니,

將軍 대인이 배웅했다. 永安橋에 이르러 쉬고, 孤家子에 이르러 묵었다. 17일에 巨流河를 배를 타고 건넜다. 新民屯에서 쉬고, 柳河溝 북쪽으로 길을 5, 6리 돌아서 白旗堡에 이르러 묵었다. 강을 건너는 일이 지연되어 여행용 짐이 늦게 도착했다. 18일에 50리를 가서 二道井에 이르러 쉬고, 62리를 가서 羊腸河에서 묵었다. 19일에 50리를 가서 廣寧站에 이르러 쉬고, 60리를 가서 四台子에서 묵었다. 20일에 石山站을 지났는데, 큰 길이 진흙탕에 빠져, 6, 7리 멀리 우회하여, 大凌河에 이르러 쉬었다가 松山에 이르렀다. 副都統이 영접하여 담소하며, 천자의 편안함을 부탁했다. 21일에 36리를 가서 高橋에 이르러 쉬고, 連山에서 묵었다. 22일에 15리를 가서 乾柴嶺을 지나, 15리 더 가서 寧遠에 이르러 쉬고, 60리를 가서 東關에서 말을 바꾸며 잠시 쉬었다가, 20리를 가서 後所에 이르러 묵었다. 23일에 50리를 가서 前屯衛尖에 이르고, 前所에 이르러 묵었다.

24일에 35리를 가서, 關에 이르렀다. 副都統 監督이 동문 관청에서 영접하면서, 천자의 편안하심을 부탁했다. 恒副帥와 澄海樓에 올랐다. 중간층에 있는 石碑 세 개 가운데 하나에는 '天開海岳'이라 쓰였고 하나에는 '一勺之多'라 쓰였는데, 가로 누운 비석 하나는 磚石으로 덮여 있다. 篆書로 쓰인 뚜껑돌은 천자가 지은 글로, '我有一勺水'란 다섯 글자가 겨우 보인다. 이곳 사람들은 이 비석을 白袍碑라 부르는데, 朝鮮人들이 오면 반드시 禮를 행한다. 紅花店에 이르러서야 비로소 큰 길로 돌아가, 20리를 가서 范家店에 이르러 차를 마시며 쉬었다가, 30리를 더 가서 灤河에서 묵었다. 25일에 20리를 가서 榆關에 이르렀는데, 점포 가게가 아주 많다. 20리를 가서, 撫寧縣尖에 도착했다. 雙旺에 이르러 차를 마시며 쉬고, 永平府에 이르러 묵었다. 26일에 灤河에 이르고, 60리를 가서 沙河驛尖에 이르렀다. 50리를 가서, 榛子鎮에 이르러 王孝廉의 집에서 묵었다. 27일에 50리를 가서 豊潤縣 尖에 이르렀는데, 關外에서 30리를 간 것과 같았을 뿐이다. 40리를 가서 沙流河에 이르러 차를 마시며 쉬고, 40리를 가서 玉田縣에 이르러 묵었다. 이날의 里數는 비록 많았지만, 도리어 무척 가깝게 느껴졌다. 28일에 50리(이곳 사람들은 69리의 잘못이라고 한다)를 가서 別山 尖에 이르고, 20리를 가서 淑溜에 이르러 말을 바꾸고 쉬었다가, 30리를 가서 邦均에서 묵었다. 29일에 棗林에 이르러 쉬고, 通州에 이르러 묵었다. 두 명의 驍騎校와 세 명의 戈什哈이 영접했다.

4월 초하루, 40리를 가서 朝陽門으로 들어가, 萬善寺에서 묵었다. 2일에 覆命하고, 吏部左侍郎으로 전임시켜준 은혜에 감사드리면서, 妻服을 위해 휴가를 청하여, 날짜의 기한에 구애될 필요 없이 일이 끝나는 대로 즉시 請安하여 휴가를 취소할 수 있다는 諭旨를 직접 받들고, 叩頭하고 나왔다.

이 「일기」에 기술된 노정이 明使들의 조선 사행록에서 보이는 노정과 가장 큰 차이를 보이는 것은 明使들이 遼陽만을 경유했는 데 반해 淸使 柏葰은 瀋陽까지 경유했다는 것인데, 이는 명대 遼東의 중심이 요양이었던 데 반해 청대 요동의 중심은 심양이었기 때문이다. 아무튼 이처럼 정밀하게 거리와 시간이 기술된 여행 「일기」는 오늘날 이 경로로 여행하려는 사람들에게도 유용한 정보 자료가 될 것이다. 이 「일기」가 "비단 뜻이 같은 친구들에게 널리 보여 읽히기 위해서뿐만 아니라, 이후에 指南의 도움도 되리라 생각된다"고 한 賈楨의 평가도 그 정보의 유용성에 근거했을 것이다.

이 「일기」에서는 前代, 즉 明代의 '使朝鮮錄'에서는 보이지 않던 새로운 요소들이 적지 않게 발견된다. 예컨대, 사절단이 경유하는 중요한 지점에서 그곳 지방관들이 황제의 문안을 청하는 예절이 행해졌고, 遼東뿐만 아니라 조선의 경내에서도 곳곳에서 사신들이 작은 칼이나 모자 등 상을 수고하는 관원들에게 내려주었으며, 詔書나 勅書를 영접하는 의례가 아무런 이의제기나 논쟁도 없이 진행되고, 조선 국왕이 사람을 보내 淸使에게 문안할 때는 명함을 사용하였는데, 이러한 일들은 청대의 사행록에서만 발견되는 흥미로운 관행이다. 앞으로 좀 더 연구해볼 만한 가치가 있는 사료라 하겠다.

4. 倡和 外交의 餘脈

『奉使朝鮮驛程日記』의 후반부를 구성하는 「薜箖吟館鈔存」[4]에는 柏葰의 使行詩뿐만 아니라 唱和詩도 다수 수록되어 있어, 명대에 유행했던 사신과 접반사의 창화 외교가 청대에도 지속되었음을 보여준다. 淸使 柏葰이 조선을 방문하였을 때는 압록강을 건너면서 遠接使와의 시문 창화가 시작되었다.

柏葰은 「鴨綠江을 건너며」 "말머리 동쪽으로 乙密臺 올려보며, 돛 올리고 큰 물결 두드리니 물길 열린다. 만 頃 넓은 琉璃에 물결 빛 잠기는데, 세 줄기 물이 서쪽 와서 긴 天塹을 이룬다"라고 노래한 뒤에, 「遠接使 趙羽堂〈秉鉉〉의 原唱을 附記」하여 "文星이 밤에 압록강 [乙密]臺 비추는데, 누런 지팡이 천천히 소요하니 채색 안개가 열린다. 오랜 세월 內服과 다름없이 손님을 맞았더니, 皇華가 오늘도 다시 동방을 찾아왔다"는 시를 소개했다.

東林城을 지나며 창화할 때도 청사와 원접사의 창화가 이어졌다. 백준은 「동림성」이라는 시제로 "내 산봉우리 꼭대기에 綠綺를 갖고 가서, 높

---

4 '薜箖吟館'은 柏葰의 書室 이름으로, 담쟁이와 대나무가 있는 시 읊는 書館이란 뜻. '鈔'는 간추려 엮은 문집이란 뜻이고, '存'은 남아 있는 재고품이란 뜻이다.

은 산 흐르는 물 보며 天風을 타고 싶다"고 읊조렸고, 遠接使 趙秉鉉도 "목란 배 띄우자마자 녹색 물결 뚫렸으니, 천 리 와서 가랑비 맞으며 마주하고 영접한다"고 화답했다. 임반관에서 묵을 때도 淸使가 「林畔館」이라는 시제로 "客館이 숲가에 기댔는데, 산허리에서 바라보니 눈이 어지럽다"고 노래하고, 원접사 조병현이 "향기 넘치는 詞垣에 모여 있다가, 등불 깊은 旅館에서 휴식 취한다"고 화답했다.

원접사가 선창하고 청사가 화답한 경우도 있었다. 이별에 즈음해서 遠接使 趙秉鉉이 "星槎가 밤에 배 대어 강물 꿰맬 수 있을는지, 돌 같은 글과 쌀 같은 글 구별해서 한 배에 함께 탄다. 先唱이 끝난 뒤에 누가 鄒琴 증여할까, 수레에 매달리며 만류하는 일 끝내 그만두기 어려웠다"고 이별을 아쉬워했고, 청사 柏葰은 「遠接使 趙羽堂〈秉鉉〉이 화답을 요구해서」 "좋은 인연 믿고 지킴을 하늘이 허락할까, 천 리 타향에서 같은 배 타고 시 짓는다. 예의 많은 그대 아름다운 보답 중시하니, 조각 詩篇 내 부끄러워 흰 생사 띠와 모시옷 던진다"고 호응했다.

淸使 백준은 원접사뿐만 아니라 다른 접반 관원과도 창화하였다. 백준은 「淸川江」을 건너며 "朝鮮 平安道 경내에 있는데, 곧 隋의 宇文述 군대 전체가 빠져죽은 곳이다"라는 自注를 내걸면서, "오늘은 사신이 흔쾌히 베티고 유람하지만, 그때는 戰士들이 한스럽게 물고기 됐다. 말채찍만 다 버려도 薩水의 흐름 막을 수 있었는데, 갑옷 버린 장군의 계책이 너무나 거칠었다. 거짓 항복한 편지 한 통에 잘못되어 몰살했으니, 뱃머리 두드리며 옛일을 추모하는 마음이야 어떠하리오"라고 弔古하였고, 조선의 差備官 李尙迪은, "고졸한 땅이 가여워서 느릅나무 잎 먹게 하고 〈箕聖이 동쪽으로 와서, 平壤에 느릅나무를 심어 백성들에게 그 잎을 먹도록 가르쳤다고 한다〉, 썰렁한 부엌이 부끄러워 가자미를 먹게 했다. 시골 나루에 말 세우니 봄물이 차갑고, 산간 누각에 使節 드리우니 저녁 햇살이 성긴

다. 이전에 갑자기 黃公의 글을 얻었는데,.이를 갚기 위해 생각한 지 만 한 달이 되었구나"라고 노래했는데, 이상적의 시는 「差備官 李藕船〈尙迪〉의 原唱을 附記한다」고 붙여졌다. 어느 쪽이 선창하고 화답했는지 明記되지는 않았지만, 이상적이 "大人께서 보여주신 「華嶽題壁詩」 탁본은 곧 樹齋 黃 侍郎과 함께 宦游할 때 지은 것이다. 尙迪은 黃公과 오랜 인연이 있었는데, 헤어진 지 벌써 8년이 되었다. 이에 시를 지어 이를 언급한다"라는 自注를 붙인 것으로 보아,[5] 여기서는 이상적이 선창한 것으로 보인다.

그 뒤에 백준이 「竹枝詞」 30수를 지은 데 대해 차비관 李尙迪이 "문자는 같아도 풍속이 달라 傳信이 필요한데, 두루 風謠 채집해서 때맞춰 기록한다. 짧은 詩를 천천히 살펴보면 모두 터무니없는 말이지만, 활집에는 무엇 때문인지 새 시가 수 놓였다"고 노래하며 화답을 요청하자, 백준은 「差備官 李藕船〈尙迪〉이 贈詩를 요청해서」라는 시를 지어, " '시골 나루에 말 세운다'는 그대의 시구 사랑하니, 東國의 노래와 詩는 예로부터 이어져왔다. 漁洋[6]의 詩에 있는 구절은 함께 기억해두었으니, '묽은 구름 가랑비 내리는 小姑祠'.[7] 천 리를 뒤따르다 벌써 늦봄 되었는데, 빛나는 재주와 시문의 격조가 사람 됨됨이 보여준다. 한 편의 長吉[8] 詩에 귀한 사람 찾아주니, 詩卷을 함께 남겨 만고에 새로우리"라고 화답했다.

---

5 여기서 말하는 '黃公'이란 청인 黃爵滋를 말하는데, 황작자는 시에 뛰어났다(『清史稿』 385).

6 清代 시인 王士禛의 호가 漁洋山人이다. 왕사진은 시로 명성을 떨쳐, 朱彝尊과 함께 朱王이라 병칭되었다(『清史稿』 272).

7 柏葰은 自注에서 "明 天啓 때에, 金尙憲 공이 登州를 거쳐 入貢하였는데, 그때 다음과 같은 시구를 지었다. '묽은 구름 가랑비 내리는 小姑祠, 국화 아름답고 난초 향기로운 八月의 계절.' 王新城이 극구 이를 칭송했다. 나는 길 가는 중에 즉흥으로 竹枝詞 30首를 지어, 역시 이를 언급했다"고 설명했다.

8 唐代 시인 李賀의 字. 이하는 초자연적 소재를 풍부한 상상력과 기이한 언어로 표현한 독특한 시인이다(『舊唐書』 37).

백준은 귀환 길에 「新安館에서 다시 묵으며」 “옛 모습 잃지 않은 長亭 지나 다시 短亭, 강을 건너 서쪽 가는 길 일찍이 지나간 적이 있다. 내 바닷가로 온 것이 춘삼월이었는데, 사람들이 하늘 끝에 온 두 使星과 낯을 익혔다”고 노래하였고, 「차비관 李藕船〈尙迪〉」도 화답하여, “붓은 華亭 닮고 시구는 阮亭인데, 강의 水源 가는 길은 圖經에 의거했다. 〈大人이 題詠한 여러 작품에서 馬訾와 浿水, 沸流 등을 인용했는데, 모두 물길 따라 내려가서 그 근원을 찾을 수 있었으니, 원용한 근거가 극히 넓다.〉 명성이 北斗로 존숭되어 관직이 승진되고 〈大人이 근래에 吏部侍郎으로 보임되었다〉, 禮로써 東瀛에서 일 처리하고 使星이 돌아간다”고 호응했다.

鄂恒이 序詩에서 “갔다 오는 육십 일에 백 편 시가 만들어져, 비단 주머니 벌써 넘쳐 詩筒에 모아두었다. 海外에서 글 주는 것 역시 유쾌한 일이라, 길 가다가도 거칠고 게으름을 기꺼이 사양하였다”고 하였듯이, 백준은 사행 중에 백여 편의 시를 지었고, 그 가운데 상당수가 창화시였다. 원접사 등 조선의 접반 관원들과 창화하면서, 백준은 상대의 문학 역량에 대한 존경을 표시함을 넘어 조선에 대한 좋은 인상을 창화시로 표현했다. 그 한 예로, 그는 「護送使 李荷居〈若愚〉에게 화답」하는 시를 지어, “동남으로 모두 수십 程을 가다보니, 의관과 문물이 평상의 삶에 적합하다. 하늘이 震旦 여니 화려한 文彩 빼어나고, 사람은 中原과 닮아서 필적할 만큼 깨끗하다. 천 리 먼 곳에서 맞아준 趙充國, 열흘이나 마주하며 이야기 나눈 李長庚. 그대와 헤어지고 말채찍 휘둘러 東華를 떠나가니, 많은 봄 구름 바라보며 슬픔에 잠겨든다”고 노래하며, 조선을 ‘東華’ 즉 ‘中原과 닮아서 필적할 만한’ 동방의 中華라 인정하였다. 조선의 문물과 역사에 대한 백준의 적극적 인식은 이 책의 마지막 부분에 附記된 「竹枝詞」 30首에 체계적으로 정리되어 있다.

朝明 시대에는 詩文의 唱和가 곧 倡和外交로 이어지곤 했다. 淸使 柏葰

의 경우는 전별금을 사양하는 청렴으로 朝淸 양국의 조정을 감동시켰다. 『淸史稿』 열전에서 "朝鮮에 가서 諭祭하는 正使로 충임되었는데, 전례에 따라 餽贐이 있었지만 上奏하여 이를 물리쳤다"고 했는데, 실제로는 2월 23일 「日記」에서 "승정원 도승지 李景在를 보내와서 贐儀를 보냈으나, 이를 사양했다"고 했고, 3월 6일 「일기」에서는 "공문을 돌려서 은 5천 량을 보존하도록 훈계했다"고 했다. 이는 조선에서 제공한 예물을 백준이 사양했지만, 조선 측의 강권에 의해 어쩔 수 없이 받아 보관해두었음을 뜻한다. 백준은 귀국한 뒤에 상주하여 이 사실을 아뢰었고, 황제는 이를 禮部에 보관케 하였다가 북경에 온 조선의 사신 편에 조선으로 돌려주면서, 조선 국왕에게 "앞으로 天朝에서 파견하여 보내는 관원은 모두 成例를 엄격하게 준수하여 餽送을 半減하고 결코 格外로 더 주어서 물력을 헛되이 소모하는 일을 해서는 안 된다"고 당부했다고 한다.[9]

이에 대해 鄂恒은 序詩에서 "저들이 오천 량 전별금으로 예의를 갖췄지만, 내 陸賈가 아니니 금이 무슨 소용 있나. 거듭 사양하고 거듭 물리쳐서 使者가 울고, 낮은 관리 직무를 다하지 못하고 국왕은 받아들이기 어려워했다. 사세가 부득이하여 거짓으로 허락하고, 이 일을 自首하여 법관에게 진술했다. 마음이 물처럼 맑아서 황제의 간택에 들었으니, 눈부시게 빛나는 천자의 말씀이 그 중용을 지켰다. 儀曹에서 저축하게 해서 오는 使者 기다렸으니, 一介도 갖지 않음은 조정도 마찬가지였다. 이 일 이 詩는 천 년 동안 기록될 만한 것이어서, 일찍이 조각 맡겨 삼나무 오동나무에 새겼었다. 부디 士林에 퍼뜨려져 후세에 보여주어, 우리 淸 사신의 높고 큰 이야기가 길이길이 무궁토록 드리워지기를"이라고 백준의 청렴을

9 『同文彙考』 原編續 蠲弊 2. 이 사건에 내해서는 구범진의 전게 논문 137~142쪽에서 상세하게 논구되었다.

극구 칭송했다. 麟魁도 "고결한 절조는 천 兩의 가벼움을 문득 깨닫게 하고, 문장은 九重의 인정을 먼저 받았다. 돌아올 때 탄 그림배는 얼마나 무거웠나, 단지 郵程과 몇 권의 詩만 실려 있었다"고 하면서, "그 나라가 金을 선물로 주어 힘써 사양하다가, 끝내 물리치지 못하고 가지고 돌아와서, 上奏하여 이를 밝히고 [禮]部에 놓아두었다"는 自注를 첨기했다.

백준은 예물을 받지 않았을 뿐만 아니라, 供億, 즉 清使에게 필요한 갖가지 물품의 공급도 사양했다. 그리하여 德誠이 서시에서, "불필요한 지출은 모두 바꿔 없애고, 필요한 물품도 준비해서 공급하지 않게 했다. 독촉해서 받아낸 것은 오로지 詩文뿐, 사사로운 만남에서 金幣 받지 않았다"고 한 것이다. 백준의 이 청렴 사례는 朝清 양국의 조신들을 감동시켰으며, 나아가서는 조선의 재정에 부담을 덜어주었으니, 이 또한 창화외교의 한 사례라 할 수 있다.

5. 咨詢의 전통

咨詢은 宋代 이래 중국 사신의 기본 임무였으니, 清使 柏葰도 「平壤城에서 옛일을 생각하며」 "풍속을 채집할 때마다 重譯 기다려 의지하고, 옛일 고증은 누가 다시 三墳을 읽을 수 있나"라고 하면서 정보 수집의 임무를 기억했다. 조선의 差備官 李尙迪도 「差備官 李藕船〈尙迪〉의 原唱을 附記한다」는 시에서 "문자는 같아도 풍속이 달라 傳信이 필요한데, 두루 風謠 채집해서 때맞춰 기록한다. 짧은 詩 천천히 살펴보면 모두 터무니없는 말이지만, 활집에는 무엇 때문인지 새 시가 수 놓였다"고 노래하면서, "大人은 죽지사 30首를 지었다"는 自注를 첨기하였다. 백준이 지은 「朝鮮 竹枝詞 上下平 30首」는 바로 그가 사신의 기본 임무인 咨詢을 수행한 결과 보고서였다.

「竹枝詞」는 서두에서 조선 八道의 역사와 지역적 특성을 다음과 같이 정리했다.

> 크게 나눈 八道 가운데서 으뜸은 京畿道인데, 東夷 가운데서도 가장 뛰어난 海國은 흔치 않다. [……]
>
> 굳세게 전쟁에 대비해서 弓馬에 익숙하니, 靺鞨의 칼 든 사람 보이지 않는다. [……]
>
> 黃海道의 서쪽 防備는 땅의 이점도 겸했는데, 弓裔의 魚鹽 독점 아직도 풍속에 남아 있다. [……]
>
> 蘇定方 비석이 예전부터 이름 있으니, 남쪽의 扶餘國이 바로 忠淸道에 있었다. [……]
>
> 馬韓 옛 나라가 곧 全羅道에 있었는데, 옛날 구멍이 아직도 良乙那를 전한다. [……]
>
> 동남방의 慶尙道는 옛날의 鷄林이라, 閼智부터 남아 전해져 성을 대개 金이라 했다. [……]
>
> 鰲山 石亭 일일랑 묻지를 마라, 강물 따라 떨어진 꽃이 아직도 애달프다. [……]
>
> 江原道는 동쪽 눌러 江陵에 관청을 두었는데, 濊貊의 遺風이 몇 차례나 흥했다가 쇠하였다. [……]
>
> 咸鏡道는 북방과 동북방을 나누어 방비하는데, 뭇 강들이 만 겹의 산으로 에돌아 모여든다.

이어서 「죽지사」는 역사를 통해 현재의 조선을 다음과 같이 소개했다.

黃昌은 여덟 살에 王家를 살렸고, 六部의 미녀들은 꽃처럼 어여뻤다.

누가 嘉俳에서 會蘇曲을 불렀나, 지금까지 이르는 곳마다 뽕과 麻를 기른다.

얼마나 사람 기다리며 萬波息을 불었나, 常平은 벌써 사백여 년이나 되었다.

수백 년 이래 조공 받은 것이 기록되어 왔는데, 遼東의 藩服이 일찍부터 산 넘고 물 건너 왔다.

關門을 두드려도 恭謹함을 밝히기에 부족하여, 後苑에는 여전히 忠順堂까지 드러낸다.

백준은 조선의 역사에 대해 적지 않은 관심을 보였을 뿐만 아니라, 상당한 수준의 지식도 갖추고 있었으니, 「平壤城에서 옛일을 생각하다」라는 시에서도 조선 역사에 관한 자신의 단편적 지식을 나름대로 정리한 바도 있다.

檀君이 太白山에 강림하여, 戊辰년 放勳[=堯] 때에 다스리기 시작했다.

箕準이 남겨진 봉토를 이어받고, 衛滿이 그 군대를 뽐내었다.

삼천사백 년 이상 지나면서, 푸른 바다 뽕밭 되듯 연기처럼 변천했다. [……]

풍성한 樂浪郡, 남아 있는 성가퀴가 강기슭에 기대었다. [……]

九疇의 업적이 千古에 홀로 남겨져, 井田으로 구획하니 이찌 이지리운 디툼 있었겠나.

三韓의 割據는 이미 끝난 일이고, 다른 말이 왕왕 전해져 들리기도 한다.

어찌 伽倻에서 [崔]致遠을 찾을런가, 먹물에 붓 적셔 함께 金臺 문장 찾아본다.

그리고 자신이 보고 들은 바대로 조선의 풍속과 풍물을 생각나는 대로 노래했다.

이리 털붓으로 광택 낸 종이에 새 詩 쓰니, 東國의 풍류를 이것으로 추론해 알 수가 있다.

상아 笏을 조복에 꽂는다는 이야기 듣지 못해도, 金玉 둥근 고리를 살짝 부위에 끼운다.

烏犀 허리띠 거는 곳에 매달아놓고, 가죽 주머니 안에 넣는 것은 頭銜이다.

두 눈에 안경 끼고 빼어난 글 즐기고, 한 가지 긴 대에서 연기구름 토해낸다.

씩씩한 군졸과 하인들 모두 얌전하고 단정하니, 민소매에 둥근 두건과 흰 비단 치마.

사면이 가시 울타리로 둘러싸인 초가집 한 채, 오두막집에 낮게 덮인 작은 거적자리가 파랗다.

李家 혼자 차지해서 가문의 이익 오로지하고, 金剛을 한 部의 경전으로 따로 부른다.

齊 비단과 魯 명주는 모두 견줄 데 없이 뛰어난데, 다만 풀솜만 있어 楚江과 필적한다.

뜻하지 않게 綾羅도 있어 솜씨 좋게 만들지만, 金針은 天邦에서 건네받았다.

붉은 국자 書法은 비할 데 없이 뛰어나서, 半璧처럼 깎아내고 玉磬처럼 무겁다.

좋은 금은 매번 모래에서 가려내는데, 大衍[曆]은 가지고 와서 북쪽 땅에서 판다.

거푸집 구리는 본래 先朝 때부터 만들어왔고, 말처럼 음식 먹던 사람들이 함께 앉아 부른다.

비 지나고 하늘 개니 꽃들이 마음껏 좋아하는데, 예로부터 원래 哥窯는 중시하지 않았다.

기와지붕 이음매는 들쭉날쭉 열 고르지 않고, 대부분이 초가집으로 으슥한 감옥 같다.

벼슬해서 남을 업신여기는 곳 부러워하고, 용마루마다 흰 석회 흙 고루 섞는다.

예로부터 버선발로 자리에 올라 걸어 다녔고, 꽃실로 왕골 짜서 땅바닥에 가득 깐다.

문은 낮고 난간은 높으며 창문은 작은데, 부엌에서는 아궁이에 불을 때서 화로와 같게 한다.

세수 그릇과 가래 뱉는 용기와 작은 화로, 가죽 요와 풀 베개와 木杳 돈대.

각 방면으로 난간 내고 평상은 왜소한데, 여덟 짝 병풍이 낮은 담장에 벌여진다.

두 동강으로 끊어진 수레와 끌채 중에 끌채가 더 무겁고, 작은 말 타고 걸음걸이 느긋하다.

외바퀴 수레는 사람 부축 의지해서 안정되고, 이름난 기물은 높은 벼슬 올라야만 만날 수 있다.

교량과 가옥은 솔잎으로 누르고, 이르는 곳마다 문과 창은 수숫대로 덮었다.

수염과 눈썹 모두 드러낸 나무 조각 늙은이, 長亭 短亭 주변에 里程을 적어놓았다.

거기에 용머리 華表 기둥도 있고, 촌락에는 저마다 孝廉公이 살고 있다.

마지막으로 「죽지사」는 淸使가 조선에서 접대 받는 예우에 대해서도 노래했다.

差備官은 모두 깃발 흔들고 북 치는 관원인데, 몹시 애써 일하면서 조석으로 평안한지 물어본다.

작은 나라 보살핌을 마음속에 새기면서 좋은 안주 가져오고, 매일매일 대청 앞에서 식사 차림표 갈마든다.

고기, 채소, 술과 과일 잡다하게 진열하고, 둥근 쟁반 머리 이고 큰 손님께 나아간다.

관악기 세 종류 다 들으면 驛館이 열리는데, 우두머리 마부가 쌍 말고삐를 당긴다.

모자, 부채, 청색 깁은 손으로 직접 펼치고, 힘들이지 않고 채찍 주며 느릿느릿 걸어간다.

마부가 말 이끌고 사람이 무릎 붙잡아주는데, 가죽 밧줄을 두 丈 남짓 끌어당긴다.

백준은 「自序」에서 "이에 恒 군과 함께 새해 정월 12일에 도성을 나서서 2월 21일에 王京에서 禮를 행한 뒤로, 그 공경과 감격이 지극한 정성에서 우러나온 것임을 보았다. 대개 聖天子께서 外藩에 은혜를 베풀어 덕택과 위엄이 함께 미쳐져서, 은덕을 입은 海內와 海外는 모두 존숭하고 친근하지 않음이 없었다"고 하였고, 鄂恒은 「序詩」에서, "使節 갖고 동쪽 가서 朝鮮에 다다르니, 온 나라가 삼가 맞아 위엄 있는 儀容 공손하다. 綸音을 펴 보이니 國王이 감격하고, 서쪽 향해 머리를 조아리며 여러 차례 嵩呼한다. 스스로 小邦이라 말하며 몰래 편안히 다스리고, 부축해서 온 마음으로 彤廷의 공을 우러러본다. 작은 일이라도 天使를 욕보일까 염려하고, 무덤 속에서도 황제의 큰 은혜 잊지 않는다"고 했으니, 조선 측에서 淸使를 접대하는 예우가 극진하였음을 알 수가 있다.

백준은 「죽지사」의 말미에 "華亭 徐白眉의 『[振]山輝堂詩集』에 「朝鮮竹枝詞」 40首가 있는데, 묘사가 정교하고 치밀하다. 간혹 지금과 옛적이 다른 곳이 있지만, 그것과 대조하여 살펴보면 그 대략을 얻을 수 있다"는 自注를 덧붙였는데, 서백미의 시집에 대해서는 확인하기 어렵지만, 백준이 쓴 「조선죽지사」의 모형이 이미 있었음을 알 수 있다. 조선에서 咨詢한 바를 운문으로 정리하였다는 점에서 볼 때, 백준의 「죽지사」는 제2의 『朝鮮賦』라 할 수도 있다.

6. 맺는말

淸使 柏葰의 『奉使朝鮮驛程日記』에는 宋使와 明使의 조선 使行錄에서 확인된 몇 가지 요소가 대부분 갖춰져 있다. 우선 중국 사신의 기본 임무인 '咨詢', 즉 해당 국가의 정보를 확보하여 보고한 復命書의 성격을 띠고 있다는 점에서 柏葰의 『奉使朝鮮驛程日記』는 이전의 다른 사행록과 다를 바 없다. 특히 이 책의 말미에 수록된 「朝鮮竹枝詞」는 조선의 풍속과 풍물 등에 관한 咨詢의 결과를 정리한 보고서였다.

청사 백준이 朝明 시대에 유행한 倡和外交의 전통을 이어서 조선에서 그 遠接使 등 접반 관원들과 시문을 창화한 것도 다른 사신들과 다르지 않았다. 麟魁가 그 「序詩」에서 "문장이 九重[즉 황제]의 인정을 먼저 받았다"고 하고, 賈楨이 "빛나는 재능 뛰어나서 翰林에서 중시되었다"고 하였듯이, 백준은 이미 詩作의 역량이 높은 평가를 얻은 文學之士였다. 백준은 조선의 접반 관원들과 시문을 창화하여 조선의 문물과 예악에 대해 적극적인 인상을 얻었을 뿐만 아니라, 조선 국왕의 예물을 거절하여 朝明 양국 조정을 감동시키고 나아가서는 제도적으로 조선의 재정적 부담을 경감케 하였으니, 朝明 시대 창화 외교의 여맥이 朝淸 시대까지 이어졌음을 알 수가 있다.

그러나 淸使 柏葰의 『奉使朝鮮驛程日記』가 갖는 가장 큰 사료적 가치는 그 전반부에 수록된 「奉使朝鮮驛程日記」에 있었다. 북경의 궁성을 출발해서 遼東을 경유하여 조선으로 입경했다가 다시 같은 길로 귀환하여 復命할 때까지의 여정을 기록한 이 「일기」에는 자세한 路程과 중요 거점 사이의 거리, 소요 시간, 客館 등이 자세하게 구체적으로 기재되어 있어, 이후 조선을 방문하는 淸使에게 큰 도움이 되었을 뿐만 아니라, 오늘날에도 참고자료로 활용될 수 있으리라 생각된다. 詔書를 맞이하는 의례, 즉 迎詔禮에 관한 기록도 다른 '使朝鮮錄'의 그것과 비교하며 참조할 만한 사료적 가치를 갖는다.

이와 더불어 이 책의 앞부분에 부록된 8편의 「서문」과 「序詩」도 특별히 주목할 만하다. 이들 글의 저자는 저명한 문학지사 출신으로 최고위 관직을 역임한 柏葰의 지인들로서, 대부분 『淸史稿』에서 立傳된 名士들이다. 이처럼 수많은 명사들의 글로 서문과 발문을 장식하는 것은 阿克敦의 『東游集』과 『奉使圖』에서도 발견되는 장면으로, 청대 출판문화의 한 측면을 보여준다. 이들 글은 단순한 축하의 글을 넘어 「일기」의 보조 자료로서의 가치를 가질 뿐만 아니라, 조선의 역사와 문화 · 풍물 · 지리 등에 관한 당대 중국 명사들의 인식을 보여주고 있어, 별도의 연구 자료가 될 만한 가치가 있다.

제3장
魁齡의 『東使紀事詩略』과 唱和의 餘塵

1. 머리말

魁齡의 『東使紀事詩略』은 理藩院右侍郎 魁齡이 淸 穆宗 同治 5년(1866년; 조선 高宗 3년)에 王妃 책봉을 위해 副使 散秩大臣 希元과 함께 조선에 다녀갔다가, 바로 그해에 출간한 기행 詩文이다. 괴령은 1866년 7월 4일에 명을 받아 8월 12일에 북경을 출발, 9월 10일에 압록강을 건너고, 9월 24일에 한양에 입성해서 册封禮를 행한 뒤에, 사흘 만인 9월 26일에 귀국길에 올라, 10월 10일에 압록강을 건너고, 11월 13일에 復命했다.

이 책은 책 제목과 같이 魁齡의 東國 使行을 산문으로 기술하고 시로 술회한 매우 독특한 양식의 기행 시문으로, 일기 형식의 산문으로 일정을 서술하면서 각 지역에 도착할 때마다 시를 한두 수씩 지어서 함께 병기하여, 기행문과 시를 동시에 견주며 감상하게 하는 매우 특이한 작품이다. 기행 시문의 양식에 있어 그 독창성이 돋보이는 자료라고 하겠다.

이 책의 기행문과 기행시에는 使行의 행정적 지원 과정과 청 말 遼東의 정황에 관한 정보들이 포함되어 있어, 상당한 사료적 가치가 인정된다.

그럼에도 불구하고 魁齡의 출사와 그 使行錄에 대한 관심과 연구는 지금까지 全無했다. 간단한 소개문이나 해제조차 발견되지 않으니, 철저하게 학계에서 소외되어온 자료라고 할 수 있다. 이에 이 글에서는 朝淸 시대 말기 淸使의 사행에서 倡和外交의 餘塵과 迎詔儀禮의 慣性을 확인하면서, 아울러 사절단에 대한 행정적 지원 절차와 청 말 遼東의 정황 등에 관한 새로운 정보들을 확보하여, 그 사료적 가치를 확인할 것이다.

2. 魁齡의 出使와 『東使紀事詩略』의 저술

魁齡은 長白 瓜爾佳 氏로, 자는 華峰이라 하고, 서재의 이름은 勤惕書齋라 했다. 咸豐 2년에 進士가 되어, 同治 연간에 內閣侍讀學士, 鴻臚寺卿, 內閣學士 겸 禮部侍郎, 文淵閣直閣事 등 요직을 역임하고, 理藩院右侍郎으로 同治 5년에 冊封朝鮮國王妃正使가 되었다. 조선에 다녀온 뒤에도 계속 승진해서 熱河都統과 工部尙書, 經筵講官, 文淵閣提擧閣事 등 고위 관료직을 지냈다.[1]

괴령은 그 첫 詩 「禮部에서 使節 받고 공손하게 한 首 적다」에서 "懷柔는 본래 보잘것없는 신하의 직임, 하물며 다시 황명을 받았으니 감히 스스로 自慰한다"고 노래하면서, 그 自注에서 "나의 현재 관직이 理藩이기 때문에 하는 말이다"라고 附記했는데, '理藩'이란 藩部 혹은 藩國을 다스린다는 뜻으로, 중국의 주변 국가나 邊疆의 여러 공동체를 관리하는 직임을 말한다. 淸代에는 蒙古와 新疆, 즉 西域, 西藏, 즉 티베트 등의 사무를 주관하기 위해 理藩院을 설치하였는데, 이번원에서는 冊封과 朝貢, 黜陟

1 『淸史列傳』 권52; 『詞林輯略』 권10.

과 徵發 등의 일을 담당했다. 『淸會典』 理藩院에 의하면, 이번원은 "外藩의 政令을 관장하고 그 爵祿을 제도하며 그 朝會를 정하고 그 형벌을 바로잡았는데, 尙書와 侍郎이 그 관속을 이끌고 의논을 정해, 큰일을 상신하고 작은 일은 실행하여, 나라의 위엄과 덕택을 펼쳤다"고 한다. 出使 당시 魁齡의 직임이 理藩院 右侍郎이었으니, 이번원의 최고 책임자 가운데 한 명이었다.

괴령이 쓴 두 번째 시 「通城에 묵으며 감회가 있다」에서, 그는 자신의 경력을 다음과 같이 술회했다.

예전에는 潞河의 주인이었는데, 지금은 潞河의 객이 되었다.

예전에는 거듭해서 여러 방면 순시했는데, 지금은 매일매일 官驛에서 고생한다.

내 水曹에 이바지할 때 생각나니, 해마다 行役에 복역했다.

使星으로 세 번 나왔는데, 아직도 해 그림자가 벽 틈을 지나는 것 같다.

능묘 공사 위해 두 번 襄平 건넜는데, 말들이 북적대고 수레가 이어졌다.

지난해에 神轝 받들고, 금실 깃발 나부끼며 玉尺 울렸다.

이 몸은 진흙길에 나섰지만, 이 뜻은 곧바르고 순결하다.

성대하고 눈부시게 누런 봉투 더 데우고, 찬란하고 장엄하게 붉은 冊書 내려준다.

그리고 다음과 같은 自注를 첨기했다.

내가 通永에서 벼슬해서, 일찍이 이곳[=潞河]에 駐紮한 적이 있다. 내가 工部에서 벼슬할 때, 매년 東陵에 가서 공사를 살폈는데, 이곳으로 여러 번 나왔다. 나는 丁巳년[=滿淸 文宗 咸豐 7년, 1857년]에 瀋陽에 가서 공사를 감독하고, 戊

午년[=丁巳년 다음해. 咸豊 8년]에는 聖容을 공손히 뒤따랐으며, 己未년[=戊午년 다음해, 함풍 9년]에는 興京에 가서 공사를 감독하였으니, 오고 가면서 언제나 이곳을 지나갔다. 나는 庚申년[=己未년 다음해, 함풍 10년]에 定陵 공사장의 감독이 되었고, 壬戌년[=庚申년 다음 다음해, 穆宗 同治 원년]에는 황명을 받들고 京師로 와서 總司에 충원되어 검사하여 살피고 감독하였으니, 여러 차례 이곳을 지나갔다. 壬戌년에 받들어 옮기고 乙丑년[=穆宗 同治 4년, 즉 1865년]에 안장했다.

이러한 경력으로 인해, 그는 요동의 지리와 역사에 대해 상당한 수준의 지식을 갖추고 있었다. 괴령은 9월 2일에 渾河를 지나면서, "渾河를 헤아려보면 곧 小遼水이다. 『水經注』에서 '高句驪縣에는 遼山이 있다'고 했는데, 小遼水는 곧 여기서 나온 것이다. 또 『興京志』라는 책에 기재된 渾河를 살펴보면, 長白山 서북쪽에서 발원하여 英額 경계로 들어간다. 또 서남쪽으로 興京 경계로 들어가, 永陵 老龍頭山 남면과 煙筒山 북면을 거쳐 서쪽으로 흘러 蘇子河라고 하고, 盛京 경계로 들어가서는 渾河라고 한다. 또 남쪽으로 大王屯에 이르고 다시 동남쪽으로 太子河로 들어간다"고 하면서, "나는 戊午년에 興京에서 공사하며 머무르면서 이를 조사해보았는데, 매우 정확했다"고 확인한 바 있었다.

이 같은 경력과 지식을 바탕으로, 괴령은 使行의 칙명을 받아 북경을 출발할 때부터 遼東을 경유하고 압록강을 건너 漢陽에서 왕비 책봉의 禮를 수행한 뒤에 같은 경로로 귀국하여 復命할 때까지 일련의 사행 과정과 견문을 일기 형식의 산문과 律詩로 상세하게 기술하였다. 그는 이 책의 말미에 첨부된 「後記」에서 책을 저술하게 된 동기를 다음과 같이 설명했다.

지난날 일찍이 선배 여러 大儒들이 혹은 이웃 封地에 사신으로 나가거나 혹은 다른 지역에서 벼슬살이 하면서 하늘의 때를 기록하고 사람의 일을 기록하며 풍속을 기록하고 명승지를 기록하지 않는 것이 없음을 본 적이 있다. 무릇 귀로 들리고 눈으로 보이는 이름 하나 물건 하나까지 모두 글로 적는 것은 잊지 않음을 보이기 위해서이지 기이한 것을 좋아하기 때문은 아니다. 진실로 일 하나라도 알지 못하면 儒者는 부끄럽게 여기고, 행동 하나라도 삼가지 않으면 大德은 근심 걱정하게 되는 것이니, 사실에 근거하고 실제를 추구하여 나의 말과 행동을 기록할 뿐만 아니라 이를 나의 몸과 마음의 본보기로 삼으려 하는 뜻은 매우 좋은 것이다. 丙寅년 仲秋에 나는 동쪽으로 朝鮮에 사신으로 갔다. 도성을 지나 나라를 넘어 수천 리의 길을 지나고 매우 많은 사람들을 보았는데, 말과 행동을 조심하지 않아 혹 中外에 치욕을 끼치지 않았나 걱정이 됐다. 이에 『紀事詩略』 하나를 지었으니, 앞선 사람들을 본받아 동료들에게 밝히고 보는 사람으로 하여금 헛되이 갔다가 돌아온 것이 아님을 一目了然하게 알 수 있게 하려는 생각에서였다. 지은 까닭은 감히 작은 재주를 부려서 大雅의 전당에 오르려는 것이 아니다. 그렇지 않다면 한가로이 집에서 옮겨 쓰기나 하며 비둘기의 졸렬함을 마땅히 감추어야지, 왜 끝내 조각칼에 잘못 기대어 웃음거리가 되겠는가. 그러한즉 바른 것을 엮어 '紀事'라 할 수 있을 것이니, 『詩』에서도 말하지 않았는가.

이 「후기」는 괴령이 조선에 使行한 同治 5년(1866)에 쓰였고, 같은 해에 출판되었다.

3. 倡和 外交의 餘塵

魁齡은 귀환 길에 鳳凰城 사람들이 큰 글자 여러 卷, 약 수백 자를 써달라고 요청해서, 첫 북이 울릴 때가 되어서야 비로소 붓을 놓았는데, 이로 인해 "이날은 詩가 없었다"고 했다. 그는 하루도 빠짐없이 매일 시를 지었던 것이다. 또한 그는 여행 중에 客店 벽에 걸려 있는 시의 운을 따라 혼자서 화답하기도 했다. 한 예로, 10월 30일, 寧遠州에서 아침 휴식을 취하고 저녁에 望海店에서 묵었는데, 벽에는 阜蔭翁의 「和傅味琴」 原韻 七言律詩가 모두 네 首 있었고, 모두 훌륭한 작품에 속하는 것이었다. 그래서 등불 심지를 돋우어 어둡지 않게 하고, 아무 말 없이 앉아서 조용히 헤아려, 그 韻을 따라 화답했다고 한다. 11월 7일에 玉田縣에서도 「벽에 있는 原韻에 화답하여」 시를 지었다.

이토록 詩作을 즐겼던 그가 전통적인 詩文 唱和에 관심이 없지 않았을 것이다. 그러나 그의 조선 사행록에는 明使들처럼 遠接使와 賡酬한 唱和詩는 한 수도 수록되어 있지 않다. 다만 지방관과 국왕의 형, 伴送使와 교환한 창화시 3편만 기재되어 있을 뿐이다. 그것도 모두 괴령이 선창한 것이 아니라 화답한 시였음이 주목된다.

괴령이 귀환 길에 平壤을 지날 때, 郡守 申君玉이 부채와 시를 선물하면서, "큰 기러기 남으로 날고 수레 말은 동쪽 가는데, 사자가 사명 띠고 두 사람이 함께 한다. 천 년이나 달랐던 경역이 오늘에 만났으니, 팔월에 오신 星槎로 옛 기풍이 생각난다. 가는 곳마다 문장이 海外를 놀라게 하고, 돌아갈 때 비와 눈이 가는 길에 실려진다. 길이 없는 하늘 끝에 수레 먼지 뒤따르니, 만 장의 낙엽이 강가 관문 구슬프게 바라본다"고 노래하자, 「이에 원래의 韻을 따서 留別하여」 "떠다니던 개구리밥 서로 만나듯 동쪽에서 객과 이야기 나누니, 땅은 달라도 예로부터 뜻과 취향은 같았다. 그대는 和詩 읊으며 옛 친구 만류하고, 나는 선물로 준 부채 노래하며 어진 바람 드러낸다. 浿江의 서리 달은 三生의 행운이고, 平壤의 산과 내는 一瞬의 안에 있다. 며칠 전에 가을과 작별하고 다시 한 번 헤어지니,

붉은 잎 떨어지고 남은 단풍 어찌 견딜까"라고 화답했다.

魁齡이 10월 9일에 義州에 이르렀을 때, 조선 국왕의 형 李載冕이 편지를 써서 보내면서 詩 세 章도 보냈는데, 그 글은 다음과 같았다.

> 궁궐에서 禮 마친 뒤 漢의 뗏목 통하였고, 변방 길에 오른 皇華 鴨水 동쪽 찾아왔다.
>
> 궁원 나무 붉은 봉황 우아하게 내려오고, 迎恩門의 밖에서는 가을바람 일어났다.
>
> 南宮의 연회에서 손님 대접 즐거웠고, 文采가 멋스러워 많은 사람 칭송했다.
>
> 이별의 노래 한번 부르니 흰 구름이 높이 떴고, 안개 낀 나무 어슴푸레 玉節이 지나간다.

이에 괴령은 「原韻에 의거해서 화답하여」, "關河가 까마득히 멀어도 簡書는 통하는데, 蓬瀛으로 머리 돌려 바다 동쪽 바라본다. 아버지와 아들의 어진 명성 일찍부터 뛰어났고, 名家의 시와 그림은 더욱 칭송받을 만하다. 서쪽으로 돌아가며 가을과 작별하는 詩를 지었는데, 국화 술로 다시 한 번 九月 꽃이 생각난다. 詩 한 편을 다 읽고서 아무 말도 하지 못하니, 情意가 두텁게 이어져서 나그네 심정이 저지 않다"고 노래했다.

또한 괴령은 「초열흘 아침에 일어나니, 伴送使 李承輔가 송별하며 詩 세 수를 선물해서, 응당 韻을 따라 화답하고 즉시 출발했다」고 하면서, "鳳城과 鴨水가 아득히 먼 하늘 아래서 떨어졌는데, 버드나무 드리워진 가지가 곧 예전의 변경이다"라고 이별의 노래를 읊조렸다. 반송사의 선창시는 기재되어 있지 않다.

그 외에도, 괴령이 파견된 임무를 다 끝내고 돌아가면서 碧蹄館에서 묵었을 때, 국왕이 差備官을 보내 墨刻한 詩를 보내고, 坡平館에 묵었을 때도 국왕이 伴送官 禮曹判書 李承輔를 보내 묵각한 詩를 보냈는데, 괴령은 開城府의 太平館에 안부를 묻기 위해 국왕이 보낸 別問安使 편에 말로 안부를 전하면서, 묵각한 詩를 보낸 적이 있었다. 이 시가 앞서 국왕이 보낸 '묵각한 시'의 운을 따서 화답한 창화시였는지는 확인할 수 없지만, 행위 자체는 일종의 唱和였다고 할 수 있다.

郡守 申君玉이 "가는 곳마다 문장이 海外를 놀라게 했다"고 하고, 국왕의 형 李載冕이 "文采가 멋스러워 많은 사람 칭송했다"고 한 것으로 보아, 그리고 한양의 下馬宴에서 "詩와 글씨를 청하는 자가 하나가 아니어서, 글씨를 써 보내고 詩章을 새기느라 밤새도록 쉴 수가 없어 몹시 지쳤다"고 한 것으로 보아, 괴령의 더 많은 시문이 조선에 남겨졌을 것으로 보인다. 그러나 괴령의 사행록『東使紀事詩略』에 다만 세 편의 창화시만 수록되었고, 그것도 모두 괴령이 선창한 것이 아니라 화답한 시라는 점 등으로 미뤄보아, 시문 창화의 餘脈이 청 말까지 이어지기는 했지만 상당히 쇠퇴해져 餘塵만 남았음을 알 수가 있다.

사실 朝淸 시대에 들어와서도 淸使의 시문이 적지 않게 조선에 남겨졌다.「快哉亭」이라는 시에는 "수많은 樓臺를 하릴없이 한번 보니, 아직도 남아 있는 풍경시가 詩壇의 으뜸이다"라는 시구와 "벽에는 仝小翁과 和務齋 등 선배들이 쓴 題詠이 많이 있는데, 참으로 시단의 上將이다"라는 注記가 있고,「太虛樓引」이라는 시에도 "누각 위에는 阿 文勤公[=阿克敦]과 張廷枚 군이 서로 唱和하며 만들어낸 작품이 있다"는 注記가 있다. 이로 보아, 魁齡보다 앞서 조선을 방문한 淸使들도 明使들처럼 명승지를 찾아 題詩를 남기고 시문을 賡酬하는 전통을 이었음이 분명하다. 다만 조선에 내방한 淸使는 대부분 만주인 출신의 文學之士여서, 明使의 文氣에는 미치지 못하였을 것이고, 특히 청 말에 이르면 이러한 경향이 더욱 심화되었던 것으로 보인다.

4. 迎詔 儀禮의 慣行

淸使 魁齡의 『東使紀事詩略』에는 詩文 唱和의 餘塵도 남아 있었을 뿐만 아니라, 迎詔 儀禮의 慣行도 기록되어 있다. 조선 측의 淸使 영접은 괴령 일행이 압록강을 건너기 전부터 시작되었고, 연도 郡縣과 조선 국왕의 迎詔 의례는 朝明 시대 이래의 故事에 따라 그대로 진행되었다. 다만 明使들처럼 새로운 의례에 대한 의례 논쟁은 전혀 발견되지 않는다.

魁齡이 이끈 滿淸의 同治 사절단은 9월 8일에 鳳凰城에 이르러, 朝鮮의 首堂 大護軍 朴逌性과 副司勇, 통역관 등 관원들의 영접을 받았다. 9월 10일, 湲河에서 鳳凰城의 관리와 병력이 대오로 돌아가고, 中江 卡官이 와서 뵈었다. 義州城에 이르러, 龍灣館에서 묵었다. 괴령은 「義州 龍灣館에 머무르며」, "벽에 가득한 주옥같은 글들이 바라보는 눈에 친근하다"고 하면서, "벽에 芝翁 相國과 松岑 冢宰, 秋坪 同年 등 여러 선배들이 지은 題詩들이 있었다"고 注記했다. 이날 國王이 사신을 보내 안부를 물어, 즉시 말로 안부를 전했다. 왕의 사신 이하 각 관원들이 많이 와서 뵈었다. 준비해온 소금과 쌀 각 2石씩을 전례에 따라 통역관과 수레꾼 및 각 사항의 노역을 맡은 사람들에게 고루 나누어주었다. 淸使는 明使와 달리 틈틈이 조선의 접반 관원이나 잡역꾼들에게 예물을 나눠주었는데, 이는 압록강을 건너 출경하면서 시작해서 압록강을 건너 귀국할 때까지 지속되었다. 조선의 경역을 떠나기 직전에도 통역관 등에게 상을 주었는데, 이번 行役에서 상으로 준 것은 모두 종이 짝 120여 副와 작은 칼 120여 柄, 주머니 150여 對, 부채와 부시 200여 副, 氈帽 1천 수백 頂 등이었다.

12일, 宣川府의 林畔館으로 조선의 首堂官 朴逌性이 공무로 와서 뵙고, 두 시간 동안 필담을 나누었다. 괴령은 「良策을 아침에 출발하며」, "언제나 車輦을 지나게 되나 물었더니, 木翁이 가는 곳마다 郵傳 적어놓았다"고 노래하면서, "경내에 木翁을 두고 里를 기록해놓았는데, 한번 보기만 해도 곧 원근을 알 수 있어, 상세하게 물을 필요가 없다"고 注記했다. 13일에는 定州의 관리들이 악대를 준비해서 聖旨를 영접하고 천자의 안부를 여쭈었는데, 괴령은 副使와 함께 이전처럼 侍立했다. 15일에도 安州의 관리들이 聖旨를 영접하고 황상의 문안을 물었는데, 예절은 이전과 같았다. 국왕이 中使를 보내 安州에 이르러 안부를 물으면서 먹을거리를 보냈기에, 이를 받았다. 이는 조선 서북의 迎詔 의례가 요동 각처에서 이뤄진 迎詔 의례의 연장선에서 진행되었음을 전하는 자료라 할 수 있다.

17일, 大同府 관리들이 聖旨를 영접하며 천자의 안부를 물었는데, 魁齡은 전과 같이 시립해 있었다. 조선 국왕이 同副承旨를 보내 안부를 묻고, 平安道 觀察使가 관원을 보내 안부를 물었다. 黃州에서도 황주의 관리들이 聖旨를 영접하고 천자의 문안을 물었고, 국왕은 戶曹參判을 보내와서 안부를 물었다. 黃海道 觀察使가 와서 뵈었는데, 나머지 관리들은 모두 면해주었다.

21일, 靑石關을 지났는데, 黃海道에서는 이곳까지 호송하고 곧 성으로 돌아갔다. 관문을 지나 京畿道로 들어가서, 開城府에 이르러 묵었다. 개성부의 관리들이 聖旨를 영접하고 황제의 문안을 물었는데, 齡은 전처럼 시립해 있었다. 국왕이 따로 문안 사신 右副承旨를 보내와서 안부를 물었는데, 예절은 이전과 같았다. 京畿 觀察使와 開城府 經歷, 留守 등이 같이 와서 뵈었는데, 다른 관리들은 모두 면해주었다.

22일, 坡州의 坡平館에 이르니, 興宣大院君 李昰應이 사신을 보내 안부를 묻기에, 응당 즉시 안부를 말로 전했다. 또 大護軍을 보내어 首堂의 일을 맡아 처리하게 했는데, 역시 와서 엎드려 뵈었다. 23일에 洪濟院에 이르니, 국왕이 議政府 左議政과 承政院 都承旨를 보내와서 안부를 묻게 하고, 아울러 冊封의 날자와 시각을 보여 달라고 청해, 즉시 다음날 巳時로 정했다. 8월에 도성을 나선 이후 42일이 되었다.

24일에 조선 국왕이 사신을 보내와서 王京으로 들어올 것을 청하여, 城에서 10리 떨어진 迎恩門에 이르러 국왕이 聖旨를 영접하는 禮를 행하고 성으로 들어갔다. 外城 崇禮門으로 들어가, 內城 淳化門에 이르고, 다시 동쪽으로 가서 進善門 밖에 다다라 어깨 가마에서 내려, 仁政殿으로 들어갔다. 전각 옆에 옷을 갈아입는 천막이 있어, 蟒袍와 補服으로 갈아입었다. 국왕은 袞衣를 입고 나와서, 聖旨를 맞아 절하고, 詔書를 읽고 三跪九叩의 예를 모두 행했다. 鴻臚官이 세 차례 곡을 읊조리고 세 章의 음악을 연주하였고, 세 차례 山呼를 했다. 예가 끝난 뒤에 다시 평상복으로 갈아입고, 같이 仁政殿으로 들어갔는데, 손은 동쪽에, 주인은 서쪽에 서로 마주보며 앉았다. 국왕이 통역관 세 명을 보냈는데, 이는 곧 손님을 접대하여 돕는 옛 예절이었다. 국왕이 "皇上께서 편안하신지", "두 궁전의 皇太后께서 편안하신지"를 물었고, 魁齡이 옆으로 서서 왼편을 향해 답하여, "황상께서는 옥체 편안하시고 두 궁전의 황태후께서도 옥체가 모두 편안하시다"고 했다. 왕이 다시 "天朝의 王과 貝勒들은 다 편안하신가"라고 물어서, "모두 편안하시다"고 답했다. 이어서 다시 여러 차례 말을 주고받으며 서로 묻고 답했는데, 모두 긴요한 이야기였다. 왕이 관원을 보내 拜見의 예를 행하고 싶다고 완곡하게 말해서 淸使가 사양했더니, 재삼 청하여 비로소 감사의 뜻을 표하고, 피차 서로 한 번씩 읍한 뒤에 들어가 앉았다. 좌중에는 여러 술자리가 벌여져 있어, 술잔을 서로 주고받으며 交錯했으며, 퉁소와 피리 소리가 고루 들렸다. 모든 九獻禮를 비로소 다 마치고, 저녁에 南別宮 공관에서 묵었다. 이날 興宣大院君이 그 조카 두 명과 그 사위 두 명을 대동하고 찾아왔고, 그 아들 李載冕은 文科 출신의 여러 명과 함께 저녁 무렵에 모두 와서 필담을 나누다가 돌아갔다. 국왕도 여러 차례 사신을 보내와서 안부를 물었다. 문무 관원들 가운데 많은 이들이 와서 응대했다.

25일, 국왕이 직접 와서 인사하고 만나 술자리를 어제처럼 벌였는데, 예절이 매우 많았다. 보내온 음식은 관례적인 의례에 따라 받고, 곧 준비해온 토산품 예물 여덟 종류를 사람을 시켜 보냈다. 저녁 무렵에 국왕이 또 답례품 열두 종류를 보내, 清使가 사양하여 받지 않았는데, 굳이 청하기를 거듭하기에 비로소 받았다. 왕의 부친인 李昰應과 왕의 형 李載冕, 文科 출신의 고관들이 모두 와서 필담을 나누었는데, 詩와 글씨를 청하는 자가 하나가 아니어서, 괴령은 글씨를 써 보내고 詩章을 새기느라 밤새도록 쉴 수가 없어 몹시 지쳤다.

26일, 파견된 임무를 다 끝내고 돌아가게 되어, 국왕이 儀仗과 악대를 갖추어 서쪽 교외의 迎恩門 밖 전별 자리에서 기다렸는데, 동서로 서로 향했다. 예절이 매우 많고 친근하여, 한 시각이나 지나도 차마 헤어지기 어려웠다. 왕 이하 각 관원들이 모두 정해진 차례대로 환송했는데, 몹시 정성스럽고 간절하게 말했다. 이날 高陽의 碧蹄館에서 묵으니, 국왕이 다시 一堂上과 二堂上, 一堂下, 二堂下 등을 差備官으로 삼아 墨刻한 詩를 보냈다.

27일, 坡州 坡平館에서 묵었는데, 국왕이 伴送官 禮曹判書 李承輔를 보내와서 뵙게 하고 묵각한 詩를 보냈다. 28일, 開城府의 太平館에서 묵었다. 국왕이 환관 출신의 사신을 보내 멀리까지 안전하게 환송하게 하고, 아울러 의례에 따라 다시 別問安使 工曹參判 金敎性을 보내와서 안부를 묻게 했다. 이에 즉시 말로 안부를 전하고, 묵각한 詩를 보냈다.

29일, 平山 驛館에서 묵었는데, 황해도 兵馬節度使가 와서 엎드려 뵈었다. 10월 3일, 平壤의 大同館에서 묵었다. 국왕이 同副承旨를 보내와서 안부를 물어, 즉시 구두로 안부를 전했다. 5일, 安州에서 묵었다. 국왕이 환관 출신 사신을 보내 안부를 물어, 즉시 구두로 안부를 전했다. 10월 9일, 義州에 이르렀다. 국왕이 漢城府右尹을 보내 안부를 물었는데, 예절은 이전과 같았다. 왕의 형 李載冕이 힘써 편지를 써서 보냈는데, 정이 담긴 글의 문체가 화려하고 아름다웠다. 그리고 詩 세 章도 보냈다. 大院君도 난꽃 그림 두 帙을 선물했다.

이러한 조선의 迎詔 의례는 朝明 시대 이래로 지속해온 것으로, 朝淸 시대에도 계승되었다. 다만 조명 시대와는 달리, 새로운 의례의 첨가나 옛 의례의 시정을 요구하는 禮論의 개진은 전혀 없었다. 괴령의 조선 사행록에 보이는 영조 의례는 관행의 답습에 지나지 않았으니, 그 禮는 이미 생명을 잃고 있었다.

5. 使節團의 行政支援과 遼東의 情況

滿淸 말기에 조선으로 파견된 淸使 魁齡의 『東使紀事詩略』에는 詩文唱和의 餘塵과 迎詔 의례의 관행만 기술되어 있지만, 새로운 내용이 발견되지 않는 것은 아니다. 사절단이 경유하는 연도에 위치한 州縣이 사절단에 역마와 의장 등을 공급하도록 제도화되어 있었고, 연도의 지방관은 '請聖安', 즉 황제에 대한 문안을 올리는 예절을 갖추었다는 사실 등이 기술되어 있을 뿐만 아니라, 청 말의 불안정한 遼東의 특수한 정황에 관한 정보도 기록되어 있다.

魁齡은 同治 5년 7월 초 4일에 "이번에 朝鮮에 가서 王妃를 册封하기 위해, 侍郞 魁齡을 正使로 삼고 散秩大臣 希元을 副使로 삼아 파견하라"는 조칙을 받들고, 8월 초 3일에 請訓했는데, 청훈이란 淸代에 欽差와 3品 이상의 지방관이 부임할 때 황제를 알현하고 작별 인사를 하던 일을 말한다. 8월 12일에 禮部에서 使節을 받고, 勅書를 받들어 三跪九叩의 예를 행하고, 龍亭에 諭旨를 보관한 다음, 儀仗이 앞을 인도해서 朝陽門을 나서서 출발했는데, 이날 通州의 첫 驛站에 이르러 묵었다.

그 다음 날 13일에 두 倉憲이 내방하고 郡守와 刺史 및 州學丞 등이 여러 동료와 벗들을 모아 전별연을 베풀었다. 이에 魁齡은 「저녁에 潞河 공관에서 묵다」는 시를 지어, "붉은 촛불 술자리에 성대한 전별연 열리니, 수레와 말 북적대며 오랜 벗들 찾아왔다. 예전의 관리들이 즐겁게 서로 모여, 바람 먼지 한나절 맞으며 대부분 함께 수행했다"고 노래하면서, "雪翁과 小翁 등 두 倉憲이 잔치를 베풀어 송별해주었다. 通永의 옛 屬官들이 모두 와서 머리 조아리며 뵈었다"는 自注를 첨기했다.

이날 三河 縣令이 와서 만났다. 그 다음 날에는 別山에 묵었는데, 薊州牧이 아침과 저녁에 모두 찾아와서 만났다. 15일에 玉田에서 잠시 쉬었는데, 대리 縣令이 와서 만났다. 16일에 豊潤 縣邑에 이르니, 현령이 와서 만나고 곧 돌아갔다. 榛子鎮에 다다랐지만, 灤州 관리들은 모두 와서 뵙지 않았다. 이때 괴령은 「길 가다가 즉흥으로 지어」, "달랑달랑 방울 소리 두 마리의 말을 타고, 도성 나서 천 리 길에 지나며 보는 사람 많다. 가는 곳마다 衣冠들이 높이 우러러 절을 하고, 산과 물은 시시 때때로 시가를 읊게 한다"고 노래했다. 이처럼 使行 중에는 수많은 관원들이 찾아뵈었기 때문에, 어느 날 「客店 안에서 한가로이 읊조리며」, "관영 시장에 사람 보이지 않고, 여관에서는 客이 서로 편안하다"고 하면서, "이날 찾아와서 뵙는 손님이 없어, 冠을 벗고 허리띠 풀고 무척 유쾌하고 즐거우니, 실로 도성을 나선 뒤로 보기 드문 일이었다"는 自注를 첨기하기도 했다.

17일에 沙河 역에 다다르니, 遷安 縣令이 사람을 보내 보고했다. 이날 110리를 가서, 밤이 되어서야 灤河를 건너 永平에 이르러 묵었다. 盧龍 縣令이 典史와 함께 와서 뵈었다. 18일에는 撫寧 동쪽 관문 밖에서 묵었는데, 현령이 典史와 함께 와서 뵈었다. 19일에 山海西關에 이르니, 副都統이 關帝廟에서 무릎 꿇고 황상의 안부를 물으며 공손하고 신중하게 영접했다. 끝난 뒤에 객점에 이르러 묵었는데, 臨楡 현령이 와서 뵈었다. 이처럼 사절단이 지나는 重地에서는 그곳의 주요 관원들이 황제의 문안을 아뢰는 禮를 갖춰야 했다. 사절단은 황제의 권위를 대신하며 황제의 명령, 즉 詔書와 勅書를 갖고 있었기 때문이다. 이러한 禮는 이후에 다른 곳에서도 반복되었다.

20일 새벽에 兵部의 口票를 제출하고 관문을 나섰는데, '구표'란 關門의 출입을 허가하는 증표였다. 『淸會典事例』 「兵部」 關禁 조에 의하면, "京師에 와서 장사하는 사람이 있으면, 남녀 口數 등 필요한 사항을 써넣어 명백하게 하고 담당 將軍에게 모두 아뢰어서 兵部에 보고하여 그 사는 사람과 파는 사람을 허가하고, 兵部에 咨文으로 보고해서 원래 보고한 수와 일치하는지 여부를 조사해서 가지고 돌아오는 것을 허가하며, 口票 안에 필요한 사항을 써넣어 명백하게 하고 아울러 장군에게 아뢰어 咨文에 회답한다"고 했다.

中前所에 이르자, 佐領이 와서 뵈었다. 이날 寧遠州 지방관이 심부름하는 사람을 미처 보내지 못했는데, 다행히 沙河 驛丞이 역마를 미리 준비하고, 아울러 儀仗과 싱으로 줄 비딘 싱자, 차량 등을 대신 조치하여 원조해서 보내주어서, 비로소 공무에 차질이 없게 되었다. 이로 보아, 사절단이 지나가는 州縣에서는 관원이 미리 나와서 역마와 의장 · 차량 · 상품 등을 미리 준비해서 공급하도록 되어 있었음을 알 수 있다.

前屯衛에서 묵고, 21일 정오에 中後所에 이르렀는데, 중후소는 관문 밖의 큰 鎭이 되어, 인가가 한데 모여 있고 교역하는 자들이 이곳에 많이 모였다. 그런데 몇 년 전에 馬賊들이 新民屯을 폭력으로 위협해서 재물을 약탈하고 곧 이곳도 침을 흘렸다고 하는데, 다행히 文宮保가 군사를 이끌고 관문을 나서니, 비적들이 풍문을 듣고 멀리 도망하여 아무런 탈이 없게 되었다고 한다. 이에 괴령은 「中後所를 지나며 감회가 있다」는 시를 지어, "이곳은 일찍이 세 번이나 묵었는데, 이제 벌써 십 년 됐다. 인가는 예전과 비슷하지만, 풍경은 종전과 같지가 않다. 다행히 王師가 당도하여서, 큰 형세를 온전히 지킬 수 있었다. 원흉이 엿본 지 오래됐지만, 다시는 침 흘릴 수 없게 되었다"고 노래했다. 이는 청 말 요동에 마적이 횡행한 상황을 전하는 귀중한 자료라 할 수 있다.

旗人, 즉 八旗에 호적을 둔 滿洲人 지역 관리인 佐領과 驍騎校가 역마를 교환하고 같이 와서 뵈었다. 22일에 寧遠州에 이르러 아침 식사를 했다. 山海關에서 寧遠까지 노정을 헤아리면 2백 리인데, 모두 이 州에서 관할하는 지경이다. 길이 험하고 길어서, 응대하기가 쉽지 않다. 刺史가 기갈을 듣고 지경을 나왔는데, 당황하는 안색으로 두려워했다. 이에 괴령은 "도성을 나설 때도 모두 보내지 않았고, 前站을 지나는 곳이 모두 관계가 있었지만 급작스럽게 응하여 보내는 일이었다. 하물며 귀하는 2백여 리나 다스리니, 어떻게 미리 약정한 날짜에 맞추어 일찍 모두 보낼 수 있겠는가"라고 위로해서, 자사의 안색이 안정되었다고 한다. 역시 사절단에 대한 州縣의 공급과 접대가 얼마나 중시되었는가를 알 수 있게 하는 대목이다. 괴령은 「寧遠을 지나며 口占하여」, "이백 리의 郵程이 가깝지 않아, 관청 수레 이르기는 본래 어렵다. 말이 더디게 가니 누가 소식 전할건가, 길이 험하니 관아의 노고 수긍한다. 나는 갈바람 타고 일찍 왔고, 그대는 달빛 따라 늦게 왔다. 주인과 친근한 정으로 헤어지고, 먼 길 가는 말안장에 웃으면서 오른다"고 노래했다.

이날 寧遠州 佐領이 다시 역마를 교환하고 같이 와서 뵈었다. 이때 괴령은 自注를 통해, "關門 밖의 민간 동정은 유동적인데, 다행히 올해는 두루 경사가 있어, 가을에는 평소처럼 안정시킬 수 있었다"고 하여, 당시 요동의 불안정한 정황을 전하고 있다. 23일에 杏山에 도착하니, 小凌河 路記佐領이 역마를 바꿔주고 와서 뵈었다. 錦州 副都統이 황상의 문안을 여쭈었는데, 예절은 이전과 같았다. 24일에는 大凌河에 義州 현령이 지경을 넘어와서 뵙고 갔다. 저녁에 四台子 石山站에서 묵었는데, 旗界의 병사들이 戌時에 비로소 와서 영접했다. 旗界 佐領과 防禦가 함께 길 가는 중에 와서 뵈었다. 이날 廣寧 현령이 常興店부터 廣寧站까지 호송하고 곧 헤어져 갔다. 26일에 小黑山 路記佐領이 영접하고, 白旗의 佐領과 驍騎校가 길 가는 중에 영접했다. 27일에 大白旗의 佐領 세 명이 茶棚菴까지 호송한 뒤에야 갔다. 巨流河 관할 지역의 관리가 아직 영접하지 않았다. 이날 巨流河 지역 관리인 驍騎校가 비로소 와서 영접했다. 28일에는 承德 현령이 와서 뵈었다. 이처럼 사절단이 關外로 나온 뒤에는 각지의 八旗兵이 나와서 호위하는 절차를 번갈아가면서 반복했다.

사절단이 陪都인 瀋陽 부근에 이르니, 將軍이 사람을 보내와서 영접했고, 盛京의 禮部侍郎이 사람을 보내왔다. 29일에 昭陵을 배알하고 서쪽 관문 밖으로 나가니, 將軍과 五部堂憲, 學政, 府尹 등이 황상의 안부를 물었는데, 예절은 이전과 같았다. '장군'이란 요동의 최고 책임자인 鎭守盛京等處將軍을 말하고, '오부당헌'이란 瀋陽, 즉 盛京에 설치한 다섯 관청의 장관을 말한다. 『八旗通志』 職官志에 의하면, 順治 14년(1647)에 성경에 "戶部와 禮部, 刑部, 工部 등 4部를 설치하고", 康熙 30년(1691)에 兵部를 더 설치했다. 戶部는 官庄과 旗地의 조세를 관리하고, 禮部는 세 陵의 제사와 祭田을, 兵部에서는 병기와 驛傳, 刑部는 旗人의 범죄, 工部는 陵寢과 궁전의 축조 등을 관리했는데, 모두 滿洲의 旗人을 관리하기 위해 존재했다. 길 가는 도중에 각 관헌들이 모두 사람을 보내 영접했다. 三岔店의 공관에 이르자, 都將軍이 와서 인사하고, 刑部의 副郎이 와서 뵈었다. 五部의 관원들과 지방관들 가운데 온 자들이 매우 많았다.

9월 초 하루 오후에 將軍이 여러 사람과 함께 餞別했다. 초이튿날에 길을 떠났는데, 將軍이 남문 밖 關帝廟에서 송별했다. 9월 2일에 渾河를 지나 沙河堡에서 묵었는데, 旗界佐領이 길 가는 중에 와서 뵈었다. 3일 十里河를 지나서 萬寶橋에 이르니, 旗界의 관리인 防禦와 驍騎校, 驛丞 등이 모두 길에서 영접했다. 遼陽城 안에서 묵었는데, 이날 요양성의 守尉와 刺史, 同年 등이 만보교까지 마중 나왔고, 州學正과 吏目이 와서 뵈었다. 괴령은 自注를 통해, "이곳 백성들의 기풍에는 놀고 즐기는 것에 만족하고 재물이 많고 덕이 커서 막힘이 없이 두로 통하는 기상이 있다"고 遼陽의 풍속을 설명했는데, 요양은 고대 이래로 遼東의 중심이었다.

4일, 城의 守尉와 州牧이 같이 환송했는데, 望寶台에 이르러서야 헤어졌다. 오후에 驛丞이 길에서 영접했다. 5일 連山關에서 묵었는데, 驛丞이 영접해서 아침과 저녁 모두 수행했다. 6일, 通遠堡의 漢軍旗人 집에서 묵었다. 이날 防禦의 호송이 끝나 遼陽으로 돌아가고, 鳳凰城 防禦가 영접했다. 驛丞이 말을 바꾸고, 같이 길 가는 중에 와서 뵈었다. 7일에도 驛丞이 역마를 바꿔주고 와서 뵈었다. 8일에 鳳凰城에 이르자, 城의 守尉가 황상의 안부를 여쭈었는데, 예절은 이전과 같았다. 길에서 防禦가 영접했다. 驛丞이 말을 갈아주고, 같이 와서 뵈었다. 본 성의 佐領 등이 와서 뵈었다. 朝鮮의 首堂 大護軍 朴逌性이 副司勇과 통역관 등 관원들을 이끌고 와서 영접했다. 본 성의 통역관도 보고하였고, 巡檢이 시찰하고 방금 왔다. 저녁에 성 안에 있는 上帝廟에서 묵었다. 9일, 鳳凰城 관원들이 같이 와서 환송했다. 午時에 口票를 제출하고 변경을 나섰다. 叢秀에서 야영했다.

魁齡은 "이곳은 義州에서 백여 리 떨어져 있는데, 사는 사람이 없다. 강과 산 외에는 오직 밀집한 숲과 무성한 풀만 보일 뿐이다"라고 했는데, 이는 조선의 관원이 鳳凰城까지 와서 淸使를 영접했고, 봉황성과 압록강

사이의 공간이 어느 나라에서도 관리하지 않는 일종의 '空地'로 남아 있었음을 보여주는 자료이다. 「귀환하는 도중에 즉흥으로」 지은 시에서도, "세 강의 오랜 나루 돌아가는 배 보내고, 백 리 황량한 산에 역마가 돌아온다. 들불이 빈 땅 태우니 불 색이 놀라게 하고, 새벽 서리가 땅을 덮어 먼지를 깨끗이 한다"고 하면서, "邊門을 거쳐 義州까지 1백 수십 리에 사람의 자취가 없다. 야영하는 곳 밖에 거대한 들불을 여러 곳에 놓아 불빛이 하늘을 비췄는데, 필시 이렇게 해야 호랑이나 이리가 감히 가깝게 오지 못한다"고 주기했다.

괴령은 조선으로 입경해서 본래 임무를 수행한 뒤에, 요동의 같은 길을 경유하여 귀국했다. 괴령은 10월 11일에 馬轉坡를 지나 야영했다가, 邊門으로 들어가 鳳凰城에 이르렀다. 서로 만나본 관리는 올 때와 같았다. 12일, 鳳凰城에서 묵었다. 새벽에 일어나 客으로서 사례하고, 家人들을 단속해서 필요한 수레를 구하여 찾고 행장을 단단히 묶게 했다. 본 城의 사람들이 큰 글자 여러 卷, 약 수백 자를 써달라고 요청해서, 첫 북이 울릴 때가 되어서야 비로소 붓을 놓았다. 魁齡은 이로 인해 "이날은 詩가 없었다"고 했으니, 이로 보아 그는 매일 시를 지은 것으로 보인다. 13일, 鳳凰城 旗界의 관리가 서쪽 교외까지 바래다주었다. 岫巖 廳牟丞 대리인이 巡檢과 함께 薛禮站까지 따라와서 유숙했다.

19일에 盛京城에 이르렀다. 성 안의 여러 大憲들이 남문 밖의 施 大人 사당까지 영접 나와서 서로 만난 뒤에, 곧 성으로 들어가서 三升店에서 묵었다. 將軍 五部와 府尹 관청의 각 관원들 가운데 다수가 와서 인사했다. 21일, 여러 大憲 公들이 전별해주었다. 괴령은 전례에 따라 얻은 토산물을 가지고 그들에게 나누어 보냈다. 同人이 다시 돌아와서, 토산품 예물을 선물로 주었다. 22일, 길을 나서니, 留都의 여러 大憲들이 함께 서쪽 교외의 善緣寺에 이르러 삼가 천자의 안부를 청했다. 괴령은 副使와 함께

답했는데, 예절은 올 때와 같았다. 이로 보아, 조선에 사행한 淸使는 귀환 길에 요동의 관원들에게 조선에서 받은 예물을 분배하는 것이 관례였음을 알 수 있다.

23일, 新民屯에서 묵었는데, 盛京 副帥가 副將과 候補遊擊을 보내, 병력을 대동하고 이곳까지 호송하게 했다. 이날 저녁에 將軍이 두 사람을 보내와서 환송했다. 29일에 신임 錦州 副都統이 여행 중의 숙박지에 이르러 공손하게 천자의 문안을 청했다. 괴령은 관행대로 시립하였고, 답은 이전처럼 했다. 11월 2일, 山海關으로 들어가서, 關帥를 만났다. 이날 저녁에 豐潤의 늙은 백성이 그 부인과 함께 와 공관에 이르러 억울함을 호소하며 머리를 숙이고 슬피 소리 내어 울부짖으면서 가지 않았다. 곧 해당 관할 지방관에게 엄하게 명해 하나하나 자세하게 조사하여 밝혀서 신속하게 완결하도록 했다. 이로 보아, 淸使는 사신으로서의 본래 임무 외에도 지방 행정에 관여할 수도 있었음을 알 수 있다.

7일 玉田縣에서 신임 현령이 처음으로 얼굴을 마주하였고, 密雲 副都統 서리가 군사를 훈련시키다가 와서 공손하게 천자의 문안을 청했는데, 예절은 이전과 같았다. 10일, 通州에 이르러 관리들과 서로 만난 것은 앞서와 같았다. 11일, 通州에 속한 문무 하급 관원과 書皁人 등이 모두 와서 엎드려 뵈었는데, 응접하는 일이 매우 번거로웠다.

12일, 동쪽 곁문을 거쳐 正陽門으로 들어가, 呂祖閣에 이르러 유숙했다. 覆命하고 문안드릴 문건을 손보아 고쳤다. 문무 관청의 각 관원 가운데 공적인 일이 있는 자들이 모두 와서 뵈었다. 13일, 궁 안으로 나아가서 삼가 황상께 문안드렸더니, 불러서 朝鮮의 일절 사정에 관해 물으셔서, 공손하고 신중하게 모두 상세하게 아뢰었다.

이처럼 魁齡의 사행록에는 사절단에 대한 遼東 각처의 행정적 지원에 관한 정보가 특히 자세하게 기재되어 있다. 사절단이 경유하는 중요 지점의 지방관들은 황제의 안부를 묻고 건강을 기원하는 '請聖安'의 예절을 행하였고, 연도의 각 州縣은 역마와 차량·의장·상품·호위병력 등을 사절단에 공급하였다. 明代 사행록에서는 발견되지 않는 이 새로운 성격의 기사와 더불어, 청 말 遼東의 불안정한 정황에 관한 기록들은 앞으로 좀 더 정밀하게 분석, 연구되어야 할 가치가 있다.

6. 맺는말

淸使 魁齡은 「肅永을 지나며 安定館에서 묵다」라는 시에서, "살기 좋은 나라에서 예의를 중시하여, 예악과 교화가 빠르고 널리 유행했다. 책 읽기는 箕子의 九疇에서 시작되었으니, 옛일을 고찰함에는 분명한 증거 있다. 땅 주인의 뜻이 대단히 넉넉해서, 내 탄식하며 그릇 비울까 걱정을 한다. 도량 넓어 포부가 큰 大方 사람들, 국화주 마시며 기꺼이 선물 받는다"고 노래하며, 조선에 대한 호의를 적극적으로 드러냈다. 平壤을 지나면서 "箕子가 封禪한 곳"이라고 노래한 괴령 역시 明代의 사신들처럼 조선이 箕子를 매개로 敎化된 禮樂의 나라라는 인식을 갖고 있었다.

또한 魁齡은 조선 사행을 통해 咨詢한 바를 그 使行錄에서 보고하였다. 그는 "이 나라의 풍속은 질박함을 숭상해서, 궁전을 제외하고는 모두 조각하고 구멍을 뚫거나 도료를 칠해서 아름답게 꾸미는 것을 일삼지 않는다. 옷은 흰색을 숭상하고, 음식은 검소함을 좋아하며, 그 기물은 소박하나 깨끗하다. 앉을 때는 반드시 바닥에 그냥 앉고, 다리 짧은 탁자를 사용한다. 대청에 오르거나 문밖에 나가려 할 때는 두 가지 신이 있다. 길이를 재는 일체의 표준은 옛 제도를 따르는 것이 많다. 그 문자는 같아도 그 언어는 달라서, 필담이 아니면 그 대략의 의미를 얻을 수 없다"고 전하여,

"앞선 사람들을 본받아 동료들에게 밝히고 보는 사람으로 하여금 헛되이 갔다가 돌아온 것이 아님을 一目了然하게 알 수 있게 하려했다."

그러나 清使 魁齡의 『東使紀事詩略』에는 역대 明使의 조선 사행록에서 빈번하게 발견되는 두 가지의 핵심적 내용, 즉 詩文 唱和와 禮論 開陳이 희소하거나 결여되어 있다. 창화시가 전혀 발견되지 않는 것은 아니지만, 기재된 창화시의 편수가 3수에 지나지 않고, 그나마 모두 清使가 소극적으로 和答한 詩들이었으며, 상대도 遠接使가 아니라 지방관이나 국왕의 형과 같은 특수한 인물이었으니, 朝清 시대, 특히 그 말기에 이르러 시문 창화의 관성이 餘塵으로 겨우 남아 있을 뿐, 朝明 시대의 화려한 시문 창화의 전통이 크게 쇠미해졌음을 알 수 있다. 시문 창화의 관행이 쇠퇴하였으니, 그 결과로서의 倡和外交가 보이지 않는 것은 당연한 일이었다.

文學之士 출신의 역대 明使들이 예외 없이 조선의 禮官들과 쟁론하며 적극적으로 개진하였던 禮論의 전통도 朝清 시대에 이르러 크게 약화되어, 괴령의 사행록에서는 한 조각도 발견되지 않고 있다. 조선의 궁성에서 「사명을 받들어 禮를 이룬 뒤에」, "海國의 人文에 예절 밝게 드러나니, 생황 소리 맑은 술에 예를 다해 보여준다. 海邦의 교화는 기린을 보며 시작됐고, 東土의 文明은 禮樂이 우선했다"고 만족했을 뿐이었다.

그럼에도 불구하고, 청 말에 조선을 방문한 清使 魁齡의 『東使紀事詩略』에는 이전의 다른 사행록에서는 발견되지 않는 새로운 요소가 두 가지 확인된다. 그 하나는 산문과 운문을 함께 사용하여 使行의 과정을 서술하는 새로운 기행문 양식을 선보였다는 점이다. 괴령은 사행의 칙명을 받을 때부터 復命할 때까지 일체의 使行을 산문 일기 형식으로 서술하면서, 매일 경험한 견문과 감상을 律詩의 형식으로 술회하여, 사실에 대한 지식 확보와 정서적 교감의 효과를 함께 얻을 수 있도록 했는데, 이는 그가 여행하면서 하루도 빼지 않고 열심히 시를 썼기 때문에 가능한 일이었다.

또 다른 하나는 使行의 과정에서 진행된 행정적 지원의 과정이 자세하게 기술되어 있다는 점이다. 연도의 각 州縣은 사절단을 맞아 의무적으로 역마와 차량 · 의장 · 상품 · 호위병력 등을 공급하였고, 연도의 지방관들은 詔書와 동반하는 사절단을 맞아 황제의 안부를 묻는 禮를 거행하였는데, 이러한 과정은 조선의 경내에서도 똑같이 이뤄졌다. 이와 더불어 이 사행록에는 청 말 요동의 불안정한 정황도 전하고 있어, 그 사료적 가치를 경시하기 어렵다.

제4부
淸 末의 朝鮮 使行錄

제1장
馬建忠의 『東行三錄』과 使行錄의 변화

1. 머리말

19세기가 기울어져가던 壬午년 봄 3월에 인천 앞바다 월미도 옆에 다섯 척의 신식 군함들이 여기저기에 닻을 내리고 있었는데, 그 중의 한 척은 미국의 슈펠트(Shufeldt) 제독이 타고 온 스와타라(Swatara) 호였고, 다른 한 척은 조선 주재 일본 公使 花房義質(하나부사 요시타다)을 태우고 온 磐城 호, 나머지 세 척은 滿淸 北洋大臣 李鴻章의 幕僚 馬建忠과 북양함대 제독 丁汝昌이 이끌고 온 威遠 호와 揚威 호, 鎭海 호였다. 슈펠트와 하방의질, 그리고 마건충과 조선의 議約副官 金弘集 등은 작은 삼판선을 타고 이 배 저 배로 옮겨 다니며 조선의 開港, 開國이라는 주제를 놓고 자국의 이익을 위해 치열하게 협상했는데, 협상은 대체로 중국에서 온 마건충이 주도했다. 이 숨 막힐 듯 다이내믹한 그림은 마건충이 일기 형식으로 기록해둔 사행록 『東行三錄』에 실감나게 묘사되어 있다.

프랑스 유학파로 당시 국제사회의 역학적 구조에 대해 가장 잘 아는 신식 지식인으로 이홍장의 인정과 신뢰를 받고 있던 馬建忠[1]은 이홍장의 추천과 명령으로 5개월 동안에 세 차례나 군함을 타고 인천 앞바다를 찾아와서 조선이 미국과 영국 · 독일 · 프랑스 등 4개국 서구 열강과 통상조약을 맺는 과정에 참여, 개입하여 알선과 조정의 역할을 자임하였고, 壬午軍亂의 수습을 위해 大院君을 강제로 데려가고 군란에 참여한 조선 군인들을 군사력으로 공격하여 진압하였다. 이 과정에서 마건충이 목격하고 경험한 사건의 내막과 전개 과정도 마건충의 『동행삼록』에 그 어떤 자료보다 더 상세하고 구체적으로 기술되어 있다.

그러나 『동행삼록』에서 볼 수 있는 가장 인상 깊은 그림은 중국 중심의 전통적 세계질서가 붕괴되는 장면이다. 전통 시대에 중국을 중심으로 형성된 세계질서는 冊封과 朝貢의 禮를 교환하는 체제에 의해 유지되었고, 중국의 국가들과 책봉-조공 관계를 유지한 가장 대표적인 국가는 한국의 여러 왕조들이었다. 滿淸은 入關한 뒤에 明을 대신하여 동아시아 국제사회의 중심 역할을 수행하였고, 중국 국가들의 전통적 禮的 체제를 계승하여 朝鮮과 책봉-조공 관계를 유지하였다. 그러나 西勢東漸으로 인해 영토와 이권을 침탈 받은 滿淸은 이미 약화된 동아시아 국제사회의 구심력으로서의 권위와 위상을 회복하기 위해 제국주의적 방법을 차용하였다. 그 한 예로 티베트에서의 권위가 영국에 의해 도전받은 만청이 사나운 제국주의 세력의 하나로 영국과 다투었듯이, 일본의 도전에 직면한 조선에서도 전통적 방식을 포기하고 제국주의적 방법으로 일본과 경쟁하였다. 마건충의 『동행삼록』은 만청의 권위가 상실되어가는 조선에서 만청이 기울어진 위상과 권위를 어떻게 회복하려 노력하였는지를 여실히 보

---

1 馬建忠은 滿淸 江蘇 丹徒縣 사람으로, 자는 眉叔, 호는 適可齋였고, 벼슬은 道員을 지냈다. 프랑스 유학을 나녀온 뒤에 李鴻章의 幕下에서 洋務의 일을 맡았다. 古文辭에 뛰어났고, 서양의 언어에 능통했다. 저서로는 『適可齋記言記行』과 『馬氏文通』 등이 있다(『清史稿』 452).

여줄 뿐만 아니라, 전통적 세계질서가 필연적으로 와해되는 과정의 한 단면을 직접적으로 전해준다.

뿐만 아니라 『동행삼록』에는 인천 앞바다에서 한양의 궁궐에 이르는 연도의 정황이 생생하게 묘사되어 있다. 山東에서 배를 타고 인천 앞바다를 통해, 혹은 南陽을 통해 한양으로 진입한 마건충의 東行은 중국의 使行으로서는 역사상 최초로 이뤄진 일이었기 때문에, 당연히 이 경로에 관한 기록도 전무하였다. 光緖 23년(1897)에 『小方壺齋輿地叢鈔再補編』에 수록되어 출간된 『동행삼록』은 아직까지 우리말로 번역되지도 않았고, 의외로 이 자료에 대한 專論도 대단히 희소하다.[2] 따라서 『동행삼록』이 갖는 사료적 가치를 확인함과 동시에 『동행삼록』의 기사를 근거로 당시의 상황을 재현하는 일이 무엇보다 시급하다 하겠다.

『東行三錄』은 「東行初錄」과 「東行續錄」, 「東行三錄」 등 세 부분으로 구성되어 있는데, 그 가운데 첫 번째 부분인 「동행초록」은 北洋大臣 李鴻章의 명령에 따라 그 幕僚였던 道員 馬建忠이 北洋 해군 統領 丁汝昌이 이끈 威遠號와 揚威號 · 鎭海號 등 세 척의 신식 군함을 타고 황해를 건너 조선으로 가서 조선을 도와 미국과 영국과의 개항 조약을 체결하게 한 과정을 기술한 것이다. 마건충 일행은 3월 20일에 登州에서 출발하여, 그 다음 날 뱃길로 170마일 떨어진 漢江 하구 仁川 앞바다의 仙俠島 밖 작은 섬 虎島로 가서 닻을 내렸는데, 마건충은 "이보다 앞서 바닷길로 조선에 간 자 가운데 漢江 하구로 간 자는 없다"고 자부했다. 마건충은 인천 앞바다에서 조선과 미국 · 영국 · 일본 등의 외교관들과 빈번한 접촉과 협의를 벌여,

2 『東行三錄』과 馬建忠의 東行에 관한 전론으로는 辛勝夏, 「朝鮮의 門戶開放과 馬建忠의 역할」(『아세아연구』 82, 1989)과 岡本隆司의 「馬建忠の朝鮮 紀行: 1882年淸朝,朝鮮,日本關係の轉換」(『史林』 83, 東京大 史學硏究會, 2000)이 있다.

마침내 4월 6일에는 조선과 미국의 수호통상 조약을 성사시키고, 4월 21일에는 조선과 영국의 조약을 성사시켰는데, 이때 마건충이 애써 획득한 성과는 두 조약문에 "조선은 淸의 屬國이다"라는 照會文을 첨부할 수 있었던 것이다. 마건충은 4월 8일에 한양에 가서 조선 국왕 高宗을 알현하고, 조선과 프랑스의 조약 문제를 충고한 뒤에, 4월 23일에 귀국했다.

「동행속록」은 마건충이 조선과 독일의 수호통상 조약을 알선하기 위해 조선을 다녀온 과정을 기술한 것이다. 마건충은 5월 1일에 다시 명을 받고 5월 6일에 煙臺를 떠나, 정여창이 이끄는 威遠·揚威·超勇 등 세 척의 배와 南洋 함대의 登瀛洲 호를 타고 조선을 다시 방문했다. 5월 8일에 인천 앞바다 月尾島에 정박하고, 5월 15일에 조선과 독일의 조약을 거중 조절하여 성사시킨 뒤, 5월 17일에 출발해서 그 다음 날 煙臺로 돌아왔다. 이때 마건충은 조선의 金弘集·魚允中 등의 관원들과 만나 조선의 開化에 관해 의견을 나누면서 많은 조언을 해주었다.

「동행삼록」은 6월 9일에 일어난 壬午軍亂에 대응하기 위해 마건충이 조선을 세 번째 방문해서 淸國의 국익을 위해 군란을 수습하는 과정을 기술한 것이다. 그는 7월 26일에 정여창과 먼저 조선으로 건너가면서 대규모 지원 병력을 정부에 요청해, 8월 7일 吳長慶이 대규모 군대를 이끌고 건너오는 것을 기다렸다가, 마침내 軍亂의 배후로 지목된 大院君 李昰應을 8월 13일에 유인, 납치하여 중국으로 강제로 보내고, 8월 16일에는 군란에 가담한 군인들이 많이 사는 枉尋里와 利泰里 두 동네를 대규모 병력으로 기습, 공격해서 많은 수의 조선 군인들을 살해하고 사로잡았다. 이 과정에서 군란의 피해를 입고 그 보상을 요구하는 일본과 조선의 朝日議定條約에 개입하여, 배후에서 조약문 작성에 일익을 담당하고, 23일 之罘로 귀환했다.

이러한 동행 기록을 통해 조선이 개항을 위해 미국 등 열강과 조약을 체결한 과정을 구체적으로 파악할 수 있을 뿐만 아니라, 마건충이 북양대신 李鴻章과 북양대신대리 張樹聲에게 수시로 보낸 보고서를 통해 그들만이 알고 있던 東行 이유를 훔쳐볼 수도 있을 것이다. 무엇보다도 마건충의 『동행삼록』은 청 말, 조선 말에 이르러 변질된 朝淸 관계에 따라 전통적 '使朝鮮錄'의 성격과 내용이 어떻게 변화하였는가 하는 문제에 접근하게 하는 적절한 자료가 될 것으로 기대된다.

2. 馬建忠의 세 차례 東行

『東行三錄』은 馬建忠이 세 차례 조선을 방문한 일기 형식의 使行錄이다. 따라서 『동행삼록』을 통해 얻을 수 있는 일차적 정보는 마건충의 세 차례 東行의 목적과 과정 및 그 결과에 관한 것이다. 여기서는 『동행삼록』의 기록에 따라 그 동행 과정을 재현해본다.

『東行初錄』은 光緖 8년 壬午년(1882) 봄 3월에 당시 合肥에 있던 '傅相', 즉 北洋大臣 李鴻章이 청의 조정에 청해 馬建忠이 北洋 해군의 統領인 丁汝昌 휘하의 威遠 호와 揚威 호, 鎭海 호 등 세 척의 군함을 이끌고 조선에 가서 조선과 미국이 통상조약을 체결하는 과정에 개입하여 성사시킨 뒤에 귀국할 때까지의 일련의 경험을 일기 형식으로 서술한 使行 기록이다. 이때 이홍장이 마건충을 조선에 파견한 이유는 滿淸의 " '東方屬土'인 朝鮮國이 처음으로 아메리카 合衆國과 통상조약을 맺는데, 그 나라 정부가 외교에 대해 잘 알지 못해서 中國의 고위 관원이 조약을 맺는 곳에 와주기를 원했기 때문이다"라고 했다.

마건충은 이 명령을 받들고 友人인 呂秋樵 孝廉과 동행하여 3월 14일에 析津에서 출발하여, 17일에 煙臺에서 미국 군함 스와타라(Swatara; 舢島

혹은 汕島) 호 선장인 쿠퍼(Cooper; 哥貝)와 해군 總敎習(Grayson; 葛雷森)을 만나, "영국과 프랑스, 독일 등 삼국이 군함을 동원해서 조선에 가서 조약을 협의하여 체결하려 하고, 일본인도 군함을 갖고 곧장 漢江으로 가려 한다"는 정보를 들었다. 18일에 미국의 全權大臣인 슈펠트(Robert W. Shufeldt; 薛孚爾) 제독과 만나 다른 나라의 군함보다 더 빨리 가자고 약속하고, 마침내 20일 새벽 5시 반에 연대를 출항하여 1시에 成山 곶에 가까이 갔다. 성산 곶은 산동성 榮成縣의 동쪽에 있는 산으로, 바다 쪽으로 불쑥 나와 있어 중국의 수군이 조선이나 遼東을 공격할 때 주로 이곳에서 출항했다. 『史記』 封禪書에서도 "成山에서 제사를 드렸는데, 성산은 바다로 斗入했다"고 했는데, '斗入'이란 가파르고 휘어 구부러져 들어간다는 뜻이다. 이곳에서부터 동쪽을 향해 남쪽으로 太半 정도 기울어서 곧바로 가면 漢江 하구로 가게 되는데, 뱃길로 170마일 떨어져 있다. 21일 8시에 仙俠島를 지나, 오후 3시에 虎島, 즉 月尾島(Rose Island) 옆에 닻을 내렸다.

馬建忠 일행이 한강 하구에 이르렀을 때, 이들은 맞이한 것은 下關(시노모세키)에서 朝鮮 주재 公使인 花房義質(=초대 주한 日本公使 하나부사 요시타다)을 태우고 온 磐城이란 일본 배와 조선의 4品 鴻臚 李應俊, 3품 홍려 韓文奎와 5품 홍려 高永周 등이었다. 23일, 接伴官 趙準永과 2品 參事堂備官 金景遂 등이 와서 필담을 나누고, 27일에는 議約大員으로 임명된 經理機務衙門事 申櫶과 副官經理機務事 金弘集, 從事官인 機務副主事 徐相雨 등이 배에 올라와서, 三跪九叩의 禮를 행하도록 강요하여 위엄을 과시했다. 29일에는 국왕이 承政院 右副承旨 金晩植을 보내 위로하고 문안했는데, 그가 가지고 온 명함에는 '朝鮮國王李熙'라는 글자가 써져 있었다. 4월 1일 김홍집과 필담을 나누면서 미곡 수출 등 미국과의 조약 내용에 대해 충고했다. 4월 4일 조선 국왕이 소·돼지 등을 군량으로 보내왔다. 4

월 6일 濟物浦 해안에 임시로 설치한 천막 안에서 마건충 등 중국 측이 지켜보는 가운데 조선과 미국의 대표가 수호통상 조약본의 한문과 양문 각 세 册에 도장을 찍고 서명했다. 일이 끝난 뒤, 申 · 金 두 사신이 다시 일어나 그 국왕이 미국의 체스터(Chester A. Arthur) 대통령에게 보내는 조약 외의 照會文 한 통을 미국 대표에게 전달하면서 가지고 돌아가서 전해 달라고 부탁했다.

국왕의 초청으로 4월 8일 漢城으로 출발해서, 그 다음 날 南別宮에 다다르고, 일본 대사를 그 숙소인 淸河館으로 방문했다. 10일에는 국왕의 명으로 찾아온 金弘集과 商事에 관해 은밀하게 필담을 나누고, 왕궁을 방문하여 국왕과 왕세자를 알현했으며, 왕의 부친 興宣大院君 李昰應과 왕의 형인 李載冕도 만났다.

4월 12일에 濟物浦의 배로 돌아가서, 두 척의 군함을 타고 온 영국의 議約 사신인 해군제독 윌스(Admiral Willes; 韋力士)를 만나 수호통상 조약에 관해 의논했다. 조선에서는 兵曹判書 一品官 趙寧夏를 議約大官으로 삼고 副官 金弘集, 從事官 徐相雨, 伴接官 趙準永과 함께 13일에 인천으로 파견했다. 16일에는 강화도를 유람했다. 20일에 天津 주재 프랑스 領事 딜롱(Dillon; 狄隆 혹은 狄龍)이 찾아와서 조약에 관해 이야기를 나누었는데, 주로 禁敎, 즉 천주교 선교의 금지 조항에 관해 심각하게 논의했다. 照會文의 첨부에 대해 불만을 갖고 조약 체결을 미루어오던 영국 측이 프랑스보다 늦어질 것을 걱정해서 체결을 서둘러, 21일에 濟物浦의 천막 방에서 조약문에 서명했다. 23일 5시에 닻을 올리고 귀국길에 올라, 24일 새벽 3시 반에 成山岬에 이르고, 11시에 煙臺에 도착했다.

馬建忠의 『동행속록』은 조선과 독일이 수호통상 조약을 체결하는 과정을 돕기 위해 조선을 두 번째 방문하면서 이루어졌다. 마건충은 壬午년 여름 5월 초하루에 東行하라는 격문을 다시 받았는데, 이는 그가 첫 번째 조선 방문을 마치고 귀국할 때, 조선 국왕이 조약을 맺은 관례에 따라 강화를 청하는 자가 잇달아 올 것임을 알고, 임시로 北洋大臣 직을 맡고 있던 張樹聲에게 咨文을 보내 마건충이 조약에 참여할 수 있게 해달라고 요청했기 때문이다. 駐北京 獨逸公使 브란트(Max A. C. von Brandt; 巴蘭德)가 조약 체결을 위해 독일 대표로 군함 스토쉬(Stosch; 士島什) 호를 타고 조선으로 떠나게 되자, 마건충도 丁汝昌과 함께 威遠·揚威·超勇 등 세 척의 배를 이끌고 煙臺에서 출발했다. 이때 연대에 정박해 있던 南洋 함대 소속 군함 登瀛洲 호도 경험을 얻기 위해 동행하였다. 6일 오전 10시에 닻을 올렸지만, 등영주 호가 고장이 나서 威海衛로 들어가 수리를 하고, 7일 6시에 닻을 올려 9시에 成山岬을 지나 8일 오후 3시에 月尾島 옆에 닻을 내렸다. 11일에 조선의 議約 大官 趙寧夏, 副官 金弘集, 伴接官 趙準永, 從事官 李祖淵, 鴻臚官 韓文奎와 高永周 등이 찾아와서 만났는데, 이들은 모두 議約을 함께한 옛 사람으로, 새로 파견된 자는 이조연 한 사람뿐이었다. 14일 조영하가 국왕의 명을 소매 속에서 꺼내 內政과 設關·開港·電線·採鑛 등 여러 사항에 대해 몰래 물어보기에, 좌우를 물리치고 필담을 여러 장 나누었다. 15일 제물포 해안에 친 장막에서 조선과 독일의 대표들이 통상조약을 체결하는 과정을 참관하고 귀국했다. 17일 아침 6시 45분에 닻을 올려 18일 새벽 5시 반에 成山岬을 지나고, 12시에 煙臺에 이르러 닻을 내렸다.

마건충의 『東行三錄』은 壬午軍亂의 善後 대책을 위해 조선에 세 번째로 다녀온 뒤에 남긴 기록이다. 壬午년 여름 5월 하순에 독일과 조선의 조약이 이뤄진 뒤에 귀국해서, 6월 16일에 北洋大臣 張樹聲의 명으로 合肥에 있던 李鴻章에게 보고하러 上海에 갔다가, 북양대신의 명으로 머무르게 되었다. 이달 9일에 조선의 亂黨이 일본의 公使館과 왕궁을 포위해서 공격하여 일본인 가운데 죽은 자가 있게 되어 일본의 군신이 군함을 크게 모아 조선에 가서 조사해서 처벌하려 한다고 해서, 駐日 淸國公使 黎莼齋가 전보로 북양대신에게 보고하며 관원을 파견해서 군함을 거느리고 한강에 가서 변란을 살펴봐달라고 청하였기 때문이다. 21일, 天津으로 돌아오라는 전보를 받고, 그 다음 날 다시 전보로 천진으로 돌아올 필요 없이 곧바로 煙臺에 이르러 정여창과 만나 함께 해군을 이끌고 동쪽으로 건너가라는 명을 받았다. 25일에 之罘에 도착, 26일 3시에 정 군문과 함께 威遠艦을 타고 먼저 떠나고, 그 다음에는 超勇艦, 그 다음에는 揚威艦이 꼬리를 물고 동쪽으로 갔다. 27일 오후에 인천 항구로 들어갔다. 月尾島에 다다라 밤 10시에 닻을 내렸다.

28일 조선의 校理官 魚允中과 필담을 매우 길게 나누어 이번 일에 대한 대략을 거칠게 얻게 되었다. 마침내 의논하여 이튿날 아침에 정여창이 威遠艦을 타고 천진으로 돌아가서 북양대신 장수성을 만나 직접 적절한 대책을 밝히고, 그동안 탐문한 각 사항을 보고하게 했다. 29일에 威遠艦이 떠나가고, 30일에는 招勇艦과 揚威艦의 두 管駕가 각각 작은 윤선을 타고 南陽에 가서 물을 측량했다. 趙寧夏와 金弘集이 흰 상복을 입고 와서 필담을 매우 길게 나눴다. 7월 1일에 조선의 左承旨 尹用求가 국왕의 명함을 가지고 와서 안부를 물었다. 3일에 魚允中이 배에 와서 필담을 나누었다. 淸輝라는 일본 배가 또 와서, 한강에 정박하는 일본 배가 7척이 되었다. 천진에 주재했던 일본의 理事官인 竹添進一郎이 花房 공사의 명으로 배에 와서 이야기를 나누었다. 4일, 竹添과 필담을 나눈 대강의 내용을 편지로 써서 趙 · 金 두 사신에게 알려서, 빨리 왕경에 보고하도록 했다. 그리고 죽첨이 당일로 귀국할 것을 생각해서, 黎莼齋 주일공사에게 보내는 편지를 써서 군란의 전말을 대략 알리고, 일본이 지나치게 많은 배상금을 조선에 요구하지 않도록 일본 조정에 말을 해달라고 부탁했다. 招勇艦을 南陽으로 옮겨 정박하게 했다. 7일, 威遠艦과 日新 · 泰安 · 鎭東 ·

拱北 등 다섯 척의 윤선이 欽差幫辦山東軍務 吳長慶의 지휘 하에 꼬리를 물고 이르렀는데, 5척의 배에 2천 병력을 실었고, 그 외에 두 營이 더 있어 南洋 함대의 군함을 타고 이어서 이를 것이라 했다. 삼판선 10척이 군사를 가득 싣고 작은 윤선 2척이 이를 예인해서 물고기를 꿰듯이 南陽에 상륙했다. 8일, 李昰應의 편지를 받았는데, 어제 화방이 열거한 일곱 조목과 문답을 주고받은 각 사항도 함께 적어서 부쳐 보내왔고, 화방이 사흘 안에 회답하라고 했다고 하면서, 속히 왕경으로 와서 갈등을 조정해서 해소해달라고 청했다. 13일 오장경과 정여창 등과 함께 대원군 李昰應의 사저로 찾아가서, 답방을 요청했다. 성에서 비교적 가까운 黃松亭의 병영 안에 머무르다가, 이하응을 맞아 강제로 연행하고, 그 아들 李載冕을 구속하여 지켜서 '난당'이 그를 따라 추대할 수 없게 했다. 14일에 국왕이 全權大官으로 李裕元, 副官으로 金弘集으로 정해 인천에 보내서 花房 공사와 조약에 관해 의논하게 했는데, 이에 앞서 먼저 戶曹 판서 金炳國을 보내 條款에 관한 의견을 물어 와서, 허락할 수 있는 것과 허가할 수 없는 것 및 變通해서 처리할 수 있는 것 등을 일러주고, 이홍장과 장수절에게 대원군 연행에 관한 보고서를 써 보냈다.

한양에 진군한 청군은 15일과 16일 이틀에 걸쳐 枉尋里와 利泰里 두 동네로 진입하여 군란을 일으킨 군인들을 공격하여, 170여 명을 포획해서 그 수령과 죄상이 비교적 자세하게 드러난 자 10명은 처형하고 그 나머지는 석방하였다. 17일에 김홍집의 편지를 받고서, 일본과 조선의 조약이 체결되었음을 알게 되었다. 22일 새벽 5시 반에 닻을 올려, 23일 오전 9시에 之罘에 다다라 천진으로 돌아갔다.

3. 변질된 朝淸 관계

마건충의 『동행삼록』에서 가장 눈을 끄는 정보는 변질된 朝淸 관계였다. 아직도 전통적 册封-朝貢 관계의 흔적이 형식적으로는 남아 있었지만, 이미 그 형식 안에서 많은 내용이 변하고 있었다. 조선인들은 청국인들을 가볍게 보기 시작하였고, 청국인들은 조선인들에게 전통적 태도로 돌아가기를 요구하였다. 이는 마건충이 조선에 도착하자마자 가장 먼저 경험해야 했던 일이었다.

3월 21일에 인천 앞바다에 닻을 내린 마건충은 이틀 뒤인 23일에 조선의 接伴官 趙準永 등과 만나 필담을 나누었는데, 이때 마건충은 틈을 타서 조선의 조정 의논을 엿보려 하였지만, 조준영 등은 "매우 교활하여 정부에 관해 말할 때는 곧 번거롭게 해서 알 수가 없었다"고 한다. 이에 마건충은 "傅相[=李鴻章]이 大皇帝께 주청하여 이곳에 관원을 보내온 것은 원래 屬藩을 잘 보살피고 돌보기 위해 헤아려 생각한 것이니, 응당 정성을 다해 대우해야 마땅한데, 어찌 이처럼 태도가 애매하고 불명확한가"라고 불만을 토로했다. 또한 조선의 2品 參事堂備官 金景遂가 王京에서 와서, "이미 經理機務衙門事 申櫶을 議約大員으로 안배하여 결정했으니, 모래면 말 달려서 이를 것이라"고 했는데, 마건충은 김경수가 "필담으로는 혀로 핥듯이 아첨하면서 글의 기세가 사납고 교활해서 은연중에 中國을 가볍게 여기는 뜻이 있었다"고 했다.

이러한 조선인들의 변화된 태도에 대해, 마건충은 그 응대함이 예를 잃었다고 책망하면서, 즉시 접반관에게 날이 밝는 대로 돌아가겠다고 통고함으로써, 그들의 사과를 받아냈다. 마건충은 26일에 조준영이 조선의 經理機務事 申櫶과 副官經理機務事 金弘集, 從事官인 機務副主事 徐相雨

등 세 사람의 명함을 가지고 오자, 이들을 가리켜 조선의 '大官'이라 부르면서, "大官의 뜻은 大臣을 이르는 것으로, 下國의 陪臣은 감히 大臣이라 칭할 수 없고, 강등해서 大官이라 칭하는 것이 禮다"라고 하여, 청과 조선의 차등 의식을 강하게 내비쳤다. 마건충의 이러한 의식은 마침내 조선 대신에게 三跪九叩의 예를 강요하기에 이르렀다. 27일에 신헌과 김홍집 등 두 사신이 마건충을 만나기 위해 배에 오르자, 마건충은 통역관을 시켜서 "陪臣 누구누구가 선창에 들어와서 먼저 삼궤구고의 禮를 행하고, 국왕을 대신해서 공손하게 皇太后와 皇上의 안부를 여쭌 다음, 주객이 서로 만나는 예를 행한다"고 말하게 하여 조선의 대신에게 3궤 9고의 예를 강요하였고, 이에 따라 신헌과 김홍집 등 조선의 전권대신들은 삼궤구고의 예를 행했다.

마건충은 "예를 행하며 읍양하고 진퇴하는 사이에 매우 위엄 있고 공손했다"고 하면서, 이는 "아마도 23일 배로 돌아가며 매우 결연한 태도를 조금 보여준 뒤로, 中朝의 士大夫를 얕보아 놀릴 수 없음을 알았던 것이다. 그 뒤부터 김경수 등 여러 사람과 왕경에서 온 자들이 업신여기며 예를 어기는 일을 점점 감히 하지 못했다"고 했다. 28일에 仁川府使가 통역관을 보내 지시를 바라면서, "李應俊이 기밀에 속하는 중요한 사무에 대해 직접 진술하러 다시 왕경으로 갔다. 中國에서 관원을 보내 조약에 임하게 했기 때문에, 비록 물건을 보내는 작은 일이라 하더라도 감히 알리지 않을 수 없다"고 했는데, 마건충은 "이 역시 공손하고 순명하는 태도의 한 부분이라"고 하면서 만족해했다. 인천부사는 마건충과 정여창에게 여러 번 예로서 음식을 바쳤지만, 이들은 모두 사양하여 물리쳐서 받지 않으면서, "國家가 藩服을 우대하고 가엾이 여기는 뜻을 체현했다"고 자부하기도 했다.

변화하는 조선의 태도를 단속하는 가장 효과적인 방법은 조선과 만청의 책봉–조공 관계를 조선과 통상조약을 체결하려는 서구 열강들에게 과시하는 일이었다. 이를 위해 마건충은 조약문 안에 이 사실을 포함시키기를 원하였지만, 서구 열강에 의해 거부되었다. 그가 선택한 마지막 방법은 조약문 밖에서 照會의 형식으로 조약 당사국 국가원수에게 통지하는 것이었다.

4월 4일에 이홍장에게 보낸 보고서에서, 마건충은 "薛斐爾[슈펠트]는 23일에 하구로 들어오고 그 다음 날 항구에 닿았습니다. 25일에 이쪽저쪽이 서로 가서 찾아보고 조약 안의 제1조에 관해 이야기했는데, 그는 끝까지 體統의 대등함을 저해함이 있다고 말하고, 전보가 다시 이르지 않았으니 마음대로 허락하기가 결코 쉽지 않다고 했습니다"라고 하여, 조약문 제1조에 조선이 청의 속국임을 규정하자는 제의에 대해 미국 대표가 거부하였음을 전하였다. 그래서 "만약 이 조항을 조약문 안에 반드시 끼워 넣으려고 하면 굳이 고집하여 일을 그르칠 형세이니, 어쩔 수 없이 의논해서 조선 국왕에게 조약문 밖에 照會 한 통을 따로 갖추어 中國의 屬邦임을 聲明케 하면, 우리에게는 이미 藩服의 명분이 있게 되고 저쪽에는 대등한 체통을 저해함이 없게 될 것입니다. [……] 忠이 생각하기로, 조약을 체결하기 전에 이 조항을 照會 안에 분명하게 써 넣어 먼저 성명을 행한다면, 미국은 이 조항이 조약문 안에 들어가는 것은 허락하지 않았다 하더라도 조약에 앞서 이미 성명을 허락하는 것이니, 곧 조선이 우리의 屬邦임을 인정하여 밝히는 것과 다를 바 없습니다"라고 하여, 조약문에 조선이 중국의 속방임을 명기할 수 없었기 때문에 그 대안으로 조회문에서 성명하게 되었음을 밝혔다. 그러나 마건충이 조회문을 통해서라도 조선이 중국의 속방임을 성명하려 한 까닭은 변화하는 조선의 태도를 단속하려는 데 일차적인 목적이 있었다. 이는 마건충이 이홍장에게 보낸 보고서에서 여실히 나타나 있다.

조선은 일본인의 유혹을 받은 이래로, 비록 감히 漢에 대해 무례하게 굴지는 못한다 하더라도, 역시 교활하게 변명하며 발뺌하는 마음이 없는 것은 아니었는데, 20일 배로 돌아가며 결연한 태도를 보여준 뒤로 비로소 中朝의 인사를 우습게 알고 놀릴 수 없음을 알게 되었습니다. 이로부터 景遂 등 여러 사람과 그 뒤에 王京에서 온 자들이 모두 더욱 공손하게 삼갔으며, 그 국왕도 마침내 承旨를 보내 명함을 가지고 와서 찾아뵙게 했으니, 교활하게 변명하며 발뺌하는 전일의 그 마음은 이제 더 이상 되풀이하지 않는 것 같았습니다. 이에 만약 屬邦이라는 한 구절의 성명으로 간곡하고 자세하게 타일러서, 그들로 하여금 그것에 의거하여 따라 일을 잘 처리하게 하고 사리와 형세로써 헤아리게 한다면, 혹여나 어긋남이 있는 지경에까지 이르지는 않을 것 같습니다. 만에 하나라도 교묘한 말에 현혹되어 우리와 갈라지는 지경에 조금이라도 이르게 되면, 미국과 일본 두 나라 선박이 멀지 않은 곳에서 쳐다보게 되니, 국가의 체면에 거리끼는 바 있을까 매우 염려됩니다. 이에 그때그때의 형편에 따라 임기응변의 술책을 대략 섞어서 그들을 마음대로 다루려 합니다. 마침내 27일에 그들이 파견한 議約大官 申櫶과 副官인 金宏[弘]集이 배에 올라와서 뵐 때, 먼저 站隊가 포를 쏘아 우리의 위엄을 펴 보이게 하고, 다시 말을 전해 陪臣 누구누구가 국왕을 대신하여 三跪九叩의 禮를 행하고 황태후와 황상의 안부를 삼가 묻게 함으로써 그 기를 꺾은 뒤에, 필담으로 기재한 여러 말에 따라 느긋하고 여유 있게 이끌어서 붙들어주어 그 범위 안으로 기꺼이 나아가도록 했습니다. 그러고서 照會 원고 하나를 대신 본떠 만들었는데, 관대하게 自主라는 명분을 빌려주고, 실제로는 그 나라가 屬邦이라는 사실을 펴서 밝혔습니다.

요컨대, 변화하는 조선의 태도를 단속하여 滿淸과 朝鮮의 宗主國과 藩屬國의 관계, 즉 册封과 朝貢의 禮를 교환하는 전통적 관계를 유지하게 하기 위해, 조약 상대국에 이 사실을 기재한 조회문을 보내도록 종용하였다는 것이다. 그 결과, 4월 6일 제물포 해안에 임시로 친 천막에서 조선과 미국의 대표가 마건충이 지켜보는 가운데서 조약본의 한문과 양문 각 세 册에 도장을 찍고 서명했으며, 册 말미에 年月을 모두 한문으로 '朝鮮 開國 몇 年, 즉 中國 光緒 몇 年 몇 月 며칠'이라는 자구를 써넣었다. 이 일이 끝난 뒤, 조선의 申 · 金 두 사신이 다시 일어나 그 국왕이 미국의 대통령에게 보내는 조약 외의 照會 한 통을 미국 사신에게 전달하면서 가지고 돌아가서 전해 올려달라고 부탁했다.

조선이 영국과 조약을 맺을 때도 마건충은 조회문을 통해 朝淸의 전통관계를 명시하자고 주장하여 이를 관철시켰다. 李鴻章에 보낸 보고서에 의하면, 韋(윌스) 사신이 조약 안의 제1조에 대해, " '조선은 中國의 屬邦으로 평소에 中國을 받들어 宗主로 여긴다'는 것에 대해서는 미국이 어떻게 처리하든 영국도 응당 그것에 비추어 처리할 것이니, 만약 반드시 조약 안으로 벌여 넣으려 하면 본국의 전보를 받들기 전에는 결단코 마음대로 허락하기는 어려울 것이다"라고 했다 한다. 이에 마건충은 "조약은 다만 양국 사신이 의논하는 것이지만, 照會는 조선 국왕이 영국 군주에게 스스로 분명하게 밝히는 것이니 더 바르고 큰 것으로 느껴질 것이라"고 하면서, "이 조항을 미국은 이미 조약 안으로 벌여 넣지 않았는데, 이를 영국이 허락하도록 한다면, 공평하지 않아 거리낌이 있을 뿐만 아니라 다른 사람의 웃음거리가 될 것이니, 그 뜻을 생각하면 결단코 들어주기 어렵지만, 따져보면 미국이 이뤄놓은 전례에 따라 조선 국왕에게 조약 체결에 앞서 먼저 照會를 갖추어 분명하게 밝히게 하는 것이 나을 것이라"고 하여, 미국과 조약을 논의할 때처럼 처음에는 조약문 제1조에 조선이 중국의 속방임을 명시하자고 주장하다가 영국의 완강한 거부에 부딪혀 결국 조회문에 명시하는 전례를 반복하기로 했음을 밝혔다. 그는 이홍장에 보낸 보고서에서, “영국과 조선이 조약을 맺는 일도 이미 21일에 제물포에 친 장막에서 서명했습니다. 屬邦임을 분명하게 밝히는 照會도 미국과 조약을 맺을 때와 똑같이 영국 사신에게 건네주어 가지고 돌아가게 했습니다”라고 보고했다.

마건충은 아주 사소한 일에서조차 조선과 만청이 대등한 국가가 아님을 강조하려 하였다. 『東行續錄』에 의하면, 마건충이 5월 12일에 독일 군함으로 독일의 조약 대표인 브란트(Max von Brandt, 巴蘭德) 북경주재 독일 공사를 방문하여 15일에 제물포 해안에서 조약을 맺기로 약속하고 떠나려 하자, 브란트가 15발의 포를 쏘며 환송하겠다고 하면서 말하기를, “우리 해군의 정해진 제도에 의하면, 무릇 군함이 다른 나라의 항구에 들어갈 때 포를 쏘아 그 나라의 君臣에게 존경의 뜻을 표하지 않으면, 그 나라 관원이 배에 올라와도 포를 쏘며 환영하거나 환송할 수 없다. 앞서 그대가 방문해주었을 때 겨우 뱃전에 서 있기만 하고 포를 쏘지 않은 것은 직무가 이러하기 때문이다. 뒷날 다시 오면 포도 쏘아서 존경을 표할 것이다”라고 했다. 이때 마건충은, “이는 작은 이유에 지나지 않는다. 내가 지금까지 번잡한 예를 다투지 않아 특히 이를 개의치 않았는데, 잠깐 해군의 정해진 제도에 대해 말한 것을 돌아보면, 어찌 조선이 조회에서 성명한 뜻을 알지 못하고 그 나라와 中國을 저울질해서 같게 본 것이 아닌가. 그렇다면 그대가 뒷날 다시 우리를 지나갈 때도 반드시 포를 쏘아 답할 것이다”라고 하여, 朝淸 양국을 동등한 예로써 대우하는 것에 불만을 표시했다.

이러한 각 방면에서 벌인 노력의 결과, 마건충은 朝淸의 전통적인 책봉-조공 관계를 적어도 형식적으로는 단속, 유지시킬 수 있었다. 그 한 예로, 황제의 詔書를 가지고 온 詔使의 신분이 아니었음에도 불구하고, 마건충은 조선의 議約大官에게 ‘三跪九叩’의 過禮를 요구하여 만청의 위신을 지켰을 뿐만 아니라, 국왕을 배알할 때도 詔使를 영접하는 전통적 대우를 받을 수 있었다. 조미 통상조약을 성사시킨 뒤, 4월 10일에 한양의 궁궐을 방문한 마건충은 임시 휴식처에 이르러 시종관에게서 국왕과 왕세자를 접견하는 儀註 4冊을 받았다. 안내를 받아 便殿으로 들어가 동쪽 기둥 밖에 이르니, 국왕이 나와서 서쪽 기둥으로 나아가 동쪽을 향해 서서 揖讓하고 들어가 궁전에 올랐다. 읍양의 예를 행한 뒤에 자리로 가니, 提調가 揮巾을 올리고 차와 과일을 두 차례 꿇어앉아 바쳤다. 진퇴와 周旋이 모두 음악에 맞추어 절도 있게 이뤄졌다. 궁전 안에는 조복과 홀을 든 관리들이 위엄 있게 서 있었다. 국왕은 翼善冠을 쓰고 袞龍袍를 입었는데, 용의 발톱은 네 개였다. 의례가 끝나고 음악도 그쳐져, 자리에서 일어나 작별하고 나왔다. 국왕은 기둥 밖까지 배송했다. 임시 휴식처에서 興宣大院君 李昰應과 왕의 형 載冕을 만나 이야기를 나누고, 王世子의 처소로 가서 왕세자를 만났는데, 의례를 행한 것은 국왕과 같았다. 왕과 세자가 다 환관을 사신으로 파견해서 술자리를 보냈다. 환관 사신이 다시 국왕의 명으로 千金을 가지고 와서 전별금이라 했다. 이러한 대접은 전통적으로 조선이 詔使나 勅使를 접대할 때 베푼 의례로, 기울어지는 만청의 위신을 적어도 형식적으로나마 유지시키려는 淸人의 노력이 어느 정도 효과를 보았음을 나타낸다.

마건충의 이러한 노력은 임오군란을 수습하기 위해 제3차로 조선을 방문하였을 때도 계속되었다. 그는 북양대신에게 군대를 빨리 보내달라고 요청하면서, 그 이유의 하나로 조선의 태도 변화를 사전에 차단하기 위한 것이라 밝혔다. 즉 그는 청군이 급파되어야 할 이유를 다음과 같이 밝혔다.

난당이 날이 갈수록 끊임없이 널리 퍼져서 박멸하기가 빠르게 어려워지는 것이고, 또 하나는 일본의 花房義質과 井上馨 등이 머지않아 군함을 모두 거느리고 한강에 크게 모일 것이기 때문입니다. 만약 그때 중국이 여전히 아무런 거동도 하지 않으면, 저들은 반드시 무거운 병력으로 먼저 漢城에 가서 조사와 조처를 스스로 행할 것이니, 그렇게 되면 조선 국내가 반드시 그 모진 해독을 입게 될 것입니다. 그리고 그 뒤에 일본이 난을 평정하는 데 공이 있게 되면, 장차 강력한 이웃 나라의 불빛에 더욱 의지하게 되고, 中國의 도움이 미쳐지지 못해서 혹시 屬國의 마음이 갑자기 차가워질 수도 있어, 藩服이 장차 이로 인해 더욱 쇠약해지고 국가의 위엄도 이로 인해 조금 손상될 것이니, 일의 기회를 잃으면 매우 애석해질 수도 있습니다.

4. 朝鮮과 西歐 列强의 修好通商 條約 알선

조선을 세 번 방문한 馬建忠은 조선이 미국과 영국 · 프랑스 · 독일 등 열강과 수호통상 조약을 체결하는 과정과 일본과 善後 조약을 체결하는 과정에 다섯 차례나 직접 개입하여 알선 혹은 조정하면서 일정한 영향을 미쳤는데, 그 과정과 목적, 배경 등이 『동행삼록』에 상세하게 기술되어 있어, 특히 사료적 가치를 갖는 것으로 간주되는 문장을 발췌하여 정리하면 다음과 같다.

1) 朝美 修好通商 條約 중개

조회문을 통해 조선과 청의 전통적 관계를 명시하게 한 것은 마건충을 내세워 만청이 朝美 수호통상 조약에 개입한 가장 큰 핵심적 이유로서, 앞 장에서 이미 논급하였지만, 그 외에도 마건충은 여러 방면에서 이 조약의 체결에 개입하였다. 그가 이홍장에게 보낸 보고서에 의하면, 제1조에 조선이 속방임을 밝히는 문제 이외에는 별다른 이견이 없었지만, 다만 양곡의 수출에 관한 한 조항만 신헌과 김홍집이 모두 "그 나라 조정의 논의와 백성의 정서에 거리끼는 바가 있다"고 하면서 굳이 금지하자고 하고, 미국의 슈펠트 사신은 굳이 금지할 수 없다고 하며 서로 여러 날 버티었다고 한다. 이에 김홍집이 "仁川 항구에서는 쌀을 수출할 수 없다"는 말 한마디만 注記로 첨부하자고 주장했는데, 마건충은 "말이 언급하는 바가 애매모호하다"고 해서, 그 대신 "인천에 이미 열린 항구에서 각종 미곡을 옮겨서 나가는 것을 모두 금지한다"는 말로 바꾸어 비교적 세밀하게 했다고 한다.

2) 朝英 修好通商 條約 알선

조선과 영국의 조약에서도 마건충의 개입이 있었다. 영국의 議約 사신인 윌스(Admiral Willes; 韋力士) 해군제독이 미국과 맺은 조약에서 약간 늘리거나 줄이고 싶어 했을 때, 마건충은 단 한 자도 바꿀 수 없다는 입장을 굳게 지켜서, "끝내 내 말과 같이 했다"고 자부했다. 李鴻章에 보낸 보고서에 의하면, 12일에 영국 사신 윌스가 군함을 타고 한강 하구에 이르러 닻을 내리고, 마건충의 귀국을 은근하게 만류하며 중개해달라고 부탁하면서, 이홍장의 편지를 꺼내주었다. 이에 마건충은 조미조약 때의 전례대로 윌스에게 조약문 제1조에 "조선은 中國의 屬邦으로 평소에 中國을 받들어 宗主로 여긴다"는 점을 명기하자고 주장하다가 영국 측의 반대에 부딪혀 照會의 형식으로 대신하도록 종용하였다. 그리고 윌스가 "미국의 조약은 대강만 간략하게 든 것으로, 대충 누락한 것 같으니 중간에 여러 조문에 注를 첨가해서 주도면밀함을 기하는 것이 좋겠다"고 주장하자, 마건충이 "이번이 첫 번째 조약 체결이어서 다만 대강을 간략하게 들었을 뿐이니, 5년 뒤를 기다려서 피차 우의를 나눔이 신실해지고 무르익게 된 뒤에야 손익을 헤아릴 수 있으니, 이전부터 각국의 조약 체결은 모두 이와 같았다"고 해서, 결국 일체를 미국의 조약에 비추어 정하자고 약속하게 했다고 한다.

이홍장에게 보낸 귀국 보고서에 의하면, 마건충은 측량에 관한 사항 등을 조회문에 반영하는 문제에도 개입하였음을 알 수 있다. 그는 "앞의 보고서를 발송한 뒤, 원래는 영국의 번역관이 조선에 오기를 기다렸다가 서명하는 것이 좋겠다고 의논해서 늦추었는데, 여러 날 번역관이 오지 않고 또 뜻밖의 일이 약간 발생해서, 조약문 밖에 따로 照會 한 통을 갖추어 조약문 안에서 상세하게 기재하지 못한 세 節을 聲明하려 했습니다. 忠이 개진된 각 節을 조사해보니 대체로 어긋나거나 방해함이 없었고, 측량에 관한 일은 특히 中國에 유익한 일이었습니다. 대개 조선의 각 항구는 이 뒤로 모두 中國의 군함이 이르는 곳으로, 영국인이 측량한 뒤에 그린 상세한 海圖 하나를 얻으면 곧 앉아서 그 성과를 향유할 수 있습니다. 마침내 이를 조선의 趙, 金 두 사신에게 전해 알리고, 양 사신도 국왕에게 청하여 그대로 인준하여 咨文에 회답하게 했습니다"라고 했다.

3) 朝佛 修好通商 條約 조정

마건충은 조선과 프랑스의 통상조약에도 깊이 개입하였다. 특히 프랑스의 경우 禁敎 문제가 핵심적 쟁점이 되었는데, 마건충은 중국에서의 경험에 비추어서 매우 신중하게 접근하였다. 조영 조약을 하루 앞두고, 4월 20일에 프랑스의 天津 주재 領事 딜롱(Dillon; 狄隆)이 내방하여 협조를 요청하자, 마건충은 금교 문제를 거론하였다. "조선의 사신이 프랑스 이름을 한번 듣고는 곧 불안한 마음으로 傳敎를 염려하며 귀국과 조약을 체결하고 싶지 않은 심정을 은근히 갖고 있다. 조선은 [천주]교의 전파를 가장 꺼려하기 때문에, 현재 일본과 통상 章程에 대해 거듭 의논하고 있는데,

그 한 조문 안에 敎書와 鴉片煙을 모두 금하고, 만약 각 항구로 가지고 들어오는 자가 있으면 그 물주를 벌할 뿐만 아니라 그 물건을 당연히 모두 태워 없앤다는 말이 기재되어 있다. 또한 귀국은 앞서 선교사가 조선으로 몰래 들어가서, 마침내 同治 7년(1868)에 강화로 들어가 웅크리고 있었던 일까지 벌였다." 마건충은 자신이 조선인을 타이르고 이끌어서 "프랑스가 이번에 온 것은 전교를 위한 것이 아니라 통상과 우호를 청하는 데 그 뜻이 있다"고 설득하여, 조선이 프랑스와 조약을 체결할 뜻을 가지고 조선 측 사신을 결정했다고 하면서, "귀국이 이번에 온 것이 비록 통상을 명분으로 삼고 있다 하더라도 禁敎의 일을 법으로 설정해서 분명하게 밝히지 않을 수 없다"고 했다. 딜롱이 "금교하는 일 하나는 우리나라에서 절대로 허락해서 시행하지 않을 것이라"고 하자, 마건충은 프랑스 유학을 통해 얻은 지식을 근거로 제시하며 딜롱을 설득하였다. "금교하는 일이 10년 전에 있었다면 귀국은 사실 허락하여 따르기가 어려웠을 것이다. 다만 현재의 귀국 정국은 이미 변하여 의회의 상원과 하원 중에 전교를 유지하고 보호하는 자는 외롭고 쓸쓸하게 몇 명밖에 되지 않고, 나라의 정권을 잡고 있는 자 가운데 그 무리를 비난하는 자가 많으니, 만약 조선과 조약을 체결할 때 금교한다는 구절 하나를 분명하게 기재한다 해도, 귀국 정부가 반드시 허물을 깊이 나무라지는 않을 것이다"라고 타일렀다. 또 딜롱이 "'禁敎' 두 자가 공문에 드러나 보이면 반드시 우리나라 인민의 공분을 불러일으킬 것"이라고 걱정하자, 마건충은 천주교에 대한 조선 정부의 대응과 조선인의 정서를 들어 다음과 같이 반박했다.

> 그대는 귀국 인민의 정서를 염려해야 함은 알아도, 조선 인민의 정서가 더욱 염려스러움은 어찌 알겠는가. 며칠 전에 江華府로 가서 유람하면서 그곳 관리들과 만나 이야기를 나누었는데, 아직도 귀국이 전에 강화에 웅크리고 있었던 일에

대해 서운해 하며 "이는 모두 傳教 때문이라"고 말했다. 나는 이곳에 한 달 머무르면서 그 관원들과 왕래했는데, 전교와 아편연을 크게 경계하지 않는 이가 없었다. 이전 국왕의 禁教는 매우 엄하여서 서양 선교사들이 여러 차례 살육되었고, 지금까지도 여전히 이를 극구 강조하고 있다. 지금은 시국이 한번 변해서 그 국왕이 외교에 뜻을 두고 있지만, 원로 신료들은 모두 잘못된 것으로 여기고 있고, 王叔 李昰應은 더욱 힘써 불가하다고 고집하고 있다. 다행히 국왕이 이미 명철하게 결단하여 영국과 미국 등과 조약을 체결했기 때문에, 조약을 협의해서 체결하기 위해 보내온 자는 모두 젊은 심복으로, 나라의 원로 신료들은 뒤로 물러나 협의에 간여하지 않고 있다. 지금 귀국이 여기에 온 것에 대해, 조선의 신민들은 모두 귀국이 전교를 하기 위한 것으로 알고 있으니, 만약 분명하게 금지하지 않으면 조약의 공론이 들끓게 될 것이다.

딜롱이 "일이 비록 이와 같다 하더라도, 전교에 관한 일은 영국이나 미국의 조약 안에서 꼭 특별히 밝히지는 않은 것과 같아야 할 것이다. 만약 특별히 밝히려 한다면, 우리나라가 허락하여 따르기 어려울 뿐만 아니라, 구미 각국 가운데 큰 수치로 여기지 않는 나라가 없을 것이다. 만약 모두 영국과 미국의 조약에 비추어 의논을 정한다면, 내가 즉시 寶[보레][3] 公使를 잠시 대행하여 체결할 것이다"라고 하자, 마건충은 "현재 조선의 사신이 오로지 영국과 조약을 협의하기 위해 파견되었는데, 어떻게 감히 귀 영사와 체결할 수 있겠는가. 더구나 권한을 갖고 있는 대신을 잠시 대행해서 조약을 체결하는 것은 국제법에 기재되어 언급된 바 있음을 보지 못했다"고 반박하면서, "부득이하여 귀 영사가 내게 照會를 보내면, 나는 즉시 조회의 뜻을 담은 편지를 조선 사신에게 보내, 조선 사신이 다시 내

3 北京에 주재한 프랑스 公使 Boure'e를 말하는데, 정식 한자 표기는 '寶海'였다.

게 회답하기를 기다린 뒤에, 내가 다시 귀 영사에게 회답을 이송하는 것이 곧 올바른 방법이다"라고 충고해서, 딜롱의 동의를 얻었다.

마건충은 22일에 딜롱을 金弘集에게 소개해주고, 프랑스어로 김홍집을 위해 모두 대신 전달해주었다. 딜롱이 돌아간 뒤에 김홍집에게 "영국과 미국의 和約이 이미 中國의 중개로 이뤄져서 다른 나라도 그 뒤를 이어 사전에 소개해달라고 중국에 요청한다 하더라도 그것을 사양하여 기만과 협박을 받지 않아야 할 것이라"고 말했다. 이홍장에 보낸 귀국 보고서에 의하면, 마건충은 곧이어 프랑스 領事 딜롱의 처소에서 북양대신 張樹聲의 서찰을 접수했는데, 여기서 "보레 공사가 딜롱을 동쪽으로 보냈으니 通好의 뜻을 먼저 전해주라"고 이르고, "사전에 소개할 방도를 강구하라"고 당부했다고 한다. 아울러 "조선이 이 나라의 傳敎에 대해 대적하는 정황을 상세하게 알도록 알려주어서, 딜롱 영사가 보레 공사에게 보고하여 방법을 의논하여 결정하게 한 뒤에, 다시 조선에 가서 한 통상 조약을 체결하게 하되, 傳敎에 관해서는 언급하지 않음으로써 나중에 분쟁의 실마리를 남기지 않도록 하라"고 지시했다. 이에 마건충은 이날 趙 · 金 두 사신을 仁川의 行館에 가서 만나, 프랑스 선박이 동쪽으로 온 대강의 뜻을 대신 전해주고, "조선은 이미 미국과 영국과 통상하게 되었으니 유독 프랑스와 통호하는 것만 거부하기는 어렵다. 지금 당장 조약을 체결하는 것은 아니니, 그 사이에 불편한 점이 있으면 죄다 딜롱 영사에게 사전에 곧바로 이야기하라"고 말했다. 두 사신이 "조선과 프랑스는 이전에 왕래가 없었고 언어도 통하지 않아, 비록 이야기하려 해도 스스로 전달할 수가 없다"고 하자, 마건충은 趙 · 金 두 사신이 편지 한 통을 자신에게 보내게 하면서, "충이 이미 딜롱을 위해 두 사신에게 통호의 뜻을 대신 전달해주었기 때문에, 두 사신도 답하는 뜻으로 회신을 보내 딜롱에게 대신 알려줄 것을 忠에게 부탁하는 것이다. 다만 禁敎에 관한 한 조목의 처리는 상당히 어려울 것이다"라고 했다. 이날 저녁에 인천에서 돌아와서 곧 딜롱에게 거듭하여 말하기를, "조선이 프랑스와 조약을 맺는 것을 원하지 않는 까닭은 모두 傳敎 한 일 때문이니, 지금 조약을 맺으려면 반드시 禁敎해야 한다"고 했다. 딜롱은 "敎는 傳하지 않을 수 있지만, 明禁이라는 자구는 결단코 글로 드러낼 수 없다. 어쩔 수 없다면, 미국과 영국의 방법에 비추어 피차 공평하게 언급하지 않는 것은 괜찮다"고 했다. 이에 마건충은 信敎의 문제는 서양의 나라들이 가장 중요하게 여기는 것이어서 만약 明禁이라는 자구를 글로 드러낸다면 프랑스 사람들이 매우 수치스럽게 여길 뿐만 아니라, 미국과 영국 등 각국도 모두 반드시 허락하여 실행하지 않을 것이고, 만약 미국과 영국의 방법에 비추어 피차 공평하게 언급하지 않는다면 프랑스인들이 장차 틈을 타서 들어와 후환을 일으킬까 걱정되기도 했기 때문에, 22일에 조선 사신과 딜롱을 배로 초청해서, 조선이 傳敎에 대적하는 정황을 면전에서 프랑스어로 대신 상세하게 알도록 일러주었다. 그리고 편지를 써서 "조선이 지금까지 외교에 통하지 못하여 나라 일과 백성의 정서가 다른 나라와 같지 않은 점이 많은데, 이번에 영국과 미국이 맺은 두 조약은 모두 조선의 나라 일과 백성 정서와 조금도 어그러짐이 없었으니, 프랑스가 조선과 조약을 맺으려면 모두 미국과 영국의 조약본에 비추어서 의논을 정해야 할 것이며, 조약문을 교환한 뒤에 시행할 각 조문은 모두 조약 안에 정해진 조목별 규칙에 따라 처리되어야 할 것이니, 이와 같이 하면 프랑스로서는 체면에 저해함이 없을 것이고, 조선으로서는 전교를 허락하지 않는 뜻이 그 안에 이미 은연히 내포되는 것이다"라고만 하여, 그 초고를 딜롱에게 건네주면서 보레 공사에게 보고하라고 했다.

마건충은 23일에 닻을 올려 귀국하면서 떠나기 하루 전에 조선 사신에게, "만약 다른 나라가 계속 오면, 조선은 외교에 관한 일을 잘 몰라서 조약을 맺는 일은 中國의 주관을 통해 하는 경우가 많으니, 지금 조선과 조약을 맺으려면 먼저 천진에 가서 北洋大臣과 상의하여 관원을 보내 조약에 임하도록 청하면 의논을 정할 수 있다고 알려주라"고 이르고, 국왕에게 전해 알리라고 당부했다. 그는 보고서에서 "조선이 中國의 屬邦이라는 뜻도 이에 더욱 분명해지기를 기대했기 때문에" 이런 당부를 했다고 말했다. 그는 "이후에 계속 오게 될 각국 가운데에, 프랑스 같은 나라는 대체적인 형세가 이미 정해져서 중국의 주관을 통할 것으로 예상되고, 독일도 조선과 언어가 통하지 않고 문자가 같지 않아 대면해서 조약을 맺는 것이 결코 쉽지 않을 것입니다. 다만 혹시 곧바로 조선에 가서 일본인의 중개를 요청할지도 모르는데, 이는 우려할 만한 일입니다. 그러나 독일이 만약 영국과 미국이 이룬 조약에 비추어 의논을 정한다면 일본인이 반드시 대신 중재하려 하지 않을 것이고, 만약 일본의 조약에서 이룬 전례를 본뜬다면 조선도 반드시 허락하여 시행하려 하지 않을 것임을 고려해보면, 조약에 임하도록 중국에 청하지 않으면 안 될 형세입니다. 러시아는 우리에게 꼭 와서 청하지는 않을지도 모릅니다. 그러나 忠은 이미 利害를 가지고 말해두었으니, 장차 러시아인이 와서 청하지 않는다 하더라도, 조선은 역시 반드시 와서 청할 것입니다"라고 예상했다. 그리고 "忠이 앞서 동쪽으로 건너갔을 때, 照會에서 聲明하는 일 히니에서 조선이 따르지 않고 미국이 거두어들이지 않을까 깊이 염려했는데, 조선에 이른 뒤에 일을 처리함에 모든 것이 순조롭게 진행되었고, 영국과 프랑스가 계속 이르렀을 때도 다시는 심한 방해가 없었음을 생각하면, 이는 특히 다행스런 일이었습니다"라고 보고하여, 그가 東行한 가장 큰 이유가 조회문에서 조선이 중국의 속방임을 성명하는 일이었음을 스스로 밝히고 있다.

4) 朝獨 修好通商 條約 중재

독일의 조약 대표가 조선에 도착해서 문서를 조선 정부에 보내 조약을 맺자고 청했을 때도, 조선 정부는 "修好는 실로 바라는 바이지만, 본국이 평소에 외교에 어두워서, 지난번에 미국과 영국과 맺은 두 조약도 上國에서 관원을 보내 조약에 임해주기를 기다렸다. 이번에 귀국의 군함이 동쪽으로 와서, 아마도 使槎가 머지않아 역시 이어서 이를 것이니, 때가 되어 다시 의논해도 늦지 않을 것이다"라고 하여, 마건충이 와서 중재해주기를 기다리자고 했다. 이에 마건충이 조선과 독일의 조약 체결 과정에도 개입하였음은 『東行續錄』에 상세하게 기재되었다.

그는 5월 12일에 브란트 독일 대표가 번역한 프랑스어 조약 원고와 별지에 쓴 照會의 바탕 원고를 보내, 심사해서 바르게 정해달라고 청하자, 프랑스 문장 가운데 적합하지 않는 여덟 곳을 끄집어내고, 조회의 바탕 원고도 불필요한 부분을 삭제하여 다듬어서 보냈다. 브란트 대표는 또 프랑스어 조약본 세 册을 보내 교정해달라고 청했다. 조선의 議約 大官 趙寧夏, 副官 金弘集의 객관까지 가서 먼저 漢文 조약본 세 책을 교정하고 배로 돌아와서, 다시 브란트 사신을 위해 프랑스어 조약본에 틀린 곳이 없는지 살펴보고, 즉시 사람을 보내 그것을 돌려보냈다.

5월 15일에 중국 揚威 호의 병사와 무관들이 천막을 가지고 제물포에 이르러 장막을 세웠다. 청국의 해군 관원이 수병 30명을 거느리고 삼판선 두 척을 타고 앞장서고, 마건충은 정여창 군문과 함께 威遠과 揚威·超勇·登瀛洲 등 여러 배들을 이끌었다. 하급 관원들은 각자 허리에 칼을 차고 삼판선 두 척을 저어 꼬리를 물고 가게 했다. 기슭에 올라 대열을 정비하고 총과 칼이 두 줄로 햇빛에 번쩍이며 나란히 나아갔다. 장막에 이르니, 독일의 병사와 무관들이 먼저 와 있었다. 청국 병력은 왼쪽에 있고 독일 병력은 오른쪽에 있어 장막 밖에 나뉘어 서니, 마치 두 날개를 펼친 것 같았다. 조선의 趙·金 두 사신이 수행원들을 거느리고 장막을 나와 엄숙하게 맞이했다. 독일 사신도 뒤이어 이르러, 자리를 잡고 앉아 서명의 순서에 대해 의논했다. 이에 마건충이, "漢文은 조선의 두 사신이 독일 사신보다 먼저 하고, 獨文은 독일 사신이 조선의 두 사신보다 먼저하며, 佛文 세 冊은 조선에 남겨두는 것은 조선 사신이 먼저 하고 독일 조정으로 가지고 가는 것은 독일 사신이 먼저 하도록 하자"고 하니, 세 사신이 모두 수긍했다. 이에 각자가 자리에 올라 서명 날인했다. 마건충은 종자에게 일러 술을 따라 조선의 두 사신에게 축하하고, 다시 照覆(즉 조회에 대한 답신)을 독일 사신에게 건네주었더니, 독일 사신이 감사의 뜻을 표했다. 곧이어 丁汝昌과 독일 사신, 조선의 두 사신과 함께 무관들을 옆에 세우고 사진을 찍어 그 성대함을 기록으로 남겼다. 사진을 다 찍은 뒤에 각자 악수하며 기쁜 마음으로 흩어졌다고 한다.

오후에 독일 배에서 파티가 열렸는데, 향연의 사이에 브란트 사신이 말하기를, "아시아주 각국의 외교에서 조선이 가장 늦었다. 10여 년 전에 프랑스 배가 운항하여 한강으로 들어와서 군사력으로 그 반을 손상시키고, 영국 배가 그 남쪽에 이르러 편지를 보냈지만 답이 없었으며, 미국 배가 세 번 왔지만 세 번 다 득이 되지 않았는데, 이번에는 몇 십 일 사이에 조약이 세 건이나 성사되었으니, 中國 傅相[=李鴻章]의 힘이 아니었으면 이렇게 되지 못했을 것이다"라고 해서, 좌중의 손님들이 가지런한 소리로 동의했다고 한다.

5. 壬午軍亂의 善後策 주도

『東行三錄』의 第三部인 『동행삼록』에는 임오군란에 滿淸이 개입하게 된 이유와 과정, 결과 등이 매우 구체적으로 기록되어 있다. 먼저 그 이유에 대해, "壬午년 5월 9일에 조선의 亂黨이 일본의 公使館과 왕궁을 포위해서 공격하여 일본인 가운데 죽은 자가 있게 되었다. 이에 蛉島의 임금과 신하들이 의논하여 군함을 크게 모아 조선에 가서 조사해서 처벌하려 한다고 해서, 우리의 駐日大臣인 黎蒓齋 사신이 전보로 振帥[=北洋大臣 張樹聲]께 아뢰어 관원을 파견해서 군함을 골라 거느리고 한강에 와서 변란을 살펴봐달라고 청하여, 振帥께서 忠을 가게 할 것인지 여부를 總署와 상의하였다"고 하여, 일본의 개입을 막기 위해 미리 군란을 수습하려 했음을 밝혔다.

이와 더불어, 『동행삼록』은 책봉-조공 체제를 지키기 위해 임오군란에 개입하였음을 시사하였다. 마건충은 대원군을 납치하면서, "그대는 조선 국왕이 황제의 책봉을 받았음을 아는가"라고 하니, "안다"고 했다. 그래서 이렇게 말했다. "왕이 황제의 책봉을 받았으면, 일체의 정책과 법령이 응당 왕에게서 나와야 하는데, 그대는 6월 9일의 변란에서 제멋대로 대권을 훔쳐, 자기와 생각이 다른 사람은 주살하고 자기와 사사로운 관계에 있는 사람은 끌어다 썼으며, 황제의 책봉을 받은 왕은 물러나 王府를 지키게 했다. 왕을 무시한 것은 실로 황제를 경시한 것이니, 그 죄가 용서받을 수 없는 것이다. 다만 왕에게는 父子의 친밀함이 있어 잠시 너그럽게 용서하니, 신속히 가마에 올라 馬山 나루로 가서 군함을 타고 天津에 가서 조정의 처치를 받도록 청한다"고 하여, 황제의 책봉을 받은 국왕을 마음대로 제압하여 무력화시킨 것을 가장 큰 죄목으로 지적하였다. 張樹聲에게 보낸 보고서에서도, "조선의 국왕 李熙는 실로 中國 大皇帝께서 冊封하여 그 나라의 군주로 삼은 자인데, 하응이 감히 생부의 존귀함을 믿고서 그 왕비를 살해하고 왕을 깊숙이 가두었으니, 거리낌 없이 제멋대로 하는 마음은 이미 대략 드러났고, 감히 갑자기 국왕을 폐하지 못한 것은 인심이 아직 정해지지 않고 병력이 아직 모이지 않았기 때문에 일을 조금 머뭇거리며 보류하고 있을 뿐입니다. 만약 中國이 조금 내버려두고 관망하며 평정을 시급하게 도모하지 않으면, 그 폐해가 장차 말로는 표현할 수 없을 정도로 있게 될 것입니다"라고 하여, 황제의 책봉을 받은 국왕을 무력화시킨 대원군을 제압하려는 것이 만청 개입의 가장 큰 이유로 지적되었다.

만청의 개입은 대원군의 납치와 난당의 진압으로 귀결되었지만, 처음부터 그것을 예상했거나 목표로 삼았던 것은 아니다. 처음 마건충이 파견된 목적은 정보의 수집과 상황의 확인이었다. 그는 조선에 도착하자마자 조선의 校理官 魚允中을 28일에 만나 "필담을 매우 길게 나누어 이번 일에 대한 대략을 거칠게 얻게 되었다." 이때 어윤중은 대원군에 관해 매우 비우호적인 정보를 다음과 같이 제공했다.

> 국왕은 支派로서 正統을 이었는데, 그 친부는 大院君이라 하여, 성격이 재물과 여색을 탐했다. 국왕이 들어가 계승했을 때, 국가 권력을 움켜잡고 마음대로 자행하여 남의 재물을 뺏고 사람 죽이기를 좋아했으며, 일본과는 까닭 없이 관계를 거부하여 끊어서 兵端을 거의 조성했다. 그때 국왕은 간신히 이름뿐인 왕위만 껴안고 있었고, 대원군을 아부하여 붙좇는 자들은 실로 번성하여 무리를 이루었다. 국왕이 장성하여 조정의 벼리를 모두 장악하게 되자, 한두 신료도 이를 도와서 그 권력을 빼앗아 일체의 잘못된 정치를 바꾸고 일본과 옛 우호관계를 잇는 한편, 각국과 연대하여 국가의 혈맥을 묶어 흩어지지 않게 하려 했다. 저 대원군은 권력을 잃은 것을 원망하여, 몰래 무뢰배를 기르며 禍亂을 이으려 한 지 오래되었다. 혹은 몰래 화약을 왕궁에 숨기고 불을 놓은 것이 여러 차례였고, 화약을 폭발시켜 충성스런 신하를 불태워 죽였다. 국왕은 일이 인륜 도덕과 관계된 것이라 하여 법으로 처리하려 하지 않고, 다만 그 편에 속한 같은 무리를 잘라

내어 회유하거나 겁준 것이 여러 번이었다. 작년 가을에 과연 같은 무리를 불러 모아 일을 일으킬 기일을 확실히 정했는데, 이를 알려준 자가 있어 다행히 어지러운 무리를 거두어 잡을 수 있었으나, 역시 끝까지 다스리지는 않았다. 저 대원군은 죽지 않는 곳에 처해 있음을 믿고는 일을 일으키려 기도하여, 다중의 마음을 유혹한 것으로 '斥和'를 운운하고 외교를 끊었으니, 무지한 小民들은 무리지어 이를 붙좇았다. 작년에 역모를 일으켰을 때는 세 가지 호령으로 나누려 했는데, 그 하나는 곧바로 왕궁을 공격하는 것이고, 또 한 호령은 지향하는 것이 다른 조정 신료들을 모두 죽이는 것이며, 또 하나는 일본인을 죽이는 것이었다. 오늘의 일은 곧 작년의 잔꾀이니, 대원군이 만약 있으면 누가 감히 외교를 거론하겠는가. 듣기에, 오늘 난을 일으킨 무리는 먼저 국왕이 평소에 신임한 대신들을 죽이고 계속 왕궁으로 들어가, 국왕과 비빈들이 모두 도망쳐서 피하였지만, 저 대원군은 왕비를 겁살하고 太王妃를 억지로 돌아오게 하였으며, 국왕은 비록 폐위는 당하지 않았지만 유폐되어 바깥 조정과 접촉할 수가 없었다. 외교에 관계한 조정 신하들은 찾아 죽여 남기지 않았고, 인민은 모두 도망하여 산골짜기로 피하는 등, 나라 안이 완전히 바뀌어버렸다. 오늘날 시급하게 조정하여 처리하지 않는다면, 일본인들이 반드시 크게 보복을 일으켜 백성들이 도탄에 빠지고 종묘사직이 뒤엎어질 것이고, 저 대원군은 또 반드시 포병을 널리 불러들여 결사적으로 길목을 지키려 계획해서 나라 안의 백성들이 지켜지지 못할 것이니, 국정은 어떻게 유지하고 역란은 어떻게 종식시키겠는가.

마건충은 魚允中 외에도, 신임 仁川府使가 파견한 軍校와 花島 別將, 일본의 參贊인 近藤眞鋤 등과 만나 필담을 나누고 얻은 정보를 종합해서, 정여창을 통해 북양대신 정수성에게 다음과 같이 보고했다.

초아흐레에 일어난 일은 국왕의 생부인 興宣君 李昰應이 무리를 이끌고 난을 일으켜 곧바로 왕경으로 들어가 왕비를 겁살하고 太王妃를 억지로 돌아오게 한 것으로, 국왕은 비록 폐위되지는 않았지만 이미 깊은 곳에 갇혀서 바깥 조정과 접촉할 수 없게 되었고, 대소 문무 신료 가운데 지향이 다르고 외교에 관계한 자들은 찾아 죽여 거의 다 없애버렸습니다. 인민은 모두 산골짜기로 도주하여 피신했습니다. [……] 초아흐레의 변란은 이하응이 임금의 측근을 깨끗하게 한다는 명분을 빌려 국왕의 날개를 제거하고 서서히 藩王의 지위를 엿보려 한 것임이 분명합니다.

그리고 마건충은 이러한 정보를 분석한 결과, 그 해결 방법을 다음과 같이 건의했다.

만약 中國이 조금 내버려두고 관망하며 평정을 시급하게 도모하지 않으면, 그 폐해가 장차 말로는 표현할 수 없을 정도로 있게 될 것입니다. 지금의 계책을 생각하면, 憲臺께서 잘 저울질하여 혼자서 결정하셔서, 한편으로는 상주문을 내고, 한편으로는 육군의 여섯 營을 징발하여 威遠과 湄雲, 泰安 및 천진에 있는 招商局의 輪船에 태워 동쪽으로 오게 하도록 우러러 간청하는 것보다 더 좋은 것은 없을 것입니다. 번개처럼 빠른 기세를 타서 곧바로 왕경을 취하여 역당의 괴수를 엄습하여 붙잡으면, 그 난당은 아직 배치가 정해지지 않아 방어가 주도하지 못할 것이니, 마른 가지를 꺾고 썩은 나무를 부러뜨리듯 쉬울 것임을 미리 예측할 수 있습니다.

이 보고서에 의하면, 원래 북양대신 장수성은 정여창에게 "군사력을 쓰려면 반드시 국왕의 璽書를 먼저 얻어야 하고, 혹은 臣民의 公狀도 좋다"는 지시를 내렸다고 한다. 그러나 마건충은 "군대가 물을 건너게 해달라"고 청하였는데, 그 이유를 다음과 같이 제시했다.

> 조선 국왕이 지금 깊숙이 갇혀 있는 중임을 고려한다면, 憲臺의 咨文을 보내 올려 璽書를 만들게 해서 돌려받으려 해도 안팎이 격절되어 출입이 통하기 어렵습니다. 따로 한 통의 편지를 써서 趙寧夏와 金宏集 등에게 보내 左袒하는 신민을 규합하여 도움을 청하는 한 통의 公狀을 갖추게 하면, 조영하 등은 이미 삶과 죽음을 점쳐서 고르지 않을 것입니다. 그러나 현재 하응이 대권을 혼자서 장악하고 있어 가는 도중의 관문 등 요해처와 성문 안팎에 사병을 두루 배치해놓았을 것이라 생각되니, 만약 일의 기밀이 누설되면 여러 신하들의 죽음을 재촉할 뿐만 아니라 그 역당 등이 소식을 들어 알아 미리 방어할 수도 있어 앞으로 일을 처리할 때 마음먹은 대로 되기가 더욱 어려워질 것입니다.

마건충은 천진에 보고서를 보내는 한편, 계속 임오군란의 진상에 대한 정보를 여러 방면에서 수집하였다. 趙寧夏와 金弘集에게서 조선 정부의 입장을 듣기도 하고, 行承政院 左承旨 尹用求를 만나 대원군의 연락을 받기도 했지만, 난군을 충동질한 당사자가 대원군이라는 어윤중의 구체적 증언을 듣고서는 "亂黨의 자취가 더욱 분명해졌다"고 확신하게 되었다. 7월 6일에는 招勇艦을 南陽으로 옮겨 정박하게 했는데, 이는 "일본 군사가 인천을 통해 기슭에 올랐으니, 우리 군사는 마땅히 남양을 통해 기슭에 올라, 구별을 보여서 어지럽게 뒤섞이는 것을 피해야 한다"는 이유 때문이었다. 그 다음 날엔 欽差幫辦山東軍務 吳筱軒(吳長慶) 軍門이 총지휘한 5척의 윤선이 바다를 건너와서 2천 병력이 남양에 모두 상륙했다. 한양으로 진군한 마건충은 13일에 오장경과 정여창 등과 함께 대원군의 사저로 찾아가서 답방해달라고 요청했다. 黃松亭 軍門의 병영에 이하응이 수십 기병을 거느리고 와서 장막 안으로 들어오자, 마건충은 그를 유인하여 함께 필담을 나누다가, 조선인들이 모두 무장해제 된 뒤에 강제로 가마에 태워 남양으로 압송했다.

이홍장에게 보낸 보고서에 의하면, 대원군 납치는 7월 13일 마건충과 오장경이 의논하여 결정하였는데, 흥미로운 것은 군인인 오장경은 외교적 방법을 주장한 데 반해 외교관인 마건충이 군사적 완력으로 대원군을 납치하자고 주장하였다는 점이다. 그는 "筱帥는 성 밖에 진을 쳤고, 丁제독은 南別宮으로 들어와서, 忠과 서로 계획을 의논했습니다. [……] 논의가 결정되자 즉시 깊은 밤에 성을 나가서 이런 뜻을 筱帥와 상의하려 했더니, 筱帥의 뜻은 '먼저 외교를 닦은 뒤에 내란을 제거해야 한다'는 것이었습니다. 忠은 이에 다음과 같이 말했습니다. '조정이 조선을 위해 외교를 주재한 까닭은 국왕을 도와주기 위한 것인데, 오늘날 하응이 권력을 오로지하고 국왕은 王府만 지키고 있어, 설사 이때 일본인과 의논을 정하려 해도 사소한 논의도 정하기가 어려울 것이고, 정할 수 있도록 하더라도 이는 하응을 돕는 것이지 국왕을 돕는 것이 아니니, 그 체통을 잃음이 특히 심하게 될 것이다. 오늘 해야 할 일은 응당 먼저 내란을 제거하는 것이 옳다.' 筱帥가 이를 듣고는 비로소 과감하게 거행하는 것을 허락했습니다"라고 보고했다. 그리고 대원군의 사후 처치에 관해서는, "다만 하응이 난을 일으켜 권력을 빼앗은 죄는 실로 용서할 수 없지만, 결국 국왕에게는 父子의 친밀함이 있어, 만약 끝까지 그를 법으로 징벌한다면 국왕은 장차 스스로 처신하기 어려울 것이고, 만약 계속 그 나라 안에 있게 한다면 난의 싹이 혹 다시 움틀지 모릅니다. 憲臺께서 처음 주장하신 바대로 하는 것보다 더 좋은 계책은 없을 것이니, 하응을 中國에 억류해서 그 부귀를 끝까지 누리게 한다면 은혜와 의로움을 모두 보전할 수 있을 것입니다"라고 건의했다.

마건충의 대원군 납치 역시 일본의 개입을 사전에 차단한다는 의지가 강하게 작용한 것이었다. 그가 振帥, 즉 임시로 북양대신의 직책을 맡고 있던 張樹聲에게 보낸 보고서에는 당시 한국에 진출해 있던 일본의 군사력을 예민하게 의식하고 있었음이 잘 나타나 있다.

> 지난 달 28일에 丁 제독을 통해 엄숙하게 보고를 올린 뒤, 다음 날 일본 공사 花房義質도 왔는데, 그 輪艦이 앞뒤로 와서 모인 것이 모두 7척으로, 병사 1천 수백 명을 태웠습니다. 화방은 곧 漢城으로 진군하려 했지만, 建忠이 방도를 강구해서 질질 끌어, 초사흘에 이르러서야 비로소 왕경으로 들어갔습니다. 건충은 곧 뒤이어 가고 싶었지만, 우리 군대가 아직 오지 않았고, 뒤따르는 사람이 없이 혼자 몸으로 외롭게 가면 난당이 우려스러울 뿐만 아니라 일본인이 가볍게 볼까 걱정되었습니다. 그래서 배 안에 그대로 남아서 조용히 살피며 틈을 타서 난을 일으킨 정황을 계속 탐색하고 있었는데, 대체로 모두 앞서 올린 보고와 서로 들어맞았습니다.

마건충은 이 보고서에서, "제 생각으로는 조선의 시국은 內患과 外憂가 함께 시급하지만 외우의 발생이 내환에서 비롯되었기 때문에, 이 내환을 제거하는 것이 외우보다 더 시급합니다. 그 국왕이 스스로 주관할 수 있도록 한 연후에, 일본 공사를 불러 전일의 일은 모두 난당의 소행으로 국왕은 조금도 죄를 지은 것이 없음을 알리게 하고, 이번에 上國의 힘으로 일과 권력을 바르게 되돌려놓았으니 처음처럼 和好해서 요청한 각 조항을 함께 조용히 상의하기를 바란다고 이르게 하면, 명분이 이미 바르고 사리 역시 순리롭다 할 것입니다"라고 하면서, "청컨대 조선에서 난이 일어나게 한 원인과 中國이 대신 평정하게 된 까닭을 일본 정부에 펴서 알리시고, 아울러 서양의 여러 나라 가운데 일찍이 조선과 조약을 맺은 나라들에게 전일의 사건이 국왕의 뜻에서 나온 것이 아님을 명백하게 밝히도록 청하신다면, 그[=일본공사 花房義質]가 비록 일을 지나치게 벌여 강제로 빼앗거나 징수하려 해도, 그 정부가 혹 국제적 여론에 굴복해서 끝까지 고집을 부리지는 않을지도 모릅니다"라고 건의했다.

이처럼 대원군의 압송은 일본을 견제하려는 마건충의 책략에서 나온 것이었지만, 북양대신 등 淸朝의 의지도 이와 크게 다르지 않았다. 21일에 그가 받은 장수성의 서찰에서 "이번 전투에서 李昰應을 산채로 송치할 수 있다면 驪龍을 찾아 진주를 얻은 것이라"고 말했다고 하고, 또 이홍장과 주일 청국 공사 黎蒓齋가 보낸 電文에서도 "역시 모두 이번 전투의 중심이 되는 요점이 하응을 제압하여 복종케 해서 그들이 모두 칼날을 맞아 흩어지게 하는 것이라"고 했다고 한다.

임오군란을 수습하기 위해, 마건충은 그 괴수로 지목된 대원군을 납치하는 데 성공한 다음, 난당을 군사적으로 토벌하는 일에 착수하였다. 그가 이홍장에게 보낸 보고서에는 청군이 軍亂에 가담한 군인들을 공격하여 제압한 배경과 과정이 상세하게 기록되어 있다.

> 왕경에는 兵籍에 예속된 자가 약 만 명 가까이 있고, 그 중 절반이 往尋里와 이태리 두 동네에 일족이 모여 살면서 대대로 병사가 되어 관리를 업신여기고 백성을 괴롭히는 것이 오랫동안 굳어진 습성을 이루었습니다. [……] 이하응은 陳씨의 斗匾의 계책으로 몰래 앙심리와 利泰里 등 두 동네의 여러 군사들과 결탁하여 한패로 삼았습니다. [……] 지금은 비록 하응이 구금되었지만, 그 장자인 載冕은 최근에 訓練大將으로 병권을 장악하였으니, 난당이 조사하여 체포한다는 소문을 한번 들으면 혹 다시 받들어 난을 일으킬지도 모릅니다. 이에 15일 저녁 즈음에 먼저 재면을 남별궁으로 유인하여 구금하고 수병 10명으로 지키게 한 뒤에, 일체의 병력을 배치했습니다. 이날 밤에 吳 군문이 慶軍會辦營務處 袁世凱 中書를 객관으로 보내 도와서 함께 조치하게 했습니다. 그리고 金允植도 국왕이 吳 군문과 忠에게 보내는 편지를 가지고 와서, 속히 파병해서 그 두 동네에

이르러 난당을 모조리 무찔러 敍器가 다시 바로 서도록 해달라고 청했는데, 그 감정과 말 사이에 매우 절박함이 엿보였습니다. 이에 慶字 親兵 後營의 張光前 副將에게 전 부대를 이끌고 小東門을 나가서 慶字 左營의 吳兆有 總兵과 慶字 正營의 何乘鰲 副將과 회동하여 왕심리로 가서 난당을 체포하게 했습니다. [……] 거리에서 두 시간 정도 싸워서, 장 부장은 130여 명을 생포하고 하 부장은 親兵으로 이를 도와 역시 20여 명을 포획했으며, 그 나머지는 모두 집 뒤로 도망쳐 갔습니다. [……] 이태리는 吳 군문이 직접 가서 엄습하여 잡았는데, 그곳이 병영과 가까워서 이미 기약한 시기에 앞서 풍문이 멀리까지 알려져 겨우 20명만 잡았습니다. 이 전역에서 포획한 자는 모두 170여 명으로, 忠은 마땅히 吳 군문의 영내에 이르러 모여서 신문하여, 그 수령과 죄상이 비교적 자세하게 드러난 자 10명은 처형하고 그 나머지 정상을 용서할 수 있는 자는 대부분 석방시켜주었습니다.

군란의 가담자를 제압하고 그 배후 세력으로 지목된 대원군을 연행함으로써 壬午軍亂에 대한 滿淸의 대응이 마무리되었다. 이에 8월 12일과 26일에 대원군의 처리에 관한 두 건의 諭旨가 내려져, 이하응은 "그 죄를 다스려 벌을 주는 것을 면하게 하여 直隸 保定 지방에 안전하게 두고 영구히 나라로 돌아갈 수 없게 하고, 直隸總督이 식량 등 생필품을 우대하여 지급하되, 그 둑과 우리를 엄히 해서 그 나라 화란의 단서를 제거하고 그 국왕의 윤리와 기강이 잘 지켜질 수 있도록 하라"는 조처를 내렸다. 만청 정부는 3년 뒤인 光緖 11년 8월 중에 이하응을 석방하여 본국으로 돌아가게 했다.

6. 朝日 議定條約의 개입

마건충은 壬午軍亂 수습을 위해 조선과 일본이 맺은 의정 조약에도 개입하였다. 淸輝라는 일본 배가 더 와서, 한강에 정박하는 일본 배가 7척이 된 7월 3일, 천진에 주재했던 일본의 理事官인 竹添進一郎이 花房의 명으로 배에 왔을 때, 마건충은 "난동의 무리가 일을 만들어 말썽을 일으켜서 公使館을 공격한 일이 결코 그 나라 조정의 논의에서 나온 것이 아님은 역시 말하지 않아도 자명하다"고 하여, 국왕을 변호하고 대원군을 지탄하면서, "난동의 우두머리로서 공사관을 공격한 자를 징벌하여 처리하는 것은 당연한 것 같고, 법을 만들어 善後의 계책을 세워야 할 것 같다"는 의견을 피력했다.

죽첨 역시 "우리나라가 조선에서 구하는 것은 동란의 우두머리를 징벌하여 처리하고 법을 만들어 善後의 계책을 세우는 것에 지나지 않는다. 내가 간절하게 바라는 것은 단지 신속하게 끝을 맺는 것일 뿐이다. 만약 시일을 길게 끌어 조선의 亂民들이 다시 폭동을 일으키면, 우리나라는 어쩔 수 없이 전쟁으로 그 죄를 물을 것이니, 그렇게 되면 우방의 관계는 끊어지고 아시아 전체 국면이 다시 위급하게 될 것이다. 손해에 대한 배상과 군사비용의 요구는 만국이 함께 하는 것으로, 부득이 이를 준수하지 않을 수 없다"고 하면서, 조선에 손해 배상과 군사비용의 요구, 공사와 영사 및 그 가족의 자유로운 여행 등을 요구할 것임을 통지했다. 이에 대해 마건충은 "조선은 빈곤함이 실로 심하여 나라의 재정이 텅 비었고 백성의 생활은 물자가 바닥나서, 장래 이 일이 끝을 맺은 뒤에 銀兩을 넉넉히 지급하는 것도 변치 않는 인정과 도리이겠지만, 그들에게 지나치게 많이 요구한다면 조선이 역시 명을 감당하지 못할까 걱정된다. 군사비용에 대해서는 나는 한마디도 찬성하기 어려우니, 조선이 거두는 세금이 많지 않아 귀국이 실제 정황에 따라 계산해서 요구하더라도 조선이 언제나 갚을 수 있을지 알 수가 없다. 내지를 여행하는 문제에 있어, 조선 백성이 외국인을 친근하게 만나게 해야 한다는 주장은 매우 확실하고 적절하지만, 변란이 일어난 직후여서 너무 빨리 이를 행할 수는 없을 것 같다"고 하여, 손해배상의 감액, 군사비용의 청구 포기, 내지 여행의 연기 등을 제안하였다.

마건충은 7월 4일, 竹添과 필담을 나눈 대강의 내용을 편지로 써서 趙·金 두 사신에게 알려 빨리 왕경에 보고하도록 했다. 그리고 죽첨이 당일로 귀국할 것을 생각해서, 黎蒓齋 주일 공사에게 보내는 편지를 써서 난동이 일어난 전말을 대략 기술하고, 아울러 "그 나라가 가난해서 지나치게 많이 재화를 요구하면 명을 감당할 수 없을까 걱정된다"는 등의 말을 기술하면서, 틈을 얻어 일본 조정에 말을 해달라고 부탁했다.

7월 6일, 대원군 李昰應이 마건충에게 편지를 보내, 전날 花房 공사가 제시한 일곱 조목과 문답을 주고받은 각 사항도 함께 적어서 부쳐 보내왔는데, 화방이 사흘 안에 회답하라고 했다고 하면서, 속히 왕경으로 와서 갈등을 조정해서 해소해달라고 청했다. 7월 14일에 국왕이 全權大官으로 李裕元, 副官으로 金弘集으로 정해 인천에 보내서 花房과 일을 의논하게 했는데, 이에 앞서 먼저 戶曹 판서 金炳國을 보내 條款을 가지고 객관에 와서 의견을 말해달라고 청했다. 일본 측에서 제시한 日朝議定條約 7조의 초안은 대체로 다음과 같았다.

日本曆 7월 23일, 朝鮮曆으로는 6월 초아흐레의 변란에서, 조선의 흉악한 무리가 일본 公使館을 침입하고 습격해서 직무를 맡은 인원 가운데 재난을 당한 자가 많고 조선국이 초빙한 일본 육군 교사도 참혹한 해를 입었다. 일본국은 화목과 우호를 중시해서 협의 처리함이 형편에 온당하니, 곧 조선국이 아래 열거한 6개 조항과 따로 약정한 續約 2개 조항을 실행하기로 약속하여, 앞서 밝힌 善後의 뜻을 분명하게 드러낸다. 이에 양국의 全權大臣이 이름을 적고 도장을 찍어 믿을 만함을 분명하게 한다. 제1, 지금부터 20일까지 조선국은 흉악한 무리를 포획하고 괴수를 엄중하게 추궁해서 무거운 징벌로 일을 처리하고, 일본국은 관원을 파견해서 다 같이 함께 추궁해서 다스린다. 만약 기한 안에 포획하지 못하면, 마땅히 일본국에서 처리한다. 제2, 일본의 관원과 하급 관리로서 해를 당한 자는 조선국에서 우대하는 예로 땅에 묻어 그 장례를 후하게 한다. 제3, 조선국은 5만 圓을 할당해서 일본의 관원과 하급 관리로서 해를 당한 자의 유족과 부상자에게 지급해서 그 처지를 위로하고 돌봐야 한다. 제4, 흉악한 무리의 폭거로 인해 일본국이 입은 손해와 공사를 호위하는 데 든 수군과 육군의 군사비용 가운데 50만 圓을 조선국이 메워서 보충하되, 매년 10만 圓씩 지불해서 5년 만에 완전히 청산한다. 제5, 일본 공사관에 약간의 병력을 두어 경비하게 하고, 兵營을 설치하고 수선하는 것을 조선국이 맡되, 만약 조선국의 군사와 백성이 규율을 지켜 일 년이 지난 뒤에 일본 공사가 보아서 경비가 필요하지 않은 것으로 간주되면 철수해도 무방하다. 제6, 조선국은 大官을 특별히 파견하고 國書를 갖추어서 일본국에 사과한다. 大日本國 明治 15년 8월 30일, 大朝鮮國 開國 491년 7월, 日本國 辦理公使 花房義質. 朝鮮國 全權大官 李裕元, 朝鮮國 全權副官 金弘集.

日朝議定續約 2개 조항은 다음과 같았다.

조선국과 일본국은 이후에 친밀한 호의를 더욱 드러내고 무역을 편리하게 하기 위해, 이번에 續約 2개 조항을 다음과 같이 약정한다. 제1, 元山과 釜山, 仁川 등 각 항구 사이에 다닐 수 있는 거리를 지금부터는 조선의 里法으로 사방 각 50里로 확장하고, 2년이 지난 뒤, 즉 조약을 비준한 날부터 계산해서 1년이 지나면 다시 각 100리로 하며, 지금부터 1년 뒤까지 楊花津을 시장으로 개방한다. 제2, 일본국 公使와 領事 및 그 수행원들의 가족이 조선 내지의 각처를 두루 돌아다니는 것을 마음대로 하게하고, 두루 돌아다니는 지방을 지정해서 禮曹에서 지방관에게 통지해서 그것에 따라 호송하게 한다. 이상 양국 전권대신은 각자 諭旨에 의거해서 조약을 체결하고 도장을 찍은 뒤에, 다시 비준을 청하고 2개월을 기다렸다가, 일본 명치 15년 9월, 조선국 491년 8월에 일본 東京에서 교환한다.

이에 마건충은 허락할 수 있는 것과 허가할 수 없는 것 및 變通해서 처리할 수 있는 것을 각각 나누어 구별해서 이 문서 뒤에다가 답해주었다.

제1조는 당연히 허락해야 하는 것인데, 다만 시일을 제한하지 않는 것이 묘책이 된다. 난당은 일본인만 해쳤을 뿐만 아니라 귀국의 왕비와 대신까지 죽이고 해쳤으니, 만약 엄중하게 조사와 처리를 행하지 않는다면 장차 국법을 어떻게 말하겠는가. 제2조는 허락할 수 있다. 제3조도 허락할 수 있다. 위로금 5만 圓을 13명의 가족에게 나누어주는 것이 꼭 정도에 넘치는 것은 아니다. 제4조는 당연히 힘써 논쟁해야 한다. 만약 꼭 어쩔 수 없다면 제3조의 위로금을 준다는 조항 안에 넣어서, 5만 엔 외에 약간 더 첨가하면 된다. 제5조는 텅 빈 땅을 한가롭게 간다면 그 일에 장애가 없겠지만, 다만 귀국의 민심이 아직 안정되지 않았으니, 몇 년 뒤에 다시 거행하는 것으로 제한하는 것이 마땅하다. 咸興과 大邱에 시장을 개설하는 것은 육지에서 통상하려는 것이니, 결코 일본인에게 분쟁의 실마리를 열게 해주어서는 안 될 것이다. 楊花津은 비록 한강의 부두에 속하지만 왕경에 아주 가깝게 있어, 만약 통상을 허락한다면 무절제한 폐단이 있게 될지 알 수 없지 않은가. 제6조의 공사와 영사가 내지를 두루 돌아다니는 것은 원래 국제법에 있는 것이지만, 다만 큰 난이 이제 갓 평정되었기 때문에 이후에 공사 등이 내지를 두루 돌아다니려면 반드시 먼저 지방관에게 통지해야만 할 것이다. 제7조의

왕경 안에 장기적으로 큰 부대를 두는 것은 절대로 허락해서는 안 될 것이다. 그 公使가 자기 몸을 지키기 위한 것이라면 약간의 병사와 하급 무관을 뒤따르게 해서 공사관 안에 주둔케 하는 것은 꼭 안 될 것이 없지만, 다만 조문 안에 넣어서는 안 될 것이다. 사신을 일본 조정에 보내 위문하는 것도 안 될 것이 없을 것 같지만, 다만 花房과 분명하게 말해서 일본 조정도 응당 국서가 있어 그 사람이 가지고 와서 국왕에게 바쳐 왕비와 재상 등 신료가 당한 재난을 위문하게 해야 한다. 이렇게 하면 피차가 서로 위문하는 것으로, 국가의 체면에 손상이 없을 것이다. 대개 조선은 일본에 주재하는 사신이 없으니, 특별히 사람을 파견해서 위문하는 것이 지나친 것은 아니다. 이들 여러 조항은 주도하게 잘 처리할 수만 있다면, 반드시 인정과 도리에 어그러지는 것은 아니다. 다만 말을 안배하는 사이에 간단명료한 처리를 교묘하게 해야 한다. 허락할 수 있는 것은 즉시 허락하고, 허락할 수 없는 것은 굳게 고집해서 허락하지 않는다. 믿을 것이 이미 있어 깊이 두려워할 필요가 없다는 뜻을 은근히 보여주면, 저들은 밖으로는 국제 여론에 굴복하고 안으로는 우리나라를 두려워해서, 참으로 끝내 결렬되는 상황에 이르지는 않을 수 있을 것이다.

국왕에게 돌아가서 아뢰어 먼저 가부를 결정하게 한 뒤에, 두 사신에게 건네어 그대로 행하게 했다. 이에 김병국이, "하루 동안에 교시해주신 것에 간혹 분명하지 않은 것이 있다. 위로금 5만 圓에 군사비용 약간을 첨가하라 했는데, 얼마나 첨가해야 마땅한가"라고 묻자, 마건충은, "일본의 군함은 원래 경상비가 있고 육군도 정해진 군량이 있어, 징발해서 모아 여기에 왔다 해도 운송비가 조금 더해진 것에 불과하니, 만약 위로금 안에 합쳐서 계산한다면 10만 圓이면 충분할 것이다. 만약 귀국의 국고가 버틸 만하면 한꺼번에 건네주어 뒷날 이자가 누적되는 것을 면해야 하겠지만, 만약 한꺼번에 줄 힘이 없으면 몇 년에 걸쳐 나누어주어도 된다. 내 생각으로는 화방도 전부 내도록 강요하기까지 하지는 않을 것이다"라고 답했다. 김병국이, "楊花津을 개항하는 것은 허락해도 좋은가"라고 묻자, 마건충은, "만약 큰 폐단이 없다면 허락해도 무방할 것이다. 인천은 이미 항구를 개방했고, 양화진도 인천에서 출입하는 화물을 파는 데 지나지 않을 것이니, 사실 인천의 밖에서 다른 항구 하나를 여는 것은 아니다. 하물며 양화진도 수로 통상에 속하는 것으로, 이미 개방한 항구와 여전히 같은 사례에 속하니, 大邱나 咸興 등지와 같이 육로 통상의 폐단이 다시 발생하는 것은 아니다. 다만 일을 의논할 때 처음에는 모두 허락하지 않다가, 꼭 부득이하면 양화진에서의 통상을 허락하되 군사비용은 지급하지 않음으로써, 저쪽의 물을 떠다가 이쪽에 가져다 붓는 것처럼, 처음부터 계책을 잘 세워야 한다"고 답했다. 그리고서 배 안에서 竹添進一郎과 나눈 필담을 보여주었다.

17일에 김홍집이 마건충에게 편지를 보내 일본과의 조약이 이뤄졌음을 알려 주었다. 이에 마건충은 "비록 아직 큰 실책은 없었지만, 조선이 빈궁한데 화방이 '50만 圓을 해를 나누어 메워 보충한다'는 글을 써넣어, 그 곤궁해질 부담을 무겁게 받지 않을 수 없게 되었다"고 하면서, 김홍집이 객관에 와서 글을 봐달라고 청했을 때, 이것이 일본과 조선의 일에 속한다고 해서, "우리 中國은 겨우 숨어서 도와줄 수 있을 뿐, 드러내어 관여하는 것은 이롭지 못했기 때문에, 조목조목 옳고 그름을 따져서 해결하여 보냈다"고 한다. 그는 "김홍집 등이 나라 안의 걱정거리가 평정되자마자 곧 나라 밖의 걱정거리가 다시 일어날까 두려워해서, 마침내 그 핍박을 받으면서도 각 조목마다 힘써 다투어 논의했지만, 그 가운데서도 마음은 초조하고 불안하여 허물을 떠안은 것 같은 마음이 사라지지 않았을 것이니, 역시 일본인은 기회만 있으면 풍파를 일으켜서 하고 싶은 대로 다 하려 함이 무뢰배의 행동과 그대로 같음을 볼 수 있다"고 하여, 일본의 위압을 규탄하였다. 18일에 김홍집이 조약에 관해 의논할 때 위력으로 핍박당한 정황을 다급하게 이야기했을 때도, "이를 듣고 한탄하여 마지않았다"고 했다. 『동행삼록』에는 당시 김홍집이 일본 측 입장을 主持한 井上毅과 협상할 때의 구체적 논란 과정을 상세하게 전하고 있다.

마건충은 朝日 의정조약의 협상 과정에서 일본 대표가 군사비용 50만 圓을 "나중에 광산을 개발하면 이를 모두 갚을 수 있다. 만약 기한에 대서 깨끗하게 갚을 수 없으면 그 스스로 광산을 채굴해서 그 액수를 보충하여 채운 다음에 응당 돌려줄 것이라"고 했다는 김홍집의 말을 전해 듣고, "일본인은 귀국의 광산을 분수에 맞지 않게 노려온 지 오래되었다. 이제 이 執事 등이 중국에 와서 中堂[=李鴻章]을 직접 뵙고 그 일을 주관해주도록 요청해서 일본인의 바람을 끊고 부국의 기초를 세울 필요가 있다"고 제안하기도 했다. 마건충은 조일 의정조약의 체결에 개입하여 영향을 미쳤을 뿐만 아니라, 조선이 근대적 경제정책을 수립하는 과정에도 개입하려 하였다.

7. 근대적 經濟政策 조언

마건충은 조선을 세 번 방문하면서 조선이 미국과 영국 · 독일 등과 통상조약을 체결할 때마다 매번 개입하여 일정한 영향력을 행사하였지만, 틈틈이 개혁 개방을 기대하는 조선의 관원들과 만나 특히 조선이 경제적으로 자립하고 성장할 수 있는 방법에 대해 중국의 선행 경험을 바탕으로 조언하였다. 마건충의 조언이 실제로 얼마나 영향을 미쳤고 어떠한 역사적 의미를 갖는지는 따로 정밀하게 논구되어야 할 터이기에, 여기서는 『동행삼록』에 기술된 관련 자료를 정리하여 그 기초 사료를 소개하고자 한다.

마건충이 4월 6일 조선과 미국의 통상조약을 성사시키고 나흘 뒤인 4월 10일에 議約副官 金弘集이 조선 국왕의 명으로 객관에 와서 商事에 관해 한참 동안 은밀하게 필담을 나누었다. 먼저 김홍집이, "小邦은 땅이 치우쳐 있고 백성이 가난해서 근래에 정상적 비용이 실제로 모자라고 부족한 경비가 상당이 많아, 일본인들이 빌려주고 싶어 하는 뜻이 있기도 하지만, 이 일은 부득이한 처지에서 나온 것이니 차라리 上國에 우러러 청하는 편이 나을 것이다"라고 하면서, 은근히 滿淸에 借款의 의사를 타진하였는데, 마건충은 다음과 같이 대답했다.

> 돈을 빌리는 일은 매우 신중하게 해야 하는 일이니, 잘하면 나라가 그 이익을 받을 것이지만, 잘못하면 오히려 그 해를 입을 것이다. 나라가 돈을 빌리는 것은 그 법이 큰 바다 바깥에서 만들어진 것으로, 왕왕 이것에 힘입어서 나라를 부유하게 하기도 하지만, 이것으로 인해 나라를 약하게 만드는 경우도 있다. 다만 외국에서 돈을 빌려주는 것은 민간 차원에서 빌려주는 것이고, 다른 나라에서 돈을 빌리는 것도 다른 나라의 민간에서 빌리는 것이지, 다른 나라의 정부에 돈을 꾸어달라고 청한 경우는 없다. 한 나라 정부에 돈을 꾸어달라고 청하면 반드시 약점을 잡혀 협박을 당하게 되니, 이로 보아 일본인이 빌려주기를 바라는 의도는 충분히 짐작할 수 있는 것이다. 우리 中朝는 여러 차례 서양 상인들이 금전을 빌려주려 했지만, 정부가 여러 번 그것을 물리친 것은 후환을 방지하기 위한 것이었다. 그러나 우리나라는 번창하고 부유해서 돈을 마련하는 것이 매우 쉽다. 貴國은 가난하고 허약해서, 부강해지려면 부득이 이러한 빚을 낼 수밖에 없는데, 이는 시세가 시켜서 그렇게 된 것이다. 그러나 돈을 꾸어달라고 청하기에 앞서 먼저 돈을 꾸어야 하는 까닭을 헤아려서, 힘써 하려는 어떤 일이 과연 백성을 위해 얼마나 좋은 결과를 가져올 것인지, 힘써 하려는 일이 과연 백성을 위해 유익

하고 상업을 풍족하게 할 수 있는지를 모두 알면, 돈을 빌려주려는 사람이 모자라지 않을 것이니, 비록 천만 백만이라 하더라도 한번 부르기만 하면 이르고 이자도 아주 적을 것이다. 왜 그런가 하면 빌려주는 자가 뒷날 반드시 되돌려 받을 수 있음을 알기 때문이다.

이에 김홍집이, "일본인이 조약을 체결한 뒤에 곧 광산의 개발을 요구했지만, 敝邦은 그들이 속이고 위협할까 염려해서 지금까지 허락하지 않았다. 中國의 광산 기사를 청해서 법을 만들고 최초로 시행하기를 바란다"고 하자, 마건충은 다음과 같이 응답했다.

귀국은 다섯 금광을 풍부하게 갖고 있어, 일본과 러시아가 벌써 오래전부터 침을 흘려왔으니, 처음으로 시작하기 전에 먼저 반드시 현장을 답사해서 실제로 어느 곳에 어떤 광산이 있는지, 어느 곳 광산 광맥이 가장 왕성한지 확인한 뒤에 개발해서 채광하기 쉬운 것을 골라야 한다. 먼저 힘써 이처럼 한 뒤에야 돈을 마련해서 사업을 일으킬 수 있다. 귀국은 가난하고 허약함이 특히 심해서 이 법을 빌려 부강해지려 하니, 이를 듣고 기뻐하지 않을 수 없다. 돌아가면 당연히 傅相[=李鴻章]께 아뢰어, 먼저 광산 기사 여러 명을 보내 광산 현장을 답사하게 하고, 실제로 광산이 왕성하면 반드시 귀국을 위해 매우 합당하고 손해가 없는 방법을 하나 계획 세워서 필요한 경비를 빌려주도록 청하려 하니, 백만 천만을 빌리는 것도 매우 쉽게 될 것이다.

김홍집은 "지금 領選使가 天津에 있어, 필요한 기계를 얻을 수 있다면, 傅相께서 한 가지 편리한 방법을 찾아 구매할 자금을 가질 수 있도록 해준다면 더욱 다행스런 일이 될 것이다. 敝邦은 인삼세를 매년 거두니, 역시 매년 일정액씩 되돌려줄 수 있을 것이다"라고 했다. 김홍집이 말하는 영선사란 조선 高宗 18년(1881)에 신식 병기의 제조와 사용 방법을 배우게 하기 위해 중국에 파견한 유학생들을 인솔하여 天津에 간 사신을 말한다. 『梅泉野錄』에 의하면, "辛巳년 가을에 金允植이 領選使가 되어 天津으로 갔다"고 한다. 이에 마건충이 "包蔘의 세는 어디에서 걷어 돌려주는가"라고 물으니, 김홍집이 "포삼세는 義州府 柵門의 접경 지역에서 거둘 뿐이라"고 말했다. 마건충이 말하는 포삼이란 포장한 인삼이란 뜻으로, 중국에 가는 조선의 사신들이 경비나 무역을 위해 가지고 간 紅蔘을 말한다. 『大典會通』 戶典 雜稅 조에 의하면, "包蔘 1만 5천 斤에 錢 21만 兩을 세금으로 거두어, 6만 량은 司譯院에 주고 15만 량은 戶曹의 경비로 주었다"고 한다. 柵門은 압록강 이북의 遼寧省 九連城과 鳳凰城 사이에 있는 韓中 양국의 경계 지역으로, 이곳에서 顯宗 시대부터 遼東의 車戶와 義州, 開城의 상인들 사이에 사신의 내왕을 이용한 밀무역이 행해져서 '柵門後市'라 불렸다. 조선에서는 團練使를 보내 이를 단속하게 하였지만, 오히려 단련사가 이들 상인들의 두령이 되어 밀무역이 더욱 자행되어 '團練使後市'라는 말까지 생겼기 때문에, 英祖 30년(1754)부터 關稅를 받고 공인하게 되었다. 김홍집의 말을 들은 마건충은, "借款하는 일 하나는 신중하지 않을 수 없어, 귀국을 위해 힘써 강구할 터이니, 일본인의 계책에 떨어지지 말기를 매우 간곡하게 당부한다"고 답했다. 마건충이 조선의 경제를 염려하는 까닭은 조선의 빈곤을 해결하는 것 자체에 있었기보다는 경제협력을 미끼로 조선이 일본의 영향권 안으로 들어가게 될까 염려해서였음이 여기에 드러나 있다.

마건충이 독일과의 조약을 위해 두 번째 조선을 방문했을 때도, 5월 14일 趙寧夏가 국왕의 명을 소매 속에서 꺼내 內政과 設關 · 開港 · 電線 · 採鑛 등 여러 사항에 대해 몰래 물어보았다. 이에 마건충은 나라를 부유하게 하는 구체적 방법을 다음과 같이 제시하였다.

서양의 각국도 처음에는 모두 많은 것을 금지하고 막아서 백성이 생활을 즐기지 못했는데, 뒤에 가서 도리어 계책을 바꾸어 그 가혹한 정치를 폐지하고 백성들이 스스로 주관할 수 있도록 해서, 나라가 부유해지고 군대가 강해져 안팎으로 걱정거리가 없어졌으니, 세상에 마음을 둔 자들은 역시 나라를 잘 다스리는 근본을 알 수 있게 되었다. 금지하여 막는 것을 철폐한 다음에는, 학교를 열어 인재를 키워야 하고, 인재를 얻은 뒤에야 관직을 변혁할 수 있다. 의복 같은 것은 다만 그 간편함을 취하면 될 뿐이니, 일본인이 서양의 옷을 모방하여 다른 사람의 비웃음을 산 것을 본받을 필요는 없다. 군대를 기르는 방법에 관해 말한다면, 응당 쓸모없는 병사는 도태시켜 날래고 건장한 자만 남겨야 한다. 다만 법률을 정하는 일 하나는 가장 중요한 것으로, 그 단초는 금지하여 막는 것을 철폐하는 데 있을 뿐이다. 항구를 열고 관문을 설치하여 관리를 두는 것은 응당 행해야 할 일이지만, 電線과 郵遞는 급박하게 할 필요는 없고, 뒷날 산업이 일어나 왕성해지면 자연히 일이 이루어질 것이니, 일본인이 사사건건 서양의 법을 표절하는 것을 결코 본받아서는 안 된다. 지금 전선과 火車는 비록 설치한다 하더라도 국고가 텅텅 비게 되어, 마침내 식자들이 밖으로는 강하게 보이지만 안으로는 메마른 그 형세를 비난하게 될 것이다. 陽城 부두의 개방은, 영국인의 의도가 당연히 통상에 있지만, 조약은 5년간 유효하기 때문에 기한이 다 찬 뒤에 인천의 부두를 보아서 과연 통상에 장애가 있는지 확인한 다음에 다시 열어도 늦지 않다. 광산의 개발과 채굴은 재부를 관리하는 방법의 하나이지만 재부를 관리하는 시급한 일은 아니고, 어떻게 개발하여 채굴할 것인지와 개발과 채굴의 순서 및 개발과 채굴을 위해 자본을 모으는 일 등에 관해서는 이미 앞서 자세하게 알려주었으니 따로 덧붙여 말할 필요는 없을 것이다.

그러나 마건충이 말하는 부국의 요체는 외국 인재의 활용에 있었다. 그는 "어느 나라든 國君이 變法을 생각하려 하면 그 본국 사람을 중용하기도 하지만, 본국 사람은 반드시 동등한 사람으로 보아서 그 마음에 크게 복종하지 않기 때문에, 명령이 나가도 행해지기 어렵다. 이를 통해 본다면, 귀국이 부강해지는 것을 원치 않는다면 그만이지만, 귀국이 부강해지기를 원한다면 서양 사람들을 많이 참여시키고 기용해서 관세를 징수하게 하고 재화를 증식시키는 방법을 강론하게 해야 한다"고 하면서, "서양인 가운데 재주가 있는 자는 모두 막되고 사나운 부류이고 귀국이 마음대로 부릴 수 있는 자들이 아니기 때문에, 내 생각으로는 귀 국왕이 한 명의 매우 총명하고 정직한 중국인을 초청해서 수시로 각 일에 대해 상의하면서, 서양사람 여러 명을 초빙하여 세관을 관장하게 하고 중국인은 그 대강을 감독하게 한 뒤에, 세밀하게 심사해서 정정하여 시세와 더불어 변천해야 하니, 이것이 귀국에 가장 긴요한 급선무이다"라고 하였으니, 이 점이 바로 마건충이 기대하는 핵심이었다.

그는 "이 모든 것은 내 개인의 사견으로, 아직 傅相께 보고해서 알리지 못했으니, 귀 국왕이 틀렸다고 생각하지 않는다면, 돌아가서 마땅히 傅相께 보고하고 청하여 귀국을 위해 계책을 세워 한 사람을 추천할 것이다. 이 사람은 곧 귀 국왕이 청한 것이지 上國이 파견한 사람이 아니기 때문에, 귀국의 내정과 외교에 장애가 되지 않고 모두 自主의 권한으로 이뤄질 것이다. 내가 빨리 돌아가고 싶어 하는 까닭은 傅相께 기밀로 아뢰어 귀국을 위해 마땅한 사람을 물색하려 하기 때문이다"라고 하여, 이홍장과 상의하여 중국인을 파견해서 경제 고문을 삼게 하겠다고 약속하기도 했다.

8. 唱和와 咨詢

조선을 찾은 중국의 사신이 조선의 문사 관원과 시문을 唱和함은 明 초 이래의 전통이었지만, 淸 말에 이르러 이러한 전통이 많이 쇠미해졌다. 그럼에도 불구하고 마건충의 『東行續錄』에는 이러한 창화시의 잔흔이 남아 있다. 두 번째 조선을 방문하여 독일과의 조약을 성사시킨 뒤, 5월 16일에 조선 국왕이 그 세자와 함께 환관 사신을 보내 명함을 가지고 와서 환송하면서, 감사의 뜻을 표하고 예물을 주어서, 역시 명함으로 답했다. 그리고 趙·金 두 사신이 趙準永·李祖淵 등과 함께 배로 와서 정답게 식사를 하고, 식사가 끝난 뒤에 쪽지를 펼치고 먹을 갈아서, 두 사신에게 시구의 對聯을 써달라고 청했다. 두 사신은 모두 趙孟頫의 松雪體를 취해서 썼는데, 아름답고 윤이 나서 즐기고 좋아할 만하기 때문에 그것을 찾는 자들이 다투어 빼앗았다. 새로 파견된 5品 鴻臚官 金奭準은 팔목을 들고 격자를 만들어 쓸 수 있어, 더욱 굳세고 힘참이 출중했다. 옮기기 전에 길고 짧은 詩書 작품이 선창 안에 가득 펼쳐졌다고 한다.

馬建忠의 咨詢, 즉 旅程에서 직접 보고 들은 견문의 내용은 상당한 사료적 가치를 갖는다. 왜냐하면 그가 밟은 길은 그 자신이 "이보다 앞서 바닷길로 조선에 간 자 가운데 漢江 하구로 간 자는 없었다. 한 돛단배로 동쪽을 건너 곧바로 漢江으로 간 것은 기록이 이뤄진 이후로는 한 번도 없었다"고 자부한 것처럼, 이전의 어떤 중국인도 밟지 않은 새로운 길로, 특히 使行錄에서는 처음으로 기술된 내용이기 때문이다. 특히 仁川府와 南別宮·淸河館 등과 인천에서 한강까지 연도에 관한 기술은 다른 문헌에서 보기 어려운 기록이다.

마건충은 3월 22일에 仁川府의 賓館을 방문했는데, 문안으로 들어가니

집이 벗겨지고 쇠락했으며 마치 벌집처럼 나란히 모여 있는 방들의 바닥에는 부들 잎으로 짠 자리가 깔려 있었다. 그가 좌정하자마자 곧 府使가 다리 짧은 상으로 식사를 바쳤는데, "유난히 거칠고 나빠서 고약한 냄새가 코를 찔러 거듭 토하고 싶어 여러 번 사양하여 치워서 가져가게 했다"고 한다. 결국 식사를 하지 못한 마건충 일행은 저녁에 시종들을 시켜 죽을 끓여서 먹었다. 그들은 바닥에 자리 깔고 취침했지만, 방에 쌓였던 고약한 냄새가 여전히 남아 있어 세 번째 북이 울린 뒤에야 겨우 잠이 들었다"고 한다. 마건충은 "그 풍속이 대체로 일본과 비슷하지만, 간단하고 초라함은 그보다 더하다"고 그 느낌을 토로했다.

4월 8일에 마건충이 한양을 방문했을 때, 丁汝昌과 함께 종복 6명과 하급 장교 4명, 수병 12명을 거느리고 제물포에서 배를 버리고 가마에 올랐는데, 푸른 깃발과 검은 일산, 鼓吹 한 조가 앞장을 섰다. 富平의 星峴山과 梧里洞·楊花津을 지나 漢江에 다다라, 작은 배 4척으로 둘씩 둘씩 나란히 이어 건넜다. "북쪽 강안 나루 옆에 몇 길 높이의 석벽이 강에 임해 우뚝 서 있고, 산비탈 기슭의 나무 그늘 안에 날아갈 듯 날개를 펼친 집이 높이 솟아 벌여 있어 어렴풋이 보이는 것이 곧 江亭館이었다." 15리를 더 가서 漢城에 다다랐다. 마건충 일행은 4월 9일에 南別宮에 다다라 유숙했는데, 이 건축물에 관해 그는 다음과 같은 정보를 일러주었다.

> 이 궁은 남부 會賢坊에 있는데, 본래는 작은 公主의 저택이었다.[4] 종전에는 詔使가 太平館에 유숙했고, 서부의 養生坊에 있었다. 壬辰년에 병화로 공관과 사저가 불타서 모두 재가 되어 없어졌는데, 이 저택만 倭將이 묵고 있었기 때문에 남

4 그러나 『孝宗實錄』 4년 7월조에서는, "宣祖 때에 한 왕자의 저택으로 지은 것이 곧 南別宮이다"라고 했다.

겨질 수 있었다. 癸巳년(1593) 4월에 李如松 提督이 京城을 수복하여 이곳에 유숙한 뒤로, 마침내 詔使가 머무는 곳이 되었고, 지금은 南別宮이라 칭한다. 집이 크고 널찍해서, 왕궁과 비슷하다. 나와 丁 軍門은 각각 건물 하나씩 따로 거처했는데, 모두 자리를 펴서 바닥을 가리고, 그 가운데에 公座를 설치하였고, 좌석 뒤에는 병풍을 벌여놓아 가리개로 삼았다. 왼편에는 눕는 방이 있어 가운데에 긴 장막이 걸려 있고, 방 안에는 탁자가 놓였는데 높이가 한 자도 되지 않았고, 짧은 병풍으로 둘러싸였다. 탁자 앞에는 작은 상 하나가 벌여져 있고, 그 위에 문구가 든 나무 상자가 놓여 있어, 필담에 대비하였다. 음식물 담는 그릇과 아궁이, 솥 등이 모두 갖춰져 있었다.

남별궁에는 明雪樓라는 누각이 있었는데, 이 누각의 마룻대와 처마 사이에는 종전에 滿淸 사신들이 와서 머무를 때 남겨둔 시편을 새긴 木刻들이 빗처럼 벌여져 있었다고 한다.

마건충은 한성의 남별궁에 여장을 풀자마자 일본 公使가 묵고 있는 숙소 敦義門 밖의 淸河館을 방문했는데, 역시 청하관에 관해서도 다음과 같은 정보를 남겨놓았다.

이 객관은 盤松洞 문밖에 있어, 맑은 샘이 뿜어져 흘러 못을 이루는데, 넓이가 몇 畝 정도 되고, 새 연꽃이 물위로 나와서 막 펴져서 바람에 흔들렸다. 객관 안의 정면에 있는 집은 西爽軒이라 하는데, 公使가 거처했다. 왼편은 天然亭이라 하고, 오른편에는 네 채의 집이 늘어서 있었는데, 수행원과 差備官, 통역관 등이 이곳에 거처했다. 뒤에 있는 정자는 淸遠閣이라 하는데, 노닐며 쉴 수 있는 곳으로, 지세가 높은 데서 아래를 내려다보게 돼있어, 잠시 성안의 수만 家가 책상에 있는 것처럼 보였다. 집이 좁고 작음을 돌아보면, 南別宮에 한참 미치지 못한다.

강화도에 관한 견문도 흥미롭다. 마건충은 4월 16일 오후에 아무 일이 없어, 작은 火船을 타고 조수를 뒤쫓아 友人과 함께 江華에 가서 유람했다. 처음에는 舞雌島를 거쳐, 下鶴舞로 가고, 그 다음에는 虎島로 갔는데, 이 섬 월미도를 둘러본 마건충은 "일본인이 그린 「朝鮮圖」에서는 호도가 한강 하구에 있는 것으로 돼 있으나, 이는 잘못된 것이라"고 지적했다. 한강 하구의 永宗島와 西湖里 · 上鶴舞를 거쳐 孫突項에 이르러, "三南의 稅船이 이 목 밖에 이르면 반드시 조수가 가득 찰 때를 기다렸다가 지나갔는데, 그렇게 하지 않으면 모두 암초를 건드려서 손해를 보게 되니 '天險'이라 칭해진다"고 했다. 鎭海樓에 이르러 강안에 올라 돌 벽문으로 들어가 강화의 성곽을 살펴보고서, "10여 년 전에 프랑스인이 일찍이 두 번 그 지경을 침입하였는데 지금 이처럼 완전하게 좋아진 것은 당시에 침략하여 짓밟은 것이 실로 그렇게 심하지는 않았음을 뜻한다"고 했다. 성안으로 들어가니, 그 문에 '江都南門'이라 쓴 편액이 있고, 성안은 역시 모두 초가집이었다. 閱武廳을 지나 留守의 관서에 이르니, "廳事는 크고 널찍해서 성곽이 두루 보였는데, 모두 산의 높낮이에 따라 만들어져서 漢城의 성곽 제도와 같았다"고 한다. 그리고 "[江華]府에는 留守官을 두었는데, 관품이 1品인 고관으로, 국왕의 근친이나 가까이 믿는 사람이 아니면 이 직임에 있을 수 없다. 이 직을 맡은 사람은 항상 한성에 거처하면서 한 해 중에 간혹 그 邑에 갈 뿐이다. 지금의 유수 李載元은 왕의 사촌형이다. 대개 강화는 우리 국가가 일어날 때 군사로 조선을 정벌해서 국왕이 일찍이 그 땅으로 두 번 옮긴 이래로, 마침내 重鎭이 되어, 방어의 엄중함이 나라 안에서 으뜸이다"라고도 했다.

9. 맺는말

馬建忠은 유럽 유학에서 얻은 선진 문물에 관한 지식을 바탕으로 北洋大臣 李鴻章의 철저한 신임을 얻은 인물로, 滿淸 조정의 특명에 의해 세 차례나 조선을 해로로 방문하여, 조선이 미국과 영국 · 프랑스 · 독일 등 서구 열강과 통상조약을 맺는 과정에 개입, 알선, 조정하였고, 壬午軍亂과 그 善後 조약인 朝日 議定條約의 체결 과정에도 깊이 개입하여 일정한 역할을 자임하였다. 그는 조선이 미국과 영국 및 독일 등 서구 열강과 통상조약을 맺는 과정에 개입하여 照會文을 통해 조선이 만청의 藩屬國임을 성명하게 하였고, 조선과 프랑스가 통상조약을 협의하는 과정에 개입하여 '禁敎', 즉 천주교 선교의 금지 문제를 조정하였다. 마건충은 壬午軍亂의 수습 과정에도 개입하여 군대를 동원해서 大院君을 강제 연행하고, 軍亂 참여자들을 공격하여 체포, 처형하였으며, 군란의 善後 조약을 협의하는 과정에도 개입하여 조문의 작성에 조언하였다.

마건충이 이처럼 적극적으로 조선과 서구 열강의 통상조약이 체결되는 과정에 개입하고 임오군란의 사후 처리와 선후 조약 체결 과정에 개입한 까닭은, 서구 열강에 만청이 조선의 宗主國임을 과시하고, 조선의 개항 과정에 일본이 개입하여 영향력을 증대시키는 것을 견제하여, 만청과 조선의 전통적 冊封－朝貢 관계를 유지하기 위해서였다. 당시 만청은 서구 열강의 침입에 무기력하게 대응함으로써 이미 조선의 신뢰를 상실하였고, 일본은 새로운 제국주의 세력으로 무장하여 1876년에 강화도 조약을 강제해서 조선의 개항을 관철시켰으며, 1879년에는 明淸과 책봉－조공 관계를 유지해오던 琉球를 병합하였다. 이로 인해 壬午년을 맞은 만청의 조정, 특히 北洋大臣 李鴻章과 그 署理 張樹聲은 조선의 신뢰를 회복하고 일본의 개입을 저지하여 조선과 만청의 전통적 관계를 회복하는 일이 무엇보다 화급한 일로 인식하였다.

마건충이 조선을 세 번 방문하여 수행한 역할은 통상조약의 체결과 임오군란의 사후 처리에 개입하는 데 그치지 않고, 조선의 君臣에게 양국의 전통적 관계를 환기시켰다. 조선의 관리들이 신뢰와 존중의 태도를 보이지 않자, 마건충은 조선의 議約 대신에게 三跪九叩의 과례를 요구하였고, 조선의 국왕을 알현할 때는 詔使나 勅使가 받아온 예우로 영접 받았으며, 열강의 대표들에게는 조선의 대표에 대한 禮와는 다른 차등적 예로써 대우해주기를 요청하였다. 그가 미국과 영국 · 독일 등 열강의 議約 사신들에게 한결같이 조약문 제1조에 "조선은 中國의 屬邦으로 평소에 中國을 받들어 宗主로 여긴다"는 문장을 삽입해주기를 요구하고, 그것이 관철되지 않을 때는 조회문의 형식으로라도 이를 성명해주도록 종용하여 관철시킨 것은 서구 열강이나 일본에 대한 시위의 의미도 있었지만, 그 못지않게 조선의 군신에게 만청과 조선이 책봉과 조공의 예를 교환하는 종주국과 번속국의 관계임을 환기시키는 효과를 기대하였기 때문이다.

마건충은 조선에서 통상조약의 체결과 임오군란의 사후 처리 등에 개입하여 만청과 조선의 전통적 관계를 유지하려 노력하였을 뿐만 아니라, 조선 군신의 借款과 設關 · 開港 · 電線 · 採鑛 등 근대적 경제 정책에 대한 자문에 적극적으로 호응하면서 중국인 고문을 천거하려 하였는데, 이는 단순히 일본 세력의 개입을 저지하여 조선과의 전통적 관계를 유지하려는 노력에 그친 것이 아니라, 제국주의 세력으로부터 배운 수법을 활용하여 스스로 새로운 제국주의 세력의 하나로서 조선의 외교 무대에 등장하려는 태도로 해석될 수도 있다. 사실 임오군란의 사후 수습책으로 대규모 군대를 이끌고 조선 국왕의 친부이자 집권자인 大院君 李昰應을 강제로 납치하여 중국으로 연행한 일이나 군란에 참여한 군인들을 공격해서 사상케 하고 마음대로 처형한 것은 전통적 책봉—조공 관계의 종주국이 취할 수 있는 태도를 넘어 이미 제국주의 세력의 침범으로 설명될 수 있는 일이라 할 수 있다.

마건충도 이전의 明清 사신들처럼 조선의 접대 관원들과 시문을 唱和한 흔적을 남겼지만, 매우 제한적인 '흔적'에 지나지 않음으로써, 청 말의 특수한 상황을 의식케 한다. 그는 또한 전통적 중국 사신들의 고유한 기본 임무인 '咨詢'을 통해 자신이 보고 들은 바를 使行錄으로 기록하였지만, 이 역시 부분적 '자취'에 지나지 않는다. 馬建忠은 그 자신이 이전의 明清 시대 사신들과는 다른 신분으로 다른 역할을 수행하였고, 그가 남긴 사행록 『東行三錄』도 이전의 사신들이 남긴 사행록과는 다른 성격과 다른 내용을 보이고 있지만, 마건충의 동행이 갖는 의미와 『동행삼록』이 갖는 사료적 가치는 1882년 壬午년의 한중 양국과 동아시아 국제사회의 특수한 상황을 이해하기 위해 새로운 평가를 얻어야 할 것이다.

제2장
崇禮의 『奉使朝鮮日記』와 朝淸 관계의 변질

1. 머리말

『奉使朝鮮日記』는 조선 神貞大王大妃 趙氏의 喪을 맞아 諭祭를 위해 光緒 16년(1890, 조선 高宗 27년)에 正使인 戶部左侍郎 續昌과 함께 조선을 다녀온 副使 滿洲人 戶部右侍郎 崇禮가 正使의 유촉을 받아 저술한 기행 일기로, 光緒 20년(1894)에 『小方壺齋輿地叢鈔補編』으로 출간되었다. 續昌이 이끈 滿淸의 光緒 사절단은 9월 2일에 명을 받아 9월 17일에 북경을 출발, 9월 20일에 天津에 도착, 9월 22일에 천진을 떠나 바닷길로 9월 24일에 인천에 도착했다. 그리고 9월 26일에 漢陽으로 입성해서 諭祭를 거행하고, 9월 28일에는 南別宮에서 茶宴에 참석한 뒤, 9월 29일에 한양을 떠나 10월 3일에 인천에서 출항하여, 10월 5일에 천진으로 돌아오고, 10월 16일에 북경에서 復命했다.[1]

1 岡本隆司, 「『奉使朝鮮日記』之研究: 兼論「使韓紀略」及其政治背景」(『'近代中國東亞與世界' 國際學術討論會論文集』 上, 2006), 16쪽.

그러나 이 『使朝鮮錄』 총서에 수록된 『小方壺齋輿地叢鈔補編』本 『奉使朝鮮日記』에는 9월 23일 이후의 기재가 없다. 中國科學院에서 소장하고 있는 완전한 판본의 서문에 의하면, "사신으로 다녀온 뒤에, 燕甫[=正使續昌]가 '이번 使役에 대해 기록해두어야 한다'고 해서, 마침내 日記 한 권을 이루었다. 지금 연보는 이미 道山으로 돌아가며, 책판을 새겨서 책을 찍어 내달라고 부탁했기 때문에, 故人의 유촉을 잊지 않았다"고 했다. 이 판본에는 詩도 4편 수록되어 있다고 한다.

이 책은 일기 형식으로 기술되어 있지만, 사신을 선발하는 과정이나 出使를 준비하는 공적 절차 등이 매우 자세하게 기술되어 있고, 관계된 각종 공문서들이 그대로 인용되어 있어, 한중외교사뿐만 아니라 중국의 외교 체재를 연구하는 데도 매우 중요한 사료로 활용될 수 있다. 다만 이 판본은 사절단이 중국을 떠나기 직전까지만 기술되고, 그 이후 조선에서의 활동 상황에 대한 기사는 결락되어 있어 아쉬울 뿐이다. 숭례 일행의 使行은 조선 측의 요구에 응하여 경비가 많이 드는 육로를 버리고 산동 반도에서 인천으로 직행하는 해로를 취함으로써, 한중관계사 상의 매우 독특한 한 사례를 보여주기도 했다.[2]

2 崇禮는 滿淸 內務府 漢軍 正白旗人으로 姜 씨인데, 혹은 蔣 씨로 쓰기도 했다. 자는 受之였다. 咸豊 연간에 淸漪園苑丞이 되었고, 光緒 연간에 內閣學士와 理藩院, 兵部, 戶部侍郎, 刑部尙書 겸 步軍統領을 거쳐, 文淵閣大學士에 이르러 致仕했다. 1907년에 죽었는데, 시호는 文恪이다. 『봉사조선일기』에 관한 연구로는 岡本隆司의 전게 논문 외에도 夫馬進의 「使琉球錄と使朝鮮錄」(夫馬進 編, 『使琉球錄解題及研究』, 京都大學文學部東洋史研究室, 1998)과 「使琉球錄と使朝鮮錄」(『增訂使琉球錄解題及研究』, 榕樹書林, 1999)이 있는데, 모두 崇禮가 쓴 『奉使朝鮮日記』의 간단한 解題를 포함하고 있다.

2. 訃告의 接受와 諭祭使의 派送 절차

崇禮의 『奉使朝鮮錄』에는 다른 어느 使行錄에서도 볼 수 없는, 사신 派送의 절차에 관한 상세한 기술이 포함되어 있어, 그 사료적 가치가 높다고 하겠다. 따라서 조선의 告訃使로부터 趙大妃의 부고를 받고 崇禮 등 諭祭使를 선발하여 파견한 일체의 과정에 대한 『봉사조선록』의 기술을 근거로, 淸朝의 사신 派送의 과정을 시간순대로 재현하면 다음과 같다.

光緖 16년(朝鮮 高宗 27년, 1890) 4월 17일에 조선 국왕의 母妃 趙氏가 서거하여, 국왕이 故事에 따라 淸朝에 사신을 보내 表文으로 訃告했는데, '趙氏'란 곧 高宗 전대의 翼宗의 妃로, 흔히 '趙大妃'라고 불린 神貞大王大妃 趙氏를 말한다. 憲宗의 생모인 그녀는 당시 조선 왕실에서 가장 높은 지위에 있어, 哲宗이 죽은 뒤에 高宗을 즉위시키고 수렴청정하다가 興宣大院君에게 국정 전반의 실권을 위탁하고, 83세로 서거했다.

告訃使로 청조에 파견된 正使 禮曹參判 洪鍾永이 8월 12일에 北京에 도착하여 청조의 禮部에 부고하자, 예부는 그를 會同四譯館에 거처케 하고, 光祿寺에 공문을 발송해서 일체의 필요한 물자를 준비하여 공급케 했다. 그리고 홍종영이 올린 表奏는 관례에 따라 內閣에 보내 번역해서 상주문을 갖추어 올려, 황명에 따라 조선 왕대비의 諭祭에 관한 일체의 사항을 禮部에서 전례에 따라 처리하기로 하고, 원래의 奏本을 베껴 써서 內閣 典籍廳에 보내고 內務府와 朝鮮國王에게 알리며 祠祭司에 송부해서 처리하게 했다.

그런데 조선의 告訃正使 洪鍾永은 禮部에 呈文을 보내 부고하면서, 喪亂을 당한 이래로 나라의 재정이 매우 어려워서 왕대비의 장례와 제례 일체를 모두 검소하게 절약하고자 하니 사신을 파견하여 제사를 지내는 일 등을 면하게 해달라고 황제에게 청해주기를 예부 尙書에게 부탁했다. 이에 8월 24일에 예부에서 상주하여 조선 고부사의 요청을 인용해서 대신 아뢰면서, 황제가 친히 살펴보도록 원래의 정문을 베껴 올렸다. 이에 그 다음 날 軍機大臣 字寄가 "諭祭의 禮를 생략할 수는 없지만, 조선의 어려운 재정 형편을 도와주기 위해 육로 대신 해로로 가도록 하되, 이 諭旨는 禮部와 北洋大臣에게 알리고, 예부를 통해 그 나라 국왕에게 유지를 전해 알리도록 하라"는 황제의 유지를 받들어 편지를 부쳐 예부에 전하였고, 아울러 유지를 기록하고 예부에서 올린 원래의 奏本과 조선의 사신이 올린 원래의 呈文을 베껴 써서 조선 국왕과 북양대신에게 알려 공경히 받들어 따르게 하며, 祠祭司와 四譯館에도 이송해서 그대로 시행하게 했다.

이에 禮部에서 사신을 파견하는 일에 대해 上奏해서, 전례에 따라 정사는 內大臣과 散秩大臣, 頭等侍衛 등 가운데서 뽑고, 부사는 內閣의 滿洲學士, 翰林院의 滿洲掌院學士, 禮部의 滿洲侍郎 등 가운데서 선발하도록 청했다. 예부는 道光 22년에 조선국 왕비가 병사하여 예부의 주청을 통해 정사와 부사 각 한 명씩을 파견하여 가서 제사를 지내게 한 전례를 참조하여, 각 衙門의 宗室 大臣은 제외하고, 咨文을 각 아문에 보내 직함과 이름을 취하여 淸單을 나누어 만들어 올리니, 황제는 硃筆로 圈點을 쳐서 戶部左侍郎 續昌과 戶部右侍郎 崇禮를 正使와 副使로 선출했다.

또한 禮部는 賜卹에 관해 上奏하여, 전례에 따라 일차로 향과 비단 등 祭品은 戶部에 咨文을 보내 銀兩으로 환산해서 필요에 따라 사용하게 하고, 은으로 만든 병과 술잔 등은 工部에 자문을 보내 미리 준비하게 하며, 祭文은 翰林院에 보내 문장을 기초하게 하도록 청하였다. 제사 지낼 때 드는 물품은 전례에 따라 淸單을 준비해서 황제가 친람할 수 있도록 올렸는데, 그 물품 목록은 다음과 같다. "檀香 1 자루와 帛 1匹, 白綾 6필, 白紡絲 6필, 藍紡絲 2필, 은병 1把 〈무게 20兩〉, 은술잔 3隻 〈매 隻의 무게는 4兩이다〉, 송아지 1마리, 양 2마리, 돼지 2마리, 卓席 20張, 술 2罈 등." 이 가운데서 단향과 백 · 백릉 · 백방사 · 남방사 등 다섯 종류는 戶部에 咨文을 보내 구하고, 은병과 은술잔 등 두 종류는 工部에 자문을 보내 구하며, 송아지와 양 · 돼지 · 탁석 · 술 등 다섯 가지는 모두 銀 200兩으로 환산해서 역시 戶部에 자문을 보내 얻는다.

禮部는 즉시 咨文을 조선 국왕에게 보내 준수하여 따르도록 알리고, 아울러 北洋大臣 直隸總督 李鴻章에게 통지해서 輪船을 미리 준비하여 각 해안 항구를 돌아다니며 사신을 영접하여 보호하게 했다. 예부가 신속하게 통지한 그 咨文 안에서 祠祭司의 案呈을 첨부하여, 조선 국왕 母妃의 諭祭에 관해 예부가 상주하여 海路로 사신이 가도록 명한 諭旨를 받았음을 밝히고, 戶部의 滿洲 左侍郎 續昌과 右侍郎 崇禮가 유지를 받들어 조선에 파견되어 제사를 지내기 위해 이번 달 17일 巳時에 출발해서 通州에서 윤선을 타고 天津에 이르러 윤선을 갈아타고 가게 했음을 알렸다. 예부에서는 6品 통역관 豫和와 7품 통역관 恒霈를 파견해서 같은 날 출발케 했다. 正使와 副使 및 통역관과 수행원의 차량, 노새와 말, 활과 화살 자루, 허리에 차는 칼 등은 각각 그 명목과 수를 살펴서 자문을 兵部로 보내 전례에 따라 발급하게 하고, 가는 도중에 써야 할 役夫와 車馬, 배 등은 마땅히 車票와 대조하여 지급하기로 했다. 諭旨와 祭文을 받들어 갖고 가는 데 써야 할 背夫 한 명과 기마 한 필, 황제가 하사하는 향과 비단, 은량 등 물건을 위해 써야할 馱馬, 의장용 방패와 병장기, 깃발, 양산 등을 위해 써야 할 기마와 역부 등은 모두 전례에 따라 발급하기로 했다. 경성에서 출발할 때 전례에 따라 군사를 동원하여 호송하기로 했다. 이에 북양대신 李鴻章이 咨文을 받아 승인하고, 즉시 각 처에 통고하여 맞아 호위하게 하는 한편, 북양 해군에서 濟遠과 來遠, 經遠 등 군함을 동원해서 타고 가도록 준비를 시켰다.

아울러 禮部에서 6품 통역관 豫和와 7품 통역관 恒霈를 파견하여 따라 가게 한 것을 허락하고, 규정에 따라 이전에 받은 바 있는 諭旨 9道를 기록하고 예절의 則例를 베껴 쓰는 것을 허락하면서, "이번에 유지를 삼가 받들어 옛 법규를 준수하여 곡진하게 긍휼히 여기되, 금번에 그 나라에서 饋送하는 것을 일체 어떻게 처리할 것인지는 사신들이 스스로 헤아려서 조사하라"고 했다. 이에 예부에 片을 보내, "이번 달 17일 巳時에 출발해서 通州에서 배를 타고 天津에 이르러 윤선을 갈아타고 가기로 정했으니, 행하고 처리해야 할 일체의 사무를 가지런히 갖추어서 片으로 회답하여, 기일을 정해 훈계를 청하게 해달라"고 하니, 예부에서 片으로 "조선에서 제사를 드리려면 응당 祭文과 祭品 및 折價 은량을 써야 하니, 본 部에서 조목조목 목록을 작성하여 상주해서, 翰林院과 戶部, 工部 등 두 部에 보내어 찬술하고 발급하게 하며, 아울러 출발 시일은 兵部에 알려서 勘合과 夫馬를 지급하게 하고, 북양대신에게 신속히 咨文을 보내 미리 輪船을 준비해서 지나가는 각 항구에 일체 영접하여 보호하도록 할 것이라"고 답했다.

11일, 摺本에 함께 서명하고 훈계를 청해서 황제에게 불려가 알현하고, 예부의 문건 안에 있는 '饋送'에 관한 한 구절에 대해 직접 아뢰어 다음과 같은 유지를 받들었다. "너희는 그 나라에 도착한 뒤에 마땅히 일체 예의에 맞도록 행동하고 마땅히 옛 제도를 공손히 준수하여 조금이라도 간단하게 생략하는 일이 있어서는 안 된다. 그 나라의 왕이 너희들에게 예물을 주거나 통역관들에게 은량 등 물건을 주더라도 일체 받지 않게 해야 한다." 무릎을 꿇고 황상께서 편안하시기를 청하고 물러 나와서, 이번에 직접 유지를 받든 것을 전보로 북양대신에게 알려서 다시 袁世凱 道員에게 전보로 알리게 했다. 원세개 도원이란 북양대신이 파견하여 조선에 주재하며 통상과 교섭 사무를 총괄 처리하고 있던 자를 말한다.

10일에 북양대신이 "15일에 작은 윤선을 보내 맞이하겠다"는 전보를 보내왔고, 12일엔 원세개 도원이 보낸 전보에 의거해서, "조선은 한성에서 10리 떨어진 강변에 있는 洗心亭을 닦아서 사절이 묵는 행관으로 준비하고, 인천에서 한성에 이르는 다리와 길을 서둘러 수리하고 있다"는 전문을 보냈다. 또한 북양대신은 "그 나라는 일찍부터 받들어 모실 재물을 준비하면서 한성 부근을 풀어서 공급 물자를 성대하게 준비하게 해서, 왕림할 때 예절을 조금 면할 수 있기를 기대하고 있다. 그리고 倭使 등이 어느 날 사절이 도착하는지 탐문하고 있는데, 장차 영접하여 알현하려는 뜻인 것 같다"는 원세개의 전문을 전해주었다. 13일, 북양대신을 통해 원세개 도원에게, "그 왕에게는 典禮에 관해서는 결코 조금이라도 제멋대로 시행하거나 임시변통의 방법을 쓰도록 풀어줄 수 없고 받들어 모시는 세세한 예절도 황상의 거룩한 뜻을 살펴 체득하지 않을 수 없으니 특히 조금이라도 마지못해 영합함이 있어서는 안 될 것임을 고하여 알게 하고, 아울러 조선에 주재하고 있는 서양인에게 이번에는 기한이 촉박하여 피차 모두 내왕하며 교제하기가 어려움을 고하여 알리도록 하라"는 전문을 보냈다.

14일에 황제가 유지를 내려, "이번에 續昌 등이 윤선을 타고 조선에 갈 때, 李鴻章이 管帶官에게 엄하게 명하여 병정들이 상륙할 수 없게 해서 사단을 일으키지 못하게 하라"고 엄명했다. 16일, 정사와 부사가 함께 禮部로 가서 御祭文을 열람하고, 향과 비단, 은량 등 물건을 점검한 뒤에 다함께 봉함했다. 17일 巳時 정각에 예부의 大堂에 가서 御祭文을 향해 三跪九叩를 행하고, 兵部에서 파견한 관원에게 건네주어 등에 지게 했다. 儀仗이 앞길을 인도해서, 말을 타고 朝陽門을 나섰다가, 큰 다리에 이르러 가마로 바꿔 탔다. 申時 정각에 通州에 이르니, 通永道와 濂州牧이 강변에서 맞이하여 차 마시는 자리를 마련하고 담소를 나누었는데,

먼저 간 牌가 13일에 통주를 지나 끝내 육로를 통해 山海關으로 전달되어 갔음을 알게 되었다. 18일, 사절단이 두 척의 작은 火輪을 타고 天津으로 출발했다.

馬頭와 河西務 · 蔡村 · 楊村 등을 거쳐 20일에 天津에 닿았다. 奉天將軍에게 전보를 보내, 앞서 육로로 보내진 牌를 차단하여 억류하게 하고, 廖仲山 司馬에게 전보로 알려서 齊遠 군함을 보내 牌文을 실어 보내게 했다. 그리고 仁川府使에게 전하여 각 역참에 통지해서 전례에 따라 역부와 거마를 미리 준비하게 하고, 아울러 祭文과 祭品, 방패와 의장, 깃발과 양산, 대동하는 통역관과 수행원의 이름과 수 등을 조목조목 열거했으며, 또한 직접 받든 諭旨를 공손하게 기록하여 자문으로 조선 국왕에게 조회하여 삼가 준수하게 했다. 원세개 도원에게도 箚文을 보내 수종하는 사람들을 검사하게 했다. 북양대신 李鴻章을 만나고, 조선 국왕이 보낸 咨文의 답을 받았다.

북양대신이 철갑 군함 經遠과 來遠 호를 동원해서 사용하게 해서, 마침내 22일 未時에 幕友 · 통역관 · 수행원 등과 함께 快馬 윤선을 타고 紫竹林에서 출발했다. 北塘 등지를 지나니, 각 營汛의 관리들이 꿇어앉아 영접했다. 大沽口 포대에 이르자, 예포를 쏘아 영접했다. 마침내 조수를 타고 항구를 나갔다. 정사는 諭示한 祭文을 받들어 經遠 윤선에 오르고, 부사는 하사한 祭品 등 물품을 받들고 來遠 윤선에 올라, 23일 廟島와 煙臺 · 威海衛 · 成山頭를 경유하여 조선으로 출발했다.

3. 조선의 諭祭使 영접

崇禮의 『小方壺齋輿地叢鈔補編』本 『奉使朝鮮日記』에는 淸朝의 諭祭使

가 중국을 떠날 때까지만 기술되어 있고, 조선에서의 활동에 대한 기록은 缺落되어 있어, 조선 정부가 유제사를 어떻게 접대했는지는 알 수가 없다. 그러나 유제사가 중국을 떠나기 전에 조선이 유제사 접대를 준비한 과정과 영접 계획 등이 기술되어 있어, 어느 정도 유추가 가능하다.

청조의 諭祭使는 9월 21일에 군함 濟遠 호 편에 副將 方伯謙을 조선에 파견해서, 牌文 한 통을 가지고 먼저 가서, 仁川에서 漢城까지 각 역참을 통해 淸帝의 諭旨를 전하게 하고, 각 지방관은 전례에 따라 역부와 거마를 미리 준비하여 기다렸다가 청제가 보낸 祭文 한 통을 가지고 뒤따라가게 하며, 청제가 보낸 향과 비단 · 은량 등 물건과 의장용 방패와 병장기 · 깃발 · 양산 및 함께 따라가는 통역관과 수행원의 명단과 수를 仁川府使를 통해 차례로 전달하게 했다.

그리고 正使가 조선 국왕에게 보내는 咨文 한 角을 주어 함께 전달하게 하여, "본 大臣 등은 황제의 명을 받들어 제사를 내리기 위해 파견되게 되었는데, 정사와 부사는 길을 바꾸어 天津에서 北洋 함대의 군함을 타고 출발해서 곧바로 인천에 이르러 상륙하기로 하고 이미 牌文을 보내었으니, 연도의 府와 州, 縣 및 항구 등의 지방에서는 전례에 따라 역부와 거마를 준비하여 일으켜서 적절하게 대응해 달라"고 당부했다. 또한 정사는 떠나기 직전에 황제의 면전에서 들은 다음과 같은 훈계를 조선 국왕에게 전해 주면서 그대로 시행해줄 것을 부탁했다.

> 너희는 그 나라에 도착한 뒤에 마땅히 일체 예의에 맞도록 행동하고 마땅히 옛 제도를 공손히 준수하여 조금이라도 간단하게 생략하는 일이 있어서는 안 된다. 그 나라의 왕이 너희들에게 예물을 주거나 통역관들에게 은량 등 물건을 주더라도 일체 받지 않게 함으로써, 屬藩의 처지를 이해하고 돌보는 지극한 뜻을 보여야 한다.

正使가 보낸 咨文에 대한 조선 국왕의 답문이 9월 24일에 전보로 도착했는데, 이 자문에서 조선 국왕은 "이번에 欽使를 특별히 파견하여 제사를 내리시고 賻儀를 보내주시면서 길을 수로로 바꾸어 연도의 供億을 줄여주시니, 참으로 특별한 예우라 하겠다. 폐방의 신료와 백성이 은덕에 감격하여 우러러 떠받듦이 끝이 없다. 예물을 선사하고 통역관 등에게 은량 등 물건을 주는 것은 폐방이 天使의 지위를 우대하여 예우하는 것이니, 이는 실로 그만둘 수 없는 전례였다"고 하면서, "이전에 있었던 聖朝의 사신 행차와 삼가 견주어보며, 공손하게 감사의 마음을 펴 보인다"고 응수했다.

이에 앞서 조선의 告訃使 洪鍾永이 벌써 길을 바꾸어 수로로 사신을 파견한다는 上諭의 節要를 본국에 전보로 알렸기 때문에, 이미 9월 16일부터 諭祭使를 접대할 준비를 다음과 같이 진행하고 있었다. 內務府 督辦 겸 漢城府 判尹인 沈履澤에게 遠接使를 맡기고, 大護軍 前 禮曹判書인 李承五에게 館伴使를, 協辦內務府事 戶曹判書인 閔泳商에게 迎接使를 맡겼으며, 都監 提調官 承旨 겸 監理仁川通商事務 仁川府使인 成岐運에게 迎慰使를 맡기고, 朔寧郡守인 李奭鍾에게 問禮官을 맡겼다. 迎接差備官이 11명이고, 각 방면에 파견된 관원이 13司, 숙소 안의 잡다한 일을 맡은 관리가 19司, 주요 통역관이 8명, 각 방면의 差備官이 23司, 請來官과 掌務官이 각 1명으로, 이상 크고 작은 직관으로 모두 100여 명이 파견되었다. 京畿道 監司 李憲植이 소속 각 府와 郡, 縣을 나누어 파견하여 站을 나누어 기회를 살펴서 알맞게 대응하여 영접하고 臺舍, 차와 반찬, 역부와 거마, 병졸과 군교 등의 일을 관리하게 했다. 仁川府使 成岐運은 通津 등 11개 邑의 守令들을 거느리고 濟物浦 站에서 묵으며 기다리고, 仁川監理 衙門을 수리하여 行臺를 만들며, 富平 府使 崔錫斗는 高陽 등 11개 邑

의 수령들을 거느리고 梧里洞 尖站에서 기다리며 민가를 수리해서 행대로 만들고, 驪川 牧使는 南陽 등 11개 읍의 수령을 거느리고 麻浦 站에 묵으며 기다리면서 공관인 洗心亭을 수리해서 행대를 만들게 했다. 모든 행대의 문 앞에는 한 쌍의 붉은 깃대에 轅門의 누런 깃발 두 폭을 달고, 새벽과 저녁에 화포를 쏘고 북을 치며 피리를 분다. 수레에서 내려서 뜰 안으로 들어가는 곳에는 어디나 채색 자리를 땅 위에 깔고, 대청에는 황색 차양을 쳐서 龍亭과 香亭, 하사품 등을 받들어둔다. 가운데뜰에는 龍牌와 香案, 누런 휘장 등을 설치해서 祭文을 받들어둔다. 정사와 부사는 두 곳에 나누어 묵는데, 잠자는 집은 닦아 갖추어서 각각 표범 가죽으로 좌석을 덮고 채색 자리로 땅을 가리며, 이불과 베개 등 침구와 침대 휘장, 책상과 의자, 그릇 종류 등을 모두 갖춘다. 아래로는 통역관과 하인 등이 묵는 방까지도 아주 깨끗하게 잘 정돈하며, 각 방에는 모두 시중드는 심부름꾼이 파견되어 있는 등, 극히 주밀하게 준비한다. 제물포에서 漢城 南別宮까지 80리로, 지나가는 도로와 다리 등을 모두 미리 평탄하게 닦아 정리하고, 폭은 말 다섯 마리가 나란히 갈 수 있을 정도로 널찍하게 하며, 길 가운데는 황토를 깐다. 각 府와 郡, 縣이 모두 각 邑의 병졸과 군교, 서리와 잡역, 儀仗과 기치 등을 모아서 징발하고, 仁川府도 練軍 洋槍隊 100여 명을 뽑아 모아서 영접하여 호위하며 뒤따르게 하니, 국왕이 나가서 순행할 때의 의식 제도와 다르지 않다. 10일이 지나서 원접사 심이택이 그 휘하의 차비관 등을 거느리고, 경기도 감사는 그 휘하의 각 수령을 거느리고, 그리고 영위사와 문례관 등이 앞뒤로 제물포에 와서 영접하기 위해 기다린다. 관반사 이승오는 몸이 아파서, 辦差에서 刑曹判書 南廷哲로 바꾸어 파견해서 대신 맡게 했다.

이에 앞서 4월 8일에 禮曹에서 啓奏하여 "칙서를 영접함에 친히 교외에 납시어 영접한 전례가 있고 단지 백관이 교외에 나가서 영접한 전례도 있는데, 이번에는 어떻게 하고 어느 곳에서 맞이하도록 준비해야 하는지"를 물었더니, 왕이 답하여 전하기를, "각 해의 전례에 따라 하고, 장소는 崇禮門 밖에 마련하도록 하라"고 했다. 그때 병이 아직 낫지 않았기 때문에 교외에서 맞이할 것인지 여부를 여전히 정하기 어려워했지만, 9월 22일에 이르러 왕의 병에 약간 차도가 있어 마침내 교외에 직접 나가서 맞이하기로 했는데, 숭례문 밖의 길은 협소하여 불편하다고 해서 敦義門 밖으로 바꿔 정하여, 경기도 監司 관아 앞의 사방으로 통하는 큰 길에 영접하는 장소를 만들었다. 또한 9월 12일에 袁世凱 道員이 북양대신에게 보낸 전보에 의하면, "조선은 한성에서 10리 떨어진 강변에 있는 洗心亭을 닦아서 사절이 묵는 행관으로 준비하고, 인천에서 한성에 이르는 다리와 길을 서둘러 수리하고 있다"고도 했다.

4. 변화에 대한 저항

淸의 諭祭使에 대한 조선의 응접은 종래의 그것과 다를 바 없었다. 그러나 崇禮의 『奉使朝鮮日記』에는 滿淸과 조선의 전통적 冊封-朝貢 관계가 크게 흔들리는 장면이 생생하게 담겨져 있다. 西勢東漸으로 서구 열강의 침범을 받은 중국이 동아시아 국제사회에서 중심으로서의 위상이 흔들리고, 심지어 후발 제국주의 세력으로 등장한 일본에 의해 琉球가 합병되고 越南에 대한 종주권이 프랑스에 탈취되는 상황에서, 만청과 조선의 전통적 관계가 동요하는 것은 오히려 자연스러운 일이었지만, 이러한 변화에 대한 만청의 완강한 저항은 오히려 변화의 심각성을 돋보이게 한다.

朝淸 관계의 변화는 이미 告訃使 洪鍾永이 부고하면서 禮部에 보낸 다음과 같은 呈文에서 읽혀진다.

小邦이 藩服을 공손히 지키며 대대로 皇恩을 입었는데, 壬午[3]년과 甲申[4]년에 그물을 던져 국토를 보살펴 길러준 덕분에 언제나 깨끗이 쓸어 없애 맑게 할 수 있었고 더욱 깊은 은혜로 나라를 다시 일으킬 수 있었으나, 喪亂을 겪고 기근을 연거푸 만나 백성과 물자가 유리되어 6, 7년 이래로 몹시 힘들고 어려운 상황이 날로 심해졌다. 근래에는 또 불행히도 康穆王妃가 서거하여 온 조정이 말할 수 없이 슬퍼했는데, 주상께서는 왕비가 돌아가시기 전에 남긴 당부를 생각하고 팔방의 지역이 곤궁함을 불쌍히 여겨, 예전의 사례로는 장례와 제사에 쓰는 경비가 민간에서 나왔지만 어쩔 수 없이 일제히 면제하여 백성의 힘을 펴주었기 때문에, 모든 장례와 제례를 모두 검소한 절약에 따르게 했다. 다만 大皇帝께서 칙사를 보내 칙서를 반포할 때, 지금까지 해온 특별한 예우로써 은덕에 감격하여 우러러 떠받들지 못하게 될까 특별히 걱정된다. 星使가 아름답게 오시는데 예절이 주도하게 베풀어지지 못하게 되면 죄를 지음이 더욱 심하게 될 것이니, 나중에 양심의 가책을 느끼고 괴로워하는 것보다는 차라리 미리 사정을 말씀드리는 것이 낫지 않겠는가. 하물며 천자의 높고 두터운 은혜를 입어 긍휼히 여기심이 넓고 주밀해서, 마음에 품으시면 반드시 미쳐지고 돌아보시면 반드시 돌려주니, 오래전부터 마치 갓난아이가 자애로운 부모를 믿고 의지하는 것과 같았다. 특히 部堂께서 실정을 굽어 살피시어 궁전 층계에 받쳐 올려주시기를 삼가 기대하니, 혹시나 온화한 유지가 발포되어 제가 삼가 가지고 돌아갈 수 있게 해주시면 星使의 처소가 번거롭게 격식을 넘어 나올 필요가 없을 것이다.

이 정문을 받은 예부가 황제에게 상주하여 고부사의 요청을 인용해서,

3 滿淸 德宗 光緖 8년; 朝鮮 高宗 19년; 1882년. 이 해에 壬午軍亂이 일어났다.

4 滿淸 德宗 光緖 10년; 朝鮮 高宗 21년; 1884년. 이 해에 甲申政變이 일어났다.

"조선국 告訃使臣 洪鍾永 등이 갖추어 올린 呈文이 部에 이르러 신 등이 공동으로 열람했는데, 그 나라가 상란을 당한 이래로 나라의 재정이 매우 어려워서 이번에 그 나라 왕대비가 서거하자 장례와 제례 일체를 모두 검소하게 절약하기 위해 긍휼히 여겨 은혜를 내려줄 것을 간절히 빌며 사신을 파견해서 제사를 지내는 일 등을 면하게 해달라고 청했다. 이에 정문에 의거해서 대신 상주하며, 황상께서 친히 살펴보시도록 삼가 원래의 呈文을 베껴 적어 올리고, 명령이 내려오기를 삼가 기다렸다가 臣의 部에서 받들어 준행할 것이다"라고 했다. 요컨대 조선 부고사의 정문은 재정이 궁핍해서 淸使를 접대할 여유가 없으니 諭祭使를 보내지 말아달라는 요청이었는데, 도무지 조선이 册封이나 諭祭 등 禮를 수행하기 위해 파견되는 청조의 사신을 보내지 말라고 한 것은 전무후무한 일로, 그 이전 같으면 생각도 할 수 없는 일이었다. 藩屬國이 유제사를 보내지 말라고 요청한 것 자체가 宗主國 권위의 심각한 약화를 의미하는 일이었다. 따라서 淸朝가 이러한 조선의 요청을 거부하여 변화에 대해 적극적으로 저항한 것은 당연한 일이었다.

8월 25일에 軍機大臣 字寄가 황제의 諭旨를 받들어 禮部에 전했는데, 그 내용은 다음과 같았다.

> 조선의 告訃使臣이 [……] 말한 곤궁한 정황은 거짓이나 꾸밈이 없고 그 나라의 국왕은 대대로 東藩을 지켜왔다. [그러나] 은혜로운 禮와 조문과 제사를 전담할 사신을 정성스럽게 갖추는 것은 늘 지켜야 할 준칙에 실려 있으니, 바꾸지 않고 그대로 따라 행해야 한다. 이것이 바로 天朝가 屬藩을 어루만져 은혜를 베푸는 특별한 예우인 것이다. 예법이 오랫동안 그러했는데, 어떻게 쉽게 바꿀 수 있겠는가.

요컨대, 아무리 재정이 궁핍하다 하더라도 지금까지 해온 의례를 생략할 수 없다는 것이니, 이는 전통적인 朝淸 관계는 본질적으로 책봉과 조공의 禮를 서로 교환하는 禮的 관계의 성격을 갖기 때문이다.

淸帝는 典禮를 결코 생략할 수는 없지만, 조선의 재정 상태를 배려하여 使行의 경로를 육로에서 해로로 바꾸게 했다. 그 諭旨의 내용은 다음과 같았다.

> 그 나라가 근년에 국가 재정이 특별하게 궁핍함이 실제 정황임을 감안해서, 어쩔 수 없이 예로부터 내려온 제도와 문물을 준수하여 불쌍히 여겨 도와주지 않을 수 없다. 지금까지는 그 나라에 사신을 파견할 때 언제나 동쪽 변방을 따라 육로로 가서 그 나라의 경역으로 들어간 뒤에도 여전히 역참이 10여 곳이나 있기 때문에, 가는 도중에 수요에 맞추어 물품을 공급하는 것이 실로 번거롭다. 따라서 이번에 고관을 파견해서 보낼 때는 길을 바꾸어 天津에서 北洋 함대의 輪船을 타고 곧바로 그 나라의 仁川으로 가서 상륙하게 하고 의례를 다 행한 다음에도 다시 이 길로 京師에 돌아오게 하여, 이처럼 잠시 변통하면 길도 매우 가깝고 경비도 많이 들지 않으니, 그 나라가 지금까지 육로로 오가는 데 필요한 물품을 공급하느라 부담했던 번거로운 비용을 모두 절약할 수 있다.

해로로 사신을 조선에 보내는 것은 처음 있는 일이어서, 淸朝로서는 변화한 상황에 대한 타협적 대응이었다고 할 수 있다.

다만, 淸帝는 관행과 달리 諭祭使가 해로를 통해 조선에 가더라도 조선에서의 전례를 엄격하게 준수할 것을 요구하였으니, "欽使가 그 나라에 도착한 뒤의 모든 의례는 모두 쓸데없는 비용과는 무관한 것이어서, 모두 예로부터 내려온 제도와 문물을 공손히 준수해야 마땅하니, 조금이라도 일을 간략하게 해서는 안 될 것이라"고 단속하고, "이는 朕이 끝없는 덕택과 예의로써 藩國을 안정시키려는 뜻이니, 그 나라 국왕은 이 綸音을 받들어 배나 깊이 삼가 감사해야 할 것이라"고 하여, 책봉-조공 관계의 정신을 계속 지키려는 의지를 완강하게 피력하였다.

만청 정부는 황제의 명령대로 諭祭의 전례를 엄격하게 수행하기 위해 필요한 제품을 '전례에 따라' 철저하게 준비했다. 즉 주관 기관인 禮部가 전례를 조사해서 향과 비단 등 祭品과 祭文 등을 준비하는 한편, 濟遠艦 편에 副將을 조선에 파견해서 牌文 한 통을 가지고 먼저 가서, 仁川에서 漢城까지 각 역참을 통해 諭旨를 전하게 하고, 각 지방관은 전례에 따라 역부와 거마를 미리 준비하여 기다렸다가, 황제가 내린 祭文 한 통을 받들어 가지고 뒤따라가게 하며, 황제가 하사한 향과 비단 · 은량 등의 물건과 의장용 방패와 병장기 · 깃발 · 양산 및 함께 따라가는 통역관과 수행원의 명단과 수는 仁川府使를 통해 차례로 전달하게 했다. 또 正使가 조선 국왕에게 보내는 咨文 한 角을 함께 전달하게 해서, "정사와 부사는 길을 바꾸어 天津에서 北洋 함대의 군함을 타고 출발해서 곧바로 인천에 이르러 상륙하기로 한" 사실을 알리고, 연도의 府와 州, 縣 및 항구 등의 지방에서 전례에 따라 역부와 거마를 준비하도록 하게 했다. 이와 함께, "너희는 그 나라에 도착한 뒤에 마땅히 일체 예의에 맞도록 행동하고 마땅히 옛 제도를 공손히 준수하여 조금이라도 간단하게 생략하는 일이 있어서는 안 된다. 그 나라의 왕이 너희들에게 예물을 주거나 통역관들에게 은량 등 물건을 주더라도 일체 받지 않게 함으로써, 屬藩의 처지를 이해하고 돌보는 지극한 뜻을 보여야 한다"는 황제의 유지를 인용해서 전하여, 그대로 시행하도록 요구했다.

그러나 조선 정부는 또다시 使行의 행로를 바꾸도록 요청했다. 9월 초5일에 천진에 머무르고 있는 조선 관원 兪商德을 시켜 북양대신에게 呈文을 보내게 해서, "인천에 상륙하면 한성까지의 거리는 비록 80리밖에 안

되지만 가는 길 도중에 작은 站이 하나밖에 없는데다가 결여되고 파손되어 받들어 모시기에 부족하니, 길을 바꾸도록 청하여 壬午년에 대군이 상륙한 馬山 포구로 상륙하면 한성까지 100리이지만 연도에 府와 縣이 있어 쉽게 필요한 물자를 대고 쉬거나 묵을 수 있다"고 했다. 이에 북양대신이 파견하여 조선에 주재하며 통상과 교섭 사무를 총괄 처리하고 있던 袁世凱를 시켜 조사하게 한 결과, "인천에서 한성까지 90리 길은 평탄하고 근처에 官舍가 있지만, 마산에서 한성까지 160리 길은 험하고 멀다"는 보고를 받았다. 이에 淸帝는 "인천에서 상륙하는 것은 원래 그 나라의 처지를 이해하고 돌보아서 육로로 갈 때 드는 번거로운 비용을 절약하기 위한 것이니, 쉬고 묵는 곳이 있으면 앞의 유지를 준수하여 처리하되, 쓸데없이 馬山으로 길을 바꾸지 말라"는 諭旨를 내렸다. 또한 14일에는 "李鴻章이 管帶官에게 엄하게 명하여 병정들이 상륙할 수 없게 해서 사단을 일으키지 못하게 하라"는 諭旨를 내리기도 했다.

그럼에도 불구하고 조선은 여전히 典禮의 절약을 희망하였다. 원세개가 북양대신에게 보낸 전문에 의하면, "그 나라는 일찍부터 받들어 모실 재물을 준비하면서 한성 부근을 풀어서 공급물자를 성대하게 준비하게 해서, 왕림할 때 예절을 조금 면할 수 있기를 기대하고 있다"고 했다. 이에 청조는 13일, 북양대신을 통해 원세개 도원에게 전보를 보내, "그 왕에게는 典禮에 관해서는 결코 조금이라도 제멋대로 시행하거나 임시변통의 방법을 쓰도록 풀어줄 수 없고 받들어 모시는 세세한 예절도 황상의 거룩한 뜻을 살펴 체득하지 않을 수 없으니 특히 조금이라도 마지못해 영합함이 있어서는 안 될 것임을 고하여 알게 하라"고 명했다.

이처럼 趙大妃의 장례를 맞아 조선 조정은 청조 諭祭의 생략 혹은 간략한 시행을 요청하였고, 청조는 생략은 물론이거니와 간략화도 불가함을 거듭 강조하였는데, 전통적 책봉-조공 관계의 유지에 대한 청조의 강한 의지 표명은 급변하는 조청 관계와 그 주변 상황을 반증한다고 할 수 있다. 결과적으로 청조의 의지대로 조선 조대비의 諭祭 전례는 종전대로 시행되었지만, 조선 정부가 諭祭의 생략을 요청하고 만청 정부는 이를 완강하게 거부하는 일련의 과정은 이전의 明淸 使行錄에서는 발견할 수 없는 매우 특이한 기록이다.

5. 淸朝 지방관원의 迎詔

崇禮의 『奉使朝鮮日記』에는 勅使가 지나가는 곳의 지방관이 칙사가 소지한 詔書를 향해 절하며 천자의 편안함을 기원하는 예절이 빈번하게 기록되었다. 즉, 9월 18일에 通州에서 배로 출발해서 19일에 河北省 武淸縣 북동쪽에 있는 漕運의 중요한 길목인 河西務를 지났는데, 이곳에서 營汛의 각 하급 관원들이 해안에서 꿇어앉아 맞이했다고 했다. 영신이란 군대가 주둔하는 지역의 수비대를 이르는 말이다. 楊村을 지날 때도 營汛의 각 하급 관원들이 이전처럼 맞이했다. 포구에 정박하니, 天津縣의 縣令이 보고서를 보내, "내일 爵相[즉 李鴻章]께서 문무 관원들을 거느리고 吳楚公所에서 꿇어앉아 천자의 편안하심을 기원할 것이라"고 했다. 20일에 天津에 닿으니, 각 군영의 온 부대가 해안 옆에서 꿇어앉아 영접했다. 배를 정박시키고 가마를 타고 오초공소에 이르니, 북양대신 李鴻章이 문무 관원을 거느리고 꿇어앉아 천자의 편안을 기원했다. 22일에 윤선을 타고 北塘 등지를 지날 때도 각 營汛의 관원들이 꿇어앉아 영접했다고 한다.

사신이 지나가는 지방에서는 지방관이 출영해서 황제에 대한 문안을 올리는 예절, 즉 '請聖安'의 禮는 이전의 使行錄에서도 발견되는 관행이었다. 한 예로, 1866년에 조선으로 파견된 淸使 魁齡의 『東使紀事詩略』에는 사행 연도의 지방관이 '請聖安'하는 과정이 빠짐없이 기술되어 있다. 魁齡이 同治 5년 8월 12일에 북경을 출발해서 19일에 山海西關에 이르니, 副都統이 關帝廟에서 무릎 꿇고 황제의 안부를 물으며 공손하고 신중하게 영접했다 하고, 사절단이 陪都인 瀋陽에 이르니, 將軍, 즉 鎭守盛京等處將軍과 五部堂憲 · 學政 · 府尹 등이 황상의 안부를 물었는데, 예절은 이전과 같았다고 했다. 귀국할 때도, 이 같은 예절이 곳곳에서 반복되었다. 이처럼 사절단이 지나는 重地에서는 그곳의 주요 관원들이 황제의 문안을 아뢰는 禮를 갖춰야 했다. 사절단은 황제의 권위를 대신하며 황제의 명령, 즉 詔書와 勅書를 갖고 있었기 때문이다. 崇禮의 『奉使朝鮮日記』에서 사절단이 가는 곳마다 각 지방의 관원들이 "꿇어앉아 천자의 편안을 기원했다"고 한 기록이 자주 발견되는 것은 곧 '請聖安'의 관행이 청 말까지 지속되었음을 보여준다.

崇禮의 『奉使朝鮮日記』에는 이외에도 청말 사절단의 수행원에 관한 정보도 포함되어 있다. 諭祭使가 通州에서 天津으로 가기 위해 배 다섯 척을 마련했는데, "正使와 副使가 큰 배 두 척에 타고, 幕友가 배 두 척, 통역관이 배 한 척에 탔다. 정사의 幕府[즉 幕友]는 張蔭農 茂才 汝勳이었고, 부사[의 막우]는 約周滌峰水部頌多雨三太守齡이었는데, 그 외에도 戈什哈 각 한 명과 수행원 각 다섯 명, 幕友의 종자 각 한 명이 있었다"고 했다. 요컨대, 정사와 부사는 '幕友'와 '戈什哈'을 동반했다 하는데, 막우란 幕府의 屬僚인 幕僚란 뜻으로, 명청 시대에 지방 軍政 관서에서 문안이나 刑名 · 전곡 등 사무를 도와 처리해준 사람으로, 특별한 관직이 없거나 장관이 개인적으로 초빙하여 친구처럼 대하는 사람이었고, 과십합은 만주어로 호위를 뜻하는데, 청대에 將軍과 都統 · 副都統 등을 좌우에서 호위하던 벼슬을 말한다. 특히 幕友의 동행에 관한 기사는 곧 청 말에 幕友制가 어떻게 유행했는지를 시사하고 있어, 일정한 사료적 가치를 갖는다.

6. 맺는말

『使朝鮮錄』 총서에 수록된 『小方壺齋輿地叢鈔補編』本 崇禮의 『奉使朝鮮日記』는 조선 趙大妃의 喪을 訃告받은 뒤부터 諭祭使가 출국할 때까지의 과정만 기록된 불완전한 판본이지만, 나름대로 일정한 사료적 가치를 갖는다. 특히 이 책에는 유제사가 선정되는 행정적 절차나 出使의 준비과정 등이 상세하기 기술되어 있어, 그 이전에 출간된 明清 시대 使行錄의 한계를 보완하고 있다. 뿐만 아니라, 이 책에는 조선 정부가 청조 유제사의 영접을 준비하는 과정이 기록되어 있고, 청조의 지방관원들이 사절단을 맞아 황제의 편안을 기원하는 '請聖安'의 예절과 유제사의 幕友 동행 등에 관한 정보도 담겨져 있다.

그러나 이 使行錄이 갖는 가장 큰 특징은 19세기 말에 심각하게 진행된 朝清 관계의 변화와 이러한 변화에 대한 저항의 과정이 잘 드러나 있다는 것이다. 조선 정부는 趙大妃의 喪을 청조에 訃告하면서, 재정적 궁핍을 들어 諭祭使의 파견을 생략해줄 것을 요청했다. 이는 전무한 일로, 滿清과 조선의 전통적 관계가 冊封과 朝貢의 禮를 교환하는 禮的 관계였음을 감안하면 매우 예외적인 일이었음을 알 수 있다. 그것은 조청의 전통적 책봉-조공 관계가 滿清 제국이 와해되는 과정에서 심각하게 변질되고 있었음을 시사하는 것이다.

이러한 변화에 대해 청조는 즉시 저항하였으니, 清帝는 諭祭使의 파견을 생략할 수 없음은 물론, 諭祭의 전례를 조금이라도 간략하게 시행할 수도 없음을 강조하면서, 동시에 조선의 재정에 부담을 적게 주기 위해 使行의 경로를 海路로 변경하게 했다. 비록 이러한 청조의 저항에 의해 조선이 유제사를 맞아 전통적 전례에 따라 영접했다 하더라도, 조선이 諭

祭의 생략을 요청하고 청조가 이를 거부하면서 철저한 전례의 시행을 관철시킨 것은 오히려 조청의 전통적 책봉—조공 관계가 변질되고 와해되고 있음을 반증했다고 하겠다.

결론

2003년에 『使朝鮮錄: 中朝關係史料叢刊』으로 北京圖書館出版社에서 公刊된 '使朝鮮錄'에는 徐兢의 『宣和奉使高麗圖經』과 『使高麗錄』, 蔣光照의 斠補隅錄本 『高麗圖經』 등, 倪謙의 『遼海編』과 『朝鮮紀事』, 『奉使朝鮮倡和集』 등, 張寧의 『寶顔堂訂正方洲先生奉使錄』, 董越의 『朝鮮賦』와 『朝鮮雜志』, 龔用卿의 『使朝鮮錄』, 朱之蕃의 『奉使朝鮮稿』, 姜曰廣의 『輶軒紀事』, 阿克敦의 『東游集』과 『奉使圖』, 柏葰의 『奉使朝鮮驛程日記』, 魁齡의 『東使紀事詩略』, 馬建忠의 『東行三錄』, 崇禮의 『奉使朝鮮日記』 등 모두 12명 저자가 쓴 18종의 조선 使行錄이 포함되어 있는데, 이 가운데서 『使高麗錄』과 斠補隅錄本 『高麗圖經』, 『朝鮮紀事』, 『奉使朝鮮倡和集』, 『朝鮮雜志』, 『東游集』 등 6종의 사행록은 다른 사행록에 포함되거나 중복된 것이다. 지금까지 이들 18종의 역대 '使朝鮮錄', 즉 조선 사행록을 검토하여 그 사료적 가치와 시대적 특징을 살펴보고, 이들 문헌들에 기재된 갖가지 기사를 통해 한중관계사의 몇 가지 새로운 정보를 확보하였다.

이 연구에서 검토 대상으로 삼은 12인의 18종 조선 使行錄은 12세기 초부터 19세기 말까지 8세기 가까운 긴 기간에 걸쳐 저술되었으니, 각 문헌이 갖는 시대적 배경이 같지 않음으로 인해 각 사행록의 문헌적 성격은 물론, 각 사행록에 기록된 使行의 성격 역시 당연히 같을 수 없다. 따라서 이번 연구에서는 12인의 18종 사행록을 宋代와 明代, 淸代, 淸 末 등 시대별로 사분하여, 그 시대적 특성에 유의하였다. 각 시대적 특성은 각 시대에 중국을 지배한 국가의 성격을 규정할 것이다. 宋이 遼, 金 등 遼東 국가의 압박을 받아 중국의 일부만 소극적으로 지배한 국가였다면, 明은 遼, 金, 元 등 요동 국가가 연이어 중원을 지배하던 상황을 일시 중단케 하고 중국을 중국인이 지배하게 하는 상황을 복원시킨 국가였고, 滿淸은 遼, 金, 元 등을 이어 다시 遼東과 中國을 통합하여 지배한 국가였으며, 말기의 淸은 동아시아 국제사회의 宗主國 지위를 상실하고 근대적 국가로 전환되는 과정에 놓여 있었다고 할 것이니, 이와 같이 상이한 시대적 · 국가적 특성의 차이로 인해 각 시대에 각 국가가 조선에 파견한 사신의 활동과 그 사행록의 성격과 내용도 일정한 차별성을 보였을 것으로 예측하는 것은 어려운 일이 아니다.

宋代에 徐兢에 의해 저작된 『高麗圖經』은 적어도 현재까지 전해지는 한국 사행록 가운데서는 가장 오래된 것이다. 그 이전에도 한국을 다녀간 중국의 사신들이 쓴 기행문이나 보고서가 없지 않았을 터이나,[1] 『고려도경』 이전의 사행록은 전해지지 않기 때문에, 『고려도경』에서 한국 사행록의 원형을 찾을 수밖에 없다. 그런데 이 『고려도경』이란 復命書에서 가장 눈에 띄는 부분이 두 가지 있는데, 그 하나는 詩書 시대 이래로 중국인들이 사신의 기본 임무로 여겨온 '咨諏', 즉 두루 살펴 정보를 확보하는 일

---

1 한 예로, 『宋史』 357 王雲傳에 의하면, "왕운이 進士가 되어 사신을 따라 高麗로 갔다 와서 『雞林志』을 찬술해서 바쳤다"고 하고, 徐兢의 『宣和奉使高麗圖經』 「서문」에서도 "신이 일찍이 崇寧 연간에 王雲이 찬술한 『鷄林志』를 보았는데, 처음으로 거칠게 설명한데다가 형상도 그려져 있지 않았다"고 했지만, 『계림지』는 지금 전해지지 않는다.

이 宣和 사절단에 의해 매우 충실하게 수행되어 『고려도경』을 통해 한국의 정치와 문화 · 사회 · 풍물 · 지리 등에 관한 정보가 상세하게 보고되었다는 점이고, 다른 하나는 한국이 正朔과 儒學 · 度量衡器 · 樂律 등을 중국과 함께하는 同文同軌의 나라임을 강조하여 전통적 册封-朝貢 관계를 복원하려 한 점이다. 明淸 시대에 조선을 방문한 중국의 사신들도 이러한 일을 되풀이하였다는 점에서 『고려도경』은 역시 한국 사행록의 원형이라 할 수 있을 것이다.

明朝가 조선에 파견한 사신들도 宋使들과 마찬가지로 '咨詢'을 통해 정보를 수집하여 조정에 보고하였고 조선이 箕子 이래로 敎化된 禮樂의 나라임을 강조하여 책봉-조공 관계를 강화, 혹은 유지하려 노력하였다. 그러나 明使들이 쓴 조선 使行錄에서는 『고려도경』에서 볼 수 없었던 새로운 요소를 적지 않게 발견할 수 있다. 우선 『고려도경』의 저자가 사절단의 실무 관료인 提轄官이었던데 반해, 明代 사행록의 저자들은 모두 사절단을 이끈 正使였으며, 모두 저명한 文學之士 출신으로 대부분 翰林院에서 복무한 淸華의 侍臣이었다는 점이 주목된다. 문학지사 출신 明使의 사행록에서 발견되는 또 하나의 특징은 이들 명사들이 조선에서 迎詔 의례를 중심으로 한 禮論을 적극적으로 개진하여 관철시켰다는 것인데, 이러한 명사들의 예론은 女樂을 물리치고 禮物을 사양하는 등의 도덕성을 배경으로 강력하게 추진되어, 朝明 간의 책봉-조공 관계를 유지, 혹은 강화시키는 외교적 효과를 획득하게 했다. 그러나 무엇보다도 명대 사행록에서 발견되는 가장 큰 특징은 명사들이 조선의 遠接使 등과 詩文을 賡酬하여 다수의 唱和詩를 남겼다는 점이다. 明使들 자신이 당대 일류의 시인이었고 조선에서는 詩作 능력이 가장 뛰어난 문관을 원접사나 接伴使로 선발하여 상대하게 했기 때문에, 이들 사이에서 교환된 창화시는 양적으로나 질적으로 놀라운 수준에 이르렀으며, 이들의 시문 창화는 단순한 문학적 교감에 그치지 않고 외교적 협력으로 이어졌기 때문에, 이른바 倡和外交라 할 만한 독특한 외교 양식이 전개되었다.

淸朝에서 파견된 사신들도 宋代 이래의 전통적 역할을 계승하여 수행하였다. 조선 사행록을 저작한 淸使들도 明使들과 마찬가지로 저명한 문학지사 출신의 重臣이었다. 이들은 使行詩를 통해 조선이 箕子 이래로 중국과 함께 禮樂을 공유한 문명의 나라로서 滿淸과 책봉-조공 관계를 잘 유지하고 있음을 칭송하였다. 또한 咨詢의 역할을 성실하게 수행하여, 조선에서 採風한 정보를 상세하게 소개하고, 使行의 여정을 정밀하게 기록하기도 했다. 그러나 淸使의 사행록에는 明使들의 그것에서 보였던 두 가지의 가장 특징적 활동이 발견되지 않는다. 청사의 사행록에는 迎詔 의례에 대한 禮論의 개진이 전혀 발견되지 않고, 원접사 등과 교환한 唱和詩와 창화 외교의 흔적이 거의 보이지 않는다. 시문 창화의 경우, 혹자는 소수의 창화시를 남기기도 했지만, 수적으로 제한되었을 뿐만 아니라, 그나마도 先唱한 것이 아니라 소극적으로 和答하는 데 그쳤다. 이는 滿洲人 출신 淸使들의 禮論과 문학에 관한 역량의 한계에 기인할 수도 있었겠지만, 무엇보다 滿淸의 통합국가적 특성과 朝淸 관계의 특수성으로 인한 독특한 외교적 환경에 기인하였을 것으로 보인다.

한편 청 말에 저술된 조선 사행록에서는 唱和詩는 전혀 발견되지 않지만, 청대에 소멸되었던 禮論이 다시 출현하였다. 그러나 청 말에 청 측에 의해 제기된 예론은 전통적 册封-朝貢 관계의 단속과 강화를 위한 것이 아니라 유지와 존속을 위한 것이었다. 明代 사신들이 조선에서 예론을 전개한 것은 기존의 儀禮를 더욱 강화하기 위한 것이었으나, 청 말의 사신들이 예론을 거론한 것은 기존의 의례를 지키기 위한 것이었다는 점에서 큰 차이를 보였다. 서구 제국주의 열강의 침략을 받은 淸朝는 19세기 말에 이르러 동아시아 국제사회의 종주국으로서 향유한 기존의 지위를 거의 상실하고 있었는데, 청 말의 조선 사행록에는 전통적 禮的 관계의 유지를 위해 필사적으로 노력하는 淸人의 외교적 시도가 잘 묘사되어 있다.

시대적 특성으로 인한 異同에도 불구하고, '使朝鮮錄' 즉 역대 조선 使行錄에는 두 가지 공통점이 있다. 그 하나는 '咨詢'에 의해 확보된 정보가 기재되어 있다는 것이고, 다른 하나는 冊封-朝貢 관계와 관련된 각종 자료가 수록되어 있다는 사실인데, 양자 모두 使行의 목적과 직접 관련된 것으로, 이들 사행록이 갖는 사료적 가치의 근거가 된다. 사신들이 사행에서 咨詢 혹은 採風을 통해 확보되어 使行錄을 통해 조정, 혹은 황제에게 보고된 자료들은 遼東史나 한국사를 이해하는 데 귀중한 사료로 활용될 수 있을 것이며, 迎詔, 즉 詔書를 맞이하는 禮的 절차 등에 관한 자료와 한국과 중국의 역사적 · 문화적 관계에 관한 의식의 표현 등은 한중관계사를 이해하는 데 더할 수 없이 소중한 사료가 될 수 있을 것이다.

역대 『사조선록』에서 발견되는 또 하나의 공통점은 使行 경로에 관한 것이다. 명 초 이후 대부분의 사절단은 遼東을 경유하는 육로를 통해 조선을 방문함으로써, 요동에 관한 정보를 조선 사행록에 적지 않게 남길 수 있었다. 그러나 北宋 말과 明 말, 淸 말의 사절단은 전통적 사행로인 요동 경유의 육로를 포기하고 바닷길을 이용하였다. 북송 말의 徐兢 일행은 요동의 거란과 여진 세력을 회피하고 명 말의 姜曰廣 일행은 요동의 여진 세력을 피하기 위해 바닷길을 이용하였고, 청 말의 崇禮 일행은 조선 측의 諭祭使 사절에 대응하기 위해 해로를 이용하였다. 삼자 모두 왕조 말기의 특수한 상황에서 일어난 일이란 점에서 시사하는 바가 없지 않지만, 역대 『사조선록』에 기록된 육로와 해로의 사행 경로와 여정은 한중교통사를 연구하는 데 빠뜨릴 수 없는 사료가 될 것임이 분명하다.

요약컨대, 시대적 상황에 따라 다소 차이가 있었지만, '使朝鮮錄'은 기본적으로 중국 국가의 사절단이 조선을 방문하여 수집한 각종 정보를 정리하여 보고한 復命 문서와 연도의 풍광과 풍물을 보고 느낀 바를 운문으로 표현한 紀行詩, 조선의 文士 관료들과 교감하며 주고받은 唱和詩, 詔勅을 영접하는 迎詔禮 등 의례에 관한 각종 문건, 중국과 한국을 내왕하는 육로와 해로의 경로와 여정에 관한 갖가지 정보를 담은 紀行文 등의 형식을 갖추어, 遼東과 한국의 정황과 문화, 한중 사이의 조화로운 倡和 외교와 엄격한 禮的 관계 및 육로와 해로의 교통 등에 관한 상세한 정보를 풍부하게 담고 있다. 따라서 역대 『사조선록』이 수집, 정리되어 총서로 출간되고 그 사료적 가치가 소개되는 것을 계기로, 『사조선록』을 기본 사료로 활용하는 보다 심도 깊은 전문적 연구가 풍성하게 생산, 축적되어 한중관계사의 본질에 대한 적확한 접근이 이뤄지기를 기대한다. 근래에 조선 사신의 明 · 淸 사행록인 '朝天錄' 혹은 '燕行錄'이 집대성되고 그 기초적 연구가 진행되고 있다 하니, '使朝鮮錄' 연구와 짝해질 수 있다면 더욱 만족스러운 성과를 기대할 수 있을 것이다.

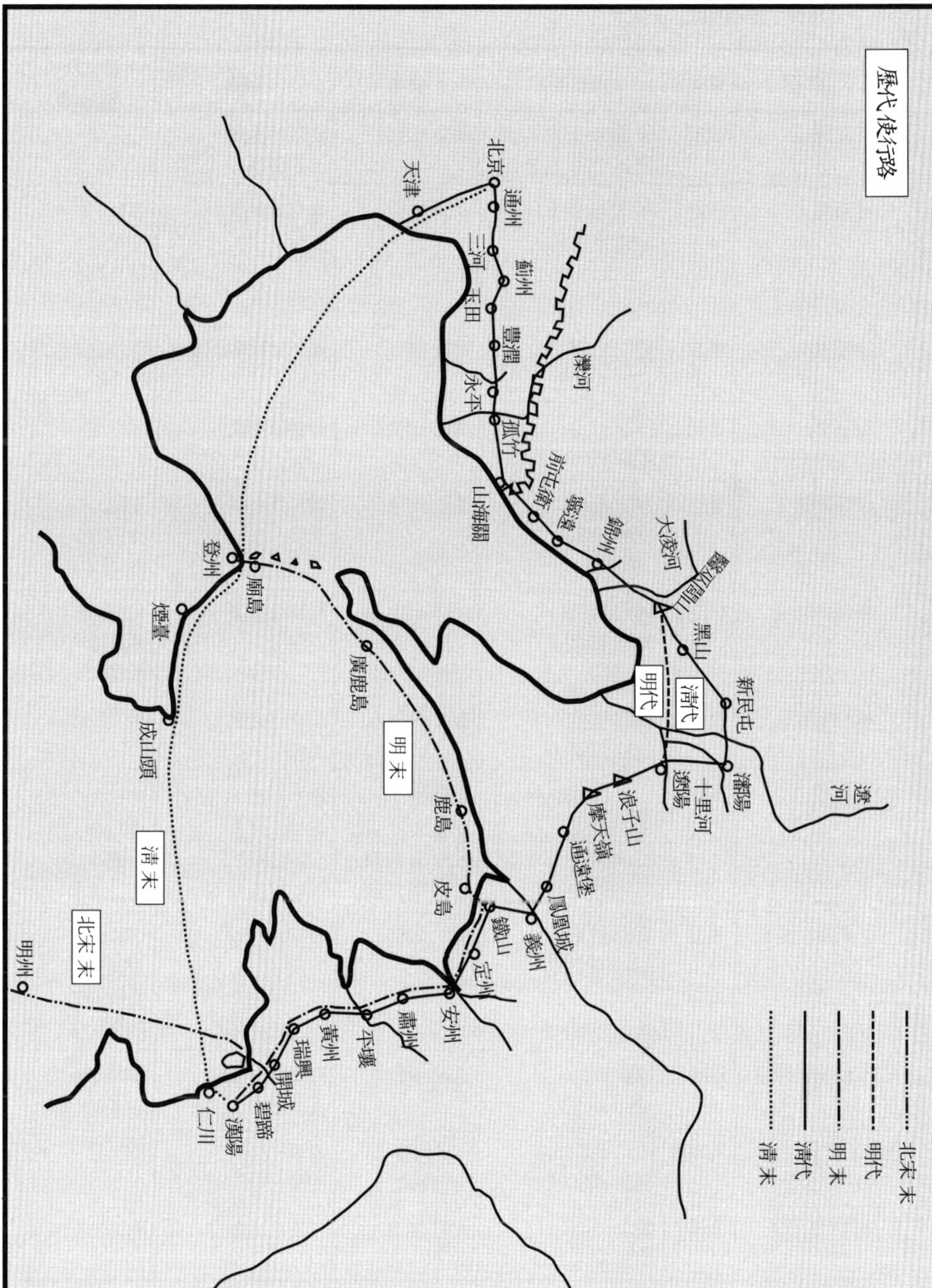
歷代使行路
北宋末
明代
明末
淸代
淸末
北京
天津
通州
三河
薊州
玉田
豊潤
永平
孤竹
灤河
山海關
前屯衛
寧遠
錦州
大凌河
醫巫閭山
黑山
新民屯
瀋陽
十里河
遼陽
遼河
浪子山
摩天嶺
通遠堡
鳳凰城
義州
鐵山
定州
安州
肅川
平壤
黃州
瑞興
開城
碧蹄
漢陽
仁川
明州
登州
廟島
煙臺
成山頭
廣鹿島
鹿島
皮島

歷代「使朝鮮錄」一覽表

書名	撰者名	出使年度	使命	職責	詩文樣式 數量(首)
高麗圖經	徐兢	宋 徽宗 宣和 4年 高麗 仁宗 元年	祭奠 弔慰	國信使提轄 人船禮物官	序1 散文1
遼海編	倪謙	明 景帝 景泰1 朝鮮 世宗32	皇帝 卽位	翰林院侍講 正使	序跋5 辭賦4 律詩283 散文4
奉使錄	張寧	英宗 天順4 朝鮮 世祖6	女眞 問題	禮科掌科事給事中 正使	律詩43 散文8
朝鮮賦	董越	孝宗 弘治1 朝鮮 成宗19	皇帝 卽位	翰林院侍講 正使	賦1 自注1
使朝鮮錄	龔用卿	世宗 嘉靖16 朝鮮 中宗31	皇子 出生	翰林院修撰 正使	序跋3 律詩213 散文14
奉使朝鮮稿	朱之蕃	神宗 萬曆34 朝鮮 宣祖39	元孫 出生	翰林院修撰 正使	律詩259 朝鮮律詩183 散文10
輶軒紀事	姜日廣	熹宗 天啓6 朝鮮 仁祖 4	皇太子 出生	翰林院編修 正使	散文1
奉使圖	阿克敦	1, 2. 清 康熙56; 肅宗43 3. 康熙61; 景宗2 4. 雍正3; 英祖1	1. 傳藥 2. 皇太后 告訃 3. 世弟 册封 4. 賜祭 册封	翰林院侍讀 內閣學士 翰林院學士 正使, 副使	序跋20 律詩28 圖畵20
奉使朝鮮驛程日記	柏葰	宣帝 道光24 朝鮮 憲宗10	王妃 諭祭	戶部右侍郎 正使	序跋8 律詩46 竹枝詞30 散文1
東使紀事詩略	魁齡	穆宗 同治5 朝鮮 高宗3	王妃 册封	理藩院右侍郎 正使	律詩73 散文1
東行三錄	馬建忠	德宗 光緒 8 朝鮮 高宗19	開港斡旋 壬午軍亂	道員 特使	散文3
奉使朝鮮日記	崇禮	德宗 光緒16 朝鮮 高宗27	大妃 諭祭 副使	戶部右侍郎	散文1

참고문헌

〈徐兢과 『高麗圖經』〉

金東旭, 「『高麗圖經』의 복식사적 연구」 1: 『高麗圖經』의 풍속사적 연구」, 『연세논총』 7, 1970.

全海宗, 「『高麗圖經』에 보이는 玄菟郡에 대하여」, 『혜암유홍렬박사화갑논총』, 1971.

金榮胤, 「고려청자를 높이 평가한 서긍과 그의 저 『高麗圖經』」, 『월간문화재』 1974, 1974.

민족문화추진회, 『국역 고려도경』, 민족문화추진회, 1977.

이화사학연구소, 「『高麗圖經』 색인」, 『이대사원』 14, 1977.

吉熙星, 「고려시대의 승계제도에 대하여: 특히 『高麗圖經』을 중심하여」, 『규장각』 7, 1983.

尹以欽, 「『高麗圖經』에 나타난 종교사상; 민간신앙을 중심으로」, 『동방사상논고: 도원유승국박사화갑논총』, 1983.

韓永愚, 「『高麗圖經』에 나타난 서긍의 한국사체계」, 『규장각』 7, 1983.

宋芳松, 「『高麗圖經』 소재 향악기의 음악사적 의의」, 『한국학보』 39, 일지사, 1985.

崔夢龍, 「『高麗圖經』에 보이는 器皿」, 『한국문화』 6, 1985.

謙若逸之, 「고려사 方三十三步 및 『高麗圖經』 每一百五十步의 면적에 대하여」, 『孫寶基박사정년기념한국사학논총』, 1988.

朴慶輝, 「서긍과 『宣和奉使高麗圖經』」, 『퇴계학연구』 4, 1990; 延邊大學學報 1988-7.
尹德仁, 「고려시대의 식생활에 관한 연구: 『高麗圖經』을 중심으로」, 『관대논문집』 18, 1990.
祁慶富, 「『宣和奉使高麗圖經』의 판본과 그 원류」, 『書誌學報』 16, 1995.
祁慶富, 「『高麗圖經』의 원양선대와 항해기술」, 『정신문화연구』 64, 1996.
朴京安, 「고려중기 서민들의 경제생활 소고: 徐兢의 『高麗圖經』을 중심으로」, 『한국사의 구조와 전개: 하현강교수정년기념논총』, 2000.
臧健, 「송대 문헌 중의 고려사회: 『宣和奉使高麗圖經』을 예로」, 『이화사학연구』 28, 2001.
김병인, 「『高麗圖經』 인물조에 나타난 '족망'과 고려중기의 정치세력」, 『전남사학』 19, 2002.
서긍 저, 조동원 역, 『고려도경』, 황소자리, 2005.
서긍, 『고려도경』, 서해문집, 2005.
昌彼得, 「跋宋乾道本宣和奉使高麗圖經」, 『故宮季刊』 10-1, 1975.
蔣復, 「景宋本宣和奉使高麗圖經序」, 『故宮季刊』 10-1, 1975.
程光裕, 「宣和奉使高麗圖經考略」, 『史學彙刊』 12, 1983.
徐兢, 『宣和奉使高麗圖經』, 中華書局, 1985.
中吉功, 「宣和奉使高麗圖經の圖解の再現こついて」, 『韓國佛教學 seminar』, 1986.
顧吉辰, 「徐兢和他的『宣和奉使高麗圖經』」, 『東疆學刊』(哲學社會科學版) 1987-3.
王德毅, 「徐兢宣和奉使高麗圖經的史料價値」, 『韓國學報』 7, 中華民國韓國學研究會, 1988.
徐兢 撰, 朴慶輝 標註, 『宣和奉使高麗圖經』, 吉林文史出版社, 1991.
祁慶富, 「『宣和奉使高麗圖經』版本源流考」, 『社會科學戰線』 1996-3.
車今順, 「宣和奉使高麗圖經的史料價値」, 『延邊大學學報』 1997-4.
李玉昆, 「『宣和奉使高麗圖經』與宋代的海外交通」, 『中國航海』 1997-1.
祁慶富, 「關于宋乾道本『宣和奉使高麗圖經』的幾個問題」, 『中國文化研究』 1997-3.
梁利, 「論徐兢與宣和奉使高麗圖經」, 『河南大學學報』(社會科學), 1998-2.
孫希國, 「關于『宣和奉使高麗圖經』需要說明的幾個問題」, 『蘭台世界』 2009-24.

〈倪謙과 『遼海編』〉

成元慶, 「明 倪謙 著 『朝鮮紀事』의 評譯」, 건국대학교 인문과학연구소, 『人文科學論叢』 24, 1992.

왕석천 曹喜武, 「鴨綠絕嚮: 申叔舟與倪謙」, 조선대학교, 『외국문화연구』 20, 1997.

辛承云, 「倪謙의 『奉使朝鮮唱和詩卷』에 對한 硏究」, 『書誌學硏究』 28, 2004.

詹杭倫 · 杜慧月, 「『遼海編』與倪謙出使朝鮮考述」, 『北京化工大學學報』, 2007-1.

〈張寧과 『寶顔堂訂正方洲先生奉使錄』〉

董就雄, 「試論明朝使臣張寧詩在中韓詩話中之地位」, 『시화학』 8, 9, 2007.

杜慧月 · 詹杭倫, 「張寧出使朝鮮與『庚辰皇華集』考述」, 『遼寧師範大學學報』(社會科學), 2008-1.

〈董越과 『朝鮮賦』〉

曺永祿, 「董越의 『朝鮮賦』에 대하여」, 『全海宗教授華甲紀念論叢』, 1979.

윤호진, 『조선부』, 까치글방, 1994.

申太永, 「明使 董越의 『朝鮮賦』에 나타난 조선 인식」, 『한문학보』 10, 2004.

傅德華 · 李春博, 「明弘治年間中朝禮儀外交: 以董越出使朝鮮爲中心的考察」, 復旦大學, 『韓國硏究論叢』 2009-2.

〈龔用卿과 『使朝鮮錄』〉

권인봉, 「16세기 중국사신의 조선인식: 龔用卿의 『使朝鮮錄』을 중심으로」, 『15~19세기 중국인의 조선 인식』(고구려연구재단 연구총서 9), 2005.

駱安生, 「龔用卿『使朝鮮錄』的史料價值」, 福建師大 歷史系, 『東南學術』 2002-3.

殷雪征, 「龔用卿出使朝鮮考述: 以龔用卿『使朝鮮錄』與朝鮮『丁酉皇華集』爲中心」, 『中國文學』, 2009.

〈朱之蕃과 『奉使朝鮮稿』〉

김홍대, 「朱之蕃의 丙午使行(1606)과 그의 서화 연구」, 『온지논총』 11, 2007.

신영주, 「朱之蕃의 조선사행과 문예교류에 관한 일고」, 『한문학보』 16, 2007.

노경희, 「17세기초 문관출신 明使 接伴과 韓中 문학교류」, 『한국한문학연구』 42, 2008.
徐英章, 「中朝二位壯元的唱和詩」, 『遼海文物學刊』 1995-1.

〈姜曰廣과 『輶軒紀事』〉

韓明基, 「17세기 초 明使의 서울 방문 연구: 姜曰廣의 『輶軒紀事』를 중심으로」, 『서울학연구』 8, 1997.

〈阿克敦과 『奉使圖』〉

黃有福, 「『奉使圖』初探」, 경원대 아시아문화연구소, 『아세아문화연구』 3, 1999.
黃有福, 「『奉使圖』成書始末」, 『아세아문화연구』 4, 2000.
李英, 「『奉使圖』의 建築에 관한 小考」, 『아세아문화연구』 4, 2000.
정은주, 「阿克敦 『奉使圖』 研究」, 『美術史學研究』 246+247, 2005.
홍성구, 「18世紀 中國의 朝鮮認識: 阿克敦의 朝鮮出使와 「東游集」 『奉使圖』를 통해 본 朝淸關係, 그리고 그 時代的 特徵」, 『15~19세기 중국인의 조선인식』(고구려연구재단), 2005.
廉松心, 「淸代中朝文化交流的結晶: 『奉使圖』」, 『北華大學學報』(社會科學), 2005-3.
李永求, 「『奉使圖』與『東游集』及鄭璵等問題的考辨」, 『棗莊學園學報』, 2007-3; 『역사문화연구』 26, 2007.
姜婷, 「『奉使圖』及其史料價値」, 『唐山師範學院學報』 2010-32, 33.

〈柏葰과 『奉使朝鮮驛程日記』〉

구범진, 「19세기 전반 淸人의 朝鮮使行: 柏葰(1844년)과 花沙納(1845년)의 경우」, 『史林』(首善史學會) 22, 2004.
김성남, 「柏葰 撰, 『薜箖唫館鈔存』 해제」, 『19세기 중국인의 조선기행』(성균관대학교 동아시아학술원, 『해외한국학자료총서』 제7권), 2004.

〈馬建忠과 『東行三錄』〉

辛勝夏, 「朝鮮의 門戶開放과 馬建忠의 역할」, 『아세아연구』 82, 1989.
岡本隆司, 「馬建忠の朝鮮紀行: 1882年淸朝・朝鮮・日本關係の轉換」, 『史林』(동경대학

교 사학연구회) 83, 2000.

〈崇禮와 『奉使朝鮮日記』〉

(袁世凱)隨節幕府, 『使韓紀略』, 1892.

岡本隆司, 「『奉使朝鮮日記』之研究: 兼論「使韓紀略」及其政治背景」, 『'近代中國東亞與世界'國際學術討論會論文集』 上, 2006.

夫馬進, 「使琉球錄と使朝鮮錄」, 夫馬進 編, 『使琉球錄解題及研究』, 京都大學文學部東洋史研究室, 1998.

夫馬進, 「使琉球錄と使朝鮮錄」, 『增訂使琉球錄解題及研究』, 榕樹書林, 1999.

〈일반〉

李鉉淙, 「明使接待考」, 『鄕土서울』 12, 1961.

全海宗, 『韓中關係史硏究』, 一潮閣, 1970.

卞麟錫, 『四庫全書 朝鮮史料의 연구』, 민족문화, 1977.

曺永祿, 「鮮初의 조선출신 明使考: 成宗朝의 對明 교섭과 明使 鄭同」, 『국사관논총』 14, 1990.

嚴慶欽, 「韓國使行詩硏究: 14~17세기를 중심으로」, 동아대학교대학원 박사학위논문, 1993.

최소자, 『명청시대 중한관계사 연구』, 이화여자대학교 출판부, 1997.

金松姬, 「조선초기 對明外交에 대한 一硏究: 對明使臣과 明使臣 迎接官의 성격을 중심으로」, 『사학연구』 55+56, 1998.

韓明基, 「『迎接都監儀軌』解題」, 『迎接都監都廳儀軌』 규장각자료총서 의궤 편, 규장각, 1998.

崔康賢, 「韓中 使行文學에 관한 연구 3: 權近의 奉使錄을 중심으로」, 『人文科學』(홍대) 6, 1998.

朱慶烈, 「權近의 使行詩 硏究: 『奉使錄』을 中心으로」, 『漢文學論集』 16, 1998.

권선홍, 「조선 시대 중국과 사대자소에 관한 인식」, 『국제문제논총』(부산외국어대학교 국제관계연구소) 11, 1999.

김은정, 「庚午本『皇華集』 편찬경위와 詩文酬唱의 의미」, 『韓國漢文硏究』 7, 1999.

김경록, 「朝鮮初期 對明外交와 外交節次」, 서울대학교 국사학과, 『韓國史論』 44, 2000.
金德秀, 「朝鮮文士와 明 使臣의 酬唱과 그 様相」, 『韓國漢文學研究』 27, 2001.
이혜순, 「『황화집』 수록 明 사신의 使行詩에 보이는 조선인식」, 『韓國詩歌研究』 10, 2001.
林基中, 「燕行錄과 韓國學 研究」, 『한국문화연구』 24, 2001.
林基中, 『燕行錄全集』, 동국대학교 출판부, 2001.
안장리, 「朝鮮 前期 『皇華集』 및 明 使臣의 朝鮮關聯書籍 出判에 대한 연구」, 『국어교육』 107, 2002.
김남이, 「15세기 조선 문사와 명 사신의 詩文 酬唱과 그 의미」, 『동양고전연구』 16, 2002.
曺永祿, 『근대 동아시아 삼국의 국제교류와 문화』, 지식산업사, 2002.
嚴慶欽, 「聘禮와 使行詩: 明使行을 중심으로」, 『동방한문학회』 17, 2003.
김경록, 「朝鮮時代 使臣接待와 迎接都監」, 『한국학보』 30-4, 2004.
鄭求先, 「鮮初 朝鮮 出身 明 使臣의 行跡」, 『경주사학』 23, 2004.
김경록, 「朝鮮後期 『同文彙考』의 編纂過程과 性格」, 『朝鮮時代史學報』 32, 2005.
申太永, 『明나라 사신은 朝鮮을 어떻게 보았는가』, 다운샘, 2005.
박원호, 「15세기 중국인의 조선 인식: 최부 『표해록』을 길잡이로 삼아」, 『15~19세기 중국인의 조선 인식』(고구려연구재단연구총서 9), 2005.
박정현, 「19세기 중국인의 조선인식」, 『15~19세기 중국인의 조선 인식』(고구려연구재단연구총서 9), 2005.
韓永愚, 『조선왕조 儀軌: 국가의례와 그 기록』, 일지사, 2005.
김문식 · 신병주, 『조선 왕실 기록문화의 꽃, 의궤』, 돌베개, 2005.
최소자, 『淸과 朝鮮: 근세 동아시아의 상호인식』, 혜안, 2005.
최윤정, 「明淸 교체기 조선 文士의 사행체험: 洪翼漢의 『朝天航海錄』을 중심으로」, 『한국고전연구』 11, 2005.
김경록, 「조선시대 使行과 使行記錄」, 『韓國文化』 38, 2006.
姜必任, 「中國 初期 唱和詩 研究」, 『中語中文學』 39, 2006.
趙誠之, 「朝鮮後期 韓國과 中國의 相互認識: 肅宗末 英祖初 兩國의 使行記錄을 中心으로」, 『한국사상사학』 27, 2006.

李香培, 「朝鮮前期 詩話에 나타난 명 사신과의 唱和」, 『시화학』 8, 9, 2007.
민족문화추진회, 『신편 국역 연행록선집』, 한국학술정보(주), 2008.
노경희, 「17세기초 문관출신 明使接伴과 韓中 문학교류」, 『한국한문학연구』 42, 2008.
柳己洙, 「皇華集」의 刊行과 收錄된 明詞에 관한 考察, 『中國學研究』 47, 2009.
계승범, 「조선시대 동아시아 질서와 한중관계: 쟁점별 분석과 이해」, 『한중일 학계의 한중관계사 연구와 쟁점』(동북아역사재단), 2009.
申太永, 「『皇華集』소재 한시의 특징과 양상: 명 사신과 조선 접반사의 수창」, 『동방한문학』 42, 2010.
黃靜, 「天妃信仰的起源屬性傳播及其歷史文化背景」, 『廣東史志』 1999-2.
劉文權, 「媽祖信仰與廟島」, 『海洋世界』 2002-7.
高艷林, 『明代中朝使臣往來研究』, 『南開學報』(哲學社會科學版), 2005-5.
岩井茂樹, 「明代中國の禮制覇權主義と東아시아の秩序」, 『東洋文化』 85, 2005.
曹春茹, 「明代使臣在朝鮮的政治文化活動」, 『長江師範學院學報』 2009-4.

찾아보기

ㄴ

ㅁ

ㅂ

ㅅ

ㅇ

ㅈ